U0139060

「天人合一」之王道法律思想

增訂第二版

陳清秀　著

五南圖書出版公司 印行

二版序

　　本書於寫作完成之後，經「總結歸納」方始發現儒釋道哲學思想以及諸子百家的思想，運用於法學上，均採取「天人合一」的王道法律思想，亦即具有「天人合一」之自然法思想觀念，此即所謂「道生法」。法制規範應效法天地間運轉法則規律，符合事物本質的道理，使「情理法」融合統一，以為天地立心，為生民立命。因此，以之作為本書名稱。

　　由於作者在撰文介紹各家法律思想之際，並未有特定立場，儘量客觀描述，因此，並未以「天人合一思想」作為各篇文章撰寫主要中心思想，以致本書體系上表現風格，不盡完美一致，敬請讀者諒察。

　　為使本書內容更容易閱讀，經兩位匿名審查委員提供許多寶貴意見，咸認本書名稱既為「天人合一」思想，應有整體「天人合一」思想之概述總說，故本書第二版增補此一概述導論。

　　由於佛教哲學思想博大精深，尤其華嚴經表現「一真法界」的圓滿法界思想，更具特色。故本書特增加一篇〈華嚴經哲學思想在法哲學上之運用〉。又我國天人合一的哲學思想觀念，與西方哲學家思想亦有不謀而合之處。例如聖湯瑪斯‧阿奎那的神學大全亦將亞里斯多德倫理學理論與聖經哲學思想進行融合統一，亦體現天人合一思想觀念。故本書亦介紹〈聖湯瑪斯‧阿奎那之法律思想──以神學大全為中心〉，期使本書內容更為完整。

　　本書第二版之完成，惠蒙東吳大學法研所研究生助理焦羿

同學、曾鈺涵同學以及曾在東吳大學法學院訪學的呂澤威律師等人協助蒐集資料，特此感謝。又惠蒙五南圖書呂伊真小姐悉心校對，讓本書內容更為完善，一併表示感謝。

　　本書內容錯漏之處，在所難免，尚祈各界先進惠予指正，以供未來繼續研究之參考。

陳清秀

於臥龍書房

2024年6月1日

序言

　　本書以儒釋道之法哲學思想為中心，從法理學觀點，分析探討我國諸子百家之法律思想，包括儒家、道家、法家、墨子及佛教等之法律思想。其中儒家法律思想，包括四書（論語、孟子、中庸、大學）、詩經、尚書、春秋、易經、荀子之法律思想。道家法律思想，包括老子道德經、莊子與道教太平經之法律思想，以及社會道德規範之探討。法家法律思想，包括管子及韓非子之法律思想。

　　諸子百家法律思想之共同特色，乃是具有「天人合一」之自然法思想觀念，亦即「法出於義，義出於理，理出於道」，故「道生法」，法制規範應效法天地間運轉法則規律，符合事物本質之道理，以為天地立心，為生民立命。並主張國家治理應秉持「德治為先，法治為輔」之原則，亦即應注重提升國民道德人格素養，再輔以法制強行規範，以維持社會秩序，為民興利及除害，方能國泰民安。其中良善法治之建設，尤應仰賴聖賢君子之集體參與，始能克盡其功。

　　本書為研究我國古代（尤其春秋戰國時代）法律思想（或法理思想）之典籍，體系化分析探討諸子百家經典之聖賢法律思想理論，可作為研究基礎法學理論以及法治實踐之參考。

　　本書各篇文章，原發表於國內法學雜誌上，經重新整理匯集成本書。其中多篇文章並曾發表於東吳大學法學院基礎法學研究中心舉辦之法理學研討會，惠蒙多位學者專家賜予寶貴意見，以增進文章內容品質。

　　本書之完成，惠蒙東吳大學法研所研究生助理林韋廷先生、盧至善小姐、黃于軒小姐以及東吳大學法學院訪學學生呂澤威先生等人協助蒐集資料，李盈萱小姐及游惠青小姐協助整理參考文獻資料，特此感謝。又惠蒙五南圖書伊真小姐悉心校對，讓本書內容更為完善，一併表示感謝。

　　本書內容錯漏之處，在所難免，尚祈各界先進惠予指正，以供未來繼續研究之參考。

陳清秀

於東吳大學法學院

2023年4月15日

目錄

凡例

（本書文章原先刊登於雜誌等刊物之處所）

編號	各章名稱	原先刊登處
1	儒家的法律思想：內聖外王的王道法律思想	施茂林教授七秩華誕祝壽論文集，上冊，2020年7月
2	易經的法理思想初探	教育、掄才與法治——董保城教授七秩誕辰祝壽論文集，2022年2月
3	荀子之哲學思想與法治思想	植根雜誌，第38卷第11期～第12期至第39卷第1期，2022年11月～2023年1月
4	道家的法律思想	法治國家的原理與實踐：陳新民教授六秩晉五壽辰文集（下冊），2020年11月
5	太平經之法律思想	植根雜誌，第39卷第2期，2023年2月
6	社會道德規範之探討	台灣法學雜誌，第416期，2021年6月
7	佛教之法律思想概說	植根雜誌，第37卷第1期～第2期，2021年1月～2月
8	佛教之治國理念	植根雜誌，第37卷第2期，2021年2月，經重新增補而成
9	韓非子的法理思想：「法治」優於「人治」	中西法律傳統，2022年第3期

「天人合一」思想概述

壹、天人合一之意義

我國歷史上從先秦諸子百家到宋明理學與心學，可謂均以「天人合一」思想，作爲其理論核心或基本預設前提，構成中華文化思想之特色。[1]「天人合一」哲學構建了中華傳統文化的主體。錢穆先生認爲「天人合一」思想是中華文化對於未來人類最大之貢獻。[2]天人合一是指「天與人、天道與人道在性狀與價值上同構、互通與同一。不同學派對於天、天道與人、人道及其關係的不同主張，形成關於天人合一的不同學說。」[3]「天人合一」思想，在探討「天、天道」與「人、人道」的關係，期能建立天地萬物與人類之間友善和諧共存關係，打破彼此對立，而趨向「統一融合」爲一體的思想體系理論。

「天與人統一於一個整體而存在，達到物質世界與精神世界的統一，即是天人合一之道。人生最高理想，是自覺地達到天人合一之境界，物我本屬一體，內外原無判隔。」[4]

天人合一思想意圖將「超越領域」與「現實領域」進行融合統一。[5]曾仕強教授認爲天人合一，是上天之「天理」與人類之「良心」的合一，強調：一、順應自然；二、自我修煉，提高品德修養，將「自然」與「道德」結合起來，是實現天人合一之方法。例如易經的內涵，包括自然（天理）與倫理（良心），自天佑之，吉無不利，應盡人事，聽天命。一方水土養一方人，植物生長之地方，爲該地方人類特殊環境需要之食物。例如熱帶植物或寒帶植物，動植物棲息地各有其生活需要，如果加以破壞其「自然生態環境」，勢必帶來人類浩劫，「人定勝天」是一種違背自然之謬誤，危害人類。大同小異，天無所不包，地無所不容，求同存異。反求諸己，西方科學注重器物發展，憑天理良心走未來的路。「虛懷若谷」的包容心，是天人合一的第一修養。[6]

人體必須順應自然界陰陽消長的規律與變化，才能維持身體正常生命活

1　余英時，論天人之際——中國古代思想起源試探，聯經出版，初版，2014年，頁172。

2　梁淑芳，錢穆先生論天人合一觀初探，國文學誌，第8期，2004年，頁397-426。

3　朱貽庭主編，倫理學大辭典，上海辭書出版社，初版，2011年，頁321。

4　張世昌，天人合一之道，世界太極拳網，http://www.tjqworld.com/2010/9/l/20220715103311.3.shtml，瀏覽日期：113.4.3。

5　余英時，論天人之際——中國古代思想起源試探，聯經出版，初版，2014年，頁73。

6　曾仕強，中華文化的特質（六）天人合一，https://www.youtube.com/watch?v=x1exB3mbkJU，瀏覽日期：113.4.3。

動，保持身體機能陰陽平衡。人與自然和諧，人與大自然運轉規律相符合，24節脊椎，一年四季24節氣[7]（太陽對於地球產生之影響），人修心養性，將自己融合納入萬物運轉規律之中，黃帝內經，人的五臟六腑運轉，生理時鐘，與宇宙運轉規律（天道）相同，順勢而爲。道家七字訣調理身體疾病，詩經音樂陶冶性情，調理身心靈，探集天地之氣以養人體小宇宙。[8]

　　古代農業立國，了解自然時令與季節變化，農業生產相關曆法知識，天文曆法學研究，是中國古代用來指導農業之曆法曆注。[9]

貳、天人合一思想之產生：宗教教化人心向善

　　古代國家治理教育人民，強調敬老尊賢，敬長慈幼，以培養人民愛心和順聽命，維持和睦相處的祥和社會。禮記祭義篇，子曰：「**先王之所以治天下者五：貴有德，貴貴，貴老，敬長，慈幼**。此五者，先王之所以定天下也。貴有德，何爲也？爲其近於道也。貴貴，爲其近於君也。貴老，爲其近於親也。敬長，爲其近於兄也。慈幼，爲其近於子也。是故至孝近乎王，至弟近乎霸。至孝近乎王，雖天子，必有父；至弟近乎霸，雖諸侯，必有兄。先王之教，因而弗改，所以領天下國家也。」子曰：「立愛自親始，教民睦也。立教自長始，教民順也。教以慈睦，而民貴有親；教以敬長，而民貴用命。孝以事親，順以聽命，錯諸天下，無所不行。」

　　儒家提倡「孝道」，認爲應感恩祖先以及天地，[10]並建立「祭祀制度」以不忘本，有利於培養孝敬之心，增進社會善良風俗與道道。禮記祭義篇：「**君**

7　「二十四節氣的命名反映了季節和氣候的變化。立春、春分、立夏、夏至、立秋、秋分、立冬、冬至，又稱八位，是區分公轉運動對於地球影響的八個關鍵節點；雨水、驚蟄、清明、穀雨、小滿、芒種、小暑、大暑、處暑、白露、寒露、霜降、小雪、大雪、小寒、大寒等十六個則反映了四季中更細微的氣候變化。」（維基百科，節氣，https://zh.wikipedia.org/zh-tw/節气，瀏覽日期：113.4.3）。

8　萬萬萬花筒，揭秘：中國古代的高維智慧，什麼是天人合一，https://www.youtube.com/watch?v=KrT5Q9Xqaho，瀏覽日期：113.4.3。

9　維基百科，節氣，https://zh.wikipedia.org/zh-tw/%E8%8A%82%E6%B0%94#cite_note-1，瀏覽日期：113.4.3。

10　佛教也提唱「感恩」：世出世恩有其四種，一父母恩（父母養育之恩），二眾生恩，三國王恩（聖王能生治國之法，利益眾生；聖王以正法化，能使眾生悉安樂），四三寶恩（佛法僧三寶不思議利樂眾生）（唐罽賓國三藏般若奉詔譯，大乘本生心地觀經卷第二，報恩品第二之上）。

子反古復始，不忘其所由生也，是以致其敬，發其情，竭力從事，以報其親，不敢弗盡也。是故昔者天子爲藉千畝，冕而朱紘，躬秉耒。諸侯爲藉百畝，冕而青紘，躬秉耒，**以事天地、山川、社稷、先古，以爲醴酪齊盛，於是乎取之，敬之至也。**」「君子生則敬養，死則敬享，思終身弗辱也。」

禮記祭義篇：「**天下之禮，致反始也，致鬼神也，致和用也，致義也，致讓也。**致反始，以厚其本也；**致鬼神，以尊上也**；致物用，以立民紀也。致義，則上下不悖逆矣。致讓，以去爭也。合此五者，以治天下之禮也，雖有奇邪，而不治者則微矣。」表示「**天下的禮有下列五項作用：一是讓人們緬懷初始，二是讓人們不忘祖宗，三是開發資源以便利用，四是樹立道義，五是提倡謙讓。**緬懷初始，意在使人飲水思源而不忘其本。不忘祖宗，意在使人知道尊上。開發資源以便利用，意在使人民的生活有保障。樹立道義，意在理順君君、臣臣、父子的關係。提倡謙讓，意在消除爭訟。把這五項作用合起來，就構成了治理天下的無所不包的字，即令還有些壞人壞事不能治住，其數量也微乎其微。」[11]

禮記祭義篇，子曰：「氣也者，神之盛也；魄也者，鬼之盛也；**合鬼與神，教之至也。**眾生必死，死必歸土：此之謂鬼。骨肉斃於下，陰爲野土；其氣發揚于上，爲昭明，焄蒿，淒愴，此百物之精也，神之著也。因物之精，制爲之極，**明命鬼神，以爲黔首則。百眾以畏，萬民以服。**」[12]易經觀卦，《象》曰：「**觀天之神道而四時不忒，聖人以神道設教而天下服矣。**」即指以天道及鬼神禍福相因之理，教化世人。[13]

古代聖王制定祭祀制度，以對於國家社會人民著有重大貢獻者，作爲「感恩祭祀」對象。禮記祭法篇：「夫聖王之制祭祀也：**法施於民則祀之，以**

---

[11] 中華古詩文古書籍網，祭義，https://www.arteducation.com.tw/guwen/bookv_3160.html，瀏覽日期：113.4.6。

[12] 意指：「聖人根據萬物的這種精靈，給它們取了個至高無上的名字，曰鬼曰神，作爲黎民百姓遵守的法則，於是黎民百姓都害怕神靈，服從神靈。聖人以爲光這樣做還不夠，於是又建造宮室，設立宗廟和祧廟，用來區別親近，教導人們追懷遠古，回歸初始，不忘自身的來源。大眾信服這種教導，很快就聽從了。」（禮記祭義白話翻譯，https://liji.5000yan.com/jiyi/，瀏覽日期：113.4.6）

[13] 有認爲神道設教，原指聖人順應自然之勢，利用神聖的道德建立教化，以感化萬物，教誨眾人（《重編國語辭典修訂本》關於「神道設教」之解說，https://dict.revised.moe.edu.tw/dictView.jsp?ID=131373&la=0&powerMode=0，瀏覽日期：113.4.6）。

死勤事則祀之，以勞定國則祀之，能禦大菑則祀之，能捍大患則祀之。是故厲山氏之有天下也，其子曰農，能殖百穀；夏之衰也，周棄繼之，故祀以爲稷。共工氏之霸九州也，其子曰后土，能平九州，故祀以爲社。帝嚳能序星辰以著眾；堯能賞均刑法以義終；舜勤眾事而野死。鯀鄣洪水而殛死，禹能修鯀之功。黃帝正名百物以明民共財，顓頊能修之。契爲司徒而民成；冥勤其官而水死。湯以寬治民而除其虐；文王以文治，武王以武功，去民之菑。**此皆有功烈於民者也。及夫日月星辰，民所瞻仰也；山林川谷丘陵，民所取材用也。**非此族也，不在祀典。」[14]

上述祭祀禮儀制度，有關祭祀天地諸神部分，使人類敬畏天地（上帝等）諸神，並服從天道神道教化，認爲上天諸神「賞善罰惡」，人類應遵循天道法則，而彼此「合敬同愛」，行善去惡，並據以建立宗教性的道德行爲規範，從而產生「宗教的天人合一」思想。[15]

又宗教祭祀鬼神，亦有團結人民「合同敬愛」的功效。禮記樂記即表示：「大樂與天地同和，大禮與天地同節。**和故百物不失，節故祀天祭地，明則有禮樂，幽則有鬼神。如此，則四海之內，合敬同愛矣。**禮者殊事合敬者也；樂者異文合愛者也。禮樂之情同，故明王以相沿也。故事與時并，名與功偕。」易經萃卦：「亨，王假有廟。象曰：**王假有廟，致孝享也。**」就此宋朝程頤解釋：「王者萃（合）人心之道，至於建立宗廟，所以致其孝享之誠也。祭祀，人心之所自盡也，故萃天下之人心者，無如孝享。王者萃天下之道，至於有廟，則其極也。」[16]渙卦：「風水渙**渙亨，王假有廟，利涉大川，利貞。**《象》曰：風行水上，渙，先王以享于帝，立廟。」認爲建立宗廟祭祀，民心所歸，能收合渙散之人心，有利於團結凝聚人心作用。

由於「（祭）**祀所以昭孝息民、撫國家、定百姓**」，宗教神明祭祀具有教化人民向善，維持善良風俗，而安定民心之功效，有利於國家統治，因此，古聖先賢認爲國家應建立祭祀官制度，而不可廢止。

國語楚語下篇[17]記載楚國觀射父對於楚昭王詢問，答曰：「古者民神不

---

[14] 諸子百家中國哲學書電子化計劃，先秦兩漢>儒家>禮記>祭法，https://ctext.org/liji/ji-fa/zh，瀏覽日期：113.4.6。

[15] 余英時，論天人之際——中國古代思想起源試探，聯經出版，初版，2014年，頁76以下。

[16] 宋、程頤著，王孝魚點校，周易程氏傳，中華書局，初版，2011年，頁257。

[17] 諸子百家中國哲學書電子化計劃，先秦兩漢>史書>國語>楚語下，https://ctext.org/guo-yu/chu-

雜。民之精爽不攜貳者，而又能齊肅衷正，其智能上下比義，其聖能光遠宣朗，其明能光照之，其聰能聽徹之，**如是則明神降之，在男曰覡，在女曰巫。**是使制神之處位次主，而爲之牲器時服，而後**使先聖之後之有光烈，**而能知山川之號、高祖之主、宗廟之事、昭穆之世、齊敬之勤、禮節之宜、威儀之則、容貌之崇、忠信之質、禋絜之服**而敬恭明神者，以爲之祝。**使名姓之後，能知四時之生、犧牲之物、玉帛之類、采服之儀、彝器之量、次主之度、屏攝之位、壇場之所、上下之神、氏姓之出，而心率舊典者爲之宗。**于是乎有天地神民類物之官，是謂五官，各司其序，不相亂也。民是以能有忠信，神是以能有明德，民神異業，敬而不瀆，故神降之嘉生，民以物享，禍災不至，求用不匱。**」王曰：「祀不可以已乎？」對曰：「**祀所以昭孝息民、撫國家、定百姓也**，不可以已。」「**上所以教民虔也，下所以昭事上也。**」「**能上下說（悅）于鬼神，順道其欲惡，使神無有怨痛于楚國。**」認爲祭祀神明有利於教化人民虔誠孝順處世待人接物，服從統治者領導，維持社會和諧安定。

參、天人合一思想之類型

天的意義基本上可分三種類型：一爲「上帝之天」（神格宇宙萬物之主宰，上帝上天）；二爲「自然之天」；三爲「義理之天」。對應於上述三種「天」的類型，天人合一思想，可區分爲：一、宗教的（神格的）天人合一思想；二、自然的（尊天道的）天人合一思想（道家）；以及三、義理的（道德的）天人合一思想。

一、宗教的（神格的）天人合一思想

（一）尚書的天人合一思想

尚書認爲天道「福善禍淫」，國君治理國家，處理政事，應秉持天命「賞善罰惡」之精神，仁民愛物，施行仁政與德治，以符合上天旨意。所謂有德者秉持天命，而受上天與上帝之庇佑。否則如倒行逆施，違背天道，則「自絕于天，結怨于民。」必受上天（上帝）懲罰。

---

yu-xia/zh，瀏覽日期：113.4.6。

　　例如尚書湯誥篇：「天道福善禍淫，降災于夏，以彰厥罪。」尚書湯誓：「惟上帝不常，作善，降之百祥。作不善，降之百殃。」尚書商書太甲下篇：「先王惟時懋敬厥德，克配上帝。」尚書湯誓：「予畏上帝，不敢不正。」

　　上述尚書的思想，強調上天或上帝可以「福善禍淫」，因此統治者應秉持天命，行善天下，造福人民，才能受到上天（上帝）之保佑，否則，倘若統治者無道作惡多端，勢必受到上天（上帝）之懲罰。因此，人類之所作所為，應順從符合天道與天意。由此表現「天人合一」思想色彩。此一「天人合一」思想中，「天」係指天道、天意或上帝，因此具有濃厚宗教的或神格的天人合一思想觀念。

（二）墨子的天人合一思想

　　墨子主張政府施政應「順應天意」，符合上帝旨意，博愛百姓，施行仁義之政，不可侵犯他人權益。「順天意者，義政也。反天意者，力政也。然政將奈何哉？」子墨子言曰：「處大國不攻小國，處大家不簒小家，強者不劫弱，貴者不傲賤，多詐者不欺愚。此必上利於天，中利於鬼，下利於人，三利無所不利，故舉天下美名加之，謂之聖王，力政者則與此異，言非此，行反此，猶倖馳也。處大國攻小國，處大家簒小家，強者劫弱，貴者傲賤，多詐欺愚。此上不利於天，中不利於鬼，下不利於人。三不利無所利，故舉天下惡名加之，謂之暴王。」

　　墨子主張國家治理應順從天意天志以及上帝法則，兼愛天下之百姓，才能獲得上天之祝福，具有「宗教的天人合一」以及自然法思想。其主張聖王應「尊天事鬼神」，相愛相利。墨子卷一法儀篇：「愛人利人者，天必福之，惡人賊人者，天必禍之。」

　　墨子引據詩經：「皇矣道之曰：『帝謂文王，予懷明德，不大聲以色，不長夏以革，不識不知，順帝之則。』帝善其順法則也，故舉殷以賞之，使貴為天子，富有天下，名譽至今不息。故夫愛人利人，順天之意，得天之賞者，既可得留而已。」（墨子卷七天志中篇）認為文王因為善於順從上天之法則，治理國家，故能獲得上天賞賜，成就帝業。

　　墨子認為要遵循上天之旨意，順從上天之法則，應符合義理，施行善

政，並愛人利人，爲人民謀福利。墨子天志篇：「然則天亦何欲何惡？**天欲義而惡不義**。然則率天下之百姓以從事於義，則我乃爲天之所欲也。我爲天之所欲，天亦爲我所欲。……然則何以知天之欲義而惡不義？曰『**天下有義則生，無義則死；有義則富，無義則貧；有義則治，無義則亂**。然則天欲其生而惡其死，欲其富而惡其貧，欲其治而惡其亂，此我所以知天欲義而惡不義也。』」「**義者，善政也**。何以知義之爲善政也？曰：天下有義則治，無義則亂，是以知義之爲善政也。」因此，墨子之法治思想係以「正義」爲標準。[18]有認爲墨子這種「天之所欲，我必從之」的思想，與儒家所謂「民之所欲，天必從之」的觀念有別，而反映出墨子天人合一之「自然法思想」的表現。[19]

故子墨子置天之志，以爲儀法。非獨子墨子以天之志爲法也，於先王之書大夏之道之然：「帝謂文王，予懷而明德，毋大聲以色，毋長夏以革，不識不知，**順帝之則**。」此誥文王之以天志爲法也，而順帝之則也。且今天下之士君子，中實將欲爲仁義，求爲上士，上欲中聖王之道，下欲中國家百姓之利者，當天之志，而不可不察也。天之志者，義之經也。」墨子上述以天意天理作爲施政法則，其中「天理天則」正是自然法思想，故其典章制度正是根本於自然法。[20]

墨子之「宗教的天人合一」思想，主張建立**宗教祭祀制度，認爲信仰上帝與鬼神賞善罰惡，有利於國家治理**。墨子認爲人民喪失倫理道德觀念，係因不信鬼神德賞善罰惡之法則，以至於天下大亂。墨子明鬼下篇表示：「是以天下亂。此其故何以然也？則皆以疑惑鬼神之有與無之別，不明乎鬼神之能賞賢而罰暴也。今若使天下之人，**偕若信鬼神之能賞賢而罰暴也，則夫天下豈亂哉！**」

墨子認爲如果信仰上帝及鬼神存在，因爲上帝及鬼神施行公平及正義，公正審判人類行爲，[21]則人類如果爲邪惡行爲，必爲鬼神所見而加以懲罰，從而不敢爲非作歹。是故子墨子曰：「嘗若鬼神之能賞賢如罰暴也。蓋本施之國家，施之萬民，實所以治國家利萬民之道也。若以爲不然，是以吏治官府之不

18 楊鴻烈，中國法律思想史，商務印書館，初版，2017年，頁47。
19 鄭曉珊，論墨子的自然法思想，廣州社會主義學院學報，2010年第2期（總第29期），2010年，頁83以下。
20 梁漱溟，中國文化要義，臺灣商務印書館，初版2刷，2016年，頁138。
21 舊約聖經詩篇98：9段及99：4段亦有此類敍述。

絜廉，男女之爲無別者，鬼神見之；民之爲淫暴寇亂盜賊，以兵刃毒藥水火，退無罪人乎道路，奪人車馬衣裘以自利者，有鬼神見之。是以吏治官府，不敢不絜廉，見善不敢不賞，見暴不敢不罪。民之爲淫暴寇亂盜賊，以兵刃毒藥水火，退無罪人乎道路，奪車馬衣裘以自利者，由此止。是以莫放幽閒，擬乎鬼神之明顯，明有一人畏上誅罰，是以天下治。」

（三）太平經的天人合一思想

又太平經認爲政府施政應符合「天心」，而「天心」必合於「人心」，不僅應符合社會大眾之「一般民心」，尤其更應符合「眾多聖賢之心」（聖賢集思廣益），才能稱善。[22]此種「天心與人心」合一之思想，實屬於天人合一思想。太平經鈔庚部卷七：「**古者聖賢睹大意深，故常象天而爲行，不敢失銖分也。故能常獨與天厚，得天心也。若不得天心，乃大凶矣。**」[23]太平經合校卷七十三至八十五戊部五至十七：「**治天行與天心同，意與地合。上有益帝王，下爲民間昌率，能致和氣，爲人爲先法。**」[24]

太平經認爲國家治理應「順天道而行」，效法大自然之大道規則，而具有「宗教的天人合一」思想。太平經表示：「**天道無親，唯善是與。善者修行太平，成太平也。**」[25]「**故順天地者，其治長久。順四時者，其王日興。**」[26]「古者聖王以是思道，故得失之象，詳察其意。王者行道，天地喜悅；失道，天地爲災異。」[27]

太平經認爲善惡行爲均有感應於天地之間，上天賞善罰惡。此種天人感應，是指天與人能夠互相產生影響，一方面天的變化可以影響於人，另一方面，人類行爲可以引起天的感應，並產生相應的現象。[28]「**人爲善于地上，**

---

[22] 諸子百家中國哲學書電子化計劃，太平經合校卷九十一己部之六太平經卷之九十一，拘校三古文法第一百三十二，https://ctext.org/wiki.pl?if=gb&chapter=23791，瀏覽日期：112.1.29。

[23] 諸子百家中國哲學書電子化計劃，太平經鈔庚部卷之七，https://ctext.org/wiki.pl?if=gb&chapter=622189，瀏覽日期：112.1.29。

[24] 諸子百家中國哲學書電子化計劃，維基>太平經合校>五一至一百，太平經合校卷七十三至八十五戊部五至十七，https://ctext.org/wiki.pl?if=gb&chapter=23791，瀏覽日期：112.2.2。

[25] 太平經合校卷一至十七甲部不分卷。

[26] 太平經合校卷十八至三十四乙部不分卷太平經鈔乙部。

[27] 太平經卷二行道有優劣法。

[28] 呂鵬志，道教哲學，文津出版，初版，2000年，頁134以下。

天亦應之爲善。人爲惡于地上，天亦應之爲惡。乃氣上通。五氣相連上下同。」[29]（太平經鈔庚部卷七第37段）。**此一善惡之「天人感應」思想，與佛教金光明經之「天人感應」思想相同。**[30]

（四）佛教的天人合一思想

佛教教導人類應培養慈悲心，悲天憫人，勉勵人類行「菩薩道」（成佛之道），將「出世間法」融入「世間法」中進行修心養性，清淨身口意業，以開啓智慧，利益眾生，追求「上求佛道，下化眾生」之人生觀，由此將「人道與天道（佛道）」融合，亦具有「天人合一」之思想。大般涅槃經云：「一切聲聞、緣覺、菩薩、諸佛如來，所有善根，慈爲根本。」大方廣佛華嚴經云：「諸佛如來以大悲心而爲體故。因於眾生，而起大悲；因於大悲，生菩提心；因菩提心，成等正覺。」是故，一切諸修行人欲成無上正等正覺，必須發起大慈悲心，慈心遍及一切眾生，自利利他行菩薩道。[31]

佛教也主張「無緣大慈」與「同體大悲」，而展現天人合一思想。所謂「無緣大慈」，乃諸佛菩薩觀眾生迷而不覺，沉淪受苦，而生絕對、平等的慈悲心，不論有緣與否，均予平等救度；「同體大悲」者，乃了知眾生本具佛性，與聖人圓證的眞如體性，本質上無二無別，同在如來毘盧性海本體中，乃至於一切無情萬物，亦不離此性體，即所謂「情與無情同圓種智」。圓成佛道，則一切心、一切有情及所依報的無情世界，統統攝入諸佛空性本體，故除有情眾生外，對無情萬物示生同體大悲。[32]

---

[29] 諸子百家中國哲學書電子化計劃，太平經鈔庚部卷之七，https://ctext.org/wiki.pl?if=gb&chapter=622189，瀏覽日期：112.1.29。

[30] 金光明經卷二記載，爾時四王復白佛言：「世尊！是金光明微妙經典，於未來世在所流布，若國土城邑郡縣村落隨所至處，若諸國王以天律治世，復能恭敬至心聽受是妙經典，并復尊重供養供給持是經典四部之眾，以是因緣，我等時時得聞如是微妙經典，聞已即得增益身力，心進勇銳具諸威德。是故我等及無量鬼神，常當隱形隨其妙典所流布處，而作擁護令無留難；亦當護念聽是經典諸國王等及其人民，除其患難悉令安隱，他方怨賊亦使退散。」

[31] 見榜法師，慈悲的重要與實踐，https://www.ctworld.org.tw/html/topics/topics02/03.htm，瀏覽日期：113.4.11。

[32] 見據法師，如何體達「無緣大慈同體大悲」，https://www.ctworld.org.tw/disciple/mind/2003/105.htm，瀏覽日期：113.4.11。

二、自然的（尊天道的）天人合一思想

　　道家的「天人合一」思想，提倡「道法自然」，老子道德經即謂：「人法地，地法天，天法道，道法自然。」莊子齊物論章表示：「天地與我並生，而萬物與我爲一。」意指「人與自然的合一」，亦即人類的行爲應與大自然法則（天道）相融合，人類應與大自然和平共存共榮。此種「道法自然」可以營造「天人和諧」之永續發展環境。

　　「天人合一」思想，其中「天」代表「道」、「眞理」、「法則」，「天人合一」就是人應與先天本性相合，回歸大道，歸根復命。「天人合一不僅僅是一種思想，而且是一種狀態。宇宙自然是大天地，人則是一個小天地。人與自然在本質上是相通的，故一切人事均應順乎自然規律，達到人與自然和諧。」[33]

　　學者呂緒麟指出：「道家的老子而言，其旨在於希望能消除紛爭不息的社會現象，希望能夠『返樸歸眞』，人若能依其本性的自然，自然能夠聽任自化，自然不會形成若干劫數與浩劫，此種的想法應是一種**尊天道的天人合一觀**。」[34]

　　「儒、道兩家各自成爲強調天人合一的文化體系，因其最終均追求的是以文化體系**引領現實社會符合天理**；道家發天道，明自然，發展文化體系的思路是**由天之人，即以自然之理，作爲其體系的基礎**，欲使社會機制不違背天道自然；先秦**儒家的由人之天**和**道家的由天之人**，均是一種建構文化的理想。」[35]

三、義理的（道德的）天人合一思想

（一）人道與天道合一

　　學者有認爲：「孔子的『踐仁知天』與『盡性立命』的天命思想，即是

---

33 中文百科，天人合一（中國哲學思想），https://www.newton.com.tw/wiki/天人合一，瀏覽日期：113.4.4。
34 呂緒麟，試論孔孟與老子的天人合一觀，https://www.tienti.tw/node/992，瀏覽日期：113.4.2。
35 呂宗麟，試論孔孟與老子的天人合一觀，https://www.tienti.tw/node/992，瀏覽日期：109.2.21。

以仁心所開顯的整體的德性生命,來回應天之召命與天所賦予之使命。最後,他的生命整體皆成為天道流行的表現,而達至『天人合一』的境界。從此,可看出孔子思想中的從主觀面的『仁』,上通至客觀面的天道的『天人合一』型態。」[36]

儒家的「天人合一」思想,認為**「天是道德觀念和原則的本原,人心中天賦地具有道德原則**,這種天人合一乃是一種自然的,但不自覺的合一。但由於人類後天受到各種名利、欲望的蒙蔽,不能發現自己心中的道德原則。人類修行的目的,便是去除外界欲望的蒙蔽,『求其放心』,達到一種自覺地履行道德原則的境界,這就是孔子所說的『七十從心所欲而不逾矩』。」[37]此種「天人合一」思想,認為天或天道是「宇宙的最高道德秩序」,人類應仁民愛物,居仁由義,以遵循天道法則,一般歸類屬於義理的(道德的)天人合一思想。

學者孫亞文認為:「儒家思想蘊涵的積極因素:1.肯定了人是自然界的一份子,把天看成本源,人是天的派生物;2.自然界有普遍規律,人也要服從此普遍規律;3.人生的理想是天人和諧(總之,儒家的『天人觀』是把宇宙看成一個生命體,人與大自然是統一的,人也是大自然的一個成員,要人們不背離大自然、熱愛大自然,和大自然和諧相處,這種思想具有一定的進步意義)。」[38]

(二)修心養性,誠明以知天性,與天道合一(承事上天、不違天理)

儒家認為人透過誠意修身,「修心養性」,即可知天命、天性(自然規律)與天道,而與天道合一。禮記中庸篇表示:「自誠明,謂之性;自明誠,謂之教。誠則明矣,明則誠矣。唯天下至誠,為能盡其性;能盡其性,則能盡人性;**能盡人之性,則能盡物之性;能盡物之性,則可以贊天地之化育**;可以贊天地之化育,則可以與天地參矣。」「天命之謂性,率性之謂道,修道之謂教。道也者,不可須臾離也,可離非道也。是故君子戒慎乎其所不睹,恐懼

---

[36] https://nccur.lib.nccu.edu.tw/bitstream/140.119/33477/10/54502210.pdf,瀏覽日期:113.4.8。

[37] 中文百科,天人合一(中國哲學思想),https://www.newton.com.tw/wiki/天人合一,瀏覽日期:113.4.4。

[38] 孫亞文,論儒家「天人合一」思想對可持續發展的價值,蘭州學刊,第1期,2005年2月,頁79以下。轉引自蕭振邦,「天人合一」觀的實義探究,發表於2015年第二屆中華文化與天人合一國際研討會,頁689,https://ssrp.info/webfm_send/90,瀏覽日期:113.4.8。

乎其所不聞。莫見乎隱，莫顯乎微。故君子慎其獨也。喜怒哀樂之未發，謂之中；發而皆中節，謂之和；中也者，天下之大本也；和也者，天下之達道也。致中和，天地位焉，萬物育焉。」而孟子曰：「盡其心者，知其性也。知其性，則知天矣。**存其心，養其性，所以事天也**。殀壽不貳，修身以俟之，所以立命也。」

北宋張載亦認為：「儒者則**因明致誠，因誠致明，故天人合一**，致學而可以成聖，得天而未始遺人，易所謂不遺、不流、不過者也。」[39]正是從天道與人德合一的角度出發，將天人關係與「中庸」的誠明觀念結合起來，總結了天人合德的思想，即遵順天意，立天、立地、立人，「為天地立心，為生民立命。為往聖繼絕學，為萬世開太平」（橫渠語錄）。[40]

徐復觀在詮釋中庸的「天命之謂性」時指出，「『天命之謂性』絕非僅是在道德基礎上重構古代宗教義的天人關係，而是要**揭明人與天固有的內在關聯，闡發人與天（乃至萬物與天）是同質的**，天的無限價值已內在於人的性命之中，並成為人的生命之根源，也因此人得以實現崇高的價值。」[41]學者高柏園認為「中庸」的「天命之謂性」是將「性」作為人之存在的普遍性或超越根據，並視為天之所命，因而與天有著同一與差異的對比性，然而，「**就天道其為超越一切存有而言，乃具有超越性；而就其為萬物之存在根據而內在地為萬物之性而言，則具有內在性**，此即天道之既超越又內在之性格。」[42]學者蔡仁厚認為：「《孟子》即心言性，以心善言性善，內在之道德心即內在之道德性，能擴充四端之心，即能證仁義禮智之性，而人之性受之於天，故透過人之性以返本溯源，即可知天，故**心、性、天必然通而為一**。」[43]

[39] 諸子百家中國哲學書電子化計劃，維基＞張子正蒙＞乾稱篇第十，https://ctext.org/wiki.pl?if=gb&chapter=987183，瀏覽日期：113.4.3。

[40] 張世昌，天人合一之道，世界太極拳網，http://www.tjqworld.com/2010/9/1/20220715103311.3.shtml，瀏覽日期：113.4.3。

[41] 徐復觀，中國人性論史——先秦篇，商務印書館，初版，1984年，頁117-118。轉引自蕭振邦，「天人合一」觀的實義探究，發表於2015年第二屆中華文化與天人合一國際研討會，頁693，https://ssrp.info/webfm_send/90，瀏覽日期：113.4.8。

[42] 高柏園，中庸形上思想，東大圖書公司，再版，1991年，頁90-97。轉引自蕭振邦，「天人合一」觀的實義探究，發表於2015年第二屆中華文化與天人合一國際研討會，頁693，https://ssrp.info/webfm_send/90，瀏覽日期：113.4.8。

[43] 蔡仁厚，孔孟荀哲學，台灣學生書局，初版，1984年，頁229。轉引自蕭振邦，「天人合一」觀的實義探究，發表於2015年第二屆中華文化與天人合一國際研討會，頁693，https://

　　呂祖心經偈語：「一切惟心心最危。範天圍地發光輝。天心即在人心見。人合天心天弗違。」[44]

　　孟子曰：「盡其心者，知其性也。知其性，則知天矣。存其心，養其性，所以事天也。殀壽不貳，修身以俟之，所以立命也。」朱熹認爲：「人往往說先盡其心而後知性，非也。心性本不可分，況其語脈是『盡其心者，知其性』。心只是包著這道理，盡知得其性之道理，便是盡其心。若只要理會盡心，不知如何地盡。」[45]「盡其心者，知其性也。」所以能盡其心者，由先能知其性，知性則知天矣。知性知天，則能盡其心矣。不知性，不能以盡其心。「物格而後知至。」「先知得性之理，然後明得此心。知性猶物格，盡心猶知至。」「知性也，物格也；盡心者，知至也。」故學者有認爲朱熹的「盡心、知性、知天」的順序，是爲先「知性」，也就是窮格性理（格物致知）。然後，「心靜理明」是爲「盡心」。最後，即能默契性理之源的天道，是爲「知天」，此即他的「天人合一」之境。[46]

（三）和順於道德義理：「天人一理說」

1.天人一理

　　儒家提倡「和順於道德而理於義，窮理盡性以至於命」（易經說卦傳）。

　　此一「義理的天人合一」思想，係「中國哲學中對於上天與人之間關係的一種觀念。宋代理學家認爲『仁』是所有德行的總名，仁者以天地萬物爲一體。所以學者應汲於求仁，盡己之心性，存天理，去人欲，由格致誠正修齊治平，而與天地合德，就可以達到『天人合一』的境界。」[47]

---

　　ssrp.info/webfm_send/90，瀏覽日期：113.4.8。

[44] 呂祖心經，http://www.retaoist.org/R01034.htm，瀏覽日期：113.4.8。

[45] 諸子百家中國哲學書電子化計劃，朱子語類>孟子十，https://ctext.org/zhuzi-yulei/60/zh，瀏覽日期：113.4.8。

[46] https://nccur.lib.nccu.edu.tw/bitstream/140.119/33477/10/54502210.pdf，瀏覽日期：113.4.8。

[47] 教育部國語辭典簡編本，關於「天人合一」之介紹，https://dict.concised.moe.edu.tw/dictView.jsp?ID=11201&la=1&powerMode=0，瀏覽日期：113.4.2。學者有認爲：「孟子由義理之天來說明天人合一思想，其後爲宋明理學家所光大，如張載『天良能本吾良能』《正蒙・誠明》，天與人合一，都合在於性本善良之上，換言之，先秦儒家思想的天人合一觀，並非是宇宙論、本體論上的思辨，而是落實到現實人生，爲『人』的價值理想尋求一種基礎和源

　　宋代理學家程顥（明道先生）認爲「仁者以天地萬物爲一體，莫非我也。」「仁者渾然與物同體，義禮知信皆仁也，識得此理，以誠敬存之而已。」「**所以謂萬物一體者，皆有此理。**」「萬物皆只是一箇天理。」「有道有理，天人一也，更不分別。」「一人之心，即天地之心。一物之理，即萬物之理。仁義禮智信，五者性也，仁者全體，四者四支，仁體也，義宜也，禮別也，智知也，信實也。」「有德者得天理而用之，既有諸已所用，莫非中理。」「致知在格物，格至也窮理，而至於物，則物理盡，今之學者惟有義理，以養其心。」[48]（二程遺書卷二上）「心所感通者，只是理也。」（二程遺書卷二下）。程頤亦認爲心性天只是一理，宋元學案／卷015，伊川學案上：「問：『孟子言心、性、天，祇是一理否？』曰：『然。自理言之謂之天，自稟受言之謂之性，自存諸人言之謂之心。』」[49]「豈有通天地而不通人者哉？如止云通天之文與地之理，雖不能此何害於儒？天地人只一道也，纔通其一，則餘皆通。」[50]「朱子曰：伊川言『性即理也』。」[51]在此「天人合一」思想，就具體地表現爲「與理爲一」，此即所謂「天人一體說」或「天人一理說」。[52]

　　張載「天人合一的思想核心，是在宇宙的大系統中，宇宙之本是其存在本性，宇宙之體是其充塞的浩然之氣。人的存在同一於宇宙存在本性，每個人的具體特質，同一於宇宙充塞的氣。在宇宙整體系統之生化養育中，人與萬物分享同一根源、同一存在本性、同一天理、同一浩然之氣。張載認爲宇宙的誠體，易學所言的乾坤，是人與萬物的父母。故此『吾』與萬民是『同胞』，與萬物是同類。由此張載推出其名言『民吾同胞，物吾與也。』『同胞』指同一

泉，亦是一種對『人道』觀念的看重，因之會形成對善觀念的確立，與對善行爲的實踐。」（呂宗麟，試論孔孟與老子的天人合一觀，https://www.tienti.tw/node/992，瀏覽日期：109.2.21）。

[48] 諸子百家中國哲學書電子化計劃，維基>二程遺書>卷二上，https://ctext.org/wiki.pl?if=gb&chapter=481753，瀏覽日期：113.4.4。

[49] 維基，宋元學案，卷十五，https://zh.wikisource.org/wiki/宋元學案/卷015，瀏覽日期：113.4.4。

[50] 二程遺書卷十八。

[51] 維基，宋元學案，卷十六・伊川學案下，https://zh.wikisource.org/wiki/宋元學案/卷016，瀏覽日期：113.4.4。

[52] 彭凱、吳蓓蓓，「天人合一」思想對我國傳統法律文化的影響，廣西社會科學，2008年第1期（總151期），2008年，頁97。

父母所生、血脈相連，所有人都在天地中親情相連，彼此感通。『物吾與也』指人所有萬物是相關相連的同類。」[53]

「朱熹發展二程提出『理』的思想，以『太極』爲理之全體：『總天地萬物之理，便是太極。』太極本就是宇宙之本來根源，這宇宙之本根爲一理體。朱子指出『太極只是天地萬物之理。在天地言，則天地中有太極；在萬物言，則萬物中各有太極。』[54]因萬物各有太極，故人心性亦有天理，朱熹主張人性爲天理，他從這說明『本體』理念：『性者，人所受之天理；天道者，天理自然之本體，其實一理也。』[55]人性即天理，太極統一天理爲一理，這天理是人性的本體。」[56]

2. 理一分殊

雖然萬物一體皆具同一理，而這個理又能在萬事萬物之中得以體現，即每個事物中存在自己的一個理。此即宋明理學中所謂「理一分殊」。「理一分殊」是我國宋明理學裡講「一理」與「萬物」之間關係的重要命題，源於唐代華嚴宗和禪宗。華嚴宗在四法界中講理法界和事法界時，認爲理是全遍，具有普遍性。[57]此一「理一分殊」觀念，首先表現於程顥論《中庸》：「子程子曰：『不偏之謂中，不易之謂庸。中者，天下之正道，庸者，天下之定理。』此篇乃孔門傳授心法，子思恐其久而差也，故筆之於書，以授孟子。其書始言一理，中散爲萬事，末復合爲一理，『放之則彌六合，卷之則退藏於密』，其味無窮，皆實學也。」

其後程頤在《答楊時論西銘書》所提出問題，楊時認爲，《西銘》所持天地父母、大君宗子的萬物一體的境界，有類於墨子的「兼愛」的流弊，對此程頤加以糾正表示：「《西銘》之爲書，推理以存義，擴前聖所未發，與孟子性善養氣之論同功（二者亦前聖所未發），豈墨氏之比哉？《西銘》明理一而分殊，墨氏則二本而無分（老幼及人，理一也。愛無差等，本二也）。分殊之

---

[53] 梁燕城，天人合一與感通的上帝（上篇），中華神學，研究季報，2023年7月，頁46。

[54] 朱熹，朱子語類>理氣上。朱熹又謂：「有此理（指太極），便有此天地；若無此理，便亦無天地，無人無物，都無該載了！有理，便有氣流行，發育萬物。」

[55] 朱熹，四書章句集注>論語集注>公冶長第五，https://ctext.org/si-shu-zhang-ju-ji-zhu/gong-ye-chang-di-wu/zh，瀏覽日期：113.4.8。

[56] 梁燕城，天人合一與感通的上帝（上篇），中華神學，研究季報，2023年7月，頁54。

[57] 百度百科，理一分殊，https://baike.baidu.hk/item/理一分殊/2711766，瀏覽日期：113.4.7。

蔽，私勝而失仁；無分之罪，兼愛而無義。分立而推理一，以止私勝之流，仁之方也。無別而迷兼愛，至於無父之極，義之賊也。」亦即依據程頤觀點，對一切人都應當仁愛，這是「理一」，但對不同的對象，仁愛亦要有差別、差異、分爲，此即是「分殊」；「理一」是指道德原則的統一，而分殊是指統一的道德原則表現爲不同的道德規範。此爲程頤從倫理方面對「理一分殊」所進行之開創性的解釋。[58]

朱熹的「理一分殊」理論，吸收了佛教華嚴宗的理與事、一與萬等有關思想以及周敦頤的宇宙論思想，將宇宙自然界的萬事萬物，特別是人與萬物的關係，全部納入到「理一分殊」的哲學體系中，給予解釋。朱熹從本體論角度指出，總合天地萬物的理，只是一個理，若分開來，每個事物都各自有一個理。然千差萬殊的事物都是那個理一的體現。[59]

朱子語類記載：「**萬物皆有此理，理皆同出一原，但所居之位不同，則其理之用不一。**如爲君須仁，爲臣須敬，爲子須孝，爲父須慈，物物各具此理，而物物各異其用，然莫非一理之流行也。聖人所以窮理盡性，而至於命，凡世間所有之物，莫不窮極其理，所以處置，得物物各得其所，無一事一物不得其宜。除是無此物，方無此理，既有此物，聖人無有不盡其理者。所謂惟至誠，贊天地之化育，則可與天地參者也。」[60]因此，知其理一，所以爲仁，便可以推己及人；知其分殊，所以爲義，故愛必從親人開始。朱熹朱子語類>周子之書>太極圖：「**無極是有理而無形。如性，**何嘗有形？太極是五行陰陽之理皆有，不是空底物事。」「太極只是箇極好至善底道理。**人人有一太極，物物有一太極。**周子所謂太極，**是天地人物萬善至好底表德。**」學者認爲朱熹「把總天地萬物之理，說成太極。太極便是最根本的理，理一分殊就是太極包含萬物之理，萬物分別完整地體現整個太極，『人人有一太極，物物有一太極』。萬物之理與太極，似乎是普遍的理與特殊的理的關係，實質上還是理一與萬物的

---

58 百度百科，理一分殊，https://baike.baidu.hk/item/理一分殊/2711766，瀏覽日期：113.4.7。「龜山語錄有曰，西銘理一而分殊，知其理一，所以爲仁。知其分殊，所以爲義，所謂分殊，猶孟子言，親親而仁民，仁民而愛物，其分不同，故所施不能無差等耳。」（諸子百家中國哲學書電子化計劃，維基>張子全書>卷一，https://ctext.org/wiki.pl?if=gb&chapter=571430，瀏覽日期：113.4.7）。
59 百度百科，理一分殊，https://baike.baidu.hk/item/理一分殊/2711766，瀏覽日期：113.4.7。
60 諸子百家中國哲學書電子化計劃，維基>朱子語類>卷十八，https://ctext.org/wiki.pl?if=gb&chapter=979755#朱子語類卷十八，瀏覽日期：113.4.7。

關係，他虛構出一個最一般的理，安置到每一具體事物之中，實際上是把觀念的東西當作事物的根源。」[61]

3. 心即理，人之道心即天理：本體與實存合一，知行合一

陸九淵認為：「天之所以與我者，即此心也。**人皆有是心，心皆具是理，心即理也**。所貴乎學者，為其欲窮其理，盡此心也。」[62]

王陽明從「本體與實存合一」觀點，創立「知行合一」之理論。[63]「**夫人者，天地之心，天地萬物本吾一體者也。**」「是非之心，不慮而知，不學而能，所謂『**良知**』也：**良知之在人心**，無間於聖愚，天下古今之所同也，世之君子惟務其良知，則自能公是非，同好惡，視人猶己，視國猶家，而以天地萬物為一體，求天下無治，不可得矣。」[64]

「**心即理也。此心無私欲之蔽，即是天理。**不頂外面添一分。以此純乎天理之心，發之事父便是孝。發之事君便是忠。發之交友治民便是信與仁。只在**此心去人欲，存天理**上用功便是。」先生曰：「**性是心之體。天是性之原。盡心即是盡性**。『惟天下至誠為能盡其性，知天地之化育』，存心者，心有未盡也。」「天理即是明德。窮理即是明明德。」「心一也。未雜於人謂之道心。雜以人偽謂之人心，**人心之得其正者即道心**。道心之矢其正者即人心。初非有三心也。程子謂**人心即人欲，道心即天理**。語若分析，而意實得之。」[65]「心即性，性即理。」「定者心之本體。天理也。動靜所遇之時也。」[66]「夫心之體，性也。性之原，天也。能盡其心，是能盡其性矣。」[67]

學者有認為王陽明建立良知的理論，指出「心即理」，心、理、天與良知，原是一體，且會主動流現為人所體驗，得直貫於現實生活中，而使人在現

---

61 百度百科，理一分殊，https://baike.baidu.hk/item/理一分殊/2711766，瀏覽日期：113.4.7。

62 陸九淵：《與李宰》，《陸九淵集》卷十一。

63 梁燕城，天人合一與感通的上帝（上篇），中華神學，研究季報，2023年7月，頁57。

64 諸子百家中國哲學書電子化計劃，王陽明，傳習錄>答聶文蔚，https://ctext.org/wiki.pl?if=gb&chapter=944738，瀏覽日期：113.4.7。

65 諸子百家中國哲學書電子化計劃，王陽明，傳習錄>徐愛引言，https://ctext.org/wiki.pl?if=gb&chapter=483318，瀏覽日期：113.4.7。

66 諸子百家中國哲學書電子化計劃，王陽明，傳習錄>門人陸澄錄，https://ctext.org/wiki.pl?if=gb&chapter=105242，瀏覽日期：113.4.7。

67 諸子百家中國哲學書電子化計劃，王陽明，傳習錄>答顧東橋書，https://ctext.org/wiki.pl?if=gb&chapter=675304，瀏覽日期：113.4.7。

實生活中修行，即可悟良知，不必入於理論與知識世界。宇宙與人間的合一，人良知既通天地，也通萬民：「天地萬物，本吾一體也。」[68]因而王陽明提出其天人合一思想：「大人者，以天地萬物爲一體者也，其視天下猶一家，中國猶一人焉。若夫間形骸而分爾我者，小人矣。大人之能以天地萬物爲一體也，非意之也，其心之仁本若是，其與天地萬物而爲一也。」[69]

（四）天人合德

儒家有關「義理的天人合一」思想，提倡「天人合德」，「尙德」應厚德載物，德配天地（道德與天地匹配）。周易文言：「夫大人者，與天地合其德，與日月合其明，與四時合其序，與鬼神合其吉兇。」儒家從效天法地入手，將「天地之道」化爲「人德」，而後修身、齊家、治國、平天下。[70]亦即提倡效法「天道、地道」，據以建立「人道」。

學者有認爲儒家的天人合一思想，並非意指「人與自然的合一」，而是一種重視人文，以「人爲主體」的天人合一觀，認爲人類知道向善，並以天亦爲善，更易體天而行，能與天地合其德。[71]

關於「天人合一」的關係，周易提出了三層境界：1.天行健，君子以自強不息；地勢坤，君子以厚德載物；2.天地感而萬物化生，聖人感人心而天下和平（易經咸卦，象傳）；3.聖人之作《易》也，將以順性命之理，是以立天之道曰陰與陽，立地之道曰柔與剛，立人之道曰仁與義。兼三才而兩之，故《易》六畫而成卦（易經說卦傳）。[72]

---

[68] 梁燕城，天人合一與感通的上帝（上篇），中華神學，研究季報，2023年7月，頁57。

[69] 諸子百家中國哲學書電子化計劃，維基>古本大學>古本大學，https://ctext.org/wiki.pl?if=gb&chapter=510296，瀏覽日期：113.4.4。

[70] 張世昌，天人合一之道，世界太極拳網，http://www.tjqworld.com/2010/9/l/20220715103311.3.shtml，瀏覽日期：113.4.3。

[71] 呂緒麟，試論孔孟與老子的天人合一觀，https://www.tienti.tw/node/992，瀏覽日期：113.4.2。

[72] 張世昌，天人合一之道，世界太極拳網，http://www.tjqworld.com/2010/9/l/20220715103311.3.shtml，瀏覽日期：113.4.2。

肆、天人合一思想之特徵

天人合一思想，概有下列特徵：

一、敬天愛人的仁愛思想

在「主觀上」提倡人類之起心動念，應秉持「良心」和合「天心」，效法天地「博愛」（慈悲）孕育萬物之倫理道德價值觀，以營造人類在內心安定、社會祥和的境界。此尤其表現在宗教的天人合一思想，更為明顯。

學者梁燕城指出：「程明道提出『仁者，渾然與物同體。』是一個『天人合一』哲學的總提綱，就是仁者是與宇宙大流化具有同一本體。他將孔孟所言的『仁』，視為等宇宙萬物一切存在的本體，故說仁者與宇宙萬物同體。儒家所強調的仁愛流露和道德行為，與天地萬物為共同本體的呈現。故此明道又說『仁者，以天地萬物為一體，莫非己也。』仁者與天地萬物在同一本體中融合為一，以致人的自己和天地萬物一切事物相關聯，休戚與共。」[73]

二、順應天道與義理，而能「通情達理」

在「客觀上」，提倡人類應洞察宇宙萬物（包括人類）的生存發展法則規律，以及事物本質之道理（義理），在處世上應能順應天道天理與人道及人情義理，以求「通情達理」，所作所為符合天理。所謂「道法自然」，道生理，理生義，義生法。此為自然的或義理的天人合一思想之共同特徵。

三、中庸之道

天道「大公無私」，有容乃大，故應秉持「中庸之道」，「中正無私」的公正處事原則，兼顧各方利益之平衡生存發展。子程子曰：「不偏之謂中，不易之謂庸。中者，天下之正道，庸者，天下之定理。」[74]

---

[73] 梁燕城，天人合一與感通的上帝（上篇），中華神學，研究季報，2023年7月，頁48。

[74] 諸子百家中國哲學書電子化計劃，四書章句集注>中庸章句>中庸章句，https://ctext.org/si-shu-zhang-ju-ji-zhu/zhong-yong-zhang-ju1/zhs，瀏覽日期：113.4.11。

四、王道思想與大同世界觀

　　整體宇宙秩序，包括人類社會生活秩序，應營造一個和諧的、統一的「和合相」，將「天道、地道與人道」（天理、事理與人情）三者融合統一。易經同人卦謂：「中正而應」，與人和同，「能通天下之志」。此即「天地人三合一」之「王道思想」。其強調人類與萬物應和諧「共存共榮」的倫理價值觀，致中和，而能明德行善於天下。故能福國利民，利益天下蒼生，營造大同世界。

五、永續發展原則

　　天人合一思想提倡「道法自然」，效法天地「永恆發展」規律，使人類、社會及國家可以永續發展。

伍、天人合一思想之展開

一、建構「順天理」的道德社會

　　天人合一思想引導人類社會邁向與宇宙萬物共存共榮的和諧發展世界，協助建構符合天道天理的處世之道，從而提升人類社會之道德文化水準。

　　宋朝哲學家張載正蒙誠明篇第六：「所謂天理也者，能悅諸心，能通天下之志之理也。能使天下悅且通，則天下必歸焉；不歸焉者，所乘所遇之不同，如仲尼與繼世之君也。『舜禹有天下而不與焉』者，正謂天理馴致，非氣稟當然，非志意所與也；必曰『舜禹』云者，餘非乘勢則求焉者也。」認為天理係可通天下之志之理，能使天下人民悅服，且能使政通人和，國泰民安之道。

　　張載正蒙至當篇第九：「循天下之理之謂道，得天下之理之謂德。」「能通天下之志者為能感人心，聖人同乎人而無我，故和平天下，莫盛於感人心。」「仁道有本，近譬諸身，推以及人，乃其方也。必欲博施濟眾，擴之天下，施之無窮，必有聖人之才，能弘其道。」「道所以可久可大，以其肖天地而不離也；與天地不相似，其違道也遠矣。」

　　余英時先生認為宋代理學有二個特色：一是建構一個形而上的「理」的世界；二是發展了種種有關精神修養的理論與方法，指導人們如何「超凡入

聖」，成為聖賢之人。這兩條不僅開拓「內聖」的道路，並由此通過國家「治理」以平天下，建構和諧的合理性社會。[75]

二、建構「合理性」的公正社會

「天人合一」思想，在哲學層面上，是天人合於「道理」，天道與人道相通於「仁」（仁慈、仁愛）與「理」（天理、事理），天性與人性「與理為一」，天人統一於「仁愛」和「道理」。在社會層面上，人道合於天道，人類社會的組成結構與運作規則要與天道、事物道理保持一致，人道要體現天道。在個人修養上，「天人合一」就是要求人類個體道德修養、行為規範要與天道天理的要求保持一致。[76]

例如易經繫辭傳上篇：「易與天地準，故能彌綸天地之道。仰以觀於天文，俯以察於地理，是故知幽明之故。原始反終，故知死生之說。精氣為物，遊魂為變，是故知鬼神之情狀。與天地相似，故不違。知周乎萬物，而道濟天下，故不過。旁行而不流，樂天知命，故不憂。安土敦乎仁，故能愛。範圍天地之化而不過，曲成萬物而不遺，通乎晝夜之道而知，故神無方而易無體。」在社會規範以及法制規範設計上，要能符合「天心」（天道）與「人心」（人道），必須順應「天時」、「地利」與「人和」，此即黃帝四經所謂「道生法」，韓非子所謂「法與時轉則治，治與事宜則有功」。

荀子性惡篇：「凡禹之所以為禹者，以其為仁義法正也。然則**仁義法正有可知可能之理。**」「故聖人化性而起偽，偽起而生禮義，**禮義生而制法度。**」荀子大略篇：「**義、理也，故行；禮、節也，故成。**仁有里，義有門；仁、非其里而處之，非仁也；義，非其門而由之，非義也。推恩而不理，不成仁；遂理而不敢，不成義；審節而不和，不成禮；和而不發，不成樂。故曰：**仁義禮樂，其致一也。**君子處仁以義，然後仁也；**行義以禮，然後義也；制禮反本成末，然後禮也。**三者皆通，然後道也。」

又宋明理學之天人合一思想，二程（程顥與程頤）提出人類社會的制度及

---

[75] 余英時，宋明理學與政治文化，允晨文化出版，2版，2021年，頁10。

[76] 彭凱、吳蓓蓓，「天人合一」思想對我國傳統法律文化的影響，廣西社會科學，2008年第1期（總151期），2008年，頁96-99。

與之相適應的社會道德規範，也都應取向於「理」[77]（天理、事理與人理），此與西方國家自然法思想表現不謀而合。

三、建構「順理的」法治國家：依循天時地利之自然法則治國

（一）順應天時地利與事理

　　道法自然之天人合一思想，提倡人類必須依循「天時地利」之自然法則處事，順理而行，才能事半功倍，否則，悖理而行，難以成功。在此表現出古代哲學的自然法思想。管子霸言篇：「令行人服，理之至也。」管子牧民篇：**「不務天時，則財不生；不務地利，則倉廩不盈。」**管子七臣七主篇：「故**設用無度，國家踣，舉事不時，必受其菑。」**管子牧民篇：「故**知時者，可立以為長。無私者，可置以為政。審於時而察於用，而能備官者，可奉以為君也。」**均是此意。

　　韓非子解老篇：**「道者，萬物之所然也，萬理之所稽也。理者，成物之文也；**道者，萬物之所以成也。故曰：『道，理之者也。』物有理不可以相薄，物有理不可以相薄，故理之為物之制。萬物各異理，萬物各異理而道盡。稽萬物之理，故不得不化。」**「夫緣道理以從事者無不能成。**無不能成者，大能成天子之勢尊，而小易得卿相將軍之賞祿。夫棄道理而妄舉動者，雖上有天子諸侯之勢尊，而下有猗頓、陶朱、卜祝之富，猶失其民人而亡其財資也。」

　　「因天之時，順地之理，時行則行，時止則止，一四時之過化而日新也。」「艮，取得止之義。物皆有止，而以止於理者為大焉。聖人欲人動靜皆止於理，而不奪於內外物欲之私，以免於咎，故卦辭予以之以無咎。」[78]

　　朱熹近思錄卷一·道體：「濂溪曰：誠無為，幾善惡。德愛曰仁，宜曰義，理曰禮，通曰智，守曰信。性焉安焉之謂聖，復焉執焉之謂賢。發微不可見，充周不可窮，之謂神。」朱熹近思錄卷一·道體：「『上天之載，無聲無臭』。其體則謂之易，**其理則謂之道**，其用則謂之神，**其命於人則謂之性**。率性則謂之道，修道則謂之教。孟子去其中又發揮出浩然之氣，可謂盡矣。」

---

[77]　維基，二程，https://zh.wikipedia.org/zh-tw/二程，瀏覽日期：113.4.5。
[78]　日講易經解義，艮卦，https://www.eee-learning.com/book/5790#google_vignette，瀏覽日期：113.4.8。

「明道先生言於神宗曰：得天理之正，極人倫之至者，堯舜之道也。用其私心，依仁義之偏者，霸者之事也。『王道如砥』。**本乎人情，出乎禮義**，若履大路而行，無復回曲。霸者崎嶇反側於曲徑之中，而卒不可與入堯舜之道。故誠心而王，則王矣。」（近思錄卷八·治體）。

（二）自然法思想

　　詩經大雅蕩之什：「天生烝民，有物有則。民之秉彝，好是懿德。」天生眾民，事物有其法則規律，民之本性，亦愛好具有美德者。亦即：「天之生眾民，其性有物象，謂五行仁、義、禮、智、信也。其情有所法，謂喜、怒、哀、樂、好、惡也。然而民所執持有常道，莫不好有美德之人。」[79]在此體現萬事萬物之法則規律，均表現其事務之本性，國家治理應依循事務之本性以及人民之本性而為，人民愛好善德，政府政策法令措施，即應符合此一本性法則，從而表現出符合事物本質之自然法思想。

　　古人常效法天地之運轉法則規律治理朝政，而強調為施政應符合事物法則規律之自然法思想。禮記禮運篇：「夫禮必本於天，殽（通『效』，效法）於地，列於鬼神。」「故**聖人作則，必以天地為本**，以陰陽為端，以四時為柄，以日星為紀，月以為量，鬼神以為徒，五行以為質，禮義以為器，人情以為田，四靈以為畜。」「以天地為本，故物可舉也；以陰陽為端，故情可睹也；以四時為柄，故事可勸也；以日星為紀，故事可列也；月以為量，故功有藝也；鬼神以為徒，故事有守也；五行以為質，故事可復也；禮義以為器，故事行有考也；人情以為田，故人以為奧也；四靈以為畜，故飲食有由也。」

（三）實證主義

　　天人合一思想，提倡效法天道、地道與人道，作為處世之道。而要能「通情達理」，必須掌握事物特殊性及其事物之本質，而需要「格物致知」，進行實證調查研究，從而展現實證主義之精神。毛詩正義[80]也指出：「是故夫

---

[79] 維基文庫，毛詩正義>卷十八，https://zh.m.wikisource.org/wiki/毛詩正義/卷十八，瀏覽日期：112.5.9。

[80] 維基文庫，毛詩正義>卷十九，https://zh.m.wikisource.org/wiki/毛詩正義/卷十九，瀏覽日期：112.5.9。

政必本於天，殺以降命。鄭云：『效天之氣，以下教令。天有運移之期，陰陽之節也』，若賞以春夏，刑以秋冬，皆效天也。《大司徒職》曰：『以土會之法，辨五地之物生。一曰山林宜皂物，二曰川澤宜膏物，三曰丘陵宜核物，四曰墳衍宜莢物，五曰原隰宜叢物。』是地有山川高下，物生各有所宜，人君當效之，亦順合所宜而任之。」

在政府推動重大政策或法規制度之前，應先進行政策或法規之衝擊影響評估，[81]以求符合公平與效能之要求，一方面對於公共事務要能進行公正合理之規律，以伸張社會正義，促進國民生活福祉。另一方面要能符合成本效益，提升政府治理效能。立法院最近通過的國會調查權，亦具有補充立法事實調查真相的機制。立法院職權行使法最近三讀通過第45條第1項規定：「立法院為有效行使憲法所賦予之職權，得經院會決議，設調查委員會，或得經委員會之決議，設調查專案小組，對相關議案或與立法委員職權相關之事項行使調查權及調閱權。」亦係掌握立法事實真相，以確保立法規範「公正合理性」所必要。

四、建構「人和的」（順應民心、民情）友善國家：國家治理應順應民心與人民生活習慣

道法自然之天人合一思想，主張應順應民心與人民生活習慣。因民之所欲而為之，以「便民興利」為原則。在法制立法政策上屬於「興利重於除弊」之原。史記管晏列傳表示：「管仲既任政相齊，以區區之齊在海濱，**通貨積財，富國彊兵，與俗同好惡**。故其稱曰：『倉廩實而知禮節，衣食足而知榮辱，上服度則六親固。四維不張，國乃滅亡。**下令如流水之原，令順民心。**』故論卑而易行。俗之所欲，因而予之；俗之所否，因而去之。」此與史記齊太公世家記載：「太公至國，修政，**因其俗，簡其禮**，通商工之業，便魚鹽之利，而人民多歸齊，齊為大國。」均同樣採取「簡政便民」之治國法則。

太平經認為人類應秉持道德仁義之心，而能與天地人和諧融合，即可善有善報，獲得天地之保護。由此展現天人合一思想觀念。太平經合校卷七十三至八十五戊部五至十七：「守道德積善，乃究洽天地鬼神精氣。」「**行與天心同，意與地合。上有益帝王，下為民間昌率，能致和氣，為人為先法。**」「天

---

81 陳清秀，法理學，3版，2020年，頁147以下。

者好生道，故爲天經；積德者地經，地者好養，故爲地經；積和而好施者爲人經，和氣者相通往來，人有財相通，施及往來，故和爲人經也。」[82]

五、建構「永續發展」的大同世界：致中和

　　「天人合一」思想，具有仁愛正理的「天下爲公」思想，朱熹近思錄卷一・道體：「仁者，天下之公，善之本也。」「仁者，天下之正理，失正理則無序而不和。」

　　莊子齊物論亦謂：「道通爲一」「天地與我並生，而萬物與我爲一。」「凡物無成與毀，復通爲一。唯達者知通爲一，爲是不用而寓諸庸。庸也者，用也；用也者，通也；通也者，得也。適得而幾矣。因是已。已而不知其然，謂之道。」萬物融合爲一體，「民吾同胞，物吾與也。」「萬物並育而不相害，道並行而不相悖。」（禮記・中庸）亦即「萬物同時生長而不相妨害。日月運行四時更替而不相違背。」表現宇宙與大自然的法則中，展現包容精神與和合之道。[83]整個世界處於一種中和融通、和諧統一的狀態，人與天地萬物共存共榮，謂之「天人和諧」。「天人和諧是古代天人合一哲學觀中最有價值的核心的部分。天人合一之道，就是人與自然的和諧共生之道，是人與社會以及自我身心內外的和諧統一之道。」[84]「天人和諧」實現「致中和」的祥和社會。此即禮記中庸篇所謂：「中也者，天下之大本也；和也者，天下之達道也。致中和，天地位焉，萬物育焉。」

　　「天入合一」是我國傳統法律文化所追求的最高境界。「天人合一」思想強調人間的一切都應該符合自然與天道，而天道的秩序是和諧的。天有四季更替，循環往復，沒有偏廢，這是和諧，自然與人之間存在相互感應的關係，基本的精神也是和諧。人類社會應以此爲原則，保持社會的和諧。秩序和諧成爲以維護天道秩序爲終極目標的傳統法律文化的價值取向，其目標就是要尋求人與自然、人與人之間的和諧社會秩序。[85]由此即可建構祥和和諧的「**永續發**

---

[82] 諸子百家中國哲學書電子化計劃，維基>太平經合校>五一至一百，太平經合校卷七十三至八十五戊部五至十七，https://ctext.org/wiki.pl?if=gb&chapter=23791，瀏覽日期：112.2.2。

[83] 古詩文網，https://so.gushiwen.cn/mingju/juv_b13ab3e40015.aspx，瀏覽日期：113.4.4。

[84] 張世昌，天人合一之道，世界太極拳網，http://www.tjqworld.com/2010/9/l/20220715103311.3.shtml。

[85] 彭凱、吳蓓蓓，「天人合一」思想對我國傳統法律文化的影響，廣西社會科學，2008年第1

展」的大同世界。

　　諸子百家提倡「天人合一」的文化體系，其共同最終目標均在追求以文化體系引領現實社會符合「天理」，指出人類與自然和諧相處之道，以提升人類生活福祉爲目標。亦即禮記中庸篇所指出參贊天地之化育：「能盡人之性，則能盡物之性；能盡物之性，則可以贊天地之化育；可以贊天地之化育，則可以與天地參矣。」最終能達到「爲天地立心，爲生民立命。爲往聖繼絕學，爲萬事開太平」（張載《橫渠語錄》）。

　　有認爲：「孔子重視天人合一的思想，意思是指四季萬物都按照一定的規律運行，強調了順應自然的思想。『天人合一』思想的實質是主張將天、地、人作爲一個統一、和諧的整體來考慮，**既要發揮人的主觀能動性**，充分改造自然和利用自然，又要**尊重自然界的客觀規律**，在保護自然資源和生態環境的基礎上進行生產活動，切勿一味索取，片面地利用自然和征服自然。主張建立一種人與自然和諧發展的關係，即達到『和』的境界。『釣而不綱，弋不射宿。』《論語‧述而篇》。」[86]此種保護自然生態理念，即可使人類社會邁向**「永續發展」的方向**。

六、建構整體國家統一的價值觀與和諧統一的社會秩序

　　天人合一思想，有利於統一全國人民有關善惡之價值觀念標準。墨子認爲原始社會，人類各有其不同價值觀，導致社會分歧無法和諧統一，甚至互相傷害。因此，主張選擇天下智慧者之聖王，統一天下之義理，並應尚同於「天理天道」，而構成宗教的天人合一思想。

　　天人合一思想有節制統治者之專制或多數暴力之作用，認爲統治者之行爲不得違反天道，應順天理而行，不得「逆天悖理行事」。董仲舒春秋繁露即謂：「事各順於名，名各順於天，天人之際合而爲一，同而通理，動而相益，順而相受，謂之德道。」（深察名號章）「《春秋》之法，以人隨君，以君隨天。」「故屈民而伸君，屈君而伸天，《春秋》之大義也。」（玉杯章）強調「天道義理」高於君主之權威，具有「節制及控制」統治者權利行使，防止其

期（總151期），2008年，頁98。
[86] 高志民操佩，《論語》含天人合一思想：人與自然要放在平等地位，http://culture.people.com.cn/BIG5/n/2015/0122/c22219-26431251.html，瀏覽日期：113.4.7。

濫權、傷及無辜之作用。

墨子尚同上篇：[87]「子墨子言曰：古者民始生，未有刑政之時，蓋其語『人異義』。是以一人則一義，二人則二義，十人則十義，其人茲眾，其所謂義者亦茲眾。是以人是其義，以非人之義，故文相非也。是以內者父子兄弟作怨惡，離散不能相和合。天下之百姓，皆以水火毒藥相虧害，至有餘力不能以相勞，腐臭餘財不以相分，隱匿良道不以相教，天下之亂，若禽獸然。」

「明乎民之無正長以一同天下之義，而天下亂也。是故選擇天下賢良聖知辯慧之人，立以爲天子，使從事乎一同天下之義。」墨子所謂「賢良聖知辯慧之人」之天子條件，墨子認爲必須「夫知者，必尊天事鬼，愛人節用，合焉爲知矣。」（墨子公孟篇）「古聖王皆以鬼神爲神明，而爲禍福，執有祥不祥，是以政治而國安也。」[88]（墨子公孟篇）強調古代的聖王都認爲鬼神是神明的，能帶來禍福，主張「因人的義與不義而得福得禍」的觀點，因此政治清明，國家安寧。[89]

莊子也認爲人類道德標準不一，容易造成社會混亂無序。莊子天下篇：「天下大亂，賢聖不明，道德不一，天下多得一察焉以自好。譬如耳目鼻口，皆有所明，不能相通。猶百家眾技也，皆有所長，時有所用。雖然，不該不遍，一曲之士也。判天地之美，析萬物之理，察古人之全，寡能備於天地之美，稱神明之容。是故內聖外王之道，闇而不明，鬱而不發，天下之人各爲其所欲焉以自爲方。悲夫！百家往而不反，必不合矣。後世之學者，不幸不見天地之純，古人之大體，道術將爲天下裂。」

天人合一思想，屬於內聖外王之道，可以建構整體國家統一的價值觀與和諧統一的社會秩序，避免分崩離析，有利於社會和諧與國家安定。

---

[87] 諸子百家中國哲學書電子化計劃，墨子尚同上，https://ctext.org/mozi/identification-with-the-superior-i/zh，瀏覽日期：112.1.16。

[88] 墨子認爲：「執無鬼而學祭禮，是猶無客而學客禮也。是猶無魚而爲魚罟也。」墨子認爲如果認爲上天爲不明（察），以鬼爲不神（明），勢必引起天鬼（神）不悅（墨子公孟篇）。

[89] 諸子百家中國哲學書電子化計劃，墨子>公孟，https://ctext.org/mozi/gong-meng/zh，瀏覽日期：112.1.18。

陸、天人合一思想之思維方法論：虛極誠明「感通」、「明道」，邁向天人合一之道

　　諸子百家認爲天地萬物之事物，可自「寂然不動」之境出現，而亦「感而遂通」，人心亦能由「寂然」而感通，明瞭事物稱成發展規律、事物本質及事物道理，並能會通統一天下人民之意志。[90]易經繫辭傳上篇：「易無思也，無爲也，**寂然不動，感而遂通天下**之故。非天下之至神，其孰能與於此。夫易，聖人之所以極深而研幾也。唯深也，故能通天下之志。唯幾也，故能成天下之務。唯神也，故不疾而速，不行而至。子曰：『易有聖人之道四焉』者，此之謂也。是以，**明於天之道，而察於民**之故，是興神物以前民用。聖人以此齊戒，以神明其德夫！是故，闔戶謂之坤；闢戶謂之乾；一闔一闢謂之變；往來不窮謂之通；見乃謂之象；形乃謂之器；制而用之，謂之法；利用出入，民咸用之，謂之神。」

　　老子道德經第十五章亦表示：「致虛極，守靜篤。萬物並作，吾以觀其復。」禮記大學篇亦謂：「**知止而後有定，定而後能靜，靜而後能安，安而後能慮，慮而後能得**。物有本末，事有終始，知所先後，則近道矣。」「古之欲明明德於天下者，先治其國；欲治其國者，先齊其家；欲齊其家者，先修其身；欲修其身者，先正其心；欲正其心者，先誠其意；**欲誠其意者，先致其知，致知在格物**。物格而後知至，知至而後意誠，意誠而後心正，心正而後身修，身修而後家齊，家齊而後國治，國治而後天下平。」

　　古人認爲「虛靜」可「通達事理」，與佛教「禪定」可生起「智慧」相同。朱熹近思錄卷四存養篇：「聖可學乎？濂溪先生曰：可。有要乎？曰：有。請問焉，曰：一爲要。一者，無欲也。無欲則靜，虛動直靜。虛則明，明則通。動直則公，公則溥。明通公溥庶幾乎！」[91]

　　宋朝理學家張載正蒙乾稱篇第十七：[92]「儒者則因明致誠，因誠致明，故

---

[90] 唐君毅全集，卷十五，中國哲學原論，原道篇二，台灣學生書局，校訂版，2008年，頁142以下。

[91] 「凡一物上有一理，須是窮致其理。窮理亦多端，或讀書講明義理，或論古今人物，別其是非，或應接事物而處其當，皆窮理也。」（朱熹近思錄卷三・致知）「伊川先生曰：入道莫如敬，未有能致知而不在敬者也。」（朱熹近思錄卷四・存養篇）「天所賦爲命，物所受爲性。」「在物爲理，處物爲義。」（朱熹近思錄卷一・道體）。

[92] 諸子百家中國哲學書電子化計劃，維基>張載文集>正蒙，https://ctext.org/wiki.pl?if=gb&

天人合一，致學而可以成聖，得天而未始遺人，易所謂不遺、不流、不過者
也。彼語雖似是，觀其發本要歸，與吾儒二本殊歸矣。」又謂：「有無一，內
外合，〔庸聖同〕此人心之所自來也。若聖人則不專以聞見爲心，故能不專以
聞見爲用。**無所不感者虛也，感即合也，咸也。以萬物本一，故一能合異；
以其能合異，故謂之感**；若非有異則無合。天性，乾坤、陰陽也，二端故有
感，本一故能合。天地生萬物，所受雖不同，皆無須臾之不感，所謂**性即天道
也**。」[93]認爲因誠明而可成聖，可「明道」，而進入天人合一之道。

　　宋朝理學家張載文集張子語錄：「誠者，虛中求出實。虛者，仁之原，忠
恕者與仁俱生，禮義者仁之用。敦厚虛靜，仁之本；敬和接物，仁之用。**太虛
者自然之道，行之要在思，故又曰『思誠』。虛心然後能盡心。虛則生仁，仁
在理以成之。虛心則無外以爲累**。與天同原謂之虛，須事實故謂之實，此叩其
兩端而竭焉，更無去處。天地之道無非以至虛爲實，人須於虛中求出實。聖人
虛之至，故擇善自精。心之不能虛，由有物榛礙。」[94]

　　爲培養通達人情義理之人才，宋朝理學家程顥提倡應修身明道。朱熹近思
錄卷九·制度：「明道先生言於朝曰：治天下，以正風俗、得賢才爲本。宜先
禮命近侍賢儒及百執事，悉心推訪有德業充備足爲師表者，其次有篤志好學材
良行修者，延聘敦遣，萃於京師，俾朝夕相與講明正學。**其道必本於人倫，明
乎物理**。其教自小學灑掃應對以往，修其孝弟忠信，周旋禮樂。其所以誘掖激
厲漸摩成就之之道，皆有節序。**其要在於擇善修身，至於化成天下**。」

柒、結論

　　天人合一思想強調天道、地道與人道三者融合統一，將天理天道與萬物自
然法則規律與人類社會生活友善融合，而能「與天地合其德，與日月合其明，
與四時合其序，與鬼神合其吉凶」（易經乾卦文言），可據以建構整體國家統
一的倫理價值觀與和諧統一的社會秩序。在此要求人類社會的行爲規範與法律

chapter=706025，瀏覽日期：113.4.8。
[93] 諸子百家中國哲學書電子化計劃，維基>張子正蒙>乾稱篇第十七，https://ctext.org/wiki.pl?if=gb&chapter=987183，瀏覽日期：113.4.5。
[94] 諸子百家中國哲學書電子化計劃，張載文集>張子語錄，https://ctext.org/wiki.pl?if=gb&chapter=214776，瀏覽日期：113.4.5。

制度，應符合「天道與事理」，以建構「順天理」的道德價值觀，實現「合理性」的公正社會，建立「順應天理、事理與民心」的現代化的實質法治國家，營造友善人民生存與發展的「永續發展」環境，從而實現憲法上民生主義的福利國家（社會國），而發展出太平盛世。

天人合一思想運用於國際法秩序上，可協助建立友善共存共榮的合理秩序，從而可迎向實現「世界大同」之道，故值得吾人繼續研究與發揚光大。

德國當代價值法學理論有「法內在的價值法學理論」、「社會內在的價值法學理論」以及「超越社會的價值法學理論」，其中「超越社會的價值法學理論」應可進一步發展邁向「天人合一的價值法學理論」，並進而與「自然法學理論」及「利益法學理論」融合，構成「王道法學理論」[95]，以達法理學至高無上的「真善美」境界。

---

[95] 陳清秀，王道法學理論——天地人三合一思想在法學上之運用，台灣法學雜誌，第405期，2020年12月，頁15-33。

第一篇

儒　家

壹、前言

孔子的儒家思想，乃是效法天地孕育萬物之自然法則的大道思想，屬於聖賢的教化理論，中庸第三十章即謂：「仲尼祖述堯舜，憲章文武；上律天時，下襲水土。辟如天地之無不持載，無不覆幬，辟如四時之錯行，如日月之代明。萬物並育而不相害，道並行而不相悖，小德川流，大德敦化，此天地之所以為大也。」

儒家思想自從漢武帝罷黜百家，獨尊儒術以後，對於我國歷史上法律制度影響巨大，儒家思想屬於中華文化之精華之一部分，其所主張之法律思想，也值得我們從法律觀點進行分析研究，本文爰以論語、孟子、中庸、大學四書，以及其他相關儒家思想典籍，作為參考題材，進行初步分析探討其法律思想。

貳、德治優先於法治原則：教化人民提升道德素養

論語為政篇，子曰：「為政以德，譬如北辰，居其所而眾星共之。」子曰：「道之以政，齊之以刑，民免而無恥；道之以德，齊之以禮，有恥且格。」主張國家治理應以道德為基礎，提升國民之人格道德素養，進而維持社會善良風俗與秩序，預防人民違法犯紀行為。

子曰：「聽訟，吾猶人也，必也使無訟乎！」（論語顏淵篇）若夫慶賞以勸善，刑罰以懲惡，先王執此之正，堅如金石，行此之信，順如四時；處此之功，無私如天地爾，豈顧不用哉？然如曰禮云禮云，貴絕惡於未萌、而起信於微眇，使民日從善遠罪而不自知也。孔子曰：「聽訟，吾猶人也，必也使無訟乎。」此之謂也（大戴禮記禮查篇）。孔子曰：「道者，所以明德也；德者，所以尊道也。是故非德不尊，非道不明。」（大戴禮記主言篇）提倡道德教育，使人民皆從事善行而為善民，不為惡行，化解紛爭於無形。

孔子曰：「聖人之治化也，必刑政相參焉。太上以德教民，而以禮齊之。其次以政言導民，以刑禁之，刑不刑也。化之弗變，導之弗從，傷義以敗俗，於是乎用刑矣。」（孔子家語刑政篇）

孟子曰：「善政，不如善教之得民也。善政民畏之，善教民愛之；善政得民財，善教得民心。」（孟子盡心上篇）

一、提倡孝道倫理

儒家思想主張要提升國民人格道德修養，首先應提倡「孝道」的倫理觀念。所謂「百善孝為先」，論語學而篇，子曰：「弟子入則孝，出則弟，謹而信，汎愛眾，而親仁。行有餘力，則以學文。」論語學而篇，有子曰：「其為人也孝弟，而好犯上者，鮮矣；不好犯上，而好作亂者，未之有也。君子務本，本立而道生。孝弟也者，其為仁之本與！」曾子曰：「慎終追遠，民德歸厚矣。」

子曰：「夫孝，德之本也，教之所由生也。復坐，吾語汝。身體髮膚，受之父母，不敢毀傷，孝之始也。立身行道，揚名於後世，以顯父母，孝之終也。夫孝，始於事親，中於事君，終於立身。《大雅》云：『無念爾祖，聿脩厥德。』」（孝經開宗明義篇）

「資於事父以事母，而愛同；資於事父以事君，而敬同。故母取其愛，而君取其敬，兼之者父也。故以孝事君則忠，以敬事長則順。忠順不失，以事其上，然後能保其祿位，而守其祭祀。蓋士之孝也。《詩》云：「夙興夜寐，無忝爾所生」。」（孝經士篇）

子曰：「夫孝，天之經也，地之義也，民之行也。天地之經，而民是則之。則天之明，因地之利，以順天下。是以其教不肅而成，其政不嚴而治。先王見教之可以化民也，是故先之以博愛，而民莫遺其親，陳之德義，而民興行。先之以敬讓，而民不爭；導之以禮樂，而民和睦；示之以好惡，而民知禁。《詩》云：『赫赫師尹，民具爾瞻。』」（孝經三才篇）

「聖人因嚴以教敬，因親以教愛。聖人之教，不肅而成，其政不嚴而治，其所因者本也。父子之道，天性也，君臣之義也。父母生之，續莫大焉。君親臨之，厚莫重焉。故不愛其親而愛他人者，謂之悖德；不敬其親而敬他人者，謂之悖禮。以順則逆，民無則焉。不在於善，而皆在於凶德，雖得之，君子不貴也。君子則不然，言思可道，行思可樂，德義可尊，作事可法，容止可觀，進退可度，以臨其民。是以其民畏而愛之，則而象之。故能成其德教，而行其政令。《詩》云：『淑人君子，其儀不忒。』」（孝經聖治篇）

子曰：「君子之事上也，進思盡忠，退思補過，將順其美，匡救其惡，故上下能相親也。」（孝經事君篇）子曰：「武王、周公，其達孝矣乎！夫孝者：善繼人之志，善述人之事者也。」（禮記中庸篇）

在忠孝不能兩全之情形，儒家思想基於家庭倫理之期待可能性，以及對於人類自然本性之尊重，偏向盡「孝道」優先。[1]例如葉公語孔子曰：「吾黨有直躬者，其父攘羊，而子證之。」孔子曰：「吾黨之直者異於是：父爲子隱，子爲父隱，直在其中矣。」[2]（論語子路篇）因此在法律制度設計上，即不宜要求子女作證證明其父母之違法犯紀行爲，導致父母被處罰。

現行訴訟法規定親屬間得拒絕證言（例如刑事訴訟法第180條第1項第1款規定：「證人有下列情形之一者，得拒絕證言：一、現爲或曾爲被告或自訴人之配偶、直系血親、三親等內之旁系血親、二親等內之姻親或家長、家屬者。」亦係此一家庭倫理之表現。

在例外情形，才主張「大義滅親」（左傳‧隱公四年），亦即在親屬有大逆不道之特別重大犯罪行爲時，爲了維護正義，才對於犯罪的親屬不循私情，使其受到應得的懲罰。

二、重視義理之德育教育

政府爲政之道，應培養人民重視義理之德育教育，使其不至於偏重於物質利益，而導致違法亂紀。且爲政者應以身作則，維持良好人格風範，以爲民之表率。亦即「政者，正也。子帥以正，孰敢不正？」（論語顏淵篇）所謂「志於道，據於德，依於仁，游於藝。」（論語述而篇）故爲政之道，焉用殺？「子欲善，而民善矣。君子之德風，小人之德草。草上之風，必偃。」（論語顏淵篇）「上好禮，則民易使也。」（論語憲問篇）

在培養人格教育中，何以爲身？子曰：「恭、敬、忠、信而已矣。恭則遠於患，敬則人愛之，忠則和於眾，信則人任之。勤斯四者，可以政國，豈特一身者哉！」（孔子家語賢君篇）「子以四教：文，行，忠，信。」（論語述而篇）如能行君子之道，即可「仁者不憂，知者不惑，勇者不懼。」（論語憲問篇）其中「智、仁、勇」又稱三達德。而「仁、義、禮、智、信」則爲五常的倫理道德規範。孔子將「仁義禮」組成一個系統，曰：「仁者人也，親親爲

---

[1] 姜曉敏，中國法律思想史，2版，2015年，頁25。

[2] 有關父子相隱之道德問題，參見王慶節，親親相隱，正義與儒家倫理中的道德兩難，中國文哲研究集刊，第51期，2017年9月，頁39-64，http://www.litphil.sinica.edu.tw/public/publications/bulletin/51/51-39-64.pdf，瀏覽日期：109.2.27。

大；義者宜也，尊賢為大；親親之殺（差別），尊賢之等，禮所生焉。」孟子在仁義禮之外加入「智」，構成四德或四端，曰：「仁之實事親（親親）是也；義之實從兄（尊長）是也；禮之實節文斯二者是也；智之實，知斯二者弗去（背離）是也。」董仲舒又加入「信」，並對於仁義禮智信，認為是與天地長久的經常法則（常道），曰：「仁義禮智信五常之道」（〈賢良對策〉）。[3]

漢朝董仲舒於《春秋繁露》身之養重於義篇中亦表示：「天之生人也，使人生義與利。利以養其體，義以養其心。心不得義不能樂，體不得利不能安。義者心之養也，利者體之養也。體莫貴於心，故養莫重於義，義之養生人大於利。奚以知之？今人大有義而甚無利，雖貧與賤，尚榮其行，以自好而樂生，原憲、曾、閔之屬是也。人甚有利而大無義，雖甚富，則羞辱大惡。惡深，非立死其罪者，即旋傷殃憂爾，莫通能以樂生而終其身，刑戮夭折之民是也。夫人有義者，雖貧能自樂也。而大無義者，雖富莫能自存。吾以此實義之養生人，大於利而厚於財也。民不能知而常反之，皆忘義而殉利，去理而走邪，以賊其身而禍其家。此非其自為計不忠也，則其知之所不能明也。──《詩》云：『示我顯德行。』此之謂也。先王顯德以示民，民樂而歌之以為詩，說而化之以為欲。故不令而自行，不禁而自止，從上之意，不待使之，若自然矣。故曰：聖人天地動、四時化者，非有他也，其見義大故能動，動故能化，化故能大行，化大行故法不犯，法不犯故刑不用，刑不用則堯舜之功德。此大治之道也，先聖傳授而複也。故孔子曰：『誰能出不由戶，何莫由斯道也。』今不示顯德行，民暗於義，不能炤；迷於道不能解，因欲大嚴以必正之，直殘賊天民而薄主德耳，其勢不行。仲尼曰：『國有道，雖加刑，無刑也。國無道，雖殺之，不可勝也。』其所謂有道無道者，示之以顯德行與不示爾。」

三、教育機會平等原則

子曰：「有教無類。」（論語衛靈公篇）子曰：「自行束脩以上，吾未嘗無誨焉。」（論語述而篇）孟子曰：「設為庠序學校以教之：庠者，養也；校者，教也；序者，射也。夏曰校，殷曰序，周曰庠，學則三代共之，皆所以明

3　每日頭條，傳統文化　「仁、義、禮、智、信」，2017.9.14由啓達教育發表於文化，https://kknews.cc/culture/kan6lyv.html。

人倫也。人倫明於上，小民親於下。」（孟子滕文公上篇）

參、法律制度之指導原則一：實體正義理念

一、國家治理應建立法制

儒家認爲治理天下不可無法度。孟子離婁上篇，孟子曰：「離婁之明，公輸子之巧，不以規矩，不能成方圓；師曠之聰，不以六律，不能正五音；堯舜之道，不以仁政，不能平治天下。今有仁心仁聞而民不被其澤，不可法於後世者，不行先王之道也。故曰，徒善不足以爲政，徒法不能以自行。詩云：『不愆不忘，率由舊章。』遵先王之法而過者，未之有也。」「上無道揆也，下無法守也，朝不信道，工不信度，君子犯義，小人犯刑，國之所存者幸也。」認爲國家治理應建立法制，以爲共同遵循之規範，維持社會秩序。

荀子性惡論亦謂：「凡古今天下之所謂善者，正理平治也；所謂惡者，偏險悖亂也；是善惡之分也矣。今誠以人之性固正理平治邪，則有惡用聖王，惡用禮義哉？雖有聖王禮義，將曷加於正理平治也哉？今不然，人之性惡。故古者聖人以人之性惡，以爲偏險而不正，悖亂而不治，故爲之立君上之埶以臨之，明禮義以化之，起法正以治之，重刑罰以禁之，使天下皆出於治，合於善也。是聖王之治而禮義之化也。今當試去君上之埶，無禮義之化，去法正之治，無刑罰之禁，倚而觀天下民人之相與也。若是，則夫彊者害弱而奪之，眾者暴寡而譁之，天下悖亂而相亡，不待頃矣。用此觀之，然則人之性惡明矣，其善者僞也。」認爲考量人心有險惡之處，爲能導正之，必須依法治國，則社會不至於弱肉強食，以強凌弱，以眾暴寡，而使社會秩序公平和諧。此一思想觀念表達依法治國，在法律之前人人平等，同時可以伸張社會公平正義之價值理念。[4]

---

[4] 諸子百家中國哲學書電子化計劃，韓非子，守道章，http://ctext.org/hanfeizi/shou-dao/zh，瀏覽日期：106.8.16。

二、法制應符合人民生活需要

（一）民本思想

在我國尚書夏書之五子之歌章中表示：「民惟邦本，本固邦寧。」尚書周書泰誓篇：「天視自我民視，天聽自我民聽。」孟子盡心下篇：「民爲貴，社稷次之，君爲輕。是故得乎丘民而爲天子，得乎天子爲諸侯，得乎諸侯爲大夫。」強調民本思想，主張國家治理者應體察人民生活需要，作爲國家治理之依據。從而有關法制建構，即應以滿足人民需求爲導向。

（二）法制應遵循民情，以得民心

孔子家語入官篇：「君子莅民，不可以不知民之性而達諸民之情。既知其性，又習其情，然後民乃從命矣。故世舉則民親之，政均則民無怨。故君子莅民，不臨以高，不導以遠，不責民之所不爲，不強民之所不能。以明王之功，不因其情，則民嚴而不迎；篤之以累年之業，不因其力，則民引而不從。若責民所不爲，強民所不能，則民疾；疾則僻矣。——故德者、政之始也。政不和，則民不從其教矣；不從教，則民不習；不習，則不可得而使也。」

孟子曰：「仁言，不如仁聲之入人深也。善政，不如善教之得民也。善政民畏之，善教民愛之；善政得民財，善教得民心。」（孟子盡心上篇）孟子曰：「桀紂之失天下也，失其民也；失其民者，失其心也。得天下有道：得其民，斯得天下矣；得其民有道：得其心，斯得民矣；得其心有道：所欲與之聚之，所惡勿施爾也。」（孟子離婁上篇）認爲執政者應以得民心爲首要，以滿足人民需求爲執政方向。

三、法制應「符合義理」之禮治原則

儒家強調國家治理應建立符合義理之典章規範與制度（禮治原則），以維持社會秩序。在禮記仲尼燕居篇，孔子曰：「禮者何也？即事之治也。君子有其事，必有其治。治國而無禮，譬猶瞽之無相與？倀倀其何之？譬如終夜有求於幽室之中，非燭何見？若無禮則手足無所措，耳目無所加，進退揖讓無所制。是故，以之居處，長幼失其別；閨門，三族失其和；朝廷，官爵失其序；

田獵，戎事失其策；軍旅，武功失其制；宮室，失其度；量鼎，失其象；味，失其時；樂，失其節；車，失其式；鬼神，失其饗；喪紀，失其哀；辯說，失其黨；官，失其體；政事，失其施；加於身而措於前，凡眾之動，失其宜。如此，則無以祖洽於眾也。」「禮也者，理也；樂也者，節也。君子無理不動，無節不作。」「制度在禮，文爲在禮，行之，其在人乎！」

論語學而篇，有子曰：「禮之用，和爲貴。先王之道斯爲美，小大由之。有所不行，知和而和，不以禮節之，亦不可行也。」「故禮者、義之實也。恊諸義而恊，則禮雖先王未之有，可以義起焉。義者、藝之分、仁之節。恊諸藝，講於仁，得之者強，失之者喪。仁者、義之本、順之體，得之者尊。故治國不以禮，猶無耜而耕；爲禮而不本於義，猶耕而不種；爲義而不講於學，猶種而不耨；講之以學而不合之以仁，猶耨而不穫；合之以仁而不安之以樂，猶穫而不食；安之以樂而不達於順，猶食而不肥。」（禮記禮運大同篇）

「禮乎！夫禮所以制中也。」故「敬而不中禮，謂之野；恭而不中禮，謂之給；勇而不中禮，謂之逆。」（孔子家語論禮）

儒家的仁義思想，提倡仁愛與正義的價值理念，例如孟子曰：士之尚志，「仁義而已矣。殺一無罪，非仁也；非其有而取之，非義也。居惡在？仁是也；路惡在？義是也。居仁由義，大人之事備矣。」（孟子盡心上篇）

孟子梁惠王篇，孟子對曰：「王何必曰利？亦有仁義而已矣。——苟爲後義而先利，不奪不饜。未有仁而遺其親者也，未有義而後其君者也。王亦曰仁義而已矣，何必曰利？」孟子公孫丑篇，孟子曰：「我知言，我善養吾浩然之氣。」曰：「其爲氣也，至大至剛，以直養而無害，則塞于天地之閒。其爲氣也，配義與道；無是，餒也。是集義所生者，非義襲而取之也。行有不慊於心，則餒矣。」此一仁義思想，運用在法律制度的建構上，一方面要能符合公平正義，另一方面也要仁愛地照顧保護人民生活需要。

漢朝董仲舒認爲爲了建立社會倫常秩序，應建立禮節制度，才不至於倫常混亂。故「聖人之道，眾堤防之類也。謂之度制，謂之禮節。故貴賤有等，衣服有制，朝廷有位，鄉黨有序，則民有所讓而不敢爭，所以一之也。——若去其度制，使人人從其欲，快其意，以逐無窮，是大亂人倫，而靡斯財用也，失文采所遂生之意矣。上下之倫不別，其勢不能相治，故苦亂也。嗜欲之物無限，其勢不能相足，故苦貧也。今欲以亂爲治，以貧爲富，非反之制度不可。」（春秋繁露，度制第二十七）

　　因此，儒家的法思想，可謂兼有下列二者：[5]（一）成己、成人的「仁法」思想，在此強調人際間的倫理規範；以及（二）成物、成天的「理法」思想，在此著重於宇宙間事物存在之應然規律。

　　從而追求人與自己內在之和諧、人際間之和諧、人與大自然之和諧關係。學者有指出儒家的「禮」的理念，主張禮本於天地，合於人情，充滿仁義之自然法則，並順乎天理。此與西方自然法思想大致相同。[6]

四、中庸之道：各方利益平衡原則

　　尚書大禹謨表示：「人心惟危，道心惟微，惟精惟一，允執厥中。」又儒家禮記中庸章：「子曰：舜其大智也與，好察邇言，隱惡而揚善，執其兩端，用其中於民，其斯以為舜乎。」論語雍也篇，子曰：「中庸之為德也，其至矣乎！民鮮久矣。」喜怒哀樂之未發，謂之中；發而皆中節，謂之和。中也者，天下之大本也；和也者，天下之達道也。致中和，天地位焉，萬物育焉。中不偏，庸不易；子程子言之詳矣！

　　子程子曰：「不偏之謂中，不易之謂庸。中者，天下之正道，庸者，天下之定理。」[7]是以中者大中至性，不易謂其常而不變也。「不偏之謂中者，即無過與不及。執其兩端，用其中也；不易之謂庸者，即一定而不可移，日常應用之定理也。」[8]

　　提倡中庸之道的思想。以此原則處理政務、制定相關法令，務求公平合理，本於各方「利益平衡原則」，則能兼顧各方人民之利益，能平衡國家社會之公共利益與人民利益，營造各方可以共存共榮的永續生存環境。

[5]　江山著，人際同構的法哲學，元照出版，初版，2008年，頁100以下。
[6]　耿雲卿，先秦法律思想與自然法，臺灣商務印書館，1973年，頁71。
[7]　中庸篇乃孔門傳授心法，子思恐其久而差也，故筆之於書，以授孟子。
[8]　中庸淺言新註（呂祖註釋），http://www.taolibrary.com/category/category9/c9035.htm，瀏覽日期：109.2.25。

五、「寬厚待民」之施行仁政原則

（一）減輕稅課等人民負擔，藏富於民

儒家主張政府應寬厚待民，施行仁政，減輕人民租稅及徭役負擔，以藏富於民。論語雍也篇，子貢曰：「如有博施於民而能濟眾，何如？可謂仁乎？」子曰：「何事於仁，必也聖乎！堯舜其猶病諸！夫仁者，己欲立而立人，己欲達而達人。能近取譬，可謂仁之方也已。」

子謂子產，「有君子之道四焉：其行己也恭，其事上也敬，其養民也惠，其使民也義。」（論語公冶長篇）在孔子家語賢君篇中，哀公問政於孔子，孔子對曰：「政之急者，莫大乎使民富且壽也。」公曰：「為之奈何？」孔子曰：「省力役，薄賦斂，則民富矣；敦禮教，遠罪疾，則民壽矣。」子曰：「道千乘之國：敬事而信，節用而愛人，使民以時。」（論語學而篇）

孔子認為為政應「尊五美」，所謂五美，乃是「君子惠而不費，勞而不怨，欲而不貪，泰而不驕，威而不猛。」亦即「因民之所利而利之，斯不亦惠而不費乎？擇可勞而勞之，又誰怨？欲仁而得仁，又焉貪？君子無眾寡，無小大，無敢慢，斯不亦泰而不驕乎？君子正其衣冠，尊其瞻視，儼然人望而畏之，斯不亦威而不猛乎？」（論語堯曰篇）

（二）明德慎刑原則

1. 刑期無刑之理念

古代聖人治國，以德治為先，刑罰輔助之，因此採取「明德慎罰」、「刑期於無刑」的教化理念。[9]尚書大禹謨記載，舜帝曰：「皋陶，惟茲臣庶，罔或干予正。汝作士，明于五刑，以弼五教。期于予治，刑期于無刑，民協于中，時乃功，懋哉。」表示「堯舜時代以德治國，注重教化，如果教化完全成功，便不須刑罰，惟在實際行動方面，有人有時不能自治，以致做出傷害別人、圖利自己的行為，為防範作姦犯科者，危害社會安寧，仍有設置刑罰之必要；以教育防患於未然，用刑罰補救於已然之。」[10]

---

[9] 林素英，《禮記》之先秦儒家思想，初版，2017年，頁343。
[10] 傅元龍，詞條名稱：刑期於無刑，教育大辭書，https://pedia.cloud.edu.tw/Entry/Detail/?title=刑期於無刑，瀏覽日期：109.2.25。

2. 罪疑惟輕原則

又依據尚書大禹謨記載，皋陶曰：「帝德罔愆，臨下以簡，御眾以寬；罰弗及嗣，賞延于世。宥過無大，刑故無小；罪疑惟輕，功疑惟重；與其殺不辜，寧失不經；好生之德，洽于民心，茲用不犯于有司。」在對於人民違規處罰上，採取「罪疑惟輕」原則。充分體現教化優先、刑罰為輔的精神，亦即採取「明德慎刑」的原則（刑罰謙抑原則）。

3. 防患未然

孔子喟然嘆曰：「嗚呼！上失其道而殺其下，非理也；不教以孝而聽其獄，是殺不辜；三軍大敗，不可斬也；獄犴不治，不可刑也。何者？上教之不行，罪不在民故也。夫慢令謹誅，賊也；徵斂無時，暴也；不試則成，虐也。故無此三者，然後刑可即也。《書》云：『義刑義殺，勿庸以即汝心，惟曰未有慎事。』言必教而刑也。陳道德以先服之，而猶不可，尚賢以勸之；又不可，即廢之；又不可，而後以威憚之。若是三年而百姓正矣。其有邪民不從化者，然後待之以刑，則民咸知罪矣。《詩》云：『天子是毗，俾民不迷。』是以威厲而不試，刑錯而不用。今世則不然，亂其教，繁其刑，使民迷惑而陷焉，又從而制之，故刑彌繁而盜不勝也。夫三尺之限，空車不能登者，何哉？峻故也；百仞之山，重載陟焉，何哉？陵遲故也。今世俗之陵遲久矣，雖有刑法，民能勿踰乎？」（孔子家語始誅篇）

「刑罰之所從生有源，不務塞其源而務刑殺之，是為民設陷以賊之也。刑罰之源，生於嗜慾好惡不節。故明堂，天法也；禮度，德法也；所以御民之嗜慾好惡，以慎天法，以成德法也。刑法者，所以威不行德法者也。」（大戴禮記，盛德篇）

「陽為德，陰為刑。刑反德而順於德，亦權之類也。雖曰權，皆在權成。是故陽行於順，陰行於逆。順行而逆者，陰也。是故天以陰為權，以陽為經。陽出而南，陰出而北。經用於盛，權用於末。以此見天之顯經隱權，前德而後刑也。故曰：陽天之德，陰天之刑也。陽氣暖而陰氣寒，陽氣予而陰氣奪，陽氣仁而陰氣戾，陽氣寬而陰氣急，陽氣愛而陰氣惡，陽氣生而陰氣殺。是故陽常居實位而行於盛，陰常居空位而行於末。天之好仁而近，惡戾之變而遠，大德而小刑之意也。先經而後權，貴陽而賤陰也。」（董仲舒，春秋繁露，陽尊陰卑篇）「為人主者，予奪生殺，各當其義，若四時；列官置吏，

必以其能，若五行；好仁惡戾，任德遠刑，若陰陽。此之謂能配天。」（董仲舒，春秋繁露，天地陰陽篇）

（三）衡平法理（反經合道）

在特殊情況，如適用一般規範，勢必產生不合理之結果時，則採取有別於一般規範之例外處理，反而可以獲得合理之結果。此種觀念運用於法律制度上，即是「衡平法理」。在孟子一書中，闡明（反禮而合義之）衡平法理（從權，[11]採取通權達變的權宜變通措施，亦即不墨守成規，根據實際情況作適當的處置，而使其符合中庸之道與義理）者有二：

1. 舜不告而娶

孟子曰：「不孝有三，無後為大。舜不告而娶，為無後也，君子以為猶告也。」（孟子離婁上篇）趙氏曰：「於禮有不孝者三事：謂阿意曲從，陷親不義，一也；家貧親老，不為祿仕，二也；不娶無子，絕先祖祀，三也。三者之中，無後為大。」舜告焉則不得娶，而終於無後矣。告者禮也。不告者權也。猶告，言與告同也。蓋權而得中，則不離於正矣。范氏曰：「天下之道，有正有權。正者萬世之常，權者一時之用。常道人皆可守，權非體道者不能用也。蓋權出於不得已者也，若父非瞽瞍，子非大舜，而欲不告而娶，則天下之罪人也。」[12]

2. 嫂溺援之以手

淳于髡曰：「男女授受不親，禮與？」孟子曰：「禮也。」曰：「嫂溺則援之以手乎？」曰：「嫂溺不援，是豺狼也。男女授受不親，禮也；嫂溺援之以手者，權也。」（孟子離婁上篇）

---

[11] 「權者，反於經，然後有善者也。」（春秋公羊傳，桓公十一年），亦即「反經合道」。三國演義第73回，孔明曰：「主公平生以義為本，未肯便稱尊號。今有荊、襄兩川之地，可暫為漢中王。」玄德曰：「汝等雖欲尊吾為王，不得天子明詔，是僭也。」孔明曰：「今宜從權，不可拘執常理。」

[12] 諸子百家中國哲學書電子化計劃，朱熹>四書章句集註>孟子集註>離婁章句上，https://ctext.org/si-shu-zhang-ju-ji-zhu/li-lou-zhang-ju-shang/zh，瀏覽日期：109.2.21。

六、社會主義之大同世界

儒家思想提倡仁義，應發揮惻隱之心，仁民愛物，抱持人道關懷的精神，人飢己飢，人溺己溺的同理心，以救助弱勢群體。孟子曰：「君子之於物也，愛之而弗仁；於民也，仁之而弗親。親親而仁民，仁民而愛物。」（孟子盡心上篇）在禮記禮運篇中提倡：「大道之行也，天下為公。選賢與能，講信修睦，故人不獨親其親，不獨子其子，使老有所終，壯有所用，幼有所長，矜寡孤獨廢疾者，皆有所養。男有分，女有歸。貨惡其棄於地也，不必藏於己；力惡其不出於身也，不必為己。是故謀閉而不興，盜竊亂賊而不作，故外戶而不閉，是謂大同。」此一大同世界的理想，充分具有平均社會財富、讓人民各得其所而安居樂業之社會主義的思想。

七、環境保護，永續發展原則

儒家思想提倡仁民愛物，人民生活在運用大自然產物時，應符合天時地利原則，以維持生態永續發展。例如孔子的作風，乃是「子釣而不綱，弋不射宿。」（論語述而篇）給動物生存發展空間，避免竭澤而漁，趕盡殺絕。

又如孟子曰：「不違農時，穀不可勝食也；數罟不入洿池，魚鱉不可勝食也；斧斤以時入山林，材木不可勝用也。穀與魚鱉不可勝食，材木不可勝用，是使民養生喪死無憾也。養生喪死無憾，王道之始也。」（孟子梁惠王上篇）

又荀子王制篇也提倡環保觀念：「聖主之制也：草木榮華滋碩之時，則斧斤不入山林，不夭其生，不絕其長也。黿鼉魚鱉鰍鱔孕別之時，罔罟毒藥不入澤，不夭其生，不絕其長也。春耕、夏耘、秋收、冬藏，四者不失時，故五穀不絕，而百姓有餘食也。汙池淵沼川澤，謹其時禁，故魚鱉優多，而百姓有餘用也。斬伐養長不失其時，故山林不童，而百姓有餘材也。」

八、抵抗權思想

孟子提倡民貴君輕之觀念，孟子曰：「君之視臣如手足，則臣視君如腹心；君之視臣如犬馬，則臣視君如國人；君之視臣如土芥，則臣視君如寇讎。」孟子曰：「無罪而殺士，則大夫可以去；無罪而戮民，則士可以徙。」（孟子離婁下篇）

孟子梁惠王下篇，齊宣王問曰：「湯放桀，武王伐紂，有諸？」孟子對曰：「於傳有之。」曰：「臣弒其君可乎？」曰：「賊仁者謂之賊，賊義者謂之殘，殘賊之人謂之一夫。聞誅一夫紂矣，未聞弒君也。」認為如果君主施政違反仁義之道，而行暴政時，則人民可以誅伐暴君，行使抵抗權推翻之。

肆、法律制度之指導原則二：程序正義理念

一、民主參與原則：察納雅言、集思廣益

（一）下情上達與上情下達

易經地天泰卦，觀察地氣上升，天氣下降的自然法則，從「天地交而萬物通」（天地陰陽交合，萬物的生養之道暢通，二氣來往，能成雨澤，雨澤成而萬物生育），進而推論出「上下交而其志同也」（易經象傳），認為要政通人和，必須能夠「上情下達與下情上達」，以使上下一心，同心協力，完成共同任務。故可吉祥亨通。「以此卦擬國家，政府體天地造化之原理，公明正大，以布人民化育之政。」[13]其失「泰」之道，上下睽隔，民情離散，國家自亂也。

（二）專家審議式民主：察納雅言、集思廣益

子曰：「舜其大知也與！舜好問而好察邇言，隱惡而揚善，執其兩端，用其中於民，其斯以為舜乎！」（禮記中庸篇）

孔子讀《易》，至於《損》、《益》，喟然而嘆。子夏避席問曰：「夫子何嘆焉？」孔子曰：「夫自損者必有益之，自益者必有決之，吾是以嘆也。」子夏曰：「然則學者不可以益乎？」子曰：「非道益之謂也，道彌益而身彌損。夫學者損其自多，以虛受人，故能成其滿博也。天道成而必變，凡持滿而能久者，未嘗有也。故曰：自賢者，天下之善言不得聞於耳矣。昔堯治天下之位，猶允恭以持之，克讓以接下，是以千歲而益盛，迄今而逾彰。夏桀、昆吾，自滿而無極，亢意而不節，斬刈黎民，如草芥焉；天下討之，如誅匹夫，

13　高島斷易，泰卦解說。

是以千載而惡著，迄今而不滅。滿也。如在輿遇三人則下之，遇二人則式之，調其盈虛，不令自滿，所以能久也。」（孔子家語六本篇）

　　孟子曰：「子路，人告之以有過則喜。禹聞善言則拜。大舜有大焉，善與人同。舍己從人，樂取於人以為善。自耕、稼、陶、漁以至為帝，無非取於人者。取諸人以為善，是與人為善者也。故君子莫大乎與人為善。」（孟子公孫丑章）

二、誠信原則

　　左傳‧昭公八年：「君子之言，信而有徵。故怨遠於其身。」子夏曰：「賢賢易色，事父母能竭其力，事君能致其身，與朋友交言而有信。雖曰未學，吾必謂之學矣。」有子曰：「信近於義，言可復也。」（論語述而篇）「儒有居處齊難，其坐起恭敬，言必先信，行必中正。」（禮記儒行篇）「儒有不寶金玉，而忠信以為寶；不祈土地，立義以為土地；不祈多積，多文以為富。」（禮記儒行篇）

　　子曰：「主忠信，徙義，崇德也。」並認為：「民無信不立。」（論語顏淵篇）

　　「儒家的信用有三層含義：一是指忠誠無欺，言而有信；二是指內在誠實品德與外在不欺詐行為的統一，做到童叟無欺；三是指人們立身處世及社會存在和有序發展的一種必要條件。」[14]

　　人類居處於社會中，營造共同生活，其交易往來行為，必須秉持誠實信用原則為之，[15]以確保交易安全與生活安定，此即為信義之要求。亦即鼓勵人民善良與誠實，禁止詐欺之邪惡行為。

　　然而誠信原則，仍應建立在符合義理之基礎上。子曰：「言必信，行必果，硜硜然小人哉！」（論語子路篇）。孟子曰：「大人者，言不必信，行不必果，惟義所在。」（孟子離婁下篇）

---

[14] 儒家「信」文化築基社會誠信，2016.11.4由曙光教育發表於文化，https://kknews.cc/culture/89mxl9g.html，瀏覽日期：109.2.21。

[15] 沈敏榮、姚繼東，義與正義：法律與倫理的分離與整合，甘肅理論學刊，2019年第1期，2019年，頁87。

三、正名原則（名實相符原則）

（一）名正言順

孔子認爲爲政首應正名。所謂正名，乃是正其所實也，使其名實相符（公孫龍子名實篇）。蓋「名不正，則言不順；言不順，則事不成；事不成，則禮樂不興；禮樂不興，則刑罰不中；刑罰不中，則民無所措手足。故君子名之必可言也，言之必可行也。君子於其言，無所苟而已矣。」（論語子路篇）

有關萬物之名稱，目的在明瞭其「物之體用」（性質特徵及其功用）。「夫萬物自有體質。聖人象類、而制其名。故曰名以定體。無名乃天地之始、有名則萬物之由（或稱母）。以其因功涉用、故立稱謂。」亦即先立其名，然後明其體用。[16]

亦即「名生於眞，非其眞，弗以爲名。名者，聖人之所以眞物也。名之爲言眞也。故凡百譏有者，各反其眞，則者還昭昭耳。欲審曲直，莫如引繩；欲審是非，莫如引名。名之審於是非也，猶繩之審於曲直也。詰其名實，觀其離合，則是非之情不可以相讕已。」（董仲舒，春秋繁露，深察名號）[17]

（二）名實相符，即可循名究理，明辨是非

萬物名稱應名實相符，才能「辨同異」（正名字，分別辨明事物之異同），「定名分」（辨明各類事物位階順序與貴賤之別），「寓褒貶」（禁民爲非），以符合人類共同生活倫理規律與正義之要求。[18]

倘若萬事萬物能夠名實相符，即可循名究理，明辨是非善惡。亦即「名實相應則定，名實不相應則爭。名自命也，物自正也，事之定也。三名察則盡知情僞而不惑矣。」（黃帝四經經法，論）「故執道者之觀於天下也，必審觀事之所始起，審其形名。形名已定，逆順有位，死生有分，存亡興壞有處，然後參之於天地之恒道，乃定禍福死生存亡興壞之所在。是故萬舉不失理，論天下

---

[16] 蕭吉撰五行大義卷一釋名章，http://www.zinbun.kyoto-u.ac.jp/~takeda/kyoudou/gogyou/ gogyoutaigi/gogyo_gogyo_01_g.html，瀏覽日期：108.9.9。

[17] 諸子百家中國哲學書電子化計劃，儒家>春秋繁露，https://ctext.org/chun-qiu-fan-lu/shen-cha-ming-hao/zh，瀏覽日期：108.9.9。

[18] 胡適，中國哲學史大綱，天津人民出版社，初版，2016年，頁73以下。

無遺策。故能立天子，置三公，而天下化之：之謂有道。」（黃帝四經經法，論約）

「天下有事，必審其名。名理者，循名究理之所之，是必爲福，非必爲災。是非有分，以法斷之；虛靜謹聽，以法爲符。審察名理終始，是謂究理。唯公無私，見知不惑，乃知奮起。故執道者之觀於天下也，見正道循理，能與曲直，能與終始。故能循名究理。形名出聲，聲實調和。禍災廢立，如影之隨形，如響之隨聲，如衡之不藏重與輕。故唯執道者能虛靜公正，乃見正道，乃得名理之誠。」（黃帝四經經法，名理）[19]

（三）正名以防止社會秩序混亂

荀子認爲正名的功用，包括「別同異」與「明貴賤」（明是非）二者，[20]以防止是非善惡不明，而導致社會秩序混亂。「故王者之制名，名定而實辨，道行而志通，則愼率民而一焉。故析辭擅作名，以亂正名，使民疑惑，人多辨訟，則謂之大姦。其罪猶爲符節度量之罪也。故其民莫敢託爲奇辭以亂正名，故其民愨；愨則易使，易使則公。其民莫敢託爲奇辭以亂正名，故壹於道法，而謹於循令矣。如是則其跡長矣。跡長功成，治之極也。是謹於守名約之功也。今聖王沒，名守慢，奇辭起，名實亂，是非之形不明，則雖守法之吏，誦數之儒，亦皆亂也。若有王者起，必將有循於舊名，有作於新名。然則所爲有名，與所緣以同異，與制名之樞要，不可不察也。」（荀子正名篇）[21]

在名實相符下，對於文武百官之治理績效，即可循名而責實，以求良法善

---

[19] 諸子百家中國哲學書電子化計畫，維基>帛書《黃帝四經》>黃帝四經，https://ctext.org/wiki.pl?if=gb&chapter=387844#經法名理，瀏覽日期：108.9.9。

[20] 胡適，中國哲學史大綱，天津人民出版社，初版，2016年，頁265以下。

[21] 道家思想，也提倡正名。例如莊子天道篇：「《書》曰：『有形有名。』形名者，古人有之，而非所以先也。古之語大道者，五變而形名可擧也，九變而賞罰可言也。驟而語形名，不知其本也；驟而語賞罰，不知其始也。倒道而言，迕道而說者，人之所治也，安能治人！驟而語形名賞罰，此有知治之具，非知治之道；可用於天下，不足以用天下。此之謂辯士，一曲之人也。禮法度數，形名比詳，古人有之，此下之所以事上，非上之所以畜下也。」又法家思想也強調正名的重要性。例如韓非子，揚權篇謂：「審名以定位，明分以辯類。」「用一之道，以名爲首。名正物定，名倚物徙。故聖人執一以靜，使名自命，令事自定。不見其采，下故素正。因而任之，使自事之。因而予之，彼將自擧之。正與處之，使皆自定。上以名擧之，不知其名，復脩其形。形名參同，用其所生。二者誠信，下乃貢情。」

治。「術者，因任而授官，循名而責實，操殺生之柄，課群臣之能者也，此人主之所執也。法者，憲令著於官府，刑罰必於民心，賞存乎愼法，而罰加乎姦令者也，此臣之所師也。君無術則弊於上，臣無法則亂於下，此不可一無，皆帝王之具也。」（韓非子定法篇）

由於名號為「天意」之表現，如能正名，即可順應天人合一之道。亦即「治天下之端，在審辨大。辨大之端，在深察名號。錄其首章之意，以窺其中之事，則是非可知，逆順自著，其幾通於天地矣。是非之正，取之逆順，逆順之正，取之名號，名號之正，取之天地，天地為名號之大義也。古之聖人，而效天地謂之號，鳴而施命謂之名。名之為言，鳴與命也，號之為言，而效也。而效天地者為號，鳴而命者為名。名號異聲而同本，皆鳴號而達天意者也。天不言，使人發其意；弗為，使人行其中。名則聖人所發天意，不可不深觀也。……物莫不有凡號，號莫不有散名，如是。是故事各順於名，名各順於天。天人之際，合而為一。同而通理，動而相益，順而相受，謂之德道。《詩》曰：『維號斯言，有倫有跡。』此之謂也。」（董仲舒，春秋繁露，深察名號）[22]

故「有形者，必有名；有名者，未必有形。形而不名，未必失其方圓白黑之實。名而不可不尋，名以檢其差，故亦有名以檢形。形以定名，名以定事，事以檢名，察其所以然，則形名之與事物，無所隱其理矣。……今萬物具存，不以名正之，則亂；萬名具列，不以形應之，則乖。故形名者，不可不正也。……善名命善，惡名命惡，故善有善名，惡有惡名。……使善惡盡然有分，雖未能盡物之實，猶不患其差也。故曰：名不可不辨也。」（尹文子，大道上篇）[23]故正名可以明辨事物之客觀狀態，可供區別善惡之準則，從而魚目不可混珠，野雞不可冒稱鳳凰，寶玉不可詐稱為奇異怪石。

---

[22] 諸子百家中國哲學書電子化計劃，儒家>春秋繁露，https://ctext.org/chun-qiu-fan-lu/shen-cha-ming-hao/zh，瀏覽日期：108.9.9。

[23] 諸子百家中國哲學書電子化計劃，尹文子>大道上，https://ctext.org/yin-wen-zi/zh，瀏覽日期：108.9.9。名有三種類型，一曰命物之名，方圓白黑是也；二曰毀譽之名，善惡貴賤是也；三曰形容事物之名，賢愚愛憎是也。

四、法令預先發布原則與期待可能性原則

「凡事豫則立，不豫則廢。言前定則不跲，事前定則不困，行前定則不疚，道前定則不窮。」（禮記中庸篇）

爲政之道，應「屛四惡，斯可以從政矣。」所謂「四惡」，係指「不教而殺謂之虐；不戒視成謂之暴；慢令致期謂之賊；猶之與人也，出納之吝，謂之有司。」（論語堯曰篇）唐律疏議附錄《進律疏表》第125段：「刑靡定法，律無正條，徽纆妄施，手足安措！」[24]

故國家法令應事先發布，讓人民知悉並事先準備遵守，否則人民將欠缺遵守法令之期待可能性，導致強人所難，強民之所不能。

伍、文官法律制度：菁英政治與選賢與能

子曰：「人能弘道，非道弘人。」「工欲善其事，必先利其器。居是邦也，事其大夫之賢者，友其士之仁者。」（論語衛靈公篇），孔子對曰：「舉直錯諸枉，則民服；舉枉錯諸直，則民不服。」（論語爲政篇）故賢君治國，所先者「在於尊賢而賤不肖。」「任能黜否，則官府治理。」（孔子家語賢君）亦即選賢與能，才能提升施政品質。

哀公問政，子曰：「文、武之政，布在方策，其人存，則其政舉；其人亡，則其政息。人道敏政，地道敏樹。夫政也者，蒲盧也。故爲政在人，取人以身，修身以道，修道以仁。仁者人也，親親爲大；義者宜也，尊賢爲大。親親之殺，[25]尊賢之等，禮所生也。在下位不獲乎上，民不可得而治矣！故君子不可以不修身；思修身，不可以不事親；思事親，不可以不知人；思知人，不可以不知天。天下之達道五，所以行之者三，曰：君臣也，父子也，夫婦也，昆弟也，朋友之交也，五者天下之達道也。知仁勇三者，天下之達德也，所以

---

[24] 諸子百家中國哲學書電子化計劃，唐律疏議附錄《進律疏表》，http://ctext.org/wiki.pl?if=gb&chapter=54453，瀏覽日期：106.8.16。

[25] 此處「殺」之解釋，有認爲是指「差別」，亦即儒家思想之親疏遠近之分。亦有認爲是指「消滅」之意，亦即一視同仁，仁愛待人，天下爲公，公正處世之意〔中庸本義（4.3）「親親之殺、尊賢之等」到底應該作何解？2017.8.7老慢發表於遊戲，https://kknews.cc/game/gqpak6e.html，瀏覽日期：109.2.25〕孟子曰：「君子之於物也，愛之而弗仁；於民也，仁之而弗親。親親而仁民，仁民而愛物。」（孟子盡心上篇）儒家思想有親疏遠近之分別之倫理體系層級化觀念，與墨子兼愛或佛教中眾生平等不盡相同。故似以第一說爲可採。

行之者一也。或生而知之，或學而知之，或困而知之，及其知之，一也；或安而行之，或利而行之，或勉強而行之，及其成功，一也。」（禮記中庸篇）

孟子曰：「尊賢使能，俊傑在位，則天下之士皆悅而願立於其朝矣。」（孟子公孫丑章）孟子曰：「知者無不知也，當務之為急；仁者無不愛也，急親賢之為務。堯舜之知而不遍物，急先務也；堯舜之仁不遍愛人，急親賢也。」（孟子盡心上篇）

「儒有內稱不辟親，外舉不辟怨，程功積事，推賢而進達之，不望其報；君得其志，苟利國家，不求富貴。其舉賢援能有如此者。」（禮記儒行篇）

「氣之清者為精，人之清者為賢。治身者以積精為寶，身以心為本，國以君為主。精積於其本，則血氣相承受；賢積於其主，則上下相制使。血氣相承受，則形體無所苦；上下相制使，則百官各得其所。形體無所苦，然後身可得而安也；百官各得其所，然後國可得而守也。夫欲致精者，必虛靜其形；欲致賢者，必卑謙其身。形靜誌虛者，精氣之所趣也；謙尊自卑者，仁賢之所事也。故治身者務執虛靜以致精，治國者務盡卑謙以致賢。能致精則合明而壽，能致賢則德澤洽而國太平。」（董仲舒，春秋繁露，通國身篇）也強調舉賢治國之重要性。

儒家思想提倡格物致知、正心誠意、修身齊家，培養聖賢智慧人格，進而為國為民服務，以利益天下蒼生之價值理念。子謂子產，「有君子之道四焉：其行己也恭，其事上也敬，其養民也惠，其使民也義。」（論語公冶長篇）就此學者指出，中國傳統儒家政治哲學把民本觀念放在外王事功上來看，屬於推行王道（別於霸道）、施行仁政（別於暴政）之一環。「外王」對應於「內聖」而言，「內聖外王」（出自莊子天下篇）是耆碩儒者一生追求的最高目標，指士人在內在人格修養的基礎上，把聖賢的王道文化理想，在社會生活和國家政治中體現出來，進而實現治國、平天下的理想。[26]

26 陳運星，從民本到民主：儒家政治文化的再生，中山人文社會科學期刊，第12卷第2期，2004年12月，頁90，http://nccur.lib.nccu.edu.tw/bitstream/140.119/97768/1/12(2)P87-112.pdf，瀏覽日期：106.11.30。

陸、天人合一思想：以道治國

一、天人合一思想

　　天人合一，在道家思想，意指人類與大自然融合爲一體，老子道德經所謂：「人法地、地法天，天法道，道法自然。」人類應與大自然和平共存共榮。易經乾卦文言：「夫『大人』者、與天地合其德，與日月合其明，與四時合其序，與鬼神合其吉凶，先天而天弗違，後天而奉天時。天且弗違，而況於人乎？況於鬼神乎？」「昔者聖人之作《易》也，幽贊於神明而生蓍，參天兩地而倚數，觀變於陰陽而立卦，發揮於剛柔而生爻，和順於道德而理於義，窮理盡性以至於命。」（周易說卦）「昔者聖人之作《易》也，將以順性命之理，是以立天之道曰陰與陽，立地之道曰柔與剛，立人之道曰仁與義。」認爲人類應效法天地之德，遵循天道處世。[27]

　　就此有認爲「天人合一」，在儒學傳統中並非意指「人與自然的合一」，而是一種重視人文，以「人爲主體」的天人合一觀，當然能使人類知道向善，並以天亦爲善，更易體天而行，能與天地合其德。[28]「儒、道兩家各自成爲強調天人合一的文化體系，因其最終均追求的是以文化體系引領現實社會符合天理；道家發天道，明自然，發展文化體系的思路是由天之人，即以自然之理，作爲其體系的基礎，欲使社會機制不違背天道自然；先秦儒家的由人之天和道家的由天之人，均是一種建構文化的理想。」[29]

　　「孟子由義理之天來說明天人合一思想，其後爲宋明理學家所光大，如張載『天良能本吾良能』《正蒙‧誠明》，天與人合一，都合在於性本善良之

---

[27]　太平經亦謂：「夫師，陽也，愛其弟子，導教以善道，使知重天愛地，尊上利下，弟子敬事其師，順勤忠信不欺。二人並力同心，圖畫古今舊法度，行聖人之言，明天地部界分理，萬物使各得其所，積賢不止，因爲帝王良輔，相與合策共理致太平。」「聖人者象陰陽，陰陽者象天地以治事，合和萬物，聖人亦當和合萬物，成天心，順陰陽而行。賢人象山川，山川主通氣達遠方，賢者亦當爲帝王通達六方。凡民者象萬物，萬物者生處無高下，悉有民，故象萬物。」（太平經‧卷五十六至六十四，http://www.guoxue123.com/zhibu/0101/03tpjhx/026.htm，瀏覽日期：109.2.21）。

[28]　呂宗麟（緒麟），試論孔孟與老子的天人合一觀，https://www.tienti.tw/node/992，瀏覽日期：109.2.21。

[29]　呂宗麟（緒麟），試論孔孟與老子的天人合一觀，https://www.tienti.tw/node/992，瀏覽日期：109.2.21。

上，換言之，先秦儒家思想的天人合一觀，並非是宇宙論、本體論上的思辨，而是落實到現實人生，爲『人』的價值理想尋求一種基礎和源泉，亦是一種對『人道』觀念的看重，因之會形成對善觀念的確立，與對善行爲的實踐。」[30]

二、盡人之性與盡物之性

「天命之謂性，率性之謂道，脩道之謂教。」[31]「自誠[32]明，謂之性；自明誠，謂之教。誠則明矣，明則誠矣。唯天下至誠，爲能盡其性；能盡其性，則能盡人之性；能盡人之性，則能盡物之性；[33]能盡物之性，則可以贊天地之化育；可以贊天地之化育，則可以與天地參矣。」（禮記中庸篇）「誠者自成也，而道自道也。誠者物之終始，不誠無物。是故君子誠之爲貴。誠者非自成己而已也，所以成物也。成己，仁也；成物，知也。性之德也，合外內之道也，故時措之宜也。故至誠無息。不息則久，久則徵，徵則悠遠，悠遠則博厚，博厚則高明。博厚，所以載物也；高明，所以覆物也；悠久，所以成物也。博厚配地，高明配天，悠久無疆。如此者，不見而章，不動而變，無爲而成。」（禮記中庸篇）「唯天下至誠，爲能經綸天下之大經，立天下之大本，知天地之化育。夫焉有所倚？肫肫其仁！淵淵其淵！浩浩其天！苟不固聰明聖知達天德者，其孰能知之？」（禮記中庸篇）以至誠能明性命之理，天地化育之道。

在下位不獲乎上，民不可得而治矣；獲乎上有道：不信乎朋友，不獲乎上矣；信乎朋友有道：不順乎親，不信乎朋友矣；順乎親有道：反諸身不誠，不順乎親矣；誠身有道：不明乎善，不誠乎身矣。誠者，天之道也；誠之者，人

---

[30] 呂宗麟（緒麟），試論孔孟與老子的天人合一觀，https://www.tienti.tw/node/992，瀏覽日期：109.2.21。

[31] 白話解說：「上天所賦予人的本質特性叫做本性（天性），遵循著本性以做人處事叫做道，聖人的教化，就是遵循本性，來修正過與不及的差別現象，使一切事物皆能合於正道，這稱之爲教化。」《中庸》菁華選粹白話解，http://www.dfg.cn/big5/chtwh/ssjz/2-zhongyongjinghua.htm，瀏覽日期：109.2.26。

[32] 誠：說文解字解釋爲「信也」，亦即眞實無妄，忠實不欺。〔廣雅〕敬也。〔增韻〕純也，無僞也，眞實也。〔易·乾卦〕閑邪存其誠。〔疏〕言防閑邪惡，當自存其誠實也（康熙字典誠字解釋）。

[33] 所謂盡物性者，即順物之性，以盡其所能也。如是則天地得位，萬物得育，人物各盡其性矣。中庸淺言新註（呂祖註釋），http://www.taolibrary.com/category/category9/c9035.htm，瀏覽日期：109.2.25。

之道也。誠者不勉而中，不思而得，從容中道，聖人也。誠之者，擇善而固執
之者也。博學之，審問之，慎思之，明辨之，篤行之。」（禮記中庸篇）

　　孟子曰：「誠者，天之道也；思誠者，人之道也。」（孟子離婁上篇）
「誠者不勉而中，不思而得，從容中道，聖人也。」誠身有道，明乎善。「君
子所性，仁義禮智根於心。」（孟子盡心上篇）孟子曰：「盡其心者，知其性
也。知其性，則知天矣。存其心，養其性，所以事天也。殀壽不貳，修身以俟
之，所以立命也。」

三、明德（行善）於天下

　　孟子曰：「君子之於物也，愛之而弗仁；於民也，仁之而弗親。親親而仁
民，仁民而愛物。」（孟子盡心上篇）

　　「大學之道，在明明德，在親民，在止於至善。知止而後有定，定而後
能靜，靜而後能安，安而後能慮，慮而後能得。物有本末，事有終始，知所先
後，則近道矣。」儒家強調行善天下，所謂「善」，乃是「致中和，天地位
焉，萬物育焉」的境界。[34]

　　「古之欲明明德於天下者，先治其國；欲治其國者，先齊其家；欲齊其
家者，先修其身；欲修其身者，先正其心；欲正其心者，先誠其意；欲誠其意
者，先致其知，致知在格物。物格而後知至，知至而後意誠，意誠而後心正，
心正而後身修，身修而後家齊，家齊而後國治，國治而後天下平。自天子以至
於庶人，壹是皆以修身爲本。其本亂而末治者否矣，其所厚者薄，而其所薄者
厚，未之有也！此謂知本，此謂知之至也。」（禮記大學篇）

　　子曰：「好學近乎知，力行近乎仁，知恥近乎勇。知斯三者，則知所以修
身；知所以修身，則知所以治人；知所以治人，則知所以治天下國家矣。凡爲
天下國家有九經，曰：修身也，尊賢也，親親也，敬大臣也，體群臣也，子庶
民也，來百工也，柔遠人也，懷諸侯也。修身則道立，尊賢則不惑，親親則諸
父昆弟不怨，敬大臣則不眩，體群臣則士之報禮重，子庶民則百姓勸，來百工
則財用足，柔遠人則四方歸之，懷諸侯則天下畏之。[35]齊明盛服，非禮不動，

---

[34] 林素英，《禮記》之先秦儒家思想，初版，2017年，頁277以下。
[35] 解說：「修身曰立本，本立而道生焉。尊其人，覺性於內，賢德溢外，則我效之，恪奉格
致之功，自性乃不受物慾所惑也。親其先後之親，報先後親恩，本也。復以親親之道以事

所以修身也；去讒遠色，賤貨而貴德，所以勸賢也；尊其位，重其祿，同其好惡，所以勸親親也；官盛任使，所以勸大臣也；忠信重祿，所以勸士也；時使薄斂，所以勸百姓也；日省月試，既廩稱事，所以勸百工也；送往迎來，嘉善而矜不能，所以柔遠人也；繼絕世，舉廢國，治亂持危，朝聘以時，厚往而薄來，所以懷諸侯也。凡為天下國家有九經，所以行之者一也。」（禮記中庸篇）

柒、儒家思想與時代變遷

一、夫唱婦隨與男女平等原則

　　古代農業社會，女主內，女子負責家庭管理以及養兒育女的教養責任，男主外，負責在外工作謀生，以維持家庭生計，由於丈夫負擔家庭經濟之主要責任，相對地也承擔主導家庭秩序之權責，而形成男性中心社會。在此一分工模式下，為維持家庭倫理，儒家認為「男女之別，男尊女卑。」（孔子家語六本篇），似乎認為男女有別，主張「夫唱婦隨」，亦即「天下之理，夫者倡，婦者隨。」（關尹子‧三極）[36]認為妻子必須服從丈夫，以維持夫妻和好相處。

　　又由於女性承擔家庭事務管理責任，足不出戶，難免視野較為狹隘，心胸也較不開闊，故在易經觀卦六二爻辭中表示：「闚觀，利女貞。」意指女性以門縫觀察，相當偏狹而不完整，比較適於女子的貞靜，屬於「微觀」觀察。在此毋寧應「觀國之光，利用賓於王。」「象曰：大觀在上，順而巽，中正以觀天下。觀，盥而不薦，有孚顒若，下觀而化也。觀天之神道，而四時不忒，

諸父，友諸昆弟，則無怨尤矣。敬心則性明，敬相則國治，信任專一，則又何昏迷乎！體忠除奸，量質取用，使群臣各盡其才，各制其宜，則士子仰德，咸知禮義之為重也。君之慈係由性中所發，以自性之宏慈啟萬民之性慈，而君以道待民，則民以親親君也。百姓勸者，具先後解之，姓者，後天也；性者，先天也。萬民互相勸善，則百姓之自性同歸於無極而後已焉。來百工以振興實業，則財自足用也。柔遠人者，以柔和溫讓之德，以撫天下之旅，則四方之心歸之。大德大威，感之制之，則諸侯懷德畏威，天下莫不畏服也。」中庸淺言新註（呂祖註釋），http://www.taolibrary.com/category/category9/c9035.htm，瀏覽日期：109.2.25。

[36] 關尹子曰：「天下之理：夫者倡，婦者隨；牡者馳，牝者逐；雄者鳴，雌者應。是以聖人制言行，而賢人拘之。」諸子百家中國哲學書電子化計劃，先秦兩漢>道家>文始真經>三極，https://ctext.org/wenshi-zhenjing/san-ji/zh，瀏覽日期：109.1.11。

聖人以神道設教，而天下服矣。」「象曰：風行地上，觀。先王以省方，觀民
設教。」應當志在四方，放眼外面的大世界，注重大的問題與事情，因此強調
「宏觀」觀察。

　　在現代社會，女子上學讀書，接受高等教育，又可以行萬里路，「讀萬卷
書，行萬里路」而增廣見聞，其智慧增長，並無男女之別，故現代社會提倡男
女平等，其家庭倫理觀念已有變動。

二、言論自由之限制

　　孔子家語刑政篇，孔子曰：「巧言破律，遁名改作，執左道與亂政者，
殺；作婬聲，造異服，設伎奇器以蕩上心者，殺；行偽而堅，言詐而辯，學非
而博，順非而澤，以惑眾者，殺；假於鬼神時日卜筮以疑眾者，殺。此四誅
者，不以聽。」對於邪僻言論巧言惑眾者，應以法律嚴屬制裁。

　　現代民主國家強調尊重價值多元思想，保障人民之言論自由，故不適宜統
一人民思想及言論。但對於仇恨性言論或危害基本憲政秩序者，仍有加以管制
之必要。[37]

三、儒家思想之影響：道德規範法律化？

　　學者有認為儒家思想主要著重倫理道德規範，唐朝以後，儒家人倫思想
法律化，乃是將家庭倫理道德規範（父慈子孝等倫理觀念）以法律強制之，所
謂「出禮則入刑」，自唐朝唐律以降，刑律多以維護儒家思想之禮教為目的，
使法律之執行與人民非善惡之標準一致，實際上法律僅是最低限度之道德，如
果將道德法律化，人民不容易遵守。此當非孔孟思想之本意。蓋道德是聖賢之
人所樹立的理想行為準則，只有聖賢才能完全實現，而法律規範是一般普通人
民所應遵守之規範，超越常人所能遵守之理想，不應訂入法律，更不應強制執

---

[37] 為維護民主的憲政體制，打擊個人與組織的憲法敵對行為，稱為「防衛性民主」。在德國威
　瑪憲法時代，由於採取價值相對主義，對於各種不同意見均加以寬容，包括納粹政黨的主
　張。導致納粹政黨取得政權後，卻對於其他人不寬容，將所有其他政黨解散，實行獨裁專制
　統治。因此為保護憲法，必須把反民主而違憲的政黨加以排除。德國基本法第20條第4項規
　定，凡從事排除上述自由、民主之基本秩序者，如別無其他救濟方法時，任何德國人皆有權
　反抗之。即採取「防衛性民主」之做法。

行，否則強人所難。[38]

捌、結論

禮記中庸篇：「唯天下至聖，為能聰明睿知，足以有臨也；寬裕溫柔，足以有容也；發強剛毅，足以有執也；齊莊中正，足以有敬也；文理密察，足以有別也。——唯天下至誠，為能經綸天下之大經，立天下之大本，知天地之化育。」孔子曰：「所謂聖人者，知通乎大道，應變而不窮，能測萬物之情性者也。大道者，所以變化而凝成萬物者也。情性也者，所以理然、不然、取、舍者也。故其事大，配乎天地，參乎日月，雜於雲蜺，總要萬物，穆穆純純，其莫之能循；若天之司，莫之能職；百姓淡然，不知其善。若此，則可謂聖人矣。」（大戴禮記哀公問五義篇）由於聖人智慧高超，能知天下事物之道理，能通天下之志（周易繫辭上傳）。故能順性而為，依理行事，表現於法制規劃設計上，則能上應天理，中通人情，下順事理，而可實現「良法善治」的目標。

在漢書董仲舒傳，引述董仲舒：「冊曰：『善言天者必有徵於人，善言古者必有驗於今。』臣聞天者群物之祖也，故遍覆包函而無所殊，建日月風雨以和之，經陰陽寒暑以成之。故聖人法天而立道，亦溥愛而亡私，布德施仁以厚之，設誼立禮以導之。春者天之所以生也，仁者君之所以愛也；夏者天之所以長也，德者君之所以養也；霜者天之所以殺也，刑者君之所以罰也。繇此言之，天人之徵，古今之道也。孔子作春秋，上揆之天道，下質諸人情，參之於古，考之於今。故春秋之所譏，災害之所加也；春秋之所惡，怪異之所施也。書邦家之過，兼災異之變，以此見人之所為，其美惡之極，乃與天地流通而往來相應，此亦言天之一端也。古者修教訓之官，務以德善化民，民已大化之後，天下常亡一人之獄矣。」

儒家提倡之聖賢的法治思想，首重人民之倫理道德教育，使人民心存善念而有善行，而法律制度也順應人性與物之性質，符合人情義理，具有合理性、適宜性與可行性，人民容易遵守，且規範內容符合人民生活需要，深得民心，

---

[38] 馬漢寶，儒家思想法律化與中國家庭關係的發展，臺大法學論叢，第21卷第1期，1991年12月，頁12。

自然民風善良純樸，社會秩序安定，人民各得其所而安居樂業，從而可以實現大同世界。因此刑期無刑，備而不用。由於徒善不足以爲政，徒法不足以自行，故特別強調選賢與能，舉薦「賢能人才」爲國做事，才能制定良法美制，也才能國泰民安。

　　誠如大戴禮記盛德篇所言：「夫民善其德，必稱其人；故今之人稱五帝三王者，依然若猶存者，其法誠德，其德誠厚。夫民思其德，心稱其人，朝夕祝之，升聞於皇天，上帝歆焉，故永其世而豐其年。不能御民者，棄其德法。譬猶御馬，棄銜勒，而專以筴御馬，馬必傷，車必敗；無德法而專以刑法御民，民心走，國必亡。亡德法，民心無所法循，迷惑失道，上必以爲亂無道；苟以爲亂無道，刑罰必不克，成其無道，上下俱無道。故今之稱惡者，必比之於夏桀殷紂，何也？曰法誠不德，其德誠薄。夫民惡之，必朝夕祝之，升聞於皇天，上帝不歆焉；故水旱並興，災害生焉。故曰：德法者，御民之本也。」

　　倘若教育失道、法治敗壞、民風不良、上下不和、小人當道，賢人引退，則國家勢必走向敗亡之路。大戴禮記盛德篇即謂：「過，失也。人情莫不有過，過而改之，是不過也。是故官屬不理，分職不明，法政不一，百事失紀，曰『亂』也；亂則飭冢宰。地宜不殖，財物不蓄，萬民飢寒；教訓失道，風俗淫僻，百姓流亡，人民散敗，曰『危』也；危則飭司徒。父子不親，長幼無序，君臣上下相乘，曰『不和』也；不和則飭宗伯。賢能失官爵，功勞失賞祿，爵祿失則士卒疾怨，兵弱不用，曰『不平』也；不平則飭司馬。刑罰不中，暴亂姦邪不勝，曰『不成』也；不成則飭司寇。百度不審，立事失禮，財務失量曰『貧』也；貧則飭司空。故曰：御者同是車馬，或以取千里，或數百里者，所進退緩急異也；治者同是法，或以治、或以亂者，亦所進退緩急異也。」[39]

---

[39] 道教經典中有關國家治理，也提出類似觀點：「夫天治法，化人爲善。」「助帝王治，大凡有十法：一爲元氣治，二爲自然治，三爲道治，四爲德治，五爲仁治，六爲義治，七爲禮治，八爲文治，九爲法治，十爲武治。」（太平經合校卷六十七）http://www.guoxue123.com/zhibu/0101/03tpjhx/029.htm，瀏覽日期：109.2.26。

第二章　詩經之法律思想

壹、前言

一、詩經

　　《詩經》是儒家的五經之一。[1]《詩經》是我國最早的詩歌總集，收錄自西周初年至春秋中葉（約前11世紀～前6世紀）的詩歌305篇。原本稱《詩》，漢朝獨尊儒家將其奉爲經典，遂亦稱爲《詩經》，而正式使用《詩經》一名，有認爲應起於南宋初年。其中最爲著名也是流傳至今的，是漢景帝第三子河間王劉德、毛萇（有稱爲毛長）版本的《詩經》，因此該版本又稱爲《毛詩》，[2]表示是毛萇所傳授之詩經。按毛萇所傳授之詩經來源，係由荀卿授魯國毛亨，毛亨作《訓詁傳》以授趙國毛萇。《六藝論》云：「河間獻王好學，其博士毛公善說詩，獻王號之曰《毛詩》。」是獻王始加「毛」也。[3]

　　早在尚書舜典即記載舜帝曰：「夔！命汝典樂，教冑子，直而溫，寬而栗，剛而無虐，簡而無傲。**詩言志，歌永（詠）言**，聲依永，律和聲。八音克諧，無相奪倫，神人以和。」[4]認爲詩可以表達其志向或願望。亦即「詩者，志之所之也，在心爲志，發言爲詩。」（毛詩正義，卷一），[5]「溫柔敦厚，詩之教也。」（朱子語類詩一）[6]

　　莊子天運篇：「《詩》、《書》、《禮》、《樂》、《易》、《春秋》

1　本文所引用之詩經內容，皆引自諸子百家中國哲學書電子化計劃，詩經，https://ctext.org/book-of-poetry/zh，瀏覽日期：112.1.19。

2　維基百科，詩經，https://zh.wikipedia.org/zh-tw/詩經，瀏覽日期：112.1.19。

3　「《後漢書・儒林傳》始云：『趙人毛長傳《詩》，是爲《毛詩》。』其長字不從『草』。《隋書・經籍誌》載《毛詩》二十卷，漢河間太守毛萇傳，鄭氏箋。於是《詩傳》始稱毛萇。鄭玄《詩譜》曰：『魯人大毛公爲《訓詁傳》於其家，河間獻王得而獻之，以小毛公爲博士。』陸璣《毛詩草木蟲魚疏》亦云：『孔子刪《詩》授卜商，商爲之序，以授魯人曾申，申授魏人李克，克授魯人孟仲子，仲子授根牟子，根牟子授趙人荀卿，荀卿授魯國毛亨，毛亨作《訓詁傳》以授趙國毛萇。時人謂亨爲大毛公，萇爲小毛公。』據是二書，則作《傳》者乃毛亨，非毛萇，故孔氏《正義》亦云大毛公爲其《傳》，由小毛公而題毛也。」維基文庫，毛詩正義，https://zh.m.wikisource.org/zh-hant/毛詩正義，瀏覽日期：112.1.20。

4　諸子百家中國哲學書電子化計劃，尚書>虞書>舜典，https://ctext.org/shang-shu/canon-of-shun/zh，瀏覽日期：112.2.11。

5　諸子百家中國哲學書電子化計劃，毛詩正義>卷一・一之一，https://ctext.org/wiki.pl?if=gb&chapter=84776，瀏覽日期：112.1.19。

6　諸子百家中國哲學書電子化計劃，朱子語類詩一，https://ctext.org/shang-shu/yu-shu/zh，瀏覽日期：112.1.19。

六經。」將詩經列為六經之首。莊子天下篇對於六經的重要功能，表示：「古
之人其備乎！配神明，醇天地，育萬物，和天下，澤及百姓，明於本數，係於
末度，六通四辟，小大精粗，其運無乎不在。其明而在數度者，舊法世傳之史
尚多有之。其在於《詩》、《書》、《禮》、《樂》者，鄒、魯之士、搢紳先
生多能明之。《詩》以道志，《書》以道事，《禮》以道行，《樂》以道和，
《易》以道陰陽，《春秋》以道名分。其數散於天下而設於中國者，百家之學
時或稱而道之。」認為《詩》以道志，對於詩經作出極高之評價。

　　漢書藝文志：「傳曰：『不歌而誦謂之賦，登高能賦可以為大夫。』言
感物造耑，材知深美，可與圖事，故可以為列大夫也。古者諸侯卿大夫交接鄰
國，以微言相感，當揖讓之時，必稱詩以諭其志，蓋以別賢不肖而觀盛衰焉。
故孔子曰『不學詩，無以言』也。春秋之後，周道浸壞，聘問歌詠不行於列
國，學詩之士逸在布衣，而賢人失志之賦作矣。」[7]

二、詩經之由來

　　詩經之內容由來，主要應係官方從民間歌謠蒐集獻上天子，以觀察其民
情民風為目的。漢書食貨志上篇：「孟春之月，群居者將散，行人振木鐸徇於
路，以采詩，獻之大師，比其音律，以聞於天子。故曰王者不窺牖戶而知天
下。」漢書藝文志表示：「書曰：『詩言志，歌詠言。』故哀樂之心感，而歌
詠之聲發。誦其言謂之詩，詠其聲謂之歌。故古有采詩之官，王者所以觀風
俗，知得失，自考正也。」漢孔叢子巡守篇，表示古代天子巡守時，「命史採
民詩謠以觀其風」，[8]詩歌內容作為帝王考察當地民情之用。

　　其次，詩經內容排列順序，呈現嚴謹系統化體系，係經由孔子進行系統
化編纂，採擇其中具有禮義價值內涵者而成書。史記孔子世家記載：「古者詩
三千餘篇，及至孔子，去其重，**取可施於禮義**，上采契后稷，中述殷周之盛，
至幽厲之缺，始於衽席，故曰『關雎之亂以為風始，鹿鳴為小雅始，文王為大

---

[7]　「自孝武立樂府而采歌謠，於是有代趙之謳，秦楚之風，皆感於哀樂，緣事而發，亦可以
　　觀風俗，知薄厚云。詩賦為五種。」諸子百家中國哲學書電子化計劃，漢書藝文志，https://
　　ctext.org/han-shu/yi-wen-zhi/zh，瀏覽日期：112.1.19。

[8]　諸子百家中國哲學書電子化計劃，孔叢子巡守，https://ctext.org/kongcongzi/xun-shou/zh，瀏
　　覽日期：112.1.19。

雅始，清廟爲頌始』。三百五篇孔子皆弦歌之，以求合韶武雅頌之音。**禮樂自此可得而述，以備王道，成六藝**。」論語・子罕亦謂：「吾自衛返魯，然後樂正，雅、頌各得其所。」均可見孔子刪除詩書之情況。

　　故詩經內容之成書，係經由民間著作、官方蒐集以及孔子編輯而成。

貳、詩經六義

一、詩經之功能

　　有關詩經之功能，《毛詩正義》[9]指出：「詩者，志之所之也，在心爲志，發言爲詩。」「情動於中而形於言，言之不足，故嗟嘆之，嗟嘆之不足，故永歌之，永歌之不足，不知手之舞之、足之蹈之也。」「情發於聲，聲成文謂之音。」「治世之音，安以樂，其政和。亂世之音，怨以怒，其政乖。亡國之音，哀以思，其民困。」「**故正得失，動天地，感鬼神，莫近於詩**。」[10]

　　毛施正義序：[11]「夫《詩》者，**論功頌德之歌，止僻防邪之訓**，雖無爲而自發，乃有益於生靈。六情靜於中，百物盪於外，情緣物動，物感情遷。若政遇醇和，則歡娛被於朝野，時當慘黷，亦怨刺形於詠歌。作之者所以暢懷舒憤，聞之者足以塞違從正。發諸情性，諧於律呂，故曰『感天地，動鬼神，莫近於《詩》』。此乃《詩》之爲用，其利大矣。」

　　毛詩正義卷一・一之一周南關雎詁訓傳第一：「上言播詩於音，音從政變，政之善惡皆在於詩，故又言詩之功德也。由詩爲樂章之故，正人得失之行，變動天地之靈，感致鬼神之意，無有近於詩者。」「詩之道，所以能有此三事者，詩者志之所歌，歌者人之精誠，精誠之至，以類相感。詩人**陳得失之事以爲勸戒，令人行善不行惡，使失者皆得是詩，能正得失也**。普正人之得失，非獨正人君也。下云『上以風化下，下以風刺上』，是上下俱正人也。人君誠能用詩人之美道，聽嘉樂之正音，使賞善伐惡之道舉無不當，則可使天地

9　本文所引用之《毛詩正義》，係指漢毛亨傳，鄭玄箋，唐孔穎達疏《毛詩正義》。

10　諸子百家中國哲學書電子化計劃，毛詩正義>卷一・一之一，周南關雎詁訓傳第一，https://ctext.org/wiki.pl?if=gb&chapter=84776，瀏覽日期：112.1.20。

11　維基文庫，毛詩正義>序，https://zh.m.wikisource.org/wiki/毛詩正義/序，瀏覽日期：112.2.14。

效靈,鬼神降福也。故《樂記》云:『奸聲感人而逆氣應之,逆氣成象而淫樂興焉。**正聲感人而順氣應之,順氣成象而和樂興焉。**』又曰:『**歌者直己而陳德也,動己而天地應焉,四時和焉,星辰理焉,萬物育焉。**』此說聲能感物,能致順氣、逆氣者也。天地雲動,鬼神云感,互言耳。」[12]「先王以是**經夫婦,成孝敬,厚人倫,美教化,移風俗。**」[13]

漢書食貨志上篇:「殷周之盛,**詩書所述,要在安民,富而教之。**故易稱『天地之大德曰生,聖人之大寶曰位;何以守位曰仁,何以聚人曰財。』財者,帝王所以聚人守位,養成群生,奉順天德,治國安民之本也。」[14]

朱熹詩經集傳序:「詩者人心之感物,而形於言之餘也。心之所感有邪正。故言之所形有是非。惟聖人在上,則其所感者無不正,而其言皆足以為教。其或感之之雜,而所發不能無可擇者,則上之人,必思所以自反,而因有以勸懲之。是亦所以為教也。昔周盛時,上自郊廟朝廷,而下達於鄉黨閭巷,其言粹然無不出於正者。聖人固已協之聲律,而用之鄉人,用之邦國,以化天下。」

二、詩經之內容

(一)概說

詩有六義焉:一曰風,二曰賦,三曰比,四曰興,五曰雅,六曰頌。其中「風、雅、頌」為詩經內容之三大類型。而其詩歌表現型態方式,有「賦、比、興」三種。

詩經之「風、雅、頌」三種文辭內容,各有不同。「風」主要採集民間歌謠,而「雅、頌」許多為廟堂之上賢人君子所為歌詞,文彩更為豐富。

朱熹在詩經集傳序,[15]評價其間差異原因:「凡詩之所謂風者,多出於里

12　維基文庫,毛詩正義>序,https://zh.m.wikisource.org/wiki/毛詩正義/序,瀏覽日期:112.2.14。

13　維基文庫,毛詩正義>序,https://zh.m.wikisource.org/wiki/毛詩正義/序,瀏覽日期:112.2.14。

14　諸子百家中國哲學書電子化計劃,漢書食貨志上,https://ctext.org/han-shu/shi-huo-zhi-shang/zh,瀏覽日期:112.1.19。

15　維基文庫,朱熹,詩經集傳>序,https://zh.wikisource.org/zh-hant/詩經集傳/序,瀏覽日期:112.2.15。

巷歌謠之作，所謂男女相與詠歌，各言其情者也。惟周南召南，親被文王之化以成德，而人皆有以得其性情之正。故其發於言者，樂而不過於淫，哀而不及於傷。是以二篇獨爲風詩之正經。自邶而下，則其國之治亂不同，人之賢否亦異，其所感而發者，有邪正是非之不齊。而所謂先王之風者，於此焉變矣。若夫**雅頌之篇，則皆成周之世，朝廷郊廟樂歌之詞，其語和而莊，其義寬而密**。其作者，往往聖人之徒。固所以爲萬世法程，而不可易者也。至於**雅之變者，亦皆一時賢人君子，閔時病俗之所爲，而聖人取之**。其忠厚惻怛之心，陳善閉邪之意，尤非後世能言之士，所能及之。此詩之爲經，所以人事浹於下，天道備於上，而無一理之不具也。」

毛詩正義注疏注解如下：[16]

1. 風，言賢聖治道之遺化。

2. 賦之言鋪，直鋪陳今之政教善惡。「賦」者，直陳其事，無所避諱，故得失俱言。

3. 比，見今之失，不敢斥言，取比類以言之。是諷刺詩之比也。「比」者，比託於物，不敢正言，似有所畏懼，故云「見今之失，取比類以言之」。此種比喻法，例如「關關雎鳩、在河之洲。窈窕淑女、君子好逑」。

4. 興，見今之美，嫌於媚諛，取善事以喻勸之。「興」者，興起志意贊揚之辭。興者，託事於物則興者起也。取譬引類，起發己心，詩文諸舉草木鳥獸以見意者，皆興辭也。

5. 雅，正也，言今之正者，以爲後世法。

6. 頌之言誦也，容也，誦今之德，廣以美之。

言事之道，直陳爲正，故《詩經》多賦在比、興之先。比之與興，雖同是附託外物，比顯而興隱。當先顯後隱，故比居興先也。

（二）詩經之類型

1. 風（國風）

詩經第一篇爲國風，是各國諸侯採集貢獻給天子，然後列於樂官，稱爲

---

16 諸子百家中國哲學書電子化計劃，毛詩正義>卷一・一之一，周南關雎詁訓傳第一，https://ctext.org/wiki.pl?if=gb&chapter=84776，瀏覽日期：112.1.19。

國風。「言《國風》者,國是風化之界,詩以當國爲別,故謂之《國風》。其《雅》則天子之事,政教刑於四海,不須言國也。《周》、《召》,風之正經,固當爲首。」[17]

朱熹在詩經集傳:[18]「國者,諸侯所封之域。而風者,民族歌謠之詩也。謂之風者,以其被上之化,以有言而其言又足以感人,如物因風之動,以有聲而其聲又足以動物也。是以諸侯采之,以貢於天子,天子受之,而列於樂官。於以考其俗尙之美惡,而知其政治之得失焉。」

對於「風」,毛詩正義[19]詮釋:「風也,教也。風以動之,教以化之。」「君上風教,能鼓動萬物,如風之偃草也。」「風訓諷也,教也。諷謂微加曉告,教謂殷勤誨示。諷之與教,始末之異名耳。言王者施化,先依違諷諭以動之,民漸開悟,乃後明教命以化之。風之所吹,無物不扇;化之所被,無往不沾,故取名焉。」

國風有「正風」與「變風」,「正風」人民受聖王教化,發之於性情,無不純正,樂而不淫,哀而不傷,如周南及召南所屬之詩。所謂「變風」,是王道衰微,禮義漸廢,政教已失,世風日下,於是賢人君子將心中所感,發爲詩歌吟詠,以諷刺勸戒,期能匡正。詩經中從邶封至豳風之詩歌均屬於此類詩詞。[20]

毛詩正義[21]中表示:「正義曰:《詩》之風、雅,有正、有變,故又言變之意。至於王道衰,禮義廢而不行,政教施之失所,遂使諸侯國國異政,下民家家殊俗。詩人見善則美,見惡則刺之,而變風、變雅作矣。禮義言廢者,典法仍存,但廢而不行耳。政教言失者,非無政教,但施之失理耳。由施之失理,故使國國異政,家家殊俗,皆是道衰之事,故云道衰以冠之。禮義者,政教之本,故先禮義而後政教。」「其作變之由。言國之史官,皆博聞強識之

---

[17] 諸子百家中國哲學書電子化計劃,毛詩正義>卷一‧一之一,https://ctext.org/wiki.pl?if=gb&chapter=84776,瀏覽日期:112.1.19。《六藝論》云:「河閒獻王好學,其博士毛公善說詩,獻王號之曰《毛詩》。」是獻王始加「毛」也。

[18] 諸子百家中國哲學書電子化計劃,詩經集傳>詩經卷之一朱熹集傳,https://ctext.org/wiki.pl?if=gb&chapter=164900,瀏覽日期:112.1.19。

[19] 諸子百家中國哲學書電子化計劃,毛詩正義>卷一‧一之一,周南關雎詁訓傳第一,https://ctext.org/wiki.pl?if=gb&chapter=84776,瀏覽日期:112.1.19。

[20] 盧元駿,四書五經要旨,三民書局,3版,2019年,頁23。

[21] 諸子百家中國哲學書電子化計劃,毛詩正義>卷一‧一之一,周南關雎詁訓傳第一,https://ctext.org/wiki.pl?if=gb&chapter=84776,瀏覽日期:112.1.19。

士，明曉於人君得失善惡之跡，禮義廢則人倫亂，政教失則法令酷，國史傷此人倫之廢棄，哀此刑政之苛虐，哀傷之志鬱積於內，乃吟詠己之情性，以風刺其上，覬其改惡爲善，所以作變詩也。」「達於事變而懷其舊俗者也。故變風發乎情，止乎禮義。發乎情，民之性也；止乎禮義，先王之澤也。」

2. 雅

古代宴享朝會時公卿大夫所作，用來讚美或諷刺當時政治的。[22]

毛詩正義：「雅者訓爲正也，由天子以政教齊正天下，故民述天子之政，還以齊正爲名。王之齊正天下得其道，則述其美，雅之正經及宣王之美詩是也。若王之齊正天下失其理，則刺其惡，幽、厲小雅是也。詩之所陳，皆是正天下大法，文、武用詩之道則興，幽、厲不用詩道則廢。此雅詩者，言說王政所用廢興，以其廢興，故有美刺也。」[23]

「言道天下之政事，發見四方之風俗，如是而作詩者，謂之雅。」[24]

「大雅所陳，受命作周，代殷繼伐，荷先王之福祿，尊祖考以配天，醉酒飽德，能官用士，澤被昆蟲，仁及草木，於天子之政，皆大事也。」[25]

雅、頌之音，則王者遍覽天下之志，總合四方之風而制之，《樂記》所謂「先王制雅、頌之聲以道之」，是其事也。

雅有小雅與大雅之分，又有正雅及變雅之別。「正經述大政爲大雅，述小政爲小雅，有小雅、大雅之聲。王政既衰，變雅兼作，取大雅之音，歌其政事之變者，謂之『變大雅』；取其小雅之音，歌其政事之變者，謂之『變小雅』，故變雅之美刺，皆由音體有小大，不復由政事之大小也。」[26]

3. 頌

頌爲宗廟祭祀之歌，不是宴享時之歌。[27]「頌者，美盛德之形容，以其成

---

[22] 盧元駿，四書五經要旨，三民書局，3版，2019年，頁23。

[23] 諸子百家中國哲學書電子化計劃，毛詩正義>卷一‧一之一，周南關雎詁訓傳第一，https://ctext.org/wiki.pl?if=gb&chapter=84776，瀏覽日期：112.1.19。

[24] 諸子百家中國哲學書電子化計劃，毛詩正義>卷一‧一之一，周南關雎詁訓傳第一，https://ctext.org/wiki.pl?if=gb&chapter=84776，瀏覽日期：112.1.19。

[25] 諸子百家中國哲學書電子化計劃，毛詩正義>卷一‧一之一，周南關雎詁訓傳第一，https://ctext.org/wiki.pl?if=gb&chapter=84776，瀏覽日期：112.1.19。

[26] 諸子百家中國哲學書電子化計劃，毛詩正義>卷一‧一之一，周南關雎詁訓傳第一，https://ctext.org/wiki.pl?if=gb&chapter=84776，瀏覽日期：112.1.19。

[27] 盧元駿，四書五經要旨，三民書局，3版，2019年，頁24。

功，告於神明。」「作頌者美盛德之形容，則天子政教有形容也。可美之形容，正謂道教周備也，故《頌譜》云：『天子之德，光被四表，格於上下，無不覆燾，無不持載。』此之謂容，其意出於此也。『成功』者，營造之功畢也。天之所營在於命聖，聖之所營在於任賢，賢之所營在於養民。民安而財豐，眾和而事節，如是則司牧之功畢矣。干戈既戢，夷狄來賓，嘉瑞悉臻，遠邇咸服，群生盡遂其性，萬物各得其所，即是成功之驗也。萬物本於天，人本於祖，天之所命者牧民也，祖之所命者成業也。民安業就，須告神使知，雖社稷山川四岳河海皆以民為主，欲民安樂，故作詩歌其功，遍告神明，所以報神恩也。」[28]

詩經「頌」篇中有周頌、商頌與魯頌三章。毛詩正義卷十九周頌譜：[29]「周頌譜（《周頌》）者，周室成功致太平德洽之詩。其作在周公攝政、成王即位之初。頌之言容。天子之德，光被四表，格於上下，無不覆燾，無不持載，此之謂容。於是和樂興焉，頌聲乃作。以頌者，告神之歌，由於政平神悅所致，故說政從神，下歌以報神，所以為頌之意，引《禮記》以證之。頌之言容，歌成功之容狀也。」

毛詩正義表示：「王者政有興廢，未嘗不祭群神，但政未太平，則神無恩力，故太平德洽，始報神功。頌詩直述祭祀之狀，不言得神之力，但美其祭祀，是報德可知。此解頌者，唯《周頌》耳，其商、魯之頌則異於是矣。

《商頌》雖是祭祀之歌，祭其先王之廟，述其生時之功，正是死後頌德，非以成功告神，其體異於《周頌》也。

《魯頌》主詠僖公功德才，如變風之美者耳，又與《商頌》異也。頌者，美詩之名，王者不陳魯詩，魯人不得作風，以其得用天子之禮，故借天子美詩之名，改稱為頌，非《周頌》之流也。」[30]亦即魯國是因周公輔佐成王，有大勳勞於天下，故成王封周公之長子伯禽於魯，並賜予天子之禮樂，故魯亦有頌，以徵廟樂。魯頌之內容與風雅相近，或頌揚國君，或頌揚時事，並非祭

---

[28] 諸子百家中國哲學書電子化計劃，毛詩正義>卷一‧一之一，周南關雎詁訓傳第一，https://ctext.org/wiki.pl?if=gb&chapter=84776，瀏覽日期：112.1.19。

[29] 維基文庫，毛詩正義>卷十九，https://zh.m.wikisource.org/wiki/毛詩正義/卷十九，瀏覽日期：112.2.14。

[30] 維基文庫，毛詩正義>卷十九，https://zh.m.wikisource.org/wiki/毛詩正義/卷十九，瀏覽日期：112.2.14。

祀詩歌。[31]

　　詩經有關風雅之詩歌，僅收錄周朝之風雅，而未收錄商朝之風、雅之詩歌。此係因為風、雅之詩，只有論功頌德、刺過譏失之二事。此二事各於己之族親，周人自錄周之風、雅，則法足彰顯，戒足著明，不假複錄先代之風、雅也。至於商頌則為前代至美之詩，為敬先代，故錄之。[32]

參、詩經之法律思想

一、孝道倫理思想與祭祀禮義治國思想

（一）孝道倫理思想

　　詩經相當重視孝道倫理與道德觀念，詩經>大雅>生民之什：「威儀孔時、君子有孝子。孝子不匱、永錫爾類。」「既醉以酒、既飽以德。君子萬年、介爾景福。」

（二）祭祀禮義治國思想

　　詩經重視「禮義」，不僅止於修身正己，亦且禮義為治國之根本。詩經>國風>鄘風>相鼠：[33]「相鼠有體、人而無禮。人而無禮、胡不遄死。」

　　韓詩外傳卷一[34]曰：「在天者、莫明乎日月，在地者、莫明於水火，在人者、莫明乎禮儀。故日月不高，則所照不遠；水火不積，則光炎不博：**禮義不加乎國家，則功名不白。故人之命在天，國之命在禮。君人者、降禮尊賢而王，重法愛民而霸**，好利多詐而危，權謀傾覆而亡。《詩》曰：『人而無禮，胡不遄死！』」「君子有辯善之度，以治氣養性，則身後彭祖；修身自強，則名配堯禹；**宜於時則達，厄於窮則處，信禮者也。凡用心之術，由禮則理達，**

---

[31] 馬持盈註釋，詩經今著今譯，臺灣商務印書館，修訂3版，2017年，頁575。

[32] 維基文庫，毛詩正義詩譜序，https://zh.m.wikisource.org/wiki/毛詩正義/序，瀏覽日期：112.2.14。

[33] 諸子百家中國哲學書電子化計劃，詩經>國風>鄘風>相鼠，https://ctext.org/book-of-poetry/xiang-shu/zh，瀏覽日期：112.2.15。

[34] 諸子百家中國哲學書電子化計劃，韓詩外傳卷一，https://ctext.org/han-shi-wai-zhuan/juan-yi/zh，瀏覽日期：112.2.15。

不由禮則悖亂。飲食衣服，動靜居處，由禮則知節，不由禮則墊陷生疾。容貌態度，進退移步，由禮則夷國。**政無禮則不行，王事無禮則不成，國無禮則不寧，王無禮則死亡無日矣。**《詩》曰：『人而無禮，胡不遄死！』」

　　古代祭祀表示對於人類社會著有貢獻者，而加以感恩之意。禮記禮運篇：「祭帝於郊，所以定天位也；祀社於國，所以列地利也；祖廟所以本仁也，山川所以儐（敬）鬼神也，五祀所以本事也。」「故禮行於郊，而百神受職焉，禮行於社，而百貨可極焉，**禮行於祖廟而孝慈服焉，禮行於五祀而正法則焉**。故自郊社、祖廟、山川、五祀，義之修而禮之藏也。」禮記祭法篇：[35]「夫聖王之制祭祀也：**法施於民則祀之，以死勤事則祀之，以勞定國則祀之，能御大菑則祀之，能捍大患則祀之**。是故厲山氏之有天下也，其子曰農，能殖百穀；夏之衰也，周棄繼之，故祀以爲稷。共工氏之霸九州也，其子曰後土，能平九州，故祀以爲社。帝嚳能序星辰以著眾；堯能賞均刑法以義終；舜勤眾事而野死。鯀鄣洪水而殛死，禹能修鯀之功。黃帝正名百物以明民共財，顓頊能修之。契爲司徒而民成；冥勤其官而水死。**湯以寬治民而除其虐；文王以文治，武王以武功，去民之菑。此皆有功烈於民者也。及夫日月星辰，民所瞻仰也；山林川谷丘陵，民所取材用也**。非此族也，不在祀典。」

　　詩經中周頌、魯頌及商頌，在祭祀表揚祖先之盛德，包括祭天地、祖先、社稷、山川河海等眾神。[36]例如祭祀文王之詩歌，詩經>頌>周頌>清廟之什>清廟：[37]「於穆清廟、肅雝顯相。濟濟多士、秉文之德。對越在天、駿奔走在廟。不顯不承、無射於人斯。」詩經>頌>周頌>清廟之什>維天之命：[38]「維天之命、於穆不已。於乎不顯、文王之德之純。假以溢我、我其收之。駿惠我文王、曾孫篤之。」詩經>頌>周頌>清廟之什>維清：「維清緝熙、文王之典。肇禋、迄用有成、維周之禎。」

　　又祭祀感恩后稷之詩歌，詩經>頌>周頌>清廟之什>思文：[39]「思文后稷、

[35] 諸子百家中國哲學書電子化計劃，儒家>禮記>祭法，https://ctext.org/liji/ji-fa/zh，瀏覽日期：112.2.12。

[36] 林葉連，論周公與《詩經》的關係，漢學研究集刊，第31期，2020年12月，頁55。

[37] 諸子百家中國哲學書電子化計劃，詩經>頌>周頌>清廟之什>清廟，https://ctext.org/book-of-poetry/qing-miao/zh，瀏覽日期：112.2.1。

[38] 諸子百家中國哲學書電子化計劃，詩經>頌>周頌>清廟之什>維天之命，https://ctext.org/book-of-poetry/wei-tian-zhi-ming/zh，瀏覽日期：112.2.12。

[39] 諸子百家中國哲學書電子化計劃，詩經>頌>周頌>清廟之什>思文，https://ctext.org/book-of-poetry/si-wen/zh，瀏覽日期：112.2.12。

克配彼天、立我烝民、莫匪爾極。貽我來牟、帝命率育。無此疆爾界、陳常於時夏。」

詩經>頌>周頌>臣工之什>豐年：[40]「豐年多黍多稌。亦有高廩、萬億及秭。爲酒爲醴、烝畀祖妣、以洽百禮。降福孔皆。」

又有祭祀岐山之詩，詩經>頌>周頌>清廟之什>天作：[41]「天作高山、大王荒之。彼作矣、文王康之。彼徂矣岐、有夷之行、子孫保之。」祭祀河嶽之詩歌，詩經>頌>周頌>閔予小子之什>般：「於皇時周。陟其高山、墮山喬嶽、允猶翕河。敷天之下、裒時之對、時周之命。」

上述祭祀制度，毛詩正義卷十九清廟之什詁訓傳第二十六[42]表示此係：「聖王之政，法象天地群神之爲而爲之政，政成而神得其所，神得其所，則事順人和而德洽於神舉矣。功大如此，可不美報乎？故人君必絜其牛羊，馨其黍稷，齊明而薦之，歌之舞之，所以顯神明，昭至德也。正義曰：案今《周頌》郊社祖廟山川之祭，自以歲時之常，非爲太平而報，而鄭云『功大如此，可不美報』者，人君是群神之主，故曰有天下者祭百神，其祭不待於太平也。但太平之時，人民和樂謳歌吟詠而作頌者，皆人君德政之所致也。以人君法神以行政，歸功於群神，明太平有所由，是故因人君祭其群神，則詩人頌其功德，故謂太平之祭爲報功也。」

二、德行教化思想

詩經第一篇國風，意指風行教化之意。毛詩正義：「風，風也，教也。風以動之，教以化之。」「風之始也，所以風天下而正夫婦也，故用之鄉人焉，用之邦國焉。」言后妃之有美德，文王風化之始也。言文王行化，始於其妻，故用此爲風教之始，所以風化天下之民，而使之皆正夫婦焉。周公制禮作樂，用之鄉人焉，令鄉大夫以之教其民也；又用之邦國焉，令天下諸侯以之教其臣也。欲使天子至於庶民，悉知此詩皆正夫婦也。《論語》云「君子之德風」，

---

[40] 諸子百家中國哲學書電子化計劃，詩經>頌>周頌>臣工之什>豐年，https://ctext.org/book-of-poetry/feng-nian/zh，瀏覽日期：112.2.12。

[41] 諸子百家中國哲學書電子化計劃，詩經>頌>周頌>清廟之什>天作，https://ctext.org/book-of-poetry/tian-zuo/zh，瀏覽日期：112.2.12。

[42] 維基文庫，毛詩正義>卷十九，https://zh.m.wikisource.org/wiki/毛詩正義/卷十九，瀏覽日期：112.2.14。

並是此義。《老子》云：「脩之家，其德乃餘。脩之邦，其德乃豐。脩之天下，其德乃普。」亦自狹至廣，與此同意也。

詩經第一首詩國風>周南[43]>關雎，[44]表示：「關關雎鳩，在河之洲。窈窕淑女，君子好逑。」[45]意指文靜美麗、賢慧善良的淑女，是品德優秀高貴優雅的君子最理想的配偶。古人所謂「娶妻娶德」、「相由心生」，德行賢慧之淑女，氣質美麗，是君子理想配偶，此一君子淑女共同結合所組成之家庭，其夫婦正，則能行善積德，風化天下之民，足使民風良善。由此可見詩經以德行教化之美意。

詩經>大雅>生民之什：「假樂君子，顯顯令德。宜民宜人，受祿於天。保右命之，自天申之。」此讚美周成王之詩歌，上天嘉樂成王，有光耀之善德，讓人民安居樂業，官民皆得其宜，以受福祿於天。[46]表示積德於百姓，有益於人民，故長受上天之庇佑。

詩經>大雅>蕩之什>江漢：[47]「虎拜稽首、對揚王休、作召公考、天子萬壽。明明天子、令聞不已、矢其文德、洽此四國。」強調立德，亦即治理天下造福百姓之德。

詩經也寓有音樂協助教化之意。鄭玄，詩譜序：[48]「文、武之德，光熙前

43　毛詩正義序，周南召南譜：「其得聖人之化者謂之《周南》，得賢人之化者謂之《召南》，言二公之德教自岐而行於南國也。解大師分作二《南》之意也。知有此理者，序雲『《關雎》、《麟趾》之化，王者之風，故係之周公。《鵲巢》、《騶虞》之德，諸侯之風，故係之召公』。以聖人宜爲天子，賢人宜作諸侯，言王者之風是得聖人之化也，言諸侯之風是得賢人之化也。以周公聖人，故以聖人之風係之，以召公賢人，故以賢人之風係之。以六州本得二公之教，因有天子之風義，一聖一賢，事尤相類，故係之二公。既分係二公，以優劣爲次，先聖後賢，故先周後召也。不直稱『周』、『召』，而連言『南』者，欲見行化之地。」維基文庫，毛詩正義>序，https://zh.m.wikisource.org/wiki/毛詩正義/序，瀏覽日期：112.2.15。

44　諸子百家中國哲學書電子化計劃，詩經>國風>周南>關雎，https://ctext.org/book-of-poetry/guan-ju/zh，瀏覽日期：112.2.15。

45　詩經>國風>周南>關雎之類似歌詞：「參差荇菜、左右采之。窈窕淑女、琴瑟友之。」「參差荇菜、左右芼之。窈窕淑女、鍾鼓樂之。」

46　維基文庫，毛詩正義>卷十七，https://zh.m.wikisource.org/wiki/毛詩正義/卷十七，瀏覽日期：112.1.20。

47　諸子百家中國哲學書電子化計劃，詩經>大雅>蕩之什>江漢，https://ctext.org/book-of-poetry/jiang-han/zh，瀏覽日期：112.2.14。

48　諸子百家中國哲學書電子化計劃，維基>全後漢文>卷八十四，鄭玄，詩譜序，https://ctext.org/wiki.pl?if=gb&chapter=100046，瀏覽日期：112.2.14。

緒，以集大命於厥身，遂爲天下父母，使民有政有居。其時詩，《風》有《周南》、《召南》，《雅》有《鹿鳴》、《文王》之屬。及成王，周公致太平，制禮作樂，而有《頌》聲興焉，盛之至也。」學者指出：「周公制禮作樂，是其肯定音樂對於治理國家、改善民風、淳化社會都有強大的功能，於是將音樂典禮化，作爲宣揚教化的工具。」[49]

三、君權神授之天人合一思想：動合天意與民心

詩經認爲聖王得成爲天子，是祖上積德行善累積而來，加上所作所爲符合天心天意，符合民心要求，才能獲得上帝（上天）授予天子之職。具有「君權神授」之思想，且有德行者始得擔當大位。

詩經>大雅>文王之什：「文王在上，於昭於天。周雖舊邦，其命維新。有周不顯，帝命不時。文王陟降，在帝左右。」認爲文王德業昭昭，配享上帝左右。「維此文王，小心翼翼。昭事上帝，聿懷多福。厥德不回，以受方國。」「有命自天，命此文王。於周於京，纘女維莘。長子維行，篤生武王。保右命爾，燮伐大商。」表示文王德行昭於上天，使周承受天命建立王朝取代商朝。由此表現君權神授有德者之思想。

又詩經商頌：「帝命不違，至於湯齊。湯降不遲，聖敬日躋。昭假遲遲，上帝是祇。帝命式於九圍。」表示帝命不違者，天之所以命契之事，世世行之，其德浸大，至於湯而當天心。動合天意，然後與天心齊也。湯之禮賢下士，甚疾而不遲，其聖敬之德日進。然而以其德聰明寬暇天下之人遲遲然。言急於己而緩於人，天用是故愛敬之也。天於是又命之，使用事於天下九州，爲天下王也。在此詩經展現天子應施行仁政以上體天意，才能獲得上天庇佑，賦予天子之大位，此一**君權神授之觀念**，具有宗教的天人合一思想。[50]

四、自然法思想

詩經>大雅>蕩之什：「天生烝民，有物有則。民之秉彝，好是懿德。」天生眾民，事物有其法則規律，民之本性，亦愛好具有美德者。亦即「天之生

---

[49] 林葉連，論周公與《詩經》的關係，漢學研究集刊，第31期，2020年12月，頁48。

[50] 楊東慶，《詩經》的天人思想，文學前瞻，第21期，2021年7月，頁81-98。

眾民，其性有物象，謂五行仁、義、禮、智、信也。其情有所法，謂喜、怒、哀、樂、好、惡也。然而民所執持有常道，莫不好有美德之人。」[51]在此體現萬事萬物之法則規律，均表現其事務之本性，國家治理應依循事務之本性以及人民之本性而爲，人民愛好善德，政府政策法令措施，即應符合此一本性法則，從而表現出符合事物本質之自然法思想。

　　古人常效法天地之運轉法則規律治理朝政，而強調爲施政應符合事物法則規律之自然法思想。禮記禮運篇：「夫禮必本於天，殽（通『效』，效法）於地，列於鬼神。」「故聖人作則，必以天地爲本，以陰陽爲端，以四時爲柄，以日星爲紀，月以爲量，鬼神以爲徒，五行以爲質，禮義以爲器，人情以爲田，四靈以爲畜。」「以天地爲本，故物可舉也；以陰陽爲端，故情可睹也；以四時爲柄，故事可勸也；以日星爲紀，故事可列也；月以爲量，故功有藝也；鬼神以爲徒，故事有守也；五行以爲質，故事可復也；禮義以爲器，故事行有考也；人情以爲田，故人以爲奧也；四靈以爲畜，故飲食有由也。」

　　毛詩正義[52]也指出：「是故夫政必本於天，殽以降命。鄭云：『效天之氣，以下教令。天有運移之期，陰陽之節也』，若賞以春夏，刑以秋冬，皆效天也。《大司徒職》曰：『以土會之法，辨五地之物生。一曰山林宜皀物，二曰川澤宜膏物，三曰丘陵宜核物，四曰墳衍宜莢物，五曰原隰宜叢物。』是地有山川高下，物生各有所宜，人君當效之，亦順合所宜而任之。」

五、中庸之道

（一）公正合理處事

　　詩經>小雅>祈父之什：「昊天不傭，降此鞠訩。昊天不惠，降此大戾。君子如屆，俾民心闋。君子如夷，惡怒是違。」表示上天固然降下災難，似乎不愛人民。但是國君如能行事公正，即可使民心安定，民怨消除。

　　詩經>小雅>小旻之什>大東：「有饛簋飧，有捄棘匕。周道如砥，其直如

---

[51] 維基文庫，毛詩正義>卷十八，https://zh.m.wikisource.org/wiki/毛詩正義/卷十八，瀏覽日期：112.1.20。

[52] 維基文庫，毛詩正義>卷十九，https://zh.m.wikisource.org/wiki/毛詩正義/卷十九，瀏覽日期：112.2.14。

矢。君子所履，小人所視。睠言顧之，潸焉出涕。」意指政府課稅不公，所得被課稅殆盡，統治者所爲橫徵暴斂，人民均看得清清楚楚。其行爲不公正，令人悲傷流淚。

墨子兼愛下篇：「《周詩》曰：『王道蕩蕩，不偏不黨，王道平平，不黨不偏。[53]其直若矢，其易若底，君子之所履，小人之所視』，若吾言非語道之謂也，古者文武爲正，均分賞賢罰暴，勿有親戚弟兄之所阿。」即此文武兼也。雖子墨子之所謂兼者，於文武取法焉。

（二）剛柔適中

商湯處事公正，秉持中庸之道，詩經商頌：「受小球大球、爲下國綴旒。何天之休、不競不絿、不剛不柔、敷政優優、百祿是遒。」湯之用事也，受小球玉，謂尺二寸之鎭圭也，大球玉，謂三尺之琬也。受此二玉，以作天子，爲下國諸侯之表章，能荷負天之美譽也。又述湯之行，能致美譽之由。湯之性行，不爭競，不急躁，不大剛猛，不大柔弱，舉事具得其中，敷陳政教則優優而和美，以此之故，百眾之祿於是聚而歸之。福祿聚歸，能荷之也。

春秋左傳昭公二十年，仲尼曰：「善哉，**政寬則民慢，慢則糾之以猛，猛則民殘，殘則施之以寬，寬以濟猛，猛以濟寬，政是以和。詩曰：『民亦勞之，汔可小康，惠此中國，以綏四方。』**[54]施之以寬也。『毋從詭隨，以謹無良，式遏寇虐，慘不畏明』糾之以猛也。『柔遠能邇，以定我王。』平之以和也，又曰：『不競不絿，不剛不柔，布政優優，百祿是遒。』和之至也。」

（三）賞罰分明

詩經強調政府施政應「賞罰分明」，各得其所應得。詩經商頌：「天命

---

53 按尚書周書洪範：「無偏無黨，王道蕩蕩；無黨無偏，王道平平；無反無側，王道正直。會其有極，歸其有極。」

54 「今周民亦皆疲勞止而又危耳，近於死亡，王可以小安定止息矣。當愛此中畿之國，以爲諸夏之民，使得會聚。王若施善政，當糾察有罪，無得縱此詭人之善、隨人之惡者，以此救愼其讙譁爲大惡者，又用此無縱之事，止其寇虐之害，無使有遭此寇虐之憂。又誘王，言其始時有善，勸令終之，無棄爾王始時之政事之功，以爲王政之美。」諸子百家中國哲學書電子化計劃，毛詩正義＞卷十七‧十七之四，https://ctext.org/wiki.pl?if=gb&chapter=964653，瀏覽日期：112.2.11。

降監，下民有嚴。不僭不濫，不敢怠遑。命於下國，封建厥福。」（嚴，敬也。不僭不濫，賞不僭，刑不濫也。封，大也。箋云：降，下。遑，暇也。天命乃下視下民，有嚴明之君，能明德慎罰，不敢怠惰，自暇於政事者，則命之於小國，以爲天子。大立其福，謂命湯使由七十里王天下也）。[55]其強調賞罰分明，賞不過於浮濫，以免賞及小人。處罰不得過於嚴苛，以免傷及善良之百姓。

六、良善法治與決策民主精神

（一）良善法治

1. 良法善制應予維持

詩經認爲良善法治可以維持公道公義，可以賞善罰惡，教化人民，維持良善社會秩序。韓詩外傳卷六：「賞勉罰偷，則民不怠；兼聽齊明，則天下歸之。然後明其分職，**考其事業，較其官能，莫不理法，則公道達而私門塞，公義立而私事息**。如是、則持厚者進，而佞諂者止，貪戾者退，而廉潔者起。周制曰：『先時者、死無赦；不及時者、死無赦。』人習事而因，人之事，使如耳目鼻口之不可相錯也。故曰：**職分而民不慢，次定而序不亂，兼聽齊明而百事不留**。如是、則群下百吏莫不脩己然後敢安仕，成能然後敢受職，小人易心，百姓易俗，奸宄之屬，莫不反愨，夫是之謂政教之極，則不可加矣。《詩》曰：「訏謨定命，遠猶辰告。敬慎威儀，惟民之則。』」

詩經認爲聖人治國必有良善法度綱紀，以爲典章制度，倘若法度廢滅，無復有綱紀文章，則勢必暴虐欺壓善良百姓，聚斂剝削人民權益，導致民不聊生。由此可見詩經重視良善法治綱紀之精神。

詩經>大雅>蕩之什>蕩：[56]「蕩蕩上帝，下民之辟。疾威上帝，其命多

---

[55] 維基文庫，毛詩正義>卷二十，https://zh.m.wikisource.org/wiki/毛詩正義/卷二十，瀏覽日期：112.1.20。襄二十六年《左傳》曰：「善爲國者，賞不僭，刑不濫。賞僭懼及淫人，刑濫懼及善人。」

[56] 諸子百家中國哲學書電子化計劃，詩經>大雅>蕩之什>蕩，https://ctext.org/book-of-poetry/dang/zh，瀏覽日期：112.2.14。

辟。天生烝民，其命匪諶[57]。靡不有初，鮮克有終。」[58]毛詩正義卷十八[59]認為此一《蕩》詩，係召穆公感傷周室大壞也。周厲王無道，行其惡政，反亂先王之政，致使天下蕩蕩然，法度廢滅，無復有綱紀文章，是周之王室大壞敗也，故穆公作是《蕩》詩以傷之。綱紀文章，謂治國法度，聖人有作，莫不皆是。此經所傷，傷其盡廢之也。

此詩穆公感傷厲王無道，壞滅法度。言今蕩蕩然廢壞法度者，上帝之君王，乃以此無法度，而為下民之君也。又言王無法度之事，重賦斂以疾病人，峻刑法以威罪人。如此者，是上帝之君王，又其下政教之命甚多邪僻。言其無法度，乃不遵守舊制典章法制。

2. 法治無道（賞罰不公），國將敗亡

詩經>大雅>蕩之什>瞻卬：「瞻卬昊天、則不我惠。孔填不寧、降此大厲。邦靡有定，士民其瘵。蟊賊蟊疾，靡有夷屆。罪罟不收，靡有夷瘳。」詩經>大雅>蕩之什>召旻：「天降罪罟、蟊賊內訌、昏椓靡共、潰潰回遹、實靖夷我邦。」意指天下騷擾，邦國無有安定者。士卒與民皆勞病，其暴政殘害人民，如蟊賊之害禾稼然，為之無常，亦無止息時。施刑罪以羅網天下而不收斂，為之亦無常（刑罰不當，羅織入罪，無罪而罰，有罪而赦），又無止息時，此為政府施行暴政為惡之結果。而此昏奄椓毀之小人，無供其職事者，皆潰潰然昏亂，其行邪僻，實謀滅我王之邦國。[60]

（二）決策民主精神：集思廣益

詩經強調政府決策應採取「集思廣益」方式，多方徵詢賢達意見，再為審慎決定，避免獨斷專行，其決策過程具有民主參與精神。

---

57 諶，誠也。
58 毛詩正義卷十八：「蕩蕩，法度廢壞之貌。」「箋云：疾病人者，重賦斂也。威罪人者，峻刑法也。其政教又多邪僻，不由舊章。天之生此眾民，其教道之，非當以誠信使之忠厚乎？今則不然，民始皆庶幾於善道，後更化於惡俗。」維基文庫，毛詩正義>卷十八，https://zh.m.wikisource.org/wiki/毛詩正義/卷十八，瀏覽日期：112.2.14。
59 維基文庫，毛詩正義>卷十八，https://zh.m.wikisource.org/wiki/毛詩正義/卷十八，瀏覽日期：112.2.14。
60 維基文庫，毛詩正義>卷十八，https://zh.m.wikisource.org/wiki/毛詩正義/卷十八，瀏覽日期：112.1.20。

詩經>大雅>生民之什>板：「我雖異事、及爾同僚。我即而謀、聽我囂囂。我言維服、勿以爲笑。**先民有言、詢于芻蕘。**」韓詩外傳卷五第十五章：「天子居廣廈之下，帷帳之內，旃茵之上，被躧舄，視不出闥，莽然而知天下者，以其賢左右也。故**獨視不若與眾視之明也，獨聽不若與眾聽之聰也，獨慮不若與眾慮之工也。故明主使賢臣輻湊並進，所以通中正而致隱居之士。**《詩》曰：『先民有言，詢于芻蕘。』此之謂也。」強調爲政應諮詢各方意見之重要性。

七、選賢與能之原則

（一）賢德人才爲民表率，教化善良風俗，提升人民福祉

詩經相當重視選賢與能，主張國君應當禮賢下士，延攬賢德人才爲國家治理，有德者處事公正，順應民心，符合事理，爲人民之典範，自可使國泰民安。詩經>大雅>生民之什：「有馮有翼，有孝有德，以引以翼。**豈弟君子，四方爲則。**」（有馮有翼，道可憑依，以爲輔翼也）。表示國君身旁有賢良官員輔佐，可爲四方之典範，而成就帝王之業。亦即「**有善行可以爲憑依者，有藝能可以爲輔翼者，有至孝可以爲感化者，有大德可以爲軌訓者，王當以此長尊之，以此恆敬之。**若王得此四等，是樂易之君子，若來在王位，可與四方爲法則矣。」[61]

詩經強調國家之良善法治，必須招攬有德賢人立法治理。詩經>大雅>蕩之什>抑[62]：「無競維人、四方其訓之。**有覺德行、四國順之。**訏謨定命、遠猶辰告。**敬愼威儀、維民之則。**」表示「人君爲政無強於得賢人，**得賢人則天下教化於其俗，有大德行則天下順從其政。**猶圖也大謀定命，謂正月始和布政於邦國都鄙也，爲天下遠圖庶事，而以歲時告施之。王之朝廷又當**敬愼其舉動威儀，維與下民之爲法則也，**言王當如此不得棄賢不用，使民無所法也。」[63]

---

[61] 維基文庫，毛詩正義>卷十七，https://zh.m.wikisource.org/wiki/毛詩正義/卷十七，瀏覽日期：112.1.20。

[62] 諸子百家中國哲學書電子化計劃，詩經>大雅>蕩之什>抑，https://ctext.org/book-of-poetry/yi/zh，瀏覽日期：112.2.15。

[63] 諸子百家中國哲學書電子化計劃，鄭氏箋／孔穎達疏，毛詩正義>大雅‧蕩之什詁訓傳第二十五～崧高，https://ctext.org/wiki.pl?if=gb&chapter=319268，瀏覽日期：112.2.11。

正月始和，布政於邦國都鄙也，即懸治象之法於象魏，使萬民觀治象[64]（於年初立法公布施行）。

詩經對於人才選拔極爲愼重，認爲應集思廣益，避免獨斷專行。詩經>大雅>蕩之什>桑柔：「維此惠君，民人所瞻。**秉心宣猶，考愼其相。**[65]維彼不順，自獨俾臧。自有肺腸，俾民卒狂。」亦認爲唯有「至德順民之君，爲百姓所瞻仰者，乃執正心，舉事徧謀於眾，又考誠其輔相之行，然後用之。言擇賢之審。」「君之用臣，必謀之朝廷，故云『執正心舉事必謀於眾』。假使眾雖同舉，或言非誠信，又當考察誠信其輔相之行，知其實善，然後用之。言其擇賢之審，謂順民之君能如此也。」（毛詩正義卷十八）[66]

（二）小人當道，暴虐危害百姓

詩經認爲國家如無法選拔賢良人才治理，而使小人當道，則無法上軌道，甚至於暴虐危害百姓，導致社會秩序敗壞，國家敗亡。詩經認爲如果朝廷任用小人當道，賢人被斥退，則勢必庸人誤國，胡作非爲，國家趨於敗亡。

詩經>大雅>蕩之什>蕩：「文王曰咨、咨女殷商。曾是彊禦、曾是掊克。曾是在位、曾是在服。天降慆德、女興是力。」[67]詩經>大雅>蕩之什>桑柔：「大風有隧，貪人敗類。聽言則對，誦言如醉。匪用其良，覆俾我悖。」詩經>大雅>蕩之什>瞻卬：「天何以刺、何神不富。舍爾介狄、維予胥忌。不弔不祥，威儀不類。人之雲亡，邦國殄瘁。」亦即「王之爲政，德不至於天矣，不能致徵祥於神矣，威儀又不善於朝廷矣。**賢人皆言奔亡，則天下邦國將盡困**

---

64 維基文庫，毛詩正義>卷十八，https://zh.m.wikisource.org/wiki/毛詩正義/卷十八，瀏覽日期：112.2.16。

65 「箋云：惠，順。宣，徧。猶，謀。愼，誠。相，助也。」維基文庫，毛詩正義>卷十八，https://zh.wikisource.org/wiki/毛詩正義/卷十八#《桑柔》，瀏覽日期：112.2.16。

66 維基文庫，毛詩正義>卷十八，https://zh.wikisource.org/wiki/毛詩正義/卷十八#《桑柔》，瀏覽日期：112.2.16。

67 毛詩正義卷十八：「穆公傷王之惡，又不敢斥，言昔文王，以紂政亂，數嗟嘆之，故穆公假爲之辭，以責屬王。言文王恨紂，始言曰諮。諮嗟乎，汝殷商之君，汝爲人君，當任用賢者，何曾以是彊梁禦善之人，何曾以是矜揜好勝之人。曾任用二者，惡人使之在位，執職事乎？既責其君任非其人，又責此臣助君爲惡。言比天之王者，此倨慢之德化已自惡矣，汝等何爲起是氣力而佐助之？以其同惡相成，故至於大壞，所以傷之也。」維基文庫，毛詩正義>卷十八，https://zh.m.wikisource.org/wiki/毛詩正義/卷十八，瀏覽日期：112.1.20。

病。」[68]

　　韓詩外傳卷五第三章:「王者之政,賢能不待次而舉,不肖不待須臾而廢,元惡不待教而誅,中庸不待政而化。」同卷第四章:「若殷之用伊尹,周之遇太公,可謂巨用之矣;齊之用管仲,楚之用孫叔敖,可爲小用之矣。巨用之者如彼,小用之者如此也。故曰:『粹而王,駁而霸,無一而亡。』《詩》曰:『四國無政,不用其良。』[69]不用其良臣而不亡者,未之有也。」亦強調任用賢人才能使國家強盛。

　　詩經>大雅>蕩之什>桑柔:「民之未戾,職盜爲寇。涼曰不可,覆背善詈。」表示人民生活不得安定,係因爲政者主作盜賊爲寇害,令民心動搖不安定也。國君又寵信小人,不聽信忠臣勸諫之言。[70]

（三）統治者不明事理,被小人蒙蔽,排斥賢人

　　詩經諷刺國君如不明事理,極容易被小人讒言蒙蔽,導致親近小人而遠離君子。詩經>小雅>小旻之什:「君子信讒,如或醻之。[71]君子不惠(愛),不舒究之。伐木掎矣,析薪杝矣。舍彼有罪,予之佗矣!」意指君主不明事理,聽信小人讒言,而妄加人罪(伐木者掎其巔,析薪者隨其理。掎其巔者,不欲妄踣之。杝。謂觀其理也。必隨其理者,不欲妄挫析之。)[72]

八、言論自由、封閉及其濫用

　　詩經中許多批評朝政之詩歌,尚能由朝廷官員蒐集呈上天子,以體察民情。可見當時爲政者之雅量,容許不同意見之批評者,充分體現保障言論自由之泱泱風度。此一言論自由批評朝政之作風,堯舜時代即有之。毛詩正義序詩

---

[68] 維基文庫,毛詩正義>卷十八,https://zh.m.wikisource.org/wiki/毛詩正義/卷十八,瀏覽日期:112.1.20。

[69] 詩經>小雅>祈父之什>十月之交。

[70] 維基文庫,毛詩正義>卷十八,https://zh.m.wikisource.org/wiki/毛詩正義/卷十八,瀏覽日期:112.1.20。

[71] 謂受而行之。

[72] 維基文庫,毛詩正義>卷十二,https://zh.m.wikisource.org/wiki/毛詩正義/卷十二,瀏覽日期:112.1.20。

譜序：[73]「《益稷》稱舜云：『工以納言，時而颺之，格則承之庸之，否則威之。』彼說舜誠群臣，使之用詩。是用詩規諫，舜時已然。大舜之聖，任賢使能，目諫麵稱，似無所忌。」

在周朝春秋戰國時代，雖然戰亂頻仍，民不聊生，但為救國振衰起敝之思想家百家爭鳴，足見人民享有相當之言論自由。

例如詩經>小雅>祈父之什>十月之交：[74]「十月之交，朔日辛卯。日有食之，亦孔之醜。彼月而微，此日而微。今此下民，亦孔之哀。」「日月告凶，不用其行。四國無政，不用其良。彼月而食，則維其常。」「此日而食，於何不臧。爗爗震電，不寧不令。百川沸騰，山冢崒崩。高岸為谷，深谷為陵。哀今之人，胡憯莫懲。」「皇父卿士。番維司徒。家伯維宰。仲允膳夫。聚子內史。蹶維趣馬。楀維師氏。豔妻煽方處。」「抑此皇父，豈曰不時？胡為我作，不即我謀？徹我牆屋，田卒汙萊。曰：『予不戕，禮則然矣！』」凡此均作詩歌諷刺小人當道，朝政敗壞，以致災變現象頻仍，而發出哀怨之詞。

毛詩正義卷一・一之一[75]指出：「至於王道衰，禮義廢，政教失，國異政，家殊俗，而變風、變雅作矣。變風、變雅，必王道衰乃作者，夫**天下有道，則庶人不議；治平累世，則美刺不興。何則？未識不善則不知善為善，未見不惡則不知惡為惡。**太平則無所更美，道絕則無所復譏，人情之常理也，故初變惡俗則民歌之，風、雅正經是也；始得太平則民頌之，《周頌》諸篇是也。**若其王綱絕紐，禮義消亡，民皆逃死，政盡紛亂。《易》稱天地閉，賢人隱。於此時也，雖有智者，無復譏刺。**成王太平之後，其美不異於前，故頌聲止也。陳靈公淫亂之後，其惡不復可言，故變風息也。班固云：『成、康沒而頌聲寢，王澤竭而《詩》不作。』此之謂也。然則**變風、變雅之作，皆王道始衰，政教初失，尚可匡而革之，追而復之，故執彼舊章，繩此新失，覬望自悔其心，更遵正道，所以變詩作也。**以其變改正，法故謂之變焉。國史明乎得失之跡，傷人倫之廢，哀刑政之苛，吟詠情性，以風其上。」認為只有在國家開

---

[73] 維基文庫，毛詩正義>序，詩譜序，https://zh.m.wikisource.org/wiki/毛詩正義/序，瀏覽日期：112.2.15。

[74] 諸子百家中國哲學書電子化計劃，詩經>小雅>祈父之什>十月之交，https://ctext.org/book-of-poetry/shi-yue-zi-jiao/zh，瀏覽日期：112.2.12。

[75] 維基文庫，毛詩正義>卷一・一之一，https://ctext.org/wiki.pl?if=gb&chapter=84776，瀏覽日期：112.2.11。

始衰敗，但仍有可挽救時期，人民才敢於批評時政，以圖救亡圖存。倘若人民處在亂世時代，王綱絕紐，禮義消亡，民皆逃死，政盡紛亂。在此時代，賢人隱退，人民敢怒不敢言，則國家勢必敗亡。

　　詩經>小雅>祈父之什>十月之交：「黽勉從事、不敢告勞。無罪無辜、讒口囂囂。下民之孽、匪降自天。噂沓背憎、職競由人。」[76]表示民生困苦，不敢言苦，以免招來災禍。因國君無道，既信讒言，人民也因欠缺良心，而互相造謠抹黑，毀謗傷害，導致國家敗亡。

九、國家領導人應有之人格特質

（一）德義兼備，以德養民、以義正民

　　詩經強調統治者應具備崇高道德人格，而為人民之榜樣，才能以德行教化。詩經魯頌：「穆穆魯侯，敬明其德。敬慎威儀，維民之則。允文允武，昭假烈祖。靡有不孝，自求伊祜。」表示魯君謹言慎行，修行其德行，足為人民之表率，因此以詩歌讚美之。

　　詩經歌頌商湯之豐功偉業，其德行高超。「史記殷本紀」形容商湯之德行及於禽獸：「湯出，見野（獵人）張網四面，祝曰：『自天下四方皆入吾網。』湯曰：『嘻，盡之矣！』乃去其三面，祝曰：『欲左，左。欲右，右。不用命，乃入吾網。』諸侯聞之，曰：『湯德至矣，及禽獸。』」其表示獵人四面圍網，以一網打盡獵物，而商湯則僅留網一面，容許獵物三面逃生，具有慈悲仁德之心，愛及動物，故足以稱王於天下。

　　詩經>頌>商頌>長發：「**帝命不違，至於湯齊**。湯降不遲，聖敬日躋。昭假遲遲，上帝是祗，帝命式於九圍。」「受小球大球，為下國綴旒。何天之休、不競不絿、不剛不柔、敷政優優、百祿是遒。」「受小共大共，為下國駿厖。何天之龍、敷奏其勇、不震不動、不戁不竦、百祿是總。」「武王載斾，有虔秉鉞。如火烈烈，則莫我敢曷。苞有三蘗，莫遂莫達，九有有截。韋顧既

---

[76] 有認為幽王之臣擅恣讒言傷害忠良之人，故勉然自勉以從王事，雖勞不敢告勞，苦於上也，所以然者，以時無罪無辜，尚彼讒言所害，因畏刑罰，故不敢告也。在上既信讒言，下民競相讒匿，使下民之有妖孽，相與為災害者，非降從天墮也（諸子百家中國哲學書電子化計劃，毛詩正義>小雅>節南山之>什詁訓傳第十九，https://ctext.org/wiki.pl?if=gb&chapter=309383#十月之交，瀏覽日期：112.2.11）。

伐，昆吾夏桀。」「昔在中葉，有震且業。**允也天子，降予卿士。實維阿衡，實左右商王。**」認爲商湯在賢德良相伊尹之輔佐下，敬順上帝之法則，其以身作則，爲民表率，推行政務符合中庸之道，故能承受天命而爲帝王。

詩經認爲國家在位之統治者，如爲正人君子，則其行爲合宜，符合公平正義，堅貞不二，即得爲全民之表率，可以端正國家，足以擔任爲國家領導人。詩經>國風>曹風>鳲鳩：[77]「鳲鳩在桑，其子七兮。淑人君子，其儀一兮。其儀一兮，心如結兮。」「鳲鳩在桑，其子在梅。淑人君子，其帶伊絲。其帶伊絲，其弁伊騏。」[78]「鳲鳩在桑，其子在棘。淑人君子，其儀不忒。其儀不忒，正是四國。」「鳲鳩在桑，其子在榛。淑人君子，正是國人。正是國人，胡不萬年。」

毛詩正義曰：「言有鳲鳩之鳥，在於桑木之上爲巢，而其子有七兮。鳲鳩養之，能平均用心如壹。以興人君之德，養其國人，亦當平均如壹。彼善人君子在民上，其執義均平，用心如壹。既如壹兮，其心堅固不變，如裹結之兮。」「言善人君子能如此均壹，諷刺曹君用心不均也。在位之人既用心不壹，故詩經四章皆美用心均壹之人，舉善以駁時惡。」其「執義不疑，則可爲四國之長。」[79]

詩經認爲人心思治，人民因爲統治者暴虐無道，導致民不聊生，生活困苦，因此懷念古代周天子賢明統治，即不至於生活遭受困苦。詩經>國風>曹風>下泉：[80]「冽彼下泉，浸彼苞稂。愾我寤嘆，念彼周京。」「冽彼下泉，浸彼苞蕭。愾我寤嘆，念彼京周。」「冽彼下泉，浸彼苞蓍。愾無寤嘆，念彼京師。」「芃芃黍苗，陰雨膏之。四國有王，郇伯勞之。」毛詩正義認爲上述下泉篇：「思治也。曹人疾共公侵刻下民，不得其所，憂而思明王賢伯也。」

---

[77] 諸子百家中國哲學書電子化計劃，詩經>國風>曹風>鳲鳩，https://ctext.org/book-of-poetry/shi-jiu/zh，瀏覽日期：112.2.14。

[78] 舉其帶、弁，言德稱其服，故民愛之。諷刺曹君不稱其服，使民惡之。唯皮弁是諸侯視朝之常服。又朝天子亦服之。作者美其德能養民，舉其常服，知是皮弁。說善人君子而言此帶弁者，以善人能稱其服，諷刺今不稱其服也（維基文庫，毛詩正義>卷七，https://zh.wikisource.org/wiki/毛詩正義/卷七，瀏覽日期：112.2.14）。

[79] 維基文庫，毛詩正義>卷七，https://zh.wikisource.org/wiki/毛詩正義/卷七，瀏覽日期：112.2.14。

[80] 諸子百家中國哲學書電子化計劃，詩經>國風>曹風>下泉，https://ctext.org/book-of-poetry/xia-quan/zh，瀏覽日期：112.2.14。

亦即「此謂思上世明王賢伯治平之時，若有明王賢伯，則能督察諸侯，共公不敢暴虐，故思之也。念周京者，思其先王之明者。」「正義曰：冽然而寒者，彼下流之泉，浸彼苞稂之草。稂非灌溉之草，得水則病，以喻共公之政教甚酷虐於民，下民不堪侵刻，遭之亦困病。民既困病，思古明王，愾然我寤寐之中，覺而嘆息，念彼周室京師之明王。言時有明王，則無此困病也。」[81]因為周天子權力式微，無法抑強扶弱，因此作詩歌感嘆。[82]

（二）戰戰兢兢，勵精圖治

詩經>小雅>小旻：「戰戰兢兢，如臨深淵，如履薄冰。」詩經>頌>周頌>閔予小子之什>敬之：「敬之敬之，天維顯思，命不易哉。無曰：『高高在上』。陟降厥士，日監在茲。維予小子，不聰敬止？日就月將，學有緝熙於光明。佛時仔肩，示我顯德行。」毛詩正義卷十九：[83]此「言天上下其事，謂以日月行於晝夜，自上至下照知其事，故云轉運日月，施其所行，日日瞻視，其神近在於此，故須敬也。天神察物，不必以日月而知，以人事所見，舉驗者言之。」在此表示統治者應謹慎行事，精益求精，以勵精圖治，以成就偉大光明德業。[84]

十、民本思想

詩經認為統治者應「愛民、利民」為上，才能上下團結一致，獲得人民愛戴與擁護。具有以民為本之思想。詩經>小雅>桑扈之什>角弓：[85]「民之無

---

[81] 維基文庫，毛詩正義>卷七，https://zh.wikisource.org/wiki/毛詩正義/卷七，瀏覽日期：112.2.14。

[82] 馬持盈註釋，詩經今著今譯，臺灣商務印書館，修訂3版，2017年，頁228。

[83] 維基文庫，毛詩正義>卷十九，https://zh.m.wikisource.org/wiki/毛詩正義/卷十九，瀏覽日期：112.2.14。

[84] 春秋左傳禧公二十二年：「公卑邾，不設備而禦之。臧文仲曰，國無小，不可易也，無備雖眾，不可恃也。詩曰：『戰戰兢兢，如臨深淵，如履薄冰』，又曰：『敬之敬之，天惟顯思，命不易哉』，先王之明德，猶無不難也，無不懼也，況我小國乎，君其無謂邾小，蜂蠆有毒，而況國乎，弗聽。八月，丁未，公及邾師戰于升陘，我師敗績，邾人獲公胄，縣諸魚門。」表示國家面臨戰爭，應事先有所準備，不可聽天由命，否則勢必自取敗亡。

[85] 諸子百家中國哲學書電子化計劃，詩經>小雅>桑扈之什>角弓，https://ctext.org/book-of-poetry/jiao-gong/zh，瀏覽日期：112.2.14。

良，相怨一方。受爵不讓，至於已斯亡。」

　　對此韓詩外傳卷四第十八章詮釋如下，齊桓公問於管仲曰：「王者何貴？」曰：「貴天。」桓公仰而視天。管仲曰：「所謂天，非蒼莽之天也。**王者以百姓為天，百姓與之則安，輔之則強，非之則危，倍之則亡**。《詩》曰：『民之無良，相怨一方。』民皆居一方而怨其上，不亡者、未之有也。」同卷四第十九章：「善御者不忘其馬，善射者不忘其弓，**善為上者不忘其下。誠愛而利之，四海之內，闔若一家**；不愛而利，子或殺父，而況天下乎！《詩》曰：『民之無良，相怨一方。』」

　　又韓詩外傳卷六第十章：「民勞思佚，治暴思仁，刑危思安，國亂思天。《詩》曰：『靡有旅力，以念穹蒼。』」[86]意指人民期盼安居樂業，故為政者應以符合民心，滿足人民生活需要，作為當務之急。

肆、結論

　　詩經為詩歌體裁之文學作品，其文以載道，蘊含豐富的禮義及法理思想，值得我們逐一深入研究。本文限於時間，未能全盤透徹研析，僅能提出其中梗概，作為進一步研究之參考。

---

[86] 詩經>大雅>蕩之什>桑柔：「天降喪亂，滅我立王。降此蟊賊，稼穡卒痒。哀恫中國，具贅卒荒。靡有旅力，以念穹蒼。」

壹、尚書之意義及其功能

一、尚書之意義

（一）名稱

尚書之名稱由來，依據漢書藝文志：「古之王者世有史官，君舉必書，所以慎言行，昭法式也。左史記言，右史記事，事為春秋，言為尚書，帝王靡不同之。」

唐朝劉知幾著《史通》內篇卷一表示：「《尚書》家者，其先出於太

古。《易》曰：『河出《圖》，洛出《書》，聖人則之。』故知《書》之所起遠矣。至孔子觀書於周室，得虞、夏、商、周四代之典，乃刪其善者，定爲《尚書》百篇。」[1]其並認爲尚書之名稱起源有三說：

1. 孔安國曰：「以其上古之書，謂之《尚書》。」
2. 《尚書璇璣鈐》曰：「尚者，上也。上天垂文象，布節度，如天行也。」[2]
3. 王肅曰：「上所言，下爲史所書，故曰《尚書》也。」

「此三說，其義不同。蓋《書》之所主，本於號令，所以宣王道之正義，發話言於臣下；故其所載，皆典、謨、訓、誥、誓、命之文。至如《堯》、《舜》二典直序人事，《禹貢》一篇唯言地理，或作『里』。《洪範》總述災祥，董、劉五行之說。《顧命》都陳喪禮，茲亦爲例不純者也。」[3]

漢朝孔安國傳《尚書正義》序：「後人見其久遠，自於上世，『尚』者，上也。言此上代以來之書，故曰『尚書』。」又王肅曰：「上所言，史所書，故曰《尚書》。」鄭氏（鄭玄）云：「尚者上也，尊而重之，若天書然，故曰《尚書》。」「此書者，本書君事，事雖有別，正是君言，言而見書，因而立號，以此之故，名異諸部。」[4]可見《尚書》就是蒐集史官所記的言論或命令，亦即尚書是記載古代帝王記事或其言論之書。

至於尚書之「尚」字，鄭玄依《書緯》，以「尚」字是孔子所加，故《書贊》曰：「孔子乃尊而命之曰《尚書》。」《璇璣鈐》云：「因而謂之《書》，加尚以尊之。」但亦有認爲《書》是本名，「尚」是伏生所加，故諸引《書》直雲（云）「《書》曰」。[5]

1　諸子百家中國哲學書電子化計劃，劉知幾，史通，https://ctext.org/wiki.pl?if=gb&chapter=336070，瀏覽日期：111.12.27。

2　諸子百家中國哲學書電子化計劃，尚書璇璣鈐，https://ctext.org/wiki.pl?if=gb&chapter=933617，瀏覽日期：111.12.27。

3　諸子百家中國哲學書電子化計劃，劉知幾，史通，https://ctext.org/wiki.pl?if=gb&chapter=336070，瀏覽日期：111.12.27。

4　諸子百家中國哲學書電子化計劃，尚書正義>卷一尚書序，https://ctext.org/wiki.pl?if=gb&chapter=65450，瀏覽日期：111.10.13。亦有認爲尚書之意義有三種：1.以尚書爲「天書」，出自天界之書，此說出自緯書；2.以尚書爲「君上之書」，君王發言，由史官記載下來；3.以尚書爲「上古之書」，上古久遠之書（維基百科，尚書，https://zh.wikipedia.org/wiki/尚書_(書)，瀏覽日期：111.10.13）。

5　維基文庫，唐孔穎達疏，尚書註疏校勘記序，尚書註疏卷第一，https://zh.m.wikisource.org/

（二）尚書之內容：古文尚書與今文尚書

　　尚書為先秦時代政事文獻的彙編，內容以上古堯舜及夏、商、周的君王、重臣進行宣示布告的講話紀錄為主。學者有指出：「以《尚書》作為整體來看，其內容主要是春秋以前歷代的史官們所收藏的政府重要文件及政治論文的選編。《尚書》是我國最早的政事史料的彙編，基本內容是虞、夏、商、周君王的文告和君臣的談話紀錄，反映了上古華夏文化的各個不同的側面。《尚書》所記載的內容，多數為政令或者訓誥。《尚書》的敘事方式體現出編纂者的編纂目的實為垂教後世，且因事命篇，具有針對性和勸戒性。基於勸誡和垂教的目的，編纂者不免對《尚書》中的材料進行選取和組織。」[6]

　　尚書的內容屬於古代之公文「歷史檔案」，經過孔子編纂而成。[7]《緯書》記載古代《尚書》凡3,240篇，至孔子刪定為120篇，[8]遂被儒家列為經典之一，《尚書》又稱《書經》，為五經之一。依據史記孔子世家：「孔子之時，周室微而禮樂廢，詩書缺。追跡三代之禮，序書傳，上紀唐虞之際，下至秦繆，編次其事。曰：『夏禮吾能言之，杞不足徵也。殷禮吾能言之，宋不足徵也。足，則吾能徵之矣。』觀殷夏所損益，曰：『後雖百世可知也，以一文一質。周監二代，郁郁乎文哉。吾從周。』故《書傳》、《禮記》自孔氏。」漢書藝文志亦謂：「《易》曰：『河出圖，洛出書，聖人則之。』故書之所起遠矣，至孔子纂焉，上斷於堯，下訖於秦，凡百篇，而為之序，言其作意。」可見尚書內含「禮義」等價值觀念，並非單純歷史史實紀錄。

　　由於尚書年代久遠，又經秦始皇焚書坑儒事件，導致傳承不易，而出現有《古文尚書》以及《今文尚書》兩種版本。今文尚書係漢朝濟南「伏生」（秦朝時博士）所傳授之尚書，由於當時文獻流傳不完整，因此篇數較少（29

---

wiki/尚書正義/卷一，瀏覽日期：111.10.13。

6　杜偉偉，《尚書》的法律文化價值，黑龍江省政法管理幹部學院學報，2020年第3期（總第144期），2020年，頁151。

7　吳璵注譯，新譯尚書讀本，2版，2019年，頁2。

8　唐孔穎達疏，尚書註疏校勘記序，尚書註疏卷第一：「依《尚書緯》云：『孔子求書，得黃帝玄孫帝魁之書，迄於秦穆公，凡三千二百四十篇。斷遠取近，定可以為世法者百二十篇，以百二篇為《尚書》，十八篇為《中候》。』以為去三千一百二十篇，以上取黃帝玄孫，以為不可依用。今所考覈《尚書》，首自舜之末年以禪於禹，上錄舜之得用之事，由堯以為《堯典》，下取舜禪之後，以為舜讓得人，故史體例別，而不必君言。」維基文庫，尚書正義>卷一，https://zh.m.wikisource.org/wiki/尚書正義/卷一，瀏覽日期：111.10.13。

篇）。而古文尚書則爲孔子後代子孫於孔宅牆壁中收藏之尚書，爲「孔安國」所傳，比今文尚書多出16篇（但漢朝當時因古代春秋戰國時代文字用法不同，一般人難能知解其意），[9]故內容較爲豐富而完整（包含部分篇章拆分，合計58篇），更具有研究價值。[10]其中有部分篇章如堯典、皋陶謨、湯誓等篇，有認爲內含修身齊家治國平天下之學說理論以及弔民伐罪之大義，純爲儒家思想之產物，因此應係其後儒家者流所增添部分。[11]

按尚書屬於儒家經典，許多思想觀念與儒家相同，孔子加以承襲並發揚光大，亦無可否認。漢書藝文志：「儒家者流，蓋出於司徒之官，助人君順陰陽明教化者也。游文於六經之中，**留意於仁義之際，祖述堯舜，憲章文武**，宗師仲尼，以重其言，於道最爲高。」孔子既然祖述堯舜等聖王，則其聖王思想由孔子承繼，亦屬自然之事。故本文認爲應不能以尚書之部分內容，具有儒家思想觀念，即認爲後代所編纂，而否定其思想價值。

再者，尚書內容如有益於世間，即值得研究，並發揚光大，而毋庸拘泥於訓古之學，以文害義。唐朝孔穎達《五經正義》中《尚書正義》之註疏，亦係以《古文尚書》爲版本，後人（尤其清朝年間）雖有質疑其文書之眞實性，[12]但爲當今流傳極廣之版本，內容較爲豐富完整，且義理豐富，參考價值極高（例如《尚書·大禹謨》有認爲係後人附加之著作，但其義理深遠，具備聖王之思想觀念，非一般人所能著作）。學者也指出：「《虞書》在孔穎達領編的《尚書正義》中，以《堯典》、《舜典》、《大禹謨》、《皋陶謨》、《益

9　孔家壁藏之書是所謂「蝌蚪文」，此即「大篆」文。馬治國、周興生，《尚書》在中華禮法形成與發展中的基礎性地位考證——《虞書》作爲禮法信史研究根基的可靠性新證，西安交通大學學報（社會科學版），第32卷第6期（總第116期），2012年11月，頁83。

10　朱自清，經典常談，尚書卷三，1942年，認爲今文尚書派繼承先秦諸子思想，注重其微言大義，以通經致用，思以其道易天下。而古文派注重歷史考證，以保存及傳布歷史文獻，注重章句、訓詁、典禮，名物之間（https://yuedu.163.com/source/a6387c54817544c2a7fc52cbaca6e5f0_4，瀏覽日期：111.10.13）。但此一見解似應轉換爲今文派如清朝學者注重尚書之章句、訓詁、典禮，名物之間，因此質疑古文尚書之內容眞僞。而古文派較重視尚書之義理，而不懷疑其來源之眞實性。

11　吳璵注譯，新譯尚書讀本，2版，2019年，頁2。

12　《古文尚書》屢屢被疑爲僞作。清朝丁晏著《尚書餘論》，指出晉武帝時期有個王肅，是晉武帝之外祖父，援引古人之尚書寫作體裁，僞作古文尚書之部分章節內容，並假託是孔安國所傳之《古文尚書》，以致後來學者誤認爲眞正之孔安國所傳古文尚書（諸子百家中國哲學書電子化計劃，維基>尚書餘論>槐廬叢書·初編·尚書餘論，https://ctext.org/wiki.pl?if=gb&chapter=482248，瀏覽日期：110.10.13）。故學者有批評其爲「僞孔傳」古文尚書（朱自清，經典常談，尚書卷三）。

稷》五篇組成。考實文獻的流傳，《舜典》從《堯典》析出，《皋陶謨》與《益稷》本爲一篇。而《大禹謨》則後世判爲『僞書』，今時反省，其意眞實而文字有後世之整理，則不得判『僞』。」[13]故本文就（漢）孔安國傳（唐）陸德明音義之古文尚書版本[14]之內容進行分析。

（三）尚書之體例

尚書內容體例有十種，包括：「典」即《堯典》、《舜典》；「謨」即《大禹謨》、《皋陶謨》；「訓」即《伊訓》、《高宗之訓》；「誥」即《湯誥》、《大誥》；「誓」即《甘誓》、《湯誓》；「命」即《畢命》、《顧命》之等是也。說者以《書》體例有十，此六者之外尚有徵、貢、歌、範四者，合計爲十。[15]

尚書體例有分析如下：[16]

1. 典：用以記載聖明君王的言論與事蹟，如：〈堯典〉、〈舜典〉。
2. 謨：用以記載君臣之間的談話與謀議，如：〈大禹謨〉、〈皋陶謨〉。
3. 訓：用以記載臣下對君上的勸戒之辭，如：〈高宗肜日〉、〈西伯戡黎〉、〈洪範〉、〈無逸〉、〈立政〉。
4. 誥：用以記載君上對臣下的勸戒誥諭，如：〈盤庚〉、〈大誥〉、〈康誥〉、〈酒誥〉、〈梓材〉、〈多士〉、〈召誥〉、〈洛誥〉、〈多方〉、〈顧命〉、〈呂刑〉。
5. 誓：用以記載君王或諸侯在戰爭前對軍民所作的動員令和誓師之辭，如：〈甘誓〉、〈湯誓〉、〈牧誓〉、〈費誓〉、〈秦誓〉。
6. 命：用以記載君上任命或賞賜諸侯臣下的冊命之辭，如：〈文侯之命〉。

---

[13] 鄧國光，《尚書虞書》「王道」原型義探——兼論唐文治先生《尚書大義》五著三微論及清華簡《保訓》，中國經學，第16輯，頁38；馬治國、周興生，《尚書》在中華禮法形成與發展中的基礎性地位考證《虞書》作爲禮法信史研究根基的可靠性新證，考實《虞書》之「眞」〔文載於西安交通大學學報（社會科學版），2012年第6期〕。

[14] 諸子百家中國哲學書電子化計劃，先秦兩漢>經典文獻>尚書，https://ctext.org/shang-shu/zh，瀏覽日期：111.10.13；孔穎達註疏之《尚書正義》係使用古文尚書版本（朱自清，經典常談，尚書卷三）。

[15] （漢）孔安國傳（唐）孔穎達疏，《武英殿十三經注疏》，收於諸子百家中國哲學書電子化計劃，維基>尚書正義>卷一尚書序，https://ctext.org/wiki.pl?if=gb&chapter=65450，瀏覽日期：111.10.13。

[16] 維基百科，尚書（書），https://zh.wikipedia.org/wiki/尚書_(書)，瀏覽日期：111.10.13。

二、尚書之功能：疏通知遠，得知五常之「義」

尚書屬於儒家五經之一，記載古代帝王記事或其言論之歷史書籍，閱讀尚書可以增廣知識見聞，並增長智慧。荀子勸學篇：「故『書』者，政事之紀也。」

漢書藝文志：「六藝之文：樂以和神，仁之表也；詩以正言，義之用也；禮以明體，明者著見，故無訓也；**書以廣聽，知之術也**；春秋以斷事，信之符也。五者，蓋五常之道，相須而備，而易爲之原。」「古之王者世有史官，君舉必書，所以愼言行，昭法式也。**左史記言，右史記事，事爲春秋，言爲尚書**，帝王靡不同之。」

莊子天下篇：「古之人其備乎！配神明，醇天地，育萬物，和天下，澤及百姓，明於本數，係於末度，六通四辟，小大精粗，其運無乎不在。其明而在數度者，舊法世傳之史尚多有之。其在於《詩》、《書》、《禮》、《樂》者，鄒、魯之士、搢紳先生多能明之。《詩》以道志，《書》以道事，《禮》以道行，《樂》以道和，《易》以道陰陽，《春秋》以道名分。其數散於天下而設於中國者，百家之學時或稱而道之。」

尚書記載歷史典故，可以**疏通知遠，明白事務之道理，而能教導人類五常之道**。揚子法言問神卷五：「彌綸天下之事，記久明遠，著古昔之唔唔，傳千里之忞忞者，莫如書。」

班固所著《白虎通德論》卷八之五經章：「孔子所以定《五經》者何？以爲孔子居周之末世，王道陵遲，禮樂廢壞，強陵弱，眾暴寡，天子不敢誅，方伯不敢伐。閔道德之不行，故周流應聘，冀行其聖德。自衛反魯，自知不用，故追定《五經》以行其道。」「《五經》何謂？謂《易》、《尚書》、《詩》、《禮》、《春秋》也？《禮解》曰：『溫柔寬厚，《詩》教也；**疏通知遠，《書》教也**；廣博易良，《樂》教也；潔靜精微，《易》教也；恭儉莊敬，《禮》教也；屬詞比事，《春秋》教也。』」「**經所以有五何？經，常也。有五常之道，故曰《五經》**：《樂》仁、**《書》義**、《禮》禮、《易》智、《詩》信也。人情有五性，懷五常，不能自成，是以聖人像天五常之道而明之，以教人成其德也。」[17]認爲尚書闡明「義理」之五常之道。

---

[17] 諸子百家中國哲學書電子化計劃，（漢）班固撰，白虎通德論，https://ctext.org/bai-hu-tong/

　　尚書之思想，屬於六藝「禮、樂、射、御、書、數」之一，具備人道之學。

　　漢朝徐幹中論治學篇即謂：「昔之君子成德立行，身沒而名不朽，其故何哉？學也。學也者、所以疏神達思、怡情理性，聖人之上務也。民之初載，其矇未知，譬如寶在於玄室，有所求而不見，白日照焉，則群物斯辯矣。學者、心之白日也，故先王立教官，掌教國子，教以六德，曰智、仁、聖、義、中、和，教以六行，曰孝、友、睦、婣、任、恤；教以六藝，曰禮、樂、射、御、書、數；三教備而人道畢矣。學猶飾也，器不飾則無以爲美觀，人不學則無以有懿德。有懿德，故可以經人倫；爲美觀，故可以供神明。故《書》曰：『若作梓材，既勤樸斲，惟其塗丹雘。』[18]」[19]

貳、尚書之法律思想

一、「天人合一」之法律思想

（一）天道「福善禍淫」

　　尚書有「君權神授」之思想觀念，認爲國君治理國家，處理政事，應秉持天命「賞善罰惡」之精神，仁民愛物，施行仁政與德治，以符合上天旨意。所謂有德者秉持天命，而受上天與上帝之庇佑。否則如倒行逆施，違背天道，則「自絕于天，結怨于民。」必受上天（上帝）懲罰。

　　例如尚書大禹謨：「惟德動天，無遠弗屆。滿招損，謙受益，時乃天道。」尚書湯誥篇：「天道福善禍淫，降災于夏，以彰厥罪。」尚書湯誓：「惟上帝不常，作善，降之百祥。作不善，降之百殃。」尚書商書太甲下篇：「嗚呼！惟天無親，克敬惟親。民罔常懷，懷于有仁。鬼神無常享，享于克誠。天位艱哉！德惟治，否德亂。與治同道，罔不興；與亂同事，罔不亡。終始愼厥與，惟明明後。先王惟時懋敬厥德，克配上帝。」尚書湯誓：「予畏上

---

wu-jing/zh，瀏覽日期：111.10.13。

[18] 如同製作梓木器具，既已勤勞地剝皮砍削，就應當考慮做完彩飾的工作。

[19] 諸子百家中國哲學書電子化計劃，中論>治學，https://ctext.org/zhong-lun/zhi-xue/zh，瀏覽日期：111.10.13。

帝，不敢不正。」

尚書商書伊訓篇：「古有夏先後，方懋厥德，罔有天災。山川鬼神，亦莫不寧，暨鳥獸魚鱉咸若。于其子孫弗率，皇天降災。」虞書益稷篇：「徯志以昭受上帝，天其申命用休。」

尚書商書湯誓：「凡我造邦，無從匪彝，無即慆淫，各守爾典，以承天休。」

尚書泰誓下篇：「王曰：『嗚呼！我西土君子。天有顯道，厥類惟彰。今商王受，狎侮五常，荒怠弗敬。自絕于天，結怨于民。』」武成篇：「我文考文王克成厥勳，誕膺天命，以撫方夏。大邦畏其力，小邦懷其德。」

尚書商書湯誓：「有夏多罪，天命殛之。」「上天孚佑下民，罪人黜伏，天命弗僭，賁若草木，兆民允殖。」

上述尚書的思想，強調上天或上帝可以「福善禍淫」，因此統治者應秉持天命，行善天下，造福人民，才能受到上天（上帝）之保佑，否則，倘若統治者無道作惡多端，勢必受到上天（上帝）之懲罰。因此，人類之所作所為，應順從符合天道與天意。由此表現「天人合一」思想色彩。此一「天人合一」思想，「天」係指天道、天意或上帝，因此具有濃厚的宗教的或神格的上帝思想觀念。

尚書固然認為君權神授，認為帝王之權源，來自於上天之賦予。但亦不得仰賴上天賦予統治權即得胡作非為，仍應隨時修德養民，不負天命，始能善終。尚書周書君奭篇，周公若曰：「天不可信，我道惟寧王德延，天不庸釋于文王受命。」表示人類不可單純仰賴上天，而應積極作為厲精圖治。唯有推廣文王之美德，上天才不會廢棄文王所接受的福命。

（二）人民生活應符合自然規律

在農業時代，人民耕種應符合四季大自然運轉規律，亦即有遵守自然規律之「曆法」之需要。尚書虞書堯典：「乃命羲和，欽若昊天，曆象日月星辰，敬授民時。」亦即堯帝命令羲氏與和氏，敬慎地遵循天數，推算日月星辰運行的規律，制定出「曆法」，敬慎地把天時節令告訴人們。[20]

---

[20] 白話文翻譯，引自易經虞書，中華古詩文古書籍網，https://www.arteducation.com.tw/guwen/bookv_3081.html，瀏覽日期：111.10.15。

二、民本思想與民主精神

（一）民本精神

　　尚書強調民本思想，認爲爲政應以滿足人民生活需要，保障人民福祉，使其安居樂業爲基本任務。尚書夏書五子之歌：「其一曰：『皇祖有訓，民可近，不可下，**民惟邦本，本固邦寧。**』」即意指國家施政應以民爲本，厚生養民，以鞏固國之根本。

　　尚書周書泰誓上篇：「天矜于民，民之所欲，天必從之。」主張君主要順從天意，即應順從民意。

（二）民主精神

　　尚書強調爲政應聽取人民意見，以集思廣益，提升決策品質，並避免作出錯誤不當之決策。因此具有傾聽民意之民主精神。尚書周書泰誓中篇：「天視自我民視，天聽自我民聽。」

　　在尚書大禹謨：「**無稽之言勿聽，弗詢之謀勿庸。**」意指政府不應採用沒有經過考核之言論，不應採納沒有詢問過眾人之計謀。[21]強調政策方針應有「合理性根據」，始得聽取採納，並應事先多方徵詢意見。有關建議方案，在未徵詢各方意見之前，切勿草率使用。政策方案形成過程中，應多方諮詢各界意見之做法，具有民主審議參與之精神。

　　尚書周書洪範：「稽疑：——**汝則有大疑，謀及乃心，謀及卿士，謀及庶人，謀及卜筮。**」表示有重大爭議之決策行爲，應事先諮詢官員以及人民意見，並採取「卜筮」方法。其決策過程不僅強調民主化，同時將「天意」（經由卜筮，以解天意）納入參考範圍。亦即「將舉事而汝則有大疑，先盡汝心以謀慮之，次及卿士眾民，然後卜筮以決之。汝則從，龜從，筮從，卿士從，庶民從，是之謂大同。人心和順，龜筮從之，是謂大同於吉。身其康強，子孫其逢吉。動不違眾，故後世遇吉。」倘若君臣以及人民、天意均支持贊同此一決策，即是上同天心，下同民意，是爲「大同」之上善之舉。

21　中文翻譯，參見胡亞軍譯注，尚書，二十一世紀出版集團，初版，2016年，頁34。

三、德治主義與法治主義

（一）德治主義：禮樂教化

尚書主張以道德待人接物，以有益於人類社會之道，作爲施政依歸，才能使國家政務成功。尚書>周書>旅獒：[22]「人不易物，惟德其物！德盛不狎侮。**狎侮君子，罔以盡人心；狎侮小人，罔以盡其力。不役耳目，百度惟貞。玩人喪德，玩物喪志。志以道寧，言以道接。不作無益害有益，功乃成**；不貴異物賤用物，民乃足。犬馬非其土性不畜，珍禽奇獸不育于國，不寶遠物，則遠人格；所寶惟賢，則邇人安。嗚呼！夙夜罔或不勤，不矜細行，終累大德。爲山九仞，功虧一簣。允迪茲，生民保厥居，惟乃世王。」

尚書主張德治，並採取道德**禮樂進行教化人民**。尚書大禹謨，禹曰：「於！帝念哉！**德惟善政，政在養民**。水、火、金、木、土、穀，惟修；**正德、利用、厚生、惟和。九功惟敘，九敘惟歌**。戒之用休，董之用威，勸之以九歌俾勿壞。」提倡施行「善政養民」，建構**「正德、利用、厚生」的和諧社會**。尚書大禹謨，皋陶曰：「帝德罔愆，臨下以簡，御眾以寬。」主張爲政應當「簡政便民」與「寬厚待民」。

尚書虞書舜典：「契，百姓不親，五品不遜。汝作司徒，敬敷五教，在寬。」透過五教倫理觀念（父義、母慈、兄友、弟恭、子孝）之品德教育，以提升人民道德素養，建立和諧社會。

學者有指出：「禮之爲教，秩序而已，故《堯典》曰『秩宗』，《皋謨》曰『天敘天秩』，而《禹謨》亦曰『九功惟敘，九敘惟歌』。禮原於天之則，民之秉彝，有禮而後有秩敘，有秩敘而後能和。廢禮而求秩敘、求上下之和衷，未之聞也。」尚書主張建立禮制規範，才能維持社會秩序，進而可以維持社會之和諧與和平。

尚書虞書舜典，帝曰：「夔！命汝典樂，教胄子，直而溫，寬而栗，剛而無虐，簡而無傲。詩言志，歌永言，聲依永，律和聲。八音克諧，無相奪倫，神人以和。」夔曰：「於！予擊石拊石，百獸率舞。」尚書認爲德教之方法之一，可以經由「音樂」陶冶性情，涵養人民性情是培養道德教育的核心，一切

---

22 諸子百家中國哲學書電子化計劃，尚書>周書>旅獒，https://ctext.org/shang-shu/hounds-of-lu/zh，瀏覽日期：112.2.19。

禮樂教化不離此一宗旨。

尚書記載堯帝聰明睿智，德高望重，善於和諧家族、各地諸侯，而使天下太平。尚書虞書堯典：「昔在帝堯，聰明文思，光宅天下。將遜於位，讓於虞舜，作《堯典》。曰若稽古帝堯，曰放勛，欽、明、文、思、安安，允恭克讓，光被四表，格於上下。克明俊德，以親九族。九族既睦，平章百姓。百姓昭明，協和萬邦。黎民於變時雍。」亦即形容「帝堯恭敬節儉，明察四方，善理天下，道德純備，溫和寬容。他忠實不懈，又能讓賢，光輝普照四方，思慮至於天地。他能發揚大德，使家族親密和睦。家族和睦以後，又辨明其他各族的政事。眾族的政事辨明了，又協調萬邦諸侯，天下眾民因此也就相遞變化友好和睦起來。」[23]

尚書認為統治者應先正其身，以為表率楷模，作為人民模仿、效法之對象，故以道德治理國家，必須統治者率先公正，並以五常教化人民，作為維持社會和諧之準則。尚書>周書>君牙：[24]「無忝祖考，弘敷五典，式和民則。爾身克正，罔敢弗正，民心罔中，惟爾之中。夏暑雨，小民惟曰怨咨：冬祁寒，小民亦惟曰怨咨。厥惟艱哉！思其艱以圖其易，民乃寧。」尚書舜典：「慎徽五典，五典克從。」其中五典亦即「五常」，係指五種倫理道德之行為規則。五典，五常之教，包括「父義、母慈、兄友、弟恭、子孝」。[25]

論語顏淵篇記載孔子曰：「政者，正也。子帥以正，孰敢不正？」「子為政，焉用殺？子欲善，而民善矣。君子之德風，小人之德草。草上之風，必偃。」

尚書正義卷十九君牙第二十七[26]對此解釋：「繼汝先世舊所服行，亦如父祖忠勤，無為不忠，辱累汝祖考。當須大布五常之教，用和天下兆氏，令有法則。凡欲率下，當先正身，汝身能正，則下無敢不正。民心無能中正，惟取汝之中正，汝當正身心以率之。夏月大暑大雨，天之常也，小民惟曰怨恨而咨

---

23 白話文翻譯，引自易經虞書，中華古詩文古書籍網，https://www.arteducation.com.tw/guwen/bookv_3081.html，瀏覽日期：111.10.15。

24 諸子百家中國哲學書電子化計劃，尚書>周書>君牙，https://ctext.org/shang-shu/kun-ya/zh，瀏覽日期：112.2.18。

25 諸子百家中國哲學書電子化計劃，尚書正義>卷三舜典第二，https://ctext.org/wiki.pl?if=gb&chapter=136338，瀏覽日期：112.2.18。

26 諸子百家中國哲學書電子化計劃，尚書正義>卷十九君牙第二十七，https://ctext.org/wiki.pl?if=gb&chapter=462063，瀏覽日期：112.2.18。

嗟。冬月大寒，亦天之常也，小民亦惟曰怨恨而咨嗟。天不可怨，民尙怨之，治民欲使無怨，其惟難哉！思慮其難，以謀其易，爲治不違道，不逆民，民乃安矣。《禮記·緇衣》云：『民以君爲心，君以民爲體。』此舉四體，今以臣爲心者，君臣合體，則亦同心。」

（二）法治主義

1. 制度化與法典化

尙書提倡制度化與法典化規範，尙書虞書舜典：「協時月正日，同律度量衡。」舜帝協調統一春夏秋冬四時的月份，確定天數，統一音律及度、量、衡，亦即典章制度法制化，以維持社會生活秩序。

尙書也重視法制之法典化與系統化，所謂「有典有則」。尙書多士篇記載周公代成王對於殷商遺民（義士、多士，或稱頑民）發布命告，表示：「惟殷先人，有冊有典。」[27]尙書夏書五子之歌：「明明我祖，萬邦之君。有典有則，貽厥子孫。」表示帝王建立系統化之典章制度，傳之後代子孫。在此表現中華文明，包括：

(1)歷史文化經典的系統化匯編：其中孔子編輯修訂的《詩》、《書》、《禮》、《樂》、《易》、《春秋》，構成儒家「六經」，最爲有名。

(2)禮法行爲規範的系統化匯編：以周公制的禮、李悝編纂的《法經》最爲著名，具體、分散的行爲規範逐漸形成了「禮」與「法」兩個相互銜接的系統。上述文化典籍在理論上支持行爲規範體系，行爲規範體系護持、踐行文化

---

[27] 《說文解字》對「典」字之解釋：「典，五帝之書也。從冊在丌上，尊閣之也。」「冊」是象形字，指用繩子或皮條編連起來的一枚一枚的竹簡或木簡。大陸學者張生認爲：「將生活中發生的具有重要意義的事件、重要人物的思想言論記錄下來，即是作冊。『冊』既是現實的記錄以供後人查閱，也是處理類似事件參考和遵循的規範。『冊』來自生活，在記述過程中又經過一定的加工和分類。而『典』是對同類事件、規範分門別類的匯編，並從中提煉出行爲規範和價值理念。從具體的『冊』到系統的『典』，包含了社會生活的重要文獻、價值理念和行爲規範。『典』被稱作『大冊』，一方面言其權威性，需要奉於殿閣、恭敬遵循，如《堯典》、《舜典》、《禹典》；另一方面言其系統，包括全面的記述和體系化的規範。」張生，從「有典有則」到民法典：中華法系的傳承與發展，2020年7月31日光明日報，http://theory.people.com.cn/BIG5/n1/2020/0731/c40531-31804698.html，瀏覽日期：111.10.14。

價值，從而奠定了中華法系規範體系獨有的結構特徵。[28]

尚書周書洪範篇提出君王的法則，認為「君王建立政事要有法則：掌握五福，用來普遍地賞賜給臣民，這樣，臣民就會尊重您的法則。貢獻您保持法則的方法：凡是臣下不要有邪黨，百官不要有私相比附的行為，只有把君王作榜樣。」亦即「皇極：皇建其有極。斂時五福，用敷錫厥庶民。惟時厥庶民于汝極。錫汝保極：凡厥庶民，無有淫朋，人無有比德，惟皇作極。」（洪範篇）

尚書提倡效法先王古制之典章制度，尚書>周書>君牙：「王若曰：『君牙，乃惟由先正舊典時式，民之治亂在茲。率乃祖考之攸行，昭乃辟之有乂。』」[29]表示惟當奉用先聖先賢所行故事、舊典、文籍是法（先世正官之法），民之治亂在此而已，用之則民治，廢之則民亂。

2. 法治維持秩序

(1) 法治應賞善罰惡

尚書也主張法治，以維持法度秩序。例如尚書大禹謨益曰：「吁！戒哉！**儆戒無虞，罔失法度**。罔遊于逸，罔淫于樂。任賢勿貳，去邪勿疑。疑謀勿成，百志惟熙。罔違道以干百姓之譽，罔咈百姓以從己之欲。無怠無荒，四夷來王。」尚書夏書五子之歌：「其三曰：『惟彼陶唐，有此冀方。今失厥道，亂其紀綱，乃底滅亡。』其四曰：『明明我祖，萬邦之君。有典有則，貽厥子孫。關石和鈞，王府則有。荒墜厥緒，覆宗絕祀！』」

尚書認為法治應當秉持「賞善罰惡」原則。尚書商書盤庚上篇：「用罪伐厥死，用德彰厥善。」對於人民作惡行為加以處罰，對於善行給予表揚獎賞。

尚書認為國家賞罰應公正，不可濫殺無辜，以免產生民怨。尚書周書無逸：「不永念厥辟，不寬綽厥心，亂罰無罪，殺無辜。怨有同，是叢于厥身。」

---

28 同前註。

29 「乂」讀音yì，意指：1.治理（《漢書・卷六三・武五子傳・齊懷王劉閎傳》：「保國乂民，可不敬與！」）；2.安定、平靜（《史記・卷一二・孝武本紀》：「漢興已六十餘歲矣，天下乂安。」）；或3.才德出眾的人（《書經・皋陶謨》：「翕受敷施，九德咸事，俊乂在官。」）另讀音ㄞˋ，係指懲戒。如：「懲乂」。《新唐書・卷一○○・列傳・裴矩》：「太宗即位，疾貪吏，欲痛懲乂之。」引自教育部重編國語辭典，https://dict.revised.moe.edu.tw/dictView.jsp?ID=10355&la=0&powerMode=0，瀏覽日期：112.2.18。

(2)「罰及一身」與「罪疑惟輕」原則

在處罰制裁上，尚書主張「罰及一身」原則，具有處罰「一身專屬性」之思想觀念，以免傷及無辜。例如尚書大禹謨：「皋陶曰：『帝德罔愆，臨下以簡，御眾以寬；罰弗及嗣，賞延于世。』」

尚書也主張「罪疑惟輕原則」以及「刑期無刑原則」。例如尚書大禹謨：「罪疑惟輕，功疑惟重；與其殺不辜，寧失不經；好生之德，洽于民心，茲用不犯于有司。」罪行輕重有可疑之處，只應從輕判處。

帝曰：「皋陶，惟茲臣庶，罔或干予正。汝作士，明于五刑，以弼五教。期于予治，刑期于無刑，民協于中，時乃功，懋哉。」

3. 依法公正治理

尚書認為君主應建立法則典章規範，尚書周書洪範篇：「皇極：皇建其有極。斂時五福，用敷錫厥庶民。惟時厥庶民于汝極。錫汝保極：凡厥庶民，無有淫朋，人無有比德，惟皇作極。」亦即「君王建立政事應有法則規範：掌握五福，用來普遍地賞賜給臣民，能夠如此，臣民就會尊重君王之法則。貢獻君主維持法則之方法：凡是人民不得結黨營私，百官不應有私相比附的行為，僅以君王為榜樣。」

尚書周書洪範篇認為君王的法則必須公正無私，依法則治理，無有偏私，才能作民父母，以為天下之君王。亦即應「無偏無陂，遵王之義；無有作好，遵王之道；無有作惡，尊王之路。無偏無黨，王道蕩蕩；無黨無偏，王道平平；無反無側，王道正直。會其有極，歸其有極。曰：皇，極之敷言，是彝是訓，于帝其訓，凡厥庶民，極之敷言，是訓是行，以近天子之光。曰：天子作民父母，以為天下王。」（尚書周書洪範篇）

4. 令出必行

尚書周書周官記載王曰：「凡我有官君子，欽乃攸司，慎乃出令，令出惟行，弗惟反。以公滅私，民其允懷。學古入官。議事以制，政乃不迷。其爾典常作之師，無以利口亂厥官。蓄疑敗謀，怠忽荒政，不學牆面，蒞事惟煩。」提倡國家治理應建立制度，以取代人治，同時應令出必行。

5. 法制應符合時代環境需要，處罰應輕重適當

尚書周書呂刑：「上下比罪，無僭亂辭，勿用不行，**惟察惟法，其審克之！上刑適輕，下服；下刑適重，上服。輕重諸罰有權**。刑罰世輕世重，惟齊

非齊，有倫有要。罰懲非死，人極于病。非佞折獄，惟良折獄，罔非在中。察辭于差，非從惟從。哀敬折獄，明啓刑書胥占，**咸庶中正**。其刑其罰，其審克之。獄成而孚，輸而孚。其刑上備，有並兩刑。」表示刑罰應審慎調查，依法審判，使其處罰與犯罪情節輕重適當，以符合「罪責相當原則」（使刑當其罪，皆庶幾必得中正之道）。倘若法重情輕，在法定範圍內，得從輕處罰。反之，法輕情重，則在法定範圍內，酌量加重處罰。

尚書正義卷十九呂刑第二十九，[30]認爲刑罰在新國用輕典，刑罰在亂國用重典，刑罰在平國用中典。「呂侯度時制宜，勸王改從夏法。聖人之法非不善也，而不以經遠。呂侯之智非能高也，而法可以適時。苟適於時，事即可爲善，亦不言呂侯才高於周公，法勝於前代。所謂**觀民設教，遭時制宜**，刑罰所以世輕世重，爲此故也。」

（三）德治爲主，法治爲輔：明德愼罰

尚書主張國家統治應以德治爲主，法治爲輔，採取「明德愼罰」原則。尚書周書康誥篇：「惟乃丕顯考文王，克明德愼罰。」尚書周書多方：「罔不明德愼罰，亦克用勸。」其中，「明德」是指崇尚德政、重視以德教化民眾；「愼罰」是指使刑罰得中。[31]

大陸學者韓星教授指出：「由《尚書》可以認識德治、禮制、禮治與刑罰之間的複雜關係。德治思想是西周治理天下的核心思想，而禮制又是西周制度的主體。德治思想是周人在總結夏殷歷史經驗教訓基礎上提煉出的內在價值，而禮制則是德治思想在制度、儀節層面的外在體現，二者是相互支持、相輔相濟的關係。德治是通向禮治的前提，禮治是實現德治的動力。周公制禮作樂完成了德治與禮治的統一。」[32]「《尚書》的治道思想可以概括爲德爲政本、敬德保民；明德愼罰、刑以弼教；以刑輔禮、先教後罰。禮制的內在精神是道德，德治、禮治爲刑罰之本，德治、禮治、禮制與刑法形成一種相輔相成的辯

---

30 諸子百家中國哲學書電子化計劃，尚書正義>卷十九呂刑第二十九，https://ctext.org/wiki.pl?if=gb&chapter=936449，瀏覽日期：112.2.18。
31 杜偉偉，《尚書》的法律文化價值，黑龍江省政法管理幹部學院學報，2020年第3期（總第144期），2020年，頁151。
32 韓星，德禮教刑——《尚書》的治理體系，先秦儒學研究，第4期，2020年，頁59。

證關係。這爲孔子在『爲政以德』總體原則下，德、禮、政、刑相輔相成，德、禮爲本，政、刑爲末，德又爲禮之本的治道結構奠定了基礎，形成了德禮政刑四位一體的儒家治道總體構架，爲今天推進國家治理體系和治理能力現代化提供了重要的思想資源。」[33]

儒家孔子繼受尙書「明德愼罰」思想，提出：「道之以政，齊之以刑，民免而無恥；道之以德，齊之以禮，有恥且格。」希望爲政者以德治教化爲先，不要不教而誅，殘害人民。[34]

四、中庸之道

尙書提倡「致中和」之和諧思想。尙書舜典，帝曰：「夔！命汝典樂，教胄子，**直而溫，寬而栗，剛而無虐，簡而無傲**。詩言志，歌永言，聲依永，律和聲。八音克諧，無相奪倫，神人以和。」

尙書提出中庸之道的觀念。表現在尙書大禹謨：「人心惟危，道心惟微，**惟精惟一，允執厥中。無稽之言勿聽，弗詢之謀勿庸。**」意指人民心存恐懼，天道幽暗不明，只有精誠專一，眞正保持中正之道。不用使用沒有考核過之言論，不要使用沒有詢問過眾人之計謀。[35]亦即政策方針應有「合理性根據」，始得聽取採納，並應事先多方徵詢意見，公正兼顧各方利益，執兩用中，再予以採用施行。有關建議方案，在未徵詢各方意見之前，切勿草率使用。不得單憑能說善辯即認爲是賢德。所謂：「政貴有恆，辭尙體要，不惟好異。商俗靡靡，**利口惟賢，余風未殄**，公其念哉！」（尙書>周書>畢命）

禮記中庸篇記載子曰：「舜其大知也與！舜好問而好察邇言，隱惡而揚善，**執其兩端，用其中於民**，其斯以爲舜乎！」也提倡中庸之道，而爲儒家思想之精華。

尙書>周書>畢命：[36]「**不剛不柔，厥德允修**。惟周公克愼厥始，惟君陳克和厥中，惟公克成厥終。三后協心，同底于道，**道洽政治，澤潤生民**，四夷左

---

[33] 韓星，德禮教刑——《尙書》的治理體系，先秦儒學研究，第4期，2020年，頁60。

[34] 韓星，德禮教刑——《尙書》的治理體系，先秦儒學研究，第4期，2020年，頁60。

[35] 中文翻譯，參見胡亞軍譯注，尙書，二十一世紀出版集團，初版，2016年，頁34。

[36] 諸子百家中國哲學書電子化計劃，尙書>周書>畢命，https://ctext.org/shang-shu/charge-to-the-duke-of-bi/zh，瀏覽日期：112.2.18。

衹，罔不咸賴，予小子永膺多福。」主張為政應不剛不柔，寬嚴相濟（適中）同時教導百姓，趨向道德仁義，使民風良善，德澤於民。此即所謂「**惟德惟義，時乃大訓**。不由古訓，于何其訓。」

五、菁英政治

（一）選賢與能

尚書虞書堯典記載舜：「瞽子，父頑，母囂，像傲；克諧以孝，烝烝乂，不格奸。」介紹舜之為人品德高尚，才華出眾能夠以孝道維持家庭和睦，美好上進，不至於邪惡。又尚書虞書舜典敘述舜擔任堯帝授予之各種職務工作：「曰若稽古帝舜，曰重華協於帝。濬咨文明，溫恭允塞，玄德升聞，乃命以位。慎徽五典，五典克從。納於百揆，百揆時敘。賓於四門，四門穆穆。納於大麓，烈風雷雨弗迷。」表示舜推行倫理道德教育，包括父義、母慈、兄友、弟恭、子孝五種常法，人們都能順從。舜總理百官，百官都能承順。舜在明堂四門迎接四方賓客，四方賓客都肅然起敬。舜擔任守山林的官，在暴風雷雨的惡劣天氣也不迷誤。

尚書大禹謨記載帝曰：「嘉言罔攸伏，野無遺賢，萬邦咸寧。稽于眾，舍己從人，不虐無告，不廢困窮，惟帝時克。」意指良善意見不會被擱置不用，賢才就不會被遺棄在田野之間，萬邦都會太平。凡事都考察民眾的意見，常常放棄自己不正確的意見，聽從別人正確的意見；為政不虐待無告的窮人，用人不忽視卑賤的賢才，這唯有帝堯的時候才能作到。[37]

禹曰：「惠迪吉，從逆凶，惟影響。」凡是順道從善的就得福，逆道從惡的就得禍，這真像影隨形、回響聲一樣！

尚書認為國家應使有才能之人貢獻其所能，才能使國家昌盛。尚書周書洪範篇表示：「無虐煢獨而畏高明，人之有能有為，使羞其行，而邦其昌。」意指「不虐待無依無靠的人，而又不畏顯貴，臣下這樣有才能有作為，就要讓他獻出他的才能，國家就會繁榮昌盛。」

反之，如果無法選賢與能，則政治勢必敗壞，民不聊生。尚書虞書大禹

37　白話文翻譯，引自易經虞書，中華古詩文古書籍網，https://www.arteducation.com.tw/guwen/bookv_3083.html，瀏覽日期：111.10.15。

誓：「反道敗德，君子在野，小人在位，民棄不保，天降之咎，肆予以爾眾士，奉辭伐罪。」

（二）分官設職

尚書周書周官中認為，國家應「立太師、太傅、太保，茲惟三公。論道經邦，燮理陰陽。**官不必備，惟其人**。少師、少傅、少保，曰三孤。貳公弘化，寅亮天地，弼予一人。」同時對於政府部門執掌，劃分六大部，分官設職如下：

1. 塚宰（文官部）掌邦治，統百官，均四海。
2. 司徒（教育部）掌邦教，敷五典，擾兆民。
3. 宗伯（禮部）掌邦禮，治神人，和上下。
4. 司馬（軍部）掌邦政，統六師，平邦國。
5. 司寇（司法部）掌邦禁，詰奸慝，刑暴亂。
6. 司空（內政部）掌邦土，居四民，時地利。

六卿分職，各率其屬，以倡九牧，阜成兆民。

六、治國之九大方法論：天人合一思想之展開

尚書周書洪範記載箕子提出上帝賜予禹「洪範」（指天地之大法）九大治國方法論：「初一曰五行，次二曰敬用五事，次三曰農用八政，次四曰協用五紀，次五曰建用皇極，次六曰乂用三德，次七曰明用稽疑，次八曰念用庶徵，次九曰嚮用五福，威用六極。」

（一）**五行（處事法則）**：「一曰水，二曰火，三曰木，四曰金，五曰土。水曰潤下，火曰炎上，木曰曲直，金曰從革，土爰稼穡。潤下作鹹，炎上作苦，曲直作酸，從革作辛，稼穡作甘。」此為金木水火土之「陰陽五行」之自然法則規律。[38]

---

38 隋朝蕭吉著，五行大義序：「夫五行者。蓋造化之根源。人倫之資始。萬品稟其變易。百靈因其感通。本乎陰陽。散乎精像。周竟天地。布極幽明。子午卯酉為經緯。八風六律為綱紀。故天有五度以垂象。地有五材以資用。人有五常以表德。萬有森羅。以五為度。過其五者。數則變焉。實資五氣。均和四序。孕育百品。陶鑄萬物。善則五德順行。三靈炳曜。惡則九功不革。六沴互興。原始要終。靡究萌兆。是以聖人體於未肇。故設言以筌象。立象以

（二）**五事（人事法則）**：「一曰貌，二曰言，三曰視，四曰聽，五曰思。貌
　　曰恭，言曰從，視曰明，聽曰聰，思曰睿。恭作肅，從作乂，明作哲，
　　聰作謀，睿作聖。」意指儀態應恭敬，言論要正當，觀察要明晰，聽聞
　　要敏銳，思考睿智要能神聖英明。[39]

（三）**八政（為政分工）**：「一曰食，二曰貨，三曰祀，四曰司空，五曰司
　　徒，六曰司寇，七曰賓，八曰師。」八種政事意指管理糧食（農業）、
　　管理財貨、主持祭祀、土木工程（建設）、風俗教化、司法訴訟、外交
　　禮儀、軍事國防。[40]

（四）**五紀（天道法則）**：「一曰歲，二曰月，三曰日，四曰星辰，五曰歷
　　數。」五種計時方法，年月日，觀察星辰運轉軌跡，經由觀測天象來推
　　算年時節氣之歷法。

（五）**皇極（法制規範）**：「皇建其有極。斂時五福，用敷錫厥庶民。惟時厥
　　庶民于汝極。錫汝保極：凡厥庶民，無有淫朋，人無有比德，惟皇作
　　極。凡厥庶民，有猷有為有守，汝則念之。不協于極，不罹于咎，皇則
　　受之。而康而色，曰：『予攸好德。』汝則錫之福。時人斯其惟皇之
　　極。無虐煢獨而畏高明，人之有能有為，使羞其行，而邦其昌。凡厥正
　　人，既富方谷，汝弗能使有好于而家，時人斯其辜。于其無好德，汝雖
　　錫之福，其作汝用咎。無偏無陂，遵王之義；無有作好，遵王之道；無
　　有作惡，尊王之路。無偏無黨，王道蕩蕩；無黨無偏，王道平平；無反
　　無側，王道正直。會其有極，歸其有極。曰：皇，極之敷言，是彝是
　　訓，于帝其訓，凡厥庶民，極之敷言，是訓是行，以近天子之光。曰：
　　天子作民父母，以為天下王。」

（六）**三德（治理法則）**：「一曰正直，二曰剛克，三曰柔克。平康，正直；
　　彊弗友，剛克；燮友，柔克。沉潛，剛克；高明，柔克。惟辟作福，惟

顯事。事既懸有。可以象知。象則有滋。滋故生數。數則可紀。象則可形。可形可紀。故其
理可假而知。……五行之成數。始自釋名。終于蟲鳥。凡配五行。皆在茲義。庶幾使斯道不
墜。知其始焉。若能治心靜志。研其微者。豈直怡神養性。保德全身。亦可弼諧庶政。利安
萬有。斯故至人之所達也。昔人感物制經。吉今因事述義。異時而作。共軌殊途嘆味道之不
齊。求利物之一致。」諸子百家中國哲學書電子化計劃，五行大義>序，https://ctext.org/wiki.
pl?if=gb&chapter=175919，瀏覽日期：112.2.19。

[39] 胡亞軍譯注，尚書，初版，2016年，頁136。

[40] 胡亞軍譯注，尚書，初版，2016年，頁136。

闢作威，惟辟玉食。臣無有作福、作威、玉食。臣之有作福、作威、玉食，其害于而家，凶于而國。人用側頗僻，民用僭忒。」

亦即國家政務之治理方法，採取「因時因地制宜」之剛柔並濟方法，隨時代環境差異而使用不同方法。在平安之時代，用正直治之。在強禦不順之時代，用剛能治之（亂世用重典）。在和順之時代，用柔能治之。蓋世既和順，風俗又安，故以柔能治之。

亦即採取「差別化管理」模式，對於頑固違法亂紀者（人格沉潛黑暗者），採取強硬態度治理之（刑罰制裁）（所謂強不順，剛克；沉潛，剛克）。對於善良和順百姓（人格光明磊落者），則友善和氣治理（燮友，柔克；高明，柔克）。「此三德者，人君之德，張弛有三也。一曰正直，言能正人之曲使直。二曰剛克，言剛強而能立事。三曰柔克，言和柔而能治。」[41]

又有關「賞罰」權威，應專屬掌握於君主手中（中央集權），不可大權旁落於臣下部屬，以強化「行政一體」原則，發揮領導統御功能。

(七) **稽疑（爭議規則）**：「擇建立卜筮人，乃命卜筮。曰雨，曰霽，曰蒙，曰驛，曰克，曰貞，曰悔，凡七。卜五，佔用二，衍忒。立時人作卜筮，三人占，則從二人之言。汝則有大疑，謀及乃心，謀及卿士，謀及庶人，謀及卜筮。汝則從，龜從，筮從，卿士從，庶民從，是之謂大同。身其康彊，子孫其逢，汝則從，龜從，筮從，卿士逆，庶民逆吉。卿士從，龜從，筮從，汝則逆，庶民逆，吉。庶民從，龜從，筮從，汝則逆，卿士逆，吉。汝則從，龜從，筮逆，卿士逆，庶民逆，作內吉，作外凶。龜筮共違于人，用靜吉，用作凶。」

在政策贊同反對之各方意見不一時，例如君臣意見不同，或者官民意見差異時，則以**卜筮方式，求於天意決定之**。毛詩正義卷十二洪範第六：[42]「汝則從，龜從，筮從，卿士逆，庶民逆，吉。三從二逆，中吉，亦可舉事。卿士從，龜從，筮從，汝則逆，庶民逆，吉。**君臣不**

---

[41] 諸子百家中國哲學書電子化計劃，毛詩正義>卷十二洪範第六，https://ctext.org/wiki.pl?if=gb&chapter=172753，瀏覽日期：112.2.19。

[42] 諸子百家中國哲學書電子化計劃，毛詩正義>卷十二洪範第六，https://ctext.org/wiki.pl?if=gb&chapter=172753，瀏覽日期：112.2.19。

同，決之卜筮，亦中吉。庶民從，龜從，筮從，汝則逆，卿士逆，吉。**民與上異心，亦卜筮以決之**。汝則從，龜從，筮逆，卿士逆，庶民逆，作內吉，作外凶。二從三逆，龜筮相違，故可以祭祀冠婚，不可以出師征伐。」

（八）**庶徵（天人感應）**：「曰雨，曰暘，曰燠，曰寒，曰風。曰時。五者來備，各以其敘，庶草蕃廡。一極備，凶；一極無，凶。曰休徵；曰肅、時雨若；曰乂，時暘若；曰晰，時燠若；曰謀，時寒若；曰聖，時風若。曰咎徵：曰狂，恆雨若；曰僭，恆暘若；曰豫，恆燠若；曰急，恆寒若；曰蒙，恆風若。曰王省惟歲，卿士惟月，師尹惟日。歲月日時無易，百穀用成，乂用明，俊民用章，家用平康。日月歲時既易，百穀用不成，乂用昏不明，俊民用微，家用不寧。庶民惟星，星有好風，星有好雨。日月之行，則有多有夏。月之從星，則以風雨。」

上述為政得失，所導致天人感應之情況，毛詩正義卷十二洪範第六[43]詮釋如下：「曰休徵。敘美行之驗。曰肅，時寒若。君行敬，則時雨順之。曰乂，時暘若。君行政治，則時暘順之。曰澈，時燠若。君能照澈，則時燠順之。曰謀，時寒若。君能謀，則時寒順之。曰聖，時風若。君能通理，則時風順之。」

「曰咎徵。敘惡行之驗。曰狂，恒雨若。君行狂妄，則常雨順之。曰僭，恒暘若。君行僭差，則常暘順之。曰豫，恆燠若。君行逸豫，則常燠順之。曰急，恆寒若。君行急，則常寒順之。曰蒙，恆風若。君行蒙暗，則常風順之。」

「正義曰：既陳五事之休咎，又言皇極之得失，與上異端，更復言曰，王之省職，兼總群吏，惟如歲也。卿士分居列位，惟如月也。眾正官之長各治其職，惟如日也。此王也，卿士也，師尹也，掌事猶歲月日者，言皆無改易，君秉君道，臣行臣事。則百穀用此而成，歲豐稔也。其治用是而明，世安泰也。俊民用此而章，在官位也。國家用此而平安，風俗和也。若王也，卿士也，師尹也，掌事猶如日月歲者，是已變易，君失其柄權，臣各專恣。百穀用此而不成，歲饑饉也。其治用此昏暗而不

43 諸子百家中國哲學書電子化計劃，毛詩正義>卷十二洪範第六，https://ctext.org/wiki.pl?if=gb&chapter=172753，瀏覽日期：112.2.19。

明，政事亂也。俊民用此而卑微，皆隱遁也。國家用此而不安泰，時世亂也。此是皇極所致，得中則致善，不中則致惡。歲月日無易，是得中也。既易，是不中也。所致善惡乃大於庶徵，故於此敘之也。」

（九）**五福（施政成敗）**：「一曰壽，二曰富，三曰康寧，四曰攸好德，五曰考終命。六極：一曰凶、短、折，二曰疾，三曰憂，四曰貧，五曰惡，六曰弱。」

上述九種治國方法，其排列順序具有其合理基礎。依據毛詩正義卷十二洪範第六[44]所述：「蓋以五行世所行用，是諸事之本，故『五行』為初也。發見於人則為五事，故『五事』為二也。正身而後及人，施人乃名為政，故『八政』為三也。**施人之政，用天之道，故『五紀』為四也。順天布政，則得大中，故『皇極』為五**也。欲求大中，隨德是任，故『三德』為六也。政雖在德，事必有疑，故『稽疑』為七也。**行事在於政，得失應於天，故『庶徵』為八也**。天監在下，善惡必報，休咎驗於時氣，禍福加於人身，故『五福』、『六極』為九也。『皇極』居中者，總包上下，故『皇極』傳云『大中之道』。大立其有中，謂行九疇之義是也。『福』、『極』處末者。」

由上述可知，尚書認為為政之道，應本於「天人合一」思想，效法天地運轉法則規律以及陰陽五行之道，依循「大中之道」（中庸之道），剛柔並濟，所謂「以正治國，以奇用兵」，施行德政，普及全民，自然「天人感應」，天降祥瑞，國泰民安。

---

[44] 諸子百家中國哲學書電子化計劃，毛詩正義>卷十二洪範第六，https://ctext.org/wiki.pl?if=gb&chapter=172753，瀏覽日期：112.2.19。

第四章 春秋之法律思想

壹、史書《春秋》之緣起

「春秋」二字是此書之總名，雖舉「春秋」二字，其實包含春夏秋冬四時之義。四時之內，一切萬物生植孕育盡在其中。《春秋》之書，無物不包，無事不記，與四時義同，故謂此書為《春秋》。[1]

---

[1] 諸子百家中國哲學書電子化計劃，（晉）杜預注（唐）孔穎達疏，春秋左傳正義>卷一春秋

春秋爲孔子所著作，其目的在「撥亂返正」，揚善止惡，回復道義，發揮王道精神。孟子滕文公下篇：「世衰道微，邪說暴行有作，臣弒其君者有之，子弒其父者有之。孔子懼，作《春秋》。《春秋》，天子之事也。是故孔子曰：『知我者其惟春秋乎！罪我者其惟春秋乎！』」「昔者禹抑洪水而天下平，周公兼夷狄驅猛獸而百姓寧，孔子成《春秋》而亂臣賊子懼。」春秋公羊傳哀公十四年：「撥亂世，反（返）諸正，莫近諸《春秋》。則未知其爲是與？其諸君子樂道堯舜之道與？末不亦樂乎堯舜之知君子也？制《春秋》之義以俟後聖，以君子之爲，亦有樂乎此也。」

史記太史公自序：「春秋采善貶惡，推三代之德，褒周室，非獨刺譏而已也。」「夫**春秋，上明三王之道，下辨人事之紀**，別嫌疑，明是非，定猶豫，**善善惡惡，賢賢賤不肖**，存亡國，繼絕世，補敝起廢，王道之大者也。[2]易著天地陰陽四時五行，故長於變；禮經紀人倫，故長於行；書記先王之事，故長於政；詩記山川谿谷禽獸草木牝牡雌雄，故長於風；樂樂所以立，故長於和；春秋辯是非，故長於治人。是故禮以節人，樂以發和，書以道事，詩以達意，易以道化，**春秋以道義。撥亂世反之正，莫近於春秋**。春秋文成數萬，其指數千。萬物之散聚皆在春秋。春秋之中，**弒君三十六，亡國五十二**，諸侯奔走不得保其社稷者不可勝數。**察其所以，皆失其本已**。故易曰『失之豪釐，差以千里』。故曰『臣弒君，子弒父，非一旦一夕之故也，其漸久矣』。故有國者不可以不知春秋，前有讒而弗見，後有賊而不知。爲人臣者不可以不知春秋，**守經事而不知其宜，遭變事而不知其權**。爲人君父而不通於春秋之義者，必蒙首惡之名。爲人臣子而不通於春秋之義者，必陷篡弒之誅，死罪之名。其實皆以爲善，爲之不知其義，被之空言而不敢辭。夫不通禮義之旨，至於君不君，臣不臣，父不父，子不子。**夫君不君則犯，臣不臣則誅，父不父則無道，子不子則不孝。此四行者，天下之大過也。**以天下之大過予之，則受而弗敢辭。故**春秋者，禮義之大宗也。夫禮禁未然之前，法施已然之後**；法之所爲用者易見，而禮之所爲禁者難知。」

序，https://ctext.org/wiki.pl?if=gb&chapter=868712，瀏覽日期：112.1.22。
[2] 春秋繁露竹林篇：「《春秋》記天下之得失，而見所以然之故。甚幽而明，無傳而著，不可不察也。」諸子百家中國哲學書電子化計劃，春秋繁露>竹林，https://ctext.org/chun-qiu-fan-lu/zhu-lin/zh，瀏覽日期：112.1.30。

　　漢書藝文志：「六藝之文：樂以和神，仁之表也；詩以正言，義之用也；禮以明體，明者著見，故無訓也；書以廣聽，知之術也；**春秋以斷事，信之符也。五者，蓋五常之道，相須而備，而易爲之原。**」

　　太史公十二諸侯年表序云：「是以孔子明王道，干七十餘君，莫能用，故西觀周室，論史記舊聞，興於魯而次春秋，上記隱，下至哀之獲麟，約其辭文，去其煩重，**以制義法，王道備，人事浹**。七十子之徒口受其傳指，爲有所刺譏褒諱挹損之文辭不可以書見也。魯君子左丘明懼弟子人人異端，各安其意，失其眞，故因孔子史記具論其語，成左氏春秋。」[3]「沈氏云：《嚴氏春秋》引《觀周篇》云：『孔子將脩《春秋》，與左丘明乘如周，觀書於周史，歸而脩《春秋》之經，丘明爲之傳，共爲表裏。』」[4]

　　漢書藝文志：「春秋所貶損大人當世君臣，有威權勢力，其事實皆形於傳，是以隱其書而不宣，所以免時難也。及末世口說流行，故有公羊、穀梁、鄒、夾之傳。四家之中，公羊、穀梁立於學官，鄒氏無師，夾氏未有書。」

　　隋書經籍志：「《春秋》者，魯史策書之名。昔成周微弱，典章淪廢，魯以周公之故，遺制尚存。仲尼因其舊史，裁而正之，或婉而成章，以存大順，或直書其事，以示首惡。故有求名而亡，欲蓋而彰，亂臣賊子，於是大懼。其所褒貶，不可具書，皆口授弟子。弟子退而異說，左丘明恐失其眞，乃爲之傳。遭秦滅學，口說尚存。」[5]

　　本文探討春秋之法律思想，主要以《春秋左傳》爲內容，兼及其他各家之說。其所參考春秋左傳書籍，則以李宗侗註釋，《春秋左傳今註今譯》，2019年第3版，臺灣商務印書館出版爲準。[6]由於春秋微言大義，有時難以理解其意義，就此可參考董仲舒《春秋繁露》之解說，即可易於理解其眞義。

3　諸子百家中國哲學書電子化計劃，史記>十二諸侯年表，https://ctext.org/shiji/shi-er-zhu-hou-nian-biao/zh，瀏覽日期：112.1.22。

4　諸子百家中國哲學書電子化計劃，春秋左傳正義，https://ctext.org/wiki.pl?if=gb&chapter=868712，瀏覽日期：112.1.22。

5　諸子百家中國哲學書電子化計劃，隋書>卷三十二志第二十七>經籍一，https://ctext.org/wiki.pl?if=gb&chapter=282487，瀏覽日期：112.1.25。

6　本文另外參考諸子百家中國哲學書電子化計劃，春秋左傳，https://ctext.org/chun-qiu-zuo-zhuan/zhao-gong/zh，瀏覽日期：112.1.22。

貳、春秋之法律思想

一、禮義治國思想

春秋相當重視禮義規範，認爲禮義規範可以提升人民之人格道德素養，使人民彼此間相互友善對待，維持社會長幼尊卑之和諧倫理秩序，使人民各守本分，各安其職，從而使百業欣欣向榮，造福國家與人民。

春秋左傳記載昭公二十六年，齊侯與晏子坐於路寢，公嘆曰：「美哉室，其誰有此乎？」晏子曰：「敢問何謂也？」公曰：「吾以爲在德。」對曰：「如君之言，其陳氏乎，陳氏雖無大德，而有施於民，豆區釜鍾之數，其取之公也薄，其施之民也厚，公厚斂焉，陳氏厚施焉，民歸之矣，詩曰：『雖無德與女，式歌且舞。』陳氏之施，民歌舞之矣，後世若少惰陳氏而不亡，則國其國也已。」公曰：「善哉，是可若何？」對曰：「唯禮可以已之，**在禮家施不及國，民不遷農，不移工，賈不變士，不濫官，不滔大夫，不收公利。**」公曰：「善哉，我不能矣，吾今而後知禮之可以爲國也。」對曰：「**禮之可以爲國也久矣，與天地並，君令臣共，父慈子孝，兄愛弟敬，夫和妻柔，姑慈婦聽，禮也，君令而不違，臣共而不貳，父慈而教，子孝而箴，兄愛而友，弟敬而順，夫和而義，妻柔而正，姑慈而從，婦聽而婉，禮之善物也。**」公曰：「善哉，寡人今而後聞此，禮之上也。」對曰：「先王所稟於天地，以爲其民也，是以先王上之。」

易・序卦曰：「有天地，然後有萬物。有萬物，然後有男女。有男女，然後有夫婦。有夫婦，然後有父子。有父子，然後有君臣。有君臣，然後有上下。有上下，然後禮義有所錯。」是言有天地即有人民，有人民即有父子、君臣。父子相愛，君臣相敬，「敬愛」爲禮之本，是與天地並興。[7]

春秋相當重視禮義規範，認爲個人如違反禮義規範，必無法長存於世間。一國行爲如不符合禮義規範，則國家秩序必將陷於混亂。例如文公九年，冬，楚子越椒來聘，**執幣傲**，叔仲惠伯曰：「**是必滅若敖氏之宗，傲其先君，神弗福也。**」

7　諸子百家中國哲學書電子化計劃，春秋左傳正義，https://ctext.org/wiki.pl?if=gb&chapter=606525，瀏覽日期：112.1.22。

春秋左傳僖公十一年，天王使召武公，內史過，賜晉侯命，**受玉惰**，過歸告王曰：「晉侯其無後乎，王賜之命，而**惰於受瑞，先自棄也已**，其何繼之有，**禮，國之幹也，敬，禮之輿也，不敬則禮不行，禮不行則上下昏，何以長世**。」

春秋左傳記載文公四年，逆婦姜於齊，卿不行，非禮也，君子是以知出姜之不允於魯也，曰：「**貴聘而賤逆之，君而卑之，立而廢之，棄信而壞其主，在國必亂**，在家必亡，不允宜哉？詩曰：『畏天之威，于時保之，敬主之謂也。』」認為先貴後賤，不合禮法，且違背信用，國家勢必陷於混亂狀態。

春秋時代，魯國以重視周禮而聞名，禮義在，則國家即可穩固其立國根本。春秋左傳記載閔公元年：「冬，齊仲孫湫來省難，書曰，仲孫，亦嘉之也，仲孫歸曰，不去慶父，魯難未已，公曰，若之何而去之，對曰：『難不已，將自斃，君其待之。』公曰：『魯可取乎？』對曰：『不可。猶秉周禮，周禮，所以本也。臣聞之，**國將亡，本必先顛，而後枝葉從之**。魯不棄周禮，未可動也，君其務寧魯難而親之，親有禮，因重固，間攜貳，覆昏亂，霸王之器也。』」認為魯國雖然遭逢內亂，但因仍秉持周禮，尚未動搖國本，故不至於滅國。[8]

春秋提倡效法天地生民養民及禮義治國之王道思想。董仲舒春秋繁露立元神篇表示：「**夫爲國，其化莫大於崇本**，崇本則君化若神，不崇本則君無以兼人。無以兼人，雖峻刑重誅，而民不從，是所謂驅國而棄之者也，患孰甚焉？何謂本？曰：天地人，萬物之本也。天生之，地養之，人成之。天生之以孝悌，地養之以衣食，人成之以禮樂，三者相爲手足，合以成禮，不可一無也。**無孝悌則亡其所以生，無衣食則亡其所以養，無禮樂，則亡其所以成也。三者皆亡，則民如麋鹿，各從其欲，家自爲俗。父不能使子，君不能使臣，雖有城郭，名曰虛邑。」

8　史記魯周公世家亦記載，周之樊仲山父諫宣王曰：「廢長立少，不順；不順，必犯王命；犯王命，必誅之。故出令不可不順也。令之不行，政之不立；行而不順，民將棄上。夫下事上，少事長，所以爲順。今天子建諸侯，立其少，是教民逆也。若魯從之，諸侯效之，王命將有所壅；若弗從而誅之，是自誅王命也。誅之亦失，不誅亦失，王其圖之。」亦強調法令應順應禮義所要求之長幼順序，人民才好遵守，而不悖亂。

二、德治優先於法治原則：施行德政

　　春秋左傳強調統治者應當正德厚生，施行禮義德政。[9]其記載成公十六年，子反入見申叔時，曰：「師其何如？」對曰：「**德，刑，詳，義，禮，信，戰之器也，德以施惠，刑以正邪，詳（祥）以事神，義以建利，禮以順時，信以守物，民生厚而德正，用利而事節，時順而物成，**[10]上下和睦，周旋不逆，求無不具，各知其極，故詩曰：『立我烝民，莫匪爾極。』[11]是以神降之福，時無災害，民生敦厖，和同以聽。莫不盡力以從上命，致死以補其闕，此戰之所由克也。今楚內棄其民，而外絕其好，瀆齊盟，而食話言，奸時以動，而疲民以逞，民不知信，進退罪也，人恤所底，其誰致死，子其勉之，吾不復見子矣。」

　　董仲舒即認爲道德教化人民向善，此種**德治應重於法治**。其所著春秋繁露基義篇：「是故**仁義制度之數，盡取之天**。天爲君而覆露之，地爲臣而持載之；陽爲夫而生之，陰爲婦而助之；春爲父而生之，夏爲子而養之；秋爲死而棺之，冬爲痛而喪之。**王道之三綱，可求於天**。天出陽，爲暖以生之；地出陰，爲清以成之。不暖不生，不清不成。然而計其多少之分，則暖暑居百而清寒居一。**德教之與刑罰猶此也。故聖人多其愛而少其嚴，厚其德而簡其刑，以此配天。**」

　　春秋認爲國君應修德以昭事上帝祈福，若不修德導致人民流離失所，則祭祀亦無法祈福。春秋左傳昭公二十六年，齊有彗星，齊侯使禳之。晏子曰：「無益也，祇取誣焉，天道不諂不貳，其命若之何，禳之，且天之有彗也，以除穢也，君無穢德，又何禳焉，若德之穢，禳之何損，詩曰：『惟此文王，小

9　有認爲孔子之政治思想，在於「德禮政刑」，養育教化人民之手段爲「德」、「禮」，治理工具則爲「政」與「刑」，德禮爲主，政刑爲輔助（蕭公權，中國政治思想史上冊，增訂版，1981年，頁64以下）。

10　春秋左傳正義詮釋如下：「德者，得也，自得於心，美行之大名。有大德者以德撫人，是德用之以施恩惠也。有奸邪者斷以刑罰，是刑用之以正邪辟也。詳者，祥也，古字同耳。《釋詁》云：『祥，善也。』李巡曰：『祥，福之善也。事神得福，乃名爲祥。』是祥用之以事神也。義者，宜也，物皆得宜，利乃生焉，故義所以立生利益也。禮者，履也，其所踐履，當識時要，故禮所以順時事也。言而無信，物將散矣，故信所以守群物也。人君用此道以撫下民，民之生計豐厚，財用足，則民之德皆正矣。德謂人之性行。《論語》云：『民德歸厚矣』，即是正也。」

11　先王立其眾民，無不得中正。

心翼翼，昭事上帝，聿懷多福。厥德不回。以受方國。』君無違德，方國將至，何患於彗，詩曰：『我無所監，夏後及商，用亂之故，民卒流亡。』若德回亂，民將流亡，祝史之爲，無能補也。」公說，乃止。

春秋時代，人們祝禱鬼神以祈求保佑，如身體疾病，則甚至有怪罪認爲祝史祈禱不力所致。就此齊國宰相晏子提倡施行德政，取消橫徵暴斂措施，才能避免民怨及詛咒，而能祈福於神明。否則如所施政暴虐無道，祝史無從據實以告（言其罪過），僅能以謊言粉飾太平，神明亦無法接受而賜福。

春秋左傳昭公二十年，齊侯疥，遂痁，期而不瘳，諸侯之賓問疾者多在，梁丘據與裔款言於公曰，吾事鬼神豐，於先君有加矣，**今君疾病，爲諸侯憂，是祝史之罪也**，諸侯不知，其謂我不敬，君盍誅於祝固史嚚，以辭賓，公說，告晏子，晏子曰：「日宋之盟，屈建問范會之德於趙武，趙武曰：『夫子之家事治，言於晉國，竭情無私，其祝史祭祀，陳信不愧，其家事無猜，其祝史不祈。』建以語康王，康王曰：『神人無怨，宜夫子之光輔五君，以爲諸侯主也。』公曰：『據與款謂寡人能事鬼神，故欲誅于祝史，子稱是語，何故？』對曰：『**若有德之君，外內不廢，上下無怨，動無違事，其祝史薦信，無愧心矣，是以鬼神用饗，國受其福，祝史與焉**，其所以蕃祉老壽者，爲信君使也，其言忠信於鬼神，其適遇淫君，外內頗邪，上下怨疾，動作辟違，從欲厭私，高臺深池，撞鍾舞女，斬刈民力，輸掠其聚，以成其違，不恤後人，暴虐淫從，肆行非度，無所還忌，不思謗讟，不憚鬼神，神怒民痛，無悛於心，其祝史薦信，是言罪也，其蓋失數美，是矯誣也，進退無辭，則虛以求媚，是以鬼神不饗其國以禍之，祝史與焉，所以夭昏孤疾者，爲暴君使也，其言僭嫚於鬼神。』公曰：『然則若之何？』對曰：『不可爲也！山林之木，衡鹿守之，澤之萑蒲，舟鮫守之，藪之薪蒸，虞候守之，海之鹽蜃，祈望守之，縣鄙之人，入從其政，偪介之關，暴征其私，承嗣大夫，強易其賄，布常無藝，徵斂無度，宮室日更，淫樂不違，內寵之妾，肆奪於市，外寵之臣，僭令於鄙，**私欲養求，不給則應**[12]**，民人苦病，夫婦皆詛，祝有益也，詛亦有損**，聊攝以東，姑尤以西，其爲人也，多矣，雖其善祝，豈能勝億兆人之詛，君若欲誅於祝史，脩德而後可。』公說，**使有司寬政，毀關，去禁，薄斂，已責。」**

董仲舒認爲春秋讚揚施行仁義之德政，反對戰爭傷害百姓。春秋繁露竹林

---

[12] 以罪應。

篇表示：「今戰伐之於民，其爲害幾何？考意而觀指，則**《春秋》之所惡者，不任德而任力，驅民而殘賊之。其所好者，設而勿用，仁義以服之也**。詩云：『弛其文德，洽此四國。』《春秋》之所善也。夫德不足以親近，而文不足以來遠，而斷斷以戰伐爲之者，此固《春秋》之所甚疾已，皆非義也。」

三、法治思想

春秋左傳文公六年：「宣子於是乎始爲國政，制事典，正法罪，辟刑獄，董逋逃，由質要，治舊洿，本秩禮，續常職，出滯淹，既成，以授大傅陽子，與大師賈佗，使行諸晉國，以爲常法。」

春秋主張聖哲之國君應遺留「良法善制」，以爲後人繼承享用，反對不人道之陪葬制度，尤其善人應爲國家所用，不應憑空犧牲人民性命。文公六年：「秦伯任好（秦穆公）卒，以子車氏之三子，奄息，[13]仲行，鍼虎，爲殉，皆秦之良也，國人哀之，爲之賦黃鳥，君子曰，秦穆之不爲盟主也，宜哉，死而棄民，**先王違世，猶詒之法**，而況奪之善人乎，詩曰，人之云亡，邦國殄瘁，無善人之謂，若之何奪之，古之王者，知命之不長，是以並建聖哲，樹之風聲，分之采物，著之話言，**爲之律度**，陳之藝極，引之表儀，**予之法制，告之訓典，教之防利**，[14]委之常秩，道之以禮，則使毋失其土宜，眾隸賴之，而後即命，聖王同之，今縱無法以遺後嗣，而又收其良以死，難以在上矣，君子是以知秦之不復東征也。」

（一）自然法思想

春秋對於治理國政，主張應按「時節規律」之自然法則辦事，才能厚生養民。在此表現自然法思想。文公六年：「閏月不告朔，非禮也，閏以正時，**時以作事，事以厚生，生民之道，於是乎在矣**，不告閏朔，棄時政也，何以爲民。」

---

[13] 詩經>國風>秦風>黃鳥：「交交黃鳥、止于棘。誰從穆公、子車奄息。維此奄息、百夫之特。臨其穴、惴惴其慄。彼蒼者天、殲我良人。如可贖兮、人百其身。」秦人哀悼陪葬之善良之士而作詩歌哀悼之。

[14] 教之防利，防惡興利（春秋左傳正義）。

　　春秋繁露楚莊王篇認爲：「《春秋》之道，奉天而法古。是故雖有巧手，弗循規矩，不能正方員。雖有察耳，不吹六律，不能定五音。雖有知心，不覽先王，不能平天下。**亦天下之規矩六律已。**故聖者法天，賢者法聖，此其大數也。得大數而治，失大數而亂，此治亂之分也。所聞天下無二道，故聖人異治同理也。古今通達，故先賢傳其法於後世也。《春秋》之於世事也，善複古，譏易常，欲其法先王也。」「《春秋》緣魯以言王義」（春秋繁露奉本篇）認爲聖人應效法先王治理天下之法則規律，此一法則規律即是天道，所謂「聖者法天」，此一天道即是一種王道（王義）思想，亦即道法自然（或義理）之自然法思想。

　　董仲舒認爲王者應效法上天運轉法則規律，以爲國家治理法則，才符合春秋之義。春秋繁露四時之副篇表示：「故曰王者配天，謂其道。天有四時，王有四政，四政若四時，通類也，天人所同有也。**慶爲春，賞爲夏，罰爲秋，刑爲冬。慶賞罰刑之不可不具也，如春夏秋冬不可不備也。**慶賞罰刑，當其處不可不發，若暖暑清寒，當其時不可不出也。慶賞罰刑各有正處，如春夏秋冬各有時也。四政者，不可以相干也，猶四時不可相干也。四政者，不可以易處也，猶四時不可易處也。故**慶賞罰刑有不行於其正處者，《春秋》譏也。**」

　　春秋繁露如天之爲篇亦謂：「天之生有大經也，而所周行者，又有害功也，除而殺殛者，行急皆不待時也，**天之志也，而聖人承之以治。**是故春修仁而求善，秋修義而求惡，冬修刑而致清，夏修德而致寬。此所以順天地，體陰陽。然而方求善之時，見惡而不釋；方求惡之時，見善亦立行；方致清之時，見大善亦立舉之；方致寬之時，見大惡亦立去之。以效天地之方生之時有殺也，方殺之時有生也。是故誌意隨天地，緩急仿陰陽。然而人事之宜行者，無所鬱滯，且恕於人，**順於天，天人之道兼舉，此謂執其中。**」

　　爲效法上天運轉規律，國家施政應符合中庸之中和之道。「中者，天地之所終始也；而和者，天地之所生成也。夫德莫大於和，而道莫正於中。**中者，天地之美達理也，聖人之所保守也。**《詩》云：『不剛不柔，布政優優。』此非中和之謂與？是故能以中和理天下者，其德大盛；能以中和養其身者，其壽極命。」（春秋繁露循天之道篇）

　　春秋左傳敘述國君多行不義，必遭天譴，勉勵統治者不可逆天行事。例如晉侯因爲濫殺無辜大臣，而夢見將遭受上天處罰。其記載成公十年，晉侯夢大

厲（鬼），被髮及地，搏膺而踊曰：「殺余孫不義，[15]余得請於帝矣。」壞大門及寢門而入，公懼，入于室，又壞戶，公覺，召桑田巫，巫言如夢，公曰：「何如」，曰：「不食新（麥）矣」，公疾病，求醫于秦，秦伯使醫緩爲之，未至，公夢疾爲二豎子曰：「彼良醫也，懼傷我，焉逃之。」其一曰：「居肓之上，膏之下，若我何。」醫至，曰：「疾不可爲也，在肓之上，膏之下，攻之不可，達之不及，藥不至焉，不可爲也。」公曰：「良醫也」，厚爲之禮而歸之。六月，丙午，晉侯欲麥，使甸人獻麥，饋人爲之，召桑田巫，示而殺之，將食，張（指腹痛），如廁，陷而卒，小臣有晨夢負公以登天，及日中，負晉侯出諸廁，遂以爲殉。[16]

春秋繁露王道篇：「**《春秋》何貴乎元而言之？元者，始也，言本正也。道，王道也。王者，人之始也。王正則元氣和順、風雨時、景星見、黃龍下。王不正則上變天，賊氣並見。五帝三王之治天下，不敢有君民之心。什一而稅。教以愛，使以忠，敬長老，親親而尊尊，不奪民時，使民不過歲三日。民家給人足，無怨望忿怒之患，強弱之難，無讒賊妒疾之人。民修德而美好，被髮銜哺而游，不慕富貴，恥惡不犯。」**

（二）賞善罰惡

春秋表彰「賞善罰惡」之治國原則，對於鄰國恩威並施，正德、利用、厚生，依循道義而行謂之禮。春秋左傳文公七年，晉郤缺言於趙宣子曰：「日衛不睦，故取其地，今已睦矣，可以歸之，叛而不討，何以示威，服而不柔，何以示懷，非威非懷，何以示德，無德，何以主盟，子爲正卿，以主諸侯，而不務德，將若之何，夏書曰：『**戒之用休，董之用威，勸之以九歌，勿使壞**』，九功之德，皆可歌也，謂之九歌，六府三事，謂之九功，水，火，金，木，土，穀，謂之六府，正德，利用，厚生，謂之三事，義而行之，謂之德禮，無禮不樂，所由叛也，若吾子之德，莫可歌也，其誰來之，盍使睦者歌吾子乎？」宣子說之。

董仲舒認爲春秋對於是非善惡之行爲，均能公正適當評價。在其春秋繁

---

[15] 成公八年，晉侯殺趙同、趙括，故怒。

[16] 傳言巫以明術（預言在食麥之前死亡）見殺，小臣以言夢自禍（春秋左傳正義）。

露威德所生篇表示：「《春秋》采善不遺小，掇惡不遺大，諱而不隱，罪而不忽，以是非，正理以褒貶。喜怒之發，威德之處，無不皆中其應，可以參寒暑多夏之不失其時已。故曰聖人配天。」

春秋對於人道災難救助，給予表揚，認為得道多助。春秋左傳記載僖公十三年：「冬，晉荐饑，使乞糴于秦，秦伯謂子桑：『與諸乎？』對曰：『重施而報，君將何求，重施而不報，其民必攜，攜而討焉，無眾必敗。』謂百里：『與諸乎？』對曰：『**天災流行，國家代有，救災恤鄰，道也，行道有福**。』平鄭之子豹在秦，請伐晉。秦伯曰：『其君是惡，其民何罪。』秦於是乎輸粟于晉，自雍及絳相繼，命之曰**汎舟之役**。」

春秋對於國家與國家間相處，主張應敦親睦鄰，不可幸災樂禍，才能營造和平。僖公十四年：「冬，秦饑，使乞糴于晉，晉人弗與，慶鄭曰：『背施無親，幸災不仁，貪愛不祥，怒鄰不義，四德皆失，何以守國？』虢射曰：『皮之不存，毛將安傅？』慶鄭曰：『棄信背鄰，患孰恤之，無信患作，失援必斃，是則然矣。』虢射曰：『無損於怨，而厚於寇，不如勿與。』慶鄭曰：『背施幸災，民所棄也，近猶讎之，況怨敵乎。』弗聽，退曰，君其悔是哉。」

（三）正名字、定名分與寓褒貶

春秋強調「正名」，所謂名正言順。胡適先生認為春秋之正名方法，有以下三種：[17]一是正名字（別同異）；二是定名分（辨上下）；三是寓褒貶。

1.正名字

正名字，乃是訂正一切名字之意義。要求名稱應「名實相符」，符合真實及事理，不得虛偽不實，而欺世盜名。春秋繁露深察名號篇表示：「名生於真，非其真，弗以為名。名者，聖人之所以真物也。」「**《春秋》辨物之理，以正其名**。名物如其真，不失秋毫之末。」春秋繁露實性篇：「《春秋》別物之理以正其名，名物必各因基其真。真其義也，真真情也，乃以為名。」主張應名實相符，以明辨其性質及是非。「是故事各順於名，名各順於天。天人之際，合而為一。同而通理，動而相益，順而相受，謂之德道。《詩》曰：『維

---

17 胡適，中國哲學史大綱，天津人民出版社，初版，2016年，頁79-84。

號斯言,有倫有跡。』此之謂也。」(春秋繁露深察名號篇)

春秋左傳記載桓公二年:「初,晉穆侯之夫人姜氏,以條之役生太子,命之曰仇,其弟以千畝之戰生,命之曰成師。師服曰:『異哉君之名子也,夫**名以制義,義以出禮,禮以體政,政以正民,是以政成而民聽,易則生亂**,嘉耦曰妃,怨耦曰仇,古之命也,今君命大子曰仇,弟曰成師,始兆亂矣,兄其替乎?』」

有關名字取名,為名實相符,必須迴避某些類型名稱。不以國名、日月、隱疾、山川命名。儒家禮記曲禮:「名子者不以國,不以日月,不以隱疾,不以山川。」春秋左傳桓公六年:「公問名於申繻,對曰:『名有五,有信,有義,有象,有假,有類,以名生為信,以德名為義,以類命為象,取於物為假,取於父為類,不以國,不以官,不以山川,不以隱疾,不以畜牲,不以器幣,周人以諱事神,名,終將諱之,故以國則廢名,以官則廢職,以山川則廢主,以畜牲則廢祀,以器幣則廢禮,晉以僖侯廢司徒,宋以武公廢司空,先君獻武廢二山,是以大物不可以命。』」春秋左傳對於命名之忌諱,又擴大範圍包括畜生、器幣名稱。

上述名稱取名時,主張應注意「避諱」。必須迴避君主、尊長等貴人的「名諱」,通常只限於君主、尊長等貴人之本名。

2. 定名分(辨上下)

定名分(辨上下),表達尊卑之意。例如尊周天子,春秋每年經常記載「春,王正月」,即屬此例。[18]就此春秋公羊傳隱公元年解釋:「春者何?歲之始也。王者孰謂?謂文王也。[19]曷為先言王而後言正月?王正月也。**何言乎王正月?大一統也。**」就此有統一天下之世界主義精神。[20]

春秋繁露王道篇:「《春秋》立義:祭天地,諸侯祭社稷,諸山川不在封內不祭。有天子在,諸侯不得專地,不得專封,不得專執天子之大夫,不得舞天子之樂,不得致天子之賦,不得適天子之貴。」

---

[18] 胡適,中國哲學史大綱,天津人民出版社,初版,2016年,頁81。

[19] 春秋左傳正義,卷一春秋序:「所書之王,即平王也;所用之歷,即周正也。經書『春王正月』,王即周平王也,月即周正也。」(諸子百家中國哲學書電子化計劃,春秋左傳正義>卷一春秋序,https://ctext.org/wiki.pl?if=gb&chapter=868712,瀏覽日期:112.2.7)。

[20] 梁啓超,先秦政治思想史,東大圖書,初版,1980年,頁179以下。

春秋繁露陽尊陰卑篇：「是故**《春秋》之於禮也，達宋公而不達紀侯之母**。紀侯之母宜稱而不達，宋公不宜稱而達，達陽而不達陰，以天道制之也。……是故**《春秋》君不名惡，臣不名善，善皆歸於君，惡皆歸於臣**。臣之義比於地，故為人臣者，視地之事天也。為人子者，視土之事火也。……是故孝子之行，忠臣之義，皆法於地也。地事天也，猶下之事上也。地，天之合也，物無合會之義。是故推天地之精，運陰陽之類，以別順逆之理。」

春秋重視長幼倫理秩序，主張「立嫡以長不以賢，立子以貴不以長。」春秋公羊傳隱公元年：[21]「公何以不言即位？成公意也。何成乎公之意？公將平國而反之桓。曷為反之桓？桓幼而貴，隱長而卑，其為尊卑也微，國人莫知。隱長又賢，諸大夫扳隱而立之。隱於是焉而辭立，則未知桓之將必得立也。且如桓立，則恐諸大夫之不能相幼君也，故凡隱之立為桓立也。隱長又賢，何以不宜立？立適以長不以賢，立子以貴不以長。桓何以貴？母貴也。母貴則子何以貴？子以母貴，母以子貴。」

3. 寓褒貶

春秋寓褒貶，常責備於賢人。新唐書・太宗紀・贊：「然《春秋》之法常責備於賢者，是以後世君子之欲成人之美者，莫不嘆息於斯焉。」亦即《春秋》對於具有才德之賢者的要求特別嚴格，用以表示批評是出於對被批評者的愛重。

春秋繁露玉環篇表示：「《春秋》**修本末之義，達變故之應，通生死之志，遂人道之極者也**。是故君殺賊討，則善而書其誅。若莫之討，則君不書葬，而賊不複見矣。不書葬，以為無臣子也；賊不複見，以其宜滅絕也。」可見春秋常以一字褒貶，或者經由文章表達方式，以顯示君臣之義與人道倫常。

春秋繁露王道篇：「《春秋》**之義，臣不討賊，非臣也**。子不複仇，非子也。故誅趙盾賊不討者，不書葬，臣子之誅也。許世子止不嘗藥，而誅為弒父，楚公子比脅而立，而不免於死。齊桓晉文擅封，致天子，誅亂、繼絕、存亡，侵伐會同，常為本主。曰：**桓公救中國，攘夷狄，卒服楚，晉文再致天子，皆止不誅，善其牧諸侯，奉獻天子而服周室，《春秋》予之為伯**，誅意不誅辭之謂也。」

---

21 諸子百家中國哲學書電子化計劃，春秋公羊傳，https://ctext.org/gongyang-zhuan/yin-gong-yuan-nian/zh，瀏覽日期：112.2.8。

春秋繁露王道篇：「魯隱之代桓立，祭仲之出忽立突，仇牧、孔父、荀息之死節，公子目夷不與楚國，**此皆執權存國，行正世之義，守拳拳之心，《春秋》嘉氣義焉**，故皆見之，複正之謂也。夷狄邾妻人、牟人、葛人，爲其天王崩而相朝聘也，此其誅也。殺世子母弟直稱君，明失親親也。魯季子之免罪，吳季子之讓國，明親親之恩也。閽殺吳子餘祭，見刑人之不可近。鄭伯原卒於會，諱弒，痛強臣專君，君不得爲善也。**衛人殺州吁，齊人殺無知，明君臣之義，守國之正也**。衛人立晉，美得眾也。君將不言率師，重君之義也。」

春秋大義意欲除天下之患。春秋繁露盟會要篇：「至意雖難喻，蓋聖人者貴除天下之患。貴除天下之患，故《春秋》重，而書天下之患遍矣。以爲本於見天下之所以致患，其意欲以除天下之患，何謂哉？天下者無患，然後性可善；性可善，然後清廉之化流；清廉之化流，然後王道舉。禮樂興，其心在此矣。《傳》曰：諸侯相聚而盟。君子修國曰：此將率爲也哉。是以君子以天下爲憂也，患乃至於弒君三十六，亡國五十二，細惡不絕之所致也。辭已喻矣，故曰：**立義以明尊卑之分，強干弱枝以明大小這職；別嫌疑之行，以明正世之義；采摭托意，以矯失禮。善無小而不舉，無惡小而不去，以純其美。別賢不肖以明其尊。親近以來遠，因其國而容天下，名倫等物不失其理**。公心以是非，賞善誅惡而王澤洽，始於除患，正一而萬物備。故曰大矣哉其號，兩言而管天下。此之謂也。」

春秋寓褒貶，因此對於歷史事件之功過評價，難免與歷史事實有出入，未能客觀記載反映歷史事實。[22]例如實際上是趙穿弒君，卻記載趙盾弒其君，只因爲趙盾未能在趙穿弒君之後，以臣子身分討伐叛臣之故，而加以主觀評價批判。此即所謂春秋「責備於賢者」之意。

（四）中庸之道，寬嚴適中

儒家主張施政採取中庸之道，寬嚴適中。春秋左傳昭公二十年，鄭子產有疾，謂子大叔曰：「我死，子必爲政，唯有德者，能以寬服民，其次莫如猛，夫火烈，民望而畏之，故鮮死焉，水懦弱，民狎而翫之，則多死焉，故寬難。」疾數月而卒，大叔爲政，不忍猛而寬，鄭國多盜，取人於萑苻之澤，大

22 胡適，中國哲學史大綱，天津人民出版社，初版，2016年，頁84。

叔悔之，曰：「吾早從夫子。」不及此，興徒兵以攻萑苻之盜，盡殺之，盜少止，仲尼曰：「善哉，**政寬則民慢，慢則糾之以猛，猛則民殘，殘則施之以寬，寬以濟猛，猛以濟寬，政是以和。詩曰：『民亦勞之，汔可小康，惠此中國，以綏四方。』施之以寬也。**『毋從詭隨，以謹無良，式遏寇虐，慘不畏明』糾之以猛也。『柔遠能邇，以定我王。』平之以和也，又曰：『不競不絿，不剛不柔，布政優優，百祿是遒。』和之至也。」及子產卒，仲尼聞之，出涕曰，古之遺愛也。

（五）和諧思想：君子和而不同

　　春秋重視和諧相處之道。春秋左傳記載昭公二十年，十二月，齊侯至自田，晏子侍于遄臺，子猶馳而造焉，公曰：「唯據與我和夫」，晏子對曰：「據亦同也，焉得為和？」公曰：「和與同異乎？」對曰：「異，和如羹焉，水火醯醢鹽梅，以烹魚肉，燀之以薪，宰夫和之，齊之以味，濟其不及，以洩其過，君子食之，以平其心，君臣亦然，君所謂可，而有否焉，臣獻其否，以成其可，君所謂否，而有可焉，臣獻其可，以去其否，是以政平而不干民無爭心，故詩曰：『亦有和羹，既戒既平，鬷假無言，時靡有爭。』先王之濟五味，和五聲也，以平其心，成其政也，聲亦如味，一氣，二體，三類，四物，五聲，六律，七音，八風，九歌，以相成也，清濁大小，長短疾徐，哀樂剛柔，遲速高下，出入周疏，以相濟也，君子聽之，以平其心，心平德和，故詩曰：『德音不瑕』，今據不然，君所謂可，據亦曰可，君所謂否，據亦曰否，若以水濟水，誰能食之，若琴瑟之專壹，誰能聽之，同之不可也如是。」飲酒樂，公曰：「古而無死，其樂若何？」晏子對曰：「古而無死，則古之樂也，君何得焉？昔爽鳩氏始居此地，季萴因之，有逢伯陵因之，蒲姑氏因之，而後大公因之，古者無死，爽鳩氏之樂，非君所願也。」

　　上述和諧一致之思想，運用於法律上，即要求整體法秩序統一和諧，不得各自為政，互相矛盾牴觸，而應友善融合統一，共同統一在最高規範（憲法）之法秩序下，使各部門法秩序及人民共存共榮。

　　春秋左傳認為統治者應「以德和民」，而非憑恃武力，更不可擾民，擾民則無親，無以治國。春秋左傳記載隱公四年，公問於眾仲曰：「衛州吁其成乎？」對曰：「臣聞**以德和民，不聞以亂，以亂，猶治絲而棼之也**，夫州吁阻

兵而安忍，阻兵無眾，安忍無親，眾叛親離，難以濟矣。夫兵，猶火也。弗戢，將自焚也，夫州吁弒其君，而虐用其民，於是乎不務令德，而欲以亂成，必不免矣。」此一觀念表現於法律制度上，法律制度應避免過於嚴苛擾民，使人民安居樂業，切不可濫用公權力，殘暴對待自己人民，以免眾叛親離。

春秋認爲小國生存之道，應當敦親睦鄰，尤其應依附大國，參加國際聯盟，以免孤立無群，遭受他國侵略併吞，此一國際間和諧相處之道，可以奠定永續發展之基礎。春秋記載弒君三十六，亡國五十二。其小國亡國之原因，在於孤立自持，未能敦親睦鄰，導致滅亡。春秋繁露滅國上篇：「王者，民之所往。君者，不失其群者也。故能使萬民往之，而**得天下之群者，無敵於天下**。弒君三十六，亡國五十二。**小國德薄，不朝聘大國，不與諸侯會聚，孤特不相守，獨居不同群，遭難莫之救，所以亡也**。非獨公侯大人如此，生天地之間，根本微者，不可遭大風疾雨，立鑠消耗。衛侯朔固事齊襄，而天下患之，虞虢並力，晉獻難之。」

（六）通權達變：衡平法理

春秋提倡守經達變，對於特殊情況應知所變通，以合宜處事，所謂「反經合道」。此一通權達變即屬於法學上所謂「衡平法理」或「衡平法則」，有別於一般普遍性常態規範，而屬於特殊例外「權宜措施」規範類型。在此也涉及輕重之利益衡量法則。

史記太史公自序：「爲人臣者不可以不知春秋，**守經事而不知其宜，遭變事而不知其權**。」春秋繁露玉英篇即表示：「《春秋》有經禮，有變禮。爲如安性平心者，經禮也。**至有於性，雖不安，於心，雖不平，於道，無以易之，此變禮也**。是故昏禮不稱主人，經禮也。辭窮無稱，稱主人，變禮也。天子三年然後稱王，經禮也。有故則未三年而稱王，變禮也。婦人無出境之事，經禮也。母爲子娶婦，奔喪父母，變禮也。**明乎經變之事，然後知輕重之分，可與適權矣**。」「**夫權雖反經，亦必在可以然之域**。不在可以然之域，故雖死亡，終弗爲也，公子目夷[23]是也。故諸侯父子兄弟不宜立而立者，《春秋》視其國

23　春秋左傳僖公八年：「宋公疾，大子兹父固請曰，目夷長且仁，君其立之，公命子魚，子魚辭曰，能以國讓，仁孰大焉，臣不及也，且又不順，遂走而退。」春秋左傳僖公九年：「宋襄公即位，以公子目夷爲仁，使爲左師以聽政，於是宋治，故魚氏世爲左師。」亦即「目夷

與宜立之君無以異也。此皆在可以然之域也。到於取乎莒，以之爲同居，目曰『莒人滅，此在不可以然之域也。』故**諸侯在不可以然之域者，謂之大德，大德無逾閑者，謂正經。諸侯在可以然之域者，謂之小德，小德出入可也。權譎也，尚歸之以奉鉅經耳。」**

春秋諷刺宋公作戰不知通權達變，仍講究遵守兩軍對陣之戰爭規則，導致寡不敵眾而戰敗。春秋左傳僖公二十二年：「冬，十一月，己巳，朔，宋公（指宋襄公）及楚人戰于泓，**宋人既成列。楚人未既濟，司馬曰，彼眾我寡，及其未既濟也，請擊之。**公曰，不可，既濟而未成列，又以告，公曰，未可，既陳而後擊之，宋師敗績，公傷股，門官殲焉。國人皆咎公，公曰，君子不重傷，不禽二毛，古之爲軍也，不以阻隘也，寡人雖亡國之餘，不鼓不成列，**子魚曰，君未知戰，勍敵之人，隘而不列，天贊我也，阻而鼓之，不亦可乎，**猶有懼焉，且今之勍者，皆吾敵也，雖及胡耇，獲則取之，何有於二毛，明恥教戰，求殺敵也，傷未及死，如何勿重。若愛重傷，則如勿傷。愛其二毛，則如服焉，三軍以利用也，金鼓以聲氣也，利而用之，阻隘可也聲盛致志，鼓儳可也。」

老子道德經：「以正治國，以奇用兵。」韓非子難一篇：「晉文公將與楚人戰，召舅犯問之，曰：『吾將與楚人戰，彼眾我寡，爲之奈何？』舅犯曰：『臣聞之，繁禮君子，不厭忠信；戰陣之閒，不厭詐僞。君其詐之而已矣。』」所謂「兵不厭詐」，係一時之權變措施。

（七）反對僵化法制

春秋反對鑄造「刑書」於鼎，認爲鑄造刑書於鼎使法制成文法化，固有其優點，但此舉勢必使法治僵化。且人民過度依賴法治，導致疏忽禮治，勢將破壞禮義規範與道德素養之提升，影響公權力之權威。春秋左傳昭公六年：「三月，鄭人鑄刑書，叔向使詒子產書曰，始吾有虞於子，今則已矣，昔先王議事

是宋桓公庶長子，宋襄公異母兄。目夷因是庶子，故無緣太子之位。宋桓公病重時，目夷異母弟太子茲甫請求讓目夷作爲繼承人，目夷推辭不肯接受。宋桓公病逝，太子茲甫即位，是爲宋襄公。宋襄公即位後，目夷擔任左師，處理朝政大事，宋國由此安定太平。」（快懂百科，目夷，https://www.baike.com/wikiid/13382816124013988842?view_id=3i1r1tllyx5hc0，瀏覽日期：112.2.8）。

以制，不爲刑辟，懼民之有爭心也，猶不可禁禦，是故閑之以義，糾之以政，行之以禮，守之以信，奉之以仁，制爲祿位，以勸其從，嚴斷刑罰，以威其淫，懼其未也，故**誨之以忠，聳之以行，教之以務，使之以和，臨之以敬，蒞之以彊，斷之以剛，**猶求聖哲之上，**明察之官，忠信之長，慈惠之師，民於是乎可任使也，而不生禍亂，**民知有辟，則不忌於上，並有爭心，以徵於書，而徼幸以成之，弗可爲矣，夏有亂政而作禹刑，商有亂政而作湯刑，周有亂政而作九刑，三辟之興，皆叔世也，今吾子相鄭國，作封洫，立謗政，制參辟，鑄刑書，將以靖民，不亦難乎，詩曰：『儀式刑文王之德，日靖四方。』又曰：『儀刑文王，萬邦作孚』，如是何辟之有，民知爭端矣，**將棄禮而徵於書，**錐刀之末，將盡爭之，**亂獄滋豐，賄賂並行，**終子之世，鄭其敗乎，肸聞之，**國將亡，必多制，**其此之謂乎，復書曰：『若吾子之言，僑不才，不能及子孫，吾以救世也，既不承命，敢忘大惠。』士文伯曰：『火見，鄭其火乎，火未出而作火，以鑄刑器，藏爭辟焉，火如象之，不火何爲？』」

其次，春秋反對僵化刑罰處罰規範，其考量理由爲犯罪情節輕重不一，難以統一固定標準處罰，才能符合罪責相當原則以及個案之衡平妥當性。如採取僵化之成文法規範，也容易使人民投機取巧鑽法律漏洞，以規避處罰。春秋左傳正義即表示：「『臨事制刑，不豫設法』者，聖王雖制刑法，舉其大綱，但**共犯一法，情有淺深，或輕而難原，或重而可恕，臨其時事，議其重輕，雖依準舊條，而斷有出入，不豫設定法，告示下民，令不測其淺深，常畏威而懼罪也**。法之所以不可豫定者，於小罪之間，或情有大惡，盡皆致之極刑，則本非應重之罪；悉令從其輕比，又不足以創小人也。於大罪之間，或情有可恕，盡加大闢，則枉害良善；輕致其罰，則脫漏重辜。以此之故，不得不臨時議之，準狀加罪。今鄭鑄之於鼎，以章示下民，亦既示民，即爲定法。民有所犯，依法而斷。設令情有可恕，不敢曲法以矜之。罪實難原，不得違制以入之。法既豫定，民皆先知，於是倚公法以展私情，附輕刑而犯大惡，是無所忌而起爭端也。**漢、魏以來，班律於民，懼其如此，制爲比例。入罪者舉輕以明重，出罪者舉重以明輕。因小事而別有大罪者，則云所爲重，以重論。**皆不可一定故也。」爲防止人民投機取巧鑽法律漏洞，以規避處罰，乃導入「**入罪者舉輕以明重，出罪者舉重以明輕**」以爲漏洞補充。

儒家之倫理規範，目的在建構「貴賤階級之倫理秩序」，而認爲法制統一規範，容易使貴賤不分，社會秩序勢必陷於混亂。春秋左傳昭公二十九年：

「冬，晉趙鞅，荀寅，帥師城汝濱，遂賦晉國一鼓鐵，以鑄刑鼎，著范宣子所謂刑書焉，仲尼曰：『晉其亡乎，失其度矣，夫晉國將守唐叔之所受法度，以經緯其民，卿大夫以序守之，民是以能尊其貴，貴是以能守其業，貴賤不愆，所謂度也，文公是以作執秩之官，爲被廬之法，以爲盟主，今棄是度也，而爲刑鼎，民在鼎矣，何以尊貴，貴何業之守，貴賤無序，何以爲國，[24]且夫宣子之刑，夷之蒐也，晉國之亂制也，若之何以爲法？』蔡史墨曰：『范氏，中行氏，其亡乎，中行寅爲下卿，而干上令，擅作刑器，以爲國法，是法姦也，又加范氏，焉易之，亡也，其及趙氏，趙孟與焉，然不得已，若德可以免。』」

　按法治貫徹施行結果，任何人於法律上平等，包括王公貴族，均應守法，而無任何特權可言，從而更能統一維持社會秩序。固然在法治之前，仍應重視「德治」，以禮義道德教育，提升人民之人格道德素養情操，從主觀內心上以善心善念出發，養成良善生活規律，即可自主管理。則於外部行爲時，均能奉公守法，不損害他人，則法律自可備而不用，可見應以德治爲先，法治爲輔爲後。

四、民本主義思想

　梁啓超先生認爲春秋左傳亦有「民本主義」之思想。[25]例如春秋左傳襄公十四年：「師曠侍於晉侯，晉侯曰，衛人出其君，不亦甚乎，對曰，或者其君實甚，良君將賞善而刑淫，養民如子，蓋之如天，容之如地，民奉其君，愛之如父母，仰之如日月，敬之如神明，畏之如雷霆，其可出乎，夫君，神之主也，民之望也，若困民之主，匱神乏祀，百姓絕望，社稷無主，將安用之，弗去何爲，天生民而立之君，使司牧之，勿使失性，有君而爲之貳，使師保之，勿使過度，是故天子有公，諸侯有卿，卿置側室，大夫有貳，宗士有朋友，庶人工商皂隸牧圉，皆有親暱，以相輔佐也，善則賞之，過則匡之，患則救之，失則革之，自王以下，各有父兄子弟，以補察其政，史爲書，瞽爲詩，工誦箴諫，大夫規誨，士傳言，庶人謗，商旅于市，百工獻藝，故夏書曰，遒人以木鐸徇于路，官師相規，工執藝事以諫，正月孟春，於是乎有之，諫失常也，天

24　儒家禮記・曲禮上：「禮不下庶人，刑不上大夫。」
25　梁啓超，先秦政治思想史，東大圖書，初版，1980年，頁43。

之愛民甚矣,豈其使一人肆於民上,以從其淫,而棄天地之性,必不然矣。」

又如春秋左傳襄公二十一年:「紇也聞之,在上位者洒濯其心,壹以待人,軌度其信,可明徵也,而後可以治人,夫**上之所爲,民之歸也**,上所不爲,而民或爲之,是以加刑罰焉,而莫敢不懲,若上之所爲而民亦爲之,乃其所也,又可禁乎。」春秋左傳襄公二十五年:「君民者,豈以陵民,社稷是主,臣君者,豈爲其口實,社稷是養。」

春秋繁露十指篇,[26]指出春秋之十大重點之一:「親近來遠,同民所欲。」強調政府施政應滿足人民生活之需要,才能使仁義恩惠通行於天下。此亦具有民本主義之思想。

五、中央集權思想

春秋認爲在封建時代,要維護國君安全,應鞏固領導中心,採取「強干弱枝,大本小末」之中央集權做法。另外並以公族爲基礎。春秋時代各諸侯國通常都將公室子孫分封爲大夫,各家大夫都有封地,以血緣關係作爲公室之屏衛。春秋繁露十指篇,[27]指出春秋內容有十大要點之一,爲「強干弱枝,大本小末」,如此則君臣之分明矣。

春秋左傳記載桓公二年:「惠(魯惠公)之二十四年,晉始亂,故封桓叔于曲沃,靖侯之孫欒賓傅之,師服曰:『**吾聞國家之立也,本大而末小,是以能固,故天子建國,諸侯立家,卿置側室,大夫有貳宗,士有隸子弟,庶人工商,各有分親,皆有等衰,是以民服事其上,而下無覬覦**,今晉,甸侯也,而建國,本既弱矣,其能久乎?』」

文公七年:「昭公將去群公子,樂豫曰:『不可,公族,公室之枝葉也,若去之,則本根無所庇陰矣,葛藟猶能庇其本根,故君子以爲比,況國君乎,此諺所謂庇焉,而縱尋斧焉者也,必不可,君其圖之,親之以德,皆股肱也,誰敢攜貳,若之何去之?』」[28]

---

26 諸子百家中國哲學書電子化計劃,春秋繁露>十指,https://ctext.org/chun-qiu-fan-lu/shi-zhi/zh,瀏覽日期:112.2.7。

27 諸子百家中國哲學書電子化計劃,春秋繁露>十指,https://ctext.org/chun-qiu-fan-lu/shi-zhi/zh,瀏覽日期:112.2.7。

28 論者有指出:「晉國驪姬之亂時,晉獻公卻逐殺諸公子,從此晉國不再立公子、公孫爲貴族,史稱『晉無公族』。到晉成公時以『宦卿之適子而爲之田,以爲公族』,趙盾又將各

六、因果法則之探討（政策及法制「衝擊影響評估」）

　　依據春秋繁露十指篇，[29]指出春秋內容有十大要點：[30]

（一）人事所維繫，君王教化得以流布之根由。列舉事變有所注重。如此則百
　　　姓獲得安寧。

（二）發見事變所影響之各個層面。如此則其得失，即可明瞭。

（三）根據事變影響所產生的原因而去治理它（因其所以至者而治之）。如此
　　　則事情之根本就可以端正。

（四）增強樹幹而減弱樹枝，擴大根本而減少枝微末節（強干弱枝，大本小
　　　末）。如此則君臣之分別就明白。

（五）辨別嫌疑，區分同異（別嫌疑，異同類）。如此就可以明辨是非。

（六）選賢與能，量才為用，知人善任（論賢才之義，別所長之能）。即可適
　　　當安排百官。

（七）親善臨近之人，招撫遠方之人（親近來遠），與人民之欲望需求相同
　　　（同民所欲）。如此，則仁義恩惠通行於天下。

（八）承襲周朝文彩又回復到質樸上（承周文而反之質）。如此，則教化即可
　　　建立。

（九）木生火，火為夏，天之端。如此，則陰陽四時之順序交替即有秩序。

（十）確切刺譏應受懲罰之行為，考察發生變異之所產生原因。如此，則上天
　　　所欲為行為，即可執行。

　　董仲舒認為：「統此而舉之，德澤廣大，衍溢於四海，陰陽和調，萬物靡
不得其理矣。」

　　上述春秋十大要旨中，有關「見事變之所至者」以及「因其所以至者而治

家異姓大夫代為公族，晉公室的力量由此衰微，對於作亂的異姓卿大夫沒有可靠的制約力
量。」（百度百科，三家分晉，https://baike.baidu.hk/item/三家分晉/906600，瀏覽日期：
112.2.7）春秋左傳宣公二年：「初，麗姬之亂，詛無畜群公子，自是晉無公族，及成公即
位，乃宦卿之適子，而為之田，以為公族，又宦其餘子，亦為餘子，其庶子為公行，晉於是
有公族，餘子，公行，趙盾請以括為公族，曰：『君姬氏之愛子也，微君姬氏，則臣狄人
也。』公許之，冬，趙盾為旄車之族，使屏季以其故族為公族大夫。」

29　諸子百家中國哲學書電子化計劃，春秋繁露>十指，https://ctext.org/chun-qiu-fan-lu/shi-zhi/
zh，瀏覽日期：112.2.7。

30　董仲舒著，張世亮、鐘肇鵬、周桂鈿譯注，春秋繁露，中華書局，初版，2012年，頁165。

之」，許多涉及因果關係之探討，包括對於事變之影響應進行評估；為防止國家衰亡，應探究其發生問題之原因，並對症下藥，進行國家治理。此一觀念與現代國家治理強調政策及法制「衝擊影響評估」（RIA）之制度[31]不謀而合。

春秋記載許多發生戰爭之緣由，揭示國際間應和睦相處，以禮相待，避免非禮冒犯，導致落人口實，引發他國發動戰爭之危險。其中亦有許多為維持邦交友誼，在各國領導人家族間互相通婚，以友善結合之案例。

七、春秋決獄

董仲舒引用春秋之義理，作為成文法規不足時之裁判補充規範，歷史上稱為「春秋決獄」（或稱春秋決事比）。[32]其中有承認超越制定法的阻卻違法或阻卻責任事由，具有自然法之折獄理念。[33]

（一）犯罪以故意為要件

依據太平御覽，卷六百四十，刑法部六記載：「董仲舒《決獄》曰：甲父乙與丙爭言相斗，丙以珮刀刺乙，甲即以杖擊丙，誤傷乙。甲當何論？或曰：『毆父也，當梟首。』議曰：『臣愚敬父子，至親也，聞其斗，莫不有怵悵之心。扶伏而救之，非所以欲詬父也。《春秋》之義，許止父病，進藥於其父而卒。[34]**君子原心，赦而不誅。**甲非律所謂毆父也。不當坐。』」此一案例探討

---

[31] 政策及法制「衝擊影響評估」（RIA）之制度，參見陳清秀，法理學，元照出版，3版，2020年，頁148以下。

[32] 有關春秋決獄之詳細探討，參見黃源盛，漢唐法制與儒家傳統，廣西師範大學出版社，增訂版，2020年，頁33以下。

[33] 黃源盛，漢唐法治與儒家傳統，廣西師範大學出版社，增訂版，2020年，頁117以下。

[34] 春秋左傳昭公十九年：「夏，許悼公瘧，五月，戊辰，飲大子止之藥，卒，大子奔晉，書曰，弒其君，君子曰，盡心力以事君，舍藥物可也。」「大子奔晉。書曰：『弒其君。』君子曰：『盡心力以事君，舍藥物可也。』藥物有毒，當由醫，非凡人所知。譏止不舍藥物，所以加弒君之名。」（諸子百家中國哲學書電子化計劃，春秋左傳正義>卷四十八昭十七年，盡十九年，https://ctext.org/wiki.pl?if=gb&chapter=881557，瀏覽日期：112.2.7）。春秋公羊轉昭公十九年：「冬，葬許悼公。賊未討，何以書葬？不成于弒也。……『葬許悼公』，是君子之赦止也。赦止者，免止之罪辭也。」（諸子百家中國哲學書電子化計劃，春秋公羊傳>昭公>昭公十九年，https://ctext.org/gongyang-zhuan/zhao-gong-shi-jiu-nian/zh，瀏覽日期：112.2.7）亦即：「許世子因為不懂嘗藥的重要性，進藥而害死了國君，所以《春秋》加『弒』字，表示罪許止事君不周之過。但是因為許世子是無心之過，《春秋》書『葬

行為人並無傷害其父之「主觀犯意」，因此不論以傷害罪。

（二）依據長者之命令行為，阻卻違法

　　太平御覽，卷六百四十，刑法部六記載董仲舒《決獄》：「又曰：甲夫乙將船，會海盛風，船沒，溺流死亡，不得葬四月。甲母丙即嫁甲。欲當何論？或曰：『甲夫死未葬，法無許嫁。以私為人妻，當棄市。』議曰：『臣硬㪍為《春秋》之義，**言夫人歸於齊，言夫死無男，有更嫁之道**也。婦人無專刺恣擅之行，聽從為順。嫁之者歸也。甲又尊者所嫁，尾㴑衍之心，非私為人撇辭。**明於決事，皆無罪名。不當坐。**』」認為依據春秋之義，夫死其妻得更嫁，又婦人應聽從父母指示，其依據母命改嫁，並非私自改嫁，故不罰。

（三）期待可能性原則，作為阻卻違法事由

　　唐杜佑著，通典，卷六十九禮二十九記載：「董仲舒命代純儒，漢朝每有疑議，未嘗不遣使者訪問，以片言而折中焉。時有疑獄曰：『甲無子，拾道旁棄兒乙養之以為子。及乙長，有罪殺人，以狀語甲，甲藏匿乙。甲當何論？』仲舒斷曰：『甲無子，振活養乙，雖非所生，誰與易之！詩云『螟蛉有子，蜾蠃負之。』春秋之義，『父為子隱』，甲宜匿乙。』詔不當坐。夫異姓不相後，禮之明禁，以仲舒之博學，豈闇其義哉！蓋知有後者不鞠養，鞠養者非後，而世人不別，此妄六疑也。又一事曰：甲有子乙以乞丙，乙後長大而丙所成育。甲因酒色謂乙曰：『汝是吾子。』乙怒，杖甲二十。甲以乙本是其子，不勝其忿，自告縣官。仲舒斷之曰：『甲生乙，不能長育以乞丙，於義已絕矣！雖杖甲，不應坐。』夫拾兒路旁，斷以父子之律，加杖所生，附於不坐之條，其為予奪，不亦明乎！」認為春秋之義，「父為子隱」，故父藏匿其犯罪之子無罪。又親生父母出養其子女由他人收養成人，親生父母與該子女已無養育之恩，其恩義已絕，故子女毆打其親生父親，並不構成毆打父母罪責。

許悼公』，表示赦免了許世子之罪，即無心弒君，因此《春秋》赦免其所涉之罪。」（孫旭紅，求情實、原心定罪：宋代《春秋》經解的內在依據，國學網，http://www.guoxue.com/?p=4809，瀏覽日期：112.2.7）。

（四）法位階效力：王命效力高於父命

班固，漢書，卷七十一雋疏于薛平彭傳第四十一[35]記載「雋不疑傳」：「漢武帝時，衛太子劉據因巫蠱之禍而自盡身亡，但民間謠傳其未死。至漢昭帝時，有人自稱衛太子，詣長安北門，群臣束手無策，帝詔公卿將軍中二千石雜識視，吏民聚觀數萬人，真假莫辨。」[36]「京兆尹雋不疑後到，叱從吏收縛。或曰：『是非未可知，且安之。』雋不疑曰：『諸君何患於衛太子！昔蒯聵違命出奔，輒距（拒）而不納，春秋是之。[37]衛太子得罪先帝，亡不即死，今來自詣，此罪人也。』遂送詔獄。」亦引用春秋大義，本於「上行下效」、「王命高於長輩之命，王事優先於家事」之法則，作為本案紛爭之裁判依據。

參、春秋大義為天經地義之永恆道理，得為統一法治價值觀

一、春秋之「微言大義」

（一）微言

春秋之「微言」大義，有所謂「三科九旨」之說。亦即其內容涵蓋有三大段九種意義。其中「三科九旨」有下列二種解釋意義：[38]

其一是東漢何休作《文諡例》表示三科九旨者，包括：

1. 一科三旨：「新周故宋，以《春秋》當新王」。
2. 二科六旨：「所見異辭，所聞異辭，所傳聞異辭」。
3. 三科九旨：「內其國而外諸夏，內諸夏而外夷狄」。

---

[35] 諸子百家中國哲學書電子化計劃，漢書>卷七十一‧雋疏于薛平彭傳第四十一，https://ctext.org/wiki.pl?if=gb&chapter=739951，瀏覽日期：112.2.7。

[36] 維基百科，春秋決獄，https://zh.wikipedia.org/zh-tw/春秋決獄，瀏覽日期：112.2.7。

[37] 春秋公羊傳哀公三年：「曼姑受命乎（衛）靈公而立輒，以曼姑之義為固，可以距之也。輒者曷為者也？蒯聵之子也。然則曷為不立蒯聵而立輒？蒯聵為無道，靈公逐蒯聵而立輒。然則輒之義可以立乎？曰：可。其可奈何？不以父命辭王父命，以王父命辭父命，是父之行乎子也；不以家事辭王事，以王事辭家事，是上之行乎下也。」認為王命高於父命，王事優先於家事。王命與父命相牴觸衝突時，應優先遵從王命。此一觀念與依法行政之法律優位原則相符，上位規範效力優先於下位規範。

[38] 轉引自唐朝徐彥，春秋公羊傳注疏，隱公卷一，https://ctext.org/wiki.pl?if=gb&chapter=319958，瀏覽日期：112.2.8。

　　其二是宋氏之注《春秋說》：「三科者，一日張三世，[39]二日存三統，[40]三日異外內，是三科也。九旨者，一日時，二日月，三日日，四日王，五日天王，六日天子，七日譏，八日貶，九日絕。時與日月，詳略之旨也；王與天王天子，是錄遠近親疏之旨也；譏與貶絕，則輕重之旨也。」

　　董仲舒對於春秋大義，分析其中包含六大要旨。在春秋繁露正貫篇[41]表示：「《春秋》，大義之所本耶？六者之科，六者之旨之謂也。然後：

1. 援天端，布流物，而貫通其理，則事變散其辭矣。
2. 故志得失之所從生，而後差貴賤之所始矣。
3. 論罪源深淺，定法誅，然後絕屬之分別矣。
4. 立義定尊卑之序，而後君臣之職明矣。
5. 載天下之賢方，表謙義之所在，則見復正焉耳。
6. 幽隱不相踰，而近之則密矣。而後萬變之應無窮者，故可施其用於人，而不悖其倫矣。

　　是以必明其統於施之宜，故知其氣矣，然後能食其志也；知其聲矣，而後能扶其精也。知其行矣，而後能遂其形也；知其物矣，然後能別其情也。故唱而民和之，動而民隨之，是知引其天性所好，而厭其情之所憎者也。如是則言雖約，說必布矣；事雖小，功必大矣。聲響盛化運於物，散入於理，德在天地，神明休集，並行而不竭，盈於四海而訟聲詠。《書》日：『八音克諧，無相奪倫，神人以和。』乃是謂也。故明於情性乃可與論為政，不然，雖勞無功。夙夜是寤，思慮惓心，猶不能睹，故天下有非者。三示當中孔子之所謂非，尚安知通哉！」

---

[39] 三世，是指撥亂世、升平世及太平世（盧元駿，五經四書要旨，3版，2019年，頁83）。春秋繁露楚莊王篇：「春秋分十二世以為三等：有見，有聞，有傳聞。有見三世，有聞四世，有傳聞五世。故哀、定、昭，君子之所見也。襄、成、文、宣，君子之所聞也。僖、閔、莊、桓、隱，君子之所傳聞也。所見六十一年，所聞八十五年，所傳聞九十六年。於所見微其辭，於所聞痛其禍，於傳聞殺其恩，與情俱也。」

[40] 「存三統」是指春秋繁露三代改制質文所稱：「《春秋》上絀夏，下存周，以《春秋》當新王。」（盧元駿，五經四書要旨，3版，2019年，頁83）。

[41] 諸子百家中國哲學書電子化計劃，春秋繁露>正貫，https://ctext.org/chun-qiu-fan-lu/zheng-guan/zh，瀏覽日期：112.2.8。其中標題為作者所加。

（二）大義

春秋繁露楚莊王篇：[42]「**《春秋》，義之大者也。視其溫辭，可以知其塞怨**。是故於外，道而不顯，於內，諱而不隱。於尊亦然，於賢亦然。此其別內外、差賢不肖而等尊卑也。義不訕上，智不危身。故遠者以義諱，近者以智畏。畏與義兼，則世逾近而言逾謹矣。此定哀之所以微其辭。**以故用則天下平，不用則安其身，《春秋》之道也。**」「**《春秋》之道，奉天而法古**。是故雖有巧手，弗循規矩，不能正方員。雖有察耳，不吹六律，不能定五音。雖有知心，不覽先王，不能平天下。亦天下之規矩六律已。故**聖者法天，賢者法聖，此其大數也**。得大數而治，失大數而亂，此治亂之分也。所聞天下無二道，故聖人異治同理也。」「古今通達，故先賢傳其法於後世也。《春秋》之於世事也，善複古，譏易常，欲其法先王也。」

二、統一法治價值觀，以便人民遵循

董仲舒認為如果一個國家百家爭鳴，價值觀思想觀念莫衷一是，則社會之法秩序無法統一，人民將無所適從。故主張國家應統一價值秩序以及法律制度與秩序，以便於人民遵循。

班固著，漢書董仲舒傳，引用董仲舒之對策論：「**春秋大一統者，天地之常經，古今之通誼也**。今師異道，人異論，百家殊方，指意不同，是以上亡以持一統；法制數變，下不知所守。臣愚以為諸不在六藝之科孔子之術者，皆絕其道，勿使並進。邪辟之說滅息，然後**統紀可一而法度可明，民知所從矣。**」認為春秋大義，是天經地義之永恆道理，足為全國統一之價值觀，因此，提倡排斥百家，獨尊儒術。此一治理方案為漢武帝所採納，因此國家文官考試科舉制度，以儒家思想理論為準。

---

[42] 諸子百家中國哲學書電子化計劃，春秋繁露＞楚莊王，https://ctext.org/chun-qiu-fan-lu/chu-zhuang-wang/zh，瀏覽日期：112.2.8。

第 ⑤ 章 　易經的法理思想初探*

---

* 本文原發表於董保城教授七秩誕辰祝壽論文集編輯委員會編，教育、掄才與法治——董保城教授七秩誕辰祝壽論文集，2022年，頁103以下。經重新檢視修訂而成。

壹、易經概說

一、易經的意義

易經中所稱「易」，依據東漢道家魏伯陽著《周易參同契》所述：「易者，象也。懸象著明，莫大忽日月。」「日月為易」，易乃是「上日下月」之象形文字，故易經的思想內涵，乃是天地之間，日月系統以內人生與事物變化的大法則。[1]

易經之「易」有三種含義，依據漢朝鄭康成著《易緯乾鑿度》記載：「孔子曰，易者易也，變易也，不易也。」[2]易係指「簡易」、「變易」、「不易」三種意義。即是說宇宙的事物存在狀態的是：順乎自然的，表現出易和簡兩種性質；時時在變易之中；又保持一種恆常不變。[3]崔覲、劉貞簡等並用此義云：「易者謂生生之德，有易簡之義；不易者，言天地定位，不可相易；變易者，謂生生之道，變而相續。」周簡子云：「不易者常體之名，變易者相變改之名。」[4]

因為天地的自然法則，本來就是簡樸而平易。「變易」認為天地自然的萬事萬物以及人事，雖然隨時隨地都在錯綜複雜，互為因果的變化中，永無

---

1   南懷瑾序言，南懷瑾、徐芹庭註釋，周易今著今譯，臺灣商務印書館，3版，2017年，頁16以下。

2   〔漢〕鄭康成著，易緯乾鑿度，https://ctext.org/wiki.pl?if=gb&chapter=461322，瀏覽日期：1101.2.2。

3   維基百科，易經，https://zh.wikipedia.org/wiki/易經，瀏覽日期：110.2.2。

4   〔宋〕魏了翁，周易要義卷三，https://ctext.org/wiki.pl?if=gb&chapter=363419，瀏覽日期：110.2.8。

休止。但這種變化的法則，確有其必然的準則可循。故有「不易」的道理存在。[5]

易經內含聖人之道，屬於聖人之學。易經繫辭傳上篇即表示：「易有聖人之道四焉；以言者尚其辭，以動者尚其變，以制器者尚其象，以卜筮者尚其占。」「夫易，聖人之所以極深而研幾也。唯深也，故能通天下之志。唯幾也，故能成天下之務。唯神也，故不疾而速，不行而至。子曰：『易有聖人之道四焉』者，此之謂也。」子曰：「夫易，何爲者也？夫易開物成務，冒天下之道，如斯而已者也。是故，聖人以通天下之志，以定天下之業，以斷天下之疑。」

因此，研究易經，以「明天地之法、究陰陽之理，修性命之道，則進取退藏兼備；用以洗心研機，彰往查來，顯微闡幽，于可盡死生之理，通幽明之故，最後就可達到心安理得、無憂無懼、知天樂命的境界。」

易經繫辭傳上篇表示：「易無思也，無爲也，寂然不動，感而遂通天下之故。非天下之至神，其孰能與於此。」在此表示無心、無私、致誠，達到人我兩忘的極度清淨心靈境界（佛教圓覺經稱爲「圓覺」境界），就能看清一切是非善惡、吉凶禍福，通達神明，而能擔當天下大事。[6]

二、易經作者

依據周禮春官宗伯記載：「大卜：掌三易之法，一曰『連山』，二曰『歸藏』，三曰『周易』。其經卦皆八，其別皆六十有四。……以八命者贊三兆、三易、三夢之占，以觀國家之吉凶，以詔救政。」因此，《易》據說有三種：《連山》、《歸藏》和《周易》，合稱三易。並列爲占卜的三種方法，都是由八個經卦兩兩重疊的六十四個別卦組成。[7]

三易唯周易傳世，因此「易經」通常就是指「周易」。周易作者有「易更三聖」之說，其作者合計有四個聖人，包括：（一）「伏羲」畫八卦。繫辭

---

[5] 南懷瑾、徐芹庭註釋，周易今著今譯，臺灣商務印書館，3版，2017年，頁14。

[6] 傳統國學典藏編委會編著，白話易經，中國畫報出版社，2011年，頁317。

[7] 「《連山》，又稱《夏易》，據中國古籍記載爲占卜的三種方法（三易）之一，號稱《連山易》。連山之名出於神農氏（連山氏）。成書於夏朝（原書約有八萬餘言、十卷本），但相較於《周易》，連山易早已散佚而不完整。現存有連山卦（連山八卦圖），爲伏羲八卦之衍生。」維基百科，連山易，https://zh.wikipedia.org/wiki/連山易，瀏覽日期：110.3.2。

傳下篇謂：「古者包犧氏之王天下也，仰則觀象於天，俯則觀法於地，觀鳥獸之文，與地之宜，近取諸身，遠取諸物，於是始作八卦，以通神明之德，以類萬物之情。」（第二章）；（二）「周文王」演繹八卦[8]，而作「卦辭」；（三）文王之子「周公」作「爻辭」；[9]（四）「孔子」註解周易而作「象辭」（上經與下經之象辭）、象辭（上經與下經之象辭）、繫辭（上傳與下傳）、文言、說卦傳、序卦傳、雜卦傳共計十篇著作，統稱「十翼」，屬於輔翼易經理論並發揚光大之主要著作。

孔子五十以學易，史記孔子世家[10]記載：「孔子晚而喜易，序、象、繫、象、說卦、文言。讀易，韋編三絕[11]。曰：『假我數年，若是，我於易則彬彬矣。』」因此，一般認為十翼之著作為孔子所撰，[12]乃是儒家學者對《周易》「卦、爻辭」所作出的系統性解釋，展現了先秦儒家把《周易》當作君子道德修養指引的詮解方式。

三、易經卦爻辭及十翼相關之解說

（一）繫辭傳

易經之「繫辭傳」是易經整體概論，闡明易經之哲學思想理論，分上下二篇。繫辭傳是繫在易經整體後面之辭，通說認為繫辭傳據傳為孔子著述。[13]

---

8 由八卦演繹成六十四卦，有認為是伏羲排列（王弼主張），有認為是周文王排列（司馬遷主張），有認為是神農氏排列（鄭玄等主張），有認為是夏禹排列（孫盛等主張）。參見南懷瑾序言，南懷瑾、徐芹庭註釋，周易今著今譯，臺灣商務印書館，3版，2017年，頁18以下。

9 有認為易經中之「象辭」，也是周公所著作。此說是依據春秋左氏傳序：「韓宣子適魯，見《易象》與《魯春秋》，曰：『周禮盡在魯矣。吾乃今知周公之德，與周之所以王也。』韓子所見，蓋周之舊典禮經也。」南懷瑾序言，南懷瑾、徐芹庭註釋，周易今著今譯，臺灣商務印書館，3版，2017年，頁19。

10 諸子百家中國哲學書電子化計畫，先秦兩漢>史書>史記>世家>孔子世家，https://ctext.org/shiji/kong-zi-shi-jia/zh#n6979，瀏覽日期：110.3.2。

11 「韋，熟皮。舊時用以串聯竹簡成冊。韋編三絕本指孔子勤讀《易經》，致使編聯竹簡的皮繩多次脫斷」引自教育百科，韋編三絕，https://pedia.cloud.edu.tw/Entry/ Detail/?title=韋編三絕，瀏覽日期：110.3.2。

12 〔宋〕魏了翁，周易要義卷三，https://ctext.org/wiki.pl?if=gb&chapter=363419，瀏覽日期：110.2.8）；南懷瑾、徐芹庭註釋，周易今著今譯，臺灣商務印書館，3版，2017年，頁19。

13 傳統國學典藏編委會編著，白話易經，中國畫報出版社，2011年，頁260。

但亦有認爲繫辭傳在自然觀方面的基本哲學範疇、命題及概念具有濃厚的老莊哲學思想，因此應屬於道家系統之典籍，而非儒家典籍。例如孔子談道與德，多屬人倫規範之義。而老子談道與德，則屬宇宙本體、世界規律或萬物屬性等義，而繫辭傳中的「道」，多指萬物規律性或宇宙本體，與老莊哲學體系相符合，乃屬於道家哲學範疇。如繫辭傳中表示一陰一陽之謂道、形而上者謂之道、天地之道，而「德」爲形上之道，顯現於萬物之屬性與功能，其道、德之概念，與老莊思想同一脈絡。[14]本文認爲孔子五十以學易，又曾問道於老子，故其晚年思想承襲老莊思想，而有思想最後殊途同歸之結果，亦不足爲奇。

（二）卦與爻辭

　　易經繫辭傳下篇第三章：「易者，象也，象也者像也。彖者，材也。爻也者，效天下之動者也。是故，吉凶生，而悔吝著也。」易經六十四卦，每個卦有六個爻，其中爻辭六爻的變化，是效法天下錯綜復雜的微妙變動。

　　王弼認爲：「夫爻者，何也？言乎變者也。變者何也？情僞之所爲也。夫情僞之動，非數之所求也；故合散屈伸，與體相乖。形躁好靜，質柔愛剛，體與情反，質與願違。巧歷不能定其算數，聖明不能爲之典要；法制所不能齊，度量所不能均也。爲之乎豈在夫大哉！陵三軍者，或懼於朝廷之儀；暴威武者，或困於酒色之娛。」[15]

　　易經六十四卦，每個「卦、爻」之間之關係，王弼認爲：「夫卦者，時也；爻者，適時之變者也。夫時有否泰，故用有行藏；卦有小大，故辭有險易。一時之制，可反而用也；一時之吉，可反而凶也。故卦以反對，而爻亦皆變。是故用無常道，事無軌度，動靜屈伸，唯變所適。故名其卦，則吉凶從其類；存其時，則動靜應其用。尋名以觀其吉凶，舉時以觀其動靜，則一體之變，由斯見矣。夫應者，同志之象也；位者，爻所處之象也。承乘者，逆順之象也；遠近者，險易之象也。內外者，出處之象也；初上者，終始之象也。是故，雖遠而可以動者，得其應也；雖險而可以處者，得其時也。弱而不懼於敵者，得所據也；憂而不懼於亂者，得所附也。柔而不憂於斷者，得所御也。雖

---

[14]　陳鼓應，易傳與道家思想，中華書局，初版，2015年，頁91以下。

[15]　諸子百家中國哲學書電子化計畫，王弼>周易略例>明爻通變，https://ctext.org/wiki.pl?if=gb&res=766300，瀏覽日期：110.2.15。

後而敢爲之先者，應其始也；物競而獨安靜者，要其終也。故觀變動者，存乎應；察安危者，存乎位；辯逆順者，存乎承乘；明出處者，存乎外內。遠近終始，各存其會；辟險尙遠，趣時貴近。比復好先，乾壯惡首。吉凶有時，不可犯也；動靜有適，不可過也。犯時之忌，罪不在大；失其所適，過不在深。觀爻思變，變斯盡矣。」[16]在此易經各個卦爻間表現人類處世之道，應「因時因地而制宜」，不可固持不變，以因應環境之變化。

（三）彖辭

「彖者，材也。」彖辭是說明全卦之意義。[17]王弼認爲：「夫彖者，何也？統論一卦之體，明其所由之主者也。夫眾不能治眾，治眾者，至寡者也。夫動不能制動，制天下之動者，貞夫一者也。故眾故自統而尋之，物雖眾，則知可以執一御也；由本以觀之，義雖博，則知可以一名舉也。故處璇璣以觀大運，則天地之動未足怪也；據會要以觀方來，則六合輻輳未足多也。故舉卦之名，義有主矣；觀其彖辭，則思過半矣！夫古今雖殊，運國異容，中之爲用，故未可遠也。品制萬變，宗主存焉；彖之所尙，斯爲盛矣。」[18]

（四）象辭

易經之「象辭」之意義，王弼認爲：「夫象者，出意者也；言者，明象者也。盡意莫若象，盡象莫若言。言生於象，故可尋言以現象。象生於意，故可尋象以觀意。意以象盡，象以言著。故言者所以明象，得象而忘言。象者所以存意，得意而忘象。存言者，非得象者也；存象者，非得意者也。象生於意而存象焉，則所存者乃非其象也。言生於象而存言焉，則所存者乃非其言也。然則忘象者，乃得意者也；忘言者，乃得象者也。爻苟合順，何必坤乃爲牛？義苟應健，何必乾乃爲馬？而或者定馬於乾，案文責卦，有馬無乾，則僞說滋漫，難可紀矣。互體不足，遂及卦變。變又不足，推致五行。一失其原，巧

---

[16] 諸子百家中國哲學書電子化計畫，王弼>周易略例>明卦適變通爻，https://ctext.org/wiki.pl?if=gb&chapter=735882，瀏覽日期：110.2.15。

[17] 傳統國學典藏編委會編著，白話易經，中國畫報出版社，2011年，頁282。

[18] 諸子百家中國哲學書電子化計畫，王弼>周易略例>明象，https://ctext.org/wiki.pl?if=gb&chapter=417463，瀏覽日期：110.2.15。

喻彌甚。縱復或值，義無所取。蓋存象忘意之由也。忘象以求其意，義斯見矣。」

四、易學之理論體系

易經理論研究，包括三大學派，有下列「理、象、數」三個要點：[19]

其一，「理」（易理之學）乃是類似於哲學思想範圍，其探討宇宙人生形而上以及形而下的能變、所變與不變之原理。此屬於哲學性之學問。

其二，「象」，是從現實世界萬有現象中，尋求其變化之原則。此屬於科學性之學問。

其三，「數」，是由現象界中形而下的數理，演繹推論其變化過程，由此而知悉人士與萬物之前因與後果。反之，也可以由數理的歸納方法，了解形而上的原始之本能。此屬於科學性之學問。

禮記經解篇表示：「潔靜精微而不賊，則深於《易》者也。」表示在明辨理性之間，必須從靜定涵養進入易學境界，才能探求其精微，否則，容易誤入歧途，落入魔道，禮記經解篇即謂：「《易》之失，賊。」[20]朱熹在周易本義之序言中表示：「《易》之為書，卦、爻、彖、象之義備，而天地萬物之情見。聖人之憂天下來世，其至矣！先天下而開其物，後天下而成其務，是故極其數以定天下之象，著其象以定天下之吉凶。六十四卦，三百八十四爻，皆所以順性命之理，盡變化之道也。散之在理，則有萬殊；統之在道，則無二致。所以，『《易》有太極，是生兩儀』。太極者，道也；兩儀者，陰陽也。」也強調易經顯示義理，值得我們研究。

後人對《易經》及《易傳》作註解的版本眾多，最具代表性的是王弼、韓康伯的《周易注》以及朱熹的《周易本義》。[21]三國時代諸葛孔明亦著有《諸葛神數》384個籤詩，對應易經384個卦爻情境，而成占卜之書，[22]據聞頗為精準。清朝康熙皇帝亦敕命大臣聯合撰寫易經解說《日講易經解義》（牛鈕、孫

19　南懷瑾、徐芹庭註釋，周易今著今譯，臺灣商務印書館，3版，2017年，頁24以下。

20　南懷瑾、徐芹庭註釋，周易今著今譯，臺灣商務印書館，3版，2017年，頁24以下。

21　維基百科，易經，https://zh.wikipedia.org/wiki/易經，瀏覽日期：110.2.2。

22　參見鮮宇文柱編著，孔明大易神數（解籤斷卦篇），2013年。

在豐、張英等編撰），[23]以國家治理法則觀點，詮釋易經之義理，屬於帝王學之一種。而日本學者高島嘉右衛門著，《高島易斷》，屬於占卜之書，亦係日本易經解說名著。[24]

貳、易經的思想

一、天人合一思想

《四庫全書總目提要》易類表示：「聖人覺世牖民，大抵因事以寓教。《詩》寓於風謠，《禮》寓於節文，《尚書》、《春秋》寓於史，而《易》則寓於卜筮。故《易》之為書，**推天道以明人事者也**。」[25]

此種「以天道明人事」的思維方法，包含天地人（三合一）的一體觀的思想。例如象傳中睽卦表示「天地睽而其事同也，男女睽而其志通也」，頤卦表示「天地養萬物，聖人養賢以及萬民」。謙卦中「《彖》曰：謙亨，天道下濟而光明，地道卑而上行；天道虧盈而益謙，地道變盈而流謙；鬼神害盈而福謙，人道惡盈而好謙。謙尊而光，卑而不可踰，君子之終也。」均屬適例。[26]

易經文言：「夫『大人』者、與天地合其德，與日月合其明，與四時合其序，與鬼神合其吉凶，先天而天弗違，後天而奉天時。」認為人類的活動規律應與上天運行規律保持一致性，而具有天人合一思想。[27]

易經說卦傳表示：「昔者，聖人之作易也，幽贊神明而生蓍，參天兩地而倚數。觀變於陰陽，而立卦；發揮於剛柔，而生爻；**和順於道德，而理於義；窮理盡性，以至於命。**」「**昔者，聖人之作易也，將以順性命之理。是以立天之道，曰陰與陽；立地之道，曰柔與剛；立人之道，曰仁與義。兼三才而**

---

[23] 〔清〕牛鈕、孫在豐、張英等編撰，日講易經解義，https://www.eee-learning.com/article/5733，瀏覽日期：111.5.14。

[24] 中文翻譯本，參見孫正治、孫奧麟譯，白話高島易斷（上、下），九州出版社，2014年。另網路上亦有「高島斷易」之介紹，https://blog.xuite.net/dejavu8899/blog/66157310，瀏覽日期：111.5.14。

[25] 諸子百家中國哲學書電子化計劃，四庫全書總目提要，經部卷一>經部一>易類，https://ctext.org/wiki.pl?if=gb&chapter=208617，瀏覽日期：110.3.1。

[26] 陳鼓應，易傳與道家思想，中華書局，2015年，頁16以下。

[27] 張清強編著，易學智慧：「周易」的思維模式，收於洛書、韓鵬杰主編，周易全書，第3冊，團結出版社，1998年，頁1998。

兩之，故易六畫而成卦。分陰分陽，迭用柔剛，故易六位而成章。」「天地定位，山澤通氣，雷風相薄，水火不相射，八卦相錯。數往者順，知來者逆；是故，易逆數也。」易經闡明宇宙天地間自然法則的生成與發展規律，和順於道德，而理於義，以順性命之理，而達於天地人三合一之境界。亦即易經之思想理論，在闡明宇宙萬物依循陽剛陰柔無窮變化作用之法則，推移演變的實相，涵蓋天、地、人三方面之眞理，亦即天道、地道與人道之變化作用法則規律，是一致的，故屬於「天人合一」思想之學。[28]

易經繫辭傳上篇對於易經詮釋其中道理：「法象莫大乎天地，變通莫大乎四時，縣（懸）象著明莫大乎日月，崇高莫大乎富貴；備物致用，立成器以爲天下利，莫大乎聖人；探賾索隱，鉤深致遠，以定天下之吉凶，成天下之亹亹者，莫大乎蓍龜。」認爲宇宙之間可以效法的對象，就是天地。天地生生不息的變化作用法則，也可以作爲人類社會的行爲規範。[29]

易經繫辭傳上篇表示：「易與天地準，故能彌綸天地之道。仰以觀於天文，俯以察於地理，是故知幽明之故。原始反終，故知死生之說。精氣爲物，遊魂爲變，是故知鬼神之情狀。與天地相似，故不違。知周乎萬物，而道濟天下，故不過。旁行而不流，樂天知命，故不憂。安土敦乎仁，故能愛。範圍天地之化而不過，曲成萬物而不遺，通乎畫夜之道而知，故神無方而易無體。」認爲易經取法於天，取象於地，不違背天地的法則，即可明瞭萬物死生鬼神之道理。

易經繫辭傳上篇表示：「一陰一陽之謂道，繼之者善也，成之者性也。仁者見之謂之仁，知者見之謂之知。百姓日用而不知，故君子之道鮮矣。顯諸仁，藏諸用，鼓萬物而不與聖人同憂，盛德大業至矣哉。富有之謂大業，日新之謂盛德。生生之謂易，成象之謂乾，效法之爲坤，極數知來之謂占，通變之謂事，陰陽不測之謂神。」「夫易，聖人所以崇德而廣業也。知崇禮卑，崇效天，卑法地。天地設位，而易行乎其中矣，成性存存，道義之門。」認爲陰陽剛柔動靜，在循環無窮的變化之中，使宇宙生成、發展、進化、調和、統一，符合此一宇宙精神，即是「善」。易經闡釋仁、義、禮、智、信、敬、誠、貞、順等各項德性，是基於道德規律與自然法則規律一致的思想。[30]

---

[28] 傳統國學典藏編委會編著，白話易經，中國畫報出版社，2011年，頁311。
[29] 傳統國學典藏編委會編著，白話易經，中國畫報出版社，2011年，頁315。
[30] 傳統國學典藏編委會編著，白話易經，中國畫報出版社，2011年，頁315。

二、藉象明理

易經繫辭傳上篇：「聖人有以見天下之賾，而擬諸其形容，象其物宜，是故謂之象。聖人有以見天下之動，而觀其會通，以行其典禮。繫辭焉，以斷其吉凶，是故謂之爻。言天下之至賾，而不可惡也。言天下之至動，而不可亂也。擬之而後言，議之而後動，擬議以成其變化。」易經「藉象明理」，亦即易經六十四卦是人類生活經驗中，經常遇見事務類型的描述，易經所呈現的各類事物，都是當時先賢對於「生活經驗」發生的事態（「時」與「位」可能發生的事態），認為應該如何合理適宜地加以「應對」以便能夠「逢凶化吉」的經驗見解。[31]在此易經參照天地萬物生成與發展的自然法則規律，運用於人類處世因應之道，具有「天人合一」思想之展開及運用，而構成人類生活中或國家治理上「應行注意事項或應遵循規則」的意義。易經藉由卦象以闡明社會人事關係處理之法則道理與人情，因此包含相當多的「自然法」思維（法理），可作為國家治理思維方法以及君子應對進退之道（人理）。[32]

三、陰陽變化之法則觀

易經包含兩個基本原則，一是「對待」原則（陰陽觀）；二是「流行」原則（變化觀）。「對待」是指陰陽對立面之間的對反與統一，此為「陰陽觀」。「流行」是指生生不息的變化，此為「變化觀」。對待是變化之原因，而流行中有對待，對待中有流行，兩個原則相互融合，是一而二以及二而一的觀念。[33]

（一）陰陽法則觀

易經敘述陰陽，以陰陽解釋易經，是繫辭傳的特點。[34]易經繫辭傳上篇表示：「一陰一陽之謂道，繼之者善也，成之者性也。仁者見之謂之仁，知者見之謂之知。百姓日用而不知，故君子之道鮮矣。顯諸仁，藏諸用，鼓萬物而

---

[31] 李惠宗，初探易經中的法律思維，植根雜誌，第36卷第5期，2020年5月，頁196以下。
[32] 李惠宗，初探易經中的法律思維，植根雜誌，第36卷第5期，2020年5月，頁196以下。
[33] 陳鼓應，易傳與道家思想，中華書局，2015年，頁100以下轉引馮友蘭先生之見解。
[34] 陳鼓應，易傳與道家思想，中華書局，2015年，頁96以下。

不與聖人同憂，盛德大業至矣哉。富有之謂大業，日新之謂盛德。生生之謂易，成象之謂乾，效法之爲坤，極數知來之謂占，通變之謂事，陰陽不測之謂神。」

「廣大配天地，變通配四時，陰陽之義配日月，易簡之善配至德。」

「易與天地準，故能彌綸天地之道。仰以觀於天文，俯以察於地理，是故知幽明之故。原始反終，故知死生之說。精氣爲物，遊魂爲變，是故知鬼神之情狀。與天地相似，故不違。知周乎萬物，而道濟天下，故不過。」

「易有太極，是生兩儀，兩儀生四象，四象生八卦，八卦定吉凶，吉凶生大業。是故，法象莫大乎天地，變通莫大乎四時，縣象著明莫大乎日月，崇高莫大乎富貴；備物致用，立成器以爲天下利，莫大乎聖人。」

（二）變化法則觀

易經繫辭傳上篇：「聖人有以見天下之賾，而擬諸其形容，象其物宜，是故謂之象。聖人有以見天下之動，而觀其會通，以行其典禮。繫辭焉，以斷其吉凶，是故謂之爻。言天下之至賾，而不可惡也。言天下之至動，而不可亂也。擬之而後言，議之而後動，擬議以成其變化。」子曰：「知變化之道者，其知神之所爲乎。」「易有聖人之道四焉；以言者尙其辭，以動者尙其變，以制器者尙其象，以卜筮者尙其占。」「參伍以變，錯綜其數，通其變，遂成天下之文。」「天生神物，聖人則之；天地變化，聖人效之；天垂象，見吉凶，聖人象之。河出圖，洛出書，聖人則之。易有四象，所以示也。繫辭焉，所以告也。定之以吉凶，所以斷也。」「神農氏沒，黃帝、堯、舜氏作，通其變，使民不倦，神而化之，使民宜之。易窮則變，變則通，通則久。是以自天祐之，吉無不利，黃帝、堯、舜垂衣裳而天下治，蓋取諸乾坤。」子曰：「聖人立象以盡意，設卦以盡情僞，繫辭以盡其言，變而通之以盡利，鼓之舞之以盡神。」

易經繫辭傳下篇：「易之爲書也不可遠，爲道也屢遷，變動不居，周流六虛，上下無常，剛柔相易，不可爲典要，唯變所適，其出入以度，外內使知懼，又明於憂患與故，無有師保，如臨父母，初率其辭，而揆其方，既有典常，苟非其人，道不虛行。」

「易之爲書也，廣大悉備，有天道焉，有人道焉，有地道焉。兼三材而兩

之，故六六者，非它也，三材之道也，道有變動，故曰爻，爻有等，故曰物，物相雜，故曰文，文不當，故吉凶生焉。」

「變動以利言，吉凶以情遷。是故愛惡相攻而吉凶生，遠近相取而悔吝生，情偽相感而利害生。凡易之情，近而不相得則凶，或害之，悔且吝。」

宇宙天地間之變化，是聖人觀察客觀世界之結果，具有客觀性之規律法則。[35]所謂「天生神物，聖人則之；天地變化，聖人效之。」其變化之原因，是對立面之間的鬥爭與統一，認爲「剛柔相推而生變化」，「變化者，進退之象也。剛柔者，晝夜之象也。六爻之動，三極之道也。」「闔戶謂之坤；闢戶謂之乾；一闔一闢謂之變；往來不窮謂之通。」（易經繫辭傳上篇）所謂「生生之謂易」，「天地絪縕，萬物化醇；男女構精，萬物化生。」（易經繫辭傳下篇）[36]而事物運動、變化結果，是「通達」、是「長久」。亦即所謂**易窮則變，變則通，通則久。」「變而通之以盡利」**。[37]「聖人有以見天下之動，而觀其會通，以行其典禮。」此一「會通」可謂事物變化之規律法則。

四、和諧（中和、太和）思想

易經謙卦：「《彖》曰：至哉坤元，萬物資生，乃順承天。坤厚載物，德合無疆。含弘光大，品物咸亨。牝馬地類，行地無疆。柔順利貞，君子攸行。」「《象》曰：地勢，坤，君子以厚德載物。」表現人類社會應當寬容如大地，可以覆載萬物，可以育養萬民。而如師卦之《象》曰「容民畜眾」，臨卦之《象》曰「容保無疆」，皆以爲君之道取法於地。[38]此一厚德載物之精神，可以營造天下人民之和平共存共榮。

易經天人合一思想，認爲在陰陽對立的基礎上，提倡陰陽和諧的整體統一觀念，強調陰陽當位，執兩而用中，以保持事物平衡、和諧的狀態。易經乾卦象傳表示：「乾道變化，各正性命，保合大和，乃利貞。首出庶物，萬國咸寧。」其中所謂太和，即是陰陽矛盾雙方處於均衡、和諧、統一的狀態，乾道

---

[35] 陳鼓應，易傳與道家思想，中華書局，2015年，頁101。

[36] 陳鼓應，易傳與道家思想，中華書局，2015年，頁101。

[37] 陳鼓應，易傳與道家思想，中華書局，2015年，頁102。

[38] 〔清〕牛鈕、孫在豐、張英等編撰，日講易經解義，坤卦解說，https://www.eee-learning.com/book/5740，瀏覽日期：110.2.17。

亦即天道變化，使得萬物獲得生命，並擁有自己的屬性，亦即「萬物資始，雲行雨施，品物流形。」如此萬物彼此協調和諧相處，而能「各正性命」，即可使千差萬別的萬物統一與和諧，呈現「保和太和」的境界。[39]

　　中國大陸學者張濤教授認為，「和諧」是易經的根本精神，其經傳中蘊含著豐富的和諧理念。「《周易》經傳講變化，又講變化的和諧，強調通過變化達以到整體和諧之道，展示了天道運行、化育萬物、陰陽合會的宇宙創生圖式。對於宇宙天地萬物的生成，《周易》作了最為經典的描繪，其云：『天地絪縕，萬物化醇，男女構精，萬物化生』，『大哉乾元，萬物資始，乃統天。雲行雨施，品物流行。大明終始，六位時成，時乘六龍以御天。乾道變化，各正性命。保合大和，乃『利貞』。首出庶物，萬國咸寧』。而我們又知道，《周易》八經卦以《乾》卦和《坤》卦最為關鍵，『乾』象徵天、陽、男，『坤』象徵地、陰、女，萬事萬物同出於『太極』，通過陰陽交感合和而成，體現了一種天與人、自然與社會的整體和諧思想，因而，《周易》經傳的思想體系在本質上屬於『一種統貫天、地、人三才之道的整體之學』。由於世界萬物是變動不居的，那麼這種和諧便呈現出了一種動態的平衡。」[40]

參、易經的法理思想

　　易經的法理思想或法律思想，相當豐富，各個學者觀察角度不同，其結論亦有差異。有認為易經的法律思想，包括下列重點：一、禮法結合，剛柔並濟；二、以德惠民：施行仁政；三、重刑罰，以維持社會秩序；四、息訟，訟至中道而止，合計四種指導原則，但缺乏系統化、完整的法哲學思想。[41]本文初步研究認為可以包括（但不限於）下列法理思想：

一、天人合一思想在法律上之運用

　　易經體現天人合一的思想，運用於法治規劃設計上，可使國家長治久

---

[39] 張清強編著，易學智慧：「周易」的思維模式，收於洛書、韓鵬杰主編，周易全書，第3冊，團結出版社，1998年，頁2000。

[40] 張濤，《周易》經傳與法家思想，理論學刊，2018年第6期（總第280期），2018年11月，頁141。

[41] 關梅，《周易》古經法哲學思想研究，求索雜誌，2013年11月，頁118以下。

安。其中表現於下列易經的卦象上：

（一）泰卦：表現「天地交融，孕育萬物」：上情下達，下情上達

☰☷ 〈乾下坤上〉泰卦（地天泰）

　　地天泰卦，取感通之義，詞言消長之機。易經泰卦，其「卦象爲天地交泰，原本在地下的坤陰上行，天上的乾陽下降，天地之氣互相交合而通泰。反之，坤陰若停留在下，乾陽停留在上，則爲陰陽窒塞，沒有交流而成否卦。」[42]以之運用於法制上，法律制度一方面應伸張「天理天道」之價值理念，另一方面也應反映「人類實際生活需要」之滿足，因此不僅應「上情下達」，也應「下情上達」，才能政通人和，將「天理」與「人情」融合於法制規範之中，而使法理情兼顧，法制規範通情達理，伸張社會的公平正義。

（二）謙卦：表現「天地無私，普濟萬物」

☶☷ 〈艮下坤上〉謙卦（地山謙）

　　謙取退讓之義。易經謙卦表示：「《彖》曰：謙亨，天道下濟而光明，地道卑而上行；天道虧盈而益謙，地道變盈而流謙；鬼神害盈而福謙，人道惡盈而好謙。謙尊而光，卑而不可踰，君子之終也。」在此謙卦顯示亨通之道理，「因爲其象徵天道之德性，光明普照下方，毫無私慾而周濟萬物，同時又如地道一般卑厚容物，隨時以生機上升，常養萬物而運行不息。」[43]效法此一精神，所謂「有容乃大」，老子道德經第十六章：「知常容，容乃公，公乃王，王乃天，天乃道，道乃久，沒身不殆。」法律制度之設計如能效法天道下濟而光明，以天下爲公，毫無偏私一方當事人之利益，而能普濟萬物百姓，均蒙其利，又能效法大地覆載萬物，能夠厚德載物，促進百業欣欣向榮，即可澤被天下與後世，而屬良法美制。

　　其《象》曰：「地中有山，謙，君子以裒多益寡，稱物平施。」表示應

42　郭和杰，泰卦解説，https://www.eee-learning.com/book/neweee11，瀏覽日期：110.2.4。
43　南懷瑾、徐芹庭註釋，周易今著今譯，臺灣商務印書館，3版，2017年，頁118以下。

平均財富，減富濟貧，並根據物品之多少，公平合理分配資源，以作到施與均衡。在此具有社會主義之思想。

（三）大有卦與豫卦：人類應「順天而行」，「順時以動」

≣　〈乾下離上〉大有卦（火天大有）

≣　〈坤下震上〉豫卦（雷地豫）

　　易經火天大有卦取居尊得眾之義。表示：「《彖》曰：大有，柔得尊位大中，而上下應之，曰大有。其德剛健而文明，應乎天而時行，是以元亨。」「《象》曰：火在天上，大有。君子以遏惡揚善，順天休命。」強調人類應順應天時而行。

　　在易經「豫卦」中也表示：「《彖》曰：豫，剛應而志行，順以動，豫。豫順以動，故天地如之，而況建侯行師乎？天地以順動，故日月不過，而四時不忒。聖人以順動，則刑罰清而民服。豫之時義大矣哉。」也認為應順應天時地利而行。具有道法自然的意義，在法制上也可以效法此一順應天時地利之法則，按照事件之道理行事，進行立法及解釋適用，而人民亦可心悅誠服。

（四）隨掛：強調隨順於正道與美善，可獲吉祥

≣　〈震下兌上〉隨卦（澤雷隨）

　　易經澤雷隨卦：「元亨利貞，無咎。」[44]「《彖》曰：隨，剛來而下柔，動而說，隨。大亨貞，無咎，而天下隨時。隨時之義大矣哉。」在易經「卦序上隨卦是繼謙豫而來，謙卦告戒大有之君子省身修養，卑以自牧，豫則是以豫

---

[44] 元亨利貞之意義，「《文言》曰：元者善之長也，亨者嘉之會也，利者義之和也，貞者事之幹也。君子，體仁足以長人，嘉會足以合禮，利物足以和義，貞固足以幹事，君子行此四德者，故曰：乾，元亨利貞。」貞為正、定、貞固（堅持）等意思。「利貞」利於正、利於貞固、宜於堅定。乾卦解說，https://www.eee-learning.com/book/neweee01，瀏覽日期：110.3.2。

樂陶冶性情。隨是無爲自然，清淨寡欲，返樸歸眞之卦。」[45]

　　隨卦「震下兌上，爲此動而彼說（悅），有隨之義，故名爲隨。卦辭言，爲上者得人隨之益，而又明隨之道當出於正也。隨，從也。元亨，以事言。無咎，以理言。文王繫隨象辭曰：己有致隨之道，而物有來隨之應，同心者多則何事不立？何功不建？其得大亨固已，然必己之致隨者無違道之私，而物之隨我者非黨同之弊，一出於貞，斯於理爲順，於心爲安，無媿於隨之義矣，何咎之有？若所隨非正，則爲非道以相與，雖可致亨，而亦未免有咎也。可不愼哉。按：天下之爲隨不一，而莫大乎君臣之相隨。君之致人隨，固貴乎正。而臣之隨君，尤宜審擇天命之所歸，人心之所向。必如張良之從漢高，鄧禹之從光武，諸葛之從昭烈，應天順人，功建名立，雖伊尹太公之業，何以加茲？」[46]

　　隨卦表示：「內震動而外澤兌，行動而喜悅，隨緣、順其自然之義。」「隨卦之吉道在於『隨時』，因人所當追隨者莫大於天道，『隨時』即是隨順於天道，此即《象》傳所說：『天下隨時，隨時之義大矣哉。』『時』是時間、時機，也是天道、自然，隨時就是隨著天道之法則、自然的推移而行動。《象傳》說『君子以嚮晦入宴息』說明之，這是一種日出而作，日入而息，遵循自然規律的一種極簡生活方式。」[47]其中「六三，係丈夫，失小子，隨有求得，利居貞。九四，隨有獲，貞凶。有孚在道以明，何咎？九五，孚于嘉，吉。」亦即「欲其孚嘉，廓然大公，一無所係，但擇善而從之，隨善非隨人也。如此則不失人，亦不失己，交遍天下而有功，吉莫大於此矣。此人君之隨道也。」[48]

　　強調隨順自然之過程中，仍應誠信地順守公正中道，才能隨順於「美善」，而能有所得，而吉祥如意。表現於法制上，法治應隨順正道與美善，而不可隨意變成「恣意」而爲，亂無法則，導致社會秩序崩壞，亂象叢生。

[45]　郭和杰，隨卦解說，https://www.eee-learning.com/book/neweee17，瀏覽日期：110.2.4。

[46]　〔清〕牛鈕、孫在豐、張英等編撰，日講易經解義，隨卦解說，https://www.eee-learning.com/book/5755，瀏覽日期：110.3.2。

[47]　郭和杰，隨卦解說，https://www.eee-learning.com/book/neweee17，瀏覽日期：110.2.4。

[48]　〔清〕傅恒、來保、孫嘉淦等奉敕編撰，御纂周易述義，隨卦解說，https://www.eee-learning.com/book/5877，瀏覽日期：110.2.4。

二、中庸之道：中正通理的正義理念

（一）乾卦、坤卦：正義

☰☰〈乾下乾上〉乾卦（乾爲天）

☷☷〈坤下坤上〉坤卦（坤爲地）

　　易經乾卦文言：「大哉乾乎！剛健中正，純粹精也。」強調至中至正之大公無私精神。

　　易經坤卦文言曰：「直其正也，方其義也。君子敬以直內，義以方外，敬義立而德不孤。直方大，不習，無不利，則不疑其所行也。」

　　「孔子復釋坤二爻曰：凡人德具於心，而所以成德者由於學。六二之所謂直者，蓋其心本體至正，無少偏倚，故極其直也。六二之所謂方者，蓋其心裁制合義，無少邪曲，故極其方也。人心皆有直方之德，而獨君子能全之者，內外存發之間，有實學以成此德耳。心不敬則內不直，君子主敬以存心，使私意不雜，而專出於理之一途，斯內直矣。事無義則外不方，君子守義以制事，使岐念不生，而適合於理之至當，斯外方矣。專求義而不主敬，則存養之功不密，而或撓於其外。專主敬而不守義，則取舍之分不明，而或淆於其內。惟敬義既立，斯內外夾持，體用兼備，不偏於一善，而其德不孤矣。」[49]

　　易經坤卦文言曰：「**君子黃中通理，正位居體**。美在其中而暢于四支，發于事業，美之至也。」「此三節書是申坤六五《象傳》之義也。黃，中德也。通，貫通。理，條理也。位，指尊位。體，指下體。孔子復釋坤五爻曰：六五之取象於黃者，何也？黃爲中色，而居五之君子，大中之德，渾然內含。統而觀之，則時出不窮，無所不貫通也。分而觀之，則條理不紊，無所不精晰也。眾理畢備，而至善無疵，不猶黃之爲中色乎！其取象於裳者，何也？君子正位於上，而不以尊貴自矜。謙抑以禮士，和易以近民，其所履者雖崇高之地，而其所執者皆卑順之體，不猶裳之爲下飾乎！蓋中爲天下之美德，而順則其中之用也。六五有此美德，充積於內，於是見於四支，而和順之容，極其暢適，美

[49]　〔清〕牛鈕、孫在豐、張英等編撰，日講易經解義，坤卦解說，https://www.eee-learning.com/book/5740，瀏覽日期：110.2.17。

之不言而喻者然也。見於事業,而和順之治,極其發越,美之不見而章者然也。德至此,則自心而形諸身,自身而形諸政。至精至粹,而無以加矣。此五之象所以獲元吉哉。」[50]上述坤卦表現統治者以公正中正之德和順待民,而能厚德載物,使百業欣欣向榮。

(二)觀卦:中正以觀天下

〈坤下巽上〉觀卦(風地觀)

　　風地觀卦,觀化在民,所以為觀者在己。觀卦有二義,一為在上位者觀察民俗風情是觀,二為在下者觀察上之德行,亦屬於觀。示民以風範,儼然人望而畏之,亦是觀。懸法象魏,[51]使民知所適從者,亦為觀。[52]

　　「《彖》曰:『大觀在上,順而巽,中正以觀天下。觀,盥而不薦,有孚顒若,下觀而化也。觀天之神道,而四時不忒。聖人以神道設教,而天下服矣。』卦辭取象於祭,故揭神道言之。視之弗見,聽之弗聞,體物而不遺者,神是也。聖人正身以率下,至誠所孚,非有聲音,非有象跡,而應感之機,捷於影響。蓋所存者神,則所過者化,豈人力之所能為者歟。」[53]觀卦表示在上位者以「中正之德」昭示天下,聖人以上天的神明之道,來教化天下人民,使天下人民信服。執政者「溫恭以宅心,而內焉於理無所乖;審察以制事,而外焉於理無所拂。所以為觀者,有其德矣。由是自一身以達庶政,一皆大中至正之理。為觀之道,天下皆得而見之,此其所以稱大觀也。夫觀道,以中正為極,而中正以民化為徵。」[54]此一公正待民、合理治事之精神,「試觀天道,

---

50　〔清〕牛鈕、孫在豐、張英等編撰,日講易經解義,坤卦解說,https://www.eee-learning.com/book/5740,瀏覽日期:110.2.17。

51　白虎通:「上懸法象,其狀巍巍然高大,謂之象魏。使人觀之,謂之觀也。」「《周禮・秋官・大司寇》載:『正月之吉,始和布刑于邦國都鄙,乃縣刑象之法于象魏,使萬民觀刑象,挾日而斂之。』」意指大司寇於正月初一將法令昭示懸掛在宮門外的城樓上,供萬民觀看學習,以普及人民之法律知識,惟恐民之不知而誤犯也(普法活動)。亦即「懸法象魏」之制,旨在普及法律,使民眾能知曉並遵守法律。中國古代的普法活動,運城晚報,2020.12.21,http://www.sxycrb.com/m/content_195962.html,瀏覽日期:110.2.15。

52　傅隸樸,周易理解,初版8刷,2003年,頁174。

53　〔清〕牛鈕、孫在豐、張英等編撰,日講易經解義,觀卦解說,https://www.eee-learning.com/book/5758,瀏覽日期:110.2.15。

54　〔清〕牛鈕、孫在豐、張英等編撰,日講易經解義,觀卦解說,https://www.eee-learning.com/

無聲無臭，氣化流行，道何神也？而春夏秋冬，不爽其序。」「下觀而化，即天下服也。」誠如堯曰：「民心惟微，道心惟微，惟精惟一，允執厥中。」以利己利人之中庸之道，作為施政標準，如此大中至正，才符合天之神道。[55]

（三）離卦：附著於中正之正道

〈離下離上〉離卦（離為火）

易經離卦，「利貞，亨，畜牝牛，吉。」「《彖》曰：離，麗也。日月麗乎天，百穀草木麗乎土，重明以麗乎正，乃化成天下。柔麗乎中正，故亨，是以畜牝牛吉也。」[56]「《象》曰：明兩作，離，大人以繼明照于四方。」孔穎達周易正義疏曰：「『離，利貞，亨』者，離，麗也。麗謂附著也。言萬物各得其所附著處，故謂之離也。『利貞亨』者，離卦之體，陰柔為主，柔則近於不正，不正則不亨通，故利在行正，乃得亨通。以此故亨在利貞之下，故云『利貞亨』。」[57]

「『日月麗乎天，百穀草木麗乎土』者，此廣明附著之義。以柔附著中正，是附得宜，故廣言所附得宜之事也。『重明以麗乎正，乃化成天下』者，此以卦象，說離之功德也，並明利貞之義也。重明，謂上下俱離。麗乎正也者，謂兩陰在內，既有重明之德，又附於正道，所以化成天下也。然陰居二位，可謂為正。若陰居五位，非其正位，而云『重明麗乎正』者，以五處於中

---

book/5758，瀏覽日期：110.2.15。

[55] 傅隸樸，周易理解，初版8刷，2003年，頁174以下。觀卦第五爻：「九五，觀我生。君子無咎。《象》曰：觀我生，觀民也。此一爻是言，人君以中正示人，而為人所觀仰也。九五中正以觀天下，聖人繫辭，何不予之吉亨，而僅曰無咎？蓋人君一日二日有萬幾，行一事而違宜，必有一物失其所者矣；用一人而不當，必有一方受其害者矣。兢兢然臨深履薄，不遑暇逸。凡水旱之有無，遠邇之叛服，刑辟之多寡，財賦之贏縮，無非觀民以觀我生之事。能如五之無咎，足矣！敢以吉亨自詡為哉？」〔清〕牛鈕、孫在豐、張英等編撰，日講易經解義，觀卦解說，https://www.eee-learning.com/book/5758，瀏覽日期：110.2.15。足見公務員執行公務，日理萬幾，難免百密一疏，此一公務風險存在，要能周全無誤，全身而退，實屬不易，古有明訓。

[56] 「畜牝牛比喻君子涵養柔順中正之德，牛被視為是溫馴的家畜，而母牛又是溫馴中之溫馴。所以畜牝牛比喻要培養柔順的特質。」郭和杰，離卦解說，https://www.eee-learning.com/book/neweee30，瀏覽日期：110.3.1。

[57] 〔魏〕王弼、〔晉〕韓康伯註；〔唐〕孔穎達疏，周易正義，離卦解說，https://www.eee-learning.com/book/eee-jy30，瀏覽日期：110.3.1。

正，又居尊位，雖非陰陽之正，乃是事理之正，故總云麗於正也。『柔麗乎中正，故亨。是以畜牝牛吉』者，釋《經》亨義也，又總釋『畜牝牛吉』也。柔麗於中正，謂六五、六二之柔，皆麗於中，中則不偏，故云中正。以中正爲德，故萬事亨。以中正得通，故畜養牝牛而得吉也。以牝牛有中正故也。」[58]

「孔子釋離彖辭曰：卦名離者，附麗之義也。推之人物，莫不各有所麗，故日月麗乎天，是物之成象者，有以麗而明也。百穀草木麗乎土，是物之成形者，有以麗而生也。大君者，位天地之中，而爲天下之主，豈無所麗乎？將見人君，智周萬物，而行所無事，推見至隱，而不尙苛察，是重明以麗乎正也。由是一明無不明，一正無不正，百度惟貞，庶績咸熙，乃化成於天下矣。是君之出治，有以麗而成也。三才之各有所麗如此，此離之名所由取也。辭曰『利貞亨，畜牝牛吉』者，蓋人君以重明之德，作之於上，人臣當以忠順之德，附之於下。卦之六二，柔麗乎中正，則是人臣麗重明之君也。不驕不亢，有恭敬之美，而又裁之以中，行之以正，不流卑諂之私。惟中正也，則有貞之義矣，故亨。惟柔也，則有畜牝牛之義矣，故吉。蓋惟君之重明，而後可以配天地；惟臣之柔正，而後能佐人君。此上下之相與有成也歟。」[59]強調君臣均應以中正之正道處事，則可化成天下，光明遍照四方。

離卦六二爻辭「黃離，元吉。」「《象》曰：黃離元吉，得中道也。」周易正義解釋：「居中得位，以柔處柔，履文明之盛而得其中，故曰黃離元吉也。故《象》云『得中道』，以其得中央黃色之道也。」[60]黃爲「中色」，象徵中庸的美德。六二居於下卦中央，得位又以柔居中，所以具有中庸又柔順貞正的美德。如卦義中所說的，離卦最重要的是要有中庸之德。因此六二爲大吉。[61]

---

58 〔魏〕王弼、〔晉〕韓康伯註；〔唐〕孔穎達疏，周易正義，離卦解說，https://www.eee-learning.com/book/eee-jy30，瀏覽日期：110.3.1。

59 〔清〕牛鈕、孫在豐、張英等編撰，日講易經解義，離卦解說，https://www.eee-learning.com/book/5768，瀏覽日期：110.3.1。

60 〔魏〕王弼、〔晉〕韓康伯註；〔唐〕孔穎達疏，周易正義，離卦解說，https://www.eee-learning.com/book/eee-jy30，瀏覽日期：110.3.1。

61 郭和杰，離卦解說，https://www.eee-learning.com/book/neweee30，瀏覽日期：110.3.1。

（四）無妄卦：符合正道

<震下乾上〉無妄卦（天雷無妄）

　　天雷無妄卦，「無妄，元亨利貞，其匪正有眚（指災難），不利有攸往。」「《彖》曰：無妄，剛自外來而爲主于內。動而健，剛中而應，大亨以正，天之命也。其匪正有眚，不利有攸往，無妄之往，何之矣？天命不祐，行矣哉？」「無妄之謂誠。以天道言，實理之自然也；以聖人言，實心之自然也。此卦震下乾上，本天而動，動而不妄，故爲無妄。卦辭言，心出於正，則隨感而皆通。稍涉於妄，則往行而有礙也。無妄，實理自然之謂。匪正，謂不合正道也。」「誠能動物，此無妄之所以元亨也。然其所以亨者，利於至正耳。若知有未至，理有未窮，而以偏倚之見行之，則自信爲正者，政匪正之所伏也。雖無妄心，而不合於自然之理，即匪正矣。匪正則災眚隨之，以之處事應物，徒有紛擾之患，而安能利有所往哉？」[62]意指心正無妄，其行爲符合自然之理的天道與正道，自可亨通吉祥。倘若不符合正道，則有災難，不利於前行。

　　漢儒董仲舒曰：「正其誼不謀其利，明其道不計其功。」人但盡所當爲而已，利害得失，豈足營心乎！然不正誼則已，正誼則利必歸焉；不明道則已，明道則功必集焉。[63]

（五）訟卦：中正無訟

1.預防爭訟之根源

〈坎下乾上〉訟卦（天水訟）

　　天水「訟卦」，「訟」字從言、從公，《說文》曰：「爭也。」《六書通》曰：「爭曲直於官官有司也。」[64]

---

[62] 〔清〕牛鈕、孫在豐、張英等編撰，日講易經解義卷七，無妄卦，https://www.eee-learning.com/book/5763，瀏覽日期：110.2.15。

[63] 〔清〕牛鈕、孫在豐、張英等編撰，日講易經解義卷七，無妄卦，https://www.eee-learning.com/book/5763，瀏覽日期：110.2.15。

[64] 高島斷易，訟卦解說。

易經訟卦，「《象》曰：天與水違行，訟，君子以作事謀始。」此《象傳》，言君子謹始以慮終，爲絕訟之源也。蓋初始不慎，稍有乖違，始於微而終於著，訟所由起。「當事幾之初，必順乎人情，息是非於未萌；協乎天理，杜利害於未見。不但無違於言，亦且無違於心，訟何由得生乎？作事如此，則始於自訟，終於無訟，而中吉終凶，更不必言矣。可見脩德者，貴慎初念；圖治者，貴憂未然。」[65]因此「作事謀始」，防患於未然，以防止爭議。亦即訟卦反覆告誡人們，與其訟息不終，不如從一開始就理順各種利害關係，從根本上杜絕產生「爭訟」的源頭。[66]

又訟卦，「六三爻辭：食舊德，貞厲，終吉。或從王事，無成。《象》曰：食舊德，從上吉也。」「此一爻見守常安正，能始終以求無訟者也。食舊德，是守常分。貞，是守正理也。由乎正理，行所當然而不違，是食舊德而能貞者也。雖有意外之侵侮，不免於危厲，而能泰然自得，眾莫能傾，況必無厲者乎？宜其恪守素分，居卑處厚，而得無訟之吉乎？大抵聖賢學問，不外素位而行。分所當得，不與人競利；分所不得越，不與人競功。蓋一有功利之心，即與世相違，而不能相從，訟所由作矣。三之從上而吉者，從則安分而不違，爲弭訟之善道也。」[67]此爻辭提出人類謹守本分，守護正理常規而不違，即可避免爭訟。

2. 回歸中道，不得無理要求或以強凌弱

易經訟卦，「《彖》曰：訟，上剛下險，險而健，訟。訟，有孚窒，[68]惕中吉，[69]剛來而得中也。終凶，訟不可成也。利見大人，尚中正也。不利涉大川，入於淵也。」

「孔子釋訟彖辭曰：訟之爲卦，卦德上乾剛而下坎險，是爲上剛以陵其下，下險以伺其上。以一人言，則內險以懷詐，外健以恃強；以二人言，則又

---

[65] 〔清〕牛鈕、孫在豐、張英等編撰，日講易經解義，訟卦解說，https://www.eee-learning.com/book/5744，瀏覽日期：110.2.8。

[66] 張濤，《周易》經傳與法家思想，理論學刊，2018年第6期（總第280期），2018年11月，頁140。

[67] 〔清〕牛鈕、孫在豐、張英等編撰，日講易經解義，訟卦解說，https://www.eee-learning.com/book/5744，瀏覽日期：110.2.8。

[68] 「有孚，是理實。窒，是屈而不通。」

[69] 惕，憂懼之意。

己險能攻彼短，彼健能欺此弱，是以爲訟也。夫訟之端，多生於人心之不平。惟其得中，能以情恕而不爲己甚，以理遣而不欲過求，有爭事而無爭心，故渙然冰釋，得無訟之吉。又言終凶者，天下事惟善者可成，訟則德喪而招尤，怨深而召患。揆之於理，斷乎不可成也。終則不可成，而成所以凶也。至所謂利見大人，卦體九五居上卦之中，得陽位之正。中則先事而無偏主，正則臨事而決猜疑。」[70]

　　訟卦分析產生訴訟之原因：「惟理直見枉，情眞受誣，屈抑而不能自通，是有孚見窒，勢不得不出於訟。」並探討從根本原因解決，以預防訴訟之發生，而使其無訟：「所以處之之道何如？必也反求在我，心存憂懼而能惕，度於事理，辨明即已而能中，則有孚之窒可伸，而訟復於無訟，豈不爲吉？」其提出訴訟當事人應符合理性，回歸中道，不可駕虛求勝，不欲過求，以求無訟的觀念，值得讚許。「若自恃其理，可止不止，終極其訟，而不惕中，則尚氣以損德，好勝以敗業，凶可知矣。」訴訟以追求合理性（公平正義）爲目標，不可意氣用事，亦不可有非分之想，而虛構事實以求勝訴，否則勢必有傷德業。

3.改過遷善，回復正理，可歸於無訟

　　「九四，不克訟，復即命，渝安貞，吉。《象》曰：復即命，渝安貞，不失也。」「此一爻言能改過以絕訟端，爲得理之正也。即，就也。命，猶理也。渝，變也。貞，理之正也。能平情恕物，反其健訟之行，以復就於理，無爭事也。且悔過遷善，變其欲訟之心，以安處於正，無爭心也。是訟可歸於無訟，而得惕中之吉者矣。」[71]「孔子釋四象曰：凡終於訟者，悖理忘害，不知命而大無正，是其失也。今四能不克，至於復而能即渝而得安，內外一歸於正。雖前有欲訟之失，而剛心既盡，忿氣自消，訟不至於成，豈尚有失乎？吉可知也。」[72]

---

[70] 〔清〕牛鈕、孫在豐、張英等編撰，日講易經解義，訟卦解說，https://www.eee-learning.com/book/5744，瀏覽日期：110.2.8。

[71] 〔清〕牛鈕、孫在豐、張英等編撰，日講易經解義，訟卦解說，https://www.eee-learning.com/book/5744，瀏覽日期：110.2.8。

[72] 〔清〕牛鈕、孫在豐、張英等編撰，日講易經解義，訟卦解說，https://www.eee-learning.com/book/5744，瀏覽日期：110.2.8。

4. 由公正法官，進行公正審判，以判斷是非曲直

訴訟要使爭訟當事人心悅誠服，必須秉持公正立場，進行公正之裁判。訟卦曰：「利見大人」，「大人」者，乃是「剛健中正，居九五之尊位者也。剛而能察，健而能決，中則無偏，正則無私，故能是非立判，曲直無枉也。」[73]

「九五，訟，元吉。《象》曰：訟元吉，以中正也。」「此一爻見大人以德化民，能得訟之平而盡善也。孔子釋五象曰：訟何以得元吉？以五之德本中，心一於公，則未聽之前，已無偏主。五之德本正，事得其宜，則既聽之後，皆能當理，將見刑清民服。謂之元吉，信矣。」[74]訴訟案件必須依賴公正人士裁判，以維持公正性，確保雙方公平合理之權益。

5. 訟則終凶

訟卦，「上九，或錫之鞶帶，終朝三褫之。《象》曰：以訟受服，亦不足敬也。」此一爻甚言終訟之凶，不可倖勝以取辱也。鞶帶，命服之飾。褫，奪也。「周公繫訟上爻曰：上九剛居訟極，以健訟之才，而濟以必訟之志，誣偽以為真，矯曲以為直，終極其訟以求勝，凶所固然也。」如於誠信合理要求之外，妄生事端，駕虛以求勝，如涉川然，冒險僥倖，不能符合中道正理，即使僥倖獲勝，亦係傷德敗業之舉。

在此表現出「和諧」乃是中國傳統社會的最高原則和價值追求，是中國文化一直追求的「道」在人世間的一種高級體現，如果紛爭訴訟不止，不僅勞民傷財，兩敗俱傷，甚至徹底破壞彼此間友善關係，世代間都難以調整回復此一和諧關係。[75]

6. 無訟思想

孔子曰：「聽訟，無猶人也；必也使無訟乎。」提倡無訟的思想。易經也提倡此一無訟思想。有認為：「自《易經》提出『無訟』思想以來，重和睦、反訴訟、主調解、重預防、重教育、輕懲治，這一禮制特徵作為一種基本原則，逐漸滲入司法實踐中。表現在具體案件中，就是能用情理解決的，就不用

---

[73] 高島斷易，訟卦解說。

[74] 〔清〕牛鈕、孫在豐、張英等編撰，日講易經解義，訟卦解說，https://www.eee-learning.com/book/5744，瀏覽日期：110.2.8。

[75] 陳思，《周易》中的訟卦與中國傳統訟觀念，中南林業科技大學學報（社會科學版），第6卷第1期，2012年2月，頁79。

法律手段解決，不到萬不得已時，決不訴諸法律解決衝突。」[76]法律成為解決訴訟紛爭的最後手段。

三、建立公正法律制度，以維持社會秩序

（一）履卦：禮法結合，法應以中正為基礎，以使人民心悅誠服地信守

☰〈兌下乾上〉履卦（天澤履）

易經履卦，「履虎尾，不咥人，亨。」履為履行，踐履。履也解釋作禮。「《禮記・樂記》：『禮也者，理之不可易者也。樂統同，禮辨異。』禮以辨異，也就是辨別人與人之間地位的差別，明君臣、父子、夫婦、長幼之序，此即象傳所謂：『上天下澤，履，君子以辯上下，定民志。』別異之道則在敬。因此履道重在『敬』，全卦爻辭亦以『敬』之與否定吉凶。」[77]

「《彖》曰：履，柔履剛也。說而應乎乾，是以履虎尾，不咥人亨。剛中正，履帝位而不疚，光明也。」

「卦之名為履者，蓋以卦之二體言之。兌為柔，而乾為剛。卦體以兌之至柔，而履乾之至剛。履非所履，動有危機，故名之為履也。夫人之履危，鮮不見傷，乃履危而不傷者，蓋卦德說以應乾，則踐履從容，恭順而不失其正，所履之善如此，將得遂其進，而行無所阻，雖危而不至於危也。故卦辭繫曰：『履虎尾，不咥人，亨。』夫亨固以其德矣，而其所以得亨者，卦體五剛中正而履帝位，剛則有神謀雄斷之資，而中正則能善用其剛而不過，是德稱其位也。德與位稱，則無忝帝位，而其心寧至於有疚乎？夫既有其德，而復有其位，以理勢度之，其功業著於四方，有極光輝發越之盛者矣。有君若此，而臣以和說應之，此其所以得亨也。」[78]亦即「履帝位者，不剛不足以制天下，不中不正則剛而過於亢，過於察，一往不顧其所安，雖天下臣民欲和說以應之，而在我未能免媿悔之萌，則在人亦難泯危疑之跡矣。」[79]

---

[76] 李文達，《易經》中的法律思想，人民法院報，2019年7月5日，第007版法治星空。

[77] 郭和杰，履卦解說，https://www.eee-learning.com/book/neweee10，瀏覽日期：110.3.2。

[78] 〔清〕牛鈕、孫在豐、張英等編撰，日講易經解義，履卦解說，https://www.eee-learning.com/book/5748，瀏覽日期：110.2.8。

[79] 〔清〕牛鈕、孫在豐、張英等編撰，日講易經解義，履卦解說，https://www.eee-learning.com/

在此顯示國家法律制度得以強制施行之效力基礎，乃在於中正光明正大，能善用其剛而不過，德與位相當，即可使人民心悅誠服，遵守法律。人民能踐履法律規範而從容，恭順而不失其正，所履之善行，可以長久。

又履卦，「《象》曰：上天下澤，履，君子以辨上下定民志。」此言君子法履之事，以治天下也。「君子以民心所欲無涯，其志因以不定，皆由於上下之分不辨耳。故觀履之象，以辨別之。因其定分，制為典禮，使尊卑隆殺，截然不紊。如天居於上而不嫌於高，澤居於下而不嫌於卑。上下之分，秩然不可踰越，則民志由此而定矣。夫上下之分明，然後民志有定。然則辨分定志，豈非帝王馭世之大權乎？若使等威無辨，上下無章，如賈誼所言，富民牆屋被文繡之美，倡優下賤為貴者之飾，則奢侈不已，僭亂易生。民志不定，天下紛然。欲以圖治，難矣。故曰：『禮者所以總一海內而整齊萬民也。』」[80]在此表示執政者應制定禮法，以定尊卑秩序，使人人各自守其本分以生活。

（二）節卦：建立制度，以維持秩序

〈兌下坎上〉節卦（水澤節）

水澤節卦，「節亨。苦節，不可貞。」「《象》曰：節亨，剛柔分而剛得中。說以行險，當位以節，中正以通。天地節而四時成，節以制度，不傷財，不害民。」「水流無窮而澤有限，以有限而蓄乎無窮，猶水之在澤，盈則溢而平則容，節之象也。」[81]「卦象澤上有水，澤水溢滿而應當調節、節制之象，此告戒君子應適可而止。」「卦序上節是繼渙卦而來，《序卦》：『渙者離也。物不可以終離，故受之以節。』渙與節為相綜相反的一對對卦，渙是渙散、離散、鬆懈，節則是節制、調節之，以收拾渙散的心志。得節卦，凡事應適可而止，但節制也不可太過，所謂『苦節不可貞』，『節制』本身也應當適可而止，這就是中庸之道，否則節制太過，就變成苦節，苦節將走向吝嗇，這是窮困之道，無法長久。最根本而可長可久的節制之道，則是建立制度，建立

---

book/5748，瀏覽日期：110.2.8。

[80] 〔清〕牛鈕、孫在豐、張英等編撰，日講易經解義，履卦解說，https://www.eee-learning.com/book/5748，瀏覽日期：110.2.8。

[81] 〔清〕牛鈕、孫在豐、張英等編撰，日講易經解義，節卦解說，https://www.eee-learning.com/book/5798，瀏覽日期：110.2.22。

一個可依循的準則，此《象傳》所說：『節以制度，不傷財，不害民。』《象傳》則說：『君子以制數度，議德行。』」[82、83]

在人民渙散，秩序混亂的時代，應當建立法律制度，以節制脫序行為。在建立法律制度時，「當位以節，中正以通。」節者所以適乎中，而通行於天下，亦即應符合中道公正、通達事理之原則，並避免節制太過，反而傷財、害民，法律制度不可過於嚴苛擾民，以符合不傷財，不害民之利益眾生原則以及比例原則。[84]此即所謂「苦節不可貞，其道窮也。」蓋卦辭，「所謂苦節不可貞者，則失之於過而不得其中，必於天理有所不順，人情有所不堪。以道揆之，必至於窮矣。節道過苦，則窮而不通，固理勢之所必至。若節之所以通而不窮者，蓋以卦德為說以行險。夫人於所說而不知止，則易至於流；若見險難而思止，則其進有節而不至於流矣。節之義也。」[85]在此易經固然重視法律制度（包括刑罰制度）之建立，但仍以德教禮治為前提基礎。[86]

（三）噬嗑卦：成文法及法律之公開化

〈雷下灶〉噬嗑卦（火雷噬嗑）

易經噬嗑卦，「先王以明罰敕法。」認為法律（尤其刑罰之法律）應事先公布，讓人民知悉，以遵守法律，避免誤蹈法網，不教而誅。此一「明罰敕法」的目的，不僅在於處罰，更在於強調事先公布法律規範，以育民教民，此係為政以德的延續，主張德教為先，先教後刑，德主刑輔。[87]

古代改朝換代時，常鑄鼎，以象徵新時代開始，並將法律規範刻於鼎

---

82 郭和杰，節卦解說，https://www.eee-learning.com/book/neweee60，瀏覽日期：110.2.22。

83 所謂「君子以制數度，議德行」者，有認為「數度，謂尊卑禮命之多少。德行，謂人才堪任之優劣。君子象節以制其禮數等差，皆使有度，議人之德行任用，皆使得宜。」〔唐〕孔穎達疏，周易正義，節卦解說，https://www.eee-learning.com/book/eee-jy60，瀏覽日期：110.2.22。

84 學者有認為節卦要求節制，故表現比例原則。李惠宗，初探易經中的法律思維，植根雜誌，第36卷第5期，2020年5月，頁217以下。

85 〔清〕牛鈕、孫在豐、張英等編撰，日講易經解義，節卦解說，https://www.eee-learning.com/book/5798，瀏覽日期：110.2.22。

86 崔波、高秀昌，周易法律思想初探，黃淮學刊（哲學社會科學版），第13卷第3期，1997年9月，頁87以下。

87 譚德貴，《周易》中的法律思想及其影響，法學論壇，第18卷第4期，2003年7月，頁93。

上，以顯示法律之莊嚴。[88]例如春秋戰國時代，鄭國子產將刑書（成文法）鑄在金屬鼎上公布，使人民知道國家法令的內容及要求，有所遵循。從而使司法機關於執法時，不得僅憑自己的好惡來濫施刑罰，如此亦限制政府權力之作用。[89]

（四）中孚卦：誠信原則

〈兌下巽上〉中孚卦（風澤中孚）

「中孚之爲卦，三與四（爻）二柔在內爲中虛，二與五（爻）二剛得中爲中實。中虛則無我，中實則無僞。唯此心洞然而虛，則至誠充然而實矣。充然者，發於中而孚於外，所以爲中孚也。」[90]「中孚六爻獨於五言孚，蓋二五（爻）皆中實，實則誠，誠則未有不孚者。而五又爲之主，則使一卦六爻如一氣然，而靡不爲之用者，唯九五也。他卦二五皆取陰陽相應，而中孚則取以剛應剛，以知中孚之道，不主於情而主於理，不孚於外而孚於中。」

1. 誠信以符合公正義理爲前提

「此卦兌下巽上，以全體言，爲中虛；以二體言，爲中實。中虛信之本，中實信之質。信發於中，故名中孚。卦辭言，信能合理，所以善用其孚而無不通也。然其所以爲孚者，一皆本於義理之至正，而不爲硜硜之小信，膠執不通，然後信所當信，而合於貞焉。按：聖賢脩身持世，莫不以孚信爲本原。然而言不必信，行不必果，恐其不皆出於正也。」[91]

「以卦德言之，下說而上巽，說（悅）則臣以和衷上感乎君，巽則君以虛懷下應乎臣，上下交孚，自能化行邦國，此孚之及乎人者也，而一本於在中之孚，中孚之所由名以此。惟孚出於人心之正，而合乎天命之本然，乃與天相應，斯感無不化也。按：天命流行，物與無妄。中孚之理，即是天心，通於

---

88 傳統國學典藏編委會編著，白話易經，中國畫報出版社，2011年，頁210。

89 家榮雲川，子產「鑄刑書於鼎」中國歷史上第一次正式公布的成文法，2017.5.10，https://kknews.cc/history/eo999b4.html，瀏覽日期：110.2.28。

90 〔清〕牛鈕、孫在豐、張英等編撰，日講易經解義，中孚卦解說，https://www.eee-learning.com/book/5799，瀏覽日期：110.2.8。

91 〔清〕牛鈕、孫在豐、張英等編撰，日講易經解義，中孚卦解說，https://www.eee-learning.com/book/5799，瀏覽日期：110.2.10。

億兆人之心，而又通於億兆物之心。人惟失此心之本體，所以不能通人物之心以應乎天心耳。蓋天之道，孚貞而已，故又曰『利貞，乃應乎天者』，惟恐擇之不精，持之不固，或稍涉乎偏私，而不合乎天心之正，是以丁寧若此，此即《中庸》以人達天之義乎。」[92]

2. 誠信仍應通權達變

中孚卦，「上九，翰音登于天，貞凶。《象》曰：翰音登于天，何可長也。」「此一爻言，處孚之窮，為信非所信者戒也。翰是羽。翰音，言雞鳴必振其羽也。周公繫中孚上爻曰：天下事理當與時勢變通，方能善用其信，而無窒礙難行之患。上九居中孚之極，徇偏執之見，乏融通之識，不度可否順逆，固守其信，而必欲行之。猶翰音本非登天之物，而強欲登于天。非貞而自以為貞，則必違時拂勢而取凶矣。孔子釋上象曰：孚信所以可久者，惟能通其變而不窮也。」「按：中孚之道，有常有變。初爻宜守常，而惟恐其變，虞之所以得吉。上爻宜通變，而固執其常，貞之所以得凶。夫貞何以凶也？宋襄之行仁，適足以取敗；荀息之死難，無補於格君。拘一時之小信，而不通古今之大義。」

（五）賁卦：形式與實質並重原則

〈離下艮上〉賁卦（山火賁）

山火賁卦，「賁，亨，小利有攸往。」「《象》曰：賁，亨，柔來而文剛，故亨。分剛上而文柔，故小利有攸往，天文也。文明以止，人文也。」「觀乎天文，以察時變。觀乎人文，以化成天下。」

「賁卦變剛柔交錯，卦德文明以止，皆有文飾之義。賁雖尚文，然必以質為本。蓋人情自質而趨於文也易，自文而返於質也難。」「此卦離下艮上，內離明而外艮止，是內裕文明之德，而外無踰等之弊。」

「卦辭言，文固不可不用，而亦不可過用也。賁，文飾也。亨小利有攸往，以卦變言。文王繫賁象辭曰：文質得中，則行之通達而無弊。文質失序，則僅可粉飾一時，而終有文勝之虞也。如卦變柔來文剛，是能以淳樸為主，而

---

[92] 〔清〕牛鈕、孫在豐、張英等編撰，日講易經解義，中孚卦解說，https://www.eee-learning.com/book/5799，瀏覽日期：110.2.10。

文濟之，得其中矣。且離明於內，則制禮作樂皆斟酌時宜，務求至當，文之四達而不悖也，何亨如之？又卦變剛上文柔，是徒以藻繪為主，而質反輔文，失其序矣。且艮止於外，則布政宣猷，皆塗飾文具，不能經遠，文之可小而不可大也，則亦小利有攸往而已。按：自古帝王未有無文而治者。四代之典謨訓誥，禮樂刑政，皆治世之文也。然質為本，文為末；本為大，末為小。文以輔質，此賁之所以致亨；文以滅質，此利之所以為小。故陶唐有憂深思遠之風，夏禹有克勤克儉之美，伊尹有慎乃儉德之規，孟子有賢君恭儉之訓，皆敦本尚實而專務於其大者也。若徒事繁文，以長浮偽，又豈所以為賁乎？」[93]

賁卦強調外表紋飾，僅是形式表面之美，更應注意本質部分。論語雍也篇，子曰：「質勝文則野，文勝質則史。文質彬彬，然後君子。」亦即「一個人如果他的品質勝過文彩就會粗野，文彩勝過品質就會浮華。祇有文彩與品質配合恰當，才是君子。」[94]故「以柔文剛，則質為主，而加之以文，達之天下後世，無有不準，故亨。若夫剛上文柔，則文為主，而質反輔之，推之天下後世，必有其弊，故小利有攸往。文王之繫辭如此，苟明乎賁之所由亨，而悟賁之為道豈徒文已哉！」[95]在此表示不可過度注重表面紋飾，忽略實質正道，否則必有弊端產生。

賁卦九三爻：「賁如濡如，永貞吉。」表示文飾相當盛大而美麗，永保貞定則吉。[96]亦即與其過度追求外表的榮華，不如堅守自己的內在美德，才能永保榮景。在此強調實質內涵之重要性。以此精神運用於法治建設上，法規範及其解釋適用不僅強調其外部形式架構及其邏輯推論之表象之美，更應注重法規範實質內涵之公正合理性，持守正道，來美化政治，才能持久而不敝，永保吉祥。[97]故「《象》曰：永貞之吉，終莫之陵也。」如果過度文飾奢華，人欲橫

[93] 〔清〕牛鈕、孫在豐、張英等編撰，日講易經解義，賁卦解說，https://www.eee-learning.com/book/5760，瀏覽日期：110.2.28。
[94] 諸子百家中國哲學書電子化計劃，論語>雍也，https://ctext.org/analects/yong-ye/zh?searchu=%E5%AD%90%E6%9B%B0%EF%BC%9A&searchmode=showall#result，瀏覽日期：110.2.28。
[95] 〔清〕牛鈕、孫在豐、張英等編撰，日講易經解義，賁卦解說，https://www.eee-learning.com/book/5760，瀏覽日期：110.2.28。
[96] 「此一爻是言處群才輻輳之會，當示以正大之情也。濡如，潤澤之象。」〔清〕牛鈕、孫在豐、張英等編撰，日講易經解義，賁卦解說，https://www.eee-learning.com/book/5760，瀏覽日期：110.2.28。
[97] 傅隸樸，周易理解，初版8刷，2003年，頁193。

流，或粉飾太平，不務實際，全失本眞，必成禍國殃民之政。

賁卦六五爻：「賁于丘園，束帛戔戔。[98]吝，終吉。」此爻辭「敦本尙實，純以儉樸居心，而一切繁華之見，不得淆其中。雖身履朝廷文物之盛，而不失山林樸素之風，爲賁于丘園之象。至於束帛雖微，可以享神求賢。禮宜隆渥，而亦戔戔自持，則外此之不事華縟可知已。夫當賁時，而儉嗇若此，似不免爲鄙爲僿之吝。然踵事增華，終不若安於儉素之爲善也。故終則吉焉。」[99]

賁卦上九爻：「白賁，無咎。《象》曰：白賁無咎，上得志也。」表示以最爲樸素的白色當作裝飾，沒有過咎。在此以樸素爲裝飾，返樸歸眞，才能善終。提示實質內在美，才是國家法治之根本。

四、社會主義的大同世界觀

（一）謙卦：實質平等思想

〈艮下坤上〉謙卦（地山謙）

易經謙卦，「亨，君子有終。」「《象》曰：地中有山，謙，君子以裒多益寡，稱物平施。」「孔子釋謙象曰：此卦地中有山，是地雖卑，而中之所蘊則高，有謙之象。君子法之以處世，不可以自高而卑人，故有持平之道焉。蓋自高之見，常患有餘；自卑之情，常患不足。惟裒損其矜高之多，而謙以持己；增益其謙下之寡，而卑以下人。稱量於人己之間，而適符其當輕當重之等，則施於人己者，自得其平矣。」[100]在此謙卦提示「損有餘，而補不足」，具有「分配正義」的社會主義思想。[101]

---

[98] 束帛，薄物。戔戔，淺小之意。〔清〕牛鈕、孫在豐、張英等編撰，日講易經解義，賁卦解說，https://www.eee-learning.com/book/5760，瀏覽日期：110.2.28。

[99] 束帛，薄物。戔戔，淺小之意。〔清〕牛鈕、孫在豐、張英等編撰，日講易經解義，賁卦解說，https://www.eee-learning.com/book/5760，瀏覽日期：110.2.28。

[100] 〔清〕牛鈕、孫在豐、張英等編撰，日講易經解義，謙卦解說，https://www.eee-learning.com/book/5753，瀏覽日期：110.2.17。

[101] 蔡茂寅，易經傳中的法律思想，植根雜誌，第36卷第5期，2020年5月，頁184。

（二）同人卦：大同世界觀

〈離下離上〉同人卦（天火同人）

易經天火同人卦，「同人于野，亨。利涉大川，利君子貞。」「《彖》曰：同人，柔得位得中而應乎乾，曰同人。同人曰，同人于野，亨，利涉大川，乾行也。文明以健，中正而應，君子正也，唯君子爲能通天下之志。」「《象》曰：天與火，同人。君子以類族辨物。」

1.同人之道，貴以大公至正通天下之志

「同人之道，貴以大公至正通天下之志，不可稍有偏係。統一卦而論，則有乾行之德。而其同人出於公，故亨。卦辭言，同於人者，當大公無私，而貴合於君子之正道也。同人象辭曰：凡人不能無所同，但恐所同之不廣。所同不廣則爲私同而非大同也。同人於野，則曠遠而無私，如處一家一鄉，則大同乎一家一鄉之人；處一國天下，則大同乎一國天下之人，皆大同也。所同無私，則足以致人之親輔，來人之信從，何舉不遂？何往不濟？凡事皆亨，雖事之大而難者，如大川之險，亦利於涉矣。然非合於君子之正道，亦不得爲大同也。夫君子之道，豈必人人而求與之同哉？亦惟以正而已。正也者，人心之公理不期同而自無不同者也。合於君子之貞，乃爲于野之公，而亨且利涉耳。」[102]

2.順天理，合人情，是君子之所同者

「卦體以乾行而利涉，蓋乾之力甚大，凡義理之所在，勇於必爲，而無一毫懦怯之意，則亨不待言矣。又曰『利君子貞』者，卦德文明以健，文明則能燭乎正理，而明大同之義；剛健則能行乎正理，而盡大同之道。卦體中正而應，是在己既正而無私，所應亦正而無私也。此皆君子之正道也。夫天下之理，正而已矣。苟能順天理，合人情，是君子之所同者，乃天下人心之公理也。既得乎天下人心之公理，自有以通天下之志，而亨利涉矣。自古至治之世，一道同風。夫人各一心，而可以使無弗同者，惟此中正之理而已。」

在此表現大公無私之正道，乃天下人心之公理，國家法治以此「公理正道」作爲法治基礎，能順天理，並合人情，即可成就禮運大同篇所謂「天下爲

---

[102] 〔清〕牛鈕、孫在豐、張英等編撰，日講易經解義，同人卦解説，https://www.eee-learning.com/book/5751，瀏覽日期：110.2.28。

公」的大同世界的理想境界。

　　然而要能天下爲公，並非人人均能抱持此一處世態度，此係君子之正道也。唯有君子能通天下之志，故在國家治理之手段上，應結合正人君子共同治理，國家才能康盛。在此顯示易經主張文官制度應「選賢與能」，亦即「同人于野，亨，利涉大川，利君子貞。」否則如果小人當道，唯利是圖，自私自利，難以和同天下人心。

　　「宋歐陽脩論君子小人之朋，謂小人所好者祿利，所貪者財貨。當其同利之時，暫相黨引以爲朋者，僞也。君子則不然，所守者道義，所行者忠信，所惜者名節。以之脩身，則同道而相益；以之事國，則同心而共濟。故爲人君者，但當退小人之僞朋，用君子之眞朋，則天下治矣。甚矣！脩之言，有合於同人之義也。」[103]

3. 君子以類族辨物，各正其性

　　「《象》曰：天與火，同人，君子以類族辨物。」「此《象傳》，是言君子審異致同之事也。類族，以人言。辨物，以物言。」

　　「孔子釋同人象曰：此卦天在上，而火炎上，其性相同，故爲同人。然天下有不可皆同之理，若不審其異，則混淆雜亂，反不得其同矣。君子以爲天下之不同者，莫如族。於是因其族而類之。如六德者均爲諸侯，三德者均爲大夫。功之大者，同於開國；功之小者，同於承家。士農工商，各業其業而不相混。府史胥徒，各事其事而無相紊。內有昭穆之辨，外有尊卑之等。如是，則族得其類矣。天下之不同者莫如物，於是因物而辨之。如朝廷之上，則五瑞三帛二生一死之贄儀；親疏之際，則三年期年大功小功之服色。律呂陰陽不同，而同於正五音；璿璣玉衡不同，而同於齊七政。菽粟之類，同歸於養生。藥石之類，同歸於衛生。律度量衡之必一，章服器用之不差。如是，則物得其辨矣。」

　　「按：卦取大同之義，而《象》則言類族辨物者，蓋致同全在於審異。故法乾覆之無私，離明之有別，以類聚而辨析之，俾族類分別而不至於紊，此正所謂物之不齊。物之情者，因其不同以爲同耳。若如異端之說，必欲比而一

103 〔清〕牛鈕、孫在豐、張英等編撰，日講易經解義，同人卦解說，https://www.eee-learning.com/book/5751，瀏覽日期：110.2.28。

之，則是非雜糅，大小混淆，馴必至於亂矣。烏能使之同哉？」[104]

「蓋天下同所當同，則逸而有功；同所不當同，則勞而罔益。不量其理與勢，而妄求之，雖同人爲至易至簡之事，而亦有不可行者，故曰：易必知險，簡必知阻。不學易者，殆不可涉世也夫。」[105]在此顯示，在和同過程中，仍應注意人情與事物性質之差異，予以合理差別待遇，不可強爲和同，導致秩序混亂，徒勞無功。

五、德治為主，法治為輔之原則

（一）德治為主

1.厚德載物：坤卦

☷☷坤卦（坤爲地）

坤卦，「《彖傳》曰：至哉坤元，萬物資生，乃順承天。坤厚載物，德合無疆，含弘光大，品物咸亨。」「《象》曰：地勢坤，君子以厚德載物。」

2.以德惠民原則：益卦

☳☴〈震下巽上〉益卦（風雷益）

益卦，「利有攸往，利涉大川。」「《彖》曰：益，損上益下，民說無疆。自上下下，其道大光。利有攸往，中正有慶。利涉大川，木道乃行。益，動而巽，日進無疆，天施地生，其益無方。凡益之道，與時偕行。」

「此卦震下巽上，損上卦之陽，益下卦之陰，有損上益下之義，然民富而君不至獨貧，則下益而上亦益也，故名爲益。卦辭言益道無所不利，以明惠下之政。」[106]「益見於王道，則有減賦補助，約己裕民之政，《彖傳》所謂民

---

[104] 〔清〕牛鈕、孫在豐、張英等編撰，日講易經解義，同人卦解説，https://www.eee-learning.com/book/5751，瀏覽日期：110.2.28。

[105] 〔清〕牛鈕、孫在豐、張英等編撰，日講易經解義，同人卦解説，https://www.eee-learning.com/book/5751，瀏覽日期：110.2.28。

[106] 〔清〕牛鈕、孫在豐、張英等編撰，日講易經解義，益卦解説，https://www.eee-learning.com/book/5780，瀏覽日期：110.2.28。

悅道光是也。益本於天德，則有遷善改過，進德修業之學，《象傳》所謂動巽日進是也。疏觀六爻，自初至四，皆以臣之受益言。五上二爻，則以上之益下言。蓋益以興利，初利用為大作，是為天下萬世之大計，非尋常之報效也。二用享帝，為靖獻之大誼。三益用凶事，為盤錯之大任。四利用為依遷國，為安民之大舉。皆非小益之事。至九五之元吉，由惠心之有孚。上九之莫益，由立心之勿恒。則興利之原，未有不本於君心者也。所謂有天德，然後可以行王道也。」[107]在此益卦顯示「以德惠民原則」[108]，執政者應以改善天下人民生活福祉為目標，即可德澤廣被，誠益於天下，天下人民受其大福，自可獲得人民忠心愛戴。

　　益卦六三爻辭：「益之用凶事，無咎。有孚中行，告公用圭。」六四爻辭：「中行，告公從。利用為依遷國。《象》曰：告公從，以益志也。」強調為政之道，應守持中道（中行），以便使君臣上下一心，為民謀福利。「以益下為心，可以得君，亦可以得民也。」[109]

　　益卦九五爻辭：「有孚惠心，勿問元吉。有孚惠我德。」「《象》曰：有孚惠心，勿問之矣。惠我德，大得志也。」即強調有誠信施行德政，能恩惠及於人心，人民亦以誠信回報所受之恩德。故大吉！

3. 以宗教禮樂教化人民為先

(1) 萃卦：祭祀宗廟，提倡孝道

萃卦（澤地萃）

　　「萃亨，王假有廟，利見大人，亨，利貞。用大牲吉。利有攸往。」
「《象》曰：萃，聚也。順以說，剛中而應，故聚也。王假有廟，致孝享也；利見大人，亨，聚以正也；用大牲，吉，利有攸往，順天命也。觀其所聚，而天地萬物之情可見矣。」

　　易經也提倡祭祀宗廟以享鬼神，具有提倡孝道禮節之意。

107　〔清〕牛鈕、孫在豐、張英等編撰，日講易經解義，益卦解說，https://www.eee-learning.com/book/5780，瀏覽日期：110.2.28。
108　關梅，《周易》古經法哲學思想研究，求索雜誌，2013年11月，頁118。
109　〔清〕牛鈕、孫在豐、張英等編撰，日講易經解義，益卦解說，https://www.eee-learning.com/book/5780，瀏覽日期：110.2.28。

(2) 渙卦：祭祀天帝，以團結民心

☴☵ 渙卦（風水渙）

渙卦，「亨，王假有廟，利涉大川，利貞。」

「《彖》曰：渙亨，剛來而不窮，柔得位乎外而上同。王假有廟，王乃在中也。利涉大川，乘木有功也。《象》曰：風行水上，渙，先王以享于帝，立廟。」在此君王前往宗廟祭祀，意謂有大事，集合眾人以敬告於鬼神，有凝聚人心的效用。利涉大川，有利於涉險行事的意思。[110]在此利用宗廟祭祀以凝聚團結大眾民心，以解救天下之危難。在易經鼎卦象辭曰：「聖人亨以享上帝，而大亨以養聖賢。」由此可見易經中亦有上帝宗教思想觀念，以團結民心。

(3) 蒙卦

☶☵ 〈坎下艮上〉蒙卦（山水蒙）

山水蒙卦，「蒙取養蒙之義。物生方稚，養德更難于養身。聖人欲立教者，動合于中，而施當其可。故卦辭予之以亨，而又戒之以利貞。」

「《彖》曰：蒙，山下有險，險而止，蒙。蒙亨，以亨行，時中也。匪我求童蒙，童蒙求我，志應也。初筮告，以剛中也。再三瀆，瀆則不告，瀆蒙也。蒙以養正，聖功也。」「《象》曰：山下出泉，蒙，君子以果行育德。」在此提示國民之人格教育以及道德修養，應於年少時及早實施，以免品行偏差之後，再行矯正，即相當困難。

又為確保教育秩序目的之達成，必要時，仍應實施處罰手段以維持教育秩序。蒙卦初六爻辭：「發蒙，利用刑人。用說桎梏，以往吝。」「《象》曰：利用刑人，以正法也。」「治天下，教化愚昧無知之人民，不能無處罰。教化以養童蒙之君子，處罰以懼愚蒙之小人。發初之蒙，利用處罰者，所以正治蒙之法，使之有所畏懼，而不敢犯也。蓋發蒙之道，既用處罰以懲其初，即用說以觀其後，則養之意，未嘗不寓于法之中。此即《禮記》所謂：『師嚴然後道尊，道尊然後民知敬學。』」[111]「大抵治蒙之法，貴乎寬嚴適中，而制之于早

---

[110] 渙卦解說，https://www.eee-learning.com/book/neweee59，瀏覽日期：111.5.14。

[111] 〔清〕牛鈕、孫在豐、張英等編撰，日講易經解義，蒙卦解說，https://www.eee-learning.com/book/5742，瀏覽日期：110.2.14。

則易爲力；防之于後，則難爲功。制於早者，發蒙者也，正法以繩之而有餘；防于後者，擊蒙者也，干戈以禦之而不足。」[112]

4. 賁卦：以文明禮樂治理天下

〈離下艮上〉賁卦（山火賁）

「賁，亨，小利有攸往。」

「《彖》曰：賁亨，柔來而文剛，故亨。分剛上而文柔，故小利有攸往，天文也。文明以止，人文也。觀乎天文，以察時變，觀乎人文，以化成天下。」

「此卦離下艮上，內離明而外艮止，是內裕文明之德，而外無踰等之弊。」「卦序上賁卦緊接噬嗑之後，兩卦講的是爲政的兩個不同面向：噬嗑是以刑罰懲奸除惡，賁卦則是軟性的措施，講的是文化。噬嗑卦『利用獄』爲小懲以防大惡，賁卦『君子以明庶政，無敢折獄』則是以文化而減少刑罰。」[113] 在此以文明禮樂治理天下，而使人民守禮而無犯法行爲。

5. 和樂天下人心：豫卦

〈坤下震上〉豫卦（雷地豫）

「豫，利建侯、行師。」「豫取和樂之義。所以致和樂者，由九四一陽統眾陰，其志得行，而卦德又順理以動故也。然豫有二義：卦之豫，乃萬方和樂之徵，雖建侯行師而亦利。」[114]

論者有認爲：「就卦序來看，豫卦與謙卦是相綜的一對對卦，是繼同人、大有而來，分別代表禮樂之道，禮與樂是儒家治國理想的兩項主要措施，禮道可從履卦與謙卦之中得見，履與謙彼此旁通，爲禮的一體兩面，一實踐於外，一虛心於內，謙亦可謂禮之內化。而豫卦講的則是樂，也就是以娛樂、音

[112] 〔清〕牛鈕、孫在豐、張英等編撰，日講易經解義，蒙卦解說，https://www.eee-learning.com/book/5742，瀏覽日期：110.2.14。

[113] 郭和杰，賁卦（山火賁）解說，https://www.eee-learning.com/book/neweee22，瀏覽日期：110.2.28。

[114] 〔清〕牛鈕、孫在豐、張英等編撰，日講易經解義，豫卦解說，https://www.eee-learning.com/book/5754，瀏覽日期：110.3.2。

樂來教化並陶冶心性。因此就儒家來說，謙豫皆關乎民心之治理。正所謂『樂者爲同，禮者爲異』，豫道重在於和同，因此其吉道爲感情的交流，用心傾聽。忌則在於不知節制，流於淫逸、耽溺、怠惰。《雜卦傳》『豫怠也』就是以豫之流敝而言。」[115]

豫卦，「《象》曰：豫，剛應而志行，順以動，豫。豫順以動，故天地如之，而況建侯行師乎？天地以順動，故日月不過，而四時不忒。聖人以順動，則刑罰清而民服。豫之時義大矣哉。」

豫卦上卦「震」是動，下卦「坤」是順，表示順應時機或順理而行動，因此愉快。聖人順理而行動，因此賞罰公正，人民悅服。[116]

「文王繫豫象辭曰：有天下者至於豫，此非常之遇，而大有爲之時也。蓋天下事，以得人心爲本。使人心未得，而妄有作爲，鮮克濟矣。當豫之時，萬眾歸誠，一人悅豫，所謂樂以天下者也。得天下心，行天下事，以之建侯，則統馭有方，而無強梁跋扈之患；以之行師，則大權在握，而有除殘伐暴之威。則其於他事，亦無不利可知矣。」[117]「卦德坤順震動，是主豫者順理而動，隨事得宜，而人心協應矣，故其卦名曰豫。然是順以動也，豈惟人事爲然？從來天人感應，無非一理。將見上而陰陽合其度，下而剛柔適其宜。人心和樂而天地以和樂應之，亦如我之順動而不違矣。」[118]在此統治者順理而行，和樂天下人民，因此得天下人心，使人民心悅誠服，即可穩定政府統治基礎，而不至於動亂發生。

豫卦，「《象》曰：雷出地奮，豫。先王以作樂崇德，殷薦之上帝，以配祖考。」繫辭傳下第二章：「重門擊柝，以待暴客，蓋取諸豫。」先王製作音樂來崇揚道德，並誠心地將它奉獻給上天及祖先們。此種運用音樂陶冶人民心性，提升道德修養，即可預防犯罪等違法行爲。

115 郭和杰，豫卦解説，https://www.eee-learning.com/book/neweee16，瀏覽日期：110.3.2。
116 傳統國學典藏編委會編著，白話易經，中國畫報出版社，2011年，頁88。
117 〔清〕牛鈕、孫在豐、張英等編撰，日講易經解義，豫卦解説，https://www.eee-learning.com/book/5754，瀏覽日期：110.3.2。
118 〔清〕牛鈕、孫在豐、張英等編撰，日講易經解義，豫卦解説，https://www.eee-learning.com/book/5754，瀏覽日期：110.3.2。

（二）法治為輔

1. 以刑事處罰維持社會秩序以及罪刑法定原則：噬嗑卦

〈震下離上〉噬嗑卦（火雷噬嗑）

火雷噬嗑卦的《卦辭》曰：「噬嗑，亨，利用獄。」噬嗑卦係指「天下事所以不和合者，由讒邪間隔於其間。聖人觀噬嗑之象，推之天下萬事，皆使去其間隔而合之，則強梗去而德化行矣。去天下之間，在任刑罰。」「文王繫噬嗑象辭曰：凡天下事，未得亨通者，皆有物以間之也。噬而去之，則物無所間於我。而凡所措施，推之皆準，動之皆化，亨其宜矣。即如治獄一事，使不得其情，而頑梗未服。猶有物以間之，必利用此噬嗑之道，為之別白是非，剖析情偽，則奸惡屏除，庶幾刑措不用而大化可成矣。」[119]噬嗑卦表示對於違反社會秩序規範者，必須施加處罰，以排除違法行為，回復社會秩序，以營造和諧社會。

噬嗑卦，「《象》曰：頤中有物，曰噬嗑。」「噬」為咬，「嗑」為合，上下顎合攏則可咬碎東西，象徵著可以剷除一切障礙物。噬嗑卦以口中咬合食物作為比喻，闡明了適用刑罰的必要性。如果社會出現了犯罪行為，就必須用刑罰剷除那些不良分子，並且刑獄不可以缺失，要利用刑獄來維護社會的秩序。噬嗑卦，「《象》曰：雷電噬嗑，先王以明罰敕法。」統治者要作到「明罰」，就是要事先將犯罪行為類型以及處罰效果，施以何種刑罰，均明文規定。當有人違反法律時，即有規則可循，以避免執法者的任意性。「敕法」即向社會大眾公布法律，令民眾心中明確了解何種行為構成犯罪，使之遵守法律，盡可能不犯法受刑。[120]在此體現易經噬嗑卦提倡罪刑法定主義與刑期無刑的思想，以避免人民誤導法網。

噬嗑卦六爻從「屨校滅趾」、「噬膚滅鼻」到「何校滅耳」，[121]按照犯罪情節輕重，而有輕重不同之處罰，體現「罪刑相當原則」以及公平處罰原則。

---

[119] 〔清〕牛鈕、孫在豐、張英等編撰，日講易經解義，噬嗑卦解說，https://www.eee-learning.com/book/5759，瀏覽日期：110.2.10。

[120] 李文達，《易經》中的法律思想，人民法院報，2019年7月5日，第007版法治星空。

[121] 古代刑罰以傷害身體或器官作為處罰手段，處罰相當嚴厲而殘酷，故易經強調必須審慎查明案情合理處罰，以免傷及無辜。

亦即「因大小之罪，定輕重之罰。一出一入，秩然有條而不紊。俾後之用法者，有所遵守，而罔敢少踰。如此則國憲昭明於一時，紀綱振肅於萬世。庶人知警懼而無或犯矣，茲非去間之大權乎！」[122]

2.刑罰謙抑原則：中孚卦

☲ 〈澤下風上〉中孚卦（風澤中孚）

　　易經中孚卦，「《象》曰：澤上有風，中孚，君子以議獄緩死。」表示君子好生之心，仁民愛物，善體中孚之意也。「兌澤之上有巽風，澤至實而風至虛，風無形而能感澤，猶誠無象而能動物，中孚之象也。君子體此以用獄，當獄之未成，則用議以求其入中之出；即獄之既成，猶用緩以求其死中之生。」在此體現刑罰之處罰應以最小限度為原則，如可求其生，即不可過度嚴苛處罰，以彰顯刑罰之謙抑原則。

3.審慎審判（慎刑）及迅速審判原則：旅卦與賁卦

(1) 易經旅卦

☲ 〈艮下離上〉旅卦（火山旅）

　　易經旅卦，「卦內艮外離，止而麗於外，有旅象焉。」「《象》曰：山上有火，旅，君子以明慎用刑而不留獄。此《象傳》，是言君子慎刑之道也。孔子釋旅象曰：山上有火，去而不留，旅之象也。君子以主刑者，民之司命。故當其用刑之時，審察必極其明，而使無遁情，又不敢以慢易之心乘之，而務加謹慎。輕重得宜，出入惟允，如山之止，以為慎而不敢輕忽也。明慎既盡，而斷決隨之，當刑即刑，當宥即宥，如火勢之不留，而不至淹滯也。按：明慎者，君子之仁也。不留者，君子之義也。仁義並用，而治獄之道盡矣。義而不仁則傷於暴而濫及於無辜，仁而不義又傷於懦而威阻於強梗。必如君子，然後可當折獄之任，而天下無冤民也乎。」[123]在此一方面「明慎用刑」，表示應盡

---

[122] 〔清〕牛鈕、孫在豐、張英等編撰，日講易經解義，噬嗑卦解說，https://www.eee-learning.com/book/5759，瀏覽日期：110.2.14。

[123] 〔清〕牛鈕、孫在豐、張英等編撰，日講易經解義，旅卦解說，https://www.eee-learning.com/book/5794，瀏覽日期：110.2.22。

善良管理人注意，儘量調查事件事實真相，審慎審判，而使無遁情，才能輕重得宜，出入惟允，以免造成冤屈而傷及無辜（仁愛之心）。另一方面「不留獄」，係指應迅速審判，勿拖延訴訟，以安定人心，同時落實法紀，以維護社會秩序，並伸張社會正義（君子之義）。

(2) 易經賁卦

≡ 〈離下艮上〉賁卦（山火賁）

易經賁卦，「《象》曰：山下有火，賁，君子以明庶政，無敢折獄。」「此《象傳》，是言人君敷政慎刑，以章文治也。折，辨晰也。孔子釋賁象曰：山下有火，光被群生，此賁象也。蓋山在上則法有所必守，火居下則明有所不矜，君子體此，於水火兵農錢穀之庶政，務用吾之明以綜覈之，而無使少有暗昧，以傷文明之治。至於獄者，民命死生之所係也。衡文析律，稍恃其明，而輕為讞決，則民之失人，而死於司刑之刀鋸者，蓋不知凡幾矣。況賁尚文飾，獄貴得情，須先有哀矜慈恤之心，以去其慘刻深文之習，而臨獄之時，自無敢輕為折也。按：賁雖以文飾為尚，而貴有實意行乎其間。曰明庶政，則後世鋪張粉飾之文，反若以為陋矣。曰無敢折獄，則後世慘苛鍛鍊之風，不知其何以消矣。」強調審慎審判，不可草率定罪，以免傷及無辜，以符合理性的文明治理原則。

4. 罪刑相當原則：豐卦

≡ 〈離下震上〉豐卦（雷火豐）

雷火豐卦，「卦以明動相資為義，離明主之，而震動將之。」「《象》曰：雷電皆至，豐，君子以折獄致刑。此《象傳》，是言君子法天之威明以治獄也。折，謂剖斷其曲直。致，謂推致其重輕。孔子釋豐象曰：雷電皆至，威照並行，盛大之勢，豐之象也。君子以為，獄者天下之大命，而刑者一成而不變者也。故於獄之未決，則取電之明以折其獄，剖斷其曲直，而必得其情實，惟明克允也。獄之既成，則取雷之威以致其刑，推極其輕重，而必當其罪惡，惟斷乃成也。夫明以折獄，威以致刑，則用法平允，而天下無冤民矣，此保豐之道也。按：噬嗑明在上，威在下，是明得事理，民未有罪而先立法於此，以待異日之用，故曰『明罰勅法』。豐威在上，明在下，是用法時，能洞悉下

情，而上之用威，方無過差，故曰『折獄致刑』。然則王者之用刑，雖云威照並用，而又必以明為主也。」[124]在此易經強調刑罰應採取剛柔並濟手段，罪刑相當，尤其應使人民事先明瞭法律，以知法守法，不至於違法犯罪，具有「預防犯罪」之思想觀念。

5. 衡平法則──赦免情節輕微殊堪憫恕案件之處罰：解卦

〈坎下震上〉解卦（雷水解）

雷水解卦，取解難之義。「《象》曰：雷雨作，解，君子以赦過宥罪。此《象傳》，是言君子體解之義，以仁其民也。孔子釋解象曰：雷雨交作則散蘊結而為亨通，有以解萬物之難，解之象也。君子之於萬民，猶天地之於萬物。念茲蹇難之後，多罹於法。非陷於不自知，即迫於不得已，與處常之時不同，故矜恤之典行焉。於無心之過則赦之而不問，於犯法之罪亦宥之而從輕。沛以解網之仁，開其自新之路。誠仰體天地好生之德而然也。大抵承平之世，赦宥不可數，數則奸宄得志，而良民不安。故明罰勅法，昭萬世之常經。處危疑之世，赦宥不可無，無則反側不安，而禍難不解。故泣罪祥刑，見一人之寬政。此古帝王治世之微權，在因時而用之也夫。」[125]在人民生活困難之時期或戰亂時期，或因生活所迫而違法，情有可原，故對於情節輕微殊堪憫恕案件，赦宥其罪，從寬處理。[126]

六、法治變通性原則：因時因地制宜原則

易經對於宇宙萬物之生成發展變化相當重視，強調「變通法則」，其法令

---

[124] 〔清〕牛鈕、孫在豐、張英等編撰，日講易經解義，豐卦解說，https://www.eee-learning.com/book/5793，瀏覽日期：110.2.14。

[125] 〔清〕牛鈕、孫在豐、張英等編撰，日講易經解義，解卦解說，https://www.eee-learning.com/book/5778，瀏覽日期：110.2.14。

[126] 周禮設有赦宥之法，有所謂三赦三宥然後用刑之說。李文達，《易經》中的法律思想，人民法院報，2019年7月5日，第007版法治星空。按周禮之秋官・司寇章記載：「司刺：掌三刺、三宥、三赦之法，以贊司寇聽獄訟。壹刺曰訊群臣，再刺曰訊群吏，三刺曰訊萬民。壹宥曰不識，再宥曰過失，三宥曰遺忘。壹赦曰幼弱，再赦曰老旄，三赦曰蠢愚。以此三法者求民情，斷民中，而施上服、下服之罪，然後刑殺。」對於非故意犯、過失犯以及老弱、智障者給予赦宥赦免罪責。

措施應因時因地制宜。例如易經觀卦，「《象》曰：風行地上，觀，先王以省方，觀民設教。」提倡執政者應觀察各地風俗民情以及各地方人民之實際生活需要，以作爲施政之基礎。又如無妄卦：「《象》曰：天下雷行，物與無妄，先王以茂對時育萬物。」亦即順合天時，而順序布和，以育萬物而省刑弛禁，使各得其命，則時與物皆歸無妄之中，而先王亦惟順承夫天命而已矣。

　　易經繫辭傳上篇：「廣大配天地，變通配四時。」[127]「知變化之道者，其知神之所爲乎。」[128]「參伍以變，錯綜其數，通其變，遂成天下之文。」[129]「一闔一闢謂之變；往來不窮謂之通。」「天地變化，聖人效之。」（第十一章）「變而通之以盡利。」「化而裁之謂之變，推而行之謂之通。」[130]（第十二章）

　　易經繫辭傳下篇：「變通者，趣時者也。」（第一章）「黃帝、堯、舜氏作，通其變，使民不倦，神而化之，使民宜之。易窮則變，變則通，通則久。」（第二章）「易之爲書也不可遠，爲道也屢遷，變動不居，周流六虛，上下無常，剛柔相易，不可爲典要，唯變所適，其出入以度。」（第八章）「道有變動，故曰爻，爻有等，故曰物，物相雜，故曰文，文不當，故吉凶生焉。」（第十章）「變動以利言，吉凶以情遷。」（第十二章）提倡「與時偕行」之變通因應之法則，此與韓非子所主張「法與時轉則治，治與世宜則有功」之思想理論相同，[131]可見法家思想亦深受易經影響。[132]

　　易經認爲唯有靈活變通，方能與時俱進，而功成業就。[133]此一因時因地制

---

[127] 易經繫辭傳上篇第六章。

[128] 易經繫辭傳上篇第九章。

[129] 易經繫辭傳上篇第十章。

[130] 意指：「轉換而裁制不合宜之事物是謂變，推展而實行合宜之事物是謂通。須將不合時宜之事物轉換裁制成當前可以推展實行者，以充分彰顯美善。」劉錦賢，《周易》之時宜觀，第六屆通俗文學與雅正文學——文學與經學研討會論文集，2006年9月，頁41，https://ir.lib.nchu.edu.tw/bitstream/11455/83667/1/3.pdf，瀏覽日期：110.2.15。

[131] 商君書壹言篇：「故聖人之爲國也，不法古，不修今，因世而爲之治，度俗而爲之法。故法不察民之情而立之，則不成；治宜於時而行之，則不干。故聖王之治也，愼爲察務，歸心於壹而已矣。」亦強調「法與時轉則治」的立法原則。

[132] 張濤，《周易》經傳與法家思想，理論學刊，2018年第6期（總第280期），2018年11月，頁144。

[133] 劉錦賢，《周易》之時宜觀，第六屆通俗文學與雅正文學——文學與經學研討會論文集，2006年9月，頁29-67，https://ir.lib.nchu.edu.tw/bitstream/11455/83667/1/3.pdf，瀏覽日期：110.2.15。

宜原則，運用於法律制度設計規劃上，即應根據所處時代面臨的現實問題，來制定法律與各項政策措施。[134]

七、居安思危與撥亂返治之道

（一）居安思危之道

〈離下坎上〉既濟卦（水火既濟）

「既濟，亨小，利貞。初吉終亂。」「此卦離下坎上，水火相交，各得其用。六爻之位，各得其正，故名既濟。卦辭言保濟之道，當慎終如始，而固守其貞也。」[135]

「文王繫既濟象辭曰：既濟以治定功成爲義。當斯時也，君明臣良，同心協力，處置咸宜，而事無不濟矣。但時當既濟，則盛極將衰，雖處承平之會，常有不測之虞。其爲亨已小，豈不可畏？保濟者，正宜存心戒懼，祗畏以敬天，省惕以勤民，固守其貞，方爲利耳。所以然者，當濟之初，多以謹畏而得吉。及濟之終，多以慢易而致亂。始憂勤而終逸樂，人情類然。此保吉弭亂之所以必利於貞乎！」[136]

「《彖》曰：既濟，亨，小者亨也。利貞，剛柔正而位當也。初吉，柔得中也。終止則亂，其道窮也。」

「此《彖傳》，是釋既濟彖辭，勉守正而戒止心，所以通濟道之窮也。孔子釋既濟彖辭曰：時當既濟，治定功成，豐亨之盛已過，而衰微之兆將開，其所爲亨亦僅得其小者耳。然非守之以貞，雖小亨，豈易保乎？故辭言利貞者，卦之六爻，初三五以陽居陽，是剛得其正，而當乎剛之位。二四上以陰居陰，是柔得其正，而當乎柔之位。剛柔正而當本位，則剛能勵精以圖治，而不好大以生事；柔能持重以固守，而不因循以滋弊。保濟之所貴乎貞也如此。其初之

[134] 張濤，《周易》經傳與法家思想，理論學刊，2018年第6期（總第280期），2018年11月，頁144。

[135] 〔清〕牛鈕、孫在豐、張英等編撰，日講易經解義，既濟卦解說，https://www.eee-learning.com/book/5801，瀏覽日期：110.3.1。

[136] 〔清〕牛鈕、孫在豐、張英等編撰，日講易經解義，既濟卦解說，https://www.eee-learning.com/book/5801，瀏覽日期：110.3.1。

得吉，以六二當濟之初，柔順得中，柔則敬慎而不渝，中則善用其柔而不過，有謹畏之小心，無廢弛之失事。濟道方興而得吉宜矣。至終之所以亂者，非終自為亂也。當既濟之終，人皆有苟且安止之心，則始之憂勤漸衰，終之怠荒日起，將百度俱廢，莫可支持，亂之所由生也。」若「有良法而不能守，有正人而不知用。道窮則亂，所當深戒矣。」[137]

在此顯示盛極而衰之緣由，在於未能持續持守中道，「有良法而不能守，有正人而不知用」，則終止其道窮也則亂。

因此，在太平盛世仍應居安思危，防患未然，方能永續發展。「《象》曰：水在火上，既濟，君子以思患而豫防之。」「此《象傳》，見防患不可不豫，君子所以善體濟也。孔子釋既濟象曰：此卦坎水居離火之上，水能潤下，火能炎上，相交而各得其用，既濟之象也，君子體之以保濟。時方未有患也，常恐患生於所忽，每隱而不及覺，故貴用思，思以善其終也。又恐患生於所伏，一發而不及持，故貴用防，防以謹其始也。徹始徹終，反復紬繹，既慮其患於未形，又嚴其備於未至，則雖患至而有弭患之道，濟可長保而無虞矣。從來國家之患，常由於已治已安，《書》曰：『儆戒無虞，罔失法度。』《記》曰：『禁於未發之謂豫。』古帝王制治保邦，未有不深思遠慮，防患於未然。如成湯之危懼，大禹之克勤是也。叔世之君，每恃其富盛而不謹於幾微，遂馴致於禍亂而不可救。」[138]

（二）撥亂返治之道：任賢與振民育德

〈巽下艮上〉蠱卦（山風蠱）

「蠱，元亨，利涉大川。先甲三日，後甲三日。初六，幹父之蠱，有子，考無咎，厲終吉。九二，幹母之蠱，不可貞。九三，幹父之蠱，小有悔，無大咎。六四，裕父之蠱，往見吝。六五，幹父之蠱，用譽。上九，不事王侯，高尚其事。」

---

[137] 〔清〕牛鈕、孫在豐、張英等編撰，日講易經解義，既濟卦解說，https://www.eee-learning.com/book/5801，瀏覽日期：110.3.1。

[138] 〔清〕牛鈕、孫在豐、張英等編撰，日講易經解義，既濟卦解說，https://www.eee-learning.com/book/5801，瀏覽日期：110.3.1。

「《左傳》：『女惑男，風落山，謂之蠱。』蠱卦上爲少男，下爲長女。長女之陰爻與少男之陽爻皆不當位，爲長女迷惑少男之象。上卦爲艮爲山，下卦爲巽爲風，風落於山下。風以擾之，山下養擾亂之風，爲腐敗之象。又艮爲碩果，風吹果落之象。下巽入（漸進、侵蝕）上艮止，逐漸受侵蝕而停止，慢性病之象。」[139]蠱卦，當知腐敗已經產生，若能夠盡快處理，重新規劃新的未來，則亡羊補牢，時猶未晚，蠱卦也有亨通之道。但若有事還不處理，繼續放任下去，那就無法挽回。

蠱卦，「此見亂極當治，而所以治之在人之有所事也。蠱者事也，乃既蠱而治之之事也。卦象所以成蠱，卦才所以治蠱。或從天道說向人事，或從人事說向天道，是教人竭力承天，不可自失機會，皆以責人治蠱也。當蠱之時，不可苟安。要必剛柔得中，乃可轉禍而爲福。剛而不中，則急治而失之貞。柔而不中，則緩而不治，失之裕。君虛中以任賢，賢得中以濟世，二五相應，蠱所以不終於蠱也。然失之貞者，猶有撥亂反治之心；失之裕者，終無起弊扶衰之日。蓋必有二五治蠱之君臣，乃得全上九之高尚。不然，將必出而任天下之事，所謂利涉大川，先甲後甲者，必當引爲己責矣。是知有國家者，誠宜臨變而亟爲之圖，尤宜未危而預爲之防。此持盈保泰之善術也夫。」[140]

「卦辭垂訓，以先甲救蠱之將成，以後甲策蠱之未至，此正治蠱萬全之術。」亦即於事發之前，應防患未然；於事發之後，應儘速整治，以免敗亡。

在改革之始，應從提升執政者以及人民道德修養著手。「《象》曰：山下有風，蠱，君子以振民育德。」「此《象傳》，是言君子體蠱之象，盡自新新民之道也。」「蓋世道當積弊之後，斯民陷溺已深，欲以智驅而威脅之，人不堪命，激而成變，速亂之道也。惟反而自育其德，則無長不仁之心，自有以振民生；無犯不義之事，自有以振民行。」

蠱卦九二爻辭：「幹母之蠱，不可貞。」「《象》曰：幹母之蠱，得中道也。」「凡事當變革者，有匡救之方，無矯枉之過。得中以行。」表示應採取中庸之道，以「溫和改革」的方式，進行整治，避免過於激烈，導致矯枉過正。

---

[139] 郭和杰，蠱卦解說，https://www.eee-learning.com/book/neweee18，瀏覽日期：110.3.1。

[140] 〔清〕牛鈕、孫在豐、張英等編撰，日講易經解義，蠱卦解說，https://www.eee-learning.com/book/5756，瀏覽日期：110.3.1。

　　蠱卦六五爻辭：「幹父之蠱。用譽。」「《象》曰：幹父用譽，承以德也。」此一爻是言，人君必須能「任賢」以幹蠱，進行改革必須啓用賢能人才，才能光大業而永令名。

　　蠱卦上九爻辭：「不事王侯，高尚其事。」「《象》曰：不事王侯，志可則也。」「此一爻是言，無幹蠱之責者，可以超然事外也。」是處於亂世時代，「不見用於世，而潔清自守，志願之高，足以風厲人群。其功雖不及於一時，而其節實可師乎百代。則所裨益，豈淺鮮哉。蓋斯世之蠱，必待斯世之人治之。有心世道者，豈忍坐視汙濁而不之救？」[141]

肆、結論

　　易經的法理思想，涉及君臣治國之道，博大精深，值得深入探討。其從天道推論，以明人事處理之道，具有天人合一思想。易經對於各種法治事項，從因果關係進行探討，最終仍以回歸「中正之中道」（中庸之道）（黃中通理，黃離元吉，得中道也），以利益天下人民（厚德載物，保和太和，各正性命），作爲法理念之最高指導原則，值得我們參考。

---

[141] 〔清〕牛鈕、孫在豐、張英等編撰，日講易經解義，蠱卦解說，https://www.eee-learning.com/book/5756，瀏覽日期：110.3.1。

大綱

壹、荀子概說

史記《孟子荀卿列傳》對於荀子之介紹如下：「荀卿，趙人。年五十始來游學於齊。騶衍之術迂大而閎辯；奭也文具難施；淳于髡久與處，時有得善言。故齊人頌曰：『談天衍，雕龍奭，炙轂過髡。』田駢之屬皆已死齊襄王時，而荀卿最為老師。齊尚修列大夫之缺，而荀卿三為祭酒焉。齊人或讒荀卿，荀卿乃適楚，而春申君以為蘭陵令。春申君死而荀卿廢，因家蘭陵。李斯嘗為弟子，已而相秦。荀卿嫉濁世之政，亡國亂君相屬，不遂大道而營於巫祝，信機祥，鄙儒小拘，如莊周等又猾稽亂俗，於是推儒、墨、道德之行事興壞，序列著數萬言而卒。」

荀子大約出生於西元前316年～約西元前237年至西元前235年，名況，被尊稱為荀卿，是我國戰國時代儒家學者及思想家，趙國人，曾擔任齊國稷下學宮祭酒、楚國蘭陵令，到趙國、秦國遊說諸侯，宣揚儒學與傳授六經，批評子思、孟子等其他儒家學者及墨家、道家等其他學派，有韓非、李斯等弟子，其著作後世編有《荀子》一書。[1]

由於其性惡論之思想與孟子性善論成對比，強調禮義教化，與傳統儒家強調德治（道德教化）亦稍有不同，故其思想有其獨創之處，是否屬於傳統正統儒家思想，在歷史上容有爭議。然而其思想理論至今仍有可供參考之處，故本文嘗試就荀子之法律思想進行研究。[2]在此考量其法律思想，許多淵源來自於其人性論及價值觀等哲學態度，故本文一併納入研究範圍，以窺其全貌。

---

[1] 維基百科，荀子，https://zh.wikipedia.org/wiki/荀子#cite_note-張-1，瀏覽日期：111.3.14。

[2] 本文引用之荀子言論，均引自諸子百家中國哲學書電子化計劃，荀子，https://ctext.org/xunzi/zh，瀏覽日期：111.3.14。有關荀子一書各章節似有理論不一貫之情形，且部分章節內容與禮記部分內容有雷同之情況，故後人有許多質疑未必是荀子所著，而係後人所撰而假託荀子所著者（參見王忠林註釋，荀子讀本，三民書局，初版12刷，2003年，頁10以下）。本文就此略而不論，僅就其思想理論之特徵及利弊得失進行分析探討。

貳、荀子之哲學思想：人性論與價值觀

一、性惡論及化性起偽

（一）性惡論？

　　荀子主張人類爲求生存發展，而有七情六欲的物質欲望，因此如果順是性而爲，無法節制時，即可能自私自利、互相爭奪而導致危害他人之結果。因此其所謂「性惡」，乃是客觀事實之描述，普遍存在於人類社會生活經驗中，並非指人性之本質爲「惡」，因此與孟子所述「人性本善」之「性」，係指人性本質之「性善」之觀念，其指涉之意義不同。[3]

　　荀子在性惡篇中表示：「人之性惡，其善者偽也。今人之性，生而有好利焉，順是，故爭奪生而辭讓亡焉；生而有疾惡焉，順是，故殘賊生而忠信亡焉；生而有耳目之欲，有好聲色焉，順是，故淫亂生而禮義文理亡焉。然則從人之性，順人之情，必出於爭奪，合於犯分亂理，而歸於暴。故必將有師法之化，禮義之道，然後出於辭讓，合於文理，而歸於治。用此觀之，人之性惡明矣，其善者偽也。」「若夫目好色，耳好聽，口好味，心好利，骨體膚理好愉佚，是皆生於人之情性者也；感而自然，不待事而後生之者也。夫感而不能然，必且待事而後然者，謂之生於偽。是性偽之所生，其不同之徵也。」「好利而欲得者，此人之情性也」認爲人類有自然自己的欲望，如果順應此一人類六根「眼耳鼻舌身意」之「七情六欲」本性，極容易爲非作歹，因此必須「治心」，修心養性，以化性起偽，以發揮人的理性，透過學習聖王之道，始能克己復禮，而復歸於中道。

（二）化性起偽：知「道」

　　荀子主張治心之道有二：[4]

　　其一是「虛一而靜」，以使內心大清明，而能掌握萬事萬物之理。此亦爲道家思想之精華。荀子認爲要能知「道」，必須「虛一而靜」，此與老子道德

---

[3]　周德良，荀子思想理論與實踐，台灣學生書局，修訂版，2012年，頁160。
[4]　吳怡，中國哲學發展史，三民書局，4版2刷，2015年，頁169以下。

經第十六章：「致虛極，守靜篤。萬物並作，吾以觀復。」之方法論相同。[5]

在荀子解蔽篇中表示：「聖人知心術之患，見蔽塞之禍，故無欲、無惡、無始、無終、無近、無遠、無博、無淺、無古、無今，兼陳萬物而中縣衡焉。是故眾異不得相蔽以亂其倫也。」

「何謂衡？曰：道。故心不可以不知道；心不知道，則不可道，而可非道。」**「人何以知道？曰：心。心何以知？曰：虛壹而靜。**心未嘗不臧也，然而有所謂虛；心未嘗不滿（兩）也，然而有所謂壹；心未嘗不動也，然而有所謂靜。人生而有知，知而有志；志也者，臧也；然而有所謂虛；**不以所已臧害所將受謂之虛。**心生而有知，知而有異；異也者，同時兼知之；同時兼知之，兩也；然而有所謂一；**不以夫一害此一謂之壹。**心臥則夢，偷則自行，使之則謀；故心未嘗不動也；然而有所謂靜；不以夢劇亂知謂之靜。**未得道而求道者，謂之虛壹而靜。**作之：則將須道者之虛則人，將事道者之壹則盡，盡將思道者靜則察。知道察，知道行，體道者也。**虛壹而靜，謂之大清明。**萬物莫形而不見，莫見而不論，莫論而失位。坐於室而見四海，處於今而論久遠。疏觀萬物而知其情，參稽治亂而通其度，經緯天地而材官萬物，制割大理而宇宙裡（理）矣。」

荀子認為君子要能通情達理，在修身養性上必須「誠心行義」。荀子不苟篇：「君子養心莫善於誠，致誠則無它事矣。唯仁之為守，唯義之為行。誠心守仁則形，形則神，神則能化矣。誠心行義則理，理則明，明則能變矣。變化代興，謂之天德。」「君子大心則敬天而道，小心則畏義而節；知則明通而類，愚則端愨而法；見由則恭而止，見閉則敬而齊；喜則和而理，憂則靜而理；通則文而明，窮則約而詳。」「公生明，偏生闇，端愨生通（端謹產生通達），詐偽生塞，誠信生神，夸誕生惑。」

荀子大略篇：「知者明於事，達於數，不可以不誠事也。故曰：『君子難說，說之不以道，不說也。』」「善學者盡其理，善行者究其難。」

5　太上老君說常清靜經亦謂：「常能遣其欲而心自靜，澄其心而神自清，自然六欲不生，三毒消滅。所以不能者，為心未澄、慾未遣也。能遣之者，內觀於心，心無其心；外觀於形，形無其形；遠觀於物，物無其物。三者既悟，唯見於空。觀空亦空，空無所空。所空既無，無無亦無。無無既無，湛然常寂。寂無所寂，慾豈能生？慾既不生，即是真靜。真靜應物，真常得性。常應常靜，常清靜，漸入真道。既入真道，名為得道。雖名得道，實無所得。為化眾生，名為得道。能悟之者，可傳聖道。」亦主張以「清淨心」得入真道。

其二是學法聖王，以明心見性。

荀子認為人類憑藉其理智可以學習知悉萬物之理，然而學海無涯，應知所當止。亦即應學習「聖王之法」，以獲得最高智慧。「凡以知，人之性也；可以知，物之理也。以可以知人之性，求可以知物之理，而無所疑止之，則沒世窮年不能徧也。其所以貫理焉雖億萬，已不足浹萬物之變，與愚者若一。學、老身長子，而與愚者若一，猶不知錯，夫是之謂妄人。故學也者，固學止之也。惡乎止之？曰：止諸至足。曷謂至足？曰：聖王。聖也者，盡倫者也；王也者，盡制者也；兩盡者，足以為天下極矣。故學者以聖王為師，案以聖王之制為法，法其法以求其統類，以務象效其人。」

荀子性惡篇：「凡性者，天之就也，不可學，不可事。禮義者，聖人之所生也，人之所學而能，所事而成者也。不可學，不可事，而在人者，謂之性；可學而能，可事而成之在人者，謂之偽。」荀子大略篇：「善學者盡其理，善行者究其難。」人類本性不學而能，而人類之禮義行為，則需經過教導學習才能達成，因此屬於後天學習之結果。

二、天人分離或天人合一思想？

（一）天人分離之人文主義？

荀子認為上天與人類應各司其職，人類應自行強本修道，才能趨吉避凶，國泰民安。荀子天論篇：「天行有常，不為堯存，不為桀亡。應之以治則吉，應之以亂則凶。**彊本而節用，則天不能貧；養備而動時，則天不能病；脩道而不貳，則天不能禍**。故水旱不能使之飢，寒暑不能使之疾，祅怪不能使之凶。本荒而用侈，則天不能使之富；養略而動罕，則天不能使之全；倍道而妄行，則天不能使之吉。故水旱未至而飢，寒暑未薄而疾，祅怪未至而凶。受時與治世同，而殃禍與治世異，不可以怨天，其道然也。故**明於天人之分，則可謂至人矣**。不為而成，不求而得，夫是之謂天職。如是者，雖深、其人不加慮焉；雖大、不加能焉；雖精、不加察焉，夫是之謂不與天爭職。**天有其時，地有其財，人有其治，夫是之謂能參**。舍其所以參，而願其所參，則惑矣。」因此荀子對於天之觀念，係無意志之天，而非傳統儒家思想「賞善罰惡」之有意

志之天。[6]就此有謂荀子上述思想具有「人定勝天」之觀念。[7]

荀子儒效篇:「先王之道,人之隆也,比中而行之。曷謂中?曰:禮義是也。**道者,非天之道,非地之道,人之所以道也,君子之所道也。——若夫譎德而定次,量能而授官,使賢不肖皆得其位,能不能皆得其官,萬物得其宜,事變得其應**,愼墨不得進其談,惠施、鄧析不敢竄其察,言必當理,事必當務,是然後君子之所長也。」

荀子認爲人類應積極進取向善,不能依賴天賜。強調一分耕耘,一分收穫,而有儒家「人事主義」之精神。[8]荀子天論篇:「若夫志意脩,德行厚,知慮明,生於今而志乎古,則是其在我者也。故君子敬其在己者,而不慕其在天者;小人錯其在己者,而慕其在天者。君子敬其在己者,而不慕其在天者,是以日進也;小人錯其在己者,而慕其在天者,是以日退也。故君子之所以日進,與小人之所以日退,一也。君子小人之所以相縣者,在此耳。」

荀子認爲天災事變僅是異常現象,並不可怕。荀子天論篇:「夫星之隊(墜),木之鳴,是天地之變,陰陽之化,物之罕至者也;怪之,可也;而畏之,非也。」因此有認爲荀子傾向否定天道與人類吉凶禍福之關係(天人合一或天人感應關係)。[9]

荀子認爲人類應運用大自然的力量爲己所用,而非消極等待自然發展,在此展現人類應積極向上之精神。荀子天論篇:「大天而思之,孰與物畜而制之!從天而頌之,孰與制天命而用之!望時而待之,孰與應時而使之!因物而多之,孰與騁能而化之!思物而物之,孰與理物而勿失之也!願於物之所以生,孰與有物之所以成!故錯人而思天,則失萬物之情。」[10]依據荀子此一主張,有認爲荀子有「人定勝天」(征服天行以爲人用)之思想,因此是培根之

6　胡適,中國古代哲學史,五南圖書,2版,2015年,頁422以下。
7　蕭公權,中國政治思想史上冊,聯經出版,增訂版,1981年,頁116。
8　胡適,中國古代哲學史,五南圖書,2版,2015年,頁422以下。
9　黃源盛,諸國傳統法制與思想,五南圖書,初版,1998年,頁54。
10　其意指:「認爲大自然偉大而思慕它,哪裡及得上把它當作物資積蓄起來而控制它?順從自然而頌揚它,哪裡及得上掌握自然規律而利用它?盼望時令而等待它,哪裡及得上因時制宜而使它爲我所用?依靠萬物的自然增殖,哪裡及得上施展人的才能而使它們根據人的需要來變化?思慕萬物而把它們當作與己無關的外物,哪裡及得上管理好萬物而不失去它們?希望了解萬物產生的原因,哪裡及得上占有那已經生成的萬物?所以放棄了人的努力而寄希望於天,那就違背了萬物的實際情況。」中華古詩文古書籍網,荀子天論,https://www.arteducation.com.tw/guwen/bookv_3478.html,瀏覽日期:110.3.1。

「戡天主義」（Conquest of Nature）。

荀子強調人禍之可畏，建構以人為中心之人文世界。荀子天論篇：「人祅則可畏也。楛耕傷稼，耘耨失薉，政險失民；田薉稼惡，糴貴民飢，道路有死人：夫是之謂人祅。**政令不明，舉錯不時，本事不理：夫是之謂人祅。**勉力不時，則牛馬相生，六畜作祅，禮義不脩，內外無別，男女淫亂，則父子相疑，上下乖離，寇難並至：夫是之謂人祅。祅是生於亂。三者錯，無安國。其說甚爾，其菑甚慘。可怪也，而亦可畏也。」「禮義不加於國家，則功名不白。故**人之命在天，國之命在禮。君人者，隆禮尊賢而王，重法愛民而霸，好利多詐而危，**權謀傾覆幽險而盡亡矣。」

（二）天人合一思想

有認為荀子將「禮」作為「天道」與「人道」相統一的體現，**禮既是社會法則，又是自然法則。**[11]天行人道無所不包，並稱「禮者，人道之極也。」荀子禮論篇：「禮有三本：天地者，生之本也；先祖者，類之本也；君師者，治之本也。無天地，惡生？無先祖，惡出？無君師，惡治？三者偏亡，焉無安人。**故禮、上事天，下事地，尊先祖，而隆君師。是禮之三本也。**」在此展現尊敬「天地君親師」均為禮之表現。而人類應敬天地之禮，實質上已經蘊含天人合一之精神。

荀子強調「禮」是「人道」之最高境界，認為聖人制禮作樂，為**人道之極。**荀子禮論篇：「**禮者，人道之極也。**然而不法禮，不足禮，謂之無方之民；法禮，足禮，謂之有方之士。禮之中焉能思索，謂之能慮；禮之中焉能勿易，謂之能固。能慮、能固，加好者焉，斯聖人矣。故天者，高之極也；地者，下之極也；無窮者，廣之極也；**聖人者，道之極也。**故學者，固學為聖人也，非特學無方之民也。」

由於荀子強調遵循事物之客觀規律（道理）之重要性，認為在人類控制利用自然的過程中，應順應自然規律，重視對於自然（天）與人事間二者如何相適應相符合，才不至於背道而行，達不到所欲望之目的及效果。例如人類一方面要克服天性上的情欲避免危害他人，另一方面也要認識、遵循及順應自然

---

[11] 劉志琴，中國文化史概論，文津出版社，初版，1994年，頁114。

（天），如四時順序、心知神明，洞察事物之客觀規律法則，因此，雖然其主張天人之分，但仍然要求以遵循自然規律性爲基礎（順天），而含有著「天人合一」之思想。[12]

蓋「基於自然世界與倫理世界之間類似的結構，禮既然體現了倫理存在的固有原則，在根本上也就相當於自然存在的原則（理）。就其本質而言，禮就是自然原則向人類領域的延伸。」[13]荀子樂論篇：「且樂也者，和之不可變者也；禮也者，理之不可易者也。」實際上即表現「禮」可以視爲事物法則規律之「道理」，從而與天道天理具有共通性，因此天道與人道融合貫通，具有和諧親和關係，成立「天人合一」之整體關聯性。

儒家強調提升自我人格，由士→君子→賢人→聖人，並進而內在地尋求與天（作爲宇宙本體之天）之間溝通，與天地建立一種融合成整體性之關聯，荀子所謂「參於天地」，而將人提升到一種具有宇宙意義的存在。[14]

荀子儒效篇：「習俗移志，安久移質。並一而不二，**則通於神明，參於天地矣**。」荀子天論篇：「天有其時，地有其財，人有其治，夫是之謂能參。」亦即人創造一個合於價值理念之人文秩序（治）與自然秩序相互輝映，方可與天地同參。[15]荀子性惡篇：「凡禹之所以爲禹者，以其爲仁義法正也。然則**仁義法正有可知可能之理**。然而塗之人也，皆有可以知仁義法正之質，皆有可以能仁義法正之具，然則其可以爲禹明矣。……**積善而不息，則通於神明，參於天地矣**。故聖人者，人之所積而致矣。」

就此學者有認爲：「孟子之性善，乃是個人心中之善與義理之天的德性之善的統一，性善源有心中。荀子之性惡，就是群體的人在與自然之天分離的基礎上，爲個體生存、群體結合而伴生的欲求增長，性惡源自自然之身。荀子在自然之天以外，又構建了一個**天道與人道相統一的『天人合德』的禮治世界**。」並引導人們在趨利避害之過程中，抑惡揚善。[16]

---

[12] 李澤厚，中國古代思想史論，三民書局，3版，2019年，頁139以下；東方朔，合理性之尋求——荀子思想研究論集，臺灣大學出版中心，初版，2011年，頁132以下。

[13] Edward J. Machle, Nature and Heaven in the Xunzi: A Study of the Tian Lun 1993, p. 152。轉引自王凱，荀子天人觀新論，哲學與文化，第44卷第9期，2017年9月，頁119。

[14] 王凱，荀子天人觀新論，哲學與文化，第44卷第9期，2017年9月，頁113以下。

[15] 王凱，荀子天人觀新論，哲學與文化，第44卷第9期，2017年9月，頁121。

[16] 朱鋒華、何璐，論荀子的社會和諧觀，船山學刊，第1期，2008年1月，頁115。

　　亦即荀子之天人合一思想，與儒家孟子學派以「道德之天」為基礎的**「思辨的或玄學的天人合一」**不同，也與董仲舒「天人感應」之「天人合一」有別，而可謂是**「人文的天人合一」**，主張透過人為的自我修煉修身養性，進而體解天道、溝通天人之意義。[17]亦即「本性與人為（偽）融合統一」，達到「誠者，非自成己而已也。所以成物也。成己仁也。成物知也。性之德也，**合外內之道也**。故時措之宜也。」（禮記中庸篇）[18]

三、「禮」的理論

（一）「禮」的發展階段

　　古代儒家思想相當重視「禮」，有關古代禮的觀念，胡適先生認為其發展過程可分為三個階段：[19]

1. 宗教（祭祀）之禮儀，說文解字對於禮之闡釋：「履也。所以事神致福也。」

2. 一切風俗習慣所承認之規矩規範，《韻會》：「孟子言禮之實節文斯二者，蓋因人心之仁義而為之品秩，使各得其敘之謂禮。」

　　禮記禮運篇，孔子曰：「夫禮，先王以承天之道，以治人之情。故失之者死，得之者生。《詩》曰：**『相鼠有體，人而無禮；人而無禮，胡不遄死？』**是故夫禮，必本於天，殽於地，列於鬼神，達於喪祭、射御、冠昏、朝聘。故聖人以禮示之，故天下國家可得而正也。」「禮者君之大柄也，所以別嫌明微，儐鬼神，考制度，別仁義，所以治政安君也。」

　　春秋左傳昭公二十五年：「**夫禮，天之經也，地之義也，民之行也，天地之經，而民實則之，則天之明，因地之性，生其六氣，用其五行**，氣為五味，發為五色，章為五聲，淫則昏亂，民失其性，是故為禮以奉之，為六畜，五牲，三犧，以奉五味，為九文，六采，五章，以奉五色，為九歌，八風，七

17　王凱，荀子天人觀新論，哲學與文化，第44卷第9期，2017年9月，頁124。

18　白話解釋：「真誠並不是自我完善就夠了，而是還要完善事物。自我完善是仁，完善事物是智。仁和智是出於本性的德行，是融合自身與外物的準則，所以任何時候施行都是適宜的。」中華古詩文古書籍網，中庸白話翻譯，https://www.arteducation.com.tw/guwen/bookv_3072.html，瀏覽日期：111.3.13。

19　胡適，中國哲學史大綱，天津人民出版社，初版，2016年，頁109以下。

音，六律，以奉五聲，爲君臣上下，以則地義，爲夫婦外內，以經二物，爲父子，兄弟，姑姊，甥舅，昏媾，姻亞，以象天明，爲政事，庸力行務，以從四時，爲刑罰，威獄，使民畏忌，以類其震曜殺戮，爲溫，慈，惠，和，以效天之生殖，長育，民有好惡喜怒哀樂，生于六氣，是故審則宜類，以制六志，哀有哭泣，樂有歌舞，喜有施舍，怒有戰鬥，喜生於好，怒生於惡，是故審行信令，禍福賞罰，以制死生，生，好物也，死，惡物也，好物樂也，惡物哀也，哀樂不失，乃能協于天地之性，是以長久，簡子曰，甚哉禮之大也，對曰，**禮上下之紀，天地之經緯也，民之所以生也，是以先王尚之**，故人之能自曲直以赴禮者，謂之成人，大不亦宜乎。」

3. 合於義理之行爲規範，亦即一切合於道理，可以作爲道德規範，增進社會治安之規範。

　　荀子樂論篇：「且樂也者，和之不可變者也；**禮也者，理之不可易者也**。樂合同，禮別異，禮樂之統，管乎人心矣。窮本極變，樂之情也；著誠去僞，禮之經也。」「禮義」一詞，在荀子中指一切正當行爲，同時亦兼指禮之義理本質。[20]凡合於禮之規範者即是義，反之，一切合於義之行爲者，即是禮。[21]荀子君道篇：「行義動靜，度之以禮。」

（二）荀子對於「禮」的闡釋

　　荀子對於「禮」的闡釋特別注重，荀子認爲禮的意義如下：

1. 禮之目的，在節用養民

　　荀子禮論篇：「禮者，養也。」用「禮」規範節制人類生活之欲望需求。荀子禮論篇：「人生而有欲，欲而不得，則不能無求。求而無度量分界，則不能不爭；爭則亂，亂則窮。先王惡其亂也，故制禮義以分之，以養人之欲，給人之求。」亦即禮之眞正目的在藉由節欲之手段，以圖全體人民生活之最大限度之滿足。透過制禮以明分，使權利與義務均確定而周知，以求社會安定無爭，人民康樂。[22]

---

[20] 周德良，荀子思想理論與實踐，台灣學生書局，修訂版，2012年，頁221。
[21] 周德良，荀子思想理論與實踐，台灣學生書局，修訂版，2012年，頁225。
[22] 蕭公權，中國政治思想史上冊，聯經出版，增訂版，1981年，頁106。

禮行中庸之道，荀子禮論篇：「禮者、斷長續短，損有餘，益不足，達愛敬之文，而滋成行義之美者也。」「禮者，以財物爲用，以貴賤爲文，以多少爲異，以隆殺爲要。文理繁，情用省，是禮之隆也。文理省，情用繁，是禮之殺也。文理情用相爲內外表裏，並行而雜，是禮之中流也。」

荀子提倡人民節儉，政府減輕賦稅負擔，以養民爲禮，荀子富國篇：「足國之道：節用裕民，而善臧其餘。**節用以禮，裕民以政**。彼裕民，故多餘。裕民則民富，民富則田肥以易，田肥以易則出實百倍。上以法取焉，而下以禮節用之。」所謂「**裕民以政**」，係指「輕田野之賦，平關市之征，省商賈之數，罕興力役，無奪農時，如是則國富矣。夫是之謂以政裕民。」

2. 禮之手段，應按照義理而為合理差別待遇，使「各得其宜」

禮規定「倫理名分」，[23]荀子富國篇：「禮者，貴賤有等，長幼有差，貧富輕重皆有稱者也。」「德必稱位，位必稱祿，祿必稱用，由士以上則必以禮樂節之，眾庶百姓則必以法數制之。」

荀子榮辱篇：「夫貴爲天子，富有天下，是人情之所同欲也；然則從人之欲，則埶不能容，物不能贍也。故先王案爲之制禮義以分之，使有貴賤之等，長幼之差，知愚能不能之分，皆使人載其事，而各得其宜。」

其度量分界有：(1)貴賤；(2)貧富；(3)長幼；(4)知愚；(5)能不能。荀子認爲禮重在分配，使各類型之人「各得其宜」，是謂「義」。將此「義」演化提升爲共同遵循之典章制度，是爲「禮」。[24]

荀子榮辱篇：「夫貴爲天子，富有天下，是人情之所同欲也；然則從人之欲，則埶不能容，物不能贍也。故先王案爲之制禮義以分之，**使有貴賤之等，長幼之差，知愚能不能之分，皆使人載其事，而各得其宜。然後使穀祿多少厚薄之稱，是夫群居和一之道也**。故仁人在上，則農以力盡田，賈以察盡財，百工以巧盡械器，士大夫以上至於公侯，莫不以仁厚知能盡官職。夫是之謂至平。」以禮治理天下，則「以治情則利，以爲名則榮，以群則和，以獨則足，

---

23 胡適，中國哲學史大綱，天津人民出版社，初版，2016年，頁111。

24 梁啓超，先秦政治思想史，東大圖書公司，初版，1980年，頁111。管子心術上篇：「義者，謂各處其宜也。禮者，因人之情，緣義之理，而爲之節文者也。故禮者謂有理也，理也者，明分以諭義之意也。故禮出乎義，義出乎理，理因乎宜者也。法者所以同出，不得不然者也。」亦有相同之觀念。

樂意者其是邪！」（荀子榮辱篇）

　　在此荀子認為在人類群居生活中，應適當分配資源，以免紛爭。國家施政應採取差別等級制度，使各得其所應得。荀子富國篇：「人之生不能無群，群而無分則爭，爭則亂，亂則窮矣。故無分者，人之大害也；有分者，天下之本利也；而人君者，所以管分之樞要也。」在此荀子打破封建階級觀念，主張國家有關賞罰法治，應按照能力貢獻與過錯量度為之。

　　荀子主張按照義理進行合理分配，才能合宜，和諧團結一致。亦即正義觀念所要解決的是利益之合理分配問題。因為社會群體生活之所以要建構制度規範來約束，正是在於經由制度規範，來調節分配，以平衡各方利益衝突。[25]

　　荀子王制篇：「分何以能行？曰：義。故義以分則和，和則一，一則多力，多力則彊，彊則勝物；故宮室可得而居也。故序四時，裁萬物，兼利天下，無它故焉，得之分義也。」

　　荀子王制篇：「王者之論：無德不貴，無能不官，無功不賞，無罪不罰。朝無幸位，民無幸生。尚賢使能，而等位不遺；析愿禁悍，而刑罰不過。百姓曉然皆知夫為善於家，而取賞於朝也；為不善於幽，而蒙刑於顯也。夫是之謂定論。是王者之論也。」

　　荀子君子篇：「故尚賢，使能，等貴賤，分親疏，序長幼，此先王之道也。故尚賢使能，則主尊下安；貴賤有等，則令行而不流；親疏有分，則施行而不悖；長幼有序，則事業捷成而有所休。故仁者，仁此者也；義者，分此者也。」

3. 禮作為「道德規範」與萬事萬物之「準則規律」（道之一環）

　　儒家認為禮可以作為「道德規範」，涵養性情，養成道德習慣。[26]荀子修身篇：「凡治氣養心之術，莫徑由禮。」「凡用血氣、志意、知慮，由禮則治通，不由禮則勃亂提僈。」「禮者、所以正身也，師者、所以正禮也。無禮何以正身？無師吾安知禮之為是也？禮然而然，則是情安禮也；師云而云，則是知若師也。情安禮，知若師，則是聖人也。」

　　禮記曲禮上篇亦謂：「夫禮者所以定親疏，決嫌疑，別同異，明是非也。」「禮，不逾節，不侵侮，不好狎。修身踐言，謂之善行。行修言道，禮

25　張應平，荀子法哲學的人性論基礎，法大研究生，2020年第1輯，頁162。
26　張應平，荀子法哲學的人性論基礎，法大研究生，2020年第1輯，頁162。

之質也。」「道德仁義，非禮不成，教訓正俗，非禮不備。分爭辨訟，非禮不決。」

荀子認爲禮爲君子處世之道，屬於「**人道之極**」，故可謂禮作爲人類生活之「道德規範」。荀子禮論篇：「君子審於禮，則不可欺以詐僞。故繩者，直之至；衡者，平之至；規矩者，方圓之至；**禮者，人道之極也**。然而不法禮，不足禮，謂之無方之民；**法禮，足禮，謂之有方之士**。禮之中焉能思索，謂之能慮；禮之中焉能勿易，謂之能固。能慮、能固，加好者焉，斯聖人矣。故天者，高之極也；地者，下之極也；無窮者，廣之極也；聖人者，道之極也。故學者，固學爲聖人也，非特學無方之民也。」

荀子大略篇：「禮者，本末相順，終始相應。」荀子勸學篇：「學惡乎始？惡乎終？曰：其數則始乎誦經，終乎讀禮；其義則始乎爲士，終乎爲聖人。……禮者、法之大分，類之綱紀也。故學至乎禮而止矣。夫是之謂道德之極。禮之敬文也，樂之中和也，詩書之博也，春秋之微也，在天地之間者畢矣。」

禮亦可謂爲萬事萬物之發展準則規律，屬於「道」之法則。依賴禮，「天地以合，日月以明，四時以序，星辰以行，江河以流，萬物以昌，好惡以節，喜怒以當，以爲下則順，以爲上則明。」「禮豈不至矣哉！立隆以爲極，而天下莫之能損益也。本末相順，終始相應，至文以有別，至察以有說，天下從之者治，不從者亂，從之者安，不從者危，從之者存，不從者亡。」（荀子禮論篇）

荀子認爲禮淵源於「道」，人類應先認識了解「道」，然後才能依循「道理」而爲行爲，否則容易誤入歧途，故爲政之道，首先應知「道」，其行爲才能中「理」。[27]**荀子解蔽篇：「何謂衡？曰：道。故心不可以不知道；心不知道，則不可道，而可非道。」**

荀子提倡知「道」、明「道」，荀子強國篇：**「道也者，何也？曰：禮義、辭讓、忠信是也。」「道也者，治之經理也**。心合於道，說合於心，辭合於說。正名而期，質請而喻，辨異而不過，推類而不悖。聽則合文，辨則盡故。以正道而辨姦，猶引繩以持曲直。」亦可謂儒家所推崇的典章制度、道德

---

27 韋政通，荀子與古代哲學，臺灣商務印書館，2版，1992年，頁141。

規範，便是道。[28]

4. 禮作為社會禮俗與法律制度：以「禮義教化」人民

基於人性本惡之觀念，荀子認為國家治理要能「正理平治」，必須藉助於統治者以「禮義教化」，以「正法治理」，並以「刑罰維持社會秩序」，才能使人民向善，國泰民安。

荀子性惡篇：「故聖人化性而起偽，偽起而生禮義，禮義生而制法度；然則禮義法度者，是聖人之所生也。故聖人之所以同於眾，其不異於眾者，性也；所以異而過眾者，偽也。夫好利而欲得者，此人之情性也。假之有弟兄資財而分者，且順情性，好利而欲得，若是，則兄弟相拂奪矣；且化禮義之文理，若是，則讓乎國人矣。故順情性則弟兄爭矣，化禮義則讓乎國人矣。」

荀子性惡篇表示：「凡古今天下之所謂善者，正理平治也；所謂惡者，偏險悖亂也：是善惡之分也矣。今誠以人之性固正理平治邪，則有惡用聖王，惡用禮義哉？雖有聖王禮義，將曷加於正理平治也哉？今不然，人之性惡。故古者聖人以人之性惡，以為偏險而不正，悖亂而不治，故為之立君上之埶以臨之，**明禮義以化之，起法正以治之，重刑罰以禁之，使天下皆出於治**，合於善也。是聖王之治而禮義之化也。今當試去君上之埶，無禮義之化，去法正之治，無刑罰之禁，倚而觀天下民人之相與也。若是，則夫彊者害弱而奪之，眾者暴寡而譁之，天下悖亂而相亡，不待頃矣。用此觀之，然則人之性惡明矣，其善者偽也。」「今人之性惡，必將待聖王之治，禮義之化，然後始出於治，合於善也。」

荀子將禮的含義，不僅從個人修養立場出發，也從社會規範的國家統治立場出發，強調群體社會整體的禮法綱紀，禮目的在定紛止爭，以建立規範秩序，使群體社會可以生存發展。[29]禮亦可認為是社會禮俗制度（包括法規範）之總稱，社會禮俗制度之主要功能，在維持特定之社會結構。[30]就此而言，禮與法並無多大區別，禮之範圍比較法更為廣泛。禮與法之區別，在於是否附隨

---

28 李凱，荀子批判理論與西方詮釋哲學，海南大學學報人文社會科學版，第26卷第2期，2008年4月，頁133。

29 李澤厚，中國古代思想史論，三民書局，3版，2019年，頁133以下。

30 楊日然，從先秦禮法思想的變遷看荀子禮法思想的特色及其歷史意義，法理學論文集，元照出版，1997年，頁387。

國家權力之制裁，[31]法以公權力強制施行爲後盾。

　　荀子勸學篇即表示：「學惡乎始？惡乎終？曰：其數則始乎誦經，終乎讀禮；其義則始乎爲士，終乎爲聖人。眞積力久則入。學至乎沒而後止也。故學數有終，若其義則不可須臾舍也。爲之人也，舍之禽獸也。故書者、政事之紀也；詩者、中聲之所止也；禮者、法之大分，類之綱紀也。[32]故學至乎禮而止矣。夫是之謂道德之極。禮之敬文也，樂之中和也，詩書之博也，春秋之微也，在天地之間者畢矣。」荀子君道篇：「隆禮至法，則國有常。」

5. 禮之根本

　　禮之根本，應飲水思源，重視國家治理之根本，故應尊崇「天地君親師」，以爲國泰民安之基礎。荀子禮論篇：「禮有三本：天地者，生之本也；先祖者，類之本也；君師者，治之本也。無天地，惡生？無先祖，惡出？無君師，惡治？三者偏亡，焉無安人。故禮、上事天，下事地，尊先祖，而隆君師。是禮之三本也。」

　　荀子大略篇：「國將興，必貴師而重傅，貴師而重傅，則法度存。國將衰，必賤師而輕傅；賤師而輕傅，則人有快；人有快則法度壞。」

（三）荀子的「禮」論在哲學思想上之貢獻

　　綜合上述荀子的「禮」論，具有多重意義。學者尤銳指出，荀子的「禮」論可說是他對於中國傳統政治文化的極爲重要貢獻，「其貢獻可歸納爲以下幾點：

　　第一，荀子融合了『禮』的兩個主要方面──『禮』作爲社會政治的要素，即等級制度的基礎，及以『禮』作爲道德的規律，也就是行事端正的方法；這兩個方面本來是互不相關的。

　　第二，荀子最終將『禮』的抽象原則從周代禮制制度中釋放出來。通過提煉其本質，即等級性的社會區分（hierarchic social divisions），來確立『禮』爲『百王之所同也』，換言之，即是以『等級性的社會區分』來作爲組織社會

---

[31] 楊日然，從先秦禮法思想的變遷看荀子禮法思想的特色及其歷史意義，法理學論文集，元照出版，1997年，頁426以下。

[32] 「類之綱紀」乃是指生物族類，尤其人類之秩序規則。李澤厚，中國古代思想史論，三民書局，3版，2019年，頁132。

的基本運作原則。

第三，荀子使『禮』成為最高的是非判準，使其成為社會秩序思想的可靠基礎，甚至取代了極具爭議且難以捉摸的『道』。最後，荀子將『禮』的重要性推廣至國家命脈，包括經濟以至戰爭，使『禮』成為『一貫』之理。」[33]

四、經驗主義

有認為荀子在知識論上，屬於「經驗主義」及「實證論」者，以經驗作為知識之基礎，強調人類認識自然之能力，以及人類改造自然的作用。以經驗的觀點探討人性，重視現實人生問題。[34]

荀子認為人類可以依據生活工作經驗中累積，而培養專業知識技能，荀子儒效篇：「人積耨耕而為農夫，積斲削而為工匠，積反貨而為商賈，積禮義而為君子。工匠之子，莫不繼事，而都國之民安習其服，居楚而楚，居越而越，居夏而夏，是非天性也，積靡使然也。」

荀子正名篇：「所以知之在人者謂之知；知有所合謂之智。」其中合者係指「心通於物」，故「合」然後能形成對於事物之認識，可以獲得對於事物道理之認識知識。此即所謂**「可以知，物之理也。」**此為認識論或知識論。[35]

荀子認為人類因為有先入為主之偏見，容易被蒙蔽而無法明白事物之「道理」。荀子解蔽篇：**「凡人之患，蔽於一曲，而闇於大理**。治則復經，兩疑則惑矣。天下無二道，聖人無兩心。今諸侯異政，百家異說，則必或是或非，或治或亂。」「故為蔽：欲為蔽，惡為蔽，始為蔽，終為蔽，遠為蔽，近為蔽，博為蔽，淺為蔽，古為蔽，今為蔽。凡萬物異則莫不相為蔽，此心術之公患也。」「聖人知心術之患，見蔽塞之禍，故無欲、無惡、無始、無終、無近、無遠、無博、無淺、無古、無今，兼陳萬物而中縣（懸）衡焉。是故眾異不得相蔽以亂其倫也。」荀子認為人類的情感欲望、外在境遇、親疏遠近、知識多寡，以及對於歷史文化之態度，均是產生偏見之重要原因，因此應該解除

---

[33] 尤銳，新舊的融合：荀子對春秋思想傳統的重新詮釋，國立政治大學哲學學報，第11期，2003年12月，頁161。

[34] 黃源盛，諸國傳統法制與思想，五南圖書，初版，1998年，頁38。

[35] 韋政通，荀子與古代哲學，臺灣商務印書館，2版，1992年，頁140以下。

偏見。[36]就此學者有認為荀子之解蔽思想，不僅具有認識論觀念，更具備詮釋學之基本特徵。[37]

荀子解蔽篇：「**凡以知，人之性也；可以知，物之理也**。以可以知人之性，求可以知物之理，而無所疑止之，則沒世窮年不能徧也。其所以貫理焉雖億萬，已不足浹萬物之變，與愚者若一。學、老身長子，而與愚者若一，猶不知錯，夫是之謂妄人。故學也者，固學止之也。惡乎止之？曰：止諸至足。曷謂至足？曰：聖王。聖也者，盡倫者也；王也者，盡制者也；兩盡者，足以為天下極矣。**故學者以聖王為師，案以聖王之制為法，法其法以求其統類，以務象效其人。**」認為聖人之智慧，可以通達事理，聖王制定之法制可以符合事理，而為良法美制，足堪學習效法。

荀子提倡處事之實用主義以及思想理論之理性主義觀念。荀子儒效篇：「**凡事行，有益於治者，立之；無益於理者，廢之。夫是之謂中事。凡知說，有益於理者，為之；無益於理者，舍之。夫是之謂中說。**事行失中，謂之姦事；知說失中，謂之姦道。姦事、姦道，治世之所棄，而亂世之所從服也。」在此表現荀子之功利主義以及自然法之合理主義之思想。

五、唯物主義思想？

馮友蘭先生認為孟子是軟心之哲學家，其哲學有唯心論之傾向。而荀子則為硬心之哲學家，其哲學有「唯物論」之傾向。[38]有學者認為荀子傾向唯物主義思想，其天人界限，帶有一種以人類為中心的**人文主義**，並傾向**自然主義**，有異於孔、孟的天；孔、孟的天是命之主宰，荀子的天則純是自然，對天的解釋接近**道家**。[39]

主張荀子傾向唯物主義之思想者，有引用荀子天論篇：「天行有常，不為堯存，不為桀亡。應之以治則吉，應之以亂則凶。彊本而節用，則天不能貧；

[36] 李凱，荀子批判理論與西方詮釋哲學，海南大學學報人文社會科學版，第26卷第2期，2008年4月，頁132。

[37] 李凱，荀子批判理論與西方詮釋哲學，海南大學學報人文社會科學版，第26卷第2期，2008年4月，頁131。

[38] 馮友蘭，中國哲學史，臺灣商務印書館，台4版，2015年，頁295。

[39] 陳榮捷著，楊儒賓、吳有能、朱榮貴、萬先法譯，中國哲學文獻選編，江蘇教育出版社，初版，2006年，頁121以下。

養備而動時，則天不能病；脩道而不貳，則天不能禍。」作爲其立論依據。[40]

然而荀子主張應以至誠之心，行「仁義」，以化育萬物，亦強調「心誠則靈」，「通達義理」則精明，明理即可「通權達變」，足見其兼具有唯心主義之傾向。荀子不苟篇表示：「君子養心莫善於誠，致誠則無它事矣。唯仁之爲守，唯義之爲行。**誠心守仁則形，形則神，神則能化矣。誠心行義則理，理則明，明則能變矣。**變化代興，謂之天德。天不言而人推高焉，地不言而人推厚焉，四時不言而百姓期焉。夫此有常，以至其誠者也。君子至德，嘿然而喻，未施而親，不怒而威：夫此順命，以愼其獨者也。善之爲道者，不誠則不獨，不獨則不形，不形則雖作於心，見於色，出於言，民猶若未從也；雖從必疑。天地爲大矣，不誠則不能化萬物；聖人爲知矣，不誠則不能化萬民；父子爲親矣，不誠則疏；君上爲尊矣，不誠則卑。夫誠者，君子之所守也，而政事之本也，唯所居以其類至。操之則得之，舍之則失之。操而得之則輕，輕則獨行，獨行而不舍，則濟矣。濟而材盡，長遷而不反其初，則化矣。」

荀子不苟篇表示：「**君子大心則敬天而道**，小心則畏義而節；**知則明通而類**，愚則端慤而法；見由則恭而止，見閉則敬而齊；喜則和而理，憂則靜而理；**通則文而明**，窮則約而詳。」

六、邏輯推理之認識方法論

學者有認爲荀子的知識論是「演繹」與「歸納」推理並重的。[41]荀子認爲對於事物之認識，可以「觀微知著」、「觀近知遠」、「鑑往而知來」，以具體個別類型推論認識一般普遍性類型，屬於**「歸納推理」**之認識方法論。[42]荀子不苟篇表示：「君子位尊而志恭，心小而道大；**所聽視者近，而所聞見者遠。**是何邪？則操術然也。**故千人萬人之情，一人之情也。**」

荀子認爲對於事物之認識，也可以「一般普遍性類型」推論認識「具體個別類型」，屬於**「演繹推理」**之認識方法論。例如荀子王制篇：「以類行雜，以一行萬。始則終，終則始，若環之無端也，舍是而天下以衰矣。」荀子非相

---

[40] 黃震雲，荀子的法治思想，諸子學刊，第10輯，2014年10月，頁228以下。

[41] 楊日然，從先秦禮法思想的變遷，看荀子禮法思想的特色及其歷史意義，臺大社會科學論叢，第23輯，1975年4月，頁280以下。

[42] 黃源盛，諸國傳統法制與思想，五南圖書，初版，1998年，頁41。

篇：「欲觀千歲，則數今日；欲知億萬，則審一二；欲知上世，則審周道；欲審周道，則審其人所貴君子。故曰：以近知遠，以一知萬，以微知明，此之謂也。」[43]荀子儒效篇：「法先王，統禮義，一制度；以淺持博，以古持今，以一持萬。」此一認識事物之發展法則規律之方法論，可以「舉一反三」，「聞一知十」，值得我們效法。

　　荀子認為要認識事物，也可以採取**「類比推理」**方法。在荀子非相篇：「聖人者，以己度者也。故**以人度人，以情度情，以類度類**，以說度功，以道觀盡，古今一也。類不悖，雖久同理，故鄉乎邪曲而不迷，觀乎雜物而不惑。」即是採取「類比推理」方法。

參、荀子之法律思想

一、自然法思想

（一）法治應符合天時地利

　　荀子也提倡自然法思想，認為法治應「順道而行」，符合天時地利之自然法則規律，以永續發展。荀子天論篇：「天行有常，不為堯存，不為桀亡。**應之以治則吉，應之以亂則凶。彊本而節用，則天不能貧；養備而動時，則天不能病；脩道而不貳，則天不能禍。**故水旱不能使之飢，寒暑不能使之疾，祅怪不能使之凶。本荒而用侈，則天不能使之富；養略而動罕，則天不能使之全；**倍道而妄行，則天不能使之吉。**故水旱未至而飢，寒暑未薄而疾，祅怪未至而凶。受時與治世同，而殃禍與治世異，不可以怨天，其道然也。故明於天人之分，則可謂至人矣。」倘若人類所作所為，符合自然法則規律則吉祥如意，否則，如果「倍道而妄行」，亦即違反自然法則規律，則勢必無法趨吉避凶。

　　荀子認為有關農林漁業之管理規範，應友善對待自然環境之生存發展，與自然環境友善融合，以維持生態永續發展。在荀子王制篇：「**聖主之制也：草木榮華滋碩之時，則斧斤不入山林，不夭其生，不絕其長也。**黿鼉魚鱉鰍鱣孕別之時，罔罟毒藥不入澤，不夭其生，不絕其長也。春耕、夏耘、秋收、冬

---

[43] 黃源盛，諸國傳統法制與思想，五南圖書，初版，1998年，頁41。

藏，四者不失時，故五穀不絕，而百姓有餘食也。汙池淵沼川澤，謹其時禁，故魚鱉優多，而百姓有餘用也。斬伐養長不失其時，故山林不童，而百姓有餘材也。」

荀子認為王道法治應平均稅賦，量能課稅，養育萬民，使人民安居樂業。在荀子王制篇：「**王者之法：等賦、政事、財萬物，所以養萬民也。田野什一，關市幾（稽查）而不征，山林澤梁，以時禁發而不稅。相地而衰政。**理道之遠近而致貢。通流財物粟米，無有滯留，使相歸移也，四海之內若一家。故近者不隱其能，遠者不疾其勞，無幽閒隱僻之國，莫不趨使而安樂之。夫是之為人師。是王者之法也。」其主張田野之稅十分取一，並按照土壤肥沃與貧瘠而徵收不同稅賦，使課稅符合人民之經濟上負擔能力，具有量能課稅原則之觀念。又對於關口只進行稽查而不課稅，以使貨物流通，互通有無，促進經貿活動，滿足人民生活需要。

（二）以禮義為法治基礎

荀子認為國家治理應以「禮義」為基礎，才能使國家長治久安。其所謂「義」係指「合宜合理」之意。[44]荀子議兵篇：「仁者愛人，義者循理。」[45]荀子不苟篇：「誠心行義則理，理則明，明則能變矣。」

荀子認為法律制度應以正義為基礎，荀子王霸篇表示：「故用國者，義立而王」、「舉義法也」、「加義乎法則度量」。

荀子不苟篇：「君子治治，非治亂也。曷謂邪？曰：禮義之謂治，非禮義之謂亂也。故君子者，治禮義者也，非治非禮義者也。然則國亂將弗治與？曰：國亂而治之者，非案亂而治之之謂也。去亂而被之以治。人汙而脩之者，非案汙而脩之之謂也。去汙而易之以脩。故去亂而非治亂也，去汙而非脩汙也。治之為名，猶曰君子為治而不為亂，為脩而不為汙也。」運用於法治建設上，則法治應以禮義為基礎，才能良善治理。

荀子性惡篇：「故聖人化性而起偽，偽起而生禮義，**禮義生而制法度**；然

---

[44] 江美華，論「荀子王制」中理、法、刑的意義，花大中文學報，第2期，2007年12月，頁6。
[45] 胡宏著，知言，義理篇：「為天下者，必本於理義。理也者，天下之大體也，義也者，天下之大用也。理不可以不明，義不可以不精。理明，然後綱紀可正，義精，然後權衡可平。綱紀正，權衡平，則萬事治，百姓服，四海同。」

則禮義法度者，是聖人之所生也。」在此可謂「禮法同源」，兩者本質上均係「立公義」（維護社會公義）之目的。[46]

荀子大略篇：「禮以順人心爲本，故亡於禮經而順於人心者，皆禮也。」「親親、故故、庸庸、勞勞，仁之殺也；貴貴、尊尊、賢賢、老老、長長、義之倫也。**行之得其節，禮之序也。仁、愛也，故親；義、理也，故行；禮、節也，故成。**仁有里，義有門；仁、非其里而處之，非仁也；義，非其門而由之，非義也。推恩而不理，不成仁；遂理而不敢，不成義；審節而不和，不成禮；和而不發，不成樂。故曰：**仁義禮樂，其致一也。**君子處仁以義，然後仁也；**行義以禮，然後義也；制禮反本成末，然後禮也。**三者皆通，然後道也。」「禮之於正國家也，如權衡之於輕重也，如繩墨之於曲直也。故人無禮不生，事無禮不成，國家無禮不寧。」

荀子也強調仁義治國，荀子議兵篇：「**彼仁者愛人，愛人故惡人之害之也；義者循理，循理故惡人之亂之也。**彼兵者所以禁暴除害也，非爭奪也。故仁者之兵，所存者神，所過者化，若時雨之降，莫不說喜。是以堯伐驩兜，舜伐有苗，禹伐共工，湯伐有夏，文王伐崇，武王伐紂，此四帝兩王，皆以仁義之兵，行於天下也。故近者親其善，遠方慕其德，兵不血刃，遠邇來服，德盛於此，施及四極。《詩》曰：『淑人君子，其儀不忒。』此之謂也。」

大陸學者有認爲荀子法哲學呈現爲融合儒家（禮）與法家（法）之「綜合法學」特徵，其所表達的「禮法正義」，指向「禮之義」和「法之義」兩個面向。「禮之義」，即正義是制度規範進行建制、變革損益之價值基礎。[47]荀子大略篇：「仁義禮樂，其致一也。君子處仁以義，然後仁也；行義以禮，然後義也；制禮反本成末，然後禮也。三者皆通，然後道也。」

荀子主張行禮義以統一天下，荀子王霸篇：「故用國者，義立而王，信立而霸，權謀立而亡。三者明主之所謹擇也，仁人之所務白也。絜國以呼禮義，而無以害之，行一不義，殺一無罪，而得天下，仁者不爲也。擽然扶持心國，且若是其固也。所與爲之者，之人則舉義士也；**所以爲布陳於國家刑法者，則舉義法也；**主之所極然帥群臣而首鄉之者，則舉義志也。如是則下仰上以義矣，是綦定也；綦定而國定，國定而天下定。仲尼無置錐之地，誠義乎志意，

---

[46] 劉志琴，中國文化史概論，文津出版社，初版，1994年，頁112。

[47] 張應平，荀子法哲學的人性論基礎，法大研究生，2020年第1輯，頁161。

加義乎身行，箸之言語，濟之日，不隱乎天下，名垂乎後世。今亦以天下之顯諸侯，誠義乎志意，加義乎法則度量，箸之以政事，案申重之以貴賤殺生，使襲然終始猶一也。如是，則夫名聲之部發於天地之間也，豈不如日月雷霆然矣哉！故日：以國齊義，一日而白，湯武是也。湯以亳，武王以鄗，皆百里之地也，天下為一，諸侯為臣，通達之屬，莫不從服，無它故焉，以義濟矣。是所謂義立而王也。」

荀子認為「禮治」優先於「法治」，禮治可以王天下，法治可以稱霸天下。荀子強國篇：「故人之命在天，國之命在禮。人君者，**隆禮尊賢而王，重法愛民而霸**，好利多詐而危，權謀傾覆幽險而亡。」

荀子也認為為政之道，應有先後順序，禮義為先，賞罰於後，不可不教而誅。荀子致士篇：「**臨事接民，而以義變應，寬裕而多容，恭敬以先之，政之始也**。然後中和察斷以輔之，政之隆也。**然後進退誅賞之，政之終也**。故一年與之始，三年與之終。**用其終為始，則政令不行，而上下怨疾，亂所以自作**也。《書》曰：『義刑義殺；勿庸以即，女惟曰：未有順事。』言先教也。」

就此有認為孔子重視修身立德以平天下，使禮治與德治合一，禮義融入德化之中，屬於主觀的道德型態，內轉重視主體，以禮義本於人之性情，禮義之教化即是性情之教化，目的在聖賢人格之完成。而荀子則外轉而重視客體之禮義，認為禮義不是從人類之本性性情產生，而出於聖人之人為規範，其目的不在聖賢人格之完成，而在於明紛止爭，使群體和諧統一，作為公正治國之典範。[48]

（三）美善相樂，移風易俗

荀子認為音樂可以美善相樂，移風易俗，建立和諧社會。荀子樂論篇：「樂者，聖王之所樂也，而可以善民心，其感人深，其移風易俗。故先王導之以禮樂，而民和睦。夫民有好惡之情，而無喜怒之應則亂；先王惡其亂也，故修其行，正其樂，而天下順焉。」「凡姦聲感人而逆氣應之，逆氣成象而亂生焉；**正聲感人而順氣應之，順氣成象而治生焉。唱和有應，善惡相象，故君子慎其所去就也。君子以鐘鼓道志，以琴瑟樂心**；動以干戚，飾以羽旄，從以磬

48 韋政通，荀子與古代哲學，臺灣商務印書館，2版，1992年，頁86以下。

管。故其清明象天，其廣大象地，其俯仰周旋有似於四時。故樂行而志清，禮脩而行成，耳目聰明，血氣和平，移風易俗，天下皆寧，美善相樂。故曰：樂者、樂也。君子樂得其道，小人樂得其欲；以道制欲，則樂而不亂；以欲忘道，則惑而不樂。**故樂者，所以道樂也，金石絲竹，所以道德也；樂行而民鄉方矣**。故樂也者，治人之盛者也，而墨子非之。

　　且樂也者，和之不可變者也；禮也者，理之不可易者也。樂合同，禮別異，禮樂之統，管乎人心矣。窮本極變，樂之情也；著誠去偽，禮之經也。墨子非之，幾遇刑也。明王已沒，莫之正也。愚者學之，危其身也。君子明樂，乃其德也。亂世惡善，不此聽也。於乎哀哉！不得成也。弟子勉學，無所營也。」

二、社會規範應禮法並重

（一）以禮義定紛止爭，維持和諧團結

　　荀子注重人類行為之外部規範，較注重「禮」，透過禮以矯正人類性惡之傾向。[49]荀子重視禮法制度。荀子既然相信人性本惡，自私無處不在，因而需要受禮法控制，透過社會政治措施加以改變。[50]荀子禮論篇：「禮起於何也？曰：人生而有欲，欲而不得，則不能無求。求而無度量分界，則不能不爭；爭則亂，亂則窮。先王惡其亂也，故制禮義以分之，以養人之欲，給人之求。使欲必不窮乎物，物必不屈於欲。兩者相持而長，是禮之所起也。」「君子既得其養，又好其別。曷謂別？曰：貴賤有等，長幼有差，貧富輕重皆有稱者也。」

　　荀子「將禮與法相提並論，傾向主張外在的控制，禮儀從個人道德修養的媒介，變為社會控制的手段。禮鼓勵利他的正面行為，法則通過懲罰對付自私的負面行為，禮法互補，共同維繫社會秩序。荀子承認刑罰的威懾力，單靠正面的引導不足以改變社會，教化須透過賞罰措施來執行。」[51]

　　荀子成相篇：「治之經，禮與刑，君子以脩百姓寧。明德慎罰，國家既治

---

[49]　馮友蘭，中國哲學史，臺灣商務印書館，台4版，2015年，頁309。

[50]　維基百科，荀子，https://zh.wikipedia.org/wiki/荀子#cite_ref-陳_22-5，瀏覽日期：111.3.14。

[51]　維基百科，荀子，https://zh.wikipedia.org/wiki/荀子#cite_ref-陳_22-5，瀏覽日期：111.3.14。

四海平。治之志，後埶富，君子誠之好以待。」

　　荀子認爲人類異於禽獸，是因能夠合群，團結分工合作，發揮團結力量。而能夠群居生活，則係依據禮義公平分配，才能和諧團結合作。學者有認爲此係「明分使群」、「群居和一」的社會結構。[52]「禽獸有知而無義，人有氣、有生、有知，亦且有義，故最爲天下貴也。力不若牛，走不若馬，而牛馬爲用，何也？曰：人能群，彼不能群也。人何以能群？曰：分。分何以能行？曰：義。故義以分則和，和則一，一則多力，多力則彊，彊則勝物；故宮室可得而居也。故序四時，裁萬物，兼利天下，無它故焉，得之分義也。故人生不能無群，群而無分則爭，爭則亂，亂則離，離則弱，弱則不能勝物；故宮室不可得而居也，不可少頃舍禮義之謂也。能以事親謂之孝，能以事兄謂之弟，能以事上謂之順，能以使下謂之君。」（荀子王制篇）

　　荀子禮論篇：「故義以分則和，和則一，一則多力，多力則彊，彊則勝物；故宮室可得而居也。故序四時，裁萬物，兼利天下，無它故焉，得之分義也。」依據義理分配，才能分別得宜，維持統一和諧秩序，天下安定無爭。

（二）朝廷「重禮義」，以制定正法；對於人民「用法」，以維持社會秩序

　　荀子對於國家治理採取多元體系方法，對於政府官吏與一般平民百姓採取不同治理模式。其治理方法，在朝廷「重禮義」，在吏民則「用法」。荀子王霸篇：「國無禮則不正。禮之所以正國也，譬之：猶衡之於輕重也，猶繩墨之於曲直也，猶規矩之於方圓也，既錯之而人莫之能誣也。《詩》云：『如霜雪之將將，如日月之光明，爲之則存，不爲則亡。』此之謂也。」

　　荀子認爲爲政者應重視「禮義」，循行義理之道，才能在政府部門制定出良善正義之法制，從而可公正治理人民事務。荀子所謂「必將俟禮以齊朝，正法以齊官，平政以齊民；然後節奏齊於朝，百事齊於官，眾庶齊於下。」「由士以上則必以禮樂節之，眾庶百姓則必以法數制之。」（荀子富國篇）在此顯示荀子認爲對於政府官員應強調禮義之道德情操，而對於一般平民百姓則著重在依法治理之法治面向，以法制規律人民生活。其結果，儒家主張「禮不下庶

---

[52]　朱鋒葦、何璐，論荀子的社會和諧觀，船山學刊，第1期，2008年1月，頁115以下。

人，刑不上大夫。」（禮記曲禮上篇）其目的「所以厲寵臣之節也。」[53]「遇之有禮，故群臣自憙；嬰以廉恥，故人矜節行。上設廉恥禮義以遇其臣，而臣不以節行報其上者，則非人類也。故化成俗定，則為人臣者主耳忘身，國耳忘家，公耳忘私，利不苟就，害不苟去，唯義所在。」「顧行而忘利，守節而仗義。……此屬廉恥行禮誼之所致也。」（漢書賈誼傳）亦即以「禮義廉恥」作為政府官員之倫理道德規範，以維持朝廷秩序。對於政府官員著重在禮義倫理道德規範，而非以法制規範；而對於一般人民則僅要求其遵守法令即可。

　　此一類型化之治理模式，在上位者以義理誠信統治天下，亦可發揮「以理服人」之功效，可使近者悅，遠者來。荀子所謂「儒者法先王，隆禮義，謹乎臣子而致貴其上者也。」「其為人上也，廣大矣！志意定乎內，**禮節脩乎朝，法則度量正乎官，忠信愛利形乎下**。行一不義，殺一無罪，而得天下，不為也。**此君子義信乎人矣，通於四海，則天下應之如讙**。是何也？則貴名白而天下治也。故近者歌謳而樂之，遠者竭蹶而趨之，四海之內若一家，通達之屬莫不從服。夫是之謂人師。」（荀子儒效篇）

（三）良民用禮，惡人用法

　　荀子對於百姓施政，區分良民與惡民，對於良民待之以禮（善待），對於惡人待之以刑（懲罰）。[54]亦即「聽政之大分：以善至者待之以禮，以不善至者待之以刑。兩者分別，則賢不肖不雜，是非不亂。賢不肖不雜，則英傑至，是非不亂，則國家治。若是，名聲日聞，天下願，令行禁止，王者之事畢矣。」（荀子王制篇）

　　荀子崇尚法治，認為應建立「制度規範」治理國事。荀子王制篇表示：「刑政平，百姓和，國俗節，則兵勁城固，敵國案自詘矣。**務本事，積財物，而勿忘樓遲薛越也，是使群臣百姓皆以制度行，則財物積，國家案自富矣。**」

---

[53] 有認為刑不上大夫，其意旨：「除了在於期勉大夫能夠自尊自愛，不觸犯刑法之外，也在維護政治職位的尊嚴，因為如果把犯法的官員交付刑法處理，首先必然使這種人受到獄辛的侮辱，那便成了官職的屈辱；倘若有一個官員受到這種屈辱，將使人民不再尊重官員，等於對國家體制失去信心。」陳章錫，刑不上大夫，教育大辭書，2000年2月，https://terms.naer.edu.tw/detail/1304501/，瀏覽日期：111.9.24。
[54] 黃源盛，諸國傳統法制與思想，五南圖書，初版，1998年，頁46。

三、聖賢政治：君子才能建立「道法」（正義之法）

（一）聖王（聖人）作禮說

荀子認爲聖人才慧出眾，通曉事理，可以通權達變，制定禮義法度，以施行於天下。[55]荀子君道篇：「故君子之於禮，敬而安之；其於事也，徑而不失；其於人也，寡怨寬裕而無阿；其爲身也，謹修飾而不危；其應變故也，齊給便捷而不惑；其於天地萬物也，不務說其所以然，而致善用其材；其於百官之事伎藝之人也，不與之爭能，而致善用其功；其待上也，忠順而不懈；其使下也，均遍而不偏；其交遊也，緣類而有義；其居鄉里也，容而不亂。是故窮則必有名，達則必有功，仁厚兼覆天下而不閔，明達用天地理萬變而不疑，血氣和平，志意廣大，行義塞於天地之間，仁智之極也。夫是之謂聖人；審之禮也。」荀子性惡篇：「故聖人化性而起僞，僞起而生禮義，禮義生而制法度；然則禮義法度者，是聖人之所生也。」

荀子認爲聖王善於領導群眾，善養萬民，使萬物各得其所。荀子王制篇：「**君者，善群也。群道當，則萬物皆得其宜，六畜皆得其長，群生皆得其命。**故養長時，則六畜育；殺生時，則草木殖；政令時，則百姓一，賢良服。」「王者之法：等賦、政事、財萬物，所以養萬民也。」

荀子非十二子篇：「若夫總方略，齊言行，壹統類，而群天下之英傑，而告之以大古，教之以至順，奧窔之間（指室堂之內），簞席之上，斂然聖王之文章具焉，佛然平世之俗起焉。則六說者不能入也，十二子者不能親也。無置錐之地，而王公不能與之爭名，在一大夫之位，則一君不能獨畜，一國不能獨容，成名況乎諸侯，莫不願以爲臣，是聖人之不得埶者也，仲尼子弓是也。一**天下，財萬物，長養人民，兼利天下，通達之屬莫不從服，**六說者立息，十二子者遷化，則聖人之得埶者，舜禹是也。」

荀子認爲聖人對於事理皆能明知通達，故可通權達變，化育萬物。故得「欲賤而貴，愚而智，貧而富。」（荀子儒效篇）荀子認爲應以聖人作爲國家領導人，才能擔當大任。荀子哀公篇：「所謂賢人者，行中規繩而不傷於本，言足法於天下而不傷於身，富有天下而無怨財，布施天下而不病貧：如此則可

---

55 侯展捷，荀子聖人觀探微，https://www.academia.edu/33599747/_荀子_聖人觀_探微_An_In_depth_Analysis_of_Xunzis_View_on_the_Sagely_Man，瀏覽日期：111.9.24。

謂賢人矣。」「所謂大聖者，知通乎大道，應變而不窮，辨乎萬物之情性者
也。大道者，所以變化遂成萬物也；情性者，所以理然不取舍也。」

荀子王霸篇：「故道王者之法，與王者之人爲之，則亦王；道霸者之
法，與霸者之人爲之，則亦霸；道亡國之法，與亡國之人爲之，則亦亡。」
「故與積禮義之君子爲之則王，與端誠信全之士爲之則霸，與權謀傾覆之人爲
之則亡。三者明主之所以謹擇也，仁人之所以務白也。善擇之者制人，不善擇
之者人制之。」

荀子認爲禮義之觀念及規範，來自於聖人及師長之教導，故應尊師重
道。荀子修身篇：「**禮者、所以正身也，師者、所以正禮也。無禮何以正身？
無師吾安知禮之爲是也？**禮然而然，則是情安禮也；師云而云，則是知若師
也。情安禮，知若師，則是聖人也。故非禮，是無法也；非師，是無師也。不
是師法，而好自用，譬之是猶以盲辨色，以聾辨聲也，舍亂妄無爲也。故學也
者，禮法也。夫師、以身爲正儀，而貴自安者也。《詩》云：『**不識不知，順
帝之則。**』此之謂也。」

荀子儒效篇：「**聖人也者，道之管也：天下之道管是矣，百王之道一是
矣。**故詩書禮樂之道歸是矣。詩言是其志也，書言是其事也，禮言是其行也，
樂言是其和也，春秋言是其微也，故風之所以爲不逐者，取是以節之也，小雅
之所以爲小者，取是而文之也，大雅之所以爲大者，取是而光之也，頌之所以
爲至者，取是而通之也。天下之道畢是矣。」

荀子認爲社會禮俗典章制度，是歷代聖王（聖人）治理國家累積之成
果，提出所謂「聖王（聖人）作禮說」。[56]亦即「禮義法度」係「出於聖人仁
義之心，合於人性需求，是維繫人群社會和諧發展之必要條件，是人類文明創
造之指標。」[57]

荀子性惡篇：「古者聖王以人性惡，以爲偏險而不正，悖亂而不治，是
以爲之起禮義，制法度，以矯飾人之情性而正之，以擾化人之情性而導之也，
始皆出於治，合於道者也。」「禮義者，聖人之所生也，人之所學而能，所事
而成者也。」「**凡禮義者，是生於聖人之僞，非故生於人之性也。**故陶人埏埴

---

[56] 楊日然，從先秦禮法思想的變遷看荀子禮法思想的特色及其歷史意義，法理學論文集，元照
　　出版，1997年，頁422以下。
[57] 周德良，荀子思想理論與實踐，台灣學生書局，修訂版，2012年，本書簡介。

而爲器，然則器生於陶人之僞，非故生於人之性也。故工人斲木而成器，然則器生於工人之僞，非故生於人之性也。聖人積思慮，習僞故，以生禮義而起法度，然則**禮義法度者，是生於聖人之僞，非故生於人之性也。**」「故聖人化性而起僞，僞起而生禮義，禮義生而制法度；然則禮義法度者，是聖人之所生也。」

荀子性惡篇：「故古者聖人以人之性惡，以爲偏險而不正，悖亂而不治，**故爲之立君上之埶以臨之，明禮義以化之，起法正以治之，重刑罰以禁之，使天下皆出於治，合於善也**。是聖王之治而禮義之化也。今當試去君上之埶，無禮義之化，去法正之治，無刑罰之禁，倚而觀天下民人之相與也。若是，則夫彊者害弱而奪之，眾者暴寡而譁之，天下悖亂而相亡，不待頃矣。」

在荀子正論篇，認爲：「故天子唯其人。天下者，至重也，非至彊莫之能任；至大也，非至辨莫之能分；至眾也，非至明莫之能和。此三至者，非聖人莫之能盡。故非聖人莫之能王。聖人備道全美者也，是縣天下之權稱也。」

荀子認爲國家治理規律應當透明化，使人民容易明瞭辨別，而使上下同心協力，團結一致，才能成大功立大業。在荀子正論篇，表示：「上宣明，則下治辨矣；上端誠，則下愿愨矣；上公正，則下易直矣。治辨則易一，愿愨則易使，易直則易知。易一則彊，易使則功，易知則明，是治之所由生也。」

（二）賢人才能制定及實施正義之法

儒家思想主張賢人政治，禮記中庸篇：「故爲政在人，取人以身，修身以道，修道以仁。仁者人也，親親爲大；義者宜也，尊賢爲大。」即表現此一思想。[58]

荀子亦認爲國家治理，應優先選賢與能。否則徒法不足以自行。要能良法善治，必須先得其人（君子），才能制定正義之法，才能落實執行正法。例如荀子君道篇：「有亂君，無亂國；**有治人，無治法**，羿之法非亡也，而羿不世中；禹之法猶存，而夏不世王。故法不能獨立，類不能自行；得其人則存，失其人則亡。**法者、治之端也；君子者、法之原也**。故有君子，則法雖省，足以遍矣；無君子，則法雖具，失先後之施，不能應事之變，足以亂矣。**不知法之**

義，而正法之數者，**雖博臨事必亂**。故明主急得其人，而闇主急得其埶。急得其人，則身佚而國治，功大而名美，上可以王，下可以霸；不急得其人，而急得其埶，則身勞而國亂，功廢而名辱，社稷必危。」

　　君子為道法之總要，為國家興衰之關鍵。荀子致士篇：「故士之與人也，道之與法也者，國家之本作也。君子也者，道法之摠要也，不可少頃曠也。得之則治，失之則亂；得之則安，失之則危；得之則存，失之則亡，故有良法而亂者有之矣，有君子而亂者，自古及今，未嘗聞也，傳曰：『治生乎君子，亂生於小人。』此之謂也。」

　　荀子大略篇：「國將興，必貴師而重傅，貴師而重傅，則法度存。國將衰，必賤師而輕傅；賤師而輕傅，則人有快；人有快則法度壞。」「故義勝利者為治世，利克義者為亂世。上重義則義克利，上重利則利克義。」

　　荀子解蔽篇：「凡人之患，蔽於一曲，而闇於大理。」認為一般人容易為私欲所蒙蔽，無法大公無私制定禮義典章制度。唯有聖王可以制定公正合理之社會禮俗典章制度。荀子解蔽篇：「聖王。聖也者，盡倫者也；王也者，盡制者也；兩盡者，足以為天下極矣。故學者以聖王為師，案以聖王之制為法，法其法以求其統類，以務象效其人。嚮是而務，士也；類是而幾，君子也；知之，聖人也。」

　　荀子主張國家治理應選拔具有禮義素養之賢德人才參政，才能王天下，並反對封建世襲制度，以養賢任職。荀子王制篇：「請問為政？曰：賢能不待次而舉，罷不能不待須而廢，元惡不待教而誅，中庸雜民不待政而化。分未定也，則有昭繆也。**雖王公士大夫之子孫也，不能屬於禮義，則歸之庶人。雖庶人之子孫也，積文學，正身行，能屬於禮義，則歸之卿相士大夫。**故姦言，姦說，姦事，姦能，遁逃反側之民，職而教之，須而待之，勉之以慶賞，懲之以刑罰。安職則畜，不安職則棄。五疾，上收而養之，材而事之，官施而衣食之，兼覆無遺。才行反時者死無赦。夫是之謂天德，是王者之政也。」

　　荀子君子篇：「故尚賢，使能，等貴賤，分親疏，序長幼，此先王之道也。故尚賢使能，則主尊下安；貴賤有等，則令行而不流；親疏有分，則施行而不悖；長幼有序，則事業捷成而有所休。故仁者，仁此者也；義者，分此者也；節者，死生此者也；忠者，惇慎此者也；兼此而能之備矣；備而不矜，一自善也，謂之聖。不矜矣，夫故天下不與爭能，而致善用其功。有而不有也，夫故為天下貴矣。《詩》曰：『**淑人君子，其儀不忒；其儀不忒，正是四**

國。』此之謂也。」

　　荀子認爲國家治理有三種模式：以「義理」爲基礎的理想王法制度、以「威信」爲基礎的霸政，以及以權謀自利爲基礎、註定滅亡的國家。[59]荀子王霸篇：「故用國者，義立而王，信立而霸，權謀立而亡。三者明主之所謹擇也，仁人之所務白也。絜國以呼禮義，而無以害之，行一不義，殺一無罪，而得天下，仁者不爲也。擽然扶持心國，且若是其固也。所與爲之者，之人則舉義士也；所以爲布陳於國家刑法者，則舉義法也；主之所極然帥群臣而首鄉之者，則舉義志也。如是則下仰上以義矣，是綦定也；綦定而國定，國定而天下定。」

（三）承襲先王法制，並效法後王法制

　　荀子主張承襲先王法制。荀子王制篇：「王者之制：**道不過三代，法不二後王；道過三代謂之蕩，法二後王謂之不雅**。衣服有制，宮室有度，人徒有數，喪祭械用皆有等宜。聲、則非雅聲者舉廢，色、則凡非舊文者舉息，械用，則凡非舊器者舉毀，夫是之謂復古，是王者之制也。」

　　荀子不苟篇表示：「君子位尊而志恭，心小而道大；所聽視者近，而所聞見者遠。是何邪？則操術然也。故**千人萬人之情，一人之情也**。天地始者，今日是也。百王之道，後王是也。**君子審後王之道，而論百王之前**，若端拜而議。推禮義之統，分是非之分，總天下之要，治海內之眾，若使一人。故操彌約，而事彌大。五寸之矩，盡天下之方也。故君子不下室堂，而海內之情舉積此者，則操術然也。」

　　荀子主張「法後王」，其理由認爲近代史料與施政資訊完整，較能周詳參考。如果年代久遠，史料不全，僅能宏觀大體上概略參考，不知其詳。荀子非相篇認爲：「五帝之外無傳人，非無賢人也，久故也。五帝之中無傳政，非無善政也，久故也。禹湯有傳政而不若周之察也，非無善政也，久故也。**傳者久則論略，近則論詳，略則舉大，詳則舉小**。愚者聞其略而不知其詳，聞其詳而不知其大也。是以文久而滅，節族久而絕。」

　　荀子王霸篇：「循其舊法，擇其善者而明用之，足以順服好利之人

矣。」荀子重視效法後王法制，認爲後王必然積聚先王之治理之道，而集其統類之大成，故可繼受其法統，此一見解，具有經驗主義之性格。[60]

（四）文官制度：設官分職，各有所司

荀子認爲文官制度應選賢與能，知人善任，施政朝向王道之法及霸道之法，才能使國家興盛。荀子王霸篇：「國者、天下之大器也，重任也，不可不善爲擇所而後錯之，錯險則危；不可不善爲擇道然後道之，涂薉則塞；危塞則亡。」「故道王者之法，與王者之人爲之，則亦王；道霸者之法，與霸者之人爲之，則亦霸。」「故百里之地，其等位爵服，足以容天下之賢士矣；其官職事業，足以容天下之能士矣；循其舊法，擇其善者而明用之，足以順服好利之人矣。賢士一焉，能士官焉，好利之人服焉，三者具而天下盡，無有是其外矣。」

荀子認爲君子之長處，不在於就各個專業領域均無所不能，但擅長於領導治理，掌握處事符合事理之方法論。荀子儒效篇：「若夫譎德而定次，量能而授官，使賢不肖皆得其位，能不能皆得其官，萬物得其宜，事變得其應，愼墨不得進其談，惠施、鄧析不敢竄其察，言必當理，事必當務，是然後君子之所長也。」

荀子也主張國家治理之文官制度，應設官分職，各有所司。荀子王制篇：「抃急禁悍，防淫除邪，戮之以五刑，**使暴悍以變，姦邪不作，司寇之事也。本政教，正法則**，兼聽而時稽之，度其功勞，論其慶賞，以時愼脩，使百吏免盡，而眾庶不偷，**冢宰之事也。**論禮樂，正身行，**廣教化，美風俗**，兼覆而調一之，**辟公之事也。**全道德，致隆高，綦文理，一天下，振毫末，使天下莫不順比從服，天王之事也。故政事亂，則冢宰之罪也；國家失俗，則辟公之過也；天下不一，諸侯俗反，則天王非其人也。」

四、社會主義之法律思想

荀子亦提倡政府應照顧弱勢民眾，平均社會財富，而具有社會主義之法律思想。荀子禮論篇：「禮者、斷長續短，損有餘，益不足，達愛敬之文，而滋

---

[60] 王邦雄，韓非子的哲學，三民書局，再版，1979年，頁134以下。

成行義之美者也。」荀子王制篇:「五疾,[61]上收而養之,材而事之,官施而衣食之,兼覆無遺。」「選賢良,舉篤敬,興孝弟,**收孤寡,補貧窮**。如是,則庶人安政矣。庶人安政,然後君子安位。傳曰:『君者、舟也,庶人者、水也;水則載舟,水則覆舟。』此之謂也。」

荀子王霸篇:「用國者,得百姓之力者富,得百姓之死者彊,得百姓之譽者榮。三得者具而天下歸之,三得者亡而天下去之;天下歸之之謂王,天下去之之謂亡。湯武者,**脩其道,行其義,興天下同利,除天下同害,天下歸之**。故厚德音以先之,明禮義以道之,致忠信以愛之,賞賢使能以次之,爵服賞慶以申重之,時其事,輕其任,以調齊之,潢然兼覆之,**養長之,如保赤子**。生民則致寬,使民則綦理,辯政令制度,所以接天下之人百姓,有非理者如豪末,則雖孤獨鰥寡,必不加焉。是故百姓貴之如帝,親之如父母,為之出死斷亡而不愉者,無它故焉,道德誠明,利澤誠厚也。」

五、法治之指導原則

(一)法應「賞善罰惡」,並應符合相當性原則

荀子認為國家應賞善罰惡,賞罰分明。荀子王制篇:「王者之論:無德不貴,無能不官,無功不賞,無罪不罰。朝無幸位,民無幸生。尚賢使能,而等位不遺;析愿禁悍,而刑罰不過。百姓曉然皆知夫為善於家,而取賞於朝也;為不善於幽,而蒙刑於顯也。夫是之謂定論。是王者之論也。」

荀子富國篇:「賞行罰威,則賢者可得而進也,不肖者可得而退也,能不能可得而官也。若是則萬物得其宜,事變得應,上得天時,下得地利,中得人和,則財貨渾渾如泉源,汸汸如河海,暴暴如丘山,不時焚燒,無所臧之。夫天下何患乎不足也?故儒術誠行,則天下大而富,使而功,撞鐘擊鼓而和。」

荀子認為國家賞罰均應秉持相當性原則,以符合對等正義。例如「聖王在上,決德而定次,量能而授官,皆使民載其事而各得其宜。」有關犯罪之處罰,亦應符合相當性原則,所謂「刑稱罪,則治;不稱罪,則亂。」(荀子正論篇)其主張「殺人者死,傷人則罰。」倘若罪至重而處罰過輕,勢必無法遏

---

[61] 「五疾」係指五種殘疾,楊倞注:「五疾:瘖、聾、跛躄、斷者、侏儒。」漢語網,https://www.chinesewords.org/dict/16925-213.html,瀏覽日期:110.3.14。

阻犯罪，導致社會秩序混亂。

　　在荀子正論篇，認為：「以為人或觸罪矣，而直輕其刑，然則是殺人者不死，傷人者不刑也。罪至重而刑至輕，庸人不知惡矣，亂莫大焉。凡刑人之本，禁暴惡惡，且懲其未也。殺人者不死，而傷人者不刑，是謂惠暴而寬賊也，非惡惡也。故象刑殆非生於治古，並起於亂今也。」

　　「治古不然。凡爵列、官職、賞慶、刑罰，皆報也，以類相從者也。一物失稱，亂之端也。**夫德不稱位，能不稱官，賞不當功，罰不當罪，不祥莫大焉**。昔者武王伐有商，誅紂，斷其首，縣之赤旆。夫征暴誅悍，治之盛也。殺人者死，傷人者刑，是百王之所同也，未有知其所由來者也。」

　　荀子認為法治可以使上下政通人和，國家治理上軌道。在荀子正論篇表示：「夫亂今然後反是。上以無法使，下以無度行；知者不得慮，能者不得治，賢者不得使。若是，則上失天性，下失地利，中失人和。故百事廢，財物詘，而禍亂起。」「古之人為之不然。以人之情為欲多而不欲寡，故賞以富厚而罰以殺損也。是百王之所同也。故上賢祿天下，次賢祿一國，下賢祿田邑，愿慤之民完衣食。」

　　「賞不欲僭，刑不欲濫。賞僭則利及小人，刑濫則害及君子。若不幸而過，寧僭勿濫。與其害善，不若利淫。」（荀子致士篇）

　　「禮者，貴賤有等；長幼有差，貧富輕重皆有稱者也。故天子袾裷衣冕，諸侯玄裷衣冕，大夫裨冕，士皮弁服。德必稱位，位必稱祿，祿必稱用，**由士以上則必以禮樂節之，眾庶百姓則必以法數制之**。量地而立國，計利而畜民，度人力而授事，使民必勝事，事必出利，利足以生民，皆使衣食百用出入相揜，必時臧餘，謂之稱數。故自天子通於庶人，事無大小多少，由是推之。故曰：『朝無幸位，民無幸生。』此之謂也。輕田野之賦，平關市之征，省商賈之數，罕興力役，無奪農時，如是則國富矣。夫是之謂以政裕民。」（荀子富國篇）

　　荀子認為獎賞與處罰應遵守「一身專屬性原則」，應僅及於一身，獎賞不可世襲爵位官職，犯罪處罰也不可株連無辜。荀子引用尚書周書康誥篇：「凡民自得罪」，認為「故**刑當罪則威，不當罪則侮；爵當賢則貴，不當賢則賤**。古者刑不過罪，爵不踰德。故殺其父而臣其子，殺其兄而臣其弟。刑罰不怒罪，爵賞不踰德，分然各以其誠通。是以為善者勸，為不善者沮；刑罰綦省，而威行如流，政令致明，而化易如神。傳曰：『一人有慶，兆民賴之。』此之

謂也。」「**亂世則不然：刑罰怒罪，爵賞踰德，以族論罪，以世舉賢。故一人有罪，而三族皆夷，德雖如舜，不免刑均，是以族論罪也。先祖當賢，後子孫必顯，行雖如桀紂，列從必尊，此以世舉賢也。**以族論罪，以世舉賢，雖欲無亂，得乎哉！《詩》曰：『**百川沸騰，山冢崒崩，高岸爲谷，深谷爲陵。哀今之人，胡憯莫懲！**』此之謂也。」

（二）利益衡量論

荀子認爲各種事物常利弊互見，兼有利害得失，因此必須進行利益衡量。荀子不苟篇表示：「欲惡取舍之權：見其可欲也，則必前後慮其可惡也者；見其可利也，則必前後慮其可害也者，而兼權之，孰計之，然後定其欲惡取舍。如是則常不失陷矣。凡人之患，偏傷之也。見其可欲也，則不慮其可惡也者；見其可利也，則不顧其可害也者。是以動則必陷，爲則必辱，是偏傷之患也。」

荀子認爲君子處事應公正通達事理，荀子不苟篇表示：「公生明，偏生闇，端愨生通，詐僞生塞，誠信生神，夸誕生惑。此六生者，君子愼之，而禹桀所以分也。」

（三）法律漏洞補充方法論

荀子在法律適用上認爲有法律漏洞時，可以採取觸類旁通方式，進行類推適用，彌補法之不足。亦即以「治人」補「治法」之不足。[62]荀子大略篇：「**有法者以法行，無法者以類舉。以其本知其末，以其左知其右，凡百事異理而相守也。**慶賞刑罰，通類而後應；政教習俗，相順而後行。」

（四）正名主義

荀子與孔子相同，均提倡正名，由王者制名，使其名實相符，以遵守法令，並防止欺詐爭訟行爲，避免混淆是非，善惡不分，以維持統一法律秩序與

---

[62] 楊日然，從先秦禮法思想的變遷看荀子禮法思想的特色及其歷史意義，法理學論文集，元照出版，1997年，頁429。

社會秩序。荀子正名篇：「後王之成名：刑名從商，爵名從周，文名從禮，散名之加於萬物者，則從諸夏之成俗曲期，遠方異俗之鄉，則因之而爲通。」**「故王者之制名，名定而實辨，道行而志通，**則愼率民而一焉。故**析辭擅作名，以亂正名，使民疑惑，人多辨訟，則謂之大姦。**其罪猶爲符節度量之罪也。故其民莫敢託爲奇辭以亂正名，故其民愨；愨則易使，易使則公。**其民莫敢託爲奇辭以亂正名，故壹於道法，而謹於循令矣。**如是則其跡長矣。跡長功成，治之極也。是謹於守名約之功也。今聖王沒，名守慢，奇辭起，名實亂，是非之形不明，則雖守法之吏，誦數之儒，亦皆亂也。若有王者起，必將有循於舊名，有作於新名。然則所爲有名，與所緣以同異，與制名之樞要，不可不察也。」

　　荀子認爲事物之名稱，在王者制名之後，即可「約定俗成」爲宜。荀子正名篇：「名無固宜，約之以命，**約定俗成謂之宜，**異於約則謂之不宜。名無固實，約之以命實，約定俗成，謂之實名。名有固善，徑易而不拂，謂之善名。」

　　荀子認爲同類事物取名應相同，不同類事物則應有不同名稱，倘若名稱不足以涵蓋不同類型事物時，則應採用共同性之抽象名稱，以免混淆誤認。荀子正名篇：「同則同之，異則異之。單足以喻則單，單不足以喻則兼；單與兼無所相避則共；雖共不爲害矣。知異實者之異名也，故使異實者莫不異名也，不可亂也，猶使同實者莫不同名也。」

　　荀子也強調名實相符合，荀子正名篇：**「彼正其名，當其辭，以務白其志義者也。彼名辭也者，志義之使也，足以相通，**則舍之矣。苟之，姦也。故名足以指實，辭足以見極，則舍之矣。外是者，謂之訒，是君子之所棄，而愚者拾以爲己寶。」

（五）誠信原則

　　荀子亦主張國家治理應講求誠信以立威。荀子王霸篇：「德雖未至也，義雖未濟也，然而天下之理略奏矣，**刑賞已諾信乎天下矣，臣下曉然皆知其可要也。政令已陳，雖睹利敗，不欺其民；約結已定，雖睹利敗，不欺其與。如是，則兵勁城固，敵國畏之；國一綦明，與國信之；雖在僻陋之國，威動天下，五伯是也。**非本政教也，非致隆高也，非綦文理也，非服人之心也，鄉方

略，審勞佚，謹畜積，脩戰備，齺然上下相信，而天下莫之敢當。故齊桓、晉文、楚莊、吳闔閭、越勾踐，是皆僻陋之國也，威動天下，彊殆中國，無它故焉，略信也。是所謂信立而霸也。」

（六）禁止異端邪說

荀子主張禁止異端邪說，以免混淆是非善惡，擾亂社會視聽，損害他人。荀子解蔽篇：「若夫**非分是非，非治曲直，非辨治亂，非治人道，雖能之無益於人，不能無損於人**；案直將治怪說，玩奇辭，以相撓滑也；案彊鉗而利口，厚顏而忍訽，無正而恣睢，妄辨而幾利；不好辭讓，不敬禮節，而好相推擠：**此亂世姦人之說**也，則天下之治說者，方多然矣。傳曰：『析辭而爲察，言物而爲辨，君子賤之。博聞彊志，不合王制，君子賤之。』此之謂也。」

肆、結論

荀子思想，依據維基百科之分析：「荀子祖述孔子，重視道德倫理，提倡仁義、禮義和忠信，集先秦禮論之大成，重視以禮修身和禮制教育。他相信性惡論，人與生俱來本無道德，若放縱情慾不加節制，將互相仇恨和鬥爭；道德價值是後天人爲建構的，由聖人創造，以規範和美化人性。荀子重視人的理性和學習能力，認爲善行是後天學習而得的，人人都有學習禮義的能力；君子應憑著個人修養，鍥而不捨的努力，日積月累養成美德。政治上荀子提調尊君，強調君主確立社會秩序與道德教化的作用，彰顯儒家的聖王理想與政教合一的觀念。荀子主張任用賢能，國君把政務交與大臣處理；國家要控制思想，打擊異端邪說，以法律補充禮制以維繫社會秩序。自然論方面，荀子傾向唯物主義，認爲天地並無意志，不信墨家天人感應和鬼神之說，提出利用自然和改造自然。」[63]

荀子性惡理論，有唯物主義之傾向，欠缺上帝等宗教思想。其主張經由後天勤學修身以成聖人。在思想上以儒家思想與道（禮義等）爲基礎，又有其經驗創新之見解，在本性上不承認人性上之「良心理性」之性善一面，因此受到批評。就此有認爲荀子學說不圓滿之處，在於遺漏孔孟學說中有關「道德主

63　維基百科，荀子，https://zh.wikipedia.org/wiki/荀子#cite_note-張-1，瀏覽日期：111.3.14。

體之彰顯」以及「價值意識的自覺」。孔孟言王道，皆以內在「仁愛」之心爲本，荀子學說思想似乎遺漏此一部分。[64]

　　荀子之法律思想強調以禮義作爲法治基礎，法律制度之設計應依循事物之道理而行，以符合「人道」。其中「禮義」之規範內容，並非一般人所能制定產生，而必須依賴具備至高智慧之聖人（聖王）訂定，並依賴賢良人才執行，方能王天下。在此荀子法理思想以「自然法思想」爲基礎，並強調「經驗主義」，一方面透過實證經驗認識事物之道理，同時衡量其利弊得失，以爲法規立法裁量準則，故亦有利益法學理論色彩。

　　荀子禮法思想影響所至，其弟子韓非與李斯即將法思想發揚光大，學者認爲荀子性惡篇主張：「故古聖人以人之性惡，以爲偏而不正，悖亂而不治，故爲之立君上之勢以臨之，明禮義以化之，起法正以治之，重刑罰以禁之，使天下皆出於治，合於善也。是聖王之治，禮義之化也。」其主張「運用政治君勢的權威，以強制力作爲教化的手段，師與君合，禮與法合，推向無上權威，遂由禮而法，由法而刑禁，由尊君重禮，很自然地轉入尊君重法的法家之路。」[65]

[64] 韋政通，荀子與古代哲學，臺灣商務印書館，2版，1992年，頁219。
[65] 黃源盛，儒法之間──荀子的禮法思想方法論，發表於2020.12.18東吳大學法學院基礎法研究中心舉辦，第八回法理學研討會，頁18；王邦雄，韓非子的哲學，三民書局，再版，1979年，頁136以下。

第二篇

道家與道教

第七章　道家的法律思想[*]

壹、前言

　　道家思想分析探討法律制度規範之處，或許不多見，因此研究道家的法律思想，應從其哲學思想出發，運用於法律思想上所採取之立場。較能周延完整反映道家之法律思想觀念，否則容易流於以偏概全，誤解其真義。

　　在春秋戰國時代，諸侯割據，戰亂頻繁，加上政府法令嚴苛，苛政普遍，人民負擔沉重，生活困苦，幾乎至於民不聊生之境地。故孔子曰：「苛政

---

*　本文原發表於法治國家的原理與實踐——陳新民教授六秩晉五壽辰文集，下冊，新學林，2020年11月，頁147以下，經重新增補而成。

猛於虎。」有識之聖賢之人，乃紛紛提出救國濟世之良方，老子及莊子等道家思想，亦提出其國家長治久安之策。

漢書藝文志對於道家的思想源流，表示：「道家者流，蓋出於史官，歷記成敗存亡禍福古今之道，然後知秉要執本，清虛以自守，卑弱以自持，此君人南面之術也。合於堯之克攘，易之嗛嗛，一謙而四益，此其所長也。及放者為之，則欲絕去禮學，兼棄仁義，曰獨任清虛可以為治。」[1]

貳、道之意義

有關道的意義，並不容易理解。道德經第一章即表示：「道可道，非常道。名可名，非常名。無名天地之始；有名萬物之母。故常無欲，以觀其妙；常有欲，以觀其徼。此兩者，同出而異名，同謂之玄。玄之又玄，眾妙之門。」道德經第二十五章混成亦表示：「有物混成，先天地生，寂兮寥兮，獨立而不改，周行而不殆，可以為天下母。吾不知其名，字之曰道，強為名之曰大。大曰逝，逝曰遠，遠曰反。故道大，天大，地大，王亦大。域中有四大，而王居其一焉。人法地，地法天，天法道，道法自然。」

「道生之，德蓄之，物形之，勢成之。是以萬物莫不尊道而貴德。道之尊，德之貴，夫莫之命而常自然。故道生之，德蓄之，長之育之，成之熟之，養之覆之。生而不有，為而不恃，長而不宰，是謂玄德。」（道德經第五十一章尊貴）

「道者，神明之原也。神明者，處於度之內而見於度之外者也。處於度之內者，不言而信；見於度之外者，言而不可易也。處於度之內者，靜而不可移也；見於度之外者，動而不可化也。靜而不移，動而不化，故曰神。神明者，見知之稽也。」[2]「何謂道？有天道，有人道。無為而尊者，天道也；有為而累者，人道也。主者，天道也；臣者，人道也。」[3]

「夫德，和也；道，理也。德無不容，仁也；道無不理，義也。」（莊子繕性篇）「道者，萬物之所然也，萬理之所稽也。理者，成物之文也；道者，萬物之所以成也。故曰：『道，理之者也。』」（韓非子解老篇）

---

[1] 諸子百家中國哲學書電子化計劃，漢書藝文志，https://ctext.org/han-shu/yi-wen-zhi/zh，瀏覽日期：109.9.15。

[2] 黃帝四經，經法名理篇。

[3] 莊子外篇在宥篇。

「物固有所然，物固有所可。無物不然，無物不可。故爲是舉莛與楹，厲與西施，恢恑憰怪，道通爲一。其分也，成也；其成也，毀也。凡物無成與毀，復通爲一。唯達者知通爲一，爲是不用而寓諸庸。庸也者，用也；用也者，通也；通也者，得也。適得而幾矣。因是已。已而不知其然，謂之道。」（莊子齊物論）

西方學者韋伯認爲「老子提出『道』是宇宙本源，也是統治宇宙中一切運動的法則」。[4]大陸學者也認爲「『道』既是具有終極性的存在之因，又是天地萬物運動的總規律」。[5]道乃是生成天地萬物之總原理。[6]亦即道是普遍、絕對、最高的眞理，支配宇宙、天地及萬物的生成與發展的準則，道是「存在法則」，也是「當爲法則」。[7]「道是宇宙的永恆秩序，同時也是宇宙的發展本身」，[8]因此，「大道無形，生育天地。大道無名，發育萬物。聖人以有而形無，實而形虛，顯呈此至隱至微之一物曰穀神。」[9]莊子與老子思想基本上相同，亦認爲道乃是使天地、萬物及人類運動生生不息的法則，是產生天地萬物及人類的眞理，是「存在」與「當爲」合一的道。[10]

胡適先生孔子的儒家思想認爲宇宙間天地萬物雖然紛雜，卻均有「條理」可循，都有一個「會通」的條理，所謂「殊途而同歸」也就是這個條理系統，如能尋找出事物的條理系統，即能「吾道一以貫之」，亦即荀子所謂「以一知萬」。[11]上述對於儒家「道」的詮釋，似亦可適用於道家思想之「道」。

「道也者，動不見其形，施不見其德，萬物皆以得，然莫知其極。故曰可以安而不可說也。」「虛無無形謂之道，化育萬物謂之德」「德者道之舍，物得以生。生知得以職道之精。故德者得也，得也者，其謂所得以然也，以無爲之謂道，舍之之謂德。故道之與德無間。故言之者不別也。」（管子心術上

---

[4]　維基百科，道家，https://zh.wikipedia.org/wiki/道家，瀏覽日期：109.9.15。

[5]　王沛，《老子》法哲學中的「常」與「名」，法制與社會發展（雙月刊），2007年第3期（總第75期），2007年，頁29。

[6]　馮友蘭，中國哲學史，臺灣商務印書館，增訂4版1刷，2015年，頁184以下。

[7]　林文雄，老莊法律思想，中央文物供應社發行，1985年，頁81以下。

[8]　馬克斯・韋伯著，王容芬譯，世界宗教的經濟倫理、儒教與道教，2版，2018年，頁252。

[9]　道德經注釋（黃元吉），https://zh.m.wikisource.org/zh-hant/道德經注釋_(黃元吉)，瀏覽日期：109.9.15。

[10]　林文雄，老莊法律思想，中央文物供應社發行，1985年，頁149以下。

[11]　胡適，中國哲學史大綱，天津人民出版社，初版，2016年，頁85以下。

篇）

「夫道者德之元，天之根，福之門，萬物待之而生，待之而成，待之而寧。道爲生化之主，德爲畜養之資。群物之根莫不待而生，百福之門，莫不由而出也。夫道無爲無形，無爲而萬物生，無形而萬物化。」[12]

學者有認爲：「道是德的本體，宇宙萬象之眞主宰，是無形、無象、無名的，用以代表眞理之正體。道是萬化之祖，天地萬象由道而成，一切生靈萬物由道而生。道乃無極眞理，生天生地生萬物之眞理。德是道的表現、道的作用。無名是天地之始爲道，有名萬物之母爲德。」[13]

參、道家的自然法思想：天人合一思想

一、概說：自然主義的自然法思想

老子道德經表示：「人法地，地法天，天法道，道法自然。」（第二十五章混成）「是道則進，非道則退。」（太上感應篇）莊子齊物論表示：「天地與我並生，而萬物與我爲一。」即提倡「天人合一」的哲學思想。所謂天人合一，有謂：「『天』代表『道』、『眞理』、『法則』，『天人合一』就是與先天本性相合，回歸大道，歸根復命。天人合一不僅僅是一種思想，而且是一種狀態。『天人合一』哲學構建了中華傳統文化的主體。宇宙自然是大天地，人則是一個小天地。人和自然在本質上是相通的，故一切人事均應順乎自然規律，達到人與自然和諧。」[14]

「老子曰：大丈夫恬然無思，憺然無慮，以天爲蓋，以地爲車，以四時爲馬，以陰陽爲御，行乎無路，遊乎無怠，出乎無門。以天爲蓋則無所不覆也，以地爲車則無所不載也，四時爲馬則無所不使也，陰陽御之則無所不備也。是故疾而不搖，遠而不勞，四支不動，聰明不損，而照明天下者，執道之要，觀無窮之地。故天下之事不可爲也，因其自然而推之，萬物之變不可救也，秉其

---

[12] 諸子百家中國哲學書電子化計劃，默希子>通玄眞經註>卷五>道德，https://ctext.org/wiki.pl?if=gb&chapter=854839，瀏覽日期：109.9.15。

[13] 孟穎集註，易貫道德經玄妙解，上冊，2008年，頁14以下。

[14] 百度百科，天人合一（中國哲學思想），https://baike.baidu.com/item/天人合一/156174，瀏覽日期：109.9.15。

要而歸之。是以聖人內修其本，而不外飾其末，屬其精神，偃其知見故漠然無爲而無不爲也，無治而無不治也。所謂無爲者，不先物爲也；無治者，不易自然也；無不治者，因物之相然也。」[15]道家提倡「天人合一」思想，正給以自然法論一個重要的原理。[16]

老子道德經的思想，有無自然法觀念，不無疑義。通說認爲老子思想具有自然法思想，[17]例如胡適認爲：「老子的天道，就是西洋哲學的自然法。日月星辰的運行、動植物的生老死，都有自然法的支配適合。」[18]例如第七十三章天網表示：「天之道，不爭而善勝，不言而善應，不召而自來，繟然而善謀。天網恢恢，疎而不失。」此一道的自然法思想，乃是「道法自然」，認爲在人定法以外，存在著一種自然法則，道是萬物應該遵守的法則，人類社會應順應道，人類所制定之「人定法」應符合「道」（自然法則）的要求，不可違背天道，並防止法令規定之繁雜。[19]

就此有認爲道家的自然法思想，具有下列四項特徵：一是客觀性，二是規範性，三是普遍性，四是神祕性。[20]

老子道德經第十六章復命表示：「致虛極，守靜篤。萬物並作，吾以觀復。夫物芸芸，各復歸其根。歸根曰靜，是謂復命；復命曰常，知常曰明。不知常，妄作兇。知常容，容乃公，公乃全，全乃天，天乃道，道乃久，沒身不殆。」就此學者認爲本章：「揭示了『常』的性質，以及『常』與『道』的關係。『致虛極，守靜篤』是體察大道的方法，體察大道，必須要排除自己主觀私慾的干擾。如果觀察大道往復之本原，則會發現有不變的準則所在，這個準則就是『常』。『常』可以爲人們所觀察，但本身並非『道』，而是『道』的

[15] 諸子百家中國哲學書電子化計劃，文子道原篇，https://ctext.org/wenzi/dao-yuan/zh，瀏覽日期：109.9.15。

[16] 林文雄，老莊法律思想，中央文物供應社發行，1985年，頁84。

[17] 主張肯定說者包括梁啓超、胡適、楊鴻烈、陳顧遠、丘漢平、封思毅、耿雲卿先生（引自林文雄，老莊法律思想，中央文物供應社發行，1985年，頁76）；反對說，梅仲協教授認爲依據道德經中表示：「法令滋彰，盜賊多有」，可見老子只有自然律的觀念，而沒有自然法的理念，尤其由人類智慧所制定的法律，尤爲老子所反對（梅仲協，先秦諸子的法律思想，頁5以下）。

[18] 胡適，中國哲學史大綱，初版，2016年，頁50。

[19] 郝小紅，道家「法自然」思想及其對當代的啓示，中共山西省直機關黨校學報，2010年第6期，2010年，頁62。

[20] 楊惠梅，老子法律思想探討微，長春理工大學學報，第2卷第4期，2006年12月，頁24。

體現。能夠把握到『常』，就是『明』。如果不知道這個準則而任意妄為，則兇。由於『常』是符合大道的，所以依照『常』而行事，就可以『沒身不殆』。正因如此，『常』也被賦予了社會規則的含義。《老子》曰，『人法地，地法天，天法道，道法自然』，人類社會最高的行為規範是『道』自然而然的本身，道的表現則是『常』，故而『常』就是所有社會成員所共同依據的準則。若從政治層面而言，『常』亦可看作是一種自然法。而『常』與『法』在先秦的確具有共同的本質屬性，如《爾雅》中便說：『法……，常也』（《爾雅・釋詁》），只不過《老子》中的『常』與『道』相為表裡也。」[21]

　　國內學者林文雄教授指出老子的自然法思理論，是建立在道的基礎上，「道落實於現象界，表現出許多具體的法則，即透過天、地、萬物、自然而顯現『道』。因此從天地、萬物、自然中所演繹出的法則，不僅是存在的法則，而同時又是當為的法則即規範。」[22]

　　因此老子的思想屬於客觀說（認識說），有關倫理的價值判斷，其真偽原理上是可以認識的，其思想相當於倫理的直觀主義以及倫理的自然主義。[23]「道」充滿宇宙、天地、萬物及人類，因此不但價值內在於自然，並且價值也可以還原為事實。老子道德經中「法天、法自然」的思想，「天」與「自然」本身均屬於一種事實，故老子的法律思想具有濃厚的「自然主義」色彩，而與西方法律思想近代自然法論的自然狀態等自然主義的理論相類似。[24]

　　道家自然法思想，乃是「法自然」，屬於自然主義的或哲學的自然法思想，而與「理性的自然法思想」有別，理性的自然法理論，認為「自然法是人類理性的體現，既不能廢除，也不能取消，是正義的本源，是衡量一切事物的標準。各民族用文字把原有民族慣例記載下來並予以實施就是人定法。自然法是普遍有效的，它高於人定法，人定法不符合自然法的要求則根本不是法。」[25]

---

[21] 王沛，《老子》法哲學中的「常」與「名」，法制與社會發展（雙月刊），2007年第3期（總第75期），2007年，頁29。

[22] 林文雄，老莊法律思想，中央文物供應社發行，1985年，頁84。

[23] 林文雄，老莊法律思想，中央文物供應社發行，1985年，頁81以下。

[24] 林文雄，老莊法律思想，中央文物供應社發行，1985年，頁82以下。

[25] 徐愛國，老莊學派與斯多葛學派法律思想之比較，DOI：10.13415/j.cnki.fxpl.1989.03.010，頁42。

莊子認爲人類應效法天地之運行規律之大道：「天地有大美而不言，四時有明法而不議，萬物有成理而不說。聖人者，原天地之美而達萬物之理。是故至人無爲，大聖不作，觀於天地之謂也。」[26]「夫至樂者，先應之以人事，順之以天理，行之以五德，應之以自然，然後調理四時，太和萬物。四時迭起，萬物循生。」[27]「古之治道者，以恬養知；知生而無以知爲也，謂之以知養恬。知與恬交相養，而和理出其性。夫德，和也；道，理也。德無不容，仁也；道無不理，義也。」[28]

莊子的思想也是主張價值客觀說、認識說，且兼有直觀主義與自然主義兩種性格。莊子認爲宇宙有最高、唯一、普遍的、絕對的眞理存在，那就是「道」。具有客觀的價值以及認識可能。要認識道，不適用通常的經驗的、合理方法，而是要使用形而上學的直觀方法，道從內在於天地、萬物來加以把握，它顯現在天地間，讓一切事物具有秩序，和諧地生成、發展、運動、衰老、死亡及變化，此一觀點具有自然主義的色彩。莊子的道，具有存在與當爲合一的性質，因此莊子的自然法論，與西方哲學家史賓諾沙的哲學思想具有類似性。[29]

二、道家的道德規範

在道教的太上感應篇，強調個人的心性修養與力行善德。闡明心善福至，心惡禍臨的道理。其主要思想有下列四項：[30]

（一）吉凶禍福的果報，源於自身心念行爲的善惡好壞，太上曰：「禍福無門，惟人自召；善惡之報，如影隨形。」

（二）正直仁厚，力行眾善的人，爲人所敬，天地福佑：是道則進，非道則退。不履邪徑，不欺暗室；積德累功，慈心於物；忠孝友悌，正己化人；矜孤恤寡，敬老懷幼；昆蟲草木，猶不可傷。宜憫人之凶，樂人之善；濟人之急，救人之危。見人之得，如己之得；見人之失，如己之

---

[26] 莊子知北遊篇。
[27] 莊子天運篇。
[28] 莊子繕性篇。
[29] 林文雄，老莊法律思想，中央文物供應社發行，1985年，頁175以下。
[30] 財團法人台北行天宮，太上感應篇，3版，2016年，頁6以下。

失。不彰人短，不炫己長；遏惡揚善，推多取少。受辱不怨，受寵若驚；施恩不求報，與人不追悔。

所謂善人，人皆敬之，天道佑之，福祿隨之，眾邪遠之，神靈衛之；所作必成，神仙可冀。欲求天仙者，當立一千三百善；欲求地仙者，當立三百善。

（三）居心不良，多行不義的人，受人厭惡，神明降禍：苟或非義而動，背理而行。是以天地有司過之神，依人所犯輕重，以奪人算。算減則貧耗，多逢憂患；人皆惡之，刑禍隨之，吉慶避之，惡星災之；算盡則死。太上感應篇所記載的邪惡的行為道德規範要旨如下：殺害生命、傷害他人。損害他人婚姻家庭及事業，偷盜他人財物，提供黑心商品等詐欺行為，以語言傷人，枉法裁判，賞及非義，刑及無辜。危害公益的行為，排斥善良，處世不公，欺壓弱勢，助人為非。目無尊長，違反忠誠，自私自利（危人自安，減人自益；以私廢公。自罪引他，壅塞方術）。無故傷害動植物。怨天尤人，不敬天地神明，居心不良等均屬之。

又有三台北斗神君，在人頭上，錄人罪惡，奪其紀算。又有三尸神，在人身中，每到庚申日，輒上詣天曹，言人罪過。月晦之日，灶神亦然。凡人有過，大則奪紀，小則奪算。其過大小，有數百事，欲求長生者，先須避之。

如是等罪，司命隨其輕重，奪其紀算。算盡則死；死有餘責，乃殃及子孫。

（四）只要肯悔改，積德累功，一定可以轉禍為吉慶。

三、自然法優於實證法

學者有認為以「常」為中心的自然法思想，是老子道德經所示法哲學的核心。[31]道家思想認為法應以正義為內涵，以作為判斷是非善惡之標準，伸張社會正義。

道德經第七十七章天道：「天之道，其猶張弓與？高者抑之，下者舉

---

[31] 王沛，《老子》法哲學中的「常」與「名」，法制與社會發展（雙月刊），2007年第3期（總第75期），2007年，頁33。

之；有餘者損之，不足者補之。天之道，損有餘而補不足。人之道，則不然，損不足以奉有餘。孰能有餘以奉天下，唯有道者。是以聖人爲而不恃，功成而不處，其不欲見賢。」第八十一章不積：「天之道，利而不害。」其中所稱天之道，即天道，人之道爲人道，天道相當於自然法，有自我保持均衡作用，是完美的。而人道相當於人爲的實證法，即可能危害人民權益。故天道優於人道，自然法優於實證法。[32]

肆、道家法律思想的基本價值理念

一、以「道德」治國的價值理念

老子提倡以道德治國，建立和諧社會，法令規章應公正合理，符合比例原則，不可過於嚴苛，以至於傷及無辜。例如道德經第六十章道蒞謂：「治大國若烹小鮮。以道蒞天下，其鬼不神；非其鬼不神，其神不傷人；非其神不傷人，聖人亦不傷人。夫兩不相傷，故德交歸焉。」「夫帝王之德，以天地爲宗，以道德爲主，以無爲爲常。無爲也，則用天下而有餘；有爲也，則爲天下用而不足。故古之人貴夫無爲也。」（莊子天道）

「故通於天地者，德也；行於萬物者，道也；上治人者，事也；能有所藝者，技也。技兼於事，事兼於義，義兼於德，德兼於道，道兼於天。」[33]

「大道廢，有仁義。智慧出，有大僞。六親不和，有孝慈。國家昏亂，有忠臣。」（道德經第十八章四有）「老子曰：循性而行謂之道，得其天性謂之德，性失然後貴仁義，仁義立而道德廢，純樸散而禮樂飾，是非形而百姓眩，珠玉貴而天下爭。夫禮者，所以別尊卑貴賤也，義者，所以和君臣父子兄弟夫婦人道之際也。末世之禮，恭敬而交。爲義者，布施而得，君臣以相非，骨肉以生怨也，故水積則生相食之蟲，土積則生自肉之狩，禮樂飾則生詐僞。」[34]

「老子曰：昔者之聖王，仰取象於天，俯取度於地，中取法於人，調陰陽之氣，和四時之節，察陵陸水澤肥墝高下之宜，以立事生財，除飢寒之患，辟

---

[32] 林文雄，老莊法律思想，中央文物供應社發行，1985年，頁84以下。

[33] 莊子外篇天地章。

[34] 諸子百家中國哲學書電子化計劃，文子上禮篇，https://ctext.org/wenzi/shang-li/zh，瀏覽日期：109.9.15。

疾疢之讚，中受人事，以制禮樂，行仁義之道，以治人倫。」[35]

「老子曰：國之所以存者，得道也，所以亡者，理塞也，故聖人見化以觀其徵。德有昌衰，風爲先萌，故得生道者，雖小必大，有亡徵者，雖成必敗。國之亡也，大不足恃，道之行也，小不可輕，故存在得道，不在於小，亡在失道，不在於大。故亂國之主，務於地廣，而不務於仁義，務在高位，而不務於道德，是舍其所以存，造其所以亡也。若上亂三光之明，下失萬民之心，孰不能承，故審其己者，不備諸人也。古之爲道者，深行之謂之道德，淺行之謂之仁義，薄行之謂之禮智，此六者，國家之綱維也。深行之則厚得福，淺行之則薄得福，盡行之天下服。古者脩道德即正天下，脩仁義即正一國，脩禮智即正一鄉，德厚者大，德薄者小。」（文子上仁章）

「老子曰：帝者有名，莫知其情，帝者貴其德，王者尚其義，霸者迫於理。聖人之道，於物無有，道挾然後任智，德薄然後任形，明淺然後任察。任智者中心亂，任刑者上下怨，任察者下求善以事上即弊。是以聖人因天地以變化，其德乃天覆而地載，道之以時，其養乃厚，厚養即治，雖有神聖，人何以易之。去心智，故省刑罰，反清靜，物將自正。道之爲君如尸，儼然玄默，而天下受其福，一人被之不衰，萬人被之不褊。是故重爲惠，重爲暴，即道迕矣。爲惠者布施也，無功而厚賞，無勞而高爵，即守職懈於官，而遊居者亟於進矣。夫暴者妄誅也，無罪而死亡，行道者而被刑，即脩身不勸善，而爲邪行者輕犯上矣。故爲惠者即生姦，爲暴者即生亂，姦亂之俗，亡國之風也。」[36]

就此學者有指出老子提倡「無爲而治」以合道的治國策略方針，包括君王守道、保有慈心、崇尚節儉、謙下不爭等。[37]

二、以「仁義」治國的價值理念

道家思想也提倡「仁義」治國，但其順序在「道德」治國之後，莊子天道中即謂：「古之明大道者，先明天而道德次之，道德已明而仁義次之，仁義

---

[35] 諸子百家中國哲學書電子化計劃，文子上禮篇，https://ctext.org/wenzi/shang-li/zh，瀏覽日期：109.9.15。

[36] 諸子百家中國哲學書電子化計劃，文子自然章，https://ctext.org/wenzi/zi-ran/zh，瀏覽日期：109.9.15。

[37] 崔蘭琴、覃敏，試論老子法律思想的邏輯體系，湖北廣播電視大學學報，第22卷第3期，2005年5月，頁43以下。

已明而分守次之，分守已明而形名次之，形名已明而因任次之，因任已明而原
省次之，原省已明而是非次之，是非已明而賞罰次之，賞罰已明而愚知處宜，
貴賤履位，仁賢不肖襲情。必分其能，必由其名。以此事上，以此蓄下，以此
治物，以此修身，知謀不用，必歸天年。此之謂太平，治之至也。故書曰：
『有形有名。』形名者，古人有之，而非所以先也。」由此建立「天」、「道
德」、「仁義」、「形名」、「是非」以及「賞罰」等事件發展順序之本末關
係。[38]

　　淮南子齊俗訓亦謂：「率性而行謂之道，得其天性謂之德。性失然後貴
仁，道失然後貴義。是故仁義立而道德遷矣，禮樂飾則純樸散矣，是非形則百
姓眩矣，珠玉尊則天下爭矣。」

　　「聖人舉事也，合於天地，順於民，祥於鬼神，使民同利，萬夫賴之，所
謂義也。」[39]「故王者不以幸治國，治國固有前道：上知天時，下知地利，中
知人事。」[40]

　　「老子曰：凡學者，能明於天人之分，通於治亂之本，澄心清意以存
之，見其終始反其虛無，可謂達矣。治之本，仁義也，其末，法度也。人之所
生者，本也，其所不生者，末也，本末，一體也，其兩愛之，性也，先本後
末，謂之君子，先末後本，謂之小人。法之生也，以輔義，重法棄義，是貴其
冠履而忘其首足也。重仁義者，廣崇也，不益其厚而張其廣者毀，不廣其基而
增其高者覆，故不大其棟，不能任重，任重莫若棟，任國莫若德。」[41]

　　「老子曰：上義者，治國家，理境內，行仁義，布德施惠，立正法，塞
邪道，群臣親附，百姓和輯，上下一心，群臣同力，諸侯服其威，四方懷其
德，脩正廟堂之上，折衝千里之外，發號行令而天下響應，此其上也。地廣民
眾，主賢將良，國富兵強，約束信，號令明，兩敵相當，未交兵接刃，而敵人
奔亡，此其次也。知土地之宜，習險隘之利，明苛政之變，察行陣之事，白刃
合，流矢接，輿死扶傷，流血千里，暴骸滿野，義之下也。兵之勝敗習在於

[38] 王沛，《老子》法哲學中的「常」與「名」，法制與社會發展（雙月刊），2007年第3期
（總第75期），2007年，頁31。
[39] 黃帝四經，十大經前道篇。
[40] 黃帝四經，十大經前道篇。
[41] 諸子百家中國哲學書電子化計劃，文子上義章，https://ctext.org/wenzi/shang-yi/zh，瀏覽日
期：109.9.15。

政，政勝其民，下附其上，即兵強，民勝其政，下叛其上，即兵弱。義足以懷天下之民，事業足以當天下之急，選舉足以得賢士之心，謀慮足以決輕重之權，此上義之道也。」[42]

三、以「正法」治國的價值理念

老子提倡「以正治國」，道德經第五十七章治國：「以正治國，以奇用兵，以無事取天下。」

「老子曰：法生於義，義生於眾適，眾適合乎人心，此治之要也。法非從天下也，非從地出也，發乎人間，反己自正。誠達其本，不亂於末，知其要，不惑於疑，有諸已，不非於人，無諸己，不責於所立，立於下者，不廢於上，所禁於民者，不行於身，故人主之制法也，先以自為檢式，故禁勝於身，即令行於民。夫法者，天下之準繩也，人主之度量也，縣法者，法不法也，法定之後，中繩者賞，缺繩者誅，雖尊貴者不輕其賞，卑賤者不重其刑，犯法者，雖賢必誅，中度者，雖不肖無罪，是故公道行而和欲塞也。古之置有司也，所以禁民使不得恣也，其立君也，所以制有司使不得專行也，法度道術，所以禁君使無得橫斷也。人莫得恣，即道勝而理得矣，故反樸無為，無為者，非謂其不動也，言其從己出也。」[43]

故「明於天地之道，通於人情之理，大足以容眾，惠足以懷遠，智足以知權，人英也。德足以教化，行足以隱義，信足以得眾，明足以照下，人俊也。行可以為儀表，智足以決嫌疑，信可以守約，廉可以使分財，作事可法，出言可道，人傑也。守職不廢，處義不比，見難不苟免，見利不苟得，人豪也。英俊豪傑，各以大小之材處其位，由本流末，以重制輕，上唱下和，四海之內，一心同歸，背貪鄙，嚮仁義，其於化民，若風之靡草。」[44]

黃帝四經也強調：「道生法。法者，引得失以繩，而明曲直者也。故執道者，生法而弗敢犯也，法立而弗敢廢也。故能自引以繩，然後見知天下而不惑

---

[42] 諸子百家中國哲學書電子化計劃，文子上義章，https://ctext.org/wenzi/shang-yi/zh，瀏覽日期：109.9.15。

[43] 諸子百家中國哲學書電子化計劃，文子上義章，https://ctext.org/wenzi/shang-yi/zh，瀏覽日期：109.9.15。

[44] 諸子百家中國哲學書電子化計劃，文子上禮章，https://ctext.org/wenzi/shang-li/zh，瀏覽日期：109.9.15。

矣。」[45]「法度者，正之至也。而以法度治者，不可亂也。而生法度者，不可亂也。精公無私而賞罰信，所以治也。」[46]道家強調道生法，此法乃是大公無私，符合正義，適合人心，屬於正法。

伍、道家法律思想之具體展開

一、人民自治原則

老子主張無為而治，管制最少化（最小化政府），讓人民自治自理，不可干涉過多，導致擾民，而應順其人類本性，自然發展。「道常無為而無不為。侯王若能守之，萬物將自化。化而欲作，吾將鎮之以無名之樸。無名之樸，夫亦將無欲。不欲以靜，天下將自定。」（道德經第三十七章無為）「聖人云：我無為，而民自化；我好靜，而民自正；我無事，而民自富；我無欲，而民自樸。」（道德經五十七章治國）

人類所制定的法律，經常是主觀意志的表現，甚至是個人或執政黨私欲的表現，並不符合自然法思想之道理，依照道德經來看，其如不符合「常」道，即屬於「妄作」而凶。此即所謂「天下多忌諱，而民彌叛」。要克服「妄作」的方法，即是「無為」。所謂「無為」，並非無所不為，而是反對違反事物之道理而任意妄為。為與不為的準則，乃是依據「常」與「道」。[47]

政府治理，應秉持不擾民原則，以免招致民怨。故「治大國者若烹小鮮。以道蒞天下，其鬼不神。非其鬼不神，其神不傷人。非其神不傷人，聖人亦不傷人。夫兩不相傷，故德交歸焉。」「老子曰：君子之道，靜以脩身，儉以養生。靜即下不擾，下不擾即民不怨，下擾即政亂，民怨即德薄，政亂賢者不為謀，德薄勇者不為鬥。」[48]所謂「治大國若烹小鮮」，勿撓而已。[49]

「老子曰：上聖法天，其次尚賢，其下任臣，任臣者危亡之道也，尚賢者癡惑之原也，法天者治天地之道也，虛靜為王，虛無不受，靜無不持，知虛靜

---

[45] 黃帝四經，經法道法篇。

[46] 黃帝四經，經法君正篇。

[47] 王沛，《老子》法哲學中的「常」與「名」，法制與社會發展（雙月刊），2007年第3期（總第75期），2007年，頁29。

[48] 文子，道德經註（通玄真經），上仁章。

[49] 文子，道德經註（通玄真經），九守，道德章。

之道，乃能終始，故聖人以靜爲治，以動爲亂，故曰勿撓勿纓，萬物將自清，勿驚勿駭，萬物將自理，是謂天道也。」[50]

「自靜者則心不撓，自治者故物不亂。撓者，煩動也。駭者，散亂也。言治民之道如是，則萬姓萬物皆不失其所也。」[51]

「老子曰：爲國之道，上無苛令，官無煩治，士無僞行，工無淫巧，其事任而不擾，其器完而不飾。亂世即不然，爲行者相揭以高，爲禮者相矜以僞，車輿極於雕琢，器用逐於刻鏤，求貨者爭難得以爲寶，詆文者逐煩撓以爲急，事爲詭辯，久稽而不決，無益於治，有益於亂，工爲奇器，歷歲而後成，不周於用。故神農之法曰：丈夫丁壯不耕，天下有受其飢者，婦人當年不織，天下有受其寒者。故身親耕，妻親織，以爲天下先，其導民也，不貴難得之貨，不重無用之物。是故耕者不強，無以養生，織者不力，無以衣形，有餘不足，各歸其身，衣食饒裕，姦邪不生，安樂無事，天下和平，智者無所施其策，勇者無所錯其威。」[52]

二、注重民心原則

道德經第四十九章德善：「聖人無常心，以百姓心爲心。善者，吾善之；不善者，吾亦善之；德善。信者，吾信之；不信者，吾亦信之；德信。聖人在天下，歙歙爲天下渾其心，百姓皆注其耳目，聖人皆孩之。」「老子曰：天下幾有常法哉！當於世事，得於人理，順於天地，詳於鬼神，即可以正治矣。」[53]

---

[50] 諸子百家中國哲學書電子化計劃，文子九守守法章，https://ctext.org/wenzi/jiu-shou/zh，瀏覽日期：109.9.15。

[51] 諸子百家中國哲學書電子化計劃，默希子>通玄眞經註>卷三>九守>守法章，https://ctext.org/wiki.pl?if=gb&chapter=74469#守法，瀏覽日期：109.9.15。道德經第六十五章玄德：「古之善爲道者，非以明民，將以愚之。民之難治，以其智多。故以智治國，國之賊；不以智治國，國之福。知此兩者，亦楷式。恆知楷式，是謂玄德。」有因此認爲老子採取愚民政策，而提出批判〔楊師群，老子政治思想批判，甘肅理論學刊，第2期（總第210期），2012年3月，頁101以下）〕。然而「民之難治，以其智多。」係指人民多奸巧智謀，故難以治理，因此，鼓勵人民「返璞歸眞」，回歸自然本性，以順其自然本性，以合天德之道，故並非愚民政策（文山遯叟蕭添石，道德經聖解，自由出版社，初版6刷，2018年，頁436以下）。

[52] 諸子百家中國哲學書電子化計劃，文子上義章，https://ctext.org/wenzi/shang-yi/zh，瀏覽日期：109.9.15。

[53] 諸子百家中國哲學書電子化計劃，文子上義章，https://ctext.org/wenzi/shang-yi/zh，瀏覽日期：109.9.15。

又慎子[54]逸文篇：「法非從天下，非從地出，發於人間，合乎人心而已。」「是以任自然者久，得其常者濟。」「故治國無其法則亂，守法而不變則衰。」「故有道之國，法立則私議不行。」「事斷於法，是國之大道也。」亦強調法應符合人心，亦即法出於道，由道入法。[55]

秉持此一精神，運用於法律制度之設計，應注重民心，符合人民生活需要，不分黨派，超越族群對立，無差別待遇地、公平地對待照顧人民。

三、法規適宜性原則：避免繁雜過苛，人民無法遵守

老子認為法規應秉持合理性與適宜性原則，避免繁雜過苛，導致人民無法遵守，誤蹈法網。故「法生於義，義生於眾適，眾適合乎人心」，[56]「老子曰：釋道而任智者危，棄數而用才者困。捨平夷之道，專巧詐之智，遺禍福之數，騁譎詭之才，抑本趨末，得不危亡也？故守分循理，失之不憂，得之不喜，成者非所為，得者非所求。」[57]

史記循吏列傳亦謂：「太史公曰：法令所以導民也，刑罰所以禁姦也。文武不備，良民懼然身修者，官未曾亂也。奉職循理，亦可以為治，何必威嚴哉？」「公儀休者，魯博士也。以高弟為魯相。奉法循理，無所變更，百官自正。使食祿者不得與下民爭利，受大者不得取小。」故「奉法循理」，亦可以為治。

---

[54] 史記孟子荀卿列傳：「慎到，趙人。田駢、接子，齊人。環淵，楚人。皆學黃老道德之術，因發明序其指意。故慎到著十二論，環淵著上下篇，而田駢、接子皆有所論焉。」將慎到歸類為「道家」學派。但漢書藝文志則將之歸類為「法家」學派，並認為「法家者流，蓋出於理官，信賞必罰，以輔禮制。《易》曰『先王以明罰飭法』，此其所長也。及刻者為之，則無教化，去仁愛，專任刑法而欲以致治，至於殘害至親，傷恩薄厚。」或認為慎子（慎到）早年學黃老道術，也受到儒家西河學派（子夏學派）的影響，曾到齊國稷下講學而負盛名，是從道家分化出來的法家，主張「尚法」和「重勢」。由「棄知去己」觀點，提出「大君任法而弗躬，則事斷於法矣」的法家政治主張，強調「官不私親，法不遺愛」。同時重視「勢治」，以為「賢智未足以服眾，而勢位足以蹠賢者」，權勢者應「抱法處勢」，「無為而治天下」（維基百科，慎到，https://zh.wikipedia.org/wiki/慎到，瀏覽日期：109.9.14）。
[55] 高燕，道法關係論——慎子法哲學思想探源，西南民族大學學報，第204期，2008年8月，頁221。
[56] 諸子百家中國哲學書電子化計劃，文子上義章，https://ctext.org/wenzi/shang-yi/zh，瀏覽日期：109.9.15。
[57] 諸子百家中國哲學書電子化計劃，默希子>通玄真經註>卷五>道德章，https://ctext.org/wiki.pl?if=gb&chapter=854839，瀏覽日期：109.9.15。

否則，「法令滋彰，盜賊多有。故聖人云：我無爲，而民自化；我好靜，而民自正；我無事，而民自富；我無欲，而民自樸。」（道德經第五十七章治國）「老子曰：法煩刑峻，即民生詐，法煩難奉，奉之不逮，則峻之以刑；刑之不正，則罪及無辜。逐使百姓輕生冒禁，以死抵法。天下之危，莫不由此也。上多事則下多態，求多即得寡，禁多即勝少，以事生事，又以事止事，譬猶揚火而使元焚也；以智生患，又以智備之，譬猶撓水而欲求其清也。人多事即心亂，國多禁則民勞，猶火不可頻揚，水不可數撓也。」[58]

亦即：「夫取天下者在無事，而守天下者又不可以多事。否則興條興款，懸禁懸令，使斯民動輒齟齬，勢必奸究因之作弊，民事於焉廢馳。天下多忌諱，而民所以日貧也。金玉璣珠，輿馬衣服，民間之利器彌多。而貪心一起，欲壑難填，神焉有不昏，氣焉有不濁者哉？渾樸不聞，奸詐是尚。一有技巧者出，人方愛之慕之，且群起而效尤之，於是奇奇怪怪之物，悉羅致於前。嗚呼噫嘻！三代盛時，君皆神聖，民盡淳良，令懸而不用，法設而不施，所以稱盛世也。今則法網高張，稠密如羅；五等刑威，違者不赦；三章法典，犯者必誅。顧何以法愈嚴而奸愈出，令愈繁而盜愈多乎？蓋德不足以服民心，斯法不足以畏民志耳。」[59]

老子認爲國家法令不可對於人民課徵過度租稅負擔，造成擾民之結果。例如道德經第七十五章貴生：「民之飢，以其上食稅之多，是以飢。民之難治，以其上之有爲，是以難治。民之輕死，以其求生之厚，是以輕死。夫唯無以生爲者，是賢於貴生。」

老子認爲合道之法律，應具有下列兩個特徵：「一是簡約而不繁密，二是輕緩而不嚴苛。」並對於人民違法或犯罪之原因，進行獨特的考察，並以其「爲之於其未有，治之於其未亂」的防患於未然的觀點，提出主張預防犯罪或違規的原則，包括：（一）廢除惡政及惡法；（二）讓人民脫離貧窮，避免戰爭；（三）禁止貪欲及去除詐僞智巧；（四）提倡寡欲及不爭的新道德觀等手段。[60]

---

[58] 諸子百家中國哲學書電子化計劃，默希子>通玄眞經註>卷五>道德章，https://ctext.org/wiki.pl?if=gb&chapter=854839，瀏覽日期：109.9.15。

[59] 維基文庫，道德經注釋（黃元吉），第五十七章以正治國，https://zh.m.wikisource.org/zh-hant/道德經注釋_(黃元吉)，瀏覽日期：109.7.8。

[60] 崔永東，帛書《老子》甲乙本中的法律思想試析，政法論壇（中國政法大學學報），1999年，第4期，頁104以下。

　　在此道家思想強調法律制度規範應當簡政便民，順應人類的自然本性，滿足人民的生活需要，以服民心。尤其法令不宜過於繁雜與過度嚴苛，以免人民遵守法令困難，動輒得咎，欠缺法治可行性。導致人民或誤蹈法網，或不得已鋌而走險，或奸詐取巧，人民勢必無法安居樂業。

四、誠信原則

　　老子主張政府應講求誠信，不應以權謀巧詐治國，導致民風敗壞，國家難以治理。亦即「信不足，焉有不信焉。悠兮，其貴言。」（第十七章知有）「民之難治，以其智多。故以智治國，國之賊；不以智治國，國之福。」（第六十五章玄德）

五、法治平等原則

　　道家認為應「以法輔義」，仁義與法二者乃是本末之一體關係，應先本後末。

　　「賞罰利害，五刑之辟，教之末也；禮法度數，形名比詳，治之末也。」（莊子天道篇）「故古之明大道者，先明天而道德次之，道德已明而仁義次之，仁義已明而分守次之，分守已明而形名次之，形名已明而因任次之，因任已明而原省次之，原省已明而是非次之，是非已明而賞罰次之。賞罰已明而愚知處宜，貴賤履位，仁賢不肖襲情，必分其能，必由其名。以此事上，以此畜下，以此治物，以此修身，知謀不用，必歸其天，此之謂太平，治之至也。」（莊子天道篇）

　　「老子曰：凡學者，能明於天人之分，通於治亂之本，澄心清意以存之，見其終始反其虛無，可謂達矣。治之本，仁義也，其末，法度也。人之所生者，本也，其所不生者，末也，本末，一體也，其兩愛之，性也，先本後末，謂之君子，先末後本，謂之小人。法之生也，以輔義，重法棄義，是貴其冠履而忘其首足也。重仁義者，廣崇也，不益其厚而張其廣者毀，不廣其基而增其高者覆，故不大其棟，不能任重，任重莫若棟，任國莫若德。人主之有民，猶城中之有基，木之有根，根深即本固，基厚即上安。故事不本於道德者，不可以為經，言不合於先王者，不可以為道，便說掇取，一行一切之術，

非天下通道也。」[61]

　　有關法制內容，應以「禮義」為基礎，才能使法制公正。故「聖人之道曰：非修禮義，廉恥不立，民無廉恥，不可以治，不知禮義，法不能正，非崇善廢醜，不嚮禮義，無法不可以為治，不知禮義不可以行法，法能殺不孝者，不能使人孝，能刑盜者不能使人廉。聖王在上，明好惡以示人，經非譽以導之，親而進之，賤不肖而退之，刑錯而不用，禮義修而任賢德也。」[62]

　　又「道生法」，[63]為賞罰公平，應遵循法治，避免過度行政裁量，以免賞罰不公，而產生民怨。慎子威德篇認為：「權衡，所以立公正也；書契，所以立公信也；度量，所以立公審也；法制禮籍，所以立公義也。凡立公，所以棄私也。明君動事分功必由慧，定賞分財必由法，行德制中必由禮。」

　　慎子君人篇謂：「君人者，舍法而以身治，則誅賞予奪，從君心出矣。然則受賞者雖當，望多無窮；受罰者雖當，望輕無已。君舍法，而以心裁輕重，則同功殊賞，同罪殊罰矣，怨之所由生也。是以分馬者之用策，分田者之用鉤，非以鉤策為過於人智也。所以去私塞怨也。故曰：大君任法而弗躬，則事斷於法矣。法之所加，各以其分，蒙其賞罰而無望於君也。是以怨不生而上下和矣。」慎子君臣篇：「為人君者不多聽，據法倚數以觀得失。無法之言，不聽於耳；無法之勞，不圖於功；無勞之親，不任於官。官不私親，法不遺愛，上下無事，唯法所在。」亦即主張經由法治，平等對待人民，以實現公正和諧的社會秩序。[64]

[61] 諸子百家中國哲學書電子化計劃，文子上義章，https://ctext.org/wenzi/shang-yi/zh，瀏覽日期：109.9.15。

[62] 諸子百家中國哲學書電子化計劃，文子上禮章，https://ctext.org/wenzi/shang-li/zh，瀏覽日期：109.9.15。

[63] 黃帝四經，經法道法篇。

[64] 慎子並認為：「故賢而屈於不肖者，權輕也；不肖而服於賢者，位尊也。堯為匹夫，不能使其鄰家。至南面而王，則令行禁止。由此觀之，賢不足以服不肖，而勢位足以屈賢矣。故無名而斷者，權重也；弩弱而繳高者，乘於風也；身不肖而令行者，得助於眾也。故舉重越高者，不慢於藥；愛赤子者，不慢於保；絕險歷遠者，不慢於禦。此得助則成，釋助則廢矣。」（諸子百家中國哲學書電子化計劃，慎子威德章，https://ctext.org/shenzi/wei-de/zh，瀏覽日期：109.9.15）。認為有了權勢，才能令行禁止，經由君主的權勢推行法治，實現令行禁止。故慎子關於「尊君」、「重勢」、「尚法」的學說有其完整的內在關聯性（高燕，道法關係論——慎子法哲學思想探源，西南民族大學學報，第204期，2008年8月，頁222）。

六、因時因地制宜原則

　　道家主張法制應因時因地制宜，以利於人民爲上。「禮義法度者，應時而變者也。」（莊子天運篇）「老子曰：治國有常而利民爲本，政教有道而今行爲古，苟利於民，不必法古，苟周於事，不必循俗。故聖人法與時變，禮與俗化，衣服器械，各便其用，法度制令，各因其宜，故變古未可非，而循俗未足多也。」[65]

　　「老子曰：執一世之法籍，以非傳代之俗，譬猶膠柱調瑟。執一隅之說，非通代之典，其猶膠柱調瑟，何典節之能全也？聖人者應時權變，見形施宜，世異則事變，時移則俗易，論世立法，隨時舉事。夫聖王救時濟物，眾人仰止，猶飢而待食，渴而思飲，人誰不願也？上古之王，法度不同，非古相返也，時務異也，是故不法其已成之法，而法其所以爲法者，與化推移。道無隆替，而俗有變革，是以五帝不同治，三王不共法。非欲相返，因時宜者也。」[66]

　　「故聖人制禮樂，而不制于禮樂。治國有常，而利民爲本；政教有經，而令行爲上。苟利於民，不必法古；苟周於事，不必循舊。夫夏、商之衰也，不變法而亡；三代之起也，不相襲而王。故聖人法與時變，禮與俗化。衣服器械，各便其用；法度制令，各因其宜。故變古未可非，而循俗未足多也。百川異源，而皆歸於海；百家殊業，而皆務於治。」（淮南子，氾論訓）

　　莊子也認爲：「知道者必達於理，達於理者必明於權，明於權者不以物害己。至德者，火弗能熱，水弗能溺，寒暑弗能害，禽獸弗能賊。非謂其薄之也，言察乎安危，寧於禍福，謹於去就，莫之能害也。故曰：天在內，人在外，德在乎天。知天人之行，本乎天，位乎得。」（莊子秋水篇）

七、分層負責、人盡其才之原則

　　慎子民雜篇：「大君不擇其下，故足。不擇其下，則易爲下矣。易爲下

---

[65] 諸子百家中國哲學書電子化計劃，文子上禮章，https://ctext.org/wenzi/shang-li/zh，瀏覽日期：109.9.15。

[66] 諸子百家中國哲學書電子化計劃，默希子>通玄眞經註>卷五>道德章，https://ctext.org/wiki.pl?if=gb&chapter=854839，瀏覽日期：109.9.15。

則莫不容，莫不容故多下，多下之謂太上。君臣之道，臣事事而君無事，君逸樂而臣任勞。臣盡智力以善其事，而君無與焉，仰成而已。故事無不治，治之正道然也。人君自任，而務爲善以先下，則是代下負任蒙勞也，臣反逸矣。故曰：君人者，好爲善以先下，則下不敢與君爭爲善以先君矣，皆私其所知以自覆掩，有過，則臣反責君，逆亂之道也。君之智，未必最賢於眾也，以未最賢而欲以善盡被下，則不贍矣。若使君之智最賢，以一君而盡贍下則勞，勞則有倦，倦則衰，衰則復反於不贍之道也。是以人君自任而躬事，則臣不事事，是君臣易位也，謂之倒逆，倒逆則亂矣。人君苟任臣而勿自躬，則臣皆事事矣。是君臣之順，治亂之分，不可不察也。」

八、提倡和平與敦親睦鄰原則

老子提倡和平，戰爭爲不得已之手段，縱然被迫要戰爭，也應符合比例原則，儘量不殺人，才能得民心。故道德經表示：「以道佐人主者，不以兵強天下。其事好還。師之所處，荊棘生焉。大軍之後，必有凶年。」（第三十章不道）「夫兵者不祥之器，物或惡之，故有道者不處。君子居則貴左，用兵則貴右。兵者不祥之器，非君子之器，不得已而用之，恬淡爲上。勝而不美，而美之者，是樂殺人也。夫樂殺人者，不可得志於天下矣。」（第三十一章貴左）

老子提倡敦親睦鄰原則，故「有道之君，外無怨讎於鄰敵，而內有德澤於人民。夫外無怨讎於鄰敵者，其遇諸侯也外有禮義。內有德澤於人民者，其治人事也務本。遇諸侯有禮義則役希起，治民事務本則淫奢止。凡馬之所以大用者，外供甲兵，而內給淫奢也。今有道之君，外希用甲兵，而內禁淫奢。上不事馬於戰鬥逐北，而民不以馬遠淫通物，所積力唯田疇，積力於田疇必且糞灌，故曰：『天下有道，卻走馬以糞也。』」（韓非子解老篇）

九、戰爭倫理：挾義而動

老子認爲戰爭倫理，應挾義而動，以安百姓。「老子曰：霸王之道，以謀慮之，以策圖之，挾義而動，非以圖存也，將以存亡也。故聞敵國之君，有暴虐其民者，即舉兵而臨其境，責以不義，刺以過行。兵至其郊，令軍帥曰：無伐樹木，無掘墳墓，無敗五穀，無焚積聚，無捕民虜，無聚六畜，乃發號施令

曰：其國之君，逆天地，侮鬼神，決獄不平，殺戮無罪，天之所誅，民之所讎
也，兵之來也，以廢不義而授有德也，有敢逆天道，亂民之賊者，身死族滅，
以家聽者祿以家，以里聽者賞以里，以鄉聽者封以鄉，以縣聽者侯其縣。剋其
國不及其民，廢其君，易其政，尊其秀士，顯其賢良，振其孤寡，恤其貧窮，
出其囹圄，賞其有功，百姓開戶而內之，漬米而儲之，唯恐其不來也。義兵至
於境，不戰而止，不義之兵，至於伏屍流血，相交以前。故為地戰者，不能成
其王，為身求者，不能立其功，舉事以為人者，眾助之，以自為者，眾去之，
眾之所助，雖弱必強，眾之所去，雖大必亡。」[67]

十、價值相對主義與超越對立原則

　　道家思想也有價值相對主義之觀念，例如道德經第五十八章為政：「禍
兮福之所倚，福兮禍之所伏。孰知其極？其無正。正復為奇，善復為妖。」有
關禍福、正奇、善惡等均可能具有相對性。就此莊子齊物論也指出：「物無非
彼，物無非是。自彼則不見，自是則知之。故曰彼出於是，是亦因彼。彼是，
方生之說也。雖然，方生方死，方死方生；方可方不可，方不可方可；因是因
非，因非因是。是以聖人不由，而照之於天，亦因是也。是亦彼也，彼亦是
也。彼亦一是非，此亦一是非。果且有彼是乎哉？果且無彼是乎哉？彼是莫得
其偶，謂之道樞。樞始得其環中，以應無窮。是亦一無窮，非亦一無窮也。故
曰莫若以明。」其意指：「無物不是『彼』，無物不是『此』。從『彼』的角
度無法看見『此』之『是』，從『此』的角度方能認知『此』之『是』。所
以說『彼』相對於『此』而存在，『此』也相對於『彼』而存在。『彼』、
『此』，是同生的言說。儘管如此，『彼』、『此』同生同死，同死同生；可
以同時認可，也可以同時不認可；因循『是』就是因循『非』，因循『非』就
是因循『是』。所以聖人都不因循（彼此、是非），僅僅觀照以天道，亦即僅
僅因任絕對之是。『此』也是『彼』，『彼』也是『此』。彼也有一己之是
非，此也有一己之是非。果真有彼、此之分嗎？果真沒有彼、此之分嗎？彼
人、此人一起喪忘匹偶對待，即可抵達天道的樞軸。樞軸如同圓環的中心，足

---

[67] 諸子百家中國哲學書電子化計劃，文子上禮章，https://ctext.org/wenzi/shang-li/zh，瀏覽日期：109.9.15。

以因應無窮是非。是也一直無窮，非也一直無窮，所以說不如彰明天道。」[68]
莊子主張超越是非之對立，以進入統一的「道」的狀態。

十一、社會福利國原則

聖人仁民愛物，以救濟蒼生為己任。是故「善行無轍跡，善言無瑕摘，
善教不用籌策，善閉無關鍵而不可開，善結無繩約而不可解。是以聖人常善救
人，故無棄人；常善救物，故無棄物。是謂襲明。」（第二十七章襲明）

道德經第八章若水：「上善若水。水善利萬物而不爭，處眾人之所惡，故
幾於道。居善地，心善淵，言善信，政善治，事善能，動善時。夫惟不爭，故
無尤。」法律制度規範應能本於「善心」立場，言而有信（善信），注意誠實
信用與人民之信賴保護，善於治理國家公共事務，符合天時地利人和，發揮行
政效能（善能善時），最終能夠利益天下人民百姓，達於「上善若水，水善利
萬物」的至善境界。

有關道德仁義禮，「老子曰：畜之養之，遂之長之，兼利無擇，與天地
合，此之謂德。畜之成之，無為無私，澤滋萬物，合乎天地，謂之至德。何謂
仁？曰：為上不矜其功，為下不羞其病，於大不矜，於小不偷，兼愛無私，久
而不衰，此之謂仁也。貴為天子而不驕，賤為匹夫而不憂，慈惠不偏，博施濟
眾，所謂仁也。何謂義？曰：為上則輔弱，為下則守節，達不肆意，窮不易
操，一度順理，不私枉撓，此之謂義也。扶傾極溺，固窮守節，隨宜順理，所
謂義也。何謂禮？曰：為上則恭嚴，為下則卑敬，退讓守柔，為天下雌，立於
不敢，設於不能，此之謂禮也。敬尊撫下，卑己先物，秉謙柔之德，無怠傲之
容，此之謂禮者也。故修其德則下從令，修其仁則下不爭，修其義則下平正，
修其禮則下尊敬，四者既修，國家安寧。四者有虧，以治人即敗國，以修身則
喪生。故物生者道也，長者德也，愛者仁也，正者義也，敬者禮也。五者兼
修，天下無敵。不畜不養，不能遂長，不慈不愛，不能成遂，不正不匡，不能
久長，不敬不寵，不能貴重。故德者民之所貴也，仁者民之所懷也，義者民之
所畏也，禮者民之所敬也。此四者文之順也，聖人之所以御萬物也。備此四

---

[68] 莊子白話文，齊物論，https://www.sbkk88.com/mingzhu/gudaicn/zhuzibaijia/zhuangzibaihuawen/
312882.html，瀏覽日期：109.12.16。

德，謂之聖人，故能承順天心，攝御群類。君子無德則下怨，無仁則下爭，無義則下暴，無禮則下亂，四經不立，謂之無道。無道不忘者，未之有也。夫道既隱，四經乘之。文子問其本末，老子陳其得失。若四者俱廢，怨暴所作，爭亂必興，所謂無道，立見亡敗也。」[69]

十二、天下為公、永續發展原則

　　老子道德經主張以道治國，而道乃是公正無私，容納萬物之道，故具有天下為公以及永續發展的思想。道德經第十六章復命即謂：「致虛極，守靜篤。萬物並作，吾以觀復。夫物芸芸，各復歸其根。歸根曰靜，是謂復命。復命曰常，知常曰明。不知常，妄作凶。知常容，容乃公，公乃王，王乃天，天乃道，道乃久，沒身不殆。」倘若法治建設，取法乎「道」，則可展開天下為公以及永續發展原則的法治思想。

　　慎子逸文篇：「法者，所以齊天下之動，至公大定之制也。故智者不得越法而肆謀，辯者不得越法而肆議，士不得背法而有名，臣不得背法而有功。我喜可抑，我忿可窒，我法不可離也。」「寄治亂於法術，托是非於賞罰，屬輕重於權衡。不逆天理，不傷情性，不吹毛而求小疵，不洗垢而察難知，不引繩之外，不推繩之內，不急法之外，不緩法之內。守成理，因自然。禍福生乎道法，而不出乎愛惡。榮辱之責在乎己，而不在乎人。故至安之世，法如朝露，純樸不欺，心無結怨，口無煩言。」

　　太上感應篇表示人類之邪惡行為，包括無故傷害動物與植物，破壞環境之行為，例如「昆蟲草木，猶不可傷。射飛逐走，發蟄驚棲；填穴覆巢，傷胎破卵，非禮烹宰，用藥殺樹，春月燎獵，無故殺龜打蛇」等，均屬於「非義而動，背理而行，以惡為能，忍作殘害」之不道德行為，具有保護動植物，保存生態環境的永續發展思想。

陸、法治目標：營造祥和社會秩序

　　老子主張法規應順其自然，順乎人民本性。也主張和諧的中庸之道，剛柔

---

[69] 諸子百家中國哲學書電子化計劃，默希子>通玄真經註>卷五>道德章，https://ctext.org/wiki.pl?if=gb&chapter=854839#道德，瀏覽日期：109.9.15。

適中以致和，從而營造祥和的社會秩序。老子道德經第八十章不徒對於理想社會的境界，乃是「甘其食，美其服，安其居，樂其俗。」[70]

　　老子道德經的自然法思想，也可以發揮法規範移風易俗之功能。[71]例如在語書中，表示：「古者，民各有鄉俗，其所利及好惡不同，或不便於民，害於邦。是以聖王作爲法度，以矯端民心，去其邪避（僻），除其惡俗。法律未足，民多詐巧，故後有閒令下者。凡法律令者，以教道（導）民，去其淫避（僻），除其惡俗，而使之之於爲善（也）。今法律令已具矣，而吏民莫用，鄉俗淫失（泆）之民不止，是即法（廢）主之明法（也），而長邪避（僻）淫失（泆）之民，甚害於邦，不便於民。」[72]

　　道德經第四十二章沖和所謂：「道生一，一生二，二生三，三生萬物。萬物負陰而抱陽，沖氣以爲和。」道德經第五十八章爲政表示：「其政悶悶，其民淳淳；其政察察，其民缺缺。……是以聖人方而不割，廉而不劌，直而不肆，光而不燿。」「老子曰：天地之氣，莫大於和，和者，陰陽調，日夜分，故萬物春分而生，秋分而成，生與成，必得和之精。故積陰不生，積陽不化，陰陽交接，乃能成和。是以聖人之道，寬而栗，嚴而溫，柔而直，猛而仁。夫太剛則折，太柔則卷，道正在於剛柔之間。夫繩之爲度也，可卷而懷也，引而申之，可直而布也，長而不撗，短而不窮，直而不剛，故聖人體之。夫恩推即儒，儒即不威，嚴推即猛，猛即不和，愛推即縱，縱即不令，刑推即禍，禍即無親，是以貴和也。」[73]

　　道德經第四章不盈：「道沖而用之，或不盈，淵兮似萬物之宗。挫其銳，解其紛，和其光，同其塵。湛兮，似若存。吾不知誰家子，象帝之先。」「夫至樂者，先應之以人事，順之以天理，行之以五德，應之以自然，然後調理四時，太和萬物。四時迭起，萬物循生。」（莊子天運篇）「古之人其備乎！配神明，醇天地，育萬物，和天下，澤及百姓。」（莊子天下篇）

　　道家思想主張超越對立，進入「道通爲一」的和諧狀態。老子道德經指

---

[70] 王沛，《老子》法哲學中的「常」與「名」，法制與社會發展（雙月刊），2007年第3期（總第75期），2007年，頁33。

[71] 王沛，《老子》法哲學中的「常」與「名」，法制與社會發展（雙月刊），2007年第3期（總第75期），2007年，頁33。

[72] 睡虎地秦簡，「語書」，https://www.iccie.tw/p/12489.html，瀏覽日期：109.12.15。

[73] 文子，道德經註，上仁篇。

出：「禍兮福之所倚，福兮禍之所伏。孰知其極？其無正。正復爲奇，善復爲妖。」（第五十八章爲政）「是亦彼也，彼亦是也。彼亦一是非，此亦一是非。果且有彼是乎哉？果且無彼是乎哉？彼是莫得其偶，謂之道樞。樞始得其環中，以應無窮。是亦一無窮，非亦一無窮也。故曰『莫若以明』。」（莊子齊物論）

　　就此有學者指出：「道家以自然爲法宗，而自然則以和諧和平衡爲基本架構原則。和自然法保持一致的人定法，其基本功能就是達成社會的和諧與平衡，修復被人類慾望和自私破壞的一切。我國古代的許多制度都體現了追求和諧、保持社會平衡的訴求，這是道家思想的另一個運用和體現。」[74]

　　就此有學者指出道家的思想，「道分陰陽的思維方式，注重事物的整體性，既要看到事物之間的不同，又要關注事物之間的聯繫，偏向於用系統的方法來對待問題思考問題，處理問題，是一種綜合性思維方式。老子認爲社會中各種事物都有對立的兩面，要想妥善解決社會關係中的各種矛盾與問題，實現社會的有機整合，就要善於分析矛盾對立雙方的具體情況，辯證地看待看似對立的雙方，『禍兮福之倚，福兮禍所伏』，只有執中權時才能達到贊天地之化育，開萬世之太平的美好局面。這種道法自然陰陽相生的精神在法價值層面便衍生出萬物萬事相剋又相生的和合的思維路數。所謂『和合』，喻指萬物萬象各有不同，卻可以調和起來，但這種調和又不會使各物象改變其內在實質，仍保留其自身的不同。誠如老子所言：『有無相生，難易相成，長短相較，高下相傾，音聲相和，前後相隨。』在此『和合』思維的統率下，老子主張採用以柔克剛的社會秩序綜合調控方式。老子主張爲政者輔萬物之自然而不敢爲。『輔萬物之自然』就是依順萬物的本來面目和自然規則，不施以外在的中斷與打破，只是通過循序漸進的方式加以整合，以此達到社會有效治理的目的。」[75]此種「沖氣以爲和」的社會秩序綜合調控的思想，值得參考。

　　法律規範如能和光同塵，預防並解決紛爭（解其紛），屏除嚴酷不合理之法令（挫其銳），即可沖氣以和，營造祥和社會秩序。其中和光同塵，乃是

---

[74] 袁翔珠，中外法史研究道家思想對中國傳統法律文化格局之影響，北方法學，2009年第3卷（總第16期），2009年4月，頁135以下。
[75] 蘇潔，從老子道法思想探尋民間法律資源的合理性，貴州社會科學，2013年第5期（總第281期），2013年5月，頁78以下。

「人能混俗和光，與世同塵，一若靈芝與眾草為伍，鳳凰偕群鳥並飛，不聞其香而益香，不見其高而益高。」[76]

柒、結論

　　古代的秩序觀念並不局限於人類社會，而是上升到一種無限廣闊的秩序的一致性與穩定性。亦即道法自然的境界，在這種秩序觀念下構建起來的社會政治法律制度，即可獲得最為恆久的合法性。[77]

　　道家天人合一思想，這種天道與人事相結合的思想，正體現我國古代先聖先賢的一種和諧的宇宙觀。道家認為人類僅僅是不可窮盡的宇宙的一部分，同時人類又來源於天的生生不息的運動，因此，人類的行為必須合於天道的要求。此不僅僅關係人類社會的安寧，也關係整個宇宙空間的和諧。[78]

　　黃老學派的法政思想觀點，基本可概括為：在「道」的公正精神下，法治應與「道」融合，實現「天道與人事」的和諧發展。故學者有認為道家思想，本質上是一種積極入世的思想流派。它依託老子的道論，只是為了給自己增添富有哲理性的思考，同時也為國家統治構建合法性根據，道家「身國同治」理論（修身與治國之道理相同），完全可以稱之為「現實主義的道法理論」。[79]實則，在此也彰顯出道家的「天人合一」思想，作為「自然法思想」之根源，在法律哲學理論上，也可以作出卓越貢獻。

---

[76] 維基文庫，道德經注釋（黃元吉），https://zh.m.wikisource.org/zh-hant/道德經注釋_(黃元吉)，瀏覽日期：109.12.15。

[77] 朱騰，先秦道家法律思想流派略論，江蘇警官學院學報，第22卷第5期，2007年9月，頁130。

[78] 朱騰，先秦道家法律思想流派略論，江蘇警官學院學報，第22卷第5期，2007年9月，頁130。

[79] 朱騰，先秦道家法律思想流派略論，江蘇警官學院學報，第22卷第5期，2007年9月，頁130以下。

大綱

壹、前言

　　太平經，是道教第一部經典，是「于吉」所得神書（天書），稱為太平清領書。依據後漢書郎顗襄楷列傳記載：「初，順帝時，琅邪宮崇詣闕，上其師于吉於曲陽泉水上所得神書百七十卷，皆縹白素朱介青首朱目，號太平清領書。其言以陰陽五行為家，而多巫覡雜語。有司奏崇所上妖妄不經，乃收臧之。後張角頗有其書焉。」[1]因此，成書初期並未受到政府重視。

---

[1]　諸子百家中國哲學書電子化計劃，後漢書>列傳>郎顗襄楷列傳下，https://ctext.org/hou-han-shu/lang-yi-xiang-kai-lie-zhuan-xia/zh，瀏覽日期：112.1.29。

　　太平經，原書170卷。明英宗正統9年，公元1444年修的道藏所收的太平經全書，是現存唯一的本子。道藏裡有「太平經鈔」，是唐人節錄太平經而成甲乙丙丁等十部，每部一卷，共10卷。這是現今可以校補太平經的卷帙較多的唯一別本。太平經大義，代表我國道教初期的經典。其中有宗教的天人合一思想以及天人感應思想、自然法思想，以及辯證法方法論之運用，又有仁民愛物的治國理念等思想、它是中國哲學史及道教思想史上有價值的資料。[2]

　　太平經宣揚道教教義，主張有神論及因果報應。太平經表示此經著作出版之目的，在為有道德之君，作為制度規劃之準繩，以使國家得以趨吉避凶，而能長治久安之道。太平經鈔丙部卷之三：**「故天與地常合其綱紀，於玄甲子初出此書，為有德君理化作綱紀也**。故言坎為紀也。乃謂**上皇天書，下為德君出真經，書以斷邪**。以玄甲為首，子為本，故以上甲子序出之。人得見之壽長久。人正謂人君，帝王一人也。上德易覺，知行道書之人也。據瑞應，又不疑天道也。深得意則壽矣，壽竟其天壽也。長者，得無窮也；久者，存也，居天地間有活也。居處也，處天地間存活，當學道真也。浮華之文，不能久活人也。諸承負之厄會，各皆謂無核實之道故也，今天斷去之。治百萬人仙可待，其理正也。天以此書正眾賢之心，各自理病，守真去邪。仙可待者，言天下聞之真道，翕然悉除，輔佐有德之君，理真道活人法也，故曰仙可待。善治病者勿欺殆。凡人悉愚，不為身神，皆為邪偽之文，無故自殆，反得天重譴，而生承負之大責，故天使棄浮華文，各守真實，保其且夕力行之，令久久有益，無肯復欺殆者。樂乎長安市。樂者，莫樂上皇太平氣至也。呼，嗟嘆其德大優，無比雙也。長者，**行此道，其德善長，無窮已也**。安者，不復危亡也。得行此道者，承負天地之誼悉去，乃長安，曠恢曠恢，無復憂也。市者，天之所共聚人處也。**行此書者，言國民大興，皆若都市中人也**。使壽若西王母者，使人，謂使帝王有大德，好行正文之人也。若，順也。**能大順行吾書，即天道，得之者，大吉無有咎也**。西者，人人栖存真道於胸心也。**王者，謂帝王得行天道，大興而王也。其理善，乃無上也**。母者，考壽之證，神之長也。比若四時周反始者。比者若四時傳，相生相成，不復相賊傷也，其理無有刑也。九十字策傳方士。九者，究竟，得行此道，其德究合天地陰陽，萬物之心也。十者，十十

2　諸子百家中國哲學書電子化計劃，太平經前言，太平經合校>卷一至五十，https://ctext.org/wiki.pl?if=gb&chapter=84713，瀏覽日期：112.1.29。

相應，無爲文也。字者，言天文上下字，周流徧道足也。傳者，信也，故爲作文守符信傳之。方者，大正也，持此道急往，付歸有道德之君，可以消去承負之凶，其理即可大正也。士者，有刻志一介之人也。一介之人者，端心可教化屬事，使往通此道，吾策之將可睹矣。」[3]

貳、太平經之法律思想

一、宗教的天人合一思想

（一）順應天地之道而行

太平經認爲國家治理應「順道而行」，效法大自然之大道規則，而具有天人合一之自然法思想。「**天道無親，唯善是與。善者修行太平，成太平也。**」（太平經合校卷一至十七甲部不分卷）

「故**順天地者，其治長久。順四時者，其王日興**。道無奇辭，一陰一陽，爲其用也。得其治者昌，失其治者亂；得其治者神且明，失其治者道不可行。詳思此意，與道合同。」（太平經合校卷十八至三十四乙部不分卷太平經鈔乙部）

「**自然之法，乃與道連，守之則吉，失之有患**。比若萬物生自完，一根萬枝，不無有神，詳思其意道自陳，俱相混沌出妙門，無增無減守自然。」[4]（太平經鈔庚部卷之七）

「故順天地者，其治長久。順四時者，其王日興。道無奇辭，一陰一陽，爲其用也。得其治者昌，失其治者亂；得其治者神且明，失其治者道不可行。詳思此意，與道合同。」[5]（太平經卷二合陰陽順道法）

「古者聖王以是思道，故得失之象，詳察其意。王者行道，天地喜悅；失道，天地爲災異。夫王者靜思道德，行道安身，求長生自養，和合夫婦之道。陰陽俱得其所，天地爲安。天與帝王相去萬萬餘里，反與道相應，豈不神

---

[3]　諸子百家中國哲學書電子化計劃，太平經鈔＞太平經鈔丙部卷三，https://ctext.org/wiki.pl?if=gb&chapter=384213，瀏覽日期：112.2.2。

[4]　諸子百家中國哲學書電子化計劃，太平經鈔庚部卷之七，https://ctext.org/wiki.pl?if=gb&chapter=622189，瀏覽日期：112.1.29。

[5]　維基文庫，太平經02，https://zh.wikisource.org/wiki/太平經/02，瀏覽日期：112.2.17。

哉？」[6]（太平經卷二行道有優劣法）

（二）和諧融合理論

　　太平經認為人類應秉持道德仁義之心，而能與天地人和諧融合，即可善有善報，獲得天地之保護。由此展現天人合一思想觀念。太平經合校卷七十三至八十五戊部五至十七：[7]「守道德積善，乃究洽天地鬼神精氣，人民蚑行萬物四時五行之氣，常與往來，莫不知其善者矣。」「大慈孝順閒第一：慈孝者，思從內出，思以藏發，不學能得之，自然之術。**行與天心同，意與地合。上有益帝王，下為民間昌率，能致和氣，為人為先法。**其行如丹青，故使第一。」**「天者好生道，故為天經；積德者地經，地者好養，故為地經；積和而好施者為人經，和氣者相通往來，人有財相通，施及往來，故和為人經也。**古者將學問者，皆正其本。比若種木也，本索善種，置善地，其生也，本末枝葉悉善。本者是其本師，枝實者是弟子。是故古之學，悉先念思本，乃學其道也。故可為者，得與天心合，故吉也。夫種木不擇得善木，又植惡地，枝葉華實，安得美哉？此者，始以端身，正性道意，止歸之元氣，還以安身。念古法，先師所職行，何以能自治。計定意極，且自得之。先以安形，始為之，如嬰兒之遊，不用筋力，但用善意。詳念先人獨壽，其治獨意，以何得之。但以至道，繩邪去姦，比若神矣，無有奇怪。本正以是為之，故得天心，不負地意，四時周，五行安，子孫不相承負，各懷至德，不復知為邪惡也。」

（三）統合道德仁愛

　　太平經主張國君統治人民，應效法天道，統合道德仁愛，仁民愛物。太平經鈔壬部：「問曰：『萬民何以盡為仁哉？』『然，天道乃生德，德乃生仁。**今君乃以道人為師，取法於道。君乃法道，其臣德矣。民乃取法於臣，臣德則民仁矣。**令下象上法，上法天也。轉而相生，民安得不盡仁哉？古者聖王以大道人為師者，乃欲化下流也。上君為政如天，中君為政如地，下君為政如人。

6　維基文庫，太平經02，https://zh.wikisource.org/wiki/太平經/02，瀏覽日期：112.2.17。

7　諸子百家中國哲學書電子化計劃，太平經合校>五一至一百，太平經合校卷七十三至八十五戊部五至十七，https://ctext.org/wiki.pl?if=gb&chapter=23791，瀏覽日期：112.2.2。

如天者，不失天意，父事大道也。如地者，不失地意，母事地道也。如人者，不失人意，思樂得中和之道。**聖人見萬物盡生，知其理重道也；見物盡養，知其真德也；見萬物盡成，知其真仁也。夫理真道者，但有生心；理真德者，但有養心；理仁者，但有施心。非此三統道德仁，非謂太平之君矣。』」**[8]（太平經合校卷一百三十七至一百五十三壬部不分卷太平經鈔壬部）

太平經認為國家應效法陰陽五行相生之法則原理，以道德仁愛生民及養民為主要任務。太平經鈔戊部卷之五：「日者最明，為眾光之長，故天常以日占君德盛衰。人君之法，當求與仁者同家，有心者為理，共理者常當行道而好生。故東方者好生，南方者好養，不仁不可共理，不明不可為君長。**東方木仁，南方火明，東方主道，南方主德，道主生，德主養。**東方為文，龍見負之。南方為章，故正為文章也。東方為少陽之始生也，故出東方。南方太陽君之盛德，明照少陽君之家，木生火也。少陰為臣，以義屈伏於太陽。故金隨火屈折可欲，為臣者常以義屈折，佐君欲為也。故少陰為臣。太陰為民，民流行不止，故似水流行不息。**民者，主當為國家王侯理生。故水養木，木者君之家也。**天之格讖，少陽畏少陰。故臣者，反主錄國家王侯官屬也。太陽畏太陰，**國有道德而君臣賢明，則民從，國無道德則民叛也。**是故理國之本，民多為富，民少為貧。」

（四）施政應符合「天心」與「民心」

太平經主張聖賢治理國家事務，應符合天道與天心，以及四時五行相生之理。太平經鈔庚部卷之七：「**道者，乃皇天之所取法也。**最善之稱，冠無上，包無裏，出無間，入無孔，天下凡事之師也。生端百萬事之長，古今賢聖得長全，帝王得天心，以自安民之父母，凡化所從起也。天道乃天也，清且明，不欲見污辱也。今之為道，皆為四毀之行，天污辱皇天之神道，並亂地之紀，記不可為化首，不可為師法，不可為父母。俱共毀敗天之寶器，名為大返叛之子。故天上深知，疾咎之也。洞上皇平氣至，不能容此四人。第一不孝，第二能性真而無後類也，第三日食糞飲其小便，第四行為乞者。故四人皆共污辱天正道，非所興化也。帝王以愚者為理，天將大限矣。何以明之？人君與之為

8　諸子百家中國哲學書電子化計劃，太平經合校＞一百一至一百七十，https://ctext.org/wiki.pl?if=gb&chapter=312870，瀏覽日期：112.1.29。

理，天爲其多災變怪，夷狄數來，是明天眼惡之證也。與重規合矩，券書何異哉？人所惡，天亦惡之；人所愛，天亦愛之。是故**古者聖賢睹大意深，故常象天而爲行，不敢失銖分也。故能常獨與天厚，得天心也。若不得天心，乃大凶矣。天上揀士，乃與天共事，治無窮極之術也。長相與併，士乃與天共事，治無窮極之術也。長相與併力，同心調氣，故能長久矣。**今天乃貴重傳相生，故四時受天道教，相生成無有窮楓也。故天者稱父，地者稱母，因六甲十二子八卦之氣以爲紀，更相生，轉相使，故天道常在不毀敗，是常行施化之助也。**故學者當象天爲法，無絕天統。今天乃清明，道乃清白，天與道最居上爲人法。清明者好清明，故三光上著天，各從其類，合而爲形。**天之爲形，比若明鏡，皆若人有而目洞照，不欲污辱也，常欲得鮮明。**帝王將興，皆得師道，人愛其榮智，以化其民。師之所貴，爲能知天心意，象而行化。地上善即天上善，地上惡即天上惡。故人爲善于地上，天亦應之爲善。人爲惡于地上，天亦應之爲惡。乃氣上通。五氣相連上下同，六申相屬上下洞，十二子上下著，無有遠近皆通。下善上通，下惡上凶，五行興于下，五星明于上。此者，天所曉於天下人也。」**[9]

太平經認爲政府施政應符合「天心」，而「天心」必合於「人心」，不僅應符合社會大眾之「一般民心」，尤其更應符合「眾多聖賢之心」（聖賢集思廣益），才能稱善。此種「天心與人心」合一之思想，實屬於天人合一思想。

在此太平經認爲各個聖賢可能所見不同，意見不一，可能各有所長與各有所短，未必盡符合天心天意，導致違反天心天理。亦即「古今聖人有優劣，各長於一事，俱爲天談地語，而所作殊異。是故眾聖前後出者，所爲各異也。俱樂得天心地意，去惡而致善，而辭不盡同，壹合壹不，大類相似。故**眾聖不能悉知天地意**。故天地常有劇病，而不悉除，復欲生聖人，會復如斯，天久悒悒。」[10]

因此太平經認爲應採「多數聖賢之意見」中最佳者爲準。「正投眾賢明前，是宜天下文書，眾人之辭，各有言說，此一且無訾之文，無訾之言，**取中**

9　諸子百家中國哲學書電子化計劃，太平經鈔>太平經鈔庚部卷之七，https://ctext.org/wiki.pl?if=gb&chapter=622189，瀏覽日期：112.1.29。

10　諸子百家中國哲學書電子化計劃，太平經鈔>太平經鈔庚部卷之七，https://ctext.org/wiki.pl?if=gb&chapter=622189，瀏覽日期：112.1.29。

善者，合眾人心第一解者集之，以相徵明，而起合於人心者，即合於天地心矣。」「以何明之？願聞其訣。」「然，**凡人之行也，考之於心，及眾賢聖心而合，而俱言善是也，其應即合於天心矣**；考之於心自疑者，考之於眾賢聖心，下及小人心，而言非者即兇，天竟應之以兇也，是即其明徵也。故集此說以爲經，都合人心者，是不合人心者非也。」[11]「**凡書文凡事，各自有本，按本共以眾文人辭葉共因而說之如此矣。俱合人心意者，即合神祇**；不合人心意者，不合神祇。」「善哉善哉！聞命矣。」「今眞人何故言聞命乎？」「然，**行善正，則得天心而生**；行惡，失天心，則兇死。此死生即命所屬也。故言聞命也。」「善哉！眞人言是也，吾無以加之也。是故**天正其言與文則吉，不正其言與文則兇**，是以吾教眞人拘校之也。」[12]

（五）天人感應思想：上天賞善罰惡

　　太平經認爲善惡行爲均有感應於天地之間，上天賞善罰惡。此種天人感應，是指天與人能夠互相產生影響，一方面天的變化可以影響於人，另一方面，人類行爲可以引起天的感應，並產生相應的現象。[13]例如道教之雷法，可以通過人體內煉而引發天象變化，達到呼風喚雨之目的。[14]道教道藏經中《道法會元》卷一《法序》[15]說：「寂然不動，感而遂通；夫天地以至虛中生神，至靜中生炁。人能虛其心則神見，靜其念則炁融。如陽燧取火，方諸召水，磁

---

[11] 諸子百家中國哲學書電子化計劃，太平經合校>太平經合校卷九十一己部之六太平經卷之九十一，拘校三古文法第一百三十二，https://ctext.org/wiki.pl?if=gb&chapter=23791，瀏覽日期：112.1.29。

[12] 諸子百家中國哲學書電子化計劃，太平經合校>太平經合校卷九十一己部之六太平經卷之九十一，拘校三古文法第一百三十二，https://ctext.org/wiki.pl?if=gb&chapter=23791，瀏覽日期：112.1.29。

[13] 呂鵬志，道教哲學，文津出版，初版，2000年，頁134以下。

[14] 道教道藏經中《道法會元》卷一《法序》說：「寂然不動，感而遂通；夫天地以至虛中生神，至靜中生炁。人能虛其心則神見，靜其念則炁融。如陽燧取火，方諸召水，磁石吸鐵，琥珀拾芥。以炁相召，以類相輔，有如聲之應響，影之隨形，豈力爲之哉。不疾而速，不行而至，不機而中，不神而靈者，誠也。凡炁之在彼，感之在我；應之在彼，行之在我。是以雷霆由我作，神明由我召。了一心而通萬法，則萬法無不聚於一心，返萬法而照一心，則一心無不定於萬法。」認爲只要行法者有很深的內煉工夫，就可召喚風雷，祈晴雨（維基百科，雷法，https://zh.wikipedia.org/wiki/雷法，瀏覽日期：112.2.17）。

[15] 諸子百家中國哲學書電子化計劃，道法會元>卷一 清微道法樞紐 道法九要序，https://ctext.org/wiki.pl?if=gb&chapter=533031，瀏覽日期：112.2.17。

石吸鐵，琥珀拾芥。以炁相召，以類相輔，有如聲之應響，影之隨形，豈力為之哉。不疾而速，不行而至，不機而中，不神而靈者，誠也。凡炁之在彼，感之在我；應之在彼，行之在我。是以雷霆由我作，神明由我召。」

「**人為善于地上，天亦應之為善。人為惡于地上，天亦應之為惡。乃氣上通。五氣相連上下同。**」此一善惡之天人感應思想，與佛教金光明經之天人感應思想相同。[16]

太平經合校卷一百八庚部之六太平經卷之一百八：[17]「夫天地之性，自古到今，**善者致善，惡者致惡，正者致正，邪者致邪，此自然之術**，無可怪也。故人心端正清靜，**至誠感天**，無有惡意，瑞應善物為其出。子欲重知其大信，古者大聖賢皆用心清靜專一，故能致瑞應也。〈止〉諸邪用心佞偽，皆無善應，此天地之大明徵也。子知之邪？」「唯唯。亦有應邪？」「然邪者致邪，亦是其應也。不調者致不調，和者致和，此天之應明效也。」

太平經鈔庚部卷之七：[18]「天有四維，地有四維，故有日月轉相推。星有度數，照察是非，人有貴賤，壽命長短，稟命六甲。生有早晚，善惡異處，不失銖分。世人不知，反為無真，**和合神靈，乃得稱人。**得神靈腹心。**得天應者，天神舉之。得地應者，地神養之。得中和應者，人鬼祐之。得善應者，善善相稱，得惡應者，惡惡相從。**皆有根本，上下周遍。欲得性善不逆之人，以

---

[16] 金光明經卷二記載，爾時四王復白佛言：「世尊！是金光明微妙經典，於未來世在所流布，若國土城邑郡縣村落隨所至處，若諸國王以天律治世，復能恭敬至心聽受是妙經典，并復尊重供養供給持是經典四部之眾，以是因緣，我等時時得聞如是微妙經典，聞已即得增益身力，心進勇銳具諸威德。是故我等及無量鬼神，常當隱形隨其妙典所流布處，而作擁護令無留難；亦當護念聽是經典諸國王等及其人民，除其患難悉令安隱，他方怨賊亦使退散。」金光明經卷二表示如果人民慈悲安樂而行十善，則上天亦風調雨順，無有災難。佛讚四天王等：「四王當知，此閻浮提八萬四千城邑聚落、八萬四千諸人王等，各於其國娛樂快樂，各各於國而得自在；於自所有錢財珍寶，各各自足不相侵奪；如其宿世所修集業隨業受報，不生惡心貪求他國；各各自生利益之心，生於慈心、安樂之心、不諍訟心、不破壞心、無繫縛心、無楚撻心，各於其土自生愛樂，上下和睦猶如水乳，心相愛念增諸善根。以是因緣故，此閻浮提安隱豐樂，人民熾盛大地沃壤，陰陽調和時不越序，日月星宿不失常度，風雨隨時無諸災橫，人民豐實自足於財，心無貪吝亦無嫉妒，等行十善，其人壽終多生天上，天宮充滿增益天眾。」

[17] 諸子百家中國哲學書電子化計劃，太平經合校>一百一至一百七十，太平經合校卷一百八庚部之六太平經卷之一百八，https://ctext.org/wiki.pl?if=gb&chapter=312870，瀏覽日期：112.2.6。

[18] 諸子百家中國哲學書電子化計劃，太平經鈔>太平經鈔庚部卷七，https://ctext.org/wiki.pl?if=gb&chapter=622189#太平經鈔庚部卷之七，瀏覽日期：112.2.2。

為尸民。陸地之神，欲得善人。各施禁忌，上通於天，為惡犯之，自致不存。吏無大小，民本因緣，宜明其事，勿為民所患。**殊能好道德仁惠，與天合理，與地同意，與中和有意，思以善神靈相睹，各自有信，莫欺愚者。無犯天禁，無犯地刑，奉順四時，無有殺名。**五行所成，宜各自守。夫貪生者天之所祐，貪養者地之所助，貪仁者人共愛之。**為惡者天之所賊，天知其惡，使凶神惡鬼入身中，**流布四支頭面，腹背胸脅七政，上白明堂，七十二色為見，是死之戶也。天貪人生，地貪人養，人貪人施，為惡其禍不救。以天書告之。」

太平經鈔庚部卷之七：「惟太古善人為行也，乃預知表裏，出入陰陽，道其紀綱，發中念之，忘其理。順天而行，不敢有疑，用是得成，承奉大施，思念在身，行無愆負，微稟自然，不信不篤天，乃怒之，自知悔過，天復教之。上古得仙度世者，何從惡起念之，見書忠孝，敬事父母，兄弟和穆，無為表裏，上下合同，和天大禁。」「惟太上善人之為行也，乃表知天地當行之事，各有所主，各有其辭，各修其事，各成其神，各立其功，各行其忠，各理其文，各施於人，各道其進，**各得天地腹心，各不失四時五行之生成。乃應太上善之人，天之信，地之保，五行之腹心，不犯諸禁。**常念成人，使樂為善，令得天地神明之意，從表徹裏，成功於身，得入長生久視之籍，得與天地大神從事。從忠誠於天，奉承大化。故天不奪人願，地不奪人安，常日夜思過承負，恐不稱天君之意，何惜忠孝，奉事上報乎？」[19]

太平經主張聖賢治理國家事務，應符合天道與天心，以及四時五行相生之理，天人之間相互交感，**人間行善，天亦應之為善。**太平經鈔庚部卷七：「**道者，乃皇天之所取法也。……人所惡，天亦惡之；人所愛，天亦愛之。是故古者聖賢睹大意深，故常象天而為行，不敢失銖分也。故能常獨與天厚，得天心也。若不得天心，乃大凶矣。天上揀士，乃與天共事，治無窮極之術也。長相與併，士乃與天共事，治無窮極之術也。長相與併力，同心調氣，故能長久矣。**今天乃貴重傳相生，故四時受天道教，相生成無有窮楓也。故天者稱父，地者稱母，因六甲十二子八卦之氣以為紀，更相生，轉相使，故天道常在不毀敗，是常行施化之助也。**故學者當象天為法，無絕天統。今天乃清明，道乃清白，天與道最居上為人法。清明者好清明，故三光上著天，各從其類，合而為**

---

[19] 諸子百家中國哲學書電子化計劃，太平經鈔>太平經鈔庚部卷之七，https://ctext.org/wiki.pl?if=gb&chapter=622189，瀏覽日期：112.1.29。

形。天之爲形，比若明鏡，皆若人有而目洞照，不欲污辱也，常欲得鮮明。**帝王將興，皆得師道，人愛其榮智，以化其民。師之所貴，爲能知天心意，象而行化。地上善即天上善，地上惡即天上惡。故人爲善于地上，天亦應之爲善。人爲惡于地上，天亦應之爲惡。乃氣上通。五氣相連上下同，六申相屬上下洞，十二子上下著，無有遠近皆通。下善上通，下惡上凶，五行興于下，五星明于上。此者，天所曉於天下人也。**」[20]（太平經鈔庚部卷之七第37段）

太平經合校卷五十六至六十四丁部五至十三：[21]「吾書中善者，使青爲下而丹字，何乎？吾道乃丹青之信也，青者生仁而有心，赤者太陽，天之正色。〈止〉吾道太陽，**仁政之道，不欲傷害也。天子者，天之心也；皇后者，地之心也。夫心者，主持正也。天乃無不覆，無不生，無大無小，皆受命生焉，故爲天。天者，至道之眞也，不欺人也，萬物所當親愛，其用心意，當積誠且信，但常欲利不害，不負一物，故爲天也。**夫帝王者，天之子，人之長，其爲行當象此。夫子者，當承父之教令嚴敕，案而行之，其事乃得父心志意，可爲良家矣。如不承父教令，其家大小不治，即爲貧家矣。財反四去，常苦不聚，其事紛紛，災變連起，大得愁苦，過在此矣。古者帝王將行，先仰視天心，中受教，乃可行也。夫皇后之行，正宜土地，地乃無不載，大小皆歸，中無善惡，悉包養之。皇后，乃地之子也，地之心也。心憂凡事，子當承象母之行若母，迺爲孝子。」

太平經之天人感應思想，也反映在占卜上。太平經合校卷四十丙部之六太平經卷之四十：「古者聖人問事，**初一卜占者，其吉兇是也，守其本也，迺天神下告之也。**再卜占者，地神出告之也。三卜占者，人神出告之也。過此而下者，皆欺人不可占。故卦數則不中也，人辭文多則不珍。」認爲占卜由天神、地神及人神出面告知。就此有認爲占卜係「心誠則靈」，誠心感應，「以通神明之德，以類萬物之情」（易經繫辭傳下篇），係一種吸引力法則透過心念或意識感應，如同易經文言乾所述：「子曰：『同聲相應，同氣相求。水流濕，火就燥；雲從龍，風從虎。聖人作而萬物睹，本乎天者親上，本乎地者親下，

---

[20] 諸子百家中國哲學書電子化計劃，太平經鈔>太平經鈔庚部卷之七，https://ctext.org/wiki.pl?if=gb&chapter=622189，瀏覽日期：112.1.29。

[21] 諸子百家中國哲學書電子化計劃，太平經合校>太平經合校卷五十六至六十四丁部五至十三，https://ctext.org/wiki.pl?if=gb&chapter=23791，瀏覽日期：112.2.2。

則各從其類也。』」[22]亦即禮記中庸篇：「**至誠之道，可以前知**。國家將興，必有禎祥；國家將亡，必有妖孽。**見乎蓍龜，動乎四體**。禍福將至：善，必先知之；不善，必先知之。故至誠如神。」至誠無息，得與神明相接交感得知。詩經>大雅>蕩之什>抑：「神之格思、不可度思、矧可射思。」認爲人類至誠占卜，可以感應通神明，獲得卦象之啓示。[23]

二、德治優先，法治為輔之原則

（一）以道德治國

太平經將陰陽五行理論詮釋於天道運行法則規律以及道德觀念，主張以道德化育萬物，國家應以道德治國。其中記載：「夫道興者主生，萬物悉生，德興者主養，萬物人民悉養，無冤結。」[24]（太平經合校卷五十六至六十四丁部五至十三）「安樂王者法君者當**以道德化萬物，令各得其所也**。不能變化萬物，不能稱君也。比若一夫一婦，共生一子，則稱爲人父母。亦一家之象，無可生子，何名爲父母乎？故不能化生萬物者，不得稱爲人父母也。故火能化四行自與五，故得稱君象也。本性和而專，得火而散成灰。金性堅剛，得火而柔。土性大柔，得火而堅成瓦。水性寒，得火而溫。火自與五行同，又能變化無常，其性動而上行。陰順於陽，臣順於君，又**得照察明徹，分別是非，故得稱君**，其餘不能也。土者不即化，久久即化，故稱后土。三者佐職，臣象也。道無所不能化，故元氣守道，乃行其氣，乃生天地，無柱而立，萬物無動類而生，遂及其後世相傳，言有類也。比若地上生草木，豈有類也。是元氣守道而生如此矣。**自然守道而行，萬物皆得其所矣。天守道而行，即稱神而無方**。上象人君父，無所不能制化，實得道意。地守道而行，五方合中央，萬物歸焉。三光守道而行，即無所不照察。雷電守道而行，故能感動天下，乘氣而往來。**四時五行守道而行，故能變化萬物，使其有常也**。陰陽雌雄守道而行，故能世相傳。凡事無大無小，皆守道而行，故無兇。今日失道，即致大亂。」（太平

[22] 鮮于文柱，孔明大易神數，解籤斷卦篇，初版，2013年，頁55-65。
[23] 高島嘉右衛門著，孫正治、孫奧麟譯，白話高島易斷，初版，2014年，頁17以下。
[24] 諸子百家中國哲學書電子化計劃，太平經合校>太平經合校卷五十六至六十四丁部五至十三，https://ctext.org/wiki.pl?if=gb&chapter=23791，瀏覽日期：112.1.30。

經合校卷十八至三十四乙部不分卷太平經鈔乙部）

太平經合校卷四十九丙部之十五太平經卷之四十九：[25]「故古道乃承天之心，順地之意。有上古大眞道法，故常教其學道、學德、學壽、學善、學謹、學吉、學古、學平、學長生。所以盡陳善者，**天之爲法，乃常開道門；地之爲法，常開德戶。古之聖賢爲法，常開仁路。故古者聖賢，與天同心，與地合意，共長生養萬二千物，常以道德仁意傳之，萬物可興也**；如以兇惡意傳之，凡物日衰少。**故有道德仁之處，其人日多而好善**；無道德仁之處，其人日衰少，其治日貧苦，此天地之格懸法。夫有至道明德仁善之心，乃上與天星曆相應，神靈以明其行。故古者聖賢常思爲善無極，力盡乃以不敢有惡念兇路也。夫下愚之人，其心常閉塞，實無知，不可復妄假之以兇衰之惡路也，不自知大失天道，相隨爲惡以爲常，習俗不能自退還也。」

太平經鈔壬部卷九：[26]「問曰：萬民何以盡爲仁哉？然天道乃生德，德乃生仁。今君乃以道人爲師，取法於道。君乃法道，其臣德矣。民乃取法於臣，臣德則民仁矣。令下象上法，上法天也。轉而相生，民安得不盡仁哉？古者聖王以大道人爲師者，乃欲化下流也。上君爲政如天，中君爲政如地，下君爲政如人。如天者不失天意，父事大道。如地者不失地意，母事地道也。如人者不失人意，思樂得中和之道。聖人見萬物盡生，知其理重道也。見物盡養，知其眞德也。見萬物盡成，知其眞仁也。夫理眞道者，但有生心；理眞德者，但有養心；理仁者，但有施心。非此三統道德仁，非謂太平之君矣。」

（二）道德治理爲先，禮法治理爲後

太平經認爲「物以類聚」，各種類型人格特質者各自相生相合，行「道、德、仁、義」者亦可招感「道、德、仁、義」者相聚，可「以道召道」，「以德召德」，「以仁召仁」，「以義求義」。其中以「道德」進行國家治理最佳，「仁義」治理次之，「禮法」治理更次之。亦即「天有六甲四時五行剛柔牝牡孟仲季，共爲親屬兄弟而敬事之，不失其意，以化天下，使爲善

---

[25] 諸子百家中國哲學書電子化計劃，太平經合校>卷一至五十，https://ctext.org/wiki.pl?if=gb&chapter=84713，瀏覽日期：112.2.2。

[26] 諸子百家中國哲學書電子化計劃，太平經鈔>太平經鈔壬部卷九，https://ctext.org/wiki.pl?if=gb&chapter=132135，瀏覽日期：112.2.6。

主，**仁義禮智文武更相爲親屬兄弟**。夫道與道爲親屬兄弟者，凡道乃大合爲一，更相證明轉相生。今日身已得道，凡道人皆來，親人合心爲一家，皆懷善意。凡大小不復相害傷，災害悉去無禍殃。帝王行之，天下興昌。垂拱無爲，度世命長。吏民行之，其理日明。凡道皆出，莫不生光。道與道爲親屬傳相行。故與道召道，**以道求道**，即以道爲親屬兄弟。尙化如此，則天下皆好生惡殺，安得有無道者哉？德與德爲親屬兄弟者，今日身執大德，以德爲意。凡有德之人推謙相事，天下德人畢出矣。以是爲法，安坐無事，帝王行之，其國富，吏民行之，無所不理。以德召德，德自來矣。仁與仁爲親屬兄弟者，今日身爲仁。凡仁者自來相求，**以仁召仁**，仁人盡來矣。帝王行之，天下悉仁矣；吏民行之，莫不相親。所謂仁與仁合爲一家，是爲親屬兄弟矣。義與義爲親屬兄弟者，**以義求義**，今日身已成義。凡義之人，悉來歸之，以義合也。……天上諸神言，**好行道者，天地道氣出助之；好行德者，德氣助之；行仁者，天與仁氣助之；行義者，天與義氣助之**；行禮者，天與禮氣助之；行文者，天與文氣助之；行辯者，亦辯氣助之；**行法律者，亦法律氣助之。天地各以類行神靈也。天將助之，神靈趨之，深思其要意，則太平氣立可致矣。**」（太平經合校卷一百二十至一百三十六辛部不分卷太平經鈔辛部）

儒家主張德治爲先，法治爲輔。論語爲政篇，子曰：「導之以政，齊之以刑，民免而無恥；導之以德，齊之以禮，有恥且格。」太平經亦主張德治爲先，法治（刑治）爲後，以興利爲重，其法治並應符合天心，**順天地之理**，方能開太平。太平經卷四十四：「天乃爲人垂象作法，爲帝王立教令，可儀以治，萬不失一也。子欲知其意，正此也。治不惟此法，常使天悒悒，忿忿不解，故多兇災。子戒之。**天將興之者，取象於德；將衰敗者，取法於刑，此之謂也。**吾之言，謹與天地陰陽合其規矩，**順天地之理，爲天明言，紀用教令以示子也**。吾之言，正若鋒矢無異也，順之則日興，反之則令自窮也。天法神哉神哉！是故夫**古者神人眞人大聖所以能深制法度，爲帝王作規矩者，皆見天文之要，乃獨內明於陰陽之意，乃後隨天地可爲以治，與神明合其心，觀視其可爲也，故其治萬不失一也。**

爲垂象作法，爲帝王立教令，可儀以治。王道將興，取象於德；王道將衰，取象於刑。夫爲帝王制法度，先明天意，內明陰陽之道，即太平至矣。……上皇天德之人，乃獨深見道德之明效也，不厭固，不畏駮，而士眾歸之附之，故守道以自全，守德不敢失之也。……

　　德者與天並心同力，故陽出亦出，陽入亦入；刑與地並力同心，故陰出亦出，陰入亦入。德者與生氣同力，故生氣出亦出，入亦入；刑與殺氣同力，故殺氣出亦出，入亦入。**德與天上行同列，刑與地下行同列。德常與實者同處，刑與空無物同處。德常與興同處，故外興則出，內興則入，故冬入夏出。刑與衰死氣同處，故冬出而夏入。**死氣者清，故所居而清也。故德與帝王同氣，故外王則出陰，內王則入刑；刑與小人同位，故所居而無士眾也。物所歸者，積帝王德，常見歸，故稱帝王也；刑未嘗與物同處，無士眾，故不得稱君子。是故古者聖人獨深思慮，觀天地陰陽所爲，以爲師法，知其大萬不失一，故不敢犯之也，是正天地之明證也。」[27]（太平經合校卷四十四丙部之十太平經卷之四十四）

　　太平經認爲道德揚善，如光明普照大地，善能養人，故能致太平。刑罰主殺，固能除弊，但未必能興利，故宏揚道德，優先於刑罰治理，應爲治世之根本。太平經鈔乙部：[28]「故上者象陽，下者法陰，左法陽，右法陰。**陽者好生，陰者好殺。陽者爲道，陰者爲刑。陽者爲善，陽神助之；陰者爲惡，陰神助之。**積善不止，道福起，令人日吉。陽處首，陰處足。故**君貴道德，下刑罰，取法於此。小人反下道德，上刑罰，亦取法於此。**故人乃道之根柄，神之長也。當知其意，善自持養之，可得壽老。不善養身，爲諸神所咎。神叛人去，身安得善乎？爲善不敢失繩纏，不敢自欺。爲善亦神自知之，惡亦神自知之。非爲他神，乃身中神也。夫言語自從心腹中出，傍人反得知之，是身中神告也。故端神靖身，乃治之本也，壽之徵也。無爲之事，從是興也。先學其身，以知吉兇。是故賢聖明者，但學其身，不學他人，深思道意，故能太平也。君子得之以興，小人行之以傾。」（太平經合校卷十八至三十四乙部不分卷太平經鈔乙部）

　　太平經合校卷六十五丁部之十四太平經卷之六十五：[29]「是以天性上道德而下刑罰。故東方爲道，南方爲德。道者主生，故物悉生於東方。德者主養，

27 諸子百家中國哲學書電子化計劃，太平經合校>太平經合校卷四十四丙部之十太平經卷之四十四，https://ctext.org/wiki.pl?if=gb&chapter=84713，瀏覽日期：112.2.1。
28 諸子百家中國哲學書電子化計劃，太平經鈔>太平經鈔乙部卷二，https://ctext.org/wiki.pl?if=gb&chapter=794772，瀏覽日期：112.2.2。
29 諸子百家中國哲學書電子化計劃，太平經合校>五一至一百，https://ctext.org/wiki.pl?if=gb&chapter=23791，瀏覽日期：112.2.2。

故物悉養於南方。天之格法，凡物悉歸道德，故萬物都出生東南而上行也，天地四方六陽氣俱與生物於辰巳也。子知之耶？」「唯唯。天之法下刑，故西北少陰，太陰爲刑禍。刑禍者，主傷主殺。故物傷老衰於西，而死於北。天氣戰鬥，六陰無陽，物皆伏藏於內穴中，畏刑興禍，不敢出見。天道惡之下之，故其畜生，悉食惡棄也。是故古者聖人睹天法明，故尚眞道善德奇文而下武也，是明效也。今刑禍武生於西北而尚之，名爲以陰乘陽，以賤乘貴，多出戰鬥。令民臣不忠，無益王治。」

太平經合校卷六十九戊部之一太平經卷之六十九：[30]「夫天法，帝王治者常當以道與德，故東方爲道，道者主生；南方爲德，德者主養，故南方主養也。治者，當象天以文化，故東方爲文，龍見負之也。南方爲章，故正爲文章也。〈止〉章者，大明也，故文生於東，明於南。故天文者，赤也，赤者，火也。**仁與君者動上行，日當高明，爲人作法式**。故木與火動者，輒上行也，君之象也。故居東，依仁而上，其治者故當處南。〈起〉故東方爲少陽，君之始生也，故日出於東方也。南方爲太陽，君之盛明也。少陽爲君之家及父母，太陽爲君之身，君之位也。少陽爲君之家，木爲火之父母，君以少陽爲家，火稱木之子。……少陰爲臣，臣者以義屈折，伏於太陽。故金隨火屈折，在人可欲，爲臣者常以義屈折，佐君可欲爲也，故少陰稱臣也。」

三、選賢與能

太平經認爲國家治理要上軌道，轉危爲安，必須選拔賢良人才爲官，才能合理處理公務。否則如果用人不當，勢必造成凶險。

太平經鈔戊部卷之五：[31]「夫天道無心，遭不肖則亂，得賢明則理。古者帝王得賢明，乃道興，不敢以下愚不肖爲近輔，速以吾此文付上德之君。行之洞明者光，以三氣相見問之。占十中十，所理悉理，此第一善明，可以爲帝王使。」

太平經鈔庚部卷七：「今凡人舉士，以貢帝王，付國家，得其人幾吉，不

30 諸子百家中國哲學書電子化計劃，太平經合校>五一至一百，https://ctext.org/wiki.pl?if=gb&chapter=23791，瀏覽日期：112.2.2。
31 諸子百家中國哲學書電子化計劃，太平經鈔>太平經鈔戊部卷五，https://ctext.org/wiki.pl?if=gb&chapter=967710，瀏覽日期：112.2.2。

得其人幾凶；得其人何所能成，不得其人何所能傾。諸眞人自精且對。然得其人有四吉，不得其人有四凶，得其人天地六方八遠安，不得其人天地六方八遠不安。願聞其要意。然貢士得其人，**上得以理，有成功而常安，日有益於上，一大吉也。所舉人可任，得成器，二吉也。得成器，能彰明其師道，恩及其師，三吉也。所舉者信事有效，復令上信任用之，四吉也。**共并力同心，所爲者日有成功，月益彰明，歲益興盛，天地悅喜，善應悉出，惡物藏去，天地悅則群神喜。守而不失，上可以度世，中可以平理，下可以全完，竟其天年，舉士得其人，善如斯矣。天上明此續命之符。」[32]

「所以續命符者，**舉士得人，乃危更安，亂更理，敗更成，凶更吉，死更生，上至於度世，中得理於平，下得竟其天年，全其身形。夫舉士不得人，上無益帝王，國家令其理亂，帝王悉苦，天地不悅，盜賊災變萬種，是一大凶也。**所舉人不能理職，佞僞日欺，久久坐俟不安，不得保其天年，或天地鬼神害之，或爲人所賊殺，辱及其父母，惡流及妻子後生已下世類，遂見知過失爲惡人，是二大凶也。其人惡則其學棄，污辱先師聖賢業，禍及其師，是三大凶也。又舉之者不信，共欺其上，貢非其人，亂天儀，汙列宿，天疾之，地怨之，國君惡之，聖人非之，是謂爲世大佞妄語之子，當坐是事，不得天地鬼神誅之，則人當害之，辱其先人，禍及妻子，是爲四大凶也。」[33]

四、統一團結合作原則：君臣與人民上下和諧團結

太平經認爲國家治理應政通人和，上下交流同心，和諧團結一致，才能產生祥和太平之氣。太平經合校卷十八至三十四乙部不分卷太平經鈔乙部：[34]「和三氣興帝王法通天地中和譚，順大業，和三氣游，王者使無事，賢人悉出，輔興帝王，天大喜。……**治有三名，君、臣、民，欲太平也。此三者常當腹心，不失銖分，使同一憂，合成一家，立致太平，延年不疑矣。**〈止〉故男者象天，故心念在女也，是天使人之明效也。臣者爲地通譚，地者常欲上行，

---

[32] 諸子百家中國哲學書電子化計劃，太平經鈔＞太平經鈔庚部卷七，https://ctext.org/wiki.pl?if=gb&chapter=622189，瀏覽日期：112.1.29。

[33] 諸子百家中國哲學書電子化計劃，太平經鈔＞太平經鈔庚部卷七，https://ctext.org/wiki.pl?if=gb&chapter=622189，瀏覽日期：112.1.29。

[34] 諸子百家中國哲學書電子化計劃，太平經合校＞卷一至五十，https://ctext.org/wiki.pl?if=gb&chapter=84713，瀏覽日期：112.2.2。

與天合心。故萬物生出地，即上向而不止，雲氣靡天而成雨。故忠臣憂常在上，汲汲不忘其君，此地使之明效也。民者主爲中和譚，中和者，主調和萬物者也。中和爲赤子，子者乃因父母而生，其命屬父，其統在上，託生於母，故冤則想君父也。**此三乃夫婦父子之象也。宜當相通辭語，並力共憂，則三氣合並爲太和也。太和即出太平之氣。**斷絕此三氣，一氣絕不達，太和不至，太平不出。陰陽者，要在中和。中和氣得，萬物滋生，人民和調，王治太平。人君，天也，其恩施不下，至物無由生，人不得延年。人君之心不暢達，天心不得通於下，妻子不得君父之敕，爲逆家也。臣氣不得達，地氣不得成，忠臣何從得助明王爲治哉？傷地之心，寡婦在室，常苦悲傷，良臣無從得前也。民氣不上達，和氣何從得興？中和乃當和帝王治，調萬物者各當得治。今三氣不善相通，太平安得成哉？」

五、因果報應思想

　　佛教有三世因果規律之思想觀念。道教太平經亦有因果循環報應之法則規律，稱爲「承負」。認爲祖上爲惡，禍延子孫。整體社會上一代作惡行爲，勢必影響後代社會承擔其惡果（可謂「歷史共業」）。太平經卷三十九表示：「承者爲前，負者爲後；承者，迺謂先人本承天心而行，小小失之，不自知，用日積久，相聚爲多，今後生人反無辜蒙其過讁，連傳被其災，故前爲承，後爲負也。負者，流災亦不由一人之治，比連不平，前後更相負，故名之爲負。**負者，迺先人負於後生者也**；病更相承負也，言災害未當能善絕也。」[35]（太平經合校卷三十九丙部之五太平經卷三十九）因此太平經主張人類社會應致力於行善積德，以免後人承擔不利之災害後果。

　　太平經合校卷十八至三十四乙部不分卷太平經鈔乙部：[36]「凡人之行，或有力行善，反常得惡，或有力行惡，反得善，因自言爲賢者非也。**力行善反得惡者，是承負先人之過，流災前後積來害此人也。其行惡反得善者，是先人深有積畜大功，來流及此人也。能行大功萬萬倍之，先人雖有餘殃，不能及此人**

[35] 諸子百家中國哲學書電子化計劃，太平經合校>太平經合校卷三十九丙部之五太平經卷三十九，https://ctext.org/wiki.pl?if=gb&chapter=84713，瀏覽日期：112.2.1。

[36] 諸子百家中國哲學書電子化計劃，太平經合校>卷一至五十，https://ctext.org/wiki.pl?if=gb&chapter=84713，瀏覽日期：112.2.2。

也。因復過去，流其後世，成承五祖。一小周十世，而一反初。或有小行善不能厭，圍圍其先人流惡承負之災，中世滅絕無後，誠冤哉。」

道教之因果關係理論，除上述整體社會或祖先承負之因果關係之外，另就個人之善惡行爲亦產生因果關係。例如道教之太上感應篇記載：「太上曰：『禍福無門，惟人自召；善惡之報，如影隨形。』是以天地有司過之神，依人所犯輕重，以奪人算。算減則貧耗，多逢憂患；人皆惡之，刑禍隨之，吉慶避之，惡星災之；算盡則死。**夫心起於善，善雖未爲，而吉神已隨之；或心起於惡，惡雖未爲，而凶神已隨之**。其有曾行惡事，後自改悔，諸惡莫作，眾善奉行，久久必獲吉慶；所謂轉禍爲福也。故吉人語善、視善、行善，一日有三善，三年天必降之福。凶人語惡、視惡、行惡，一日有三惡，三年天必降之禍。胡不勉而行之？」

在法律制度設計上，要能廣種福田，積極善因，才能獲得善果。故應盡力爲民興利，爲民除害，才能營造人民可以安居樂業之生存發展環境。爲避免「承負」結果發生，應維護「世代正義」。例如在國家財政支出上，應遵循「受益者負擔原則」，避免「債留子孫」，使財政永續經營。

在環境保護上，亦應致力於營造「永續發展」之環境。此即孟子梁惠王上篇所主張：「不違農時，穀不可勝食也；數罟不入洿池，魚鼈不可勝食也；斧斤以時入山林，材木不可勝用也。穀與魚鼈不可勝食，材木不可勝用，是使民養生喪死無憾也。養生喪死無憾，王道之始也。」淮南子時則訓：「立春之日，天子親率三公、九卿、大夫以迎歲于東郊，修除祠位，幣禱鬼神，犧牲用牡，**禁伐木，母覆巢、殺胎夭，母麛，母卵**。」

六、正義言論與邪說邪言之分辨

（一）正言與邪說之分別

有關正言與邪說之分別，太平經認爲在於其文書之思想觀念，應以是否符合天道、地理及人文爲準。太平經卷五十一：[37]「能正其言，明其書者理矣；不正不明，亂矣。**正言詳辭必致善，邪言兇辭必致惡**。今子難問不止，會樂欲

---

[37] 諸子百家中國哲學書電子化計劃，太平經合校>五一至一百，https://ctext.org/wiki.pl?if=gb&chapter=23791，瀏覽日期：112.2.2。

知之，**欲致善者但正其本，本正則應天文，與聖辭相得，再轉應地理，三轉爲人文**，四轉爲萬物；萬物則生浮華，浮華則亂敗矣。天文聖書時出，以考元正始，除其過者置其實；明理凡書，即天之道也。得其正言者，與天心意相應，邪也致邪惡氣，使天地不調，萬物多失其所，帝王用心愁苦，得復亂焉。」

儒家易經說卦傳：「昔者聖人之作《易》也，將以順性命之理，是以立天之道曰陰與陽，立地之道曰柔與剛，立人之道曰仁與義。兼三才而兩之，故《易》六畫而成卦。分陰分陽，迭用柔剛，故《易》六位而成章。」提倡天地人三才統一融合。此與上述太平經之思想相同。

（二）正言善文應符合天地間中和之道理

太平經認爲善文言論，應符合天地間中和之道理，亦即符合「天人合一」思想，方始爲善文。太平經合校卷一百十庚部之八太平經卷之一百一十：[38]「善者**著善之文，不失其常，不失其宜，是爲上德**。無所不成，無所不就，不失其明，不失其實，不失陰陽所生成，不失四時主生之氣所出入，不失五行之成，不失日月星宿，不失其度數，不失吉凶之期，不失有災異之變，不失水旱之紀，人命短長，不失所稟繫星宿厚薄之意，是上德所當行也。故言有德之人，無所不照，無所不見，上下中和，各從其宜。」

太平經合校卷一百十二庚部之十太平經卷之一百一十二：[39]「古者神聖之言，不失綱紀，自有法度。」

太平經鈔庚部卷七：[40]「太平氣俱至，人民但日相向而遊，具樂器以爲常，因以相和相化，上有益國家，使天氣調和，天下被其德教而無咎。和與不和，以爲效乎？**得天地意者，天地爲和，人法之其悅喜。得天地人和悅，萬物無疾病，君臣爲之常喜。是正太平氣至，具樂之悅喜也。**」

太平經認爲正言正文可以弘揚正法思想，可使國家長治久安。太平經合校卷九十一己部之六太平經卷之九十一：「是即正言正文正辭之爲天地根，而

---

[38] 諸子百家中國哲學書電子化計劃，太平經合校＞一百一至一百七十，https://ctext.org/wiki.pl?if=gb&chapter=312870，瀏覽日期：112.2.2。

[39] 諸子百家中國哲學書電子化計劃，太平經合校＞一百一至一百七十，https://ctext.org/wiki.pl?if=gb&chapter=312870，瀏覽日期：112.2.2。

[40] 諸子百家中國哲學書電子化計劃，太平經鈔＞太平經鈔庚部卷七，https://ctext.org/wiki.pl?if=gb&chapter=622189#太平經鈔庚部卷之七，瀏覽日期：112.2.2。

國家寶器父母，民萬物之命，大明效也。眞人知之耶？」「天地之根，國家寶器，命反在此。」「行，子可謂曉事之生，知之矣。是故天遣吾下，悉考正之也。天地開闢以來，**行正言正文者，天地常爲其大喜說，故常善；行邪言邪文者，天地常爲其大怒不悅喜，故常兇不安，而多危亡也**。俗人不知是爲天地大病，而亂帝王治也。而下愚之士，反共巧工，下作篇記，**習邪言邪文，以相高下，以欺其上，而汙天正法，亂天正儀，是乃天之大怨，地之大咎也，而國家之大賊也**。」「**吾之爲文也，迺與天地同身同心同意同分同理同好同惡同道同路，故令德君按用之，無一誤也**。萬萬歲不可去，但有日章明，無有冥冥時也。但有日理，無有亂時也。但有日善，無有惡時也。但有日吉，無有兇時也。故號爲天之洞極正道，迺與天地心相抱。故得其上訣者可老壽，得其中訣者爲國輔，得其下訣者，可以常自安。」[41]

（三）「邪說邪言」可亂經道

太平經認爲「邪說邪言」可亂經道，導致天災與人禍，無法公正治理國家事務，在此也表現「天人間相互感應」之思想，[42]倘若人類爲非作歹，即招感上天降下天災，而爲凶年。

太平經表示：「夫邪言邪文以說經道也，則亂道經書；**道經亂，則天文地理亂矣；天文地理亂，則天地病矣**。故使三光風雨四時五行，戰鬥無常，歲爲其兇年；帝王爲其愁苦，**縣官亂治，民愁恚飢寒**，此非邪文邪言所病邪？如大用之，迺到於大亂不治也。」「夫邪文邪言誤辭以治國也，日日得亂。於是**邪言邪辭誤文爲耳所共欺，則國爲之亂危，臣爲之枉法而妄爲，民爲之困窮，共汙天地之治亂**。天官大怒，日教不絕也，人哭泣呼冤，亦不絕也。子知之耶？」「唯唯。」「**邪言邪文誤辭以治家也，則父子夫婦亂，更相憎惡，而常**

---

[41] 諸子百家中國哲學書電子化計劃，太平經合校卷>太平經合校卷九十一己部之六太平經卷之九十一，拘校三古文法第一百三十二，https://ctext.org/wiki.pl?if=gb&chapter=23791，瀏覽日期：112.1.29。

[42] 此與漢朝董仲舒之「天人感應」思想相同。董仲舒「春秋繁露、同類相動」章：「美事召美類，惡事召惡類，類之相應而起也。如馬鳴則馬應之，牛鳴則牛應之。帝王之將同也，其美祥亦先見；其將亡也，妖孽亦先見。物故以類相召也。」「天地之陰氣起，而人之陰氣應之而起，人之陰氣起，而天地之陰氣亦宜應之而起，其道一也。」諸子百家中國哲學書電子化計劃，春秋繁露>同類相動，https://ctext.org/chun-qiu-fan-lu/tong-lei-xiang-dong/zh，瀏覽日期：112.1.29。

鬥辯不絕，遂爲兇家。〈止〉子知之耶？」「唯唯。可侶哉！見天師言，誠怖惶。愚生不深計，不知是惡致此也。」「眞人獨愚日久矣。夫俗人以爲小事而不去之，迺不知**此邪言邪辭邪文，乃與天地爲大怨也，是迺國家之大賊也，百姓之烈鬼也，寧可不一都投而力去之耶**？是故天愛上德之君，恐其不覺悟，復彼是大災，故遣吾下具言之。眞人疾以文付之，使其疾思天意，可以自安，不者，天怒會不絕也。」⁴³

由此可見，固然人類思想信仰以及言論自由，應受法律保障。但仍應注意異端邪說導致引導人類行爲誤入歧途之危害人類之現象。古人所謂「文以載道」，實有其道理。孔子家語始誅篇：「天下有大惡者五，而竊盜不與焉。一曰心逆而險，二曰行辟而堅，三曰言僞而辯，四曰記醜而博，**五曰順非而澤**。此五者，有一於人，則不免君子之誅，而少正卯皆兼有之。其居處足以撮徒成黨，其談說足以飾褒瑩衆，其強禦足以返是獨立；此乃人之姦雄者也，不可以不除。夫殷湯誅尹諧，文王誅潘正，周公誅管蔡，太公誅華士，管仲誅付乙，子產誅史何，凡此七子皆異世而同誅者，以七子異世而同惡，故不可赦也。《詩》云：『**憂心悄悄，慍于群小**。』小人成群，斯足憂矣。」

亦認爲**邪言邪辭邪文擾亂社會視聽，危害人類至鉅**，而應誅之。

七、辯證法思想

論者有認爲：「太平經中亦有辯證法思想因素。它認爲宇宙萬物的生成和變化是由於對立物的統一。經卷一百十九三者爲一家陽火數五訣說：『夫生者皆反其本，陰陽相與合乃能生。』『天地未分，初起之時，乃無有上下日月三光，上下洞冥，洞冥無有分理。雖無分理，其中內自有上下左右表裏陰陽，具俱相持而不分別。』陰與陽是代表兩個對立物，這兩個對立物一面互相排斥，一面互相聯結。經卷一百十七天樂得善人文付火君訣也說：『天地之生凡物也，兩爲一合。今是上天與是下地爲合。』『天雖上行無極，亦自有陰陽，兩兩爲合。』『地亦自行何極，亦自有陰陽，兩兩爲合。』所謂『合』，所謂『俱相持而不分別』，都是指互相聯結互相依存而言。太平經鈔丁部第十四葉

---

⁴³ 諸子百家中國哲學書電子化計劃，太平經合校卷>太平經合校卷九十一己部之六太平經卷之九十一，拘校三古文法第一百三十二，https://ctext.org/wiki.pl?if=gb&chapter=23791，瀏覽日期：112.1.29。

說：『天下凡事，皆一陰一陽，乃能相生，乃能相養。一陽不施生，一陰並虛空，無可養也；一陰不受化，一陽無可施生統也。』凡百事物的相生相養都由於對立物的相依存而發生變化。

太平經的說法大致符合下述一個矛盾同一性的原理：兩個對立的東西，在一定條件下，能夠統一起來，又能夠互相轉化。此一觀點，只承認對立物的互相依存的同一性，卻忽略對立物的相互排斥的鬥爭性。」[44]

參、結論

太平經敘述天道天理，並將之運用於人類行為之倫理規範以及國家治理法則，值得深入探討。其相關法理思想，在當代法治建構上，仍有許多可供參酌之處。

---

[44] 諸子百家中國哲學書電子化計劃，太平經前言，太平經合校>卷一至五十，https://ctext.org/wiki.pl?if=gb&chapter=84713，瀏覽日期：112.1.29。又太平經主張循環變化論，如經卷六十五斷金兵法說：「天道比若循環，周者復反始。」鈔戊部第十一葉：「周者反始環無端。」經卷一百十七天樂得善人文付火君訣：「無極之政，周者反始，無有窮已也。」事物的變化，只是像春夏秋冬一樣不斷地重複著過去的階段，論者認為這是沒有發展觀念的循環變化論（前揭太平經前言）。

---

[*] 本文原發表於2021年5月7日玄奘大學社會科學院舉辦，社會關懷與社會秩序研討會，經會後重新修正而成。

壹、問題之提出

社會道德是人類居住於社會中彼此如何友善相處的道德規範，也是一種倫理法則，其應具備何種內容，古往今來哲學家見解不一，值得我們深入探討研究，期盼能夠獲得社會共識，建立一個良善的道德規律，以為人類社會生活的行為準繩。本文不揣淺陋，嘗試對於此一問題進行反省思考，參考我國古代先聖先賢的處世哲學智慧，提出一些道德規範構想建議。

貳、社會道德之意義

一、道德的意義

（一）客觀意義

道德（Sittlichkeit, Moral, Ethik）的意義為何，各方意見不一，依據我國道家理論，「道生之，德蓄之，物形之，勢成之。是以萬物莫不遵道而貴德。道之尊，德之貴，夫莫之命而常自然。」（道德經五十一章尊貴）其中「道」指自然運行與人世共通的真理，「德」為遵循道的規律來自身發展變化的事物。[1]亦即「存在的事物必有其根源，必有其本性，根源叫「道」，本性叫「德」，如其根源、本性，就叫『道德』。」[2]因此，認為人類遵循「本性」以及事物之「道理」處世，亦即符合人類及萬物之「生存及發展規律或法則」，即符合道德要求。

荀子勸學篇：「禮者、法之大分，群類之綱紀也。故學至乎禮而止矣。夫是之謂道德之極。」亦即認為「禮」、「法」為道德之標準。又禮記·仲尼燕居：「禮也者，理也；樂也者，節也。君子無理不動，無節不作。不能《詩》，於禮繆；不能樂，於禮素；薄於德。」認為禮乃是道理之意，故依循事務之道理法則處事，即符合道德規律。否則如不合於禮，亦即偏離道理處事，則「薄於德」，而不符合道德要求。其中之道理，應符合公正無私之大中正道。子程子曰：「不偏之謂中，不易之謂庸。中者，天下之正道，庸者，天

---

[1] 維基百科，道德，https://zh.wikipedia.org/wiki/道德，瀏覽日期：110.4.6。
[2] 林安梧譯著，老子道德經，道教總廟三清宮出版，20刷，2018年，頁143。

下之定理。」「天命之謂性，率性之謂道，脩道之謂教。」（禮記中庸篇）認為遵循天下之正道與公理，符合中庸之道，即符合道德要求。是可謂採取客觀說之道德觀念。

禮記樂記云：「樂者，天地之和也；禮者，天地之序也。和故百物皆化；序故群物皆別。樂由天作，禮以地制。過制則亂，過作則暴。明於天地，然後能興禮樂也。」所謂「禮者，天地之序也。序，故群物皆別。」「蓋禮者理也，須是學窮理，禮則所以行其義，知理則能制禮，然則禮出於理之後。」[3]可見儒家將「禮」作爲倫理精神的體現，也是古代社會的「客觀生活秩序」之準則規範。[4]

（二）主觀意義

另有認爲道德，是「以善惡評價爲標準，依靠社會輿論、傳統習俗和人的內心信念的力量來調整人們之間相互關係的行爲規範的總和。貫串於社會生活的各個方面，如社會公德、婚姻家庭道德、職業道德等。它通過確立一定的善惡標準和行爲準則，來約束人們的相互關係和個人行爲，調節社會關係，並與法一起對社會生活的正常秩序起保障作用。有時專指道德品質或道德行爲。」[5]

亦即道德是「依據一定社會或階級（生活型態）的價值觀、社會輿論、傳統習俗和人的內心信念的力量（生產能力）來調整人們之間相互關係的行爲規範的總和，以作爲對他人和自己之間的行爲進行善惡、榮辱、正當或不正當等的相互關係（生產關係）的評價和斷定的行爲規範標準。」[6]此說認爲道德規範的淵源，來源於「社會價值觀、輿論、傳統習俗和人的內心信念的力量」等主觀觀念，可謂採取主觀說之道德觀念。

---

[3] 諸子百家中國哲學書電子化計劃，張載文集>張子語錄，https://ctext.org/wiki.pl?if=gb&chapter=214776，瀏覽日期：110.4.11。

[4] 魯芳，「禮」與中國古代社會道德生活的構建，齊魯學刊，2011年第6期（總第225期），2011年，頁29。

[5] 漢文學網，漢語詞典>道德之解釋，https://cd.hwxnet.com/view/pgkjhfjjeoaggabp.html，瀏覽日期：110.4.5。

[6] 維基百科，道德，https://zh.wikipedia.org/wiki/道德，瀏覽日期：110.4.5。

（三）道德作為善惡之判斷標準

有關善惡之判斷標準，隋代慧遠大師認為：「順理（義）名善，悖理為惡」。[7]清朝戴震在《原善》一書中表示：「善：曰仁，曰禮，曰義，斯三者，天下之大衡也。」[8]「得乎生生者謂之仁，條理之秩然有序，謂之禮。條理之截然不可亂，謂之義。得乎條理者謂之智。是故生生者仁，條理者禮，斷決者義，藏主者智，仁智中和曰聖人；智通禮義，以遂天下之情，備人倫之懿。」「是故謂之天德者三：曰仁，曰禮，曰義，善之大目也，行之所節中也。仁者，德行之本，體萬物而與天下共親，是故忠其屬也；義者，人道之宜，裁萬類而與天下共，是故信其屬也；禮者，天則之所止，行之乎人倫庶物兩天下共安，於分無不盡，是故恕其屬也。」[9]

康德認為「善」，必須在每個有理性的人的判斷中都是欲求能力的一個對象。而「惡」則必須在每一個人的眼中都是厭惡的一個對象。善惡必須依據理性判斷之。[10]而符合理性法則的行動，就其本身而言，即是善的。一個意志的準則，在任何時候都符合此一理性法則時，則這意志就是絕對的、在一切意圖中都是善的。[11]康德上述善惡之判斷標準，以其行為是否符合「理性法則」為

---

[7] （隋朝）慧遠法師撰，大乘義章卷12，五品十善義四門分別：「第一釋名。五品十善出地經論。順義名善。順有三種。一順益上昇名之為善。若從是義下極三有人天善法齊名為善。二順理名善。謂無漏行。若從是義下極二乘所修善法皆名為善。同順理故。三體順名善。謂真識中所成行德。相狀如何。法界真性是己自體。體性緣起集成行德。行不異性。還即本體。即如不乖稱曰體順。若從是義唯佛菩薩體證真行是其善也。良以所對惡有三故善分此三。言三惡者。一違損名惡。若從是義唯三塗因及人天中別報苦業是其惡也。翻對此故宣說初善。二違理名惡。取性心中所造諸業皆違法理同名為惡。若從是義上極凡夫有漏善業猶名為惡。翻對此故說第二善。三體違名惡。一切妄心所起諸業違背真體同名為惡。若從是義上至三乘緣照無漏齊名為惡。妄心起故。翻對此故說第三善。名義如是。」收於大正藏經第44冊，https://tripitaka.cbeta.org/T44n1851_012，瀏覽日期：110.4.17。史記循吏列傳：「法令所以導民也，刑罰所以禁姦也。」「奉職循理，亦可以為治，何必威嚴哉？」亦即依循理法，人民「各得其所便，民皆樂其生。」亦認為執政者「循理而治」之重要性。

[8] 諸子百家中國哲學書電子化計劃，清朝戴震>原善>卷上，https://ctext.org/wiki.pl?if=gb&chapter=259154，瀏覽日期：110.4.6。

[9] 諸子百家中國哲學書電子化計劃，清朝戴震>原善>卷下，https://ctext.org/wiki.pl?if=gb&chapter=767281，瀏覽日期：110.4.6。

[10] 康德著，李秋零翻譯，實踐理性批判，五南圖書，初版，2019年，頁76。

[11] 康德著，李秋零翻譯，實踐理性批判，五南圖書，初版，2019年，頁78。

準。[12]善是依照道德或義務心而行動，是義務的行為，具有先天性、普遍性與必然性。[13]此一見解似與上述「順理（義）為善，悖理為惡」之標準一致，且具有「天人合一」思想之色彩。

　　道德規範，可作為人類辨別是非善惡之行為標準，因此有認為道德是指「人們為了認識善惡並為正當之行為，所必須遵循的規範之總體。其與涉及外部的與物理的強制之法律不同，它是自發性的促使採取正當行為的內部原理。」[14]「道德規範是對人們的道德行為和道德關係的普遍規律的反映和概括。是社會規範的一種形式，是從一定社會或階級利益出發，用以調整人與人之間的利益關係的行為準則，也是判斷、評價人們行為善惡的標準。在人們社會生活的實踐中逐步形成的，是社會發展的客觀要求和人們的主觀認識相統一的產物。」[15]

二、個人道德與社會道德

　　道德又可區分為個人道德（私德）與社會道德（公德）。其中只涉及個人、個人之間或家庭等私人關係的道德，稱為「私德」；而在一個社會中因為涉及社會公共部分的道德，而被公認的道德規範，稱為「公德」。[16]

（一）個人道德

　　個人道德規律個人的良心及自律的選擇，偏重內在的、主觀的心情，並尊重個人所懷抱道德理想之獨立性與多樣性，以經營其理想生活之自由。[17]此

---

[12] 康德認為：「人是有理性的存有者；當人將理性應用到道德實踐時，即會產生具有道德價值的行動。這是因為理性本身是純粹的，而且是與個人情感或慾望相對立的。故當有理性者之理性起作用時，呈現出的即是一項不具有個人私慾或愛好的行動。道德行動之產生因而無須由外在規定或強迫，只需依自身之理性作用即能成就。所以道德行動只需自我律令，亦即自律，即能呈現，故康德的道德哲學亦稱為自律倫理學。」朱啓華，康德道德哲學，教育大辭書，https://pedia.cloud.edu.tw/Entry/Detail/?title=康德道德哲學，瀏覽日期：110.4.17。

[13] 鄭羽玲，康德的道德教育思想，http://web.thu.edu.tw/g931202/www/Kant.htm，瀏覽日期：110.4.17。

[14] Weblio辭書，どう　とく〔ダウ-〕，https://www.weblio.jp/content/道德，瀏覽日期：110.4.5。

[15] 朱貽庭，倫理學大辭典，上海辭書出版社，2010年，轉引自百度百科，道德規範之意義，https://baike.baidu.com/item/道德规范，瀏覽日期：110.4.5。

[16] 維基百科，道德，https://zh.wikipedia.org/wiki/道德，瀏覽日期：110.4.5。

[17] 田中成明，現代法理學，有斐閣，初版，2011年，頁170。

個人道德比較屬於個人道德修養問題，所謂涉及「私德」，未必與公共利益有關，因此國家通常不介入干涉。但有時基於鼓勵公益慈善行爲而給予法律上優惠（例如所得稅法之捐贈扣除）或獎勵（例如表揚好人好事代表、模範公民或市民）。

　　個人道德如涉及人格修心養性之「宗教性道德」，乃是修煉超凡入聖之菩薩道，屬於成佛之道德修養方法，宗教性道德是以宗教觀或世界觀爲基礎所建立的道德標準，透過「修心養性」或「身心靈修煉」，以「上求佛道，下化眾生」，證得「圓滿正覺」、「利益人天」爲目標。[18]例如佛教主張「心正成佛，心邪成魔。心慈是天人，心惡是羅刹。」[19]佛教戒律的精神，是「慈心不犯，以法攝眾，因果不爽，懺悔清淨」[20]「若人能持淨戒是則能有善法。若無淨戒，諸善功德皆不得生，是以當知。戒爲第一安隱功德之所住處。」[21]蓋戒爲一切菩提之根本，「所謂攝心爲戒，因戒生定，因定發慧。是則名爲三無漏學。」[22]所謂「戒定慧」是也。佛教戒律嚴格，通常並非一般人民所能及，僅能責備賢人，故屬於賢人的道德標準。古人所謂：「禮不下庶人」，即是考量：「於禮，庶人之禮至略，直是不責之，難責也，蓋財不足用，智不能及。」[23]

---

18 例如在大正藏經第4冊「妙法蓮華經」卷第四，以及第17冊「佛說處處經」中，介紹佛陀世尊顯現神蹟的因緣。又如「佛說除恐災患經」（乞伏秦沙門釋聖堅譯，大正藏經17冊）佛接受鄰國國王邀請，前往瘟疫地區進行驅邪，以維護當地人民身體健康（佛與聖眾、天、龍、鬼神往于城門，以金色臂德相之手，觸城門閫，以梵清淨八種之聲，而說偈言：「諸有眾生類，在土界中者，行住於地上，及虛空中者，慈愛於眾生，令各安休息，晝夜勤專精，奉行眾善法。」說此偈已，地即爲之六返大動，佛便入城。空中鬼神，昇空退散；地行鬼神，爭門競出，城門不容，各各奔突，崩城而出。於時城中，諸有不淨，廁穢臭惡，下沉入地，高卑相從，溝坑皆平。盲視聾聽，瘖語躄行，狂者得正，病者除愈）。在大正藏經第15冊「修行道地經卷第三」中，介紹修行高深可以獲得天耳、天眼、宿命及知他心等神通超能力。

19 金剛心陀羅尼經。

20 星雲大師文集，佛教與法律，佛教叢書八—教用，http://www.masterhsingyun.org/article/article.jsp?index=2&item=66&bookid=2c907d4945f411dc0145f4a891090004&ch=1&se=3&f=1，瀏覽日期：109.12.6。

21 後秦龜茲國三藏鳩摩羅什奉詔譯，佛垂般涅槃略說教誡經（亦名佛遺教經），http://buddhism.lib.ntu.edu.tw/BDLM/sutra/chi_pdf/sutra7/T12n0389.pdf，瀏覽日期：109.12.6。

22 唐天竺沙門般剌蜜帝譯，大佛頂首楞嚴經，卷第六，http://buddhism.lib.ntu.edu.tw/BDLM/sutra/chi_pdf/sutra10/T19n0945.pdf，瀏覽日期：109.12.6。

23 諸子百家中國哲學書電子化計劃，張載文集>張子語錄，https://ctext.org/wiki.pl?if=gb&chapter=214776，瀏覽日期：110.4.11。

（二）社會道德

1.理想的（合理的）社會道德

　　由於個人在社會中營造共同生活，需要「良善的秩序」，才能達成共同生活之目的，亦即人類團體生活呈現法國學者狄驥所謂「社會連帶」（Social Solidarity）[24]的生存方式，從個人來觀察，是一種各個人間相互依存的關係。社會連帶就是彼此互助合作，以求共同生存，以及共同美好的生存。[25]其道德目標在營造社會上「和諧的以及有人性尊嚴的共同生活」，因此必須有一系列應有的行為規律或行為規範。社會道德主要規律社會成員相互間外部互動關係，屬於「社會之存在及發展」所不可或缺的重要規範，如有違反，也常施加一定的社會制裁。[26]

　　此種「人類的倫理道德」，屬於社會道德（公共道德，社會倫理），是指適用於一般人類的倫理道德，其道德原則可以普遍適用於一切的人類社會。[27]亦可謂社會道德之一種，包括一系列義務：(1)個人對於社會的義務；(2)社會成員彼此間的義務；以及(3)社會對於個人的義務。[28]

　　此類社會道德的目的，一方面要維持社會的秩序，避免危害他人的利益，消除兩敗俱傷的鬥爭，促進社會和諧，[29]同時也應增進全體人類之福祉，社會共同體的公共利益。博登海默也認為社會道德價值體系是一種「社會秩序的基本要求」，為有效履行社會共同生活的目的，應避免損害他人，誠信履行契約義務等。此類道德原則常以法律強化其強制性質，以維護社會安全秩序。[30]

---

[24] 狄驥認為人們必須生活在社會中，必須具有連帶關係，這種關係包括：1.同求的連帶關係，即人們有共同需要，只能通過共同生活以滿足這種需要；2.分工的連帶關係，即人們有不同的能力和需要，必須通過相互交換服務以滿足這些需要（引自百度百科，狄驥，https://baike.baidu.com/item/狄驥，瀏覽日期：107.2.21）。

[25] 楊奕華，問法為何物——人本法學導論，初版，2013年，頁125。

[26] 田中成明，現代法理學，有斐閣，初版，2011年，頁170以下。

[27] Heinrich Henkel, Einführung in die Rechtsphilosophie, 2. Aufl., 1977, S. 73.

[28] 韓克爾（Henkel）將「社會道德」細分為「社會倫理道德」（群體的倫理）（Sozialmoral）與「人類倫理道德」（Humanmoral）兩種（Heinrich Henkel, Einführung in die Rechtsphilosophie, 2. Aufl., 1977, S. 74 f）。

[29] 埃德加‧博登海默著，鄧正來譯，法理學——法律哲學與法律方法，中國政法大學出版社，修訂版，2004年，頁391。

[30] 埃德加‧博登海默著，鄧正來譯，法理學——法律哲學與法律方法，中國政法大學出版社，修訂版，2004年，頁391。

2. 實定的社會道德

社會道德如從世俗的社會現象觀察，是指從事社會上所期待的行為，並且不作社會上所不容許的行為。如果其行為不符當地社會的善良風俗習慣時，則為社會所不能忍受，而為「道德上」所不容許。[31]在此社會道德可能接近於社會風俗習慣，亦即社會對於其成員的道德上行為要求，在此以關於道德上良善的行為，具有共同觀念為存在基礎，以營造集體的生活秩序。在此依據社會上共同的見解，而於社會風俗習慣上，認為合法且妥當，並要求外部共同遵守的行為模式，並形成共同的道德見解。[32]

在社會道德規範所承認的義務與責任，可能會因不同的社會而異，甚至於在同一社會裡，因為不同的時代而有差別。[33]此種在一定的社會集團中，現實上所容許的、共有的社會道德，有稱之為「實定道德」。而與對於現實的個人行為或社會制度進行道德上評價或批判之基準，亦即所謂「批判道德」，有所區別。[34]

三、道德之判斷標準

（一）主觀說

道德的判斷標準，有從「主觀動機」是否「本於良心」、「出於善念」之行為進行判斷。佛教強調長養慈悲心，《觀無量壽佛經》：「佛心者，大慈悲心是。」故「心正成佛，心邪成魔。」在《金剛心總持論》金剛心論第二：「佛告文殊師利菩薩。有陀羅尼名金剛心。能令眾生一見一聞便得道果。善男子云何名金剛心。此心人人本有。個個不無。是諸眾生自知自覺本等之心。何以故。一切善惡皆出自心。自心修善令身安樂。自心造惡令身受苦。心是身主身是心用。所以者何。佛由心成。道由心學。德由心積。功由心修。福由心作。禍由心為。心能作天堂。心能作地獄。心能作佛。心能作眾生。是故心正成佛。心邪成魔。心慈是天人。心惡是羅剎。心是一切罪福種子。若有人悟自

---

[31] Arthur Kaufmann, Winfried Hassemer, Ulfrid Neumann (Hg.), Einführung in die Rechtsphilosophie und Rechtctheorie der Gegenwart, 8. Aufl., 2010, S. 217.

[32] Heinrich Henkel, Einführung in die Rechtsphilosophie, 2. Aufl., 1977, S. 71.

[33] 哈特著，許家馨、李冠宜譯，法律的概念，2版，2015年，頁221。

[34] 田中成明，現代法理學，有斐閣，初版，2011年，頁170。

心。把得定。作得主。不造諸惡。常修諸善。依佛行持。立佛行願。佛說是人。不久成佛。若有善男子。善女人。求佛道者。不明自心。名未成佛。若人明自心。達自性。依佛修行。決定成佛。勝如頌讀金剛經三十萬遍。功德無比。何以故。一切諸佛及諸佛。阿耨多羅三藐三菩提法。皆從自心流出。無窮無盡不壞不雜。故名金剛心。悟此心者。名悟佛心。是故佛與眾生。心性一般。只因修與不修。信與不信。所以有成佛者。有眾生也。」

在道教太上感應篇亦謂：「夫心起於善，善雖未爲，而吉神已隨之；或心起於惡，惡雖未爲，而凶神已隨之。」強調「起心動念」必須出於「善心正念」，從心性上修煉，「修心養性」，才符合道德標準。

（二）客觀說

有關人類的善行與惡行，有從「客觀行爲」是否符合道理與義理進行判斷。例如太上感應篇表示：「是道則進，非道則退。不履邪徑，不欺暗室。」強調爲人處世，應符合道理與義理，不可悖道忘義。「苟或非義而動，背理而行；以惡爲能，忍作殘害」，則屬於邪惡之不道德行爲。

道教太平經中表示：「夫爲善者，乃事合天心，不逆人意，名爲善。善者，乃絕洞無上，與道同稱；天之所愛，地之所養，帝王所當急，仕人君所當與同心並力也。夫惡者，事逆天心，常傷人意；好反天道，不順四時，令神祇所憎，人所不欲見父母之大害，君子所得愁苦也，最天下絕凋兇敗之名字也。」[35]

（三）檢討

西方國家對於道德判斷標準，區分爲三種類型，1.德行倫理學（行爲人之人格論）；2.義務論（行爲論）；3.目的論（行爲結果論）。茲分述之：[36]
1. **德行倫理學（行爲人之人格論）**：主張應培養崇高的人格特質，由此自然表現在行爲上。因此道德應重視人格特質，而不是行爲的規則；應重視人

---

[35] 諸子百家中國哲學書電子化計劃，太平經合校>卷一至五十，太平經合校卷四十九丙部之十五太平經卷之四十九，急學眞法第六十六，https://ctext.org/wiki.pl?if=gb&chapter=84713，瀏覽日期：110.4.7。
[36] 林火旺，倫理學，五南圖書，2版9刷，2015年，頁19。

的德行，而非應履行之義務。[37]

西方學者麥肯泰爾（Alasdair Macintyre）認為所謂德行，就是人類所獲得的人格特質，包括正義、誠實及勇氣等，擁有及運用此一人格特質，可以達成內在於實踐上的善，如果缺乏此一人格特質，人類將無法追求任何的內在善。[38]

2. **義務論（行為論）**：主張評估行為的對錯，不是完全由行為所造成的結果所決定，而是由「行為本身」所具有的特點決定。

3. **目的論（行為結果論）**：主張一個行為的對錯，完全決定在該行為所實現的目的或結果。此係基於實用主義之「功利主義」觀點，認為善惡之行為，應從「客觀行為所產生之結果」，是否「對於人類有利」進行判斷。

由以上判斷標準可知，道德的判斷標準，可從主觀說與客觀說觀點綜合觀察，人類在「主觀動機」上應本於「正心及善心」善念，作為行為出發點，其客觀行為並應符合「道理」行事，確保行為之「公正合理性」，同時注意「行為結果」有益於人類社會。

在此，道德的判斷標準，應以客觀說為主，主觀說為輔。墨子尚同上篇：「察天下之所以治者何也？天子唯能壹同天下之義，是以天下治也。」表示天下社會秩序，應統一於同一整體客觀秩序規範上，才能維持社會秩序而不至於混亂。否則，如果各自尊重每個人的主觀道德標準，採取所謂「道德相對主義」，則是非善惡混淆，莫衷一是，社會秩序勢必無法維持。故墨子尚同中篇謂：「是以一人一義，十人十義，百人百義，其人數茲眾，其所謂義者亦茲眾。是以人是其義，而非人之義，故相交非也。內之父子兄弟作怨讎，皆有離散之心，不能相和合。」

參、社會道德規範之核心價值理念

一、順天意與順天理：體現「天人合一」思想

墨子認為人類的言行舉止應符合「天意」，才能符合人情義理的「仁

[37] 林火旺，倫理學，五南圖書，2版9刷，2015年，頁153。
[38] Alasdair MacIntyre, After Virtue: A Study in Moral Theory, Third Edition, 2007, Chapter 14，轉引自林火旺，倫理學，五南圖書，2版9刷，頁157。

義」道德。在墨子天志中篇即謂：「觀其行，順天之意，謂之善意行，反天之意，謂之不善意行；觀其言談，順天之意，謂之善言談，反天之意，謂之不善言談；觀其刑政，順天之意，謂之善刑政，反天之意，謂之不善刑政。故置此以爲法，立此以爲儀，將以量度天下之王公大人卿大夫之仁與不仁，譬之猶分黑白也。是故子墨子曰：『今天下之王公大人士君子，中實將欲遵道利民，本察仁義之本，天之意不可不順也。順天之意者，義之法也。』」[39]因此，「天意」可作爲社會道德的規範基礎理念。

　　天意應以「正義」爲依歸，墨子即謂：「戒之愼之，必爲天之所欲，而去天之所惡。曰天之所欲者何也？所惡者何也？天欲義而惡其不義者也。何以知其然也？曰義者正也。何以知義之爲正也？天下有義則治，無義則亂，我以此知義之爲正也。」（墨子天志下篇）「是故義者不自愚且賤者出，必自貴且知者出。曰誰爲知？天爲知。然則義果自天出也。今天下之士君子之欲爲義者，則不可不順天之意矣。」（墨子天志下篇）

　　天意的表現在於「天理」，故人類的行爲應符合天理，與大自然和諧共處，使萬物欣欣向榮。在此體現「天人合一」思想。此即道德經所謂「人法地，地法天，天法道，道法自然。」莊子天運篇所謂：「夫至樂者，先應之以人事，順之以天理，行之以五德，應之以自然，然後調理四時，太和萬物。四時迭起，萬物循生。」「古之人其備乎！配神明，醇天地，育萬物，和天下，澤及百姓。」（莊子天下篇）易經文言所謂：「夫『大人』者、與天地合其德，與日月合其明，與四時合其序，與鬼神合其吉凶，先天而天弗違，後天而奉天時。」認爲人類的活動規律應與上天運行規律保持一致性，以符合天人合一的思想。[40]

　　又易經說卦傳表示：「和順於道德，而理於義；窮理盡性，以至於命。」[41]「聖人之作易也，將以順性命之理。是以立天之道，曰陰與陽；立地

[39] 諸子百家中國哲學書電子化計劃，墨子>卷七>天志中，https://ctext.org/mozi/will-of-heaven-ii/zh，瀏覽日期：110.4.12。
[40] 張清強編著，易學智慧（一）：「周易」的思維模式，收於洛書、韓鵬杰主編，周易全書，第3冊，頁1998。
[41] 道教太平經亦謂：「聖人者象陰陽，陰陽者象天地以治事，合和萬物，聖人亦當和合萬物，成天心，順陰陽而行。賢人象山川，山川主通氣達遠方，賢者亦當爲帝王通達六方。凡民者象萬物，萬物者生處無高下，悉有民，故象萬物。」太平經卷五十六至六十四，http://www.guoxue123.com/zhibu/0101/03tpjhx/026.htm，瀏覽日期：110.4.12。

之道，曰柔與剛；立人之道，曰仁與義。兼三才而兩之，故易六畫而成卦。分陰分陽，迭用柔剛，故易六位而成章。」闡明宇宙天地間自然法則的生成與發展規律，以之運用於人類社會生活上，即是將「事物之義理」與人類「性命之理」作爲人類社會之行爲準則，以達於天地人三合一之境界。

因此，社會道德規範的核心價值理念，應當以**順天意與順天理**，體現「天人合一」思想爲目標。禮記禮運篇亦記載，孔子曰：「夫禮，先王以承天之道，以治人之情。……是故夫禮，必本於天，殽於地，列於鬼神，達於喪祭、射御、冠昏、朝聘。故聖人以禮示之，故天下國家可得而正也。」認爲禮的道德規範應順天之道，循人之常情。所謂「順天理，應人心」。

二、平等與博愛精神，各正性命，以共存共榮

按眾生皆有佛性（善良本性），皆具有平等無差別的法性，人人都能成佛。涅槃經中即表示眾生本具佛性，只因常爲一切煩惱所覆不可得見；若得聞佛法微妙經典，則見佛性。[42]因此，本於「眾生平等」之理念，人類應彼此互相尊重，互相友善對待。

按天地孕育萬物，上天有好生之德，人豈無惻隱之心？順天之意，在於「愛人利人」，應抱持「博愛」（兼愛）精神。墨子天志下篇謂：「曰順天之意何若？曰兼愛天下之人。何以知兼愛天下之人也？以兼而食之也。」

佛教即主張「上求佛道，下化眾生」的博愛精神，自利利他。因此教導人們應當「宅心仁厚，常行十善，善心殷重，智慧微細，常恆欲令一切眾生圓滿善利，大富豐饒。」[43]「普愛賢友，哀加眾生；常行慈心，所適者安。」[44]「履仁行慈，博愛濟眾。」[45]

---

[42] 北涼天竺三藏曇無讖譯，大般涅槃經卷第八，如來性品第四之五，大正藏經第12冊，http://tripitaka.cbeta.org/T12n0374_008，瀏覽日期：110.4.12。佛在「妙法蓮華經」中開示：「我觀一切，普皆平等，無有彼此，愛憎之心。我無貪著，亦無限礙，恆爲一切，平等說法。」顯示佛陀教誨，有教無類，體現眾生平等、無私的大愛精神（後秦龜茲國三藏法師鳩摩羅什奉詔譯，妙法蓮華經卷第三，藥草喻品第五，大正藏經，第9冊，https://tripitaka.cbeta.org/T09n0262_003，瀏覽日期：109.12.1。
[43] 一切如來心秘密全身舍利寶篋印陀羅尼經。
[44] 法句經慈仁品。
[45] 法句經慈仁品。

　　佛教提倡人類應抱持「大慈、大悲心」，以利益眾生。所謂「大慈心」，在於「與樂」，給眾生帶來快樂。所謂「大悲心」，在於「拔苦」，解除眾生痛苦。亦即「慈名愛念眾生，常求安穩樂事以饒益之。悲名愍念眾生，受五道中種種身苦心苦。」（大智度論，卷二十）「大慈與一切眾生樂，大悲拔一切眾生苦。大慈以喜樂因緣與眾生，大悲以離苦因緣與眾生。」[46]或認為「為諸眾生除無利益，是名大慈；欲與眾生無量利樂，是名大悲。」[47]

　　此一「利益眾生」，以造福人群的慈悲博愛精神，應可作為人類的社會道德規範之核心價值理念。亦即濟弱扶傾，幫助弱勢，以促進社會之溫暖氣氛，協助增進人類之快樂幸福。因此，不僅在內心上，抱持「民吾同胞，物吾與也」之悲天憫人襟懷，「心懷慈悲」與「博愛」的精神，並且在外在行為上，自利與利他，積極幫助別人（從事公益慈善活動的善行），造福人類乃至萬物眾生。因此，一方面「己所不欲，勿施於人」，不要加損害於他人，另一方面，也要積極地協助他人解除痛苦，並幫助他人，給予他人快樂。此可謂與「功利主義」的道德觀大致相符合。[48]

　　易經乾卦象傳表示：「乾道變化，各正性命，保合大和，乃利貞。首出庶物，萬國咸寧。」其中所謂太和，即是陰陽矛盾雙方處於均衡、和諧、統一的狀態，乾道亦即天道變化，使得萬物獲得生命，並擁有自己的屬性，亦即「萬物資始，雲行雨施，品物流形。」如此萬物彼此協調和諧相處，而能「各正性命」，即可使千差萬別的萬物統一與和諧，呈現「保和太和」的境界。[49]

　　因此，社會道德規範應本於「眾生平等」，「相互友愛」，互相尊重每個人的人格尊嚴及良善發展之原則，使每個人在社會上均得以共存共榮，以求能「為天地立心，為生民立命，為往聖繼絕學，為萬世開太平。」[50]因此尊重及

---

[46] 大智度論，卷二十七，大智度論釋初品，大慈大悲義第四十二（卷二十七），http://www.cbeta.org/result/normal/T25/1509_027.htm，瀏覽日期：106.2.15。

[47] 大般涅槃經卷第十五，梵行品第八之一，http://tripitaka. cbeta.org/T12n0374_015，瀏覽日期：106.2.15。

[48] 在漢書董仲舒傳，引述董仲舒曰：「聖人法天而立道，亦溥愛而亡私，布德施仁以厚之，設誼立禮以導之。春者天之所以生也，仁者君之所以愛也；夏者天之所以長也，德者君之所以養也；霜者天之所以殺也，刑者君之所以罰也。」主張應以仁愛禮義，作為教化人民之基礎。

[49] 張清強編著，易學智慧（一）：「周易」的思維模式，收於洛書、韓鵬杰主編，周易全書，第3冊，頁2000。

[50] 諸子百家中國哲學書電子化計劃，張載文集>張子語錄：「為天地立志，為生民立道，為

維護每個人的「人性尊嚴」，以達「**各正性命**」的目標，是社會道德的另一個
核心價值理念。

三、提升人類社會之生活福祉（大同世界），建立祥和社會：明德（行善）於天下

社會道德規範應有利於人類社會，提升人類社會之生活福祉，以實現大同
世界。此即子墨曰：「仁人之事者，必務求興天下之利，除天下之害。」（墨
子兼愛下篇）禮記大學篇所謂：「大學之道，在明明德，在親民，在止於至
善。」[51]禮記禮運篇所謂：「大道之行也，天下為公。選賢與能，講信修睦，
故人不獨親其親，不獨子其子，使老有所終，壯有所用，幼有所長，矜寡孤獨
廢疾者，皆有所養。男有分，女有歸。貨惡其棄於地也，不必藏於己；力惡其
不出於身也，不必為己。是故謀閉而不興，盜竊亂賊而不作，故外戶而不閉，
是謂大同。」

社會道德規範宜秉持「己立而立人，己達而達人」之原則，利人利己，
一方面保障及促進「每個人人格」的良善生存發展，另一方面保障及促進「共
同體社會整體」的秩序和平及進步發展，以提升全體人類生活福祉。由於人類
生活休戚與共，處在地球村的全球化時代，並應提倡「全球化正義」與「世界
和平」。為增進全體人類福祉，應濟弱扶傾，以行善天下，澤及百姓（所謂治
國、平天下），**建立祥和社會**，最終達到「致中和，天地位焉，萬物育焉」的
至善境界。[52]

社會道德規範應注意營造社會「善良風俗習慣」，一方面防止社會集體墮
落，迷失發展方向，另一方面應積極引導社會邁向「良善發展」之光明康莊大

去聖繼絕學，為萬世開太平。」https://ctext.org/wiki.pl?if=gb&chapter=214776，瀏覽日期：
110.4.11。

[51] 康德也認為：「有理性的存在物的每個物種在客觀上，在理性的理念中，都注定要趨向一個
共同的目的，即促進做為共同的善的一種至善。但是，由於道德上的至善，並不能僅僅通過
單個的人追求他自己在道德上的完善來實現，而是要求單個的人，為了這同一個目的聯合成
為一個整體，成為一個具有善良意志的人們的體系。只有在這個體系中，並且憑藉這個體系
的統一，道德上的至善才能實現。」康德著，李秋零譯，單純理性限度內的宗教，漢語基督
教文化研究所，1997年，頁98。轉引自姜文斌，至善的追求——《大學》與康德哲學有關道
德與政治關係之比較，清華中文學報，第17期，2017年6月，頁85。

[52] 林素英，《禮記》之先秦儒家思想，初版，2017年，頁277以下。

道方向，以增進人類社會之生活福祉，提升國民人格素養與生活品質。使人類身體健康、漂亮，經濟物質生活富裕，精神靈性上充滿智慧（明智）、德性及快樂，過著「人格高尚、行為優良及生活優裕」的幸福快樂美好生活。[53]

肆、社會道德規範之具體內容

一、公正與守法

　　為公平保障各方人民之利益，使全體國民得以共存共榮，政府與人民均應秉持天地無私之「公正」處事原則，因此，公正（公平與合理）的處事原則，應屬於社會道德規範之核心內容。

　　再者，在現代民主法治國家的社會裡，「法律」規範人民的社會生活，作為人類生活之「行為準則規範」，基於公平公正對待全體人民之原則，應落實「法治」精神，故政府與人民均應共同誠信「遵守法規」，亦即法規構成最低限度之社會道德規範。但在此應注意者，乃是法規範內容必須具備「公正合理性」作為立法基礎，使「落實法治」同時實現「公正處事」原則，才符合道德規範之要求。否則，如果法規內容傷天害理，為惡法邪行之規範時，則落實此類法治，實際上僅是實踐惡法，危害人民權益，即無道德可言。

　　易經履卦：「《象》曰：履，柔履剛也。說而應乎乾，是以履虎尾，不咥人亨。剛中正，履帝位而不疚，光明也。」在此顯示國家法律制度得以強制施行之效力基礎，乃在於中正光明正大，能善用其剛而不過，德與位相當，即可使人民心悅誠服，遵守法律。人民能踐履法律規範而從容，恭順而不失其正，所履之善行，可以長久。[54]即強調以中正之天理正道，作為法規範內容，才能使人民心悅誠服，而樂於遵守，國家始得長治久安。

　　易經觀卦：「《象》曰：大觀在上，順而巽，中正以觀天下。觀，盥而不薦，有孚顒若，下觀而化也。觀天之神道，而四時不忒。聖人以神道設教，而

53　亞里斯多德，大倫理學，收於苗力田、徐開來譯，亞里斯多德倫理學，初版，2003年，頁278以下。

54　〔清〕牛鈕、孫在豐、張英等編撰，日講易經解義，履卦解說，https://www.eee-learning.com/book/5748，瀏覽日期：110.2.8。

天下服矣。」[55]觀卦表示在上位者以「中正之德」昭示天下，聖人以上天的神明之道，來教化天下人民，使天下人民信服。[56]此一公正待民、合理治事之精神，誠如堯曰：「民心惟微，道心惟微，惟精惟一，允執厥中。」以利己利人之中庸之道，作為施政標準，如此大中至正，才符合天之神道。[57]

二、己所不欲，勿施於人：不危害他人

論語衛靈公篇，子貢問曰：「有一言而可以終身行之者乎？」子曰：「其恕乎！己所不欲，勿施於人。」此一「己所不欲，勿施於人」，可作為社會道德法則。

佛教之道德規範，亦提倡「己所不欲，勿施於人」的道德原則。在《大乘遍照光明藏無字法門經》中佛開示：「有一種法，菩薩摩訶薩常當守護。何等一法？所謂己所不欲，勿勸他人。」「如諸菩薩，自愛命者則不應殺，自愛財者則不應盜，自愛妻者不應侵他，自愛實語不應誑彼，自愛和合不應間他，自愛正直不應邪綺，自愛柔軟不應惡罵，自愛止足終不於他而生貪欲，自愛仁恕終不於他而生瞋恚，自愛正見終不教他令生邪見。善男子，如是菩薩發意說言，我今敬順如來正教，應當勤心守護此法，是名菩薩摩訶薩守護一法。」[58]因此，人們「應垂拱無為，不害眾生；無所嬈惱，是應梵行。」（法句經慈仁品）

（一）克己復禮

顏淵問仁。子曰：「克己復禮為仁。一日克己復禮，天下歸仁焉。為仁由己，而由人乎哉？」顏淵曰：「請問其目。」子曰：「非禮勿視，非禮勿聽，非禮勿言，非禮勿動。」（論語顏淵篇）

55　〔清〕牛鈕、孫在豐、張英等編撰，日講易經解義，觀卦解說，https://www.eee-learning.com/book/5758，瀏覽日期：110.2.15。

56　〔清〕牛鈕、孫在豐、張英等編撰，日講易經解義，觀卦解說，https://www.eee-learning.com/book/5758，瀏覽日期：110.2.15。

57　傅隸樸，周易理解，初版8刷，2003年，頁174以下。

58　大唐天竺三藏地婆訶羅再譯，大乘遍照光明藏無字法門經，大正藏經，第17冊。

（二）五戒十善

佛教有五戒十善之道德標準。[59]「五戒」係指「不殺生（仁）、不偷盜（義）、不邪淫（禮）、不妄語（信）、不飲酒（智）」五個行為標準。五戒相當於「仁、義、禮、智、信」之五常規範。

十善是指十種善行，即「身、口、意」業清淨，包括：1.不殺生；2.不偷盜；3.不邪淫（以上守持「身業」清淨）；4.不妄語；5.不兩舌；6.不惡口；7.不綺語（以上守持「口業」清淨）；8.不貪；9.不嗔；10.不痴（以上守持「意業」清淨）。[60]

依據佛說十善業道經所記載，人類如能依法修行十善，可以獲得各種善報結果。[61]其中善即順理之義。如能行此十法，皆順理故。然有二種：一者止，二者行。止，則止息己惡，不惱於他；行，則修行勝德，利安一切。[62]

（三）不危害他人及環境

不危害他人及環境，亦屬於社會道德規範之重要內容。如參考太上感應篇所記載之道德規範，可以例示如下：

1. **不可出言傷害他人**：訕諸無識，謗諸同學；虛誣詐偽，攻訐宗親；形人之醜，訐人之私；造作惡語，讒毀平人，謾驀愚人；訕謗聖賢，咒詛求直。恐嚇於他。干求不遂，便生咒恨；見他失便，便說他過；見他體相不具而笑之，見他材能可稱而抑之。
2. **不妨害他人家庭**：破人婚姻，破人之家，離人骨肉。
3. **不損害他人生命財產**：殺人取財，誅降戮服，刑及無辜，損子墮胎，縱暴

---

[59] 參見淨空法師講述五戒十善，https://www.amtfweb.org/understand/14talk-10.htm，瀏覽日期：106.2.21。

[60] 在佛教十善業道經中：「當知菩薩有一法。能斷一切諸惡道苦。何等為一。謂於晝夜常念思惟觀察善法。令諸善法念念增長。不容毫分不善間雜。是即能令諸惡永斷善法圓滿。常得親近諸佛菩薩及餘聖眾。言善法者。謂人天身。聲聞菩提獨覺菩提無上菩提。皆依此法以為根本而得成就。故名善法。此法即是十善業道。何等為十。謂能永離殺生偷盜邪行妄語兩舌惡口綺語貪欲瞋恚邪見。」http://buddhism.lib.ntu.edu.tw/BDLM/sutra/chi_pdf/sutra9/T15n0600.pdf，瀏覽日期：107.2.21。

[61] 唐于闐三藏法師實叉難陀譯，佛說十善業道經，大正藏經，第15冊。

[62] 百度百科，五戒十善，https://baike.baidu.com/item/五戒十善/10296450，瀏覽日期：107.2.21。

殺傷，決水放火，以害民居；竊人之能，敗人苗稼，紊亂規模，以敗人功；損人器物，以窮人用。以惡爲能，忍作殘害。耗人貨財，侵人所愛。

4. **不危害社會**：貶正排賢，助人爲非，穢食餧人，左道惑眾；短尺狹度，輕秤小升；以僞雜眞，採取姦利；是非不當，向背乖宜；壅塞方術，擾亂國政；願人有失，毀人成功；危人自安，減人自益；以惡易好，以私廢公。

5. **不危害自然生態環境（無故傷害動植物）**：射飛逐走，發蟄驚棲；填穴覆巢，傷胎破卵，無故殺龜打蛇，用藥殺樹。無故剪裁，非禮烹宰；散棄五穀，勞擾眾生。

三、以慈悲精神，利益眾生，造福人群

（一）四維八德

「四維八德是中華民族的固有道德；四維指的是禮、義、廉、恥；八德是指忠、孝、仁、愛、信、義、和、平。」[63]

禮義廉恥爲國之四維，四維不張，國乃滅亡。「何謂四維？一曰禮、二曰義、三曰廉、四曰恥。禮不踰節，義不自進。廉不蔽惡，恥不從枉。故不踰節，則上位安；不自進，則民無巧軸；不蔽惡，則行自全；不從枉，則邪事不生。」（管子牧民篇）

國父孫中山先生在三民主義中，民族主義第六講中提及八德爲我國固有的道德：「講到中國固有的道德，中國人至今不能忘記的，首是忠孝，次是仁愛，其次是信義，其次是和平。」[64]

有關人類的善行，太上感應篇表示：「是道則進，非道則退。不履邪徑，不欺暗室；積德累功，慈心於物；忠孝友悌，正己化人；矜孤恤寡，敬老懷幼；昆蟲草木，猶不可傷。宜憫人之凶，樂人之善；濟人之急，救人之危。見人之得，如己之得；見人之失，如己之失。不彰人短，不炫己長；遏惡揚善，推多取少。受辱不怨，受寵若驚；施恩不求報，與人不追悔。」

---

[63] 李琪明，教育大辭書，四維八德，https://pedia.cloud.edu.tw/Entry/Detail/?title=四維八德，瀏覽日期：110.4.11。

[64] 維基文庫，孫中山，三民主義>民族主義第六講，https://zh.m.wikisource.org/wiki/三民主義/民族主義第六講，瀏覽日期：110.4.11。

（二）三綱五常

我國古代有三綱五常之倫理道德規範，茲分述之：

1.三綱

「三綱者何謂也？謂君臣、父子、夫婦也。」「何謂綱紀？綱者，張也；紀者，理也。大者爲綱，小者爲紀，所以張理上下，整齊人道也。人皆懷五常之性，有親愛之心，是以綱紀爲化，若羅綱之有紀綱而萬目張也。《詩》云：『亹亹我王，綱紀四方。』」「三綱法天、地、人，六紀法六合。君臣法天，取象日月屈信歸功天也。父子法地，取象五行轉相生也。夫婦法人，[65]取像人合陰陽有施化端也。」[66]

三綱係指「君爲臣綱，父爲子綱，夫爲妻綱」。「綱是榜樣和標準。君爲臣綱，係指一個領導人要爲下屬作出榜樣和標準。父爲子綱，係指父母要爲子女作出榜樣和標準。夫爲妻綱，表示丈夫要爲自己的妻子作出榜樣和標準。」[67]

2.五常：仁、義、禮、智、信

五常之倫理規範，包括「仁、義、禮、智、信」。東漢，班固著，白虎通德論即謂：「五常者何？謂仁、義、禮、智、信也。仁者，不忍也，施生愛人也；義者，宜也，斷決得中也；禮者，履也，履道成文也；智者，知也，獨見前聞，不惑於事，見微者也；信者，誠也，專一不移也。故人生而應八卦之體，得五氣以爲常，仁、義、禮、智、信是也。」[68]此一五常的道德倫理規範，可以具體展開如下：

「仁」者愛人，利濟萬物，澤被眾生，能「成人之美，不成人之惡」。故

---

[65] 「夫婦者，何謂也？夫者，扶也，以道扶接也；婦者，服也，以禮屈服。《昏禮》曰：『夫親脫婦之纓。』《傳》曰：『夫婦判合也。』」諸子百家中國哲學書電子化計劃，東漢>班固>白虎通德論>卷七>三綱六紀篇，https://ctext.org/bai-hu-tong/xing-qing/zh，瀏覽日期：110.4.11。

[66] 諸子百家中國哲學書電子化計劃，東漢>班固>白虎通德論>卷七>三綱六紀篇，https://ctext.org/bai-hu-tong/xing-qing/zh，瀏覽日期：110.4.11。

[67] 「三綱五常是什麼意思？三綱指的是什麼，五常説的又是什麼」，https://kknews.cc/news/5z4lea8.html，瀏覽日期：110.5.16。

[68] 諸子百家中國哲學書電子化計劃，東漢>班固>白虎通德論>卷八>情性篇，https://ctext.org/bai-hu-tong/xing-qing/zh，瀏覽日期：110.4.11。

可「與人爲善」，隨喜功德。

「義」者「處事合宜」得中，行爲具備合理性。

「禮」者循規蹈矩，行爲符合義理倫常規範。

「智」者格物致知，通達人情事理，得明白義理。

「信」者，誠信待人接物，人類彼此間共同生活可以互相信賴，而得恆久相處，構成友善互助合作之基礎。

仁愛的精神之具體實踐，墨子天志中篇謂：「兼（愛）者，處大國不攻小國，處大家不亂小家，強不劫弱，眾不暴寡，詐不謀愚，貴不傲賤。觀其事，上利乎天，中利乎鬼，下利乎人，三利無所不利，是謂天德。聚斂天下之美名而加之焉，曰：此仁也，義也，愛人利人，順天之意，得天之賞者也。」

以信守契約爲例，信守契約承諾，不僅是個人守信重義的道德情操，也是社會上交易關係間互信互助的社會倫理規範（誠實信用原則）。[69]蓋失信可能造成他方當事人之傷害，尤其當他方當事人已經履行其依約應履行之部分。因此遵守契約，屬於不得傷害他人之道德原則之特別要求。[70]然而信守契約之誠信原則，仍應建立在符合「義理」之基礎上。子曰：「言必信，行必果，硜硜然小人哉！」（論語子路篇）孟子曰：「大人者，言不必信，行不必果，惟義所在。」（孟子離婁下篇）可供參考。故如契約約定「顯失公平」，不符合正義要求時，則仍有合理調整必要。

佛教又有勉勵修行人的修行道德規範，例如六度波羅蜜之「布施」，布施有三種：一者，財布施；二者，法布施；三者，無畏布施。修行如是財布施及法布施，其目的有二：(1)令眾生遠離苦惱；(2)令眾生心得調伏。[71]故「見恐怖者，能爲救護，處飢饉世，樂施飲食。」

（三）敬天地，尊賢人

易經火風鼎卦表示：「鼎，元吉，亨。《象》曰：鼎，象也。以木巽火，亨飪也。聖人亨以享上帝，而大亨以養聖賢。巽而耳目聰明，柔進而上

---

[69] 高文琪，法與道德，收於鄧衍森等主編，法理學，初版，2020年，頁65。

[70] 高文琪，法與道德，收於鄧衍森等主編，法理學，初版，2020年，頁69。

[71] 北涼中印度三藏曇無讖譯，優婆塞戒經卷第四，雜品第十九大正藏經，第24冊，https://tripitaka.cbeta.org/T24n1488_004，瀏覽日期：109.12.5。

行，得中而應乎剛，是以元亨。《象》曰：木上有火，鼎，君子以正位凝命。」表示人類應敬天地並且養賢，以利益國家社會。蓋誠如易經乾卦所述：**「《象》曰：大哉乾元，萬物資始，乃統天。雲行雨施，品物流形，大明終始，六位時成，時乘六龍以御天。乾道變化，各正性命，保合大和，乃利貞。首出庶物，萬國咸寧。」**以及坤卦所述：**「《象》曰：至哉坤元，萬物資生，乃順承天。坤厚載物，德合無疆，含弘光大，品物咸亨。」**天地孕育萬物，**厚德載物**，有好生之德，**值得人類敬愛**。又聖賢之人具有大智慧，可以協助人類社會朝向良善發展方向，值得尊敬。因此，敬天地，尊賢人，亦應屬於社會道德規範之重要內容。

四、社會道德規範之實踐

　　中國大陸國務院於2019年10月27日發布「新時代公民道德建設實施綱要」，將「道德」區分為「個人品德、家庭美德、職業道德以及社會公德」四種類型。其中個人品德、家庭美德，可以總括為廣義的個人道德；職業道德與社會公德，可以總括為廣義的社會道德。廣義的個人道德分述如下：[72]

（一）**個人品德**：以愛國奉獻、明禮遵規、勤勞善良、寬厚正直、自強自律為主要內容，鼓勵人們在日常生活中養成好品行。

（二）**家庭美德**：以尊老愛幼、男女平等、夫妻和睦、勤儉持家、鄰里互助為主要內容，鼓勵人們在家庭裡作一個好成員。

　　廣義的社會道德，包括下述內容：[73]

（一）**職業道德**：以愛崗敬業、誠實守信、辦事公道、熱情服務、奉獻社會為主要內容，鼓勵人們在工作中作一個好建設者。

（二）**社會公德**：以文明禮貌、助人為樂、愛護公物、保護環境、遵紀守法為主要內容，鼓勵人們在社會上作一個好公民。

---

[72] 2019年10月27日中共國務院發布「新時代公民道德建設實施綱要」。
[73] 2019年10月27日中共國務院發布「新時代公民道德建設實施綱要」。

伍、社會道德規範之法制化

一、法律不僅應實現最低限度之道德，更應以社會道德為基礎

　　中國古代傳統即有道德法律化之做法，大陸學者葛修路即指出：「道德法律化在漢代，一是立法時以儒家思想爲指導，以道德倫理爲基礎，使法律盡量與道德保持一致。如董仲舒所言：『刑反德而順於德。』《陽尊陰卑》；二是在司法實踐中不獨以法律爲依據，而是引經決獄，將孔子在《春秋》中所體現的『微言大義』作爲量刑定罪的最高標準，並逐漸演變爲法律。如董仲舒以『《春秋》之義，父爲之隱』爲由，認爲養父包庇犯罪的養子而『不當坐』。」[74]

　　按法律不僅是實現最低限度之道德，更應以「社會道德」作爲制度建構之基礎，以確保法規範內容具備「公正合理性」，符合事物本質道理之自然法思想，而具有正法的特質。

　　西方哲學家聖湯瑪斯・阿奎那（St. Thomas Aquinas）在《神學大全》中即表示：「實踐理性的第一條原理，是以善爲基礎，即『善事一切所追求者』。所以，法律的第一條指令是『該行善、追求善而避惡』。自然法律的其他一切指令，都是以這條指令爲根據；故此，凡實踐理性自然認爲是人之善者，無論是該行者或是該避者，都屬於自然法律之指令。」[75]故從合於德性之觀點而言，德性之行動，皆屬於自然法律。[76]合於理性之規則爲正當，符合正義要求，理性的第一條規則是自然法律。[77]理性的作用從普遍的事理，推演出個別的事理，對於基本原理方面，人們有共同的理念或認識，但在實踐具體問題上，關於個別事件之眞理或正確性，則大家未必能夠一致認同。[78]

---

[74] 葛修路，中國傳統社會道德法律化探究，齊魯學刊，2007年第3期（總第198期），2007年，頁160。

[75] 聖湯瑪斯阿奎那著，劉俊餘譯，神學大全，第6冊，第二集第一部，第九十四題，中華道明會、碧岳學社聯合出版，初版，2008年，頁41。

[76] 聖湯瑪斯阿奎那著，劉俊餘譯，神學大全，第6冊，第二集第一部，第九十四題，中華道明會、碧岳學社聯合出版，初版，2008年，頁43。

[77] 聖湯瑪斯阿奎那著，劉俊餘譯，神學大全，第6冊，第二集第一部，第九十四題，中華道明會、碧岳學社聯合出版，初版，2008年，頁53。

[78] 聖湯瑪斯阿奎那著，劉俊餘譯，神學大全，第6冊，第二集第一部，第九十四題，中華道明會、碧岳學社聯合出版，初版，2008年，頁44以下。

二、建立職業倫理規範

有關社會道德倫理規範，也有法制化之趨勢。例如個別行業之倫理規範，如律師倫理規範、[79]法官倫理規範、公務人員服務守則[80]等均屬之。

此類職業倫理規範，以公務人員為例，應不得違法執行職務，以至於損害人民之權益。例如「輕蔑天民，擾亂國政；賞及非義，刑及無辜；殺人取財，傾人取位；誅降戮服，貶正排賢；凌孤逼寡，棄法受賂；以直為曲，以曲為直。」（太上感應篇）

又如學術倫理規範，[81]是對於學術研究人員要求其在從事教育及學術研究過程中，應遵守相關倫理規範，[82]一方面尊重他人之學術創作的智慧財產權益，避免損及他人權益，以維持學術研究紀律，另一方面也應積極促進學術研究之良性發展，學術研究成果足以引導社會進步，提升人類生活福祉。[83]此類倫理規範納入科技部獎勵或補助學術研究計畫之法規中，成為獎補助法制之一環。[84]

三、建立企業倫理規範：企業之社會責任

太上感應篇對於企業經營的道德規範，禁止人們：「穢食餧人，左道惑眾；短尺狹度，輕秤小升；以偽雜真，採取姦利」「破人之家，取其財寶；縱亂規模，以敗人功」。要求不得提供危害他人之商品，或損害消費者權益之行

---

[79] 參見顏厥安、王照宇，法的解釋與法律倫理的概念觀，世新法學，第7卷第1期，2013年12月，頁3以下。

[80] 中華民國99年3月17日考試院考臺組貳一字第09900019811號函發布公務人員服務守則，其目的在為期公務人員執行職務時，秉持廉正、忠誠、專業、效能、關懷五大原則，以形塑優質組織文化，建立廉能服務團隊。

[81] 科技部對研究人員學術倫理規範，https://www.most.gov.tw/most/attachments/64283b0f-76fc-4c90-a023-9c57f57b0c21?，瀏覽日期：106.1.7。

[82] 科技部對研究人員學術倫理規範第2點規定：「違反學術倫理的行為：研究上的不當行為包含範圍甚廣，本規範主要涵蓋核心的違反學術倫理行為，即造假、變造、抄襲、研究成果重複發表或未適當引註、以違法或不當手段影響論文審查、不當作者列名等。」

[83] 詳見陳清秀，學術倫理規範之研究（1），植根雜誌，第35卷第8期，2019年8月，頁297以下；陳清秀，學術倫理規範之研究，收於陳淳文主編，法的理性（上）——吳庚教授紀念論文集》，中央研究院法律學研究所出版，2020年12月，頁311-360。

[84] 科技部學術倫理案件處理及審議要點（民國109年2月15日科部誠字第1090009201A號令）第3點。

爲，並不得妨害他人正常營業，而禁止「非義而動，背理而行」。

　　企業經營也應符合社會道德（企業倫理）要求，2018年8月1日總統令修正公布公司法第1條第2項規定：「公司經營業務，應遵守法令及商業倫理規範，得採行增進公共利益之行爲，以善盡其社會責任。」要求公司應遵守商業倫理規範，並善盡其社會責任。此種企業倫理要求企業在營業及交易過程中，應符合「公平正義」的原則，以提供顧客滿意的、令人感動的服務，並助人（客戶）成功，才能利人利己，永續經營發展，長期獲利，而人類、企業以及社會各方面關係人也才能從中獲得利益，使各方利益均衡兼顧。[85]

　　近年來各國推動「企業社會責任」（Corporate Social Responsibility，簡稱CSR）之觀念，其「是一種道德或意識形態理論，主要討論政府、股份有限公司、機構及個人是否有責任對社會作出貢獻。分爲正面及負面：正面是指有責任參與（社會活動）；負面指有責任不參與。」[86]

　　依據「上市公司編製與申報企業社會責任報告書作業辦法」（2014年11月26日臺灣證券交易所發布）規定，特定種類之上市公司應編製與申報企業社會責任報告書，亦即上市公司原則上應每年參考全球永續性報告協會（Global Reporting Initiatives，簡稱GRI）發布之最新版永續性報告指南、行業補充指南及依行業特性參採其他適用之準則編製前一年度之「企業社會責任報告書」，揭露公司所辨認之「經濟、環境及社會」重大考量面、[87]管理方針、績效指標及指標之衡量方式，且至少應符合「永續性報告指南」之核心依循選項（同辦法第3條）。[88]可見企業之經營活動，也應注意對於經濟、社會及環境之影響，期盼其經營活動與經濟、社會及環境造成良性互動結果。經由企業社會責任報告之制度，可以營造優良品牌之「企業組織文化」，提升企業之道德形象，吸引優秀人才參與企業經營。

---

[85] 孫震，企業倫理與企業社會責任，天下遠見出版公司，初版，2009年，頁60以下。

[86] 維基百科，企業社會責任，https://zh.wikipedia.org/wiki/企業社會責任，瀏覽日期：106.2.15。

[87] 此與政府法規與政策之影響評估（RIA）模式類似。

[88] 臺灣證券交易所，http://twseregulation.twse.com.tw/TW/law/DAT0201.aspx?FLCODE=FL075209，瀏覽日期：106.2.15。

四、建立科技倫理

　　科技產品日新月異，但也應注意避免危害消費者身體健康或其他權益之行為，以遵守科技倫理規範。又在網路世界時代，網路言論及行為也應符合倫理規範，避免網路霸凌現象，以維護言論自由之公共利益，避免產生「一言堂」專制獨裁之言論環境。

　　以人工智能為例，歐盟議會於2019年4月9日發布「可信賴的人工智能倫理準則」（Ethics Guidelines for Trustworthy AI），依據歐盟人權公約之基本權利保障（包括尊重人性尊嚴，個人之自由，尊重民主、司法及法治，平等權／無歧視，以及公民權利），導出四項倫理原則：（一）尊重人類自由及自治原則（The principle of respect for human autonomy）；（二）防止危害原則（The principle of prevention of harm）；（三）公平原則（The principle of fairness）；（四）可解釋（理解）原則（The principle of explicability）。[89]人工智能應以改善個人及集體之福祉為目的，不得讓人工智能反客為主，變成控制或傷害人類之工具。

　　依據上述基本權利以及四項倫理原則，人工智能系統應滿足下列七項要求，以便其具有可信賴性，其要旨如下：[90]

（一）**人類自主性和監控（Human Agency and Oversight）**：AI係為強化人類能力而存在，使人類使用者能夠作出更明智的決策，並培養自身的基礎能力。同時，AI應有相關監控機制以確保AI系統不會侵害人類自主性或是引發其他負面效果。本準則建議，監控機制應可透過人機混合（一種整合人工智能與人類協作的系統，例如human-in-the-loop、human-on-the-loop、human-in-command）的操作方法來實現。

（二）**技術堅固性及安全性（Technical Robustness and Safety）**：基於防止危害原則，AI系統除應具備堅固性、準確性、可靠性與可重複性等技術特質，同時也應在出現問題前訂定完善的備援計畫，以防止損害發生及

---

[89] European Commission, https://ec.europa.eu/futurium/en/ai-alliance-consultation/guidelines, last visited: 110.5.15.

[90] European Commission, https://ec.europa.eu/futurium/en/ai-alliance-consultation/guidelines/1#Diversity, last visited: 110.5.15；資訊工業策進會科技法律研究所，歐盟議會發布「可信賴人工智慧倫理準則」，https://stli.iii.org.tw/article-detail.aspx?no=64&tp=1&d=8248p，瀏覽日期：110.5.15。

擴大,並確保損害最小化。

1. **抵禦攻擊與安全的能力**:像所有軟體系統一樣,應該保護AI系統免受漏洞的侵害,這些漏洞可能會讓敵方利用它們,例如駭客。攻擊可能針對數據(數據中毒)、模型(模型洩漏)或基礎設施(包括軟硬體)。如果AI系統受到攻擊,例如在對抗性攻擊中,數據和系統行為可能會更改,導致系統作出不同的決定,或導致系統完全關閉。系統及數據也可能由於惡意意圖或暴露於意外情況而損壞。安全流程不足還可能導致錯誤的決策,甚至造成人身傷害。

2. **準確性**:此與AI系統作出正確判斷的能力有關,例如,將訊息正確分類為正確類別的能力,或者其根據數據或模型作出正確的預測,建議或決策的能力。

3. **可靠性和可重複性**:AI系統的操作結果必須是可複製的且可靠的。可靠的AI系統是可以在各種輸入和各種情況下正常工作的系統。這是檢查AI系統並防止意外傷害所必需的。再現性描述了在相同條件下重複進行AI實驗是否表現出相同行為。這使科學家與政策制定者能夠準確地描述AI系統的功能。

(三) **隱私及資訊治理**(**Privacy and Data Governance**):其中應確保充分尊重「隱私權及資訊保護」,其次應確保適當的資訊治理機制,以確保「資訊的品質及正確性」(Quality and Integrity of Data),並應確保關係人得合法「接觸使用資訊」(Access to Data)之機會。

(四) **透明性**(**Transparency**):資訊、系統及AI的商業模型應該是透明的。其蒐集標示之資訊以及由AI所作成之決定,應具有可追溯性機制(Traceability Mechanisms),以便防止或更正錯誤,並增進透明性。此外,只要AI系統對人們的生活產生重大影響,就應該有可能要求對AI系統的決策過程進行適當的解釋。此類解釋應及時進行,並適合相關利益者(例如非專業人士、監管者或研究人員)的專業知識。此外,還應提供有關AI系統影響和影響組織決策過程的程度,系統的設計選擇以及部署該系統的理由的解釋(從而確保業務模型的透明性)。AI系統應以AI自己的身分出現,不得冒充為人類。人類參與者及使用者有權利被告知他們正在與AI系統進行互動,並且必須了解AI系統的功能及其限制。

（五）**保持多樣性、不歧視及公平（Diversity, Non-discrimination and Fairness）**：AI不公平的偏見可能會加劇對弱勢群體的偏見與歧視，導致邊緣化現象更為嚴重。為避免此種情況，AI系統應該設計為所有人皆可以接觸使用，達成使用者多樣性的目標。

（六）**社會及環境福祉（Societal and Environmental Well-being）**：根據公平和防止傷害的原則，在AI系統的整個生命週期中，更廣泛的社會，以及其他眾生和環境也應被視為利害關係人。應當鼓勵AI系統的可持續性和生態責任，並應促進對解決方案的研究，以解決全球關注的領域，例如可持續發展目標。理想情況下，應該使用AI系統造福全人類，包括子孫後代。

有關社會影響，在我們生活的所有領域（無論是在教育、工作、護理還是娛樂中）無所不在地接觸社會AI系統可能會改變我們對社會代理的觀念，或者影響我們的社會關係和依戀。雖然AI系統可以用來增強社交技能，但它們同樣可以助長其惡化。這也可能影響人們的身心健康。因此，必須仔細監控和考慮這些系統的影響。

除了評估AI系統的開發，部署及使用對個人的影響外，還應從社會角度評估這種影響，並考慮其對機構、民主和整個社會的影響。尤其在涉及民主進程的情況下，不僅包括政治決策，還包括選舉背景，都應仔細考慮使用AI系統。

（七）**可課責機制（Accountability）**：應建立課責機制以妥當處理AI所導致的結果的責任歸屬。其中包括：1.可審核性，要求對AI系統的演算法，數據與設計過程可以進行評估。這並不一定意味著與AI系統相關的商業模式與知識產權的資訊必須始終公開可用。內部及外部審核人員的評估以及此類評估報告的使用，可有助於技術的可靠性。在影響基本權利的應用程序（包括對安全至關重要的應用程序）中，AI系統應該能夠被進行獨立審核；2.此外，應確保AI系統操作結果不當時，有補救的糾正措施。亦即當發生不公正的不利影響時，應事先可預見有可利用的更正機制，以確保適當的補救。

上述七項要求之間的相互關係，彼此均具有同等重要性，相互支持，並應在AI系統的整個生命週期中予以實施與評估。但在不同應用領域，上述七項

要求之適用強度容有差異。[91]

陸、結論

　　人類在社會共同生活關係中，各種利益互相衝突對立，因此必須建立符合公平正義之規則，以便定紛止爭，保持相互援助及保護，避免互相傷害。[92]其中在道德層面上，即所謂社會的倫理道德規範。此種社會道德規範之認識，可以提升人類的人格素養以及公德心，增進人類生活福祉。在待人接物上，倘能秉持「慈悲博愛」之心，以「誠信公正」原則作爲處世之道，相互尊重彼此人格及權益，當可促進個人及社會之永續發展。

　　康德認爲在人們心中如能經常反覆地思考：「**我頭頂上的星空與我心中的道德法則**」（具有「天人合一」思想！）即可發見令人讚嘆的、日益增長的靈感與智慧。[93]「要使人類的意志行爲準則，在任何時間內都可作爲一種普遍的立法原則」（康德所謂「純粹實踐理性的基本法則」），[94]亦即作爲一種社會道德規範，而可以長久地、普遍性地適用法則，則應符合「天意與天理」，符合事物本質之道理以及人類之理性法則，在此即可構成「客觀形式」的社會道德規範。

---

[91] European Commission, https://ec.europa.eu/futurium/en/ai-alliance-consultation/guidelines/1#Diversity，瀏覽日期：110.5.15。

[92] 休謨著，曾曉平譯，道德原則研究，五南圖書，初版，2018年，頁116。

[93] 康德著，李秋零譯，實踐理性批判，五南圖書，初版，2019年，頁161以下。

[94] 康德著，李秋零譯，實踐理性批判，五南圖書，初版，2019年，頁38。

第三篇

佛教與墨家

第⑩章　佛教之法律思想概說[*]

---

[*]　本文惠蒙東吳大學法研所碩士班林韋廷同學協助蒐集資料，特此致謝。

壹、前言

我國漢朝牟子理惑論：「佛乃道德之元祖，神明之宗緒，佛之言覺也。」「道之爲物，居家可以事親，宰國可以治民，獨立可以治身；履而行之充乎天地，廢而不用消而不離。」牟子曰：「書不必孔丘之言，藥不必扁鵲之方；合義者從，愈病者良。君子博取眾善，以輔其身。子貢云：『夫子何常師子有乎？』堯事尹壽，舜事務成，且學呂望，丘學老聃，亦俱不見於七經也。四師雖聖，比之於佛，猶白鹿之與麒麟，燕鳥之與鳳凰也。堯舜周孔且猶學之，況佛身相好，變化神力無方，焉能舍而不學乎？五經事義，或有所闕；佛不見記，何足怪疑哉？」[1]佛經的思想博大精深，是超凡入聖、修成菩薩之法門，其「出世間法」之思想，可否導入「世間法」中，作爲指導理念，值得探討。

在易經觀卦中，其「《彖》曰：大觀在上，順而巽，中正以觀天下。觀盥而不薦，有孚顒若，下觀而化也。觀天之神道，而四時不忒，聖人以神道設教，而天下服矣。《象》曰：風行地上，觀，先王以省方，觀民設教。」有關宗教哲學思想，尤其佛教之哲學思想，教導人類修行成佛之道，表現出天地宇宙間之道理智慧，可教化與感化人心向善，並可作爲人民觀摩學習效法之思想觀念。

尤其在法律領域上遭遇困難問題時，常在宗教經典及其規範中亦多論及，或有深入之闡釋，可以作爲法學上載比較研究相關問題時之借鏡參考。[2]

本文嘗試從佛經中歸納其間，可以呈現治國理念以及法律思想（法理思想）觀念者，以供研究此一議題之參考。

1　維基文庫，牟子撰，牟子理惑論，https://zh.m.wikisource.org/zh-hant/理惑論，瀏覽日期：109.11.29。

2　劉志，微觀法治建設領域的若干悖論及其超越──佛教經律與法律的對話，深圳大學學報，第30卷第2期，2013年3月，頁91。

貳、佛經的至善智慧思想及其法律上之運用

一、佛為一切智者，知道者，天人師、世尊

釋迦如來佛在《妙法蓮華經》中開示：「迦葉！當知如來是諸法之王，若有所說皆不虛也。於一切法，以智方便而演說之，其所說法，皆悉到於一切智地。如來觀知一切諸法之所歸趣，亦知一切眾生深心所行，通達無礙；又於諸法究盡明了，示諸眾生一切智慧。」「迦葉！當知如來亦復如是，出現於世，如大雲起，以大音聲、普遍世界天、人、阿修羅，如彼大雲遍覆三千大千國土。於大眾中、而唱是言：『我是如來、應供、正遍知、明行足、善逝、世間解、無上士、調御丈夫、天人師、佛、世尊，未度者令度，未解者令解，未安者令安，未涅槃者令得涅槃，今世後世，如實知之。我是一切知者、一切見者、知道者、開道者、說道者，汝等天、人、阿修羅眾，皆應到此，為聽法故。』爾時無數千萬億種眾生，來至佛所而聽法。如來于時，觀是眾生諸根利鈍、精進懈怠，隨其所堪而為說法，種種無量，皆令歡喜，快得善利。是諸眾生聞是法已，現世安隱，後生善處，以道受樂，亦得聞法。既聞法已，離諸障礙，於諸法中，任力所能，漸得入道。如彼大雲，雨於一切卉木叢林及諸藥草，如其種性，具足蒙潤，各得生長。」[3]

佛以宇宙間無上智慧真理開導眾生，獲得無上智慧，諸眾生聞是法已，「離諸障礙，現世安隱，後生善處，皆令歡喜，快得善利」，而能利益眾生。

二、至善境界

（一）感恩之心、報恩之心

佛教強調感恩與報恩之心，在《大乘本生心地觀經》表示，感恩報恩對象有四種，「世出世恩有其四種：一父母恩，二眾生恩，三國王恩，四三寶恩。如是四恩，一切眾生平等荷負。」[4]

---

[3]　後秦龜茲國三藏法師鳩摩羅什奉詔譯，妙法蓮華經卷第三，藥草喻品第五，大正藏經，第9冊，https://tripitaka.cbeta.org/T09n0262_003，瀏覽日期：109.12.1。

[4]　大唐罽賓國三藏般若奉詔譯，大乘本生心地觀經卷第二，報恩品第二之上，大正藏經，第3冊，http://tripitaka.cbeta.org/T03n0159_002，瀏覽日期：109.12.24。

1. 父母恩

「父母恩重，抱之、育之，隨時將護，不失時節，得見日月。以此方便，知此恩難報。是故，諸比丘！當供養父母，常當孝順，不失時節。如是，諸比丘！當作是學。」[5]

2. 眾生恩

「善男子！眾生恩者，即無始來，一切眾生輪轉五道經百千劫，於多生中互爲父母；以互爲父母故，一切男子即是慈父，一切女人即是悲母，昔生生中有大恩故，猶如現在父母之恩等無差別。如是昔恩猶未能報，或因妄業生諸違順，以執著故反爲其怨。何以故？無明覆障宿住智明，不了前生曾爲父母，所可報恩互爲饒益，無饒益者名爲不孝。以是因緣。諸眾生類於一切時亦有大恩，實爲難報。如是之事名眾生恩。」[6]

3. 國家恩（國王恩）

國家恩亦即國王恩，「國王恩者，福德最勝雖生人間得自在故，三十三天諸天子等，恆與其力常護持故，於其國界山河大地，盡大海際屬於國王，一人福德勝過一切眾生福故。是大聖王以正法化，能使眾生悉皆安樂。譬如世間一切堂殿，柱爲根本；人民豐樂，王爲根本，依王有故。亦如梵王能生萬物，聖王能生治國之法利眾生故。如日天子能照世間，聖王亦能觀察天下人安樂故。王失正治人無所依。若以正化，八大恐怖不入其國，所謂他國侵逼，自界叛逆，惡鬼疾病，國土飢饉，非時風雨，過時風雨，日月薄蝕，星宿變怪。人王正化利益人民，如是八難不能侵故。」[7]

4. 三寶恩（佛法僧三寶）

(1)佛恩：「三寶恩者，名不思議利樂眾生無有休息，是諸佛身眞善無漏，無數大劫修因所證，三有業果永盡無餘，功德寶山巍巍無比；一切有情所不能知。福德甚深猶如大海，智慧無礙等於虛空，神通變化充滿世間，光明遍

---

5   東晉罽賓三藏瞿曇僧伽提婆譯，增壹阿含經，第十一卷，善知識品第二十，大正藏經，第2冊，https://tripitaka.cbeta.org/T02n0125_011，瀏覽日期：109.12.24。

6   大唐罽賓國三藏般若奉詔譯，大乘本生心地觀經卷第二，報恩品第二之上，大正藏經，第3冊，http://tripitaka.cbeta.org/T03n0159_002，瀏覽日期：109.12.24。

7   大唐罽賓國三藏般若奉詔譯，大乘本生心地觀經卷第二，報恩品第二之上，大正藏經，第3冊，http://tripitaka.cbeta.org/T03n0159_002，瀏覽日期：109.12.24。

照十方三世；一切眾生煩惱業障，都不覺知。沉淪苦海生死無窮，三寶出世作大船師，能截愛流超昇彼岸，諸有智者悉皆瞻仰。」[8]

(2)**法恩**：「如一佛寶有無量佛，如來所說法寶亦然，一法寶中有無量義。善男子！於法寶中有其四種：一者教法，二者理法，三者行法，四者果法。一切無漏能破無明煩惱業障，聲、名、句、文名為教法；有無諸法名為理法；戒、定、慧行名為行法；為無為果名為果法。如是四種名為法寶，引導眾生出生死海到於彼岸。」[9]

(3)**僧恩**：「世出世間有三種僧：一菩薩僧，二聲聞僧，三凡夫僧。文殊師利及彌勒等，是菩薩僧；如舍利弗目犍連等，是聲聞僧；若有成就別解脫戒真善凡夫，乃至具足一切正見，能廣為他演說開示眾聖道法利樂眾生，名凡夫僧；雖未能得無漏戒定及慧解脫，而供養者獲無量福。如是三種名真福田僧。」[10]

（二）自利利他，利益眾生

大乘佛教主張「上求佛道，下化眾生」，自利利他。認為自己所作**善業功德**，不僅僅要自己得到善報，也要布施給所有眾生同沾利益。故菩薩行者在持誦佛經後，均應**迴向**（或作**回向**），迴向是要以「自他皆**成佛**」為最高目標。比如在**淨土宗**的迴向文中，多稱願自他共同往生**極樂世界**。迴向是菩薩乘的重要修行方法，可長養**慈悲心**、**施捨心**。[11]在**法華經迴向文**：「願以此功德，普及於一切，我等與眾生，皆共成佛道。」而一般**迴向偈**：「願以此功德，莊嚴佛淨土。上報四重恩，下濟三途苦。若有見聞者，悉發菩提心，盡此一報身，同生極樂國。」[12]

在佛經中，教導人們應當「宅心仁厚，常行十善，善心殷重，智慧微

8　大唐罽賓國三藏般若奉詔譯，大乘本生心地觀經卷第二，報恩品第二之上，大正藏經，第3冊，http://tripitaka.cbeta.org/T03n0159_002，瀏覽日期：109.12.24。

9　大唐罽賓國三藏般若奉詔譯，大乘本生心地觀經卷第二，報恩品第二之上，大正藏經，第3冊，http://tripitaka.cbeta.org/T03n0159_002，瀏覽日期：109.12.24。

10　大唐罽賓國三藏般若奉詔譯，大乘本生心地觀經卷第二，報恩品第二之上，大正藏經，第3冊，http://tripitaka.cbeta.org/T03n0159_002，瀏覽日期：109.12.24。

11　維基百科，迴向，https://zh.wikipedia.org/wiki/迴向，瀏覽日期：109.12.24。

12　所稱「四重恩」，即是父母恩、眾生恩、國王（國家）恩以及三寶恩；所稱「三途（三塗）」，就是三惡道——地獄道、餓鬼道、畜生道。

細，常恆欲令一切眾生圓滿善利，大富豐饒。」（一切如來心秘密全身舍利寶篋印陀羅尼經）故「佛由心成，道由心學，德由心積，功由心修，福由心作，禍由心為。心能作天堂，心能作地獄，心能作佛，心能作眾生。是故心正成佛，心邪成魔，心慈是天人，心惡是羅刹，心是一切罪福種子。若有人悟自心，把得定，作得主，不造諸惡，常修諸善，依佛行持，立佛行願。佛說是人，不久成佛。」（金剛心陀羅尼經）

又在佛說無量壽經卷下開示：「於諸眾生得大慈悲饒益之心。柔軟調伏無忿恨心。離蓋清淨無厭怠心。等心勝心。深心定心。愛法樂法喜法之心。滅諸煩惱。離惡趣心。究竟一切菩薩所行。具足成就無量功德。得深禪定諸通明慧。遊志七覺修心佛法。肉眼清徹靡不分了。天眼通達無量無限。法眼觀察究竟諸道。慧眼見真能度彼岸。佛眼具足覺了法性。以無礙智為人演說。等觀三界空無所有。志求佛法具諸辯才。」

在大般涅槃經中開示：「菩薩當知思義者善。不思義者不名為善。其思義者復有二種。一如說行。二不如說行。如說行者是則為善。不如說行不名為善。如說行者復有二種。一求聲聞。不能利安饒益一切苦惱眾生。二者迴向無上大乘。利益多人令得安樂。菩薩應知能利多人得安樂者最上最善。」[13]

在大方廣佛華嚴經十住品中開示：「佛子！云何為菩薩具足方便住？此菩薩所修善根，皆為救護一切眾生，饒益一切眾生，安樂一切眾生，哀愍一切眾生，度脫一切眾生，令一切眾生離諸災難，令一切眾生出生死苦，令一切眾生發生淨信，令一切眾生悉得調伏，令一切眾生咸證涅槃。」展現菩薩利益安樂眾生、救度苦難眾生的行善價值觀。

（三）眾生平等，普皆救渡

眾生皆有佛性，皆具有平等無差別的法性，人人都能成佛。涅槃經中即開示：「眾生佛性亦復如是，常為一切煩惱所覆不可得見，是故我說眾生無我；若得聞是大般涅槃微妙經典，則見佛性。……聞是經已，即知一切無量眾生皆有佛性……。若有善男子、善女人，有能習學是大涅槃微妙經典，當知是人能

---

[13] 北涼天竺三藏曇無讖譯，大般涅槃經卷第十五，梵行品第八之一，大正藏經，第12冊，http://buddhism.lib.ntu.edu.tw/BDLM/sutra/chi_pdf/sutra7/T12n0374.pdf，瀏覽日期：109.11.29。

報佛恩，眞佛弟子。」[14]「是故眾生悉應歸依諸菩薩等，以佛性故等視眾生無有差別。」

　　佛教提倡慈悲平等救度眾生。例如佛在妙法蓮華經中開示：「我觀一切，普皆平等，無有彼此，愛憎之心。我無貪著，亦無限礙，恆爲一切，平等說法。……一切眾生，聞我法者，隨力所受，住於諸地。」[15]顯示佛陀教誨，有教無類，體現眾生平等、無私的大愛精神。

　　在順權方便經中開示：「若有行者修平等心，悉忍苦樂不以進退，猶如淨水無所不洗，淨不淨物不以憎愛。行者如是，心猶若水，洗除眾惡三垢之穢，在於善惡不用增損。……猶如橋船，一切眾人王者小人貧富尊卑，皆由之度無所分別。行等心者亦復如是，志若橋船，無有瞋喜怨友無二。明智賢士忍於凡夫，聖慧坦然，心不有二。」[16]

（四）無著行善，不求回報

　　在大方廣佛華嚴經十行品中開示：「佛子！何等爲菩薩摩訶薩歡喜行？佛子！此菩薩爲大施主，凡所有物悉能惠施；其心平等，無有悔吝，不望果報，不求名稱，不貪利養；但爲救護一切眾生，攝受一切眾生，饒益一切眾生；爲學習諸佛本所修行，憶念諸佛本所修行，愛樂諸佛本所修行，清淨諸佛本所修行，增長諸佛本所修行，住持諸佛本所修行，顯現諸佛本所修行，演說諸佛本所修行，令諸眾生離苦得樂。」[17]

　　「菩薩如是深入法界，教化眾生，而於眾生不生執著；受持諸法，而於諸法不生執著；發菩提心，住於佛住，而於佛住不生執著；雖有言說，而於言說心無所著；入眾生趣，於眾生趣心無所著；了知三昧，能入能住，而於三昧心無所著；往詣無量諸佛國土，若入、若見、若於中住，而於佛土心無所著，捨

---

[14] 北涼天竺三藏曇無讖譯，大般涅槃經卷第八，如來性品第四之五，大正藏經，第12冊，http://tripitaka.cbeta.org/T12n0374_008，瀏覽日期：109.12.1。

[15] 後秦龜茲國三藏法師鳩摩羅什奉詔譯，妙法蓮華經卷第三，藥草喻品第五，大正藏經，第9冊，https://tripitaka.cbeta.org/T09n0262_003，瀏覽日期：109.12.1。

[16] 西晉月支三藏竺法護譯，順權方便經卷上（一名轉女菩薩），大正藏經，第14冊，http://tripitaka.cbeta.org/T14n0565_001，瀏覽日期：109.12.1。

[17] 于闐國三藏實叉難陀奉制譯，大方廣佛華嚴經卷第十九，十行品第二十一之一，https://cbetaonline.dila.edu.tw/zh/T0279_019，瀏覽日期：109.12.1。

去之時亦無顧戀。菩薩摩訶薩以能如是無所著故，於佛法中，心無障礙，了佛菩提，證法毘尼，住佛正教，修菩薩行，住菩薩心，思惟菩薩解脫之法，於菩薩住處心無所染，於菩薩所行亦無所著，淨菩薩道，受菩薩記。」[18]

「此菩薩雖了眾生非有，而不捨一切眾生界。」「菩薩了一切法、法界無二故。菩薩如是以善方便入深法界，住於無相，以清淨相莊嚴其身，了法無性而能分別一切法相，不取眾生而能了知眾生之數，不著世界而現身佛剎，不分別法而善入佛法，深達義理而廣演言教，了一切法離欲真際而不斷菩薩道、不退菩薩行，常勤修習無盡之行，自在入於清淨法界。」[19]

「佛子！何等為菩薩摩訶薩善法行？……佛子！此菩薩摩訶薩安住善法行已，能自清淨，亦能以無所著方便而普饒益一切眾生，不見有眾生得出離者。」[20]

（五）慈即如來，是一切諸善根本

在大般涅槃經中開示：「善男子。一切聲聞緣覺菩薩諸佛如來。所有善根慈為根本。善男子。菩薩摩訶薩修習慈心。能生如是無量善根。」「慈即如來，慈即大乘。大乘即慈，慈即如來。」「諸佛境界不可思議。諸佛境界即是慈也。當知慈者即是如來。善男子。慈者即是眾生佛性。如是佛性久為煩惱之所覆蔽故。令眾生不得覩見。佛性即慈，慈即如來。」「慈即佛性，佛性即法。法即是僧，僧即是慈。慈即如來。」[21]

在佛說觀無量壽佛經中，佛世尊勉勵眾生修行淨業，得往生西方佛國淨土：「爾時世尊告韋提希：汝今知不？阿彌陀佛去此不遠。汝當繫念，諦觀彼國淨業成者。我今為汝廣說眾譬；亦令未來世一切凡夫欲修淨業者，得生西方極樂國土。欲生彼國者，當修三福。一者，孝養父母，奉事師長，慈心不殺，

18　于闐國三藏實叉難陀奉制譯，大方廣佛華嚴經卷第十九，十行品第二十一之二，https://cbetaonline.dila.edu.tw/zh/T0279_020，瀏覽日期：109.12.1。

19　于闐國三藏實叉難陀奉制譯，大方廣佛華嚴經卷第十九，十行品第二十一之二，https://cbetaonline.dila.edu.tw/zh/T0279_020，瀏覽日期：109.12.1。

20　于闐國三藏實叉難陀奉制譯，大方廣佛華嚴經卷第十九，十行品第二十一之二，https://cbetaonline.dila.edu.tw/zh/T0279_020，瀏覽日期：109.12.1。

21　北涼天竺三藏曇無讖譯，大般涅槃經卷第十五，梵行品第八之一，大正藏經，第12冊，http://buddhism.lib.ntu.edu.tw/BDLM/sutra/chi_pdf/sutra7/T12n0374.pdf，瀏覽日期：109.12.1。

修十善業。二者，受持三歸，具足眾戒，不犯威儀。三者，發菩提心，深信因果，讀誦大乘，勸進行者。如此三事，名爲淨業。佛告韋提希：汝今知不？此三種業，乃是過去未來現在，三世諸佛淨業正因。」「以觀佛身故，亦見佛心。佛心者，大慈悲是。」

就此有認爲「慈悲乃是統合佛教戒律的核心道德力量」，由此可知戒律之背後根本理由，人們並可依循對「慈悲」的「與樂拔苦」之觀念，而對於新的道德規範困境或挑戰作出適當的回應。[22]

三、八正道

「八正道是八條通往成佛大道的實踐法門，是脫離煩惱痛苦的方法，是佛子正確的修行之道，奉行八正道可以完成學佛的目的。」[23]其中「『正』，脫離邪非，故名爲正；『道』，能通的意思，以能通達涅槃的境地，故名爲道。循此八正道，可使眾生苦集煩惱永斷，證得涅槃的聖賢境界，因此又稱爲八聖道。」在坐禪三昧經中，佛勉勵人們應行八正道，[24]如下：[25]

（一）正見：正當的見解。了實智慧不疑不悔，是名**正見**。

（二）正思（正覺）：正當的思想。思惟是事種種增益故，是名**正覺**。[26]

（三）正語：正當的語言。除邪命攝四種邪語，離餘四種邪語，攝四種**正語**。

（四）正業（正行）：正當的行爲。除邪命攝身三種業，除餘三種邪業，名**正業**。

（五）正命：正當的生活。離餘種種邪命，是名**正命**。

（六）正勤：正當的努力。朝真理目標前進，又名**正精進**。

（七）正念：正當的意念。是事念不散，是名**正念**。

---

[22] 姚富全，論戒律在佛教倫理中的角色，台灣哲學學會學術研討會，2010.10.23，http://buddhism.lib.ntu.edu.tw/FULLTEXT/JR-AN/an375465.pdf，瀏覽日期：109.12.24。

[23] 星雲大師文集，怎樣做一個佛教徒，第三篇奉行八正道，http://www.masterhsingyun.org/article/article.jsp?index=3&item=61&bookid=2c907d4945216fae014569962c35052c&ch=2&se=3&f=1，瀏覽日期：109.12.6。

[24] 姚秦三藏鳩摩羅什譯，坐禪三昧經卷下，大正藏經，第15冊，http://tripitaka.cbeta.org/T15n0614_002，瀏覽日期：109.11.29。

[25] 姚秦三藏鳩摩羅什譯，坐禪三昧經卷下，大正藏經，第15冊，http://tripitaka.cbeta.org/T15n0614_002，瀏覽日期：109.11.29。

[26] 正覺，又名正思。

（八）正定：正當的禪定。是事思惟不動，是名**正定**。

正覺如王，七事隨從，是名道諦。此一八正道思想，表現佛教之正法思想，應當嚴守，才能成等正覺，獲得至上的處世智慧。

在大方等大集經中對於八正道表示：「正見者見一切法皆悉平等，見無分別平等無二。正覺者離一切覺，覺者名為智慧方便，觀法知法是名正覺。正語者，口所出言，不自焦惱，亦不焦他；不自污辱，亦不污他；不自生慢，不生他慢；不自誑惑，亦不狂惑他。是名正語。正命者，若命不妨自身他身，不增一切諸惡煩惱非惡業活，是名正命。正念若念施戒忍辱精進禪定智慧四無量心，是名正念。攝諸煩惱不令妄起，不近一切惡魔諸業，不墮惡道，不起惡心，常修一切正善之法，遠離一切邪惡之法，是名正念。正定修行聖行知苦離集證滅修道，是名正定。觀一切法悉皆平等，若觀我淨一切亦淨，若觀我空，一切亦空，雖作是觀不入正位，是名菩薩之正定。」[27]

四、至善思想在法律上之運用

佛教上述至善思想，在法律上可以為下列之運用：

（一）法的價值理念

1. 提升人民生活福祉以及發展國民崇高人格

法治應以建立「善法」為目標，「所修善法，皆為救護一切眾生，饒益一切眾生，安樂一切眾生，令一切眾生咸證佛果（至善人格）。」亦即法規範應本於「厚德載物」精神，使萬物各得其所，人民離苦得樂，而能培養高尚人格為目標。

2. 眾生平等，博愛濟眾

佛教提倡眾生平等，普皆救渡的博愛精神，超越群體之對立，而進入慈悲友善融合的境界。此一思想觀念有助於建立「超越黨派」利益，而以國家利益以及全民利益至上之公正法制以及普遍性平等對待之法治，從而可以建立政治中立之法制。

---

[27] 摘錄自大方等大集經卷第二十六，寶髻菩薩品第十一之二，大正藏經，第13冊，頁180。

（二）自然法思想以及價值法學理論之建立

佛經中教導人們應當抱持不執著、不束縛、解脫自在之心。例如金剛經中，佛告須菩提：「凡所有相，皆是虛妄。若見諸相非相，即見如來。」「菩薩應離一切相，發阿耨多羅三藐三菩提心，不應住色生心，不應住聲、香、味、觸、法生心，應生無所住心。」

又在佛說無量壽經卷下，有如下之開示：「於諸眾生得大慈悲饒益之心。柔軟調伏無忿恨心。離蓋清淨無厭怠心。等心勝心。深心定心。愛法樂法喜法之心。滅諸煩惱。離惡趣心。究竟一切菩薩所行。具足成就無量功德。得深禪定諸通明慧。遊志七覺修心佛法。肉眼清徹靡不分了。天眼通達無量無限。法眼觀察究竟諸道。慧眼見真能度彼岸。佛眼具足覺了法性。以無礙智為人演說。等觀三界空無所有。志求佛法具諸辯才。」

以此種清靜心來觀察法律規定，在進行法律解釋時，應不執著法規之表相，不受法條文字之束縛，而應「法眼通達」，「慧眼見真」洞察系爭事件之本質，實質觀察法律制度的精神價值所在，了解法規背後所代表的利益狀態，進行公正的利益衡量，因此有利於突破概念法學之思維模式，而進入自然法思想以及利益法學或價值法學之思維模式。

（三）圓融和合之「整體法秩序統一性」之建立

在六祖壇經坐禪品篇記載，六祖禪師開示：「外離相為禪，內不亂為定。外若著相，內心即亂；外若離相，心即不亂。本性自淨自定，只為見境，思境即亂。若見諸境心不亂者，是真定也。善知識！外離相即禪，內不亂即定。外禪內定，是為禪定。」故法學者「受持諸法，而於諸法不生執著」，即可「和合融貫」各個法律領域規範，普觀其法之普遍性，有助於建立統一融合的法學體系理論以及法律制度。有關法體系之建構，應追求整體法秩序之「圓融和合」，[28]圓融無礙，[29]和諧統一，以「致中和」為目標，才能建立「整體法秩序之統一性」，達於「天地人三合一」的王道境界。在此法秩序要求法體系

---

[28] 在此借用宇光上師的「圓融和合」用語觀念。
[29] 方東美，華嚴宗哲學（方東美作品系列），上冊，中華書局，初版，2012年，頁163。

之「內部統一性」以及「外部統一性」，以使法秩序融合統一。[30]

參、人性尊嚴與動物生命保護理念

佛教強調不殺生，以對於生命之尊重，並與眾生保持善緣。在大佛頂首楞嚴經卷六中開示：「阿難又諸世界六道眾生其心不殺。則不隨其生死相續。汝修三昧本出塵勞。殺心不除塵不可出。縱有多智禪定現前。如不斷殺必落神道。上品之人為大力鬼。中品即為飛行夜叉諸鬼帥等。下品尚為地行羅剎。」「汝教世人修三摩地次斷殺生。是名如來先佛世尊。第二決定清淨明誨。」

又佛教也反對墮胎，提倡對於胎兒生命之保護。例如在佛說長壽滅罪護諸童子陀羅尼經中開示：「世間有五種懺悔難滅。何等為五。一者殺父。二者殺母。三者殺胎。四者出佛身血。五者破和合僧。如此惡業。罪難消滅。」[31]其中認為墮胎構成重大罪惡行為。

在佛說處處經中，也提倡對於動物生命之保護，主張應布施救濟給飢餓之動物，以保全其性命。[32]佛言：「復有四因緣，可從得福：一者、畜生無所食，飼之令得命。」[33]

---

[30] 陳清秀，法理學，3版，2020年，頁605以下。

[31] 罽賓國沙門佛陀波利奉詔譯，佛說長壽滅罪護諸童子陀羅尼經，卍新纂大日本續藏經，第1冊，http://tripitaka.cbeta.org/X01n0017_001，瀏覽日期：109.12.4。

[32] 北涼中印度三藏曇無讖譯，優婆塞戒經卷第三，受戒品第十四：「若優婆塞受持戒已，畜養象、馬、牛、羊、駝、驢一切畜獸，不作淨施未受戒者，是優婆塞得失意罪，不起墮落，不淨有作。」（https://tripitaka.cbeta.org/T24n1488_003，瀏覽日期：109.12.4）其旨意是：「考量蓄養畜獸以服務或供肉食，有違佛陀慈悲教義，且易生瞋恚，造身、口、意三業，故佛制此戒」（智銘居士輯錄，道源老法師講述，在家菩薩戒本釋義，https://book.bfnn.org/books2/1032.htm#a0315，瀏覽日期：109.12.4）。因此有認為佛教不贊成「飼養寵物」。又有認為因為圈養動物妨礙其自由，且容易與動物產生「情愛欲」牽纏，無法解脫，且養寵物，與畜生親近，與畜生結緣，容易染上畜生的習氣，在往生時，容易墮落畜生道（菩提彼岸，佛弟子最好不要養寵物！，2015.11.17，https://bestzen.pixnet.net/blog/post/62098768，瀏覽日期：109.12.5）。

[33] 後漢安息國三藏安世高譯，佛說處處經，第1卷，大正藏經，第17冊，http://tripitaka.cbeta.org/T17n0730_001，瀏覽日期：109.12.4。

肆、佛教的道德規範及其在法律上之適用

一、一般道德規範

　　宗教性道德是以宗教觀或世界觀爲基礎所建立的道德標準，透過「修心養性」或「身心靈修煉」，以「上求佛道，下化眾生」，證得「圓滿正覺」、「利益人天」爲目標。[34]例如佛教主張「心正成佛，心邪成魔。心慈是天人，心惡是羅刹。」[35]並有五戒十善之道德標準。[36]「五戒」指「不殺生（仁）、不偷盜（義）、不邪淫（禮）、不妄語（信）、不飲酒（智）」五個行爲標準。

　　佛教戒律的精神，是「慈心不犯，以法攝眾，因果不爽，懺悔清淨」[37]「若人能持淨戒是則能有善法。若無淨戒，諸善功德皆不得生，是以當知。戒爲第一安隱功德之所住處。」[38]蓋戒爲一切菩提之根本，「所謂攝心爲戒，因戒生定，因定發慧。是則名爲三無漏學。」[39]所謂「戒定慧」是也。

　　十善是指十種善行，即「身、口、意」業清淨，包括：（一）不殺生；（二）不偷盜；（三）不邪淫（以上守持「身業」清淨）；（四）不妄語；（五）不兩舌；（六）不惡口；（七）不綺語（以上守持「口業」清淨）；

---

[34] 例如在大正藏經第4冊妙法蓮華經卷第四，以及第17冊佛說處處經中，介紹佛陀世尊顯現神蹟的因緣。又如佛說除恐災患經（乞伏秦沙門釋聖堅譯，大正藏經，第17冊）佛接受鄰國國王邀請，前往瘟疫地區進行驅邪，以維護當地人民身體健康（佛與聖眾、天、龍、鬼神往于城門，以金色臂德相之手，觸城門閫，以梵清淨八種之聲，而說偈言：「諸有眾生類，在土界中者，行住於地上，及虛空中者，慈愛於眾生，令各安休息，晝夜勤專精，奉行眾善法。」說此偈已，地即爲之六返大動，佛便入城。空中鬼神，昇空退散；地行鬼神，爭門競出，城門不容，各各奔突，崩城而出。於時城中，諸有不淨，廁穢臭惡，下沉入地，高卑相從，溝坑皆平。盲視聾聽，瘂語躄行，狂者得正，病者除愈）。在大正藏經第15冊修行道地經卷第三中，介紹修行高深可以獲得天耳、天眼、宿命及知他心等神通超能力。

[35] 金剛心陀羅尼經。

[36] 參見淨空法師講述五戒十善，https://www.amtfweb.org/understand/14talk-10.htm，瀏覽日期：106.2.21。

[37] 星雲大師文集，佛教與法律，佛教叢書8——教用，http://www.masterhsingyun.org/article/article.jsp?index=2&item=66&bookid=2c907d4945f411dc0145f4a891090004&ch=1&se=3&f=1，瀏覽日期：109.12.6。

[38] 後秦龜茲國三藏鳩摩羅什奉詔譯，佛垂般涅槃略說教誡經（亦名佛遺教經），http://buddhism.lib.ntu.edu.tw/BDLM/sutra/chi_pdf/sutra7/T12n0389.pdf，瀏覽日期：109.12.6。

[39] 唐天竺沙門般剌蜜帝譯，大佛頂首楞嚴經卷第六，http://buddhism.lib.ntu.edu.tw/BDLM/sutra/chi_pdf/sutra10/T19n0945.pdf，瀏覽日期：109.12.6。

（八）不貪；（九）不嗔；（十）不痴（以上守持「意業」清淨）。[40]

有認為從上述佛教戒律的內容可以看出，佛教制定戒律主要有以下兩種情況：[41]「一是從當時社會通行的道德乃至法律條規中選擇適用於自己的內容，使之成為佛教的戒條，例如僧俗信徒共同的戒條『不殺生』中包含的『不殺人』的內容和『不偷盜』，實際是取自任何國家法律中都有的條款；而『不妄語』（不說謊話）及在家信徒的『不邪淫』（不發生不正當的性關係）等戒條，實際是取自社會公德的行為規範。

另一種情況是佛教為了貫徹自己的教義主張，維護教團正常的存在和發展，從佛教教義中引伸制定出一些戒條，例如五戒中的不飲酒，八戒、十戒中都有的不塗飾香鬘，不睡不坐高廣大床、不觀看歌舞、不非時（過正午）食，十戒中的不畜金銀寶戒，以及比丘、比丘尼具足戒、大乘戒中的大量限製衣物過量，禁止語言和行為不檢點等的戒條，都是為了貫徹佛教的『少欲知足』，斷除貪愛等慾望和清淨修行的教義，以利於引導教徒達到擺脫生死煩惱的目的而製定的。」「在佛教中國化的過程中，佛教學者將五戒比附於儒家的五常——仁、義、禮、智、信，正是看到它們內涵中所具有的道德意義。他們有意將佛教的五戒、十善與儒家的倫理會通和融合，從而擴大了傳統的五戒與十善的內涵，這有利於佛教向社會各階層傳播，擴大佛教對民眾的影響。」

依據佛說十善業道經所記載，人類如能依法修行十善，可以獲得各種善報結果。[42]其中善即順理之義。如能「行此十法，皆順理故。然有二種：一者止，二者行。止，則止息己惡，不惱於他；行，則修行勝德，利安一切也。」[43]

上述佛教之道德規範，亦可認為適用「己所不欲，勿施於人」的道德原

---

[40] 在佛教十善業道經中：「當知菩薩有一法。能斷一切諸惡道苦。何等為一。謂於晝夜常念思惟觀察善法。令諸善法念念增長。不容毫分不善間雜。是即能令諸惡永斷善法圓滿。常得親近諸佛菩薩及餘聖眾。言善法者。謂人天身。聲聞菩提獨覺菩提無上菩提。皆依此法以為根本而得成就。故名善法。此法即是十善業道。何等為十。謂能永離殺生偷盜邪行妄語兩舌惡口綺語貪欲瞋恚邪見也。」（http://buddhism.lib.ntu.edu.tw/BDLM/sutra/chi_pdf/sutra9/T15n0600.pdf，瀏覽日期：107.2.21）。

[41] 楊曾文，佛教戒律與社會道德，http://enlight.lib.ntu.edu.tw/FULLTEXT/JR-AN/102699.htm，瀏覽日期：109.12.24。

[42] 唐于闐三藏法師實叉難陀譯，佛說十善業道經，大正藏經，第15冊。

[43] 百度百科，五戒十善，https://baike.baidu.com/item/五戒十善/10296450，瀏覽日期：107.2.21。

則。在大乘遍照光明藏無字法門經中開示：「有一種法，菩薩摩訶薩常當守護。何等一法？所謂己所不欲，勿勸他人。」「如諸菩薩，自愛命者則不應殺，自愛財者則不應盜，自愛妻者不應侵他，自愛實語不應誑彼，自愛和合不應間他，自愛正直不應邪綺，自愛柔軟不應惡罵，自愛止足終不於他而生貪欲，自愛仁恕終不於他而生瞋恚，自愛正見終不教他令生邪見。善男子，如是菩薩發意說言，我今敬順如來正教，應當勤心守護此法，是名菩薩摩訶薩守護一法。」[44]

　　佛教又有勉勵修行人的修行道德規範：「布施、[45]持戒、忍辱、精進、禪定、智慧」（合稱為六度波羅蜜），以治人性的「慳貪、毀犯、瞋恚、懈怠、散亂及愚痴」。[46]其次應心持「大慈、大悲」，以效法諸佛慈悲心精神。又提倡八正道，作為佛弟子修行的八項道德行為規範：「正見、正思維、正語、正業、正命、正精進、正念、正定。」又華嚴經中「十地論」介紹人類如能依次行菩薩道（十個階段），[47]則可超凡入聖，修成菩薩。[48]

　　「善男子！若有於財法食生慳，當知是人於無量世得癡貧報，是故菩薩修行布施波羅蜜時，要作自利及利益他。善男子！若人樂施，一切怨讎悉生親想，不自在者皆得自在。信施因果，信戒因果，是人則得成就施果。」[49]

[44] 大唐天竺三藏地婆訶羅再譯，大乘遍照光明藏無字法門經，大正藏經，第17冊。
[45] 「施有二種：一者、法施，二者、財施。法施則得財、法二報，財施唯還得財寶報。菩薩修行如是二施，為二事故：一、令眾生遠離苦惱，二、令眾生心得調伏。善男子！復有三施：一、以法施，二、無畏施，三、財物施。以法施者，教他受戒、出家、修道、白四羯磨，為壞邪見說於正法，能分別說實非實等，宣說四倒及不放逸，是名法施。」「若有於財法食生慳，當知是人於無量世得癡貧報，是故菩薩修行布施波羅蜜時，要作自利及利益他。善男子！若人樂施，一切怨讎悉生親想，不自在者皆得自在。信施因果，信戒因果，是人則得成就施果。」（北涼中印度三藏曇無讖譯，優婆塞戒經卷第四，雜品第十九，大正藏經，第24冊，https://tripitaka.cbeta.org/T24n1488_004，瀏覽日期：109.12.5）。
[46] 香港佛學班同學會，心靈導航，六波羅蜜，http://www.budyuen.com.hk/treasury_detail.php?id=38，瀏覽日期：109.12.5。
[47] 十地修行次第順序如下：1.歡喜地；2.離垢地；3.發光地；4.燄慧地；5.難勝地；6.現前地；7.遠行地；8.不動地；9.善慧地；10.法雲地。
[48] 大佛頂首楞嚴經介紹人類如能持戒清淨，發明虛想（進入空性），想積不休，「能生勝氣，舉身輕清」，心欲生天，夢想飛舉（此與春秋戰國時代傳說列禦寇可以御風而行之情境相同）。又由於持戒清淨，福慧雙修，因此純想即飛，於其往生時，自然心開，見十方佛，一切淨土，隨願往生（大佛頂首楞嚴經卷八）。足見宗教性道德素養之修心養性，具有為未來或來世開創光明前途之功效。
[49] 北涼中印度三藏曇無讖譯，優婆塞戒經卷第四，雜品第十九，大正藏經，第24冊，https://tripitaka.cbeta.org/T24n1488_004，瀏覽日期：109.12.5。

佛教主張「以法攝眾」，[50]「護持正法」，在涅槃經中所謂：「依法不依人，依義不依語，依智不依識，依了義經不依不了義經。」[51]「依法者，即是如來大般涅槃，一切佛法即是法性，是法性者即是如來，是故如來常住不變。」「依義不依語者，義者名曰覺了，覺了義者名不羸劣，不羸劣者名曰滿足，滿足義者名曰如來常住不變、如來常住不變義者即是法常，法常義者即是僧常，是名依義不依語也。何等語言所不應依？所謂諸論、綺飾文辭。」「依智不依識者，所言智者即是如來。若有聲聞，不能善知如來功德，如是之識不應依止。若知如來即是法身，如是真智所應依止。若見如來方便之身，言是陰界諸入所攝，食所長養，亦不應依，是故知識不可依止。」「了義者名為菩薩，真實智慧隨於自心，無礙大智，猶如大人無所不知，是名了義。又聲聞乘名不了義；無上大乘乃名了義。若言如來無常變易名不了義；若言如來常住不變是名了義。」

二、預防性道德規範：酒戒

佛教勸戒飲酒，以免酒後亂性，可謂預防危害發生的一種「預防性道德規範」。在妙法聖念處經中，提示「戒酒」之重要性，其中記載佛告比丘：「若復有人欲求遠離焚燒冤害——不飲諸酒、修施戒業。苾芻應知，酒失最上，破壞善法；酒失最上，能壞聰慧；酒失最上，能壞安樂；酒失最上，遠離善友；酒失最上，能生諸病；酒失最上，破壞解脫；酒失最上；冤家得便；酒失最上，財物散壞；酒失最上，增長非法；酒失最上，遠離珍寶；酒失最上，亂說是非；酒失最上，散亂轉增；酒失最上，能生貪恣；酒失最上，無明增長；酒失最上，忠實變詐；酒失最上，顯露隱密；酒失最上，煩惱轉增；酒失最上，成就地獄；酒失最上，焚燒善根；酒失最上，毀壞三寶；酒失最上，惡名流布；酒失最上，醉變膿血；酒失最上，香變臭穢；酒失最上，增長三塗。

比丘應知，酒能毀壞色、無色業；酒能焚燒四果聖業；酒能增長暴惡之

---

50 星雲大師文集，佛教與法律，佛教叢書8——教用，http://www.masterhsingyun.org/article/article.jsp?index=2&item=66&bookid=2c907d4945f411dc0145f4a891090004&ch=1&se=3&f=1，瀏覽日期：109.12.5。

51 北涼天竺三藏曇無讖譯，大般涅槃經卷第六，如來性品第四之三，大正藏經，第12冊，https://tripitaka.cbeta.org/T12n0374_006，瀏覽日期：109.12.6。

業；酒能不信正實因果；酒能增長煩惱諸苦；酒能發起口四過非及怖畏事；酒能數起貢高、欺詐；酒能毀謗善友知識；酒能恒處眾苦憂惱；酒能增長一切諸非；酒墮有情黑暗之處；酒墮有情餓鬼、傍生；酒能遠離聰明智慧；酒能遠離諸天神仙；酒能毀壞轉佛法輪；酒能增長婬欲熾盛；酒能破壞清淨梵行；酒能增長我慢放逸；酒似於風破壞世間；酒能壞亂長者之行；酒能忘失忍辱之心；酒能迷亂世間聰慧；酒能毀謗解脫之法；酒能遠離諸佛淨戒。」[52]

三、臨終關懷之倫理規範

　　佛教的思想核心在於追求生命的智慧以及煩惱痛苦的解脫，從而達到了脫生死、自由自在的人生境界。眾生的自性不生不滅，因此應看透生死幻象，放下內心的貪戀與恐懼，追求往生西方極樂世界之佛國淨土。[53]因此在臨命終時，家屬應為其誦經祈福，給予病患者精神支持，以減輕其痛苦，使其得往生極樂國。

　　在地藏菩薩本願經中，地藏菩薩摩訶薩白佛言：「世尊！習惡眾生，從纖毫間，便至無量。是諸眾生，有如此習，臨命終時，父母眷屬宜為設福，以資前路。或懸旛蓋，及然油燈，或轉讀尊經，或供養佛像及諸聖像。乃至念佛菩薩及辟支佛名字，一名一號，歷臨終人耳根，或聞在本識。是諸眾生所造惡業，計其感果，必墮惡趣，緣是眷屬為臨終人修此聖因，如是眾罪，悉皆銷滅。若能更為身死之後，七七日內，廣造眾善，能使是諸眾生，永離惡趣，得生人天，受勝妙樂，現在眷屬，利益無量。是故我今對佛世尊，及天龍八部、人、非人等，勸於閻浮提眾生：臨終之日，慎勿殺害，及造惡緣，拜祭鬼神，求諸魍魎。何以故？爾所殺害，乃至拜祭，無纖毫之力利益亡人，但結罪緣，轉增深重。假使來世，或現在生，得獲聖分，生人天中，緣是臨終被諸眷屬造是惡因，亦令是命終人，殃累對辯，晚生善處。」[54]

[52] 妙法聖念處經，第2卷，大正藏經，第17冊。
[53] 劉志，微觀法治建設領域的若干悖論及其超越——佛教經律與法律的對話，深圳大學學報，第30卷第2期，2013年3月，頁91以下。
[54] 唐于闐國三藏沙門實叉難陀譯，地藏菩薩本願經卷下，利益存亡品第七，大正藏經，第13冊，http://tripitaka.cbeta.org/T13n0412_002，瀏覽日期：109.12.5。

四、佛教道德規範在法律上之適用

有認爲「世間的法律，強調罪刑法定主義，只規範人們外在的行爲，因此對於心意犯罪的矯治和犯罪的根治，常有無力之感。佛教則強調心爲罪源，重視身口意三業的清淨，從心源導正偏差行爲。」[55]亦即人們的「起心動念」均應「正念正覺」，所謂「心正成佛，心邪成魔」。

上述五戒十善的道德規範，不僅使身口意清淨，以之運用於法規範之建立及解釋適用上，亦不傷人，而能利益人天，有助於法律制度以及實踐上之「善法與正法」之建立。

早在我國唐朝即於御史台監獄裡設置佛堂精舍，以作爲感化犯人之措施。在「大唐御史台精舍碑銘並序」一文中，即曾記載：「左台精舍者，諸御史導群愚之所作也。……夫能度壹切苦厄者，其惟世尊乎？所以僉舍眾貲，議立斯宇，欲令見者勇發道惠，勤探妙根，悟有漏之緣，證波羅之果。纓珞爲施，菩薩之導引眾生；塔廟有成，天人之護持正法。不有善者，人焉賴哉。」[56]據聞煙毒犯罪再犯比率相當高（66.9%爲再累犯），其能改邪歸正而不再犯者，絕大多數是透過宗教教化感化者，[57]可見宗教道德規範確實能提升人類之「法身慧命」。

---

[55] 佛教與法律，佛教叢書8——教用，http://www.masterhsingyun.org/article/article.jsp?index=2&item=66&bookid=2c907d4945f411dc0145f4a891090004&ch=1&se=3&f=1，瀏覽日期：109.12.5。

[56] 諸子百家中國哲學書電子化計劃，唐御史台精舍題名考>序，https://ctext.org/wiki.pl?if=gb&chapter=907135，瀏覽日期：109.12.6。

[57] 有認爲：「戒毒成功之主要關鍵，在於生理解毒後，病患是否能持續接受後續的心理復健與追蹤輔導，惟有結合民間資源及落實觀護工作，密切予以追蹤輔導，始爲具體有效且符合經濟效益之對策。」（從統計數字看當前毒品犯罪問題，https://www.judicial.gov.tw/juds/3_91-1.htm，瀏覽日期：109.12.6）。

伍、因果報應思想及其在法律上之適用

一、因果報應思想

（一）概說

　　佛教強調人間善惡因果報應的自然循環法則，在菩薩瓔珞經中開示：「隨其緣對，善有善報，惡有惡報。」[58]在大般涅槃經中開示：「若能遠離一切惡業，則得善果。若遠善業，則得惡果。」[59]「深思行業善惡之報，如影隨形，三世因果循環不失，此生空過後悔無追。」[60、61]故「因果循環，報應不爽；天理昭彰，疏而不漏。」「菩薩畏因，眾生畏果。」

　　其因果循環報應規律，有三種形式，亦即因果業力有三種報應方式：

1. 現報，現作善惡之報，現受苦樂之報。
2. 生報，或前生作業今生報，或今生作業來生報。
3. 速報，眼前作業，目下受報。[62]

　　例如在佛說善惡因果經中，即有許多因果循環之金玉良言：「佛告阿難。如汝所問受報不同者。皆由先世用心不等。是以所受千差萬別。今身端正者從忍辱中來。為人醜陋者從瞋恚中來。為人貧窮者從慳貪中來。為人高貴從禮拜中來。為人下賤從憍慢中來。」[63]「為人長命者從慈心中來。為人短命者從殺生中來。為人大富者從布施中來。為人有車馬者從施三寶車馬中來。為人

---

[58] 姚秦涼州沙門竺佛念譯，菩薩瓔珞經，有行無行品第二十四，大正新脩大正藏經，第16冊，http://buddhism.lib.ntu.edu.tw/BDLM/sutra/chi_pdf/sutra9/T16n0656.pdf，瀏覽日期：109.11.29。了凡四訓《第三篇積善之方》主張行善之方法：「隨緣濟眾，其類至繁，約言其綱，大約有十：第一，與人為善；第二，愛敬存心；第三，成人之美；第四，勸人為善；第五，救人危急；第六，興建大利；第七，舍財作福；第八，護持正法；第九，敬重尊長；第十，愛惜物命。」

[59] 大般涅槃經卷第三十一，師子吼菩薩品第十一之五。

[60] 大般涅槃經，後分卷上，遺教品第一。

[61] 佛弟子文庫，三種因果業障的報應規律，http://www.fodizi.tw/qt/qita/6420.html，瀏覽日期：109.12.6。

[62] 佛弟子文庫，三種因果業障的報應規律，http://www.fodizi.tw/qt/qita/6420.html，瀏覽日期：109.12.6。

[63] 佛說善惡因果經，大正藏經，第85卷，http://buddhism.lib.ntu.edu.tw/BDLM/sutra/chi_pdf/sutra25/T85n2881.pdf，瀏覽日期：109.11.29。

聰明從學問誦經中來。」[64]

（二）善有善報

明朝袁了凡著作之《了凡四訓》，以自己現身說法，命理師原本鐵口直斷其一生命運之吉凶禍福，每年均一一驗證，誠所謂「命運天註定」，導致其萬念俱灰，嗣後經由雲谷禪師開示：「汝今擴充德性，力行善事，多積陰德，此自己所作之福也，安得而不受享乎？」（了凡四訓第一篇立命之學）勉勵其可以透過修心養性、行善積德而改變命運，方始開啓其修行之路之故事。

佛菩薩修行之果報，如下：

1. 修行身黃金色

在優婆夷淨行法門經中開示：「復次，毘舍佉！云何修行身黃金色，光明照耀，猶如金山？如來往昔無量劫中，常樂修善，不瞋不恚，若有眾生惡罵、捶打，悉皆能忍，不生瞋恨；恒自慚愧，生大悲想：『皆是過去先業所報。』常自剋責；復行布施，柔軟氍氀、蒭摩、劫貝、憍奢耶衣如是等衣，恒以施人。如是展轉無量世中，積功高大，常受天樂；下生人間，得大人相，身黃金色，於諸金色最上最勝。」[65]

爾時世尊而說偈言：「恒以善法，利益眾生。恒以善語，教導眾生。恒以善力，將侍眾生。歡喜快樂，恒行法施。無有嫉妒。以此業故，積行無量，下生人間，得大人相。」[66]

2. 修行項出日光

在優婆夷淨行法門經中開示：「復次，毘舍佉！云何修行三大人相？一者、師子臆；二者、項出日光；三者、肩頸團圓。如來過去作凡人時，恒利益眾生，樂安樂住，信心持戒，多聞慧施，財穀、田宅、奴婢、牛、羊、象、馬、車乘、妻妾、男女侍從、左右眷屬、親戚，令得增長。以此業故，常生天

---

[64] 佛說善惡因果經，大正藏經，第85卷，http://buddhism.lib.ntu.edu.tw/BDLM/sutra/chi_pdf/sutra25/T85n2881.pdf，瀏覽日期：109.11.29。

[65] 僧祐錄云安公涼土異經附北涼錄，優婆夷淨行法門經卷下，修學品第二之餘，大正藏經，第14冊，http://tripitaka.cbeta.org/T14n0579_002，瀏覽日期：109.11.28。

[66] 僧祐錄云安公涼土異經附北涼錄，優婆夷淨行法門經卷上，優婆夷淨行法門經修學品第二，大正藏經，第14冊，http://tripitaka.cbeta.org/T14n0579_001，瀏覽日期：109.11.28。

上；下生人間，得三大人相：一者、師子臆；二者、項出日光；三者、肩頸團圓。」[67]

3. 修行胸有卍字

在優婆夷淨行法門經中開示：「復次，毘舍佉！云何修行胸有卍字？如來於往昔作凡人時，不惱眾生，不行杖楚，亦不籠繫。以此業故，積行高廣，常生天上；下生人間，得大人相，胸有卍字。」[68]

（三）惡有惡報

在分別善惡報應經中，佛言惡有惡報之情形如下：[69]
1. 遠離正法，斷滅善法，謗毀賢智，習學非法，獲報愚鈍。
2. 恒起瞋忿，恣縱慢心，不孝父母，恒恣貪癡，毀謗聖賢，盜佛光明，八戲弄他醜，獲報醜陋。
3. 自壞有情，勸他令壞，不孝父母，多結宿冤，毒心行藥，慳悋飲食，輕慢聖賢，毀謗師法，獲報多病。
4. 恒行劫盜，勸他劫盜，隨喜劫盜，毀謗父母，毀謗聖賢，障礙他施，嫉他名利，慳悋財物，輕毀三寶願常飢饉，獲報孤貧。
5. 恣縱我慢，輕慢父母，輕慢沙門，輕毀賢善，輕慢親族，不信因果，輕厭自身，憎嫌他人，不信三寶，獲人間惡報。[70]
6. 貪愛名利不修施行，嫉妬他榮，輕毀父母，不遵師法，譏謗賢善，親近惡友，勸他作惡，破壞他善，貨易經像，不信三寶，獲報卑賤。
7. 不善口意身業，恒起身見，恒起邊見，邪見不息，作惡不懺，婬欲邪行，毀謗聖賢，壞滅正法，如是十業獲地獄報。

在地藏菩薩本願經中開示：「是諸眾生所造惡業，計其感果，必墮惡

---

[67] 僧祐錄云安公涼土異經附北涼錄，優婆夷淨行法門經卷下，修學品第二之餘，大正藏經，第14冊，http://tripitaka.cbeta.org/T14n0579_002，瀏覽日期：109.11.28。

[68] 僧祐錄云安公涼土異經附北涼錄，優婆夷淨行法門經卷下，修學品第二之餘，大正藏經，第14冊，http://tripitaka.cbeta.org/T14n0579_002，瀏覽日期：109.11.28。

[69] 西天中印度惹爛馱囉國密林寺三藏明教大師賜紫沙門臣天息災奉詔譯，分別善惡報應經卷上，大正藏經，第1冊，http://tripitaka.cbeta.org/T01n0081_001，瀏覽日期：109.11.29。

[70] 西天中印度惹爛馱囉國密林寺三藏明教大師賜紫沙門臣天息災奉詔譯，分別善惡報應經卷上，大正藏經，第1冊，http://tripitaka.cbeta.org/T01n0081_001，瀏覽日期：109.11.29。

趣。」[71]「未來現在善男女等，聞健自修，分分己獲。無常大鬼，不期而到，冥冥遊神，未知罪福，七七日內，如癡如聾。或在諸司，辯論業果，審定之後，據業受生。」[72]又「未來世中，若有男子女人，不行善者，行惡者，乃至不信因果者，邪婬妄語者，兩舌惡口者，毀謗大乘者，如是諸業眾生，必墮惡趣。若遇善知識，勸令一彈指間歸依地藏菩薩，是諸眾生，即得解脫三惡道報。」[73]

在大般涅槃經中開示，如果造作不善業，於命終將墮於地獄、畜生、餓鬼道路之果報：「菩薩摩訶薩住於大乘大涅槃典修梵行心。以淨天眼見諸眾生造身口意三業不善墮於地獄畜生餓鬼。見諸眾生修善業者命終當生天上人中。見諸眾生從闇入闇。有諸眾生從闇入明。有諸眾生從明入闇。有諸眾生從明入明。是名爲見。復次善男子。菩薩摩訶薩復有亦知亦見。菩薩摩訶薩知諸眾生修身修戒修心修慧。是人今世惡業成就。或因貪欲瞋恚愚癡。是業必應地獄受報。是人直以修身修戒修心修慧。現世輕受不墮地獄。云何是業能得現報。懺悔發露所有諸惡。既悔之後更不敢作。慚愧成就故。供養三寶故。常自呵責故。是人以是善業因緣不墮地獄現世受報。所謂頭痛目痛腹痛背痛橫羅死殃。呵責罵辱鞭杖閉繫飢餓困苦。受如是等現世輕報。」[74]

8. 中品惡身語意業，起種種貪嗔癡，布施非法，禁呪厭術，毀菩薩梵行，起常邊見人死爲人，如是十業獲報畜生。
9. 耎惡身口意業，貪悋財物不行惠施，起大邪見謗佛因果，我慢自恃輕毀賢良，障礙他施，不恤飢渴，慳惜飲食不施佛僧，他獲名利方便離隔，如是十業獲報餓鬼。

---

71 唐于闐國三藏沙門實叉難陀譯，地藏菩薩本願經卷下，利益存亡品第七，大正藏經，第13冊，http://tripitaka.cbeta.org/T13n0412_002，瀏覽日期：109.12.1。

72 唐于闐國三藏沙門實叉難陀譯，地藏菩薩本願經卷下，利益存亡品第七，大正藏經，第13冊，http://tripitaka.cbeta.org/T13n0412_002，瀏覽日期：109.12.1。

73 唐于闐國三藏沙門實叉難陀譯，地藏菩薩本願經卷上，閻浮眾生業感品第四，大正藏經，第13冊，http://tripitaka.cbeta.org/T13n0412_001，瀏覽日期：109.12.1。

74 北涼天竺三藏曇無讖譯，大般涅槃經卷第十五，梵行品第八之二，大正藏經，第12冊，http://buddhism.lib.ntu.edu.tw/BDLM/sutra/chi_pdf/sutra7/T12n0374.pdf，瀏覽日期：109.11.29。

二、身心靈之修行方法論：貪嗔癡之對治方法論

　　佛教主張從「因果關係」觀點，以改善一個人的人格特質之缺失。例如在大般涅槃經中，開示修行「慈悲喜捨」四無量心的功能：「夫修慈者能斷貪欲。修悲心者能斷瞋恚。修喜心者能斷不樂。修捨心者能斷貪欲瞋恚眾生。」[75]「善男子。為諸眾生除無利益是名大慈。欲與眾生無量利樂是名大悲。於諸眾生心生歡喜是名大喜。無所擁護名為大捨。若不見我法相己身。見一切法平等無二。是名大捨。自捨己樂施與他人。是名大捨。善男子。唯四無量能令菩薩增長具足六波羅蜜。」[76]

　　在坐禪三昧經中開示：「若多婬欲人，不淨法門治；若多瞋恚人，慈心法門治；若多愚癡人，思惟觀因緣法門治；若多思覺人，[77]念息法門治；若多等分人，念佛法門治。諸如是等種種病，種種法門治。」[78]

　　在坐禪三昧經中開示：「復次慈力，能令一切，心得快樂，身離熱惱，得清涼樂；持行慈福，念安一切，以報其恩。復次慈有善利，斷瞋恚法，開名稱門，施主良田，生梵天因，住離欲處，除卻怨對，及鬪諍根。」[79]

　　在大般涅槃經中開示：「善男子。恚有二種。一能奪命。二能鞭撻。修慈則能斷彼奪命。修悲能除彼鞭撻者。善男子。以是義故豈非四耶。復次瞋有二種。一瞋眾生。二瞋非眾生。修慈心者斷瞋眾生。修悲心者斷非眾生。復次瞋有二種。一有因緣。二無因緣。修慈心者斷有因緣。修悲心者斷無因緣。復次瞋有二種。一者久於過去修習。二者於今現在修習。修慈心者能斷過去。修悲

---

[75] 北涼天竺三藏曇無讖譯，大般涅槃經卷第十五，梵行品第八之一，大正藏經，第12冊，http://buddhism.lib.ntu.edu.tw/BDLM/sutra/chi_pdf/sutra7/T12n0374.pdf，瀏覽日期：109.11.29。

[76] 北涼天竺三藏曇無讖譯，大般涅槃經卷第十五，梵行品第八之一，大正藏經，第12冊，http://buddhism.lib.ntu.edu.tw/BDLM/sutra/chi_pdf/sutra7/T12n0374.pdf，瀏覽日期：109.11.29。

[77] 「思覺者：欲思覺、恚思覺、惱思覺、親里思覺、國土思覺、不死思覺。欲求淨心入正道者，先當除卻三種麁思覺，次除三種細思覺，除六覺已，當得一切清淨法。」（姚秦三藏鳩摩羅什譯，坐禪三昧經卷上，第四治思覺法門，大正藏經，第15冊，http://tripitaka.cbeta.org/T15n0614_001，瀏覽日期：109.11.27）。

[78] 姚秦三藏鳩摩羅什譯，坐禪三昧經卷上，大正藏經，第15冊，http://tripitaka.cbeta.org/T15n0614_001，瀏覽日期：109.11.27。

[79] 姚秦三藏鳩摩羅什譯，坐禪三昧經卷下，大正藏經，第15冊，http://tripitaka.cbeta.org/T15n0614_002，瀏覽日期：109.11.28。

心者斷於現在。復次瞋有二種。一瞋聖人。二瞋凡夫。修慈心者斷瞋聖人。修悲心者斷瞋凡夫。」[80]

又在金剛三昧經中，開示對治軟心眾生驚駭之心方法，可以「存三守一入如來禪」，亦即以禪定堅固其心，而無有恐怖。在金剛三昧經入實際品中即開示：「大力菩薩言：『如彼凡夫、軟心眾生，其心多喘。以何法御，令得堅心，得入實際？』佛言：『菩薩！彼心喘者，以內外使，隨使流注，滴瀝成海，大風鼓浪，大龍驚駭，驚駭之心，故令多喘。菩薩！令彼眾生存三守一入如來禪。以禪定故，心則無喘。』大力菩薩言：『何謂存三守一入如來禪？』佛言：『存三者，存三解脫。守一者，守一心如。入如來禪者，理觀心淨如，入如是心地，即入實際。』」[81]

三、因果關係在法律上之運用

因果關係在法律上之運用如下：

（一）立法階段之運用

良好的法規，始於事前良善的計畫，而良善的計畫包括主管機關事前深思熟慮、政策法制評估程序、確認問題所在、利害關係人積極參與、尋求最佳解決方案等。[82]亦即為使法律制定或修正之內容，公平合理，且具有可行性，在立法過程中，應該導入「法規影響評估制度」（Regulatory Impact Analysis; Regulatory Impact Assessment; Regulation Impact Assessment，簡稱RIA）[83]，以獲得良善結果。這是指在制定或修正法規時，應提出多種可能選擇之方案，對

---

[80] 北涼天竺三藏曇無讖譯，大般涅槃經卷第十五，梵行品第八之一，大正藏經，第12冊，http://buddhism.lib.ntu.edu.tw/BDLM/sutra/chi_pdf/sutra7/T12n0374.pdf，瀏覽日期：109.11.29。

[81] 北涼失譯人名，金剛三昧經第1卷入實際品第五，大正藏經，第9冊，http://tripitaka.cbeta.org/T09n0273_001，瀏覽日期：109.11.29。

[82] 歐盟，2017年7月7日「良善管制準則」（Better Regulation Guidelines），https://www.emcdda.europa.eu/document-library/better-regulation-guidelines-european-commission_en，瀏覽日期：109.8.24。

[83] 參見歐盟影響評估準則（Guidelines on impact assessment），https://ec.europa.eu/info/sites/info/files/better-regulation-guidelines-impact-assessment.pdf，瀏覽日期：109.8.24。

於各種方案的衝擊影響，應分別從「經濟面」、「社會面」以及「環境面」三方面進行影響評估，分析預測評估各個面向對於企業、人民以及政府等各方面利害關係人之衝擊影響。此種衝擊影響評估，可謂從「因果關係」觀察其各種方案施行後，可能產生之作用結果，進行評估與利益衡量，採取「兩害相權取其輕，兩利相權取其重」。在此應力求廣種善因，以獲得善果。

在立法階段，法規範之內容在消極方面，應能維持社會公正和諧的秩序，確保人民安居樂業的法規環境，防止妨礙他人權益之行為，並排除不合理之法規，以免人民蒙受苦難。在積極面上，應能謀求增進人民生活福祉，利益天下蒼生。

（二）在法律解釋適用上之運用

尹文子（戰國時代著名的哲學家）[84]大道上篇主張「結果導向」的處世之道：「故有理而無益於治者，君子弗言；有能而無益於事者，君子弗為。君子非樂有言，有益於治，不得不言；君子非樂有為，有益於事，不得不為。」

在法律適用上，也可以採取「結果導向之解釋方法」，亦即在解釋適用法規結果，應注意符合國民的正義公平理念，不得發生顯失公平之結果。

有關法律解釋進行「結果導向之觀察」（Ergebnisbetrachtung und Folgenorientierung），亦可認為採取「因果關係」之觀察方法，就各種解釋觀點施行結果，對於國家社會以及人民生活未來將產生何種影響，應進行評估。在此可以斟酌解釋結果對於國家經濟、社會文化及環境保護等各方面之影響，以造福全體人民之利益最大化。亦即對於各項可能的解釋方案進行「利弊得失之分析」，就各項可能的解釋決定方案，所涉及對於各項法益所生效益或損害，進行評估（包括運用自然法則或社會經驗法則，對於效益與損失，進行「或然率」之評估），[85]並採取「利（效益）大於弊（損害）」的解釋方案（比例原則）；倘若數個可能的解釋方案均利大於弊，則應優先選擇對於

---

[84] 尹文子的思想特徵，承繼老子自然之道的思想，融合法家、儒家，以法於道而為仁義禮樂的根據，變自然法則為與法相聯繫的社會法則。自道以至名，由名而至法，上承老子，下啓荀子、韓非。《尹文子》的形名論思想，為研究中國邏輯思想史者所重視（引自百度百科，尹文子，https://baike.baidu.com/item/尹文子，瀏覽日期：109.10.5）。

[85] 例如在環境污染問題上，評估可能的污染程度以及污染數量，或對於法益的價值增加或侵害的數量大小，進行量化分析。

利益的損害不超過必要限度的方案（禁止過分原則）；倘若還有可能，則應優先選擇無須損害任何利益，即可實現所追求的目的之解釋方案。此一利益衡量模式，直到在上述利弊之間，可以找到最優的，同時也是最公正的平衡點，目的在使效益與自由最大化，使弊（損害）最小化（所謂「成本效益分析法」）。[86]

在「結果導向之觀察」上，法律解釋也可以參考政策或法規影響評估之法則。上述結果導向之考察，類似利益法學理論觀點，必須以能夠取得並掌握充分有關影響評估的資訊為前提，且法官必須具有評估利弊得失的能力，才能圓滿達成任務。且有關法益之增加或侵害，未必均能加以量化分析，而有其限制。在利益狀態不甚複雜的案件類型，比較能夠靈活運用。

（三）在民法上之運用

民法第184條第1項規定：「因故意或過失，不法侵害他人之權利者，負損害賠償責任。故意以背於善良風俗之方法，加損害於他人者亦同。」在民法上侵權行為致他人權利遭受損害者，應負擔損害賠償。其賠償責任之成立以及賠償損害之範圍，均應與其加害行為之間具有因果關係。

如果因果關係採取「條件說」，則行為與結果之間，僅需「如果沒有該行為，即無該項結果發生」之條件關係（Condicio-sine-qua-non Formel, Bedingungstheorie），即為已足。[87]一般所謂「無此行為，必不生此種損害」，即指條件的因果關係。

法律上之因果關係，有認為應以條件因果關係存在為前提，參照一般經驗法則，因其行為而發生結果可認為相當時，亦即有高度蓋然性（可能性）時，才承認其法律上之因果關係，亦即所謂「相當因果關係說」（Adäquanztheorie）。[88]依據此說，其行為事實（事件）一般而言，依據通常的事件經過，適合於導致系爭問題之結果發生時，則可認為特定之結果，係經

---

[86] 齊佩利烏斯著，金振豹譯，法學方法論，法律出版社，初版，2009年，頁86以下；Reinhold Zippelius, Rechtsphilosophie, 5. Aufl., 2007, S. 109 ff。

[87] 名和鐵郎，因果關係，https://kotobank.jp/word/因果關係-32785，瀏覽日期：109.4.12。

[88] 名和鐵郎，因果關係，https://kotobank.jp/word/因果關係-32785，瀏覽日期：109.4.12；Claus Roxin, Strafrecht Allgemeiner Teil Band1, 4. Aufl., 2006, § 11 Rn. 40。

由某一事件而以相當的方式導致其發生，其二者間具有相當因果關係存在。反面言之，如果其行為事實距離結果之發生甚為遙遠，依據生活經驗，理性的不可能納入考慮時，則該行為不得作為因果關係之原因。[89]

　　我國實務上採取相當因果關係之觀點，認為如果具有相當因果關係，原則上即應負擔「全額損害賠償」責任。反之如僅具有條件因果關係，尚未達到相當因果關係時，則不負擔法律上賠償責任。[90]而所謂相當因果關係，「係以行為人之行為所造成的客觀存在事實，為觀察的基礎，並就此客觀存在事實，依吾人智識經驗判斷，通常均有發生同樣損害結果之可能者，該行為人之行為與損害之間，即有因果關係。」[91]亦即以在行為當時，客觀上存在之情況以及行為後可得預見之情況為基礎，進行判斷。

　　然而如從佛教「道德責任」觀察，既然損害之發生，係因加害人行為具有成立條件原因之一，似不應完全脫免其責任，至少亦應按照「原因貢獻比例賠償」，較為公平合理。[92]否則因加害人之行為，造成之社會上他人危害風險，完全由被害人自己承擔損失風險，[93]亦非事理之平。[94]

　　又民法第144條規定：「時效完成後，債務人得拒絕給付。請求權已經時效消滅，債務人仍為履行之給付者，不得以不知時效為理由，請求返還；其以契約承認該債務或提出擔保者亦同。」採取消滅時效抗辯權主義，蓋欠債還錢，符合因果法則規律，縱然時效消滅，仍屬於自然債務，債權人仍有受領給付之權利。此與佛教思想：「今生欠債未還，來生仍應還債」之因果法則相符合。

---

[89] Röhl, Allgemeine Rechtslehre, 3. Aufl., 2008, S. 489.

[90] 王澤鑑，侵權行為，北京大學出版社，初版，2009年，頁195以下。

[91] 最高法院76年度台上字第158號民事判決。同說，最高法院82年台上字第2161號民事判決。

[92] 最高法院105年度台上字第136號民事判決亦認為應按照原因貢獻比例分配賠償責任：「急重症病患身體狀況所致之危險因素，雖不得指係與有過失，但該危險因素原存有之不利益，應由其自行承擔；況醫學知識有其限制、人體反應亦具不確定性，倘被害人身體狀況之危險因素影響損害之發生或擴大，若令醫療過失之行為人賠償全部損害而有失公允時，理應類推適用上開被害人與有過失之規定，減輕該行為人之賠償責任，以維當事人間之公平。」（同說，日本最高裁判所第一小法廷昭和63年4月21日民事判決，https://www.courts.go.jp/app/files/hanrei_jp/189/052189_hanrei.pdf，瀏覽日期：109.10.5。本案涉及事故發生後事隔三年之後，又併發後遺症，究竟是原先不法行為所致，或是原告自己本身之疾病或疏失治療所致，發生有無因果關係之爭議）。

[93] Jauernig, BGB, 12. Aufl., 2007, Vor 249-253 Rn. 27.

[94] 陳清秀，法理學，3版，2020年，頁483以下。

（四）在刑法上之運用

宋朝天聖6年（1028年）禮部尙書晁迥在「勸愼刑碑」上撰文，其文敘述「自古酷吏循吏之報應，以爲用刑者勸」，[95]表示酷吏造下惡因，因果報應不爽，勸戒執法者應當秉持「罪疑惟輕原則」，勿濫殺無辜。

又從因果報應觀點觀察，犯罪行爲之處罰，應採取「衡平正義」（Ausgleichende Gerechtigkeit）之應報理論，適用「罪責相當性原則」，以符合因果報應之公平法則。

又犯罪行爲或違規行爲造成社會秩序之損害，而有必要由加害人進行賠償，以塡補其損害，或由有關機關進行善後處理及修復。此即當代刑法上所謂「修復式正義」（加害人應賠償、補償被害人之損害）之表現。

修復式正義，認爲正義應採取下列措施：[96]1.以促進治療與鼓勵調解之方式，與犯人、被害人合作；2.提升犯罪被害人與社區成員在處理程序之參與與協議的角色；3.要求犯人對受害之人直接負責；4.恢復被害人所受情緒與物質之損失，治療被破壞的一切；5.盡可能透過對話、磋商等方式，提升社區安全，解決衝突及關係人之融合；6.將分裂的關係重新結合，強化社區防止再受損害。

上述修復式正義，也表現因果關係中加害人透過賠償被害人之損害以消除其「惡因」，從而避免「惡果」之產生，亦即在賠償損害後可以從輕或解免處罰。此一犯錯行爲，經由「和解賠償」被害人損失，以回復損害前之原狀，以求懺悔清淨，改過自新。

（五）在環境法上之運用

依據環境法上之「污染者負擔原則」（Verursacherprinzip，或稱原因者責任原則），任何人對於環境或人類產生重大不利影響作用、危險或風險者，應承擔責任。亦即污染者負擔原則作爲負擔歸屬原則，其爲避免、排除以及衡平

---

[95] 諸子百家中國哲學書電子化計劃，明趙崡撰>石墨鐫華卷五，https://ctext.org/wiki.pl?if=gb&chapter=982422，瀏覽日期：110.2.2。

[96] 楊崇森，修復式正義理論與運作之再檢討（上），全國律師，第24卷第1期，2020年1月，頁39-54。

環境負擔所產生之費用，應由污染者負擔。同時也正當化國家對於就環境危害應承擔責任之人，加以干預。污染者負擔原則經由負擔分配正義可加以正當化，同時要求污染者負責，也督促環境持續友善發展。[97]其要求對於污染者課徵環境費，徵收一種「特別公課」，以專款專用於整治污染費用之行政任務支出，亦即「取之於污染者，用之於污染者」，而具有正當性。

上述污染者負擔原則，可為因果關係法則之運用結果，蓋對於環境危害之污染者，既種下污染「惡因」，自應承受污染負擔之「惡果」，亦即應由污染者承擔修復環境危害之責任，以回復原狀。

（六）在稅法上之運用

在稅法上有關「成本費用之扣除」，適用「因果關係」之法則，有關成本費用支出，必須與獲得所得之經濟活動業務具有關聯性，如果與業務活動無關，則其支出即非費用性質，不得扣除。亦即一般認為支出與獲得所得行為活動之間，應具有「因果關係」（所謂業務活動的關聯性），始得認定為營業費用或業務費用。亦即以事業活動為原因所為支出，才可認為事業支出，此種原因的事業支出概念，即學說上所謂「肇因原則」（das Veranlassungsprinzip）[98]或可稱為「因果關係說」。[99]根據上述肇因原則，收入與費用支出之範圍，乃是以目的為取向的、以獲得所得為目的之經濟活動之結果加以決定。

在稅法上有關「成本費用之歸屬年度」，亦適用「因果關係」之法則。為正確把握期間損益，要求將投入之成本費用之年度歸屬（指認列成本費用年度），應適用「因果關係」之法則，對應於投入該項成本費用所產生收益之年度，而在同一年度中列報。此即所謂「成本費用與收益對應原則」（principle of matching costs with revenues）。[100]修正前商業會計法第60條規定：「營業成本及費用，應與所由獲得之營業收入相配合，同期認列。損失應於發生之當期認列。」也表明此一意旨。

在國際稅法上，有關移轉訂價以及來源所得劃分方法，也常適用「因果關

---

[97] Arndt/Fischer, Umweltrecht, in: Steiner (Hrsg.), Besonderes Verwaltungsrecht, 8. Aufl., 2006, S. 827.
[98] Tipke/Lang, Steuerrecht, 18. Aufl., 2005, S. 280 ff., Rz. 213 ff.
[99] 陳清秀，稅法各論，上冊，3版，2020年，頁118。
[100] 陳清秀，稅法各論，上冊，3版，2020年，頁286以下。

係法則」解決爭議問題。亦即按照納稅者在各個國家地區投入之成本費用貢獻比例，劃分所得。例如OECD稅基侵蝕與利潤轉移BEPS行動方案8-10，建議有關跨國關係企業間交易之所得之分配，應確保其交易價格之移轉訂價結果，與其價值創造相符合。[101]亦即按照各個國家地區營業之貢獻度進行移轉訂價之認定。

在國際間跨越二國以上之「混合來源所得」，應如何劃分各國來源所得，以由各個所得來源國進行課稅之問題，也常按照各地區經濟活動之「貢獻度比例」（核實認定或推估貢獻度比例）分配。例如我國跨境電商銷售電子勞務所得課稅規定，即採此方法。[102]

歐盟委員會在2011年3月11日對於跨國企業所得之分配，提出類似建議方案，其提出「共同連結法人課稅基礎」之指令案（Common Consolidated Corporate Tax Base，簡稱CCCTB）。其要旨為一定以上支配關係之法人群體（關係企業），依據會員國協議合意之計算方式，計算歐盟區域內之關係法人之連結所得，再就上述所得按照一定公式因素（勞動、資產、銷售）計算分配與各會員國。

上述各個國家對於跨國關係企業之「總體所得成果」之劃分及稅收分享，提倡應按照相當於跨國關係企業在各該國家就獲得總體所得之「原因貢獻比例」分配計算，實質上反映其間成本費用與收入間之「因果關係」（「要怎麼收穫，應先怎麼栽」），以求公平合理。

陸、結論

大陸學者有認為佛法原理有利於社會的穩定，與法律的社會功能一致，包括：[103]

一、佛法的人生論原理引導人行善事，其「治心」功能可以消除違法的內心起

---

[101] OECD (2015), *Aligning Transfer Pricing Outcomes with Value Creation, Actions 8-10-2015 Final Reports*, OECD/G20 Base Erosion and Profit Shifting Project, OECD Publishing, Paris. pp. 13/58, http://dx.doi.org/10.1787/9789264241244-en, last visited: 2020.12.4；陳清秀，國際稅法，4版，2019年，頁734以下。

[102] 財政部107年1月2日台財稅字第10604704390號令跨境電商銷售電子勞務所得課稅規定；陳清秀，國際稅法，4版，2019年，頁779。

[103] 周相卿，佛法對我國當代法律制度的積極影響論綱，金築大學學報，第2期，1999年。

因，有利於法律的「治世」效果。

二、依據佛法的解脫原理，修行的過程，從內心去除煩惱，逐漸增強自覺守法自律心理的過程。

三、佛法中眾生平等觀念，有利於增強人們的人權意識。

　　古人說：「物以類聚，方以群分。」佛教經義充滿慈悲與智慧的正能量，引導人類內心抱持慈善之心，利人利己，營造光明正能量境界，人們如能秉持佛教大慈大悲之心，平等利益眾生之襟懷，則不僅能增進每個人的「法身慧命」，提升國民之人格情操以及道德素養，也可以春風化雨，營造善良的民情風俗。有關機關於立法及執法之際，也能將佛法的慈悲智慧精華，融入法律秩序中，可成就「正法與善法」，達成「良法善治」、「國泰民安」的理想目標。

第十一章　佛教之治國理念

壹、前言

　　在佛經中亦有多部經典，介紹統治者應有之治國理念與方法。例如正法念處經、佛說勝軍王所問經、佛為優填王說王法政論經、金光明經以及仁王護國般若波羅蜜多經等均屬之。

　　本文嘗試從上述佛經中，介紹其治國價值理念，以供研究此一議題之參考。

貳、佛教之治國價值理念

一、統治者應行十善業道，為民表率

　　「又，剎利王復有一法是二十九，應勤修習，成就相應，現在、未來二

世利益。二十九者，謂常修行十善業道。彼十善道第一樂報，以要言之，則有三種，謂身、口、意。身則有三：殺、盜、邪行。口則有四：妄語、兩舌、惡口、綺語。意地有三：貪、瞋、邪見。如是十種不善業道，顛倒則名十善業道，名爲慧道、名爲正道。不善業道則無有慧，善道有慧，故名慧道，攝人天生，次第乃至到於涅槃。彼王如是自身能住，復令他人軍眾等住，如是王者於諸眾生猶如父母，能到涅槃。隨自所願，何道皆得。彼王如是一切所念皆悉成就，常爲天護，無有刀劍、怨敵等畏，一切國土常不壞亂，一切五穀隨時善熟。如天時節，日月調和普照一切，國土所用一切具足，多饒人眾。彼王如是正護國土，後時無常，身壞命終生於善道，天世界中。」[1]

二、正法治國

（一）正法正治國土

在佛說勝軍王所問經中，佛開示：「爲人民主，常以正法而行治化，於諸非法捨而不行。何以故？大王當知，若王及臣棄背正法行非法者，於現世中人所輕謗，乃至身壞命終不生勝處。若王及臣捨離非法行正法者，於現世中人所稱讚，乃至身壞命終，生天界中受勝果報，富樂自在天人愛敬。大王！譬如世人生育一子，父母憐愛猶如珍寶，多設方便常令快樂，其子長大亦生孝敬，王心慈愛亦復如是，一切人民皆如一子，王所愛念猶如父母，常以四法而爲攝化，所謂布施、愛語、利行、同事，常行如是四種法故，一切人民皆悉歸伏，王以慈心觀諸人民既如子想，彼一切人亦復於王如其父母。」[2]

在佛爲優塡王說王法政論經[3]中，記載爾時優塡王獨處空閒，靜室而坐，生如是心：「我當云何知諸帝王眞實過失及眞實功德？我若知者，當捨其失，當修其德。誰有沙門淨行者能了爲我廣開示？」良久思已，便作是念：「唯我世尊三界大師具一切智，定知諸王所有眞實過失及眞實功德。我今當往佛、世

---

[1] 元魏婆羅門瞿曇般若流支譯，正法念處經卷第五十四，觀天品之三十三，大正藏經，第17卷，http://tripitaka.cbeta.org/T17n0721_054，瀏覽日期：111.12.5。

[2] 西天譯經三藏朝奉大夫試鴻臚卿傳法大師臣施護奉詔譯，佛說勝軍王所問經，大正藏經，第14冊，http://tripitaka.cbeta.org/T14n0516_001，瀏覽日期：109.11.29。

[3] 大廣智大興善寺三藏沙門不空奉詔譯，佛爲優塡王說王法政論經，大正藏經，第14冊，http://tripitaka.cbeta.org/T14n0524_001，瀏覽日期：109.11.29。

尊所請問斯義！」

1. 王之過失

　　爾時世尊告優塡王曰：「大王！今者應當了知王之過失、王之功德、王衰損門、王可愛法及能發起王可愛之法。云何王之過失？大王當知！王過失者略有十種，王若成就如是過失，雖有大府庫、有大臣佐、有大軍眾而不可歸仰。何等為十？一、種姓不高，二、不得自在，三、立性暴惡，四、猛利憤發，五、恩惠賒薄，六、受邪佞言，七、所作不順古先王制，八、不顧善法，九、不鑑是非、勝之與劣，十、一向縱蕩，專行放逸。」

(1) 種姓不高

　　「謂有庶臣下類而生，非宿尊貴，篡紹王位，是名種姓不高。」

(2) 王不得自在

　　「謂有帝王被諸大臣、輔相、官僚所制，不隨所欲；所作常有諫約，於妙五欲亦不如意歡娛遊戲，如是名王不得自在。」

(3) 王立性暴惡

　　「謂有帝王見諸臣類或餘人等犯小愆過，即便對面發麁惡言，咆勃、忿恚、顰蹙、貶黜，設不對面背彼向餘，而作於前黜罵等事；或不長時瞋恚，或於長時不捨。如是對面暴惡、背面暴惡，是名帝王立性暴惡。」

(4) 王猛利憤發

　　「謂有國王見諸群臣有小愆過，有少違越，便削封祿，奪去妻妾，即以重法而刑罰之，如是名王猛利憤發。」

(5) 王恩惠賒薄

　　「謂有國王，諸群臣等親近侍衛，雖極清白善稱其心，而以微劣軟言慰喻，其頒賜爵祿、酬賞、勳庸，不能圓滿，不順常式；或損耗已，或稽留已，然後方與，如是名王恩惠賒薄。」

(6) 王受邪佞言

　　「若有帝王見諸群臣實非忠政，不閑憲式，潛謀輔佐，錦心偏黨，不修善政，妬嫉良賢。信用如是等人所進言議，由此因緣王務、財寶、名稱、善政並皆衰損，如是名王受邪佞言。」

(7) 王不順先王所制

　　「謂有國王不能究察，不審簡擇諸群臣等，於種種務國法事中，不堪委任

而委任之，堪委任者不委任之，應賞賚者而刑罰之，應刑罰者而賞賚之。又此群臣處大朝會，餘論未終，發言間絕，不敬不憚，而興諫諍，不能依法而善奉行，不正能住先王教命，如是即名不順先王所制之法。」

(8) 王不顧善法

「謂有國王不信因果，不悟當來善不善業、人天果報，隨情造作身、語、意業三種惡行，不能以時惠施、修福、持齋、學戒、受陀羅尼業灌頂法門，於四無量心不興廣濟，如是名王不顧善法。」

(9) 王不鑑是非、勝之與劣

「謂有國王於諸大臣、輔相、官僚，用心顛倒，不善了知忠信、技藝、智慧差別。以不知故，非忠信所，生忠信想；非技藝所，有技藝想；於惡慧所，生善慧想；於善慧所，生惡慧想。又諸臣等年耆衰邁，曾於久時親近侍衛，知其無勢，遂不敬愛；不賜爵祿，不酬其賞；被他陵蔑，捨而不問。如是名王不鑑是非、勝之與劣。」

(10) 王一向縱蕩，專行放逸

「謂有帝王於妙五欲一向沉沒，耽著嬉戲，不能時時誡慎方便、作所應作、慰勞群臣。如是名為一向縱蕩，專行放逸。」

若有國王成就如是十種過失，雖有大府庫、有大輔佐、有大軍眾，不久國界自然災亂，而不可歸仰。大王當知此十過失：初一是王種姓過失，餘九是王自性過失。[4]

2. 王之功德

「云何名王之功德？大王王功德者，略有十種：一、種姓尊高，二、得大自在，三、性不暴惡，四、憤發輕微，五、恩惠猛利，六、受正直言，七、所作諦思，善順先教，八、顧戀善法，九、善知差別，十、不自縱蕩，不行放逸。」[5]上述十種功德分析如下：

(1) 本性善良

「云何名王種姓尊高？謂有國王，宿植善根，以大願力故生王族，紹繼國

4　大廣智大興善寺三藏沙門不空奉詔譯，佛為優填王說王法政論經，大正藏經，第14冊，http://tripitaka.cbeta.org/T14n0524_001，瀏覽日期：109.11.29。

5　大廣智大興善寺三藏沙門不空奉詔譯，佛為優填王說王法政論經，大正藏經，第14冊，http://tripitaka.cbeta.org/T14n0524_001，瀏覽日期：109.11.29。

位，恩養萬姓，淨信三寶，如是名王種姓尊高。」

(2) 法令即時宣布

「云何名王得大自在？謂有帝王，自隨所欲，於妙五欲歡娛遊戲，所應賞賜隨意而作，於百僚等所出教命宣布無滯，如是名王得大自在。」

(3) 能容小過

「云何名王性不暴惡？謂有國王見諸群臣雖違少小愆犯等事，而能容忍不即貶黜，不發麤言，亦不對面憤發，亦不內意祕匿，如是名王性不暴惡。」[6]

(4) 處罰相當性原則

「云何名王憤發輕微？謂有國王，諸群臣等雖有大愆、有大違越，而不一切削其封祿、奪其妻妾，不以重法而刑罰之，隨過輕重而行矜降，如是名王憤發輕微。」[7]

(5) 重賞廉正公務員

「云何名王恩惠猛利？謂有國王，有諸群臣、親近侍衛，其心清白、其心調順，王即時時以正圓滿軟言慰喻，頒錫勳庸，而不令彼損耗稽留、劬勞怨恨，易可親近，不難承事，如是名王恩惠猛利。」[8]

(6) 察納雅言

「云何名王受正直言？謂有國王，諸群臣等實有忠正，無濁無偏，善閑憲式，情無違叛，其王信用如是等人所進言議，由此因緣國務、財寶悉皆成就，名稱遠布，黎庶咸歡，如是名王受正直言。」[9]

(7) 知人善任，賞罰分明

「云何名王所作諦思順先王教？謂有國王，性能究察、審能簡擇諸群臣等，於種種務公法事中，不堪委任者而不任之，堪委任者而委任之；應賞賚者而正賞賚，應刑罰者而正刑罰；凡有所為審思審擇，然後方作亦不卒暴。其王群臣等雖處朝會，終不發言間絕餘論，要待言終而興諫諍，如其王教而善奉

6　大廣智大興善寺三藏沙門不空奉詔譯，佛為優填王說王法政論經，大正藏經，第14冊，http://tripitaka.cbeta.org/T14n0524_001，瀏覽日期：109.11.29。
7　大廣智大興善寺三藏沙門不空奉詔譯，佛為優填王說王法政論經，大正藏經，第14冊，http://tripitaka.cbeta.org/T14n0524_001，瀏覽日期：109.11.29。
8　大廣智大興善寺三藏沙門不空奉詔譯，佛為優填王說王法政論經，大正藏經，第14冊，http://tripitaka.cbeta.org/T14n0524_001，瀏覽日期：109.11.29。
9　大廣智大興善寺三藏沙門不空奉詔譯，佛為優填王說王法政論經，大正藏經，第14冊，http://tripitaka.cbeta.org/T14n0524_001，瀏覽日期：109.11.29。

行，如是即名順先王教。」[10]

(8) 不作身、語、意三種惡行

「云何名王顧戀善法？謂有帝王，信有因果、善不善業、人天果報，具足慚恥，而不恣情作身、語、意三種惡行，時時惠施，修福持齋，建立漫茶羅，受灌頂法，而設護摩供養聖眾，四無量心常懷廣濟，如是名王顧戀善法。」[11]

(9) 明辨是非及能力高低

「云何名王能鑑是非、勝之與劣？謂有國王，於諸大臣、輔相、百僚心無顛倒，能善了知忠信、技藝、智慧差別，若有若無並如實知，於其無者輕而遠之，於其有者敬而愛之。又諸臣等年耆衰邁，曾於久時親近侍衛，雖知無勢、無力，然念昔恩，轉懷敬愛而不輕賤，爵祿、勳庸分賞無替，如是名王能鑑是非、勝之與劣。」[12]

「若王成就如是功德，雖無府庫、無大輔佐、無大軍眾，不久國界自然豐饒而可歸仰。大王當知如是十種王之功德：初一名爲種姓功德，餘九名爲自性功德。」[13]

3. 王衰損門

「云何名爲王衰損門？大王當知！王衰損門略有五種：一、不善觀察而攝群臣，二、雖善觀察而無恩惠，縱有恩惠不得及時，三、專行放逸，不思國務，四、專行放逸，不守府庫，五、專行放逸，不修善法。如是五種皆悉名爲王衰損門。」[14]

其中「云何名王不善觀察而攝群臣？謂有國王，於群臣等不能究察，不審簡擇忠信、技藝、智慧差別，攝爲親侍，加以寵愛，厚賜爵祿，重委寄處，而相委任，數以軟言，而相慰喻。然此群臣所付財寶多有損費，若遇冤敵、惡

---

[10] 大廣智大興善寺三藏沙門不空奉詔譯，佛爲優填王說王法政論經，大正藏經，第14冊，http://tripitaka.cbeta.org/T14n0524_001，瀏覽日期：109.11.29。
[11] 大廣智大興善寺三藏沙門不空奉詔譯，佛爲優填王說王法政論經，大正藏經，第14冊，http://tripitaka.cbeta.org/T14n0524_001，瀏覽日期：109.11.29。
[12] 大廣智大興善寺三藏沙門不空奉詔譯，佛爲優填王說王法政論經，大正藏經，第14冊，http://tripitaka.cbeta.org/T14n0524_001，瀏覽日期：109.11.29。
[13] 大廣智大興善寺三藏沙門不空奉詔譯，佛爲優填王說王法政論經，大正藏經，第14冊，http://tripitaka.cbeta.org/T14n0524_001，瀏覽日期：109.11.29。
[14] 大廣智大興善寺三藏沙門不空奉詔譯，佛爲優填王說王法政論經，大正藏經，第14冊，http://tripitaka.cbeta.org/T14n0524_001，瀏覽日期：109.11.29。

友、軍陣而先退敗，以懼破散，便生奔背，無戀於主。如是名王不善觀察而攝群臣。」[15]

「云何名王專行放逸，不思國務？謂有國王，於應和好、所作所成國務等事，而不時時獨處空閑；或與智士共正思惟、和好方便、乖絕等事及應賞賚，乃至軍陣所作所成要務等事，不勤在意。如是名王專行放逸，不思國務。」[16]

「云何名王專行放逸，不修善法？謂有國王，於世所知柔和淳質、聰慧辯才、得理解脫所有沙門、婆羅門，不能數近禮敬諮詢，云何是善？云何不善？云何有罪？云何無罪？云何有福、吉祥法門、遠離諸惡？設得聞已，不依修行。如是名王專行放逸，不修善法。」

「若有國王成就如是五衰損門，當知此王退失現世果報，乃至來生失人、天福。謂前四門退現受福利，最後一門退來生果報。」

4. 王可愛法

「云何名為王可愛法？大王當知，略有五種，謂王可愛、可樂、可欣、可意之法。何等為五？一者、人所敬愛，二、自在增上，三、能摧冤敵，四、善攝養身，五、能修善事。如是五種是王可愛、可樂、可欣、可意之法。云何善能發起王可愛法？大王當知！略有五種善能發起王可愛法，何等為五？一、恩養世間，二、英勇具足，三、善權方便，四、正受境界，五、勤修善法。」[17]

(1) 社會救助，如理治罰

「云何名王恩養蒼生？謂有國王，性本知足，能為謹慎，成就無貪、白淨之法；所有庫藏隨力給施貧窮、孤露，柔和忍辱，多以軟言曉喻國界；諸有群臣有故違犯不可免者，量罪矜恕，以實以時，如理治罰。如是名王以正化法恩養蒼生，故感世間之所敬愛。」

(2) 文韜武略

「云何名王英勇具足？謂有國王，神策不墜，武略圓滿，未降伏者而降伏之，已降伏者而攝護之，如是名王英勇具足。

---

[15] 大廣智大興善寺三藏沙門不空奉詔譯，佛為優填王說王法政論經，大正藏經，第14冊，http://tripitaka.cbeta.org/T14n0524_001，瀏覽日期：109.11.29。

[16] 大廣智大興善寺三藏沙門不空奉詔譯，佛為優填王說王法政論經，大正藏經，第14冊，http://tripitaka.cbeta.org/T14n0524_001，瀏覽日期：109.11.29。

[17] 大廣智大興善寺三藏沙門不空奉詔譯，佛為優填王說王法政論經，大正藏經，第14冊，http://tripitaka.cbeta.org/T14n0524_001，瀏覽日期：109.11.29。

云何名王善權方便？謂有國王，一切好事分明了知，方便能和，攝受強黨，故得摧伏一切冤敵。」

(3) 財政收支平衡

「云何名王正受境界？謂有國王，善能籌量府庫增減，不奢、不悋，平等受用，隨其時候所宜給與所有臣佐、親族、王等及伎樂人。又有疾時，應食所宜，避所不宜。醫候食性，方以食之。若食未消，或食而痢，皆不應食。應共食者不應獨食，所有精味分布令歡。如是名王正受境界，遂能善巧攝養自身。」[18]

(4) 勤修善法

「云何名王勤修善法？謂有國王，具足淨信、戒、聞、捨、慧，於淨信處了信他世，及信當來善不善業、人天果報，如是名爲具足淨信；受持淨戒，於年三長、每月六齋，遠離殺生及偷盜、邪行、妄言、飲酒諸放逸處，如是名王具足淨戒；於淨聞處、於現世業及當來果，修德進業，樂聽般若眾妙法門，專意勤心，究竟通達，如是名王具足淨聞；於淨捨心，遠離慳貪，舒手惠施，常應修福，圓滿平等，如是名王具足淨捨。謂於具足淨慧之處，如實了知有罪無罪，修與不修勝劣方便，親近多聞戒行沙門，遠離諸惡邪教之者，善知三種：果報圓滿、士用圓滿、功德圓滿。所謂國王繼習帝業，所生宗族聰利明慧，府庫財寶應用不虧，如是名爲果報圓滿。若諸國王善權方便，恒常成就，英勇進退，善達藝能，是即名爲士用圓滿。若諸國王任持正法，與諸內宮王子、大臣共修惠施，行好善事；持齋受戒、慈三摩地門、上妙梵行；頻作護摩，息災增益；建曼荼羅，具受灌頂，是爲功德圓滿。若能如是行者是名淨慧具足。」[19]

（二）正法正治國土，人民心存善念，善神守護

在佛教金光明經[20]第二卷中開示：「世尊！若有人王，欲得自護及王國土

---

[18] 大廣智大興善寺三藏沙門不空奉詔譯，佛爲優填王說王法政論經，大正藏經，第14冊，http://tripitaka.cbeta.org/T14n0524_001，瀏覽日期：109.11.29。

[19] 大廣智大興善寺三藏沙門不空奉詔譯，佛爲優填王說王法政論經，大正藏經，第14冊，http://tripitaka.cbeta.org/T14n0524_001，瀏覽日期：109.11.29。

[20] 在7世紀末時期，《金光明經》曾在日本天武天皇時期運用作爲「護國經典」（郭珮君，《金光明經》的護國思想與古代日本的國家：以天武朝爲中心（673-686），台大歷史學研究所碩士論文，周伯勘教授指導，2012年）。

多受安樂，欲令國土一切眾生悉皆成就具足快樂，欲得摧伏一切外敵，欲得擁護一切國土，欲以正法正治國土，欲得除滅眾生怖畏。世尊！是人王等，應當必定聽是經典，及恭敬供養讀誦受持是經典者。我等四王及無量鬼神，以是法食善根因緣，[21]得服甘露無上法味，增長身力心進勇銳增益諸天。何以故？以是人王至心聽受是經典故，如諸梵天說出欲論、釋提桓因種種善論、五通之人神仙之論。」[22]亦即統治者如能以正法正治國土，人民心存善念，心相愛念增諸善根。「以是因緣故，此閻浮提安隱豐樂，人民熾盛大地沃壤，陰陽調和時不越序，日月星宿不失常度，風雨隨時無諸災橫，人民豐實自足於財，心無貪吝亦無嫉妒，等行十善」，即能有「善神」守護國土，國泰民安。

（三）正法衰薄，民無正行，國家滅亡

在金光明經中開示：「世尊！若有人王，於此經典心生捨離不樂聽聞，其心不欲恭敬供養尊重讚嘆；若四部眾有受持讀誦講說之者，亦復不能恭敬供養尊重讚嘆。我等四王及餘眷屬無量鬼神，即便不得聞此正法，背甘露味失大法利，無有勢力及以威德，減損天眾增長惡趣。世尊！我等四王及無量鬼神捨其國土，不但我等，亦有無量守護國土諸舊善神皆悉捨去。我等諸王及諸鬼神既捨離已，其國當有種種災異，**一切人民失其善心，唯有繫縛瞋恚鬪諍，互相破壞多諸疾疫，彗星現怪流星崩落，五星諸宿違失常度**，兩日並現日月薄蝕，白黑惡虹數數出現，大地震動發大音聲，暴風惡雨無日不有，穀米勇貴饑饉凍餓，多有他方怨賊侵掠其國，人民多受苦惱，其地無有可愛樂處。世尊！我等四王及諸無量百千鬼神，并守國土諸舊善神，遠離去時生如是等無量惡

---

[21] 在此「以法爲食，長養慧命。」佛教有出世間五種法食，其內容如下：「超越欲界（梵語kama-dhatu），色界（梵語rupa-dhatu）、無色界（梵語arupya-dhatu），心地解脫，不沾塵欲，自在無礙，而出三界，是名出世間。五種出世間之食，乃能長養聖者慧命善根之五種法食。一、念食：謂修行者常持正念，能長養一切善根。二、法喜食：謂修行者愛樂大法，而得資長道種，其心常生喜悅。三、禪悅食：謂修行者由得禪定力而能自養慧命，道品圓明，心常喜悅。四、願食：謂修行者以心身持願，不捨萬行而長養一切善根。五、解脫食：謂修行者解脫各種惑業之繫縛，於法得自在，以長養一切菩提（梵語bodhi）善根。修行者若如法受持五種法食，則可漸次證得無上菩提，故名出世間五種法食。」如本法師講述，佛學問答（第五輯），http://www.book853.com/show.aspx?id=52&cid=14&page=11，瀏覽日期：109.11.29。

[22] 北涼三藏法師曇無讖譯，金光明經卷第二，四天王品第六，大正藏經，第16卷。

事。」[23]

在仁王護國般若波羅蜜多經中，開示當正法衰薄，民無正行時，則天災人禍，國家將趨向滅亡：「佛告波斯匿王：我滅度後，法欲滅時，一切有情造惡業故，令諸國土種種災起。」「大王！法末世時，國王，大臣，四部弟子，各作非法，橫與佛教作諸過咎，非法非律繫縛比丘，如彼獄囚。當知爾時，法滅不久。……壞我法者得大過咎。正法衰薄，民無正行，諸惡漸增，其壽日減，無復孝子，六親不和，天龍不祐，惡鬼惡龍日來侵害，災怪相繼爲禍縱橫，當墮地獄、傍生、餓鬼，若得爲人，貧窮下賤諸根不具。如影隨形、如響應聲，如人夜書，火滅字存，毀法果報亦復如是。」[24]

三、依法行政、依法審判與人道關懷

（一）依法合理課稅

在正法念處經中，強調依法合理課稅的價值理念，「所謂依法賦稅受取，以供衣食。云何依法？或國或城、或村或邑、或人集處，於一切時常依舊則、依道理取。彼王如是，若國壞時、若天儉時則不賦稅，取時以理，不逼不罰，依先舊來常所用稱斗尺均平。如是受取，依法不違，不逼不罰，不侵不奪，如是國王則是憐愍一切眾生。王若如是依法受取，功德因緣，於現在世常得安樂，常有利益，能護國土、能護自身，善人所讚，身壞命終生於善道，天世界中爲夜摩王。以常依法賦稅受取善業因故。」[25]

（二）依法公正裁判

在正法念處經中，強調依法公正裁判：「何者名爲刹利大王軍眾淨潔？所謂善心利益他人。於對諍者依法斷事，不違法律，依法正護，不違本要。」「所謂平直斷事不偏。王善心意，於一切民猶如父母，不以物故、不以用故、不以親故、不以恩故、不以友故、不以貴勢有囑及故，不用如是一切因緣，依

---

[23] 北涼三藏法師曇無讖譯，金光明經卷第二，四天王品第六，大正藏經，第16卷。

[24] 仁王護國般若波羅蜜多經卷下，大正藏經，第8冊。

[25] 元魏婆羅門瞿曇般若流支譯，正法念處經卷第五十四，觀天品之三十三，大正藏經，第17卷，http://tripitaka.cbeta.org/T17n0721_054，瀏覽日期：109.11.29。

法斷事，不偏不黨。於諍對者怨親平等，利益語說，實語而說。王若如是平直斷事，功德因緣，於現在世常得安樂，常有利益，不失國土、不失名稱，一切軍眾皆無罪罰，能護國土，不畏他論，他王不勝，久時為王，王領國土，能護自身，善人所讚，身壞命終生於善道，天世界中為夜摩王。以心平直斷事不偏善業因故。」[26]

（三）社會秩序之維護：非法行者（犯罪者），應予以隔離，不令在國，以儆效尤

在正法念處經中，強調非法行者（犯罪者），應予以隔離，不令在國，以儆效尤：「又復受位剎利大王有第八法應勤捨離，成就相應，現在、未來二世利益。何者第八？所謂不攝非法行者，不令在國。以剎利王自隨法行，是故不攝非法行者，不令住國。何者名為非法行者？所謂有人種種方便劫奪他物，或扼他咽令其悶絕，而取其物。或與惡藥，令無覺知而取其物。或設方便，盜偷他物。或復私竊盜取他物。或在道路或在市中，作諸方便而取他物。買真賣偽，種種欺誑而取他物。或復有人姦欺無道，壓善舉惡，進非退是，誣枉賢良，黨助不肖。或有邪見、或有斷見。或復有人苦殺眾生，望得解脫。若外道齋，於大會中屠殺羊等，望有福德。或復有人犍割眾生，令使不男。或復有人婬於男子。或復有人不能供養父母師長。如是等人，不令住國。何以故？若共同國，令諸善人心意壞故，相倣習故。同處住故，善人壞故，令王無力，失增上力。非時降雨，時則不雨；五穀熟時，五穀不熟。所有國土一切破壞，惡人過故。以此因緣，不令惡人住在國內。此因緣故，不攝一切非法行者，不令住國；**依法行者，攝令在國。攝法人故，隨時降雨，日觸順時，是故五穀至時善熟，不壞國土，離於怖畏，不生憂愁。**一切國土利益之事，是攝法人因緣力故，能斷一切生死苦惱，令有福人在己國住。以近如是福德人故、行法人故。第一梵行，所謂安住。**有福德人近福德人、順法行人，是故一切有智慧王近行法人，令住國內。**王若如是不攝一切非法行者，功德因緣，於現在世常得安樂，常有利益，能護國土、能護自身，善人所讚，身壞命終生於善道，天世界中為夜摩王。以彼不攝非法行者善業因故。」

---

[26] 元魏婆羅門瞿曇般若流支譯，正法念處經卷第五十四，觀天品之三十三，大正藏經，第17卷，http://tripitaka.cbeta.org/T17n0721_054，瀏覽日期：109.11.29。

（四）廉潔與人道關懷

1. 廉潔：愛善名，不貪財物

在正法念處經中，佛開示：「又，刹利王復有一法是第十二，應勤修習，成就相應，現在、未來二世利益。第十二者，謂愛善名，不貪財物。……又復更有十種因緣得美名稱，何等為十？一者美語；二者能捨；三者審諦、四者他國遠人來看；五者近之則得安樂；六者以時給施左右；七者敬尊奉施所須，供給善人，拯濟孤獨；八者淨行；九者好心，不惱亂他；十者正見，不生邪見。得此十法，行如是法，復教他人行如是法。以如是行得此法故，得善名稱。王若如是愛善名稱，不貪財物，功德因緣，於現在世常得安樂，常有利益，隨順法行，他不能勝，異人近之則得安樂。」[27]

2. 人道關懷：供養尊長，惠施窮人

在佛說處處經中，主張應布施救濟苦難之人或動物，佛言：「復有四因緣，可從得福：一者、畜生無所食，飼之令得命；二者、見人得疾病無瞻視者，當給與供養令得安隱；三者、貧窮孤獨當護視；四者、人獨一身行禪念道，無所衣食當給視之；是為四事。布施持善意與之，其得福與佛等無有異。」[28]

在正法念處經中開示：「王若大臣能行惠施，一切國人敬愛不捨，心生敬重，不捨其國向餘國土。若餘國人，以王能施，共自妻子並其軍眾，一切皆來歸屬於王。多人來故，令王國人增長更多，自餘諸國不能破壞。以人多故，無能破壞。如是施者，世間布施，於世間中第一安隱。又復更有出世間施第一好施，若人布施，為天所攝，有大力能，有大威德。布施沙門、若婆羅門、貧窮等人，莊嚴未來，現在好色。何以故？心清淨故，食則清淨；食清淨故，面色清淨；面色淨故，端正可憙。」[29]

---

27 元魏婆羅門瞿曇般若流支譯，正法念處經卷第五十四，觀天品之三十三，大正藏經，第17卷，http://tripitaka.cbeta.org/T17n0721_054，瀏覽日期：109.11.29。

28 後漢安息國三藏安世高譯，佛說處處經，第一卷，大正藏經，第17冊，http://tripitaka.cbeta.org/T17n0730_001，瀏覽日期：109.12.4。

29 元魏婆羅門瞿曇般若流支譯，正法念處經卷第五十四，觀天品之三十三，大正藏經，第17卷，http://tripitaka.cbeta.org/T17n0721_054，瀏覽日期：109.11.29。

參、結論

　　佛教之治國理念，亦強調主政者應抱持慈悲智慧心，以利益天下蒼生為念，施行正法，公正治理，以公平保障全民利益與福祉。明辨是非善惡，並知人善任，才能國泰民安。並教導人民心存善念，提升人民道德素養，自然獲得善神守護國土。在此亦顯示「天人感應」之觀念，而與董仲舒之春秋繁露及太平經之「天人感應」思想，不謀而合。

第十二章　華嚴經哲學思想在法哲學上之運用

大綱

壹、前言：「天人合一」思想之展開

貳、華嚴經之意義及其在佛教之體系上地位

　一、華嚴經之意義

　二、華嚴經在佛教之體系上地位

參、華嚴的研究方法論

　一、法界三觀

　（一）真空觀（理法界）（理法界是永恆的）

　（二）理事無礙觀（事理圓融觀）（事理無礙法界）

　（三）周遍含容觀（事事無礙法界）

　二、法界緣起觀

　（一）概說

　（二）十玄門

　（三）六相圓融觀

肆、華嚴經的哲學思想

　一、「主觀唯心主義」與「客觀唯心主義」

　二、窮理盡性之一真法界思想

　三、人生價值觀：發菩提心

　四、以拯救天下蒼生為己任，平等饒益一切眾生

　五、修菩薩行，入菩薩智慧地

　六、明心見性，通達事理

　七、體、相、用理論

　八、理事圓融觀

　九、中觀論

伍、華嚴經哲學思想在法哲學上之適用

　一、慈悲博愛的價值觀：可作為倫理道德規範，提升國民人格道德素養，以營造良善法治環境

　二、眾生平等之價值觀

　三、布施利他的價值觀

　四、社會主義法律思想

　五、追求智慧與共同至善境界

　六、建立「事理融合」的圓融和諧統一之整體法秩序：致中和

　七、實證主義思想

　八、建立和諧社會的大同世界

陸、結論

壹、前言：「天人合一」思想之展開

易經系辭上傳第五章：「一陰一陽之謂道，繼之者善也，成之者性也。」表示一陰一陽的交互作用，就是上天的法則，也是易經的道理，繼承上天的法則，就是善良。而使上天的法則具體落實，則是天賦的人性。意即天道存在於人性之中，人性本善。[1]

易經乾卦文言傳：「夫『大人』者，與天地合其德，與日月合其明，與四時合其序，與鬼神合其吉凶，先天而天弗違，後天而奉天時。天且弗違，而況於人乎？況於鬼神乎？」意旨人類生活應符合天地間運轉法則規律，邁向天人合一之道，以永續發展。

老子道德經：「人法地，地法天，天法道，道法自然。」也強調人類生活應效法天地間自然法則規律，才能永續發展。

上述「天人合一」思想，均主張應將天道天理落實於人類生活中，意即應順天理行事，不可逆天而行。[2]人類所作所為包括生活行為規範，乃至法律制度之規範，均應符合天理天道。慧遠大師於大乘義章卷十二中即謂「順義名善」，「順理名善，違理名惡」。[3]太上感應篇也表示，「是道則進，非道則退」，不得「非義而動，背理而行」。

華嚴經的哲學思想代表天理天道思想之一種，足以幫助人類建立生活之法則規範，乃至法律制度規範，故值得研究，作為法哲學思想之源頭泉源。本文即秉持此一「天人合一」觀點意旨，進行華嚴經的哲學思想之系統體系分析，期盼有助於建立「合理化之法哲學思想體系」。

貳、華嚴經之意義及其在佛教體系上地位

一、華嚴經之意義

在華嚴經探玄記中介紹華嚴經，指出：「**大**以包含為義，**方**以軌範為

---

[1]　傳統國學典藏編委會編著，白話易經，初版，2011年，頁264。

[2]　陳清秀，「天人合一」之王道法律思想，五南圖書，初版，2023年，頁23以下、頁196以下。

[3]　CBETA 漢文大藏經，T44n1851_012，大乘義章第12卷，https://cbetaonline.dila.edu.tw/zh/T44n1851_012，瀏覽日期：112.11.9。

功，**廣**即體極用周，**佛**乃果圓覺滿，**華**譬開敷萬行，**嚴**喻飾茲本體，**經**即貫穿縫綴，能詮之教著焉。從法就人寄喻為目，故云大方廣佛華嚴經。」[4]在星雲大師全集中介紹華嚴經，指出：「《華嚴經》全名是『大方廣佛華嚴經』。『大方廣』，意指真理廣大無邊，包容周遍，一切宇宙人生、萬事萬物都含攝其中；『佛』是證悟的覺者；『華嚴』則是成就這個萬德莊嚴的菩薩行的種種因緣；『經』指的是上契佛理、下化眾生的言說經教。『佛』是能證之人；『大方廣』是所證之法；『華嚴』是譬喻，用各式各樣美麗的花朵，莊嚴了佛果的甚難稀有，也同時莊嚴了因地裡所有難能可貴的菩薩道行。而《大方廣佛華嚴經》的主要內容，就在說明佛陀的因行與果德，如眾華莊嚴，璀璨耀眼，廣大圓滿，重重無礙。」[5]

　　亦即「大方廣者。一切如來所證法也。佛華嚴者。契合法界能證人也。法分體相用。人有因果。**大者體大也。則深法界。諸佛眾生之心體也。**曠包如空湛寂常住強稱為大。故經云。法性遍在一切處。一切眾生及國土三世悉在無有餘。亦無形相而可得。即大義也。**方廣者。相用周遍即體之相。相德之法無邊即相之用。**業用廣而無盡。三無障礙舉一全收。聖智所緣為所證之法界也。佛者果也。萬德圓明。華喻因也。眾行榮曜。嚴通能所。而有二重。一華因能嚴。佛果所嚴。以十度因成十身果。無行不備。無德不圓。二華為能嚴。大方廣者則所嚴也。**嚴體相用成佛三德。稱體而嚴顯真常德。如相而嚴辯修成德。依用修嚴成大用德。**遍嚴如德成德無邊之華嚴也。故一總題有體相用。」[6]

　　依據佛學大辭典之介紹，華嚴經係「大方廣佛華嚴經之略名。大方廣為所證之法，佛為能證之人，證得大方廣理之佛也，華嚴二字為喻此佛者。因位之萬行如華，以此華莊嚴果地，故曰華嚴。又佛果地之萬德如華，以此華莊嚴法身，故曰華嚴。華嚴略策曰：『大方廣者，所證法也。佛華嚴者，能證人也。大以體性包含，方廣乃業用周遍，佛謂果圓覺滿。華喻萬行披敷，嚴乃飾法成人，經乃貫穿常法。』四教儀集註上曰：『因行如華，莊嚴果德。』此華譬因行也。探玄記一曰：『佛非下乘，法超因位，果德難彰，寄喻方顯。謂萬德究

---

[4] 魏國西寺沙門法藏述，華嚴經探玄記卷第一，https://cbetaonline.dila.edu.tw/zh/T1733，瀏覽日期：112.10.25。

[5] 星雲法師，《華嚴經》的傳譯，https://books.masterhsingyun.org/ArticleDetail/artcle9836，瀏覽日期：112.10.25。

[6] 唐清涼山大華嚴寺沙門澄觀述，華嚴法界玄鏡卷上。

竟，環麗猶華，互相交飾，顯性爲嚴。』此華譬果德也。大日經疏曰：『華有二種：一者萬行華。二者萬德行。』」[7]

古代華嚴宗大師法藏和尚，解釋華嚴經之意義如下：「次釋華嚴。問華有幾義。復何所表以華爲嚴。**答華有十義。所表亦爾。一微妙義是華義。表佛行德離於麤相故說華爲嚴。下竝准此。二開敷義。表行敷榮性開覺故。三端正義。表行圓滿德相具故。四芬馥義表德香普熏益自他故。五適悅義。表勝德樂歡喜無厭故。六巧成義。表所修德相善巧成故。七光淨義。表斷障永盡極清淨故。八莊飾義。表爲了因嚴本性故。九引果義。表爲生因起佛果故。十不染義。表處世不染如蓮華故。**次釋經字亦有十義。如寶雲經說。餘義同上九合名者。大即當體爲目包含爲義。方即就用爲名。軌範爲義是方法故。性離邪僻是方正故。能治重障是醫方故。遍虛空界盡方隅故。廣即體用合明。周遍爲義。謂一切處一切時一切法一切人無不周遍。皆重重如帝網。此中且就一攝一切名大一遍一切稱廣。前廣後大。理亦不違。方即是廣大即方廣皆持業釋。此是所得之法佛是能得之人。覺照爲名果滿爲義。**此中人法境智有相依相即。相依者。智依境故方廣之佛簡下乘佛。境依智故佛之方廣。**簡因位法。此二相依各有有力無力緣起四句。思之可見。皆依主釋。**相即者。謂佛即方廣方廣即佛。人法無礙全體相即。**空有四句亦准思之。此唯持業釋。既佛非下乘法超因位。果德難彰寄喻方顯。謂萬德究竟環麗猶華。互相交飾顯性稱嚴。此有二門。一諸德互嚴。亦有相依相即。各有四句存亡俱泯。皆持業釋思之可見。二理行互嚴。亦有相依相即。**初相依四句者。一理由修顯，故即行華嚴性也。二行從理起，故即理華嚴行也。**梁攝論云。無不從此法身流。無不還證此法身。三理行俱融不二而二。非眞流之行無以契眞。非飾眞之行不從眞起。良以體融行而因圓。行該眞而果滿。是故標爲佛華嚴也。四理行俱泯二而不二。以理之行故非行。行之理故非理。是即能所兩亡。超情離相。非嚴非不嚴是謂華嚴。相即四句。理行全收。准思可見。是知法喻交映昭然有在。」[8]

有認爲：「華嚴經宗旨爲『法喻因果、理智人法』，而華嚴經的全名爲《大方廣佛華嚴經》，『大』，爲『包含』之意；方，爲『軌範』之意；廣，

[7]　佛學大辭典，華嚴經之解說，http://www.baus-ebs.org/fodict_online/，瀏覽日期：112.10.25。

[8]　魏國西寺沙門法藏述，華嚴經探玄記卷第一，http://buddhism.lib.ntu.edu.tw/BDLM/sutra/chi_pdf/sutra16/T35n1733.pdf，瀏覽日期：112.10.30。

爲『周遍』之意，也就是說，一心法界的體用，是廣大無邊的，這就是『大方廣』的意思。而『佛』，就是證入大方廣無盡法界的人；『華』就是成就萬德圓備之果體的因行比喻；『嚴』有嚴飾佛果的深意，這就是『佛華嚴』的意思。因此，華嚴經所顯示的是一種無礙無境且莊嚴無比的勝境。」[9]

根據華嚴經探玄記卷第一記載：「龍樹終俯察於虯宮，六百年後方顯。」表示華嚴經是龍樹菩薩進入龍宮取回的經典。

二、華嚴經在佛教之體系上地位

依據京兆西崇福寺釋法藏撰《華嚴遊心法界記》，[10]佛教經典之大義，按照修行層次高低，可區分爲下列五種類型等級：一法是我非門；二緣生無性門；三事理混融門；四言盡理顯門；五法界無礙門。以下分述之：

（一）**「法是我非」**門：即愚法「小乘」三科法也，如四阿含等經及毘曇成實俱舍婆沙等論明也。

（二）**「緣生無性」**門：即「大乘初教」，即前諸法緣生無性也，如諸部波若等經及中百等論明也。

（三）**「事理混融」**門：即「大乘終教」，空有雙陳無障礙也，如勝鬘諸法無行涅槃密嚴等經及起信法界無差別等論明也。

（四）**「言盡理顯」**門：即「大乘頓教」，離相離性也，如楞伽維摩思益等經明也。

（五）**「法界無礙」**門：即「別教一乘」，奮興法界主伴絞絡逆順無羈也，如華嚴等經明也。

上述經典類型之根據，乃是「按法華等經有如是次第。故經云。昔於波羅奈轉四諦法輪。又云。今復轉最妙無上大法輪。又云。未曾聞如是深妙之上法等。楞伽經云。乃至此爲佛子說等。華嚴經云。乃至說無盡佛法等。如是次第不等。皆爲機機各不同施門故異。隨人定教。教逐人分。以教裁人。人依教

---

[9] 百萬華嚴經，華嚴經宗旨乃「法喻因果、理智人法」，爲諸經之王，https://huayan-sutra.tw/the-purpose-of-huayan-jing/，瀏覽日期：112.11.1。

[10] 京兆西崇福寺釋法藏撰，華嚴遊心法界記，http://ccbs.ntu.edu.tw/BDLM/sutra/html/T45/T45n1877.htm，瀏覽日期：112.11.1。

轉。人教相藉。次位有殊。會意而言唯歸一路。」[11]

參、華嚴經的研究方法論

有關華嚴經之研究方法論，應可藉助於華嚴宗之理論。按：「華嚴宗之傳承世系，根據傳統之說：杜順—智儼—法藏—澄觀—宗密。因此言，華嚴宗之思想先驅即杜順和智儼，而實際之創立成華嚴宗者即法藏，進一步將其發展者即澄觀和宗密，二位並且主張融合華嚴與禪宗，而同時提倡教禪一致。華嚴宗，最初之判教說與法界圓融之思想，可說來自杜順所著之《華嚴五教止觀》，即是華嚴五教判之根源，《華嚴法界觀門》是華嚴觀門之根本。華嚴『十玄門』法義，即是由此而演成，故稱杜順為華嚴第一祖師。」[12]

一、法界三觀

唐綿州刺史裴休認為：「觀者。通經法也。文者。入觀之門也。注者。門之樞鑰也。故欲證法界之性德莫若經。通經之法義莫若觀。入觀之重玄必由門。闢三重之祕門必由樞鑰。」[13]「凡夫見色為實色。見空為斷空。內為筋骸所梏。外為山河所眩。故困躓於迷塗。局促於轅下。而不能自脫也。於是菩薩開真空門以示之。使其見色非實色。舉體是真空。見空非斷空。舉體是幻色。則能廓情塵而空色無礙。泯智解而心境俱冥矣。菩薩曰。於理則見矣。於事猶未也。**於事開理事無礙門以示之。使觀不可分之理。皆圓攝於一塵。本分限之事。亦通遍於法界**。然後理事圓融無所罣礙矣。菩薩曰。以理望事則可矣。以事望事則未也。於是開周遍含容門以示之。使觀全事之理。隨事而一一可見。全理之事。隨理而一一可融。然後一多無礙。大小相含。則能施為隱顯神用不測矣。」[14]

---

[11] 京兆西崇福寺釋法藏撰，華嚴遊心法界記，http://ccbs.ntu.edu.tw/BDLM/sutra/html/T45/T45n1877.htm，瀏覽日期：112.11.1。

[12] 釋圓照，華嚴法界圓融之探討，華嚴專宗學院研究所第三屆畢業論文，頁7。

[13] 唐綿州刺史裴休述，注華嚴法界觀門序，http://www.ss.ncu.edu.tw/~calin/scripture/t45/T45n1884.pdf，瀏覽日期：112.10.29。

[14] 唐綿州刺史裴休述，注華嚴法界觀門序，http://www.ss.ncu.edu.tw/~calin/scripture/t45/T45n1884.pdf，瀏覽日期：112.10.29。

　　華嚴宗之法界三觀，是初祖杜順法師依華嚴經而立。法界者所觀之境，三觀者能觀之心也。

（一）真空觀（理法界）（理法界是永恆的）

　　真空觀是指：「窮盡法界之事相，無一有自爾之別性，皆歸於平等之空性，以空爲性也。空者非頑無之空，真如之理性超然而離諸相，故名爲空觀。吾人所見之森羅萬象，悉爲妄情之偏計，猶如空華之實性爲虛空，於口泯亡妄情所見之事相，顯真空之妙體，名爲真空觀。**真空即四法界中之理法界也。**」[15]

　　真空觀，「謂非虛妄念慮曰真，非形礙色相曰空。故簡情妄以顯真性，使見色非實色，舉體全是真空。令見空非斷空，舉體全是真性。如是則能廓情塵，而空色無礙；泯智解，而心境俱融，故名真空觀。」[16]

　　「真空觀，即觀理法界。謂觀諸法之本性即空。然真空觀之空非斷滅之空，亦非離色之空，乃觀色非實色，而舉體爲真空，觀空非斷空，而舉體是幻色，而達空色無礙之境界。」[17]於此觀法中，可分爲會色歸空觀、明空即色觀、空色無礙觀、泯絕無寄觀等四種，如下[18]。

1. 會色歸空觀

　　就初門中爲四：

　　(1)色不即空，以即空故。何以故？以色不即斷空故，不是空也。以色舉體是真空也，故云以即空故。良由即是真空故，非斷空也。是故言由是空，故不是空也。

　　(2)色不即空，以即空故。何以故？以青、黃之相，非是真空之理，故云不即空。然青、黃無體，莫不皆空，故云即空。良以青、黃無體之空，非即

---

[15] 佛學大辭典，華嚴宗三觀，https://zh.wikisource.org/wiki/佛學大辭典/華嚴宗三觀，瀏覽日期：112.10.27。

[16] 維基百科，華嚴宗，https://zh.wikipedia.org/zh-tw/华严宗，瀏覽日期：112.10.27。

[17] 佛光大辭典（慈怡法師主編），法界三觀，http://buddhaspace.org/dict/fk/data/%25E6%25B3%2595%25E7%2595%258C%25E4%25B8%2589%25E8%25A7%2580.html，瀏覽日期：112.10.27。

[18] 唐法藏述，華嚴發菩提心章，大正新脩大正藏經，第45冊，頁652，http://buddhism.lib.ntu.edu.tw/FULLTEXT/sutra/chi_pdf/sutra19/T45n1878.pdf，瀏覽日期：112.10.27。

青、黃，故云不即空也。

(3)色不即空，以即空故。何以故？以空中無色，故不即空；會色無體，故是即空。良由會色歸空，空中必無有色。是故由色空，故色非空也。

上三句以法揀情訖。

(4)色即是空。何以故？凡是色法必不異眞空，以諸色法，必無性故，是故色即是空。如色空既爾，一切法亦然。思之。

2. 明空即色觀

亦作四門：

(1)空不即色，以空即色故。何以故？斷空不即是色，故云非色。眞空必不異色，故云空即色。是故要由眞空即色故，令斷空不即色也。

(2)空不即色，以空即色故。何以故？以空理非青、黃，故云空不即色。然非青、黃之眞空，必不異青、黃故，是故言空即色。要由不異青、黃故，不即青、黃，故言空即色、不即色也。

(3)空不即色，以空即色故。何以故？空是所依，非能依故，不即色也。必與能依作所依，故即是色也。良由是所依故，不即色；是所依故，即是色。是故言由不即色故，即是色也。

上三句亦以法揀情訖。

(4)空即是色。何以故？凡是眞空必不異色，以是法無我，理非斷滅故。是故空即是色，如空色既爾，一切法皆然。思之。

3. 空色無礙觀

謂色舉體不異空，全是盡色之空故，即色不盡而空現，空舉體不異色，全是盡空之色故，即空、即色而空不隱也。是故菩薩觀色無不見空，觀空莫非見色，無障無礙爲一味法。思之可見。

4. 泯絕無寄觀

謂此所觀眞空，不可言即色、不即色，亦不可言即空、不即空。一切法皆不可，不可亦不可，此語亦不受，迴絕無寄，非言所及，非解所到，是謂行境。何以故？以生心動念，即乖法體，失正念故。

（二）理事無礙觀（事理圓融觀）（事理無礙法界）

「理事無礙觀」亦即「事理圓融觀」，「謂性靜明體曰理，形相分限曰事。故觀廣大之理，咸歸一塵；即了一塵之色，通遍法界。是則融萬象之虛相，全一眞之明性。理事交徹，無礙圓融，故名理事無礙觀。」[19]

亦即：「夫事理兩門圓融一際者。復有二門。**一者心眞如門。二者心生滅門。心眞如門者是理。心生滅者是事**。即謂空有二見。自在圓融。隱顯不同。竟無障礙。言無二者。緣起之法似有即空。空即不空。復還成有。有空無二。一際圓融。二見斯亡。空有無礙。何以故。眞妄交映全該徹故。何者。空是不礙有之空。即空而常有。有是不礙空之有。即有而常空故。有即不有。離有邊有。空即不空。離無邊空。空有圓融一無二。故空有不相礙。互形奪故雙離兩邊。」[20]

「今顯實空，泯情所見之事相，以顯眞如之空性。然共此眞如，非凝然無爲之頑體，具不變隨緣之二義，雖以不變之故，常往無作，然以隨緣之故變造一切諸法。然則吾人所見之萬象皆爲眞如之隨緣，隨緣之萬象即眞如也。猶如水即爲波，波即爲水。所謂色即是空空即是色是也。如是觀眞如性起萬法，萬法一一以眞如爲性，名爲事理無礙觀。此四法界中事理無礙法界也。」[21]

所謂「理事無礙」者，係指理無形相全在相中。互奪存亡，故云無礙。此種理事無礙之事理圓融觀，包括「理遍於事門」以及「事遍於理門」等十門觀察方法，以下分述之[22]。

1. 理遍於事門

謂能遍之理性無分限。所遍之事分位差別，一一事中理皆全遍，非是分遍。何以故？以彼眞理不可分故，是故一一纖塵皆攝無邊眞理，無不圓足。釋其遍相理非事外。故要遍事。經云。法性遍在一切處一切眾生及國土故。次何以下。釋全遍所由。謂要全遍者。若不全遍理可分故。非如浮雲遍滿虛空隨方

[19] 佛教辭典，法界三觀，http://m.fodizi.tw/f03/34000.html，瀏覽日期：112.10.29。
[20] 唐杜順，華嚴五教止觀，大正新脩大正藏經，第45冊，頁511，https://cbetaonline.dila.edu.tw/zh/T1867，瀏覽日期：112.10.27。
[21] 佛學大辭典，華嚴宗三觀，https://zh.wikisource.org/wiki/佛學大辭典/華嚴宗三觀，瀏覽日期：112.10.27。
[22] 唐清涼山大華嚴寺沙門澄觀述，華嚴法界玄鏡卷上，大正新脩大正藏經，第45冊，頁672。

可分故。是故下。別指一事顯其遍相。以塵含理顯理全遍。

2. 事遍於理門

謂能遍之事是有分限，所遍之理要無分限；此有分限之事，於無分限之理全同，非分同，何以故？以事無體還如理故，是故一塵不壞而遍法界也。如一塵，一切法亦然思之。以理鎔事，事與理和二而不二。

3. 依理成事門

謂事無別體要因眞理而得成立。以諸緣起皆無自性故，由無性理事方成故。如波攬水以成動，水望於波能成立故。依如來藏得有諸法，當知亦爾。

4. 事能顯理門

謂由事攬理故，則事虛而理，實以事虛故。全事中之理挺然露現。如由波相虛令水體露現，當知此中道理亦爾。思之。

5. 以理奪事門

謂事既攬理成，遂令事相皆盡，唯一眞理平等顯現，以離眞理外無片事可得故。如水奪波波無不盡，此則水存已壞波令盡。

6. 事能隱理門

謂眞理隨緣成諸事法；然此事法既違於理，遂令事顯，理不顯也。如水成波動顯靜隱。經云：「法身流轉五道名曰眾生。故眾生現時法身不現也。」

7. 眞理即事門

謂凡是眞理必非事外，以是法無我理故。事必依理，理虛無體故。是故此理舉體皆事方爲眞理。如水即波無動，而非濕故，即水是波。

8. 事法即理門

謂緣起事法必無自性，無自性故舉體即眞。故說眾生即如不待滅也。如波動相舉，體即水故，無異相也。

9. 眞理非事門

謂即事之理而非是事，以眞妄異故，實非虛故。所依非能依故。如即波之水，非波，以動、濕異故。

10. 事法非理門

謂全理之事，事恆非理性相異故，能依非所依故，是故舉體全理而事相宛

然。如全水之波，波恆非水，以動義，非濕故。

（三）周遍含容觀（事事無礙法界）

「周遍含容」，係指事如理融，遍攝無礙，交參自在。[23]事本相礙大小等殊，理本包遍如空無礙，以理融事全事如理，乃至塵毛皆具包遍。是事事無礙法界。[24]亦即周遍含容，係指「無所不在曰周遍，無法不攝曰含容。故觀全事之理，隨事而一一可見；全理之事，隨理而一一可融。是則一多無礙，大小相含，互攝互容，重重無盡，隱顯自在，神用不測，真可謂入華嚴無盡法界之境，故名周遍含容觀。」[25]

「既知法界一一之事相為真如之隨緣性起矣。而其起也。非分取真如之性，性為一味平等，不可分取。一微一塵，悉完具真如之全體也。故完具理之一一事相，如其理性之法界融通，一一事相亦遍含容一切法界而重重無盡也。此名周遍法界性。是為四法界中之**事事無礙法界，隨緣觀之至極也**。」[26]

「以事事無礙。若唯約事則彼此相礙。若唯約理則無可相礙。**今以理融事。事則無礙。故云事如理融**。然理含萬有無可同喻。略如虛空。虛空中略取二義。一普遍一切色非色處。即周遍義。二理含無外。無有一法出虛空故。即含容。義理亦如空。具於二義無不遍故。無不包故。即事如理乃至纖塵亦能包遍。故云事如理融遍攝無礙。攝即含容義。無礙二義。一遍不礙攝。二攝不礙遍故。事事能攝能遍。等皆無礙。其交參自。在亦遍十門。」[27]

周遍含容觀，略辨十門：[28]

1. 理如事門

謂事法既虛，相無不盡；理性真實，體無不現。此則事無別事，即全理為

---

[23] 唐清涼山大華嚴寺沙門澄觀述，華嚴法界玄鏡卷上，大正新脩大正藏經，第45冊，頁680。

[24] 唐清涼山大華嚴寺沙門澄觀述，華嚴法界玄鏡卷上，大正新脩大正藏經，第45冊，頁672以下。

[25] 佛教辭典，法界三觀，http://m.fodizi.tw/f03/34000.html，瀏覽日期：112.10.29。

[26] 佛學大辭典，華嚴宗三觀，https://zh.wikisource.org/wiki/佛學大辭典/華嚴宗三觀，瀏覽日期：112.10.27。

[27] 唐清涼山大華嚴寺沙門澄觀述，華嚴法界玄鏡卷上，大正新脩大正藏經，第45冊，頁680以下。

[28] 唐法藏述，華嚴發菩提心章，大正新脩大正藏經，第45冊，頁653以下，http://buddhism.lib.ntu.edu.tw/FULLTEXT/sutra/chi_pdf/sutra19/T45n1878.pdf，瀏覽日期：112.10.27。

事，是故菩薩雖復看事，即是觀理，然說此事為不即理。

2. 事如理門

謂諸事法與理非異，故事隨理而圓遍，遂令一塵普遍法界；法界全體遍諸法時，此一微塵亦如理性，全在一切法中。如一微塵，一切事法亦爾。[29]

3. 事含理事無礙門

謂諸事法與理非一故，存本一事而能廣容。如一微塵其相不大，而能容攝無邊法界，由刹等諸法既不離法界，是故俱在一塵中現。如一塵，一切法亦爾。此事理融通非一非異故。總有四句：一、一中一；二、一切中一；三、一中一切；四、一切中一切。各有所由，思之。

4. 通局無礙門

謂諸事法與理非一即非異故，令此事法不離一處，即全遍十方一切塵內。由非異即非一故，全遍十方而不動一位，即遠、即近、即遍、即住，無障、無礙。[30]

5. 廣陝無礙門

謂諸事法與理，非一即非異故，不壞一塵而能廣容十方刹海；由非異即非一故，廣容十方法界而微塵不大。是則一塵之事，即廣、即陝、即大、即小，無障、無礙。

6. 遍容無礙門

謂此一塵望於一切，由普遍即是廣容故，遍在一切中時即復還攝彼一切法，全住自一中；又由廣容即是普遍故，令此一塵還即遍在自內一切差別法中。是故此一塵自遍他時，即他遍自，能容、能入同時，遍、攝無礙。思之。

---

29 「遍是理之別稱。相無分限故。既一微塵舉體。全在一切法中。亦如理之不可分也。文中先出所因。由不異理故。由第一門理如事故。遂得此門事全如理。言圓遍者。無分故圓體周故偏。次遂令下。別示遍相。謂遍理法界。從法界全體下。明壞遍事。由塵如理故遍諸事。次如一塵下。舉微塵例諸事。即事事皆遍。斯則事事重重無礙矣。」（唐清涼山大華嚴寺沙門澄觀述，華嚴法界玄鏡卷上，大正新脩大正藏經，第45冊，頁680以下）。

30 「此門重釋第二。第二俱遍令不壞相有不遍義遍即是通。不遍是局。文中與理非一故局。非異故通。即遠下結遍即是通。住則是局。」（唐清涼山大華嚴寺沙門澄觀述，華嚴法界玄鏡卷上，大正新脩大正藏經，第45冊，頁680以下）。

7. 攝入無礙門

謂彼一切望於一法，以入他即是攝他故，一切全入一中之時，即令彼一還復在自一切之內，同時無礙。又由攝他即是入他故，一法全在一切中時，還令一切恆在一內，同時無礙。思之。

8. 交涉無礙門

謂一法望一切有攝、有入，通有四句：謂一攝一切、一入一切；一切攝一、一切入一；一攝一法、一入一法；一切攝一切、一切入一切。同時交、參無礙。

9. 相在無礙門

謂一切望一，亦有入、有攝，亦有四句：謂攝一入一；攝一切入一；攝一入一切；攝一切入一切。同時交、參，無障、無礙。

10. 普融無礙門

謂一切及一，普皆同時，更互相望，一一具前兩重四句。普融無礙，準前思之。令圓明顯現，稱行境界，無障、無礙。深思之，令現在前也。

唐法藏法師在華嚴經旨歸中指出：「菩薩善觀緣起法，於一法中解眾多法。眾多法中解了一法。又云。一中解無量。無量中解一。展轉生非實智者無所畏。解云。展轉生是互爲緣起出因也。十法性融通力故者。謂若唯約事相。互相礙不可則入。若唯約理性。則唯一味不可則入。今則理事融通。具斯無礙。謂不異理之事具攝理性時。令彼不異理之多事。隨彼所依理。皆於一中現。若一中攝理而不盡。即眞理有分限失。若一中攝理盡。多事不隨理現。即事在理外失。今既一事之中全攝理。多事豈不於中現。」[31]

亦即：「藉由理的無分限，來論述一事攝一切事現一切事，因爲理事融通無礙，故一事中現一切事。若不如此，則有二失：一爲理有分限之失，故一事所攝之理不盡；一爲事在理外之失，故令一事所攝不盡。」[32]

---

[31] 唐京兆西崇福寺沙門法藏述，華嚴經旨歸，釋經義第八，http://buddhism.lib.ntu.edu.tw/BDLM/sutra/chi_pdf/sutra19/T45n1871.pdf，瀏覽日期：112.10.29。

[32] 陳英善，就《華嚴法界觀門》論華嚴思想之演變，中華佛學學報，第8期，1995年，頁373-396，http://buddhism.lib.ntu.edu.tw/FULLTEXT/JR-BJ001/08_12.htm，瀏覽日期：112.10.29。

二、法界緣起觀

（一）概說

華嚴宗強調**「法界緣起」**。[33]所謂「緣起」是「此有故彼有，此生故彼生；此無故彼無，此滅故彼滅」，一切法因緣和合即生，因緣離散即滅，「因」指主要因素，「緣」指其他眾多因素。[34]

法界緣起，「爲華嚴教義之緣起觀。屬四法界中事事無礙法界之內容。又作法界無盡緣起、十十無盡緣起、十玄緣起、無盡緣起、一乘緣起。華嚴宗主張，**千差萬別之現象界，其法性（梵dharmatā）具有實體，亦即緣起之諸法悉爲實體，現象之外無有實體，實體之外無有現象，此即法界（梵dharma-dhātu）之實相**。法界之形成，係以一法而成一切法，以一切法而起一法，是故一關係著宇宙之一切（一即一切），一切亦含攝於一之中（一切即一）。如是**法界之一與一切互爲主從，相入相即，圓融無礙而重重無盡，稱爲法界緣起**。」[35]

依據「華嚴一乘十玄門」之說明，華嚴經通明**法界緣起。不過自體因之與果。所言因者。謂方便緣修體窮位滿。即普賢是也。所言果者。謂自體究竟寂滅圓果。十佛境界一即一切。**謂十佛世界海及離世間品。明十佛義是也。問文殊亦是因。人何故但言普賢是其因人耶。答雖復始起發於妙慧。圓滿在於稱周。是故隱於文殊。獨言普賢也。亦可。文殊普賢據其始終。通明緣起也。今辨此因果二門者。圓果絕於說相。所以不可以言說而辨。因即明其方便緣修。是故略辨也。問不思議法品等亦明果德。何故得於因門說耶。答此等雖是果德。對緣以辨果。非是究竟圓寂之果。是故與因同一會說也。**今約教就自體**

---

[33] 「法界通指『眞如』、『實相』，此處法界緣起指『如來藏自性清淨心』，無盡的諸法各爲緣起，又互爲緣起，互相影響，相互涉入，自在無窮。正如一盞燈與千盞燈同放光明，交融無別，諸法互入互涉，因此淨穢，聖凡之相圓融一體，我、眾生與佛也圓融一體，外相雖有別，不生不滅的體性相同。也稱爲『一即一切，一切即一』。」（維基百科，法界緣起，https://zh.wikipedia.org/zh-tw/法界緣起，瀏覽日期：112.10.28）。

[34] 黃國達，中觀「無自性」之探究，https://www.yinshun.org/Enlightenment/1999/1999oct/1999oct6.html，瀏覽日期：112.10.31。

[35] 佛光大辭典（慈怡法師主編），法界緣起，http://buddhaspace.org/dict/fk/data/%25E6%25B3%2595%25E7%2595%258C%25E7%25B7%25A3%25E8%25B5%25B7.html，瀏覽日期：112.10.28。

相。辨緣起者於中有二。一者舉譬辨成於法。二者辨法會通於理。」[36]

（二）十玄門

十玄緣起，乃是「相即相入」之理，相即相入者，表示一切差別之現象，皆互相包容，而有一即一切，一切即一的道理。[37]

此一十玄門，杜順和尚認為明約法以會理者，凡以下十門（又稱古十玄）：

1. 同時具足相應門（此約相應無先後說）

即具明教、義理事等十門同時也。何以得如此耶？良由緣起實德法性海印三昧力用故得然，非是方便緣修所成故得同時。今且據因是同時者，若小乘說因果者，即轉因以成果，因滅始果成；若據大乘因果亦得同時，而不彰其無盡，如似舍緣以成舍，因果同時成而不成餘物，以因有親疎故，所以成有盡；若通宗明因果者，舉疎緣以入親，是故如舍成時，一切法皆一時成，若有一法不成者，此舍亦不成，如似初步若到一切步皆到，若有一步非到者一切步皆非到，故經云，雖成等正覺不捨初發心；又如大品經云，非初不離初，非後不離後，而明菩提也。

2. 因陀羅網境界門（此約譬說）

此約譬以明，亦復具有教義等十門。如梵網經，即取梵宮羅網為喻，今言

---

[36] 大唐終南太一山至相寺釋智儼撰承杜順和尚說，華嚴一乘十玄門，https://cbetaonline.dila.edu.tw/zh/T1868，瀏覽日期：112.10.28。有認為：「隋代慧遠《大乘義章》認為，佛教基本理論苦集滅道四諦中，苦集為法界緣起所會聚，滅道為法界緣起的發用。華嚴宗二祖智儼首倡法界緣起說，認為一部《華嚴經》就在於說明法界緣起。華嚴宗三祖法藏繼承和發展智儼的法界緣起思想，用緣起因分和性海果分來闡明世間和出世間的實相。緣起因分其相狀為無盡圓融，認為宇宙萬物，通通互為因果；一物為因，萬物為果，萬物為因，一物為果；一即一切，一切即一，相即相入，重重無盡。性海果分是不可言說的諸佛境界。由此有『無盡緣起』之名。法界緣起還認為世間和出世間的一切現象，都由先天的法性所生起。法性就是『一心』，就是『一心』的本性、本質，也稱為『善心』、『如來藏』或『如來藏自性清淨心』。世間和出世間的一切現象，均由『清淨心』隨緣生起。離開『一心』，更無別物，於是有性起緣起之名。諸佛的境界也是出於『法性』，出於『一心』，而且是和『法性』、『一心』相稱相順的。法性全體起為世間和出世間一切諸法，所以諸佛與眾生交徹，淨土與穢土融通，世俗世界和佛國世界也是圓融無礙的。」百科知識，法界緣起，https://www.jendow.com.tw/wiki/法界緣起，瀏覽日期：112.10.28。
[37] 蔣維喬著，中國佛教史，香港中和出版公司，2013年，頁288。

因陀羅網者，即以帝釋殿網爲喻。帝釋殿網爲喻者，須先識此帝網之相。以何爲相？猶如眾鏡相照眾淨成其無盡復無盡也。是故如第七地讚請經云，於一微塵中各示那由他無量無邊佛於中而說法，此即智正覺。世間又云，於一微塵中現無量佛國須彌金剛圍，世間不迫迮，此即據器世間。又云，於一微塵中現有三惡道天人阿修羅，各各受業報，此即據眾生世間。又云，如一微塵所示現，一切微塵亦如是，故於微塵現國土，國土微塵復示現，所以成其無盡復無盡，此即是其法界緣起。如智如理實德如此，非即變化對緣方便故說，若是大乘宗所明，即言神力變化故大小得相入。

3. 祕密隱顯俱成門（此約緣說）

此約緣起說也，還具前教義十門。所言隱顯者，如涅槃經半字及滿字，昔說半字故半字即顯，滿字即隱；今日說滿字，即滿字即顯半字即隱，此即約緣而說隱顯。又如月喻品云，此方見半（他方見滿），而彼月性實無虧盈，隨緣所見故有增減，此即是大乘宗中說。

4. 微細相容安立門（此約相說）

此就相說，如一微塵，此即是其小相，無量佛國須彌金剛山等即其大相，直以緣起實德無礙自在致使相容，非是天人所作故安立。如似一微塵中，有穢國土，而即於此微塵中，具有不可說淨國在此微塵中，而於彼穢國不相妨礙，而此淨國之相仍亦不失。乃至有諸國土，屍羅盆幢形三方及四維等國，在此一微塵中常不相妨礙。故普賢品云，一切諸世界入於一微塵中，世界不積聚，亦復不離散。

5. 十世隔法異成門（此約世說）

此約三世說，如離世間品說，十世者過去說過去，過去說未來，過去說現在，現在說現在，現在說未來，現在說過去，未來說未來，未來說過去，未來說現在，三世爲一念。合前九爲十世也，如是十世以緣起力故，相即復相入而不失三世，如以五指爲拳不失指，十世雖同時而不失十世。故經云，過去劫入未來，現在劫入過去，現在劫入過去，未來劫入現在。

6. 諸藏純雜具德門（此約行行）

此約諸度門說，何者如似就一施門說者，一切萬法皆悉名施，所以名純，而此施門即具諸度等行，故名爲雜；如是純之與雜不相妨礙，故名具德；

如大品經一念品明，從始至終不出一念，即名爲純；而此一念之中具於萬行，即名爲雜。雖爾而與此中純雜義別，何者如彼經一念者，同是無得相應不明緣起德用，若此明純者，若約施門一切皆施，若說忍門一切皆忍，說忍門者諸行如虛空，即名爲純，而此忍門具足諸門，即名爲雜，純雜不相亂故名具德。

7. 一多相容不同門（此約理說）

此約理說，以一入多，多入一，故名相容，即體無先後，而不失一多之相，故曰不同，此即緣起實德非天人所修。故經云，以一佛土滿十方，十方入一亦無餘，世界本相亦不壞，自在願力故能爾。又如普賢品云，一切眾生身入一眾生身，一眾生身入一切眾生身。又云，一切諸世界令入一塵中，世界不積聚，亦復不雜亂，須彌入芥子，此即不說也。[38]

8. 諸法相即自在門（此約用說）[39]

還就約教義、理事等十門，取其三種世間圓融無礙自在，故一即攝一切，成其無盡復無盡，以其無盡故相即復相入，此約用以說。問此明其無盡復無盡，相即復相入，與前因陀羅網，及微細相容門有何差別耶？答如譬說同體門中說者，若就隱映相應互相顯發，重重復重重成其無盡者，即是因陀羅網門攝；若諸門一時具顯不相妨礙者，是相容門攝；**若就三世圓融無礙自在，相即復相入成其無盡復無盡者，即是此門攝**。問若如是相即即復相入成其無盡復無盡者，此乃渾無疆界，何始何終何因何果耶？答此據法界緣起體性成其無盡復無盡，故先後因果不失，雖不失先後而先後相即復相入，故成其無盡，**以先後相即復相入故初發心時便成正覺，如前章門**。[40]

9. 唯心迴轉善成門（此約心說）

所言唯心迴轉者，前諸義教門等。竝是如來藏性清淨眞心之所建立；**若善若惡隨心所轉故云迴轉善成，心外無別境故言唯心。若順轉即名涅槃。故經云心造諸如來，若逆轉即是生死**，故云三界虛妄唯一心作，生死涅槃皆不出心，是故不得定說性是淨及與不淨，故涅槃云，佛性非淨亦非不淨，淨與不淨皆唯心，故離心更無別法，故楞伽經云，心外無境界無塵虛妄見，問若心外更無別

---

[38] 大唐終南太一山至相寺釋智儼撰承杜順和尚說，華嚴一乘十玄門。
[39] 大唐終南太一山至相寺釋智儼撰承杜順和尚說，華嚴一乘十玄門。
[40] 釋智儼撰承杜順和尚說，華嚴一乘十玄門。

境，有無皆由心成者，如人先見障外有物，別有人去物時心由謂有，爾時物實無何名由心成耶？答若隨虛妄心中轉者，此障外物亦隨心之有無，此亦心隨去物不去物而轉。若論如來藏性真實淨心說者，此物不動本處，體應十方，性恆常轉縱移到他方，而常不動本處，此即緣起自在力，然非是變化幻術所為，是故雖復七處九會，而不離寂滅道場，維摩云，文殊師利不來相而來，不見相而見，此之謂也。

10. 託事顯法生解門（此約智說）

言託事者如經舉金色世界之事，即顯始起於實際之法，一切幢一切蓋等事是行體也。又如法界品云，開樓觀門相見彌勒菩薩所行因事至菩提道場，以樓觀則菩提相，所以言顯法主解也，若大乘宗中所明亦託事以顯法，即以異事顯於異理法，此中以事即法故隨舉一事攝法，無盡故前舉旛幢等，皆言一切，所以不同大乘說也，此中明因果者如一乘說也。

其後法藏之探玄記，則以「廣狹自在無礙門」，取代「諸藏純雜具德門」。又以「主伴圓明具德門」取代「唯心迴轉善成門」，稱為新十玄門。[41]

所謂「**廣狹自在無礙門**」，「華嚴宗新十玄門之第二。此門乃就空間而言。又作諸藏純雜具德門（古十玄門所稱）。廣，指一塵一法之力用普遍於一切而無有界限；狹，指一能含攝一切而不失其本位，顯現差別之相。故狹能容廣，自在無礙，如一尺之鏡見千里之影，鏡為狹，千里為廣，又眼為狹，可見之遙遠外境為廣。呈現事事無礙之境界，以破眾生執六度等法、不能於一念中廣狹無礙之疑。華嚴宗二祖智儼於所撰華嚴一乘十玄門中，立諸藏純雜具德門為第六門，係就施門而言，以諸度皆不含攝施門，謂之純；於施門具足諸度，則謂之雜。此即純雜互入而不相妨礙。其後華嚴三祖法藏於華嚴經探玄記卷一，將諸藏純雜具德門改為廣狹自在無礙門，其次序亦由第六位移至第二位。」〔八十華嚴經十定品、入法界品、華嚴玄談卷六〕。[42]

所謂「**主伴圓明具德門**」，「乃就『果』而言，以破眾生執於不能隨舉一法即一切法之疑障。謂於諸法中，隨舉一法為主，其餘之法則為伴，周匝圍繞，為唱為隨，主伴依持而無有障礙，如北辰所居，眾星拱之。比喻如來所說圓教之法，理無孤起，必有眷屬隨生。故十方諸佛菩薩互為主伴，重重交參，

---

[41] 蔣維喬著，中國佛教史，香港中和出版公司，2013年，頁288。
[42] 佛弟子文庫，廣狹自在無礙門，http://m.fodizi.tw/f05/79122.html，瀏覽日期：112.10.30。

同時頓唱圓教法門，所說法門稱性極談，具足眾德。若能圓明瞭知，則凡觀一法，皆具足無盡德相。」〔華嚴經探玄記卷一、華嚴五教章卷四、華嚴經隨疏演義鈔卷十〕。[43]

（三）六相圓融觀

華嚴宗提倡「六相圓融」論，認爲萬有相互之關係，生於六相；六相圓融而爲一，故萬有爲一體；因萬有爲一體，則十玄緣起之理，即可得之。[44]

「六相圓融」又稱六相緣起。指六相相互圓融而不相礙。與十玄門之說，並稱「十玄六相」，爲華嚴宗之重要教義。「六相即總相、別相、同相、異相、成相、壞相等，華嚴宗以此六相之說爲基礎，而立六相圓融。即：諸法皆具此六相而互不相礙，全體與部分、部分與全體皆一體化，圓融無礙。世親之十地經論卷一對菩薩行說有六相。隋代慧遠之十地經論義記雖然解釋六相，但僅說及體與理，而未說及相與事。華嚴宗自唐代智儼始說六相圓融，而後由法藏、澄觀集其大成。」[45]

六相指總相、別相、同相、異相、成相、壞相。

1. **總相**：一舍多德故。例如梁柱、牆壁等構成之房屋，是爲總相。
2. **別相**：多德非一故。別依比總滿彼總故。例如房屋總相中又區別爲梁柱與牆壁等爲別相，相對於總相而言。
3. **同相**：同相者多義不相違。將別相之梁柱等諸緣和同，相與調和，而成總相房屋之形狀。別相之梁柱等彼此不相違，故皆名房屋之緣，非作餘物，故名同相也。其與總相之區別耶，乃是總相僅就一個房屋而言。今此同相約梁柱等諸緣。雖形體各別，但功能作用相同，故名同相也。
4. **異相**：多義相望各各異故。例如梁柱等諸緣隨自形類相望差別故。此與別相之差異，乃是別相者，僅因梁柱等諸緣，有別於一房屋，故說別相。今異相者。梁柱等諸緣迭互相望，各自不同，不能混亂，故各各異相。
5. **成相**：此爲緣起成就之作用，由此諸緣建成房屋。因建成房屋，故梁柱等

---

[43] 佛弟子文庫，主伴圓明具德門，http://m.fodizi.tw/f05/65786.html，瀏覽日期：112.10.30。
[44] 蔣維喬，中國佛教史，香港中和出版公司，2013年，頁292。
[45] 佛光大辭典，六相圓融，http://buddhaspace.org/dict/fk/data/%25E5%2585%25AD%25E7%259B%25B8%25E5%259C%2593%25E8%259E%258D.html，瀏覽日期：112.10.30。

名緣。若不如此者，二俱不成。今現得成，故知成相互成之。倘若梁柱等諸緣，各住自法本不作房屋構造用途時，則無法建成房屋。倘若梁柱作為房屋構成部分時，即喪失梁柱之本性（自法）。成相者，以「成相互成」來概括之，所表達的是各個緣須相依互的概念，「諸緣不作」指梁柱等諸緣不住自性，才可共成房舍。[46]

6. **壞相**：各住自法不移本性故。例如梁柱等諸緣各住自法本不作故。壞相者，是指諸緣的各住本位，如橡、瓦、磚等，這是成相的原素。

又總即一舍，別即諸緣，同即互不相違，異即諸緣各別，成即諸緣辦果，壞即各住自法。別為頌曰：「一即具多名總相，多即非一是別相。多類自同成於總，各體別異現於同。一多緣起理妙成，壞住自法常不作。唯智境界非事識，以此方便會一乘。」[47]

依據華嚴一乘教義分齊章卷四，解釋六相圓融之名義，「即：緣起之諸法必由諸緣集合成立，故有成立之總相（一含多德，例如屋舍之總支柱、橡、梁等）與令其成立的諸緣之別相（依總相而存，令總相圓滿者，例如屋舍分為柱、橡、梁等別相）。此別相係對應於總相而言，別相之上又有同相（具有多義多法，然互不相違，亦同樣可成立總相，例如柱等互相合力組成屋舍）與異相（多義多德各各別異且互相望，例如豎柱與橫梁相異）；總相之外另有成相（由諸義而成立總相，例如由柱等而完成屋舍）與壞相（別相各守自己本位，不成立總相，例如柱等守各自之自相），合之即為六相。」[48]

「六相之關係可分為體、相、用來說。總、別二相是緣起之體德，同、異二相是緣起之異相，成、壞二相是緣起之義用。另據五教章通路記卷二十七載，緣起法有圓融與行布（差別）之二大義，其中總、同、成三相屬圓融門（三相圓融）；別、異、壞三相屬行布門（三相行布）。但表無差別之圓融並不離表差別之行布，且行布亦不離圓融，故說圓融即行布，行布即圓融，於此

---

[46] 釋見光，華嚴宗六相圓融思想之流變，頁19，https://www.huayencollege.org/files/paper/thesis/pdf/2013/20-釋見光-華嚴宗六相圓融思想之流變.pdf，瀏覽日期：112.10.30。

[47] 唐大薦福寺沙門法藏述，華嚴一乘教義分齊章卷第四，http://buddhism.lib.ntu.edu.tw/BDLM/sutra/chi_pdf/sutra19/T45n1866.pdf，瀏覽日期：112.10.30。

[48] 佛光大辭典，六相圓融，http://buddhaspace.org/dict/fk/data/%25E5%2585%25AD%25E7%259B%25B8%25E5%259C%2593%25E8%259E%258D.html，瀏覽日期：112.10.30。

乃成立無盡法界之緣起。」⁴⁹

　　就此日本凝然法師指出：「六相既通一切諸門。普別二門。無不具足。
且如佛體。明六相者。問何物是佛。答萬德覺者。是名爲佛。問何物萬德。答
萬德法中。且舉一德。三昧是佛。三昧成佛。事滿足故。此一三昧。攝眾德
故。一德成佛。無不足故。眾德相望。通融皆爾。是名總相。總相一佛。開爲
萬德。力無畏。解脫三昧。智慧總持。一百四十不共佛法。如是功德。無邊量
故。是名別相。總外無別。開總爲別。別外無總。合別爲總萬德皆同。作佛功
德。無不是佛。名爲同相。所成眾德。諸緣相望。互不相同。是名異相。萬德
各成佛果自體。無有相違。是名成相。所開眾德。各守自分。互住其位。互不
相由。故名壞相。此即同異無礙。成壞自在。總同成相。圓融位成。別異壞
相。行佈位滿。行布即圓融。圓融即行布。二門融即究竟佛果。如是六相具足
名佛。」⁵⁰

肆、華嚴經的哲學思想

一、「主觀唯心主義」與「客觀唯心主義」

　　華嚴經有「三界唯心」思想。華嚴經十地品中表示：「佛子！此菩薩摩
訶薩復作是念：『三界所有，唯是一心。如來於此分別演說十二有支，皆依一
心，如是而立。何以故？隨事貪欲與心共生，**心是識，事是行，於行迷惑是無
明**，與無明及心共生是名色，名色增長是六處，六處三分合爲觸，觸共生是
受，受無厭足是愛，愛攝不捨是取，彼諸有支生是有，有所起名：生，生熟爲
老，老壞爲死。』」⁵¹「佛子！菩薩摩訶薩第四地所行道善圓滿已，欲入第五
難勝地，**當以十種平等清淨心趣入**。何等爲十？所謂：於過去佛法平等清淨
心、未來佛法平等清淨心、現在佛法平等清淨心、戒平等清淨心、心平等清淨
心、除見疑悔平等清淨心、道非道智平等清淨心、修行智見平等清淨心、於一

---

⁴⁹ 佛光大辭典，六相圓融，http://buddhaspace.org/dict/fk/data/%25E5%2585%25AD%25E7%259B
%25B8%25E5%259C%2593%25E8%259E%258D.html，瀏覽日期：112.10.30。
⁵⁰ 東大寺沙門凝然述，五教章通路記（日本凝然述）卷二十七，http://www.dzj.fosss.net/
dzz/20/2424-t72n2339?start=26，瀏覽日期：。
⁵¹ 于闐國三藏實叉難陀奉制譯，大方廣佛華嚴經卷第三十七，十地品第二十六之四，第六地。

切菩提分法上上觀察平等清淨心、教化一切眾生平等清淨心。菩薩摩訶薩以此十種平等清淨心，得入菩薩第五地。」[52]

學者劉紀璐認為華嚴經思想屬於「主觀唯心主義」，認為「世界唯心造」，諸法皆空＝諸法因緣生，亦即事物存在依賴於其他因緣而起。諸法因緣生＝無固定自性，由於無固定自性，因此不存在，由於不存在，因此不真實。[53]其將物質世界看成不真實的，因為物質世界的存在只是個體心靈的投射，它不同於唯識論；不僅否認當下世界的真實性，也否認共業所感的世界真實性。[54]

學者馮友蘭則認為華嚴宗之思想，屬於「客觀唯心主義」，認為澄觀提出華嚴有四個法界：一事法界、二理法界、三理事無礙法界、四事事無礙法界。由以上所述，法藏和尚認為一個恆常不變之真心，是一切現象之根本，其說為客觀唯心論，接近於實在論，因為依據此說，客觀的世界可以離開主觀而存在，且客觀世界中，每一事物，皆是真心全體之所顯現，所謂「一即一切，一切即一」。真心包羅一切事物。故現象世界中，每一事物，亦包羅一切事物。[55]

二、窮理盡性之一真法界思想

學者方東美認為華嚴經思想，具有**窮理盡性之一真法界思想**。[56]華嚴經之一真法界思想，乃是將事法界與理法界結合起來，成為理事無礙法界，再由理事無礙法界思想迴向投入現實世界說明一切事物，都是理性之顯示，即可成為事事無礙法界，再將上述四法界串聯構成統括諸法界之「一真法界」。亦即將整體世界當成「有機體的統一」，並以「理」作為萬事萬物之構成基礎，而將宇宙萬物之差別性，經由萬物之普遍原理融合統一成為一個和諧體系。[57]

亦即華嚴經思想是「透過以四法界說明圓融無礙之真相，以十玄門說明相即相入之原理，以六相圓融將諸緣起法相反相成之道理，而成立事事無礙法

---

[52] 于闐國三藏實叉難陀奉制譯，大方廣佛華嚴經卷第三十六，十地品第二十六之三，第五地。

[53] 劉紀璐，中國哲學導論，初版，2021年，頁375。

[54] 劉紀璐，中國哲學導論，初版，2021年，頁373。

[55] 馮友蘭，中國哲學史，臺灣商務印書館，台四版，2015年，頁637、642。

[56] 方東美，華嚴宗哲學上，中華書局，初版，2012年，頁122以下。

[57] 方東美，華嚴宗哲學上，中華書局，初版，2012年，頁122以下。

門之教法，此即華嚴法界圓融之教法也！華嚴之圓融法界乃重重無盡，能於一法門中暢演無量法門，能將諸法之性相力用之功德，於互攝、互具、相容、相即、相入之涵蘊關係下，事事圓備、情器融通、體用雙顯、時空交織、帝網相映。若真以明此義理融貫之真相，自然能擴展心境而探得宇宙真智。」[58]

「**法界者。一切眾生身心之本體也**。從本已來。靈明廓徹。廣大虛寂。唯一真之境而已。無有形貌而森羅大千。無有邊際而含容萬有昭昭於心目之間。而相不可覩。晃晃於色塵之內。而理不可分。非徹法之慧目離念之明智。不能見自心如此之靈通也。甚矣眾生之迷也。身反在於心中。若大海之一漚爾。而不自知。有廣大之威神。而不能用。觳觫而自投於籠檻。而不自悲也。故世尊初成正覺。歎曰。奇哉。我今普見**一切眾生。具有如來智慧德相。但以妄想執著。而不證得**。於是稱法界性。說華嚴經。令一切眾生。自於身中得見如來廣大智慧。而證法界也。故此經極諸佛神妙智用。徹諸法性相理事。盡修行心數門戶。真可謂窮理盡性者也。然此經雖行於世。而罕能通之。有杜順和尚。歎曰。大哉法界之經也。自非登地。何能披其文。見其法哉。吾設其門以示之。於是著法界觀。而門有三重。一曰真空門。簡情妄以顯理。二曰理事無礙門。融理事以顯用。三曰周遍含容門。攝事事以顯玄。使其融萬象之色相。全一真之明性。然後可以入華嚴之法界矣。」[59]

有認為華嚴經要旨為：「知一切法，即心自性，成就慧身，不由他悟」。在**大方廣佛華嚴經梵行品第十二**[60]**記載**：「菩薩摩訶薩正念無障礙，觀察、分別三世諸法平等，猶如虛空，無有二相。如是觀者，智慧、方便無所罣礙。於一切法而不取相，一切諸法無自性故；於一切佛及諸佛法平等觀察，猶如虛空；是名菩薩摩訶薩方便修習清淨梵行。」

「又復修習增上十法。何等為十？所謂：是處非處智，去、來、現在諸業報智，一切諸禪三昧正受解脫垢淨起智，眾生諸根智，隨諸欲樂智，種種性智，至一切處道智，無障礙宿命智，無障礙天眼智，斷習氣智，是為十。如是觀察如來十力甚深無量，具足長養大慈悲心，悉分別眾生而不捨眾生，亦不捨

[58] 釋圓照，華嚴法界圓融之探討，華嚴專宗學院研究所第三屆畢業論文，頁36。
[59] 唐綿州刺史裴休述，注華嚴法界觀門序，http://www.ss.ncu.edu.tw/~calin/scripture/t45/T45n1884.pdf，瀏覽日期：112.10.29。
[60] 大方廣佛華嚴經梵行品第十二，https://deerpark.app/reader/T0278/8，瀏覽日期：112.10.27。

寂滅；行無上業，不求果報；觀一切法如幻、如夢、如電、如響、如化。**菩薩摩訶薩如是觀者，以少方便，疾得一切諸佛功德。常樂觀察無二法相，斯有是處。初發心時，便成正覺，知一切法眞實之性，具足慧身，不由他悟。」**[61]

三、人生價值觀：發菩提心

佛教勉勵人類應「發菩提心」，所謂「發菩提心」，有認爲「菩提心」，是成佛的心，就是「不爲自己求安樂，但願眾生得離苦」。[62]又有認爲是指「上求佛道，下化眾生」。[63]而依大乘起信論，菩提心有直心、深心與大悲心三種心：[64]「一者、直心，正念眞如法故；[65]二者、深心，樂修一切諸善行故；[66]三者、大悲心，救度一切苦眾生故。」[67]大悲心是欲拔一切眾生苦，大願

---

[61] 大方廣佛華嚴經梵行品第十二，https://deerpark.app/reader/T0278/8，瀏覽日期：112.10.27。

[62] 聖嚴法師，發菩提心修菩薩道，https://www.ddm.org.tw/xmnews/cont?xsmsid=0K297379401790934567&sid=0M3006308799999613713，瀏覽日期：112.11.1。

[63] 星雲大師全集，佛法眞義>佛法義理>菩提心，https://books.masterhsingyun.org/ArticleDetail/artcle9295，瀏覽日期：112.11.1。

[64] 魏國西寺沙門法藏述，華嚴發菩提心章，http://buddhism.lib.ntu.edu.tw/FULLTEXT/sutra/chi_pdf/sutra19/T45n1878.pdf，瀏覽日期：112.11.1。

[65] 「直心中，應具有十心：一者、廣大心，謂誓願觀一切法，悉如如故。二者、甚深心，謂誓願觀眞如，要盡源底故。三者、方便心，謂推求簡擇，趣眞方便故。四者、堅固心，謂設逢極苦樂受，此觀心不捨離故。五者、無間心，謂觀此眞理，盡未來際不覺其久故。六者、折伏心，謂若失念煩惱暫起，即覺察折伏令盡，使觀心相續故。七者、善巧心，謂觀眞理，不礙隨事，巧修萬行故。八者、不二心，謂隨事萬行，與一味眞理融無二故。九者、無礙心，謂理事既全融不二，還令全理之事互相即入故。十者、圓明心，謂頓觀法界全一全多，同時顯現無障無礙故。」（法藏，華嚴發菩提心章）。

[66] 「深心中，亦具十心：一者、廣大心，謂於遍法界一切行門，誓當修習學故。二者、修行心，謂於此無邊行海，對緣修造故。三者、究竟心，謂凡所修學，要當成就，乃至菩提故。四者、忍苦心，謂能忍大苦，修諸難行，不以爲難故。五者、無厭足心，謂頓修多行，情無厭足故。六者、無疲倦心，謂於一一難行多時，勇悍無疲倦故。七者、常心，謂於一一行，各盡未來際，念念相續恒不斷故。八者、不求果報心，謂修此諸行，不求人天二乘果報故。九者、歡喜心，謂凡修諸行，稱本求心，皆大歡喜故。十者、不顛倒心，謂凡所修行，皆離二乘，俱絕三輪故。」（法藏，華嚴發菩提心章）。

[67] 「大悲心中，亦具十心：一者、廣大心，謂於一切眾生皆立誓願，將度脫故。二者、最勝心，謂度彼要當得佛果故。三者、巧方便心，謂求度眾生巧方便法，要當成熟故。四者、忍苦心，謂堪忍代彼一切眾生受大苦故。五者、無厭足心，謂於一一難化眾生化以無量方便，無厭足故。六者、無疲倦心，謂化難化眾生設於無量劫荷負眾生苦，不以爲勞故。七者、常心，謂於一一眾生盡未來際念念無間，不休息故。八者、不求恩報心，謂於諸眾生作此廣大饒益，終不希望毛端恩報故。九者、歡喜心，謂令眾生得安樂時，通令得轉輪王樂、釋梵天

平等饒益眾生。亦即包括自利利他之心。

華嚴經入法界品第三十九之四：「善男子，若有能發阿耨多羅三藐三菩提心，則爲不斷一切佛種，則爲嚴淨一切佛剎，則爲成熟一切眾生，則爲了達一切法性，則爲悟解一切業種，則爲圓滿一切諸行，則爲不斷一切大願，則如實解離貪種性，則能明見三世差別，則令信解永得堅固，則爲一切如來所持，則爲一切諸佛憶念，則與一切菩薩平等，則爲一賢聖讚喜，則爲一切梵王禮觀，則爲一切天主供養，則爲一切夜叉守護，則爲一切羅剎侍衛，則爲一切龍王迎接，則爲一切緊那羅王歌詠讚歎，則爲一切諸世間主稱揚慶悅，則令一切諸眾生界悉得安隱。所謂：令捨惡趣故，令出難處故，斷一切貧窮根本故，生一切天人快樂故，遇善知識親近故，聞廣大法受持故，生菩提心故，淨菩提心故，照菩薩道故，入菩薩智故，住菩薩地故。」

四、以拯救天下蒼生為己任，平等饒益一切眾生

華嚴經鼓勵人們應以拯救天下蒼生爲己任，協助人類脫離痛苦，並獲得廣大智慧。華嚴經十迴向品第二十五之一：「佛子！此菩薩摩訶薩行檀波羅蜜，淨尸波羅蜜，修羼提波羅蜜，起精進波羅蜜，入禪波羅蜜，住般若波羅蜜，大慈、大悲、大喜、大捨，修如是等無量善根。修善根時，作是念言：『願此善根普能饒益一切眾生，皆使清淨，至於究竟，永離地獄、餓鬼、畜生、閻羅王等無量苦惱。』菩薩摩訶薩種善根時，以己善根如是迴向：『我當爲一切眾生作舍，令免一切諸苦事故；爲一切眾生作護，悉令解脫諸煩惱故；爲一切眾生作歸，皆令得離諸怖畏故；爲一切眾生作趣，令得至於一切智故；爲一切眾生作安，令得究竟安隱處故；爲一切眾生作明，令得智光滅癡暗故；爲一切眾生作炬，破彼一切無明闇故；爲一切眾生作燈，令住究竟清淨處故；爲一切眾生作導師，引其令入眞實法故；爲一切眾生作大導師，與其無礙大智慧故。』佛子！菩薩摩訶薩以諸善根如是迴向，平等饒益一切眾生，究竟皆令得一切智。」

華嚴經十住品：「佛子！云何爲菩薩具足方便住。此菩薩。所修善根。皆爲救護一切眾生。饒益一切眾生。安樂一切眾生。哀愍一切眾生。度脫一切

王乃至二乘及大涅槃等樂故。十者、不顛倒心，謂不見能化及所化故。」

眾生。令一切眾生。離諸災難。令一切眾生。出生死苦。令一切眾生。發生淨信。令一切眾生。悉得調伏。令一切眾生。咸證涅槃。」

華嚴經提倡眾生平等之精神，鼓勵修行者應「平等饒益一切眾生，究竟皆令得一切智」。不分親疏遠近，怨親平等，超越對立，普遍令眾生修習正法，獲得大智慧。例如華嚴經十迴向品第二十五之一：「佛子！菩薩摩訶薩於非親友守護迴向，與其親友等無差別。何以故？**菩薩摩訶薩入一切法平等性故，不於眾生而起一念非親友想。**設有眾生於菩薩所起怨害心，菩薩亦以慈眼視之，終無恚怒。普為眾生作善知識，演說正法，令其修習。」

有論者指出：「澄觀大師指出為什麼叫大悲，因為觀自在菩薩平等教化。應用的行門或方法，是攝受調服。因為是同體大悲，所以能平等教化；同理，因為平等教化，而顯示了同體大悲。 因此，可知平等即大悲，大悲即平等，此也呼應了十迴向品之第七迴向──等隨順一切眾生迴向，顯示觀自在菩薩以同體大悲心、平等心隨順於一切眾生。」[68]

上述平饒益眾生之博愛精神，與《周易·乾卦·象辭》「乾道變化，各正性命，保合太和，乃利貞」（意指天道的大化流行，萬物各得其正，保持完滿的和諧，萬物就能順利發展）[69]之「太和」觀念之儒家思想，不謀而合。

五、修菩薩行，入菩薩智慧地

華嚴經十地品中勉勵人類應**修菩薩行，入菩薩智慧地**：「爾時，世尊在他化自在天王宮摩尼寶藏殿，與大菩薩眾俱。其諸菩薩皆於阿耨多羅三藐三菩提不退轉，悉從他方世界來集；住一切菩薩智所住境，入一切如來智所入處；勤行不息，善能示現種種神通諸所作事，教化調伏一切眾生而不失時；**為成菩薩一切大願，於一切世、一切劫、一切剎，勤修諸行**，無暫懈息；**具足菩薩福智助道**，普益眾生而恒不匱；到一切菩薩智慧方便究竟彼岸，示入生死及以涅槃而不廢捨；**修菩薩行，善入一切菩薩禪定、解脫三昧、三摩鉢底、神通明智，諸所施為皆得自在**；獲一切菩薩自在神力，於一念頃無所動作，悉能往詣一切如來道場眾會，為眾上首，請佛說法，護持諸佛正法之輪；以廣大心供養承事

---

[68] 釋親航，《華嚴經》中觀自在菩薩法門之探討，頁7。

[69] 每日頭條，「湯一介談《周易》：乾道變化，各正性命，保合太和，則利貞」，https://kknews.cc/culture/2x5rmje.html，瀏覽日期：112.10.31。

一切諸佛，**常勤修習一切菩薩所行事業**；其身普現一切世間，其音普及十方法界，心智無礙，普見三世；一切菩薩所有功德悉已修行而得圓滿，於不可說劫說不能盡。其名曰：金剛藏菩薩，……」

「善哉善哉！金剛藏！乃能入是菩薩大智慧光明三昧。善男子！此是十方各十億佛剎微塵數諸佛共加於汝，以毘盧遮那如來、應、正等覺本願力故，威神力故，亦是汝勝智力故，欲令汝爲一切菩薩說不思議諸佛法光明故。所謂：**令入智地故，攝一切善根故，善揀擇一切佛法故，廣知諸法故，善能說法故，無分別智清淨故，一切世法不染故，出世善根清淨故，得不思議智境界故，得一切智人智境界故**；又令得菩薩十地始終故，如實說菩薩十地差別相故，緣念一切佛法故，修習分別無漏法故，善選擇觀察大智光明巧莊嚴故，善入決定智門故，隨所住處次第顯說無所畏故，得無礙辯才光明故，住大辯才地善決定故，憶念菩薩心不忘失故，成熟一切眾生界故，能遍至一切處決定開悟故。善男子！汝當辯說此法門差別善巧法。所謂：承佛神力如來智明所加故，淨自善根故，普淨法界故，普攝眾生故，深入法身、智身故，受一切佛灌頂故，得一切世間最高大身故，超一切世間道故，清淨出世善根故，滿足一切智智故。」[70]

六、明心見性，通達事理

有認爲佛弟子的修定 —— 修心，引出了「心性本淨」、「唯心所作」（「唯識所現」）二大思想。[71]佛教勉勵人類應「明心見性」以通達事理及佛理。所謂明心是發現自己的眞心，明證、悟解本心是自性清淨心；見性是見到自己本來的眞性[72]。所謂自性，其意義有二：（一）謂事物的本體、本質；或（二）謂事物的存在狀態[73]。例如《六祖壇經》云：「菩提自性，本來清淨，

---

[70] 三藏實叉難陀奉制譯，大方廣佛華嚴經卷第三十四，十地品第二十六之一，https://cbetaonline.dila.edu.tw/zh/T0279_034，瀏覽日期：112.11.1。

[71] 印順佛教基金會推廣教育中心，華雨集第三冊－五如來藏・我・自性清淨心，yinshun-edu.org.tw，瀏覽日期：112.11.8。

[72] 明心見性【佛學常見辭彙】——佛教詞典，佛弟子文庫>佛學常見辭彙>正文，fodizi.tw，瀏覽日期：112.11.6。

[73] 重編國語辭典：自性，https://dict.revised.moe.edu.tw/dictView.jsp?ID=137821&la=0&powerMode=0，瀏覽日期：112.11.6。

但用此心，直了成佛。」《觀無量壽經》云：「此心是佛，此心做佛。」《楞嚴經》云：「萬法所生，爲心所現。」《華嚴經》云：「若人欲了知，三世一切佛；應觀法界性，一切唯心造。」[74]

佛教所稱「自性」，指「自體之本性。法相家（唯識家）多稱爲自相。即諸法各自具有真實不變、清純無雜之個性，稱爲自性。解深密經卷二之一切法相品等，將一切法之性相分爲遍計所執性、依他起性、圓成實性三種。然中論等則認爲，諸法皆由因緣所成，而無有一定之自性，故自性即空。」〔十二門論、大乘阿毗達磨雜集論卷十五、卷十六、成唯識論卷八、華嚴五教章卷四〕。[75]

上述所謂「自性清淨心」，是指「吾人之心本來清淨，亦即心性本淨之意。又作性淨心、本性清淨心。爲小乘大眾部之主張，大乘則將此心稱爲如來藏心、佛性、真如、法界、法性等。依大乘止觀法門卷一對自性清淨心之解釋，謂心於無始以來即爲無明染法所覆，然以性淨不改之故，稱之爲『淨』；以無有無明染法與之相應之故，稱之爲『性淨』；復以中實本覺之故，稱之爲『心』。」[76]

七、體、相、用理論

學者張有恆教授指出體相用之意義，[77]認爲「法」在佛學當中，係指一切萬事萬物，一般可從「體」、「相」、「用」三個角度來分析。「體」是指本體，「相」是指現象，「用」是指作用。所謂「體」，一般而言，萬法之本體，即爲萬法之「性質」，亦即不生不滅，永遠不變之性質。而「相」包括有三種，表現在外的，包括「物理現象」和「生理現象」；想像於心者，稱之爲「心理現象」。萬法本體雖空，但當因緣條件具足時，就現出一切現象來，如土石積山、氫氧化水；而因緣條件分散時，本來無相，因此佛說：「因緣所生法，我說即是空。」故一切的現象都是暫時的假有，不能永遠存在。佛陀教化

---

[74] 重編國語辭典：自性，https://dict.revised.moe.edu.tw/dictView.jsp?ID=137821&la=0&powerMode=0，瀏覽日期：112.11.6。

[75] 佛弟子文庫，七種自性，http://m.fodizi.tw/f05/68798.html，瀏覽日期：112.11.6。

[76] 自性清淨心【佛光大辭典】——佛教詞典，fodizi.tw，瀏覽日期：112.11.8。

[77] 張有恆，二十二、體、相、用的意義，清涼小品，book853.com，瀏覽日期：112.11.8。

眾生，皆依據眾生的根基，因材施教，或說「體」（本體眞如平等，不生不滅），或說「相」（如來具足無量功德之相），或說「用」（能生一切世間出世間善因果之作用）。

有認爲體相用乃是大乘起信論所說之三大也。眞如爲體，眞如體內智慧慈悲等無量之功德爲相，此體相不固定，應於緣而活動爲用。[78]

八、理事圓融觀

華嚴經強調理事融合圓融思想。唐朝澄觀法師在《華嚴法界玄鏡》中解釋：「**眞理奪事，理逆事也。事能隱理，事逆理故。**」「**依理成事，理順事也。事能顯理，事順理也。故此二句總攝十門。方爲事理無礙之義成第二觀。**然事理無礙，方是所觀觀之於心，即名能觀。此觀別說觀事俗觀。觀理眞觀。**觀事理無礙成中道觀。**又觀事兼悲。觀理是智。此二無礙。即悲智相導成無住行。亦即假空中道觀耳。」「**觀曰。一理遍於事門。謂能遍之理性無分限。所遍之事分位差別。一一事中理皆全遍非是分遍。**何以故。以彼眞理不可分故。是故一一纖塵皆攝無邊眞理無不圓足。」[79]

「法性融通門者。謂若唯約事則互相礙不可即入。若唯約理則唯一味。無可即入。今則理事融通具斯無礙。**謂不異理之一事。具攝理時。令彼不異理之多事。隨所依理皆於一中現。**若一中攝理不盡。則眞理有分限失。若一中攝理盡。多事不隨理現。則事在理外失。今既一事之中全攝理盡。多事豈不依中現。華藏品云。華藏世界所有塵。一一塵中見法界。法界即事法界矣。斯即總意。別亦具十玄門。一既眞理。與一切法而共相應。攝理無遺。即是諸門諸法同時具足。二事既如理能包。亦如理廣遍。而不壞陝相故。有廣陝純雜無礙門。又性常平等故純。普攝諸法故雜。三理既遍在一切多事故。令一事隨理遍一切中。遍理全在一事則一切隨理。在一事中故。有一多相容門。四眞理既不離諸法。則一事即是眞理眞理即是一切事故。是故此一即彼一切事。一切即一。反上可知故。有相即自在門。五由眞理在事各全非分故。正在此時彼說爲隱。正在彼時此即爲隱故。有隱顯門。六眞理既普。攝諸法。帶彼能依之事。

[78] 體相用【佛學大辭典】──佛教詞典，fodizi.tw，瀏覽日期：112.11.8。

[79] 唐清涼山大華嚴寺沙門澄觀述，華嚴法界玄鏡卷上。

頓在一中故。有微細門。七此全攝理故。能現一切。彼全攝理同此頓現。此現彼時。彼能現所現俱現此中。彼現此時。此能現所現亦現彼中。如是重重無盡故。有帝網門。以真如畢竟無盡故。八即事同理故。隨舉一事即真法門。故有託事門。九以真如遍在晝夜日月年劫皆全在故。」[80]

九、中觀論

佛教提倡不執著於「空或有」之任何一邊，而超越對立，進入中庸之道。《大般若波羅蜜多經》卷五百六十八：「**為著我者說無我道，為著法者說法空道，著二邊者為說中道**，為迷亂者說止觀道令不迷亂，為戲論者說真如道令不戲論，著生死者說涅槃道令出世間，為迷塗者說正直道令遠邪路。天王！是名諸菩薩摩訶薩行深般若波羅蜜多，知邪正路，獎導有情令得出離。」

龍樹菩薩造，姚秦三藏鳩摩羅什譯，中觀論**因緣品第一**：「不生亦不滅，不常亦不斷。不一亦不異，不來亦不出。能說是因緣，善滅諸戲論，我稽首禮佛，諸說中第一。」

印順《中觀論頌講記》：「中是正確真實，離顛倒戲論而不落空有的二邊。觀體是智慧，觀用是觀察、體悟。以智慧去觀察一切諸法的真實，不觀有無顛倒的『知諸法實相慧』，名為中觀。」

伍、華嚴經哲學思想在法哲學上之適用

一、慈悲博愛的價值觀：可作為倫理道德規範，提升國民人格道德素養，以營造良善法治環境

華嚴經提倡慈悲博愛的人生價值觀，在華嚴經十地品中表示：「佛子！若有眾生深種善根，善修諸行，善集助道，善供養諸佛，善集白淨法，為善知識，善攝善清淨深心，立廣大志，生廣大解，慈悲現前，為求佛智故，為得十力故，為得大無畏故，為得佛平等法故，為救一切世間故，為淨大慈悲故，為得十方無餘智故，為淨一切佛刹無障礙故，為一念知一切三世故，為轉大法輪無所畏故。佛子！菩薩起如是心，以大悲為首，智慧增上，善巧方便所攝，最

---

[80] 唐清涼山大華嚴寺沙門澄觀述，華嚴法界玄鏡卷上。

上深心所持，如來力無量，善觀察分別勇猛力、智力，無礙智現前、隨順自然智，能受一切佛法，以智慧教化，廣大如法界，究竟如虛空，盡未來際。佛子！菩薩始發如是心，即得超凡夫地，入菩薩位，生如來家，無能說其種族過失，離世間趣，入出世道，得菩薩法，住菩薩處，入三世平等，於如來種中決定當得無上菩提。菩薩住如是法，名：住菩薩歡喜地，以不動相應故。」[81]

　　華嚴經主張人類應普遍發菩提心，求得無上智慧，以利益眾生，此一「慈悲仁愛（博愛）」的人生價值觀，可作為人類社會道德規範之目標，可以提升全體國民之人格道德素養水準，營造全民奉公守法之優良法治環境，是國家法治建設之基礎。且於法律制度之立法規劃與執行上，融入倫理道德價值理念，可以確保法治之合理性與正當性，進而福國利民，確保國家長治久安。

二、眾生平等之價值觀

　　華嚴經提倡眾生平等，無親疏之別，普皆平等守護對待。華嚴經十迴向品第二十五之一表示：「佛子！菩薩摩訶薩於非親友守護迴向，與其親友等無差別。何以故？菩薩摩訶薩入一切法平等性故，不於眾生而起一念非親友想。設有眾生於菩薩所起怨害心，菩薩亦以慈眼視之，終無恚怒。普為眾生作善知識，演說正法，令其修習。譬如大海，一切眾毒不能變壞。菩薩亦爾，一切愚蒙、無有智慧、不知恩德、瞋狠頑毒、憍慢自大、其心盲瞽、不識善法……如是等類諸惡眾生，種種逼惱，無能動亂。譬如日天子出現世間，不以生盲不見故，隱而不現；又復不以乾闥婆城、阿脩羅手、閻浮提樹、崇巖、邃谷、塵霧、煙雲……如是等物之所覆障故，隱而不現；亦復不以時節變改故，隱而不現。菩薩摩訶薩亦復如是，有大福德，其心深廣，正念觀察，無有退屈；為欲究竟功德智慧，於上勝法心生志欲；法光普照，見一切義；於諸法門，智慧自在；常為利益一切眾生而修善法，曾不誤起捨眾生心；不以眾生其性弊惡、邪見、瞋濁、難可調伏，便即棄捨，不修迴向；但以菩薩大願甲冑而自莊嚴，救護眾生，恒無退轉；不以眾生不知報恩，退菩薩行，捨菩提道；不以凡愚共同一處，捨離一切如實善根；不以眾生數起過惡，難可忍受，而於彼所生疲厭

[81]　三藏實叉難陀譯，大方廣佛華嚴經卷第三十四，十地品第二十六之一，https://cbetaonline.dila.edu.tw/zh/T10n0279_034，瀏覽日期：113.2.18。

心。何以故？譬如日天子，不但爲一事故出現世間。菩薩摩訶薩亦復如是，不但爲一衆生故，修諸善根，迴向阿耨多羅三藐三菩提；普爲救護一切衆生故而修善根，迴向阿耨多羅三藐三菩提。」[82]此種平等對待觀念，運用於法治上，即爲憲法保障人民平等權之精神，國家統治者應公平對待國民，不得黨同伐異，全體國民利益應超越黨派利益。

三、布施利他的價值觀

華嚴經提倡人類應抱持「慈悲喜捨」之心，行自利利他之道，鼓勵布施他人，不過度追求物質財富。在華嚴經十地品第二十六之一中表示：「佛子！菩薩摩訶薩隨順如是大悲、大慈，以深重心住初地時，於一切物無所吝惜，求佛大智，修行大捨，凡是所有一切能施。所謂：財穀、倉庫、金銀、摩尼、眞珠、瑠璃、珂貝、璧玉、珊瑚等物，珍寶、瓔珞、嚴身之具，象馬、車乘、奴婢、人民、城邑、聚落、園林、臺觀、妻妾、男女、內外眷屬及餘所有珍玩之具，頭目、手足、血肉、骨髓、一切身分皆無所惜，爲求諸佛廣大智慧。是名：菩薩住於初地大捨成就。」[83]此種慈悲喜捨之精神，表現於租稅法治上，尤其是課稅倫理與納稅倫理，課稅倫理要求稽徵機關應合理課稅，友善國民經濟活動，不應偏袒國庫利益，而不顧人民生活需要；納稅倫理要求納稅人應誠實納稅，將所得及財產收益布施分享全體人民，以行利他之道。

四、社會主義法律思想

華嚴經提倡濟弱扶傾，關懷弱勢，救濟貧困。華嚴經十住品第十五表示：「佛子！云何爲菩薩具足方便住？此菩薩所修善根，皆爲救護一切衆生，饒益一切衆生，安樂一切衆生。哀愍一切衆生，度脫一切衆生，令一切衆生，離諸災難。」[84]即主張人類應救濟貧苦、關懷弱勢，給予人民安居樂業之生活

---

82 三藏實叉難陀譯，大方廣佛華嚴經卷第三十四，十地品第二十六之一，https://cbetaonline.dila.edu.tw/zh/T10n0279_034，瀏覽日期：113.2.18。
83 三藏實叉難陀譯，大方廣佛華嚴經卷第三十四，十地品第二十六之一，https://cbetaonline.dila.edu.tw/zh/T10n0279_034，瀏覽日期：113.2.18。
84 三藏實叉難陀譯，大方廣佛華嚴經卷第十六，十住品第十五，大正藏第10冊，第16卷，https://tripitaka.cbeta.org/T10n0279_016，瀏覽日期：113.2.18。

環境，故具有社會主義之社會正義價值理念，爲建設人間淨土、和諧社會以及社會法治國所必須之國家法治價值觀。

五、追求智慧與共同至善境界

華嚴經提倡人類應追求智慧，以從事救護一切眾生之事務。在華嚴經十地品第二十六之一中表示：「佛子！菩薩以此慈、悲、大施心，爲欲救護一切眾生，轉更推求世、出世間諸利益事無疲厭故，即得成就無疲厭心。得無疲厭心已，於一切經論心無怯弱；無怯弱故，即得成就一切經論智。獲是智已，善能籌量應作、不應作，於上、中、下一切眾生，隨應、隨力、隨其所習，如是而行，是故菩薩得成世智。成世智已，知時知量，以慚愧莊嚴勤修自利、利他之道，是故成就慚愧莊嚴，於此行中勤修出離，不退不轉，成堅固力。得堅固力已，勤供諸佛，於佛教法能如說行。」

華嚴經勉勵人類應發起善心善念，共同提升集體智慧，捨離邪惡行爲之惡業，以脫離苦海，成就淨業。華嚴經十迴向品第二十五之一表示：「佛子！菩薩摩訶薩以諸善根如是迴向，所謂：『隨宜救護一切眾生，令出生死，承事供養一切諸佛，得無障礙一切智智，捨離眾魔，遠惡知識，親近一切菩薩善友，滅諸過罪，成就淨業，具足菩薩廣大行願、無量善根。』」[85]「佛子！菩薩摩訶薩見諸眾生，造作惡業，受諸重苦；以是障故，不見佛，不聞法，不識僧。菩薩見已，起大悲心、大饒益心，欲令眾生悉得解脫，以一切善根迴向，以廣大心迴向，如三世菩薩所修迴向，如大迴向經所說迴向，願諸眾生普得清淨，究竟成就一切種智。」

六、建立「事理融合」的圓融和諧統一之整體法秩序：致中和

華嚴經主張隨順於「義理」，而脫離文字表象之束縛。華嚴經十住品第十五：「了達於義、如法修行」、「了達於義如法行，遠離愚迷心不動」。華嚴經十通品第二十八表示：「**見義知法**，興布法雲，降霆法雨。雖知實相不可言說，而以方便無盡辯才，隨法、隨義次第開演；以於諸法言辭辯說皆得

---

[85] 三藏實叉難陀譯，大方廣佛華嚴經卷第二十三，十迴向品第二十五之一，https://cbetaonline. dila.edu.tw/zh/T0279_023，瀏覽日期：113.2.18。

善巧，大慈大悲悉已清淨，**能於一切離文字法中出生文字，與法、與義隨順無違**，爲說諸法悉從緣起，雖有言說而無所著。演一切法辯才無盡，分別安立，開發示導，令諸法性具足明顯，斷眾疑網悉得清淨。」[86]此種隨順義理之思想，運用於法哲學上，爲強調「事物本質之合理性」之自然法思想。

　　華嚴經的理事融合以及事事無礙的思想，提倡事務融於理之中，道理應統攝事物，使其和諧相容，具有道法融合爲一之「自然法思想」以及「法治共和」之價值理念，值得我們參考。我國黃帝四經經法道法篇：「道生法。法者，引得失以繩，而明曲直者也。故執道者，生法而弗敢犯也，法立而弗敢廢也。故能自引以繩，然後見知天下而不惑矣。」此一「道法合一」觀，與華嚴經的理事融合觀，不謀而合。

　　華嚴宗教義所論及「事事無礙法界」思想，即是作爲宣揚「萬物一體」與「萬物相關」之妙理，其一眞法界之圓融法界思想，使萬物於互攝、互具、相容、相即、相入之涵蘊關係下，事事融通、體用雙顯、時空交織、帝網相映。[87]據法界同體之主旨，即是於自他互助、心物相通，而同登華嚴玄門，共入佛國淨土之人間天堂境界。[88]法治建設如能以此爲目標，即得建立「事理融合」的圓融和諧統一之法治境界：中和的整體法秩序。

七、實證主義思想

　　華嚴經提倡菩薩爲利益眾生，必須先理解各眾生之各種不同人格特質及行爲狀況，了知其間因果關係，以善巧方便，隨順眾生，因材施教，度化眾生。華嚴經十住品第十五表示：「佛子！云何爲菩薩童眞住？此菩薩住十種業。何

86　三藏實叉難陀譯，大方廣佛華嚴經卷第四十四，十通品第二十八，https://cbetaonline.dila.edu.tw/zh/T0279_044，瀏覽日期：113.2.18。

87　有認爲：「關於『事事無礙』之教義，華嚴宗則稱之爲『性起法門』。『性起』之說，是以體性理起之義理，並不待他緣，且依自性本具之性德生起。另又說性起，若於如來果上之說，即『眞如法性』也；亦即隨順自性而起，乃世出世間一切諸法也；如此所言，若以全爲性起，則性外絕無其它之法。故言：諸佛與眾生互爲交徹，淨土與穢土互相通融，法法皆彼此互相收攝，塵塵與法界悉互相包含，彼此相即相入無礙互融，即具十玄門顯重重無盡也。因，十玄思想之提出，不難測觀於『事事無礙』理上有其詳細之分解。故十玄門，即顯示萬法現象界相即相入之原理也！」（釋圓照，華嚴法界圓融之探討，華嚴專宗學院研究所第三屆畢業論文，頁36）。

88　釋圓照，華嚴法界圓融之探討，華嚴專宗學院研究所第三屆畢業論文，頁36。

者爲十？所謂：身行無失，語行無失，意行無失，隨意受生，**知眾生種種欲，知眾生種種解，知眾生種種界，知眾生種種業，知世界成壞**，神足自在、所行無礙。」「隨諸眾生根利鈍，如是種種精進力，欲悉了達分別知，菩薩以此初發心。一切眾生種種解，心所好樂各差別，如是無量欲悉知，菩薩以此初發心。**眾生諸界各差別，一切世間無有量，欲悉了知其體性**，菩薩以此初發心。一切有爲諸行道，一一皆有所至處，悉欲了知其實性，菩薩以此初發心。一切世界諸眾生，隨業漂流無暫息，欲得天眼皆明見，菩薩以此初發心。過去世中曾所有，如是體性如是相，欲悉了知其宿住，菩薩以此初發心。**一切眾生諸結惑，相續現起及習氣，欲悉了知究竟盡**，菩薩以此初發心。隨諸眾生所安立，種種談論語言道，如其世諦悉欲知，菩薩以此初發心。」[89]

　　此一觀點強調實際掌握了解人類社會狀況，在法治上才能對治因應，提出良善法治，避免閉門造車。在此可謂強調理解現實社會環境之重要性，此即周易繫辭上篇所謂：「夫易，聖人之所以極深而研幾也。唯深也，故能通天下之志。唯幾也，故能成天下之務。」而具有法實證主義之精神。

八、建立和諧社會的大同世界

　　華嚴經之「中道」思想，提倡超越對立，進入人民共和的和諧社會。華嚴經提倡人類應抱持慈悲利他精神，普渡眾生成佛之思想，具有大同世界觀。儒家禮記禮運大同篇；「大道之行也，天下爲公，選賢與能，講信修睦，故人不獨親其親，不獨子其子，使老有所終，壯有所用，幼有所長，**矜寡孤獨廢疾**者皆有所養；男有分，女有歸。貨惡其棄於地也，不必藏於己；力惡其不出於身也，不必爲己，是故謀閉而不興，盜竊亂賊而不作，故外戶而不閉，是謂『大同』。」此一「**大同是中國古代思想**，指**人類**最終可達到的理想世界，代表著人類對未來**社會**的美好憧憬。基本特徵即爲人人友愛互助，家家安居樂業，沒有差異，沒有**戰爭**。這種狀態稱爲『世界大同』，此種世界又稱『大同世界』。」[90]亦即統治者應厚德載物，實現《周易・乾卦・象辭》所示：「乾道變化，各正性命，保合太和，乃利貞。」使天道天理大化流行，萬物即人類各

---

[89] 于闐國三藏實叉難陀譯，大方廣佛華嚴經卷第十六，十住品第十五，大正藏，第10冊，第16卷，https://tripitaka.cbeta.org/T10n0279_016，瀏覽日期：113.2.18。
[90] 維基百科，大同（思想），wikipedia.org，瀏覽日期：113.2.18。

得其正,保持完滿的和諧,萬物就能順利發展。[91]在法治建設上,良法善治之現代法治建設,應以實現大同世界爲目標。

陸、結論

　　華嚴經哲學思想相當博大精深,值得深入研究。日本學者武內義雄教授在中國思想史中指出,宋明理學之思想家受到華嚴經哲學思想影響甚大,例如程伊川之哲學理論中,有關「事理一致」與「理一分殊」,均受到華嚴宗法界觀之啓發。其中「事理一致」以及「體用一源」(體用無間)說,乃是理事無礙觀之意旨。程伊川認爲眞空無相觀、理事無礙觀以及事事無礙觀,一言以蔽之,即是「萬理一理」或「萬物一理」。又爲說明萬象之差別,乃引用張載之「理一分殊」理論。[92]

---

[91] 每日頭條,「湯一介談《周易》:乾道變化,各正性命,保合太和,則利貞」,https://kknews.cc/culture/2x5rmje.html,瀏覽日期:112.10.31。

[92] 武內義雄,中國思想史,初版,2022年,頁249以下。

壹、前言

墨子（墨翟）為魯國人（亦有認為是宋國人），[1]曾於魯國受學於儒家，受孔子之術，曾任宋之大夫。

史記孟子荀卿列傳：「蓋墨翟，宋之大夫，善守御，為節用。或曰並孔子時，或曰在其後。」史記太史公自序：「墨者亦尚堯舜道，言其德行曰：『堂

---

[1] 其主要依據為：墨子貴義篇：「墨子自魯即齊」。墨子魯問篇：「以迎墨子於魯」。呂氏春秋愛類篇：「公輸般為雲梯，欲以攻宋，墨子聞之，自魯往」。

高三尺，土階三等，茅茨不翦，采椽不刮。食土簋，啜土刑，糲粱之食，藜藿之羹。夏日葛衣，冬日鹿裘。』其送死，桐棺三寸，舉音不盡其哀。教喪禮，必以此為萬民之率。使天下法若此，則尊卑無別也。夫世異時移，事業不必同，故曰『儉而難遵』。要曰彊本節用，則人給家足之道也。此墨子之所長，雖百長弗能廢也。」

呂氏春秋仲春紀當染篇：[2]「非獨國有染也。孔子學於老聃、孟蘇夔、靖叔。魯惠公使宰讓請郊廟之禮於天子，桓王使史角往，惠公止之，其後在於魯，墨子學焉。此二士（指孔子、墨子）者，無爵位以顯人，無賞祿以利人，舉天下之顯榮者必稱此二士也。」

漢書藝文志對於墨家學說理論，評論指出：「墨家者流，蓋出於清廟之守。茅屋采椽，是以貴儉；養三老五更，是以兼愛；選士大射，是以上賢；宗祀嚴父，是以右鬼；順四時而行，是以非命；以孝視天下，是以上同：此其所長也。及蔽者為之，見儉之利，因以非禮，推兼愛之意，而不知別親疏。」[3]

墨子出身平民，從事木工，主張節用，反對儒家之繁文縟節之貴族禮儀。淮南子要略篇：「墨子學儒者之業，受孔子之術，以為其禮煩擾而不說，厚葬靡財而貧民，服傷生而害事，故背周道而行夏政。禹之時，天下大水，禹身執蔂垂，以為民先，剔河而道九岐，鑿江而通九路，辟五湖而定東海，當此之時，燒不暇撌，濡不給扢，死陵者葬陵，死澤者葬澤，故節財、薄葬、閑服生焉。」

本文就墨子一書[4]中，有關法律思想之理論，進行歸納整理，以了解其法律思想之特徵。

---

[2] 諸子百家中國哲學書電子化計劃，呂氏春秋>仲春紀>當染，https://ctext.org/lv-shi-chun-qiu/dang-ran/zh，瀏覽日期：112.1.16。

[3] 諸子百家中國哲學書電子化計劃，漢書藝文志，https://ctext.org/han-shu/yi-wen-zhi/zh，瀏覽日期：112.1.16。

[4] 清朝孫詒讓著有《墨子閒詁》，詮釋墨子一書，並附錄墨子後語等記載其軼聞。

貳、博愛（兼愛）思想與和平（非攻）主義

一、博愛思想

　　墨子認爲天下大亂，是因爲人類彼此自私自利而不相愛所致，墨子兼愛上篇：「當察亂何自起？起不相愛。臣子之不孝君父，所謂亂也。子自愛不愛父，故虧父而自利；弟自愛不愛兄，故虧兄而自利；臣自愛不愛君，故虧君而自利，此所謂亂也。雖父之不慈子，兄之不慈弟，君之不慈臣，此亦天下之所謂亂也。父自愛也不愛子，故虧子而自利；兄自愛也不愛弟，故虧弟而自利；君自愛也不愛臣，故虧臣而自利。是何也？皆起不相愛。」

　　「若使天下兼相愛，國與國不相攻，家與家不相亂，盜賊無有，君臣父子皆能孝慈，若此則天下治。故聖人以治天下爲事者，惡得不禁惡而勸愛？故天下兼相愛則治，交相惡則亂。故子墨子曰：『不可以不勸愛人者，此也。』」

　　墨子提倡兼愛精神，亦即博愛思想，以求興天下之利，除天下之害。兼愛下篇，子墨子言曰：「仁人之事者，必務求興天下之利，除天下之害。」此一博愛思想，提倡人類應待人如己，「吾聞爲高士於天下者，必爲其友之身，若爲其身，爲其友之親，若爲其親，然後可以爲高士於天下。」人類應不分彼此，相互協助，「是故退睹其友，飢則食之，寒則衣之，疾病侍養之，死喪葬埋之。」因此，具有關懷弱勢之社會主義思想，「是以老而無妻子者，有所侍養以終其壽；幼弱孤童之無父母者，有所放依以長其身。」此一思想觀念與基督教之博愛精神、佛教提倡「眾生平等」，以及人類應「慈悲對待眾生」，不謀而合。

　　墨子並認爲在歷史上，周文王可謂兼愛之代表性人物，在尚書周書「《泰誓》曰：『文王若日若月，乍照光於四方於西土。』即此言文王之兼愛天下之博大也，譬之日月，兼照天下之無有私也。即此文王兼也。雖子墨子之所謂兼者，於文王取法焉。」（兼愛下篇）

　　墨子並認爲在歷史上商湯也是兼愛的代表人物，尚書湯說篇：「湯曰：『惟予小子履，敢用玄牡，告於上天后曰：『今天大旱，即當朕身履，未知得罪于上下，有善不敢蔽，有罪不敢赦，簡在帝心。萬方有罪，即當朕身，朕身有罪，無及萬方。』即此言湯貴爲天子，富有天下，然且不憚以身爲犧牲，以祠說于上帝鬼神。』即此湯兼也。雖子墨子之所謂兼者，於湯取法焉。」表示

商湯貴爲天子，富有天下，然而尙且不惜以自身作爲犧牲祭品，用言辭向上帝鬼神禱告。[5]

墨子認爲在國家治理上，更應秉持兼愛精神，才能公正待民，無有偏私。墨子並舉出周詩加以說明：「《周詩》曰：『王道蕩蕩，不偏不黨，王道平平，不黨不偏。其直若矢，其易若底，君子之所履，小人之所視』，若吾言非語道之謂也，古者文武爲正，均分賞賢罰暴，勿有親戚弟兄之所阿。」即此文武兼也。雖子墨子之所謂兼者，於文武取法焉。（兼愛下篇）

墨子認爲愛人者，人恆愛之。「夫愛人者，人必從而愛之；利人者，人必從而利之；惡人者，人必從而惡之；害人者，人必從而害之。」（兼愛中篇）「《大雅》之所道曰：『無言而不讎，無德而不報』『**投我以桃，報之以李。**』即此言愛人者必見愛也，而惡人者必見惡也。」即必吾先從事乎愛利人之親，然後人報我以愛利吾親也。（兼愛下篇）

墨子認爲兼愛利他的博愛思想，是聖王之道，是國泰民安之道，「故兼（愛）者聖王之道也，王公大人之所以安也，萬民衣食之所以足也。故君子莫若審兼而務行之，爲人君必惠，爲人臣必忠，爲人父必慈，爲人子必孝，爲人兄必友，爲人弟必悌。故君子莫若欲爲惠君、忠臣、慈父、孝子、友兄、悌弟，當若兼之不可不行也，此聖王之道而萬民之大利也。」（兼愛下篇）

墨子的博愛思想與基督教聖經的博愛思想相同，認爲人類都是上帝之子民，應互相友愛。在聖經馬太福音篇第22段第37-40句以下記載：「**你要盡心、盡性、盡意愛主——你的上帝。**這是誡命中的第一，且是最大的。其次是**要愛人如己。**這兩條誡命是律法和先知一切道理的總綱。」墨子法儀篇：「今天下無大小國，皆天之邑也。**人無幼長貴賤，皆天之臣也。**此以莫不犓羊牛、豢犬豬，絜爲酒醴粢盛，以敬事天，此不爲兼而有之，兼而食之邪？天苟兼而有食之，夫奚說以不欲人之相愛相利也？故曰：『愛人利人者，天必福之，惡人賊人者，天必禍之。』」

墨子博愛思想也與佛教慈悲對待眾生精神相同。因此具有宗教性救世主之偉大人格情操。此一超凡入聖之博愛價值觀，爲「聖王」公平對待人民之基本原則，未必能夠爲一般人之倫理道德觀念所接受。論語雍也篇，子貢曰：「如

5　諸子百家中國哲學書電子化計劃，墨子＞卷四＞兼愛下，https://ctext.org/mozi/universal-love-iii/zh，瀏覽日期：112.1.15。

有博施於民而能濟眾，何如？可謂仁乎？」子曰：「何事於仁，必也聖乎！堯舜其猶病諸！夫仁者，**己欲立而立人，己欲達而達人**。能近取譬，可謂仁之方也已。」孔子認爲博愛之人，不僅是仁人，而更屬於聖人，即使堯舜也不容易作到。[6]

　　例如孟子盡心章句上篇，孟子曰：「楊子取爲我，拔一毛而利天下，不爲也。墨子兼愛，摩頂放踵利天下，爲之。子莫執中，執中爲近之，執中無權，猶執一也。所惡執一者，爲其賊道也，舉一而廢百也。」孟子即認爲博愛思想屬於極端之利他觀念，主張應「權衡輕重」，或者利己或者利他，而非僅採取折衷觀點。此一儒家思想採取「己利而利人」，先求自利，再行利他之思想，有親疏遠近之差別待遇，似考量人類「自私自利」之一面。孟子梁惠王篇：「老吾老，以及人之老；幼吾幼，以及人之幼。天下可運於掌。《詩》云：**『刑于寡妻，至于兄弟，以御于家邦。』**言舉斯心加諸彼而已。故推恩足以保四海，不推恩無以保妻子。古之人所以大過人者無他焉，善推其所爲而已矣。」即主張推己及人，即採取等差之愛。

二、和平主義

　　墨子是愛好和平主義者，提倡兼愛與非攻，反對戰爭，以免傷及無辜百姓。墨子非攻上篇：「殺一人謂之不義，必有一死罪矣，若以此說往，殺十人十重不義，必有十死罪矣；殺百人百重不義，必有百死罪矣。當此，天下之君子皆知而非之，謂之不義。今至大爲不義攻國，則弗知'非，從而譽之，謂之義，情不知其不義也，故書其言以遺後世。若知其不義也，夫奚說書其不義以遺後世哉？今有人於此，少見黑曰黑，多見黑曰白，則以此人不知白黑之辯矣；少嘗苦曰苦，多嘗苦曰甘，則必以此人爲不知甘苦之辯矣。今小爲非，則知而非之。大爲非攻國，則不知非，從而譽之，謂之義。此可謂知義與不義之

6　莊子天下篇表示：「墨子稱道曰：『昔者禹之湮洪水，決江河而通四夷九州也，名山三百，支川三千，小者無數。禹親自操稿耜而九雜天下之川，腓無胈，脛無毛，沐甚雨，櫛疾風，置萬國。禹，大聖也，而形勞天下也如此。』使後世之墨者多以裘褐爲衣，以跂蹻爲服，日夜不休，以自苦爲極，曰：『不能如此，非禹之道也，不足謂墨。』」「墨翟、禽滑釐之意則是，其行則非也。將使後世之墨者必自苦以腓無胈、脛無毛，相進而已矣。亂之上也，治之下也。雖然，墨子眞天下之好也，將求之不得也，雖枯槁不舍也，才士也！」認爲過度犧牲自己，以利益他人，固然立意良善，但「以自苦爲極」之苦行僧行事作風，則非妥適。

辯乎？是以知天下之君子也，辯義與不義之亂也。」

墨子認為大國擁有土地極為廣大，因人口不足，許多尚未開發利用，卻又發動戰爭，耗盡人民生命去攻城掠地，其利益權衡並非妥適。墨子非攻中篇：「今萬乘之國，虛數於千，不勝而入廣衍數於萬，不勝而辟。然則土地者，所有餘也，士民者，所不足也。今盡士民之死，嚴下上之患，以爭虛城，則是棄所不足，而重所有餘也。為政若此，非國之務者也。」因此認為大國實無發動戰爭之必要性與合理性。

參、功利主義

一、為人民興利除害

墨子思想偏重於功利主義，凡有利於天下百姓者則為之，有害於天下百姓者則不為。墨子貴義篇：「凡言凡動，利於天鬼百姓者為之；凡言凡動，害於天鬼百姓者舍之；凡言凡動，合於三代聖王堯舜禹湯文武者為之；凡言凡動，合於三代暴王桀紂幽厲者舍之。」墨子節用篇：「諸加費不加于民利者，聖王弗為。」墨子非樂篇：「仁之事者，必務求興天下之利，除天下之害，將以為法乎天下。利人乎，即為；不利人乎，即止。」

墨子之功利主義，亦主張「居仁由義」，非義理不行，墨子大取篇：「義，利；不義，害。志功為辯。」認為「義，就是利人利己；不義，就是害人害己。義與不義，應該依實際所做的事情來辨別。」[7]因此墨子將「義利合一」，認為對於人民有利而「興利除害」，即符合義之要求。[8]

墨子非儒篇：「夫一道術學業仁義者，皆大以治人，小以任官，遠施周偏，近以脩身，不義不處，非理不行，務興天下之利，曲直周旋，利則止，此君子之道也。」

7　諸子百家中國哲學書電子化計劃，墨子>大取，https://ctext.org/mozi/major-illustrations/zh，瀏覽日期：112.1.31。

8　鄭曉珊，論墨子的自然法思想，廣州社會主義學院學報，2010年第2期（總第29期），2010年，頁86。

二、功利主義之判斷標準：「三表法」

　　墨子強調學說理論之實用性，認為具有實踐可行性之理論，才值得贊同，採取務實的實用主義。墨子曰：「言足以遷行者，常之；不足以遷行者，勿常。不足以遷行而常之，是蕩口也。」（墨子貴義篇）意指言論足以付之行動的，就可作為典範；不足以付之行動的，欠缺執行可行性的，就不要推崇。如果不足以付諸行動，卻要作為典範，就流於空談妄語。

　　墨子之功利主義思想，強調以事實經驗為基礎，具有「實用的經驗主義」思想。對於各種理論主張，認為要判斷其是非良窳，可以採取「三表法」之判斷原則。所謂「言有三表，有本之者，有原之者，有用之者」（墨子非命上篇），其中：

（一）本之者（歷史經驗）（法先王）：上本之於古者聖王之事。亦即要從古代歷史經驗中有所本，從歷史上成功典範之經驗中，據以驗證其理論之真假。

（二）原之者（人民生活經驗）（法天）：下原察百姓耳目之實。亦即要向下考察百姓的日常生活事實，採取「天聽自我民聽，天視自我民視」之方法，作為判斷其理論之合理性及實際可行性之依據。[9]

（三）用之者（運用經驗）（利民）：廢（發）以為刑政，觀其中國家百姓人民之利。將其理論付諸實際政策法令執行使用，從執行結果，驗證是否對於國家百姓人民有利益。

　　就此有學者提出「法天」、「法先王」、「利民」是墨子法哲學思想的三大立論根據，「法天」是根本，因為「天」是上帝，是造物主，是有意志的人格神，是墨子之法的本體。「法天」意指君主之立法權等權力行使，應符合天意及上天法則規律。「法先王」是「法天」的例證，先王的事例是法天的典範。「利民」是「法天」的最終根本目的。[10]

　　胡適先生認為儒家描述人生理想境界以及施政理想境界，偏向「動機

---

[9]　此一判斷方法，有認為可能有所不足，例如難以耳聽眼見為憑之事務，或者耳聽眼見之生活經驗，可能只是幻覺，未必符合真實（胡適，中國哲學史大綱，天津人民出版社，初版，2016年，頁132）。

[10]　包家新，論墨子法哲學思想的三大立論根據，攀枝花學院學報，第24卷第5期，2007年10月，頁14以下。

面」，儒家學者董仲舒甚至認為「夫仁人者，正其誼，不謀其利，明其道，不計其功。」[11]而墨子則主張應先探究「為什麼」要如此，並強調何種事物、制度、學說、觀念，都有一個「為什麼」，應以其實用結果是否有利於人類社會，以判斷其是非善惡，採取結果導向的應用主義或功利主義。[12]

肆、法治主義

墨子認為天下事務之處理，均必須有其應遵循之法則規律。墨子卷一法儀篇：「**天下從事者，不可以無法儀，無法儀而其事能成者無有也**。雖至士之為將相者，皆有法，雖至百工從事者，亦皆有法。百工為方以矩，為圓以規，直衡以水，以繩，正以縣。無巧工、不巧工，皆以此五者為法。巧者能中之，不巧者雖不能中，放依以從事，猶逾己。故百工從事，皆有法所度。」

有關國家治理，也應建立法律規範制度，此一法治應效法上天之法則規律，以博愛互利為依歸。墨子卷一法儀篇：「今大者治天下，其次治大國，而無法所度，此不若百工辯也。」「然則奚以為治法而可？故曰莫若法天。天之行廣而無私，其施厚而不德，其明久而不衰，故聖王法之。既以天為法，動作有為，必度於天，天之所欲則為之，天所不欲則止。然而天何欲何惡者也？天必欲人之相愛相利，而不欲人之相惡相賊也。」

伍、聖賢政治

一、聖王統一全國人民有關善惡之價值標準

墨子認為原始社會，人類各有其不同價值觀，導致社會分歧無法和諧統一，甚至互相傷害。因此，主張選擇天下智慧者之聖王，統一天下之義理。

墨子尚同上篇：[13]「子墨子言曰：古者民始生，未有刑政之時，蓋其語『人異義』。是以一人則一義，二人則二義，十人則十義，其人茲眾，其所謂

---

[11] 諸子百家中國哲學書電子化計劃，漢書>傳>董仲舒傳，https://ctext.org/han-shu/dong-zhong-shu-zhuan/zh，瀏覽日期：112.1.31。

[12] 胡適，中國哲學史大綱，天津人民出版社，初版，2016年，頁125-127。

[13] 諸子百家中國哲學書電子化計劃，墨子>尚同上，https://ctext.org/mozi/identification-with-the-superior-i/zh，瀏覽日期：112.1.16。

義者亦茲眾。是以人是其義，以非人之義，故文相非也。是以內者父子兄弟作怨惡，離散不能相和合。天下之百姓，皆以水火毒藥相虧害，至有餘力不能以相勞，腐臭餘財不以相分，隱匿良道不以相教，天下之亂，若禽獸然。」

「明乎民之無正長以一同天下之義，而天下亂也。是故選擇天下賢良聖知辯慧之人，立以為天子，使從事乎一同天下之義。」墨子所謂「賢良聖知辯慧之人」之天子條件，墨子認為必須「夫知者，必尊天事鬼，愛人節用，合焉為知矣。」（墨子公孟篇）「古聖王皆以鬼神為神明，而為禍福，執有祥不祥，是以政治而國安也。」[14]（墨子公孟篇）強調古代的聖王都認為鬼神是神明的，能帶來禍福，主張「因人的義與不義而得福得禍」的觀點，因此政治清明，國家安寧。[15]

墨子尚同的和同思想，也表現在如入人之國，應促使該國君臣和睦，對於君王說話必然對於人民有利，教導人民必然對於君上有利，促使上下團結和諧，以維持社會安定。墨子非儒下篇：「嬰聞所謂賢人者，入人之國必務合其君臣之親，而弭其上下之怨。」「賢人得上不虛，得下不危，言聽於君必利人，教行下必於上，是以言明而易知也，行明而易從也，行義可明乎民，謀慮可通乎君臣。」

墨子「尚同」理論，強調萬事萬物共同性與普遍性之統一性，以維持和諧統一之社會秩序，具有其重要價值觀。反映於國家法秩序上，即所謂整體法秩序之統一性、一貫性與融合性，法令不應相互牴觸，分崩離析，導致人民無所適從。

荀子在王制篇中表示：「以類行雜，以一行萬。」「君者，善群也。群道當，則萬物皆得其宜，六畜皆得其長，群生皆得其命。故養長時，則六畜育；殺生時，則草木殖；政令時，則百姓一，賢良服。」「一與一是為人者，謂之聖人也。」「一天下，振毫末，使天下莫不順比從服，天王之事也。」亦強調整體統一性之重要性。

但統一性觀點，難免無法考量其個別性及差異性。故荀子認為：「墨子

---

[14] 墨子認為：「執無鬼而學祭禮，是猶無客而學客禮也。是猶無魚而為魚罟也。」墨子認為如果上天為不明（察），以鬼為不神（明），勢必引起天鬼（神）不悅（墨子公孟篇）。

[15] 諸子百家中國哲學書電子化計劃，墨子>公孟，https://ctext.org/mozi/gong-meng/zh，瀏覽日期：112.1.18。

有見於齊，無見於畸。」「有齊而無畸，則政令不施。」（荀子天論篇）「不知壹天下建國家之權稱，上功用，大儉約，而優差等，曾不足以容辨異，縣君臣。」（荀子非十二子篇）認爲如僅強調統一性，恐使政令無法施行。蓋爲政不能忽略「等差」在人倫中以及國家治理上之重要性。[16]

二、選賢與能，以治理國政

墨子認爲國家治理之興衰，關鍵在於有無選拔賢良人才治理。墨子認爲人類要製作物品，都知悉要委託「良匠」製作，才能生產優良產品。則舉輕明重，國家政務複雜，比物品製造更加困難，更需「良臣」才能完成良善政府治理工作。因此主張「尚賢」用人唯才。[17]墨子尚賢上篇：「子墨子言曰：今者王公大人爲政於國家者，皆欲國家之富，人民之眾，刑政之治，然而不得富而得貧，不得眾而得寡，不得治而得亂，則是本失其所欲，得其所惡，是其故何也？」

「子墨子言曰：是在王公大人爲政於國家者，不能以尚賢事能爲政也。是故國有賢良之士眾，則國家之治厚，賢良之士寡，則國家之治薄。故大人之務，將在於眾賢而己。」（墨子尚賢上篇）

墨子認爲選拔賢德人才，爲國家治理，應不分親疏遠近與貧富貴賤。其思想觀念具有眾生平等觀念，而反對封建世襲制度，不應以血緣及出生決定貴賤。[18]因此，是一種「能德領導制度」，亦即基於個人才華能力及德性而給予升遷晉級的社會政治體系。[19]「故古者聖王之爲政，**列德而尚賢，雖在農與工肆之人，有能則舉之，高予之爵，重予之祿，任之以事，斷予之令**，曰：『爵位不高則民弗敬，蓄祿不厚則民不信，政令不斷則民不畏』，舉三者授之賢者，非爲賢賜也，欲其事之成。故當是時，**以德就列，以官服事，以勞殿賞，量功而分祿。故官無常貴，而民無終賤，有能則舉之，無能則下之**，舉公義，辟私怨，此若言之謂也。故古者堯舉舜於服澤之陽，授之政，天下平；禹舉益

---

16 李隆獻編，墨子概說，2011年，頁9，http://ocw.aca.ntu.edu.tw/ocw_files/101S122/101S122_AA18L01.pdf，瀏覽日期：112.1.17。

17 由此可見墨子並無反智思想，而推崇智慧賢德人才。

18 東籬子解譯，墨子，初版，2020年，頁5。

19 劉紀璐，中國哲學導論，聯經出版，初版，2021年，頁189。

於陰方之中，授之政，九州成；湯舉伊尹於庖廚之中，授之政，其謀得；文王舉閎夭泰顛於罝罔之中，授之政，西土服。故當是時，雖在於厚祿尊位之臣，莫不敬懼而施，雖在農與工肆之人，莫不競勸而尚意。故士者所以為輔相承嗣也。故得士則謀不困，體不勞，名立而功成，美章[1]而惡不生，則由得士也。」（墨子尚賢上篇）

「今王公大人中實將欲治其國家，欲脩保而勿失，胡不察尚賢為政之本也？且以尚賢為政之本者，亦豈獨子墨子之言哉！此聖王之道，先王之書距年之言也。傳曰：『求聖君哲人，以裨輔而身』，《湯誓》云：『聿求元聖，與之戮力同心，以治天下。』則此言聖之不失以尚賢使能為政也。故古者**聖王唯能審以尚賢使能為政，無異物雜焉，天下皆得其利。**」（墨子尚賢中篇）

「故古聖王以審以尚賢使能為政，而取法於天。雖天亦不辯貧富、貴賤、遠邇、親疏、賢者舉而尚之，不肖者抑而廢之。然則富貴為賢，以得其賞者誰也？曰若昔者三代聖王堯、舜、禹、湯、文、武者是也。所以得其賞何也？曰其為政乎天下也，兼而愛之，從而利之，又率天下之萬民以尚尊天、事鬼、愛利萬民，是故天鬼賞之，立為天子，以為民父母，萬民從而譽之曰『聖王』，至今不已。」（墨子尚賢中篇）

墨子認為人類近朱者赤，近墨者黑。如與愛好仁義者為友，受其薰陶，自亦愛好仁義，行事合理，處事合宜，故統治者應選拔賢良人才為官，長相左右，才能合理處事，以仁義王天下。墨子所染篇：「其友皆好仁義，淳謹畏令，則家日益，身日安，名日榮，處官得其理矣。」「凡君之所以安者，何也？以其行理也，行理性於染當。故善為君者，勞於論人，而佚於治官。」「非獨染絲然也，國亦有染。舜染於許由、伯陽，禹染於皋陶、伯益，湯染於伊尹、仲虺，武王染於太公、周公。此四王者所染當，故王天下，立為天子，功名蔽天地。舉天下之仁義顯人，必稱此四王者。」

墨子認為由具有博愛精神之聖王統治天下，必然使國家昌盛，國泰民安。墨子非命上篇：「然則所為欲義在上者，何也？曰：『義人在上，天下必治，上帝山川鬼神，必有幹主，萬民被其大利。』何以知之？子墨子曰：古者湯封於亳，絕長繼短，方地百里，與其百姓兼相愛，交相利，移則分。率其百姓，以上尊天事鬼，是以天鬼富之，諸侯與之，百姓親之，賢士歸之，未歿其世，而王天下，政諸侯。昔者文王封於岐周，絕長繼短，方地百里，與其百姓兼相愛、交相利，則，是以近者安其政，遠者歸其德。聞文王者，皆起而趨

之。罷不肖股肱不利者，處而願之曰：『奈何乎使文王之地及我，吾則吾利，豈不亦猶文王之民也哉。』是以天鬼富之，諸侯與之，百姓親之，賢士歸之，未歿其世，而王天下，政諸侯。」

陸、尚同於天：天人合一思想與自然法思想

一、概說：統一「善惡行為及賞罰標準」之法治體系

墨子主張官民一體，共同建立上下服從關係，以建立統一「善惡行為及賞罰標準」之社會秩序。

墨子為統一整體國家秩序，進行「賞善罰惡」，並統一建立國家領導人之「善言善行」之標準，採取階層式統一管理方法，「由下往上」進行善惡標準之意見統一，以建立金字塔式的法治體系。此種法治統一思想，建立在「君主集權」上。[20]

二、賢良人才之審議式民主

墨子認為人民應選擇有智慧之聖人立為天子，並選拔各級優秀賢能智慧者輔佐天子，以統一天下之義，採取「菁英統治」制度以及「審議式民主」集思廣益方式，以形成統一法律制度。[21]墨子尚同中篇：「明乎民之無正長以一同天下之義，而天下亂也。是故**選擇天下賢良聖知辯慧之人，立以為天子，使從事乎一同天下之義**。天子既以立矣，以為唯其耳目之請，不能獨一同天下之義，是故**選擇天下贊閱賢良聖知辯慧之人，置以為三公，與從事乎一同天下之義**。天子三公既已立矣，以為天下博大，山林遠土之民，不可得而一也，是故**靡分天下，設以為萬諸侯國君，使從事乎一同其國之義**。國君既已立矣，又以為唯其耳目之請，不能一同其國之義，是故**擇其國之賢者，置以為左右將軍大夫，以遠至乎鄉里之長與從事乎一同其國之義**。」

---

[20] 張曉光，試析墨家兼愛兼利的法律觀，信陽師範學院學報（哲學社會科學版），第25卷第4期，2005年8月，頁19。

[21] 有認為墨子不信任人類之理性，而採取實用主義之威權統治（劉紀璐，中國哲學導論，聯經出版，初版，2021年，頁186）。此一見解似乎忽略墨子強調選賢與能，共同參與統一天下之義的理性集思廣益過程。

在集思廣益過程中，各級官員所見聞善惡知識，均應反映於上，使下情上達，作爲審議參考，上面有過錯亦應規勸之，以上下團結一致，共同確保統一制度之完善，而不得有分化團結之做法。故「凡聞見善者，必以告其上，聞見不善者，亦必以告其上。上之所是，必亦是之，上之所非，必亦非之，己有善傍薦之，**上有過規諫之。尚同義其上，而毋有下比之心**，上得則賞之，萬民聞則譽之。意若聞見善，不以告其上，聞見不善，亦不以告其上，上之所是不能是，上之所非不能非，己有善不能傍薦之，上有過不能規諫之，下比而非其上者，上得則誅罰之，萬民聞則非毀之。」

由此途徑，使全國「各地方意見」與「中央意見」協調統一一致。此一上下統一見解之形成過程，包括人民所見所聞之善與惡應向上呈報，使下情上達；自己有好的計謀，就廣泛地獻給上面參考。而且「上有過規諫之」，上面有過失，就加以規諫。此一上情下達、下情上達之做法，具有決策「內部民主化及合理化」之過程。

首先「賢良智慧之里長順天子政，而一同其里之義。」亦即先統一一里之意見。里長再「率其里之萬民，以尚同乎鄉長。」唯以其能一同其鄉之義，是以鄉治。鄉長「率其鄉萬民，以尚同乎國君」，國君「率其國之萬民，以尚同乎天子。」「唯以其能一同其國之義，是以國治。凡國之萬民上同乎天子，而不敢下比（與下面勾結）。天子之所是，必亦是之，天子之所非，必亦非之。去其不善言，學天子之善言；去其不善行，學天子之善行。**天子者，固天下之仁人也，舉天下之萬民以法天子，唯以其能一同天下之義，是以天下治。**」（墨子尚同中篇）

此種全國統一之社會秩序與法律秩序，有其完善之一面。誠如孟德斯鳩在《論法的精神》[22]中所述：「行政管理和商貿中使用統一的度量衡，全國使用統一的法律，所有地方都遵奉統一的宗教。在中國，中國人使用中國人的禮儀。中國在以太平爲目標這一點上，卻是世界上無人能比的。」他們在統一中找到了他們所了解的那種完善。

墨子提出統一善惡之正義意見理論，並非僅是統一在天子所示「天下之義」之下，而更要求統一在上天（上帝）旨意之最高規範下。因此必須「上同乎天」，爲天下興利除弊，才能符合上天之旨意，以避免上天懲罰而降下災

22 孟德斯鳩著，許明龍譯，論法的精神，下卷，五南圖書，初版，2019年，頁196。

難。

墨子統一天下制度目的，在**求興天下之利，除天下之害，以符合上天及鬼神之所欲，並符合全民之利益**。墨子尚同中篇：[23]「夫既尚同乎天子，而未上同乎天者，則天菑將猶未止也。故當若天降寒熱不節，雪霜雨露不時，五穀不孰，六畜不遂，疾菑戾疫、飄風苦雨，荐臻而至者，此天之降罰也，將以罰下人之不尚同乎天者也。故**古者聖王，明天鬼之所欲，而避天鬼之所憎，以求興天下之利，除天下之害**。是以率天下之萬民，齊戒沐浴，潔爲酒醴粢盛，以祭祀天鬼。其事鬼神也，酒醴粢盛不敢不蠲潔，犧牲不敢不腯肥，珪璧幣帛不敢不中度量，春秋祭祀不敢失時幾，聽獄不敢不中，分財不敢不均，居處不敢怠慢。曰其爲正長若此，是故天鬼之福可得也。**萬民之所便利而能彊從事焉，則萬民之親可得也**。其爲政若此，是以謀事，舉事成，入守固，上者天鬼有厚乎其爲政長也，下者萬民有便利乎其爲政長也。天鬼之所深厚而彊從事焉，則出誅勝者，何故之以也？曰唯以尚同爲政者也。故古者聖王之爲政若此。」

三、天人合一之法治思想：遵循上帝法則施行善政

墨子主張政府施政應「順應天意」，符合上帝旨意，博愛百姓，施行仁義之政，不可侵犯他人權益。「順天意者，義政也。反天意者，力政也。然政將奈何哉？」子墨子言曰：「處大國不攻小國，處大家不篡小家，強者不劫弱，貴者不傲賤，多詐者不欺愚。**此必上利於天，中利於鬼，下利於人，三利無所不利，故舉天下美名加之，謂之聖王**，力政者則與此異，言非此，行反此，猶倖馳也。處大國攻小國，處大家篡小家，強者劫弱，貴者傲賤，多詐欺愚。此上不利於天，中不利於鬼，下不利於人。三不利無所利，故舉天下惡名加之，謂之暴王。」

墨子主張國家治理應順從天意天志以及上帝法則，兼愛天下之百姓，才能獲得上天之祝福，具有「宗教的天人合一」以及自然法思想。其主張聖王應「尊天事鬼神」，相愛相利。墨子卷一法儀篇：「愛人利人者，天必福之，惡人賊人者，天必禍之。」「殺不辜者，得不祥焉。夫奚說人爲其相殺而天與禍

乎？是以知天欲人相愛相利，而不欲人相惡相賊也。」「昔之聖王禹、湯、文、武，兼愛天下之百姓，率以尊天事鬼，其利人多，故天福之，使立爲天子，天下諸侯皆賓事之。暴王桀、紂、幽、厲，兼惡天下之百姓，率以詬天侮鬼。其賊人多，故天禍之，使遂失其國家，身死爲僇於天下。後世子孫毀之，至今不息。故爲不善以得禍者，桀、紂、幽、厲是也。愛人利人以得福者，禹、湯、文、武是也。」

墨子引據詩經中「皇矣道之曰：『帝謂文王，予懷明德，不大聲以色，不長夏以革，不識不知，順帝之則。』**帝善其順法則也，故舉殷以賞之，使貴爲天子**，富有天下，名譽至今不息。故夫愛人利人，順天之意，得天之賞者，既可得留而已。」（墨子卷七天志中篇）認爲文王因爲善於順從上天之法則，治理國家，故能獲得上天賞賜，成就帝業。

墨子認爲要遵循上天之旨意，順從上天之法則，應符合義理，施行善政，並愛人利人，爲人民謀福利。墨子天志篇：「然則天亦何欲何惡？**天欲義而惡不義**。然則率天下之百姓以從事於義，則我乃爲天之所欲也。我爲天之所欲，天亦爲我所欲。然則我何欲何惡？我欲福祿而惡禍祟。若我不爲天之所欲，而爲天之所不欲，然則我率天下之百姓，以從事於禍祟中也。然則何以知天之欲義而惡不義？曰**『天下有義則生，無義則死；有義則富，無義則貧；有義則治，無義則亂**。然則天欲其生而惡其死，欲其富而惡其貧，欲其治而惡其亂，此我所以知天欲義而惡不義也。』」「**義者，善政也**。何以知義之爲善政也？曰：天下有義則治，無義則亂，是以知義之爲善政也。」因此，墨子之法治思想係以「正義」爲標準。[24]有認爲墨子這種「天之所欲，我必從之」的思想，與儒家所謂「民之所欲，天必從之」的觀念有別，而反映出墨子天人合一之「自然法思想」的表現。[25]

「故天子者，天下之窮（極）貴也，天下之窮（極）富也，故於富且貴者，當天意而不可不順，順天意者，兼相愛，交相利，必得賞。反天意者，別相惡，交相賊，必得罰。」（墨子天志上篇）「且吾所以知天之愛民之厚者，不止此而已矣。曰愛人利人，順天之意，得天之賞者有之；憎人賊人，反天之

---

[24] 楊鴻烈，中國法律思想史，商務印書館，初版，2017年，頁47。

[25] 鄭曉珊，論墨子的自然法思想，廣州社會主義學院學報，2010年第2期（總第29期），2010年，頁83以下。

意，得天之罰者亦有矣。」「曰順天之意何若？曰兼愛天下之人。」「曰順天之意者，兼也；反天之意者，別也。兼之爲道也，義正；別之爲道也，力正。曰義正者何若？曰大不攻小也，強不侮弱也，眾不賊寡也，詐不欺愚也，貴不傲賤也，富不驕貧也，壯不奪老也。」（墨子天志下篇）

　　尚書商書說命上篇：「**知之曰明哲，明哲實作則。**」亦即「知事則爲明智，明智則能制作法則。」（孔傳）故通達事理之有智慧者，即可制定良善法則規範。墨子認爲上天之智慧高於人類，故人類應秉承上天所制定之法則規律行事。墨子天志中篇：「曰：『明哲維天，臨君下土。』」則此語天之貴且知於天子。不知亦有貴知夫天者乎？曰：**天爲貴，天爲知而已矣。然則義果自天出矣。**」

　　因此，墨子認爲可以天下之明法（天之法則）衡量各家學說思想之優劣。子墨子言曰：「我有天志，譬若輪人之有規，匠人之有矩，輪匠執其規矩，以度天下之方圜，曰：『中者是也，不中者非也。』今天下之士君子之書，不可勝載，言語不可盡計，上說諸侯，下說列士，其於仁義則大相遠也。何以知之？**曰我得天下之明法以度之。**」（墨子天志上篇）

　　「故子墨子置天之志，以爲儀法。非獨子墨子以天之志爲法也，於先王之書大夏之道之然：『帝謂文王，予懷而明德，毋大聲以色，毋長夏以革，不識不知，**順帝之則。**』此誥文王之以天志爲法也，而順帝之則也。且今天下之士君子，中實將欲爲仁義，求爲上士，上欲中聖王之道，下欲中國家百姓之利者，當天之志，而不可不察也。天之志者，義之經也。」

　　墨子上述以天意天理作爲施政法則，其中「天理天則」正是自然法思想，故其典章制度正是根本於自然法。[26]亦即墨子認爲法律應順應事物之本性，例如適應人之理性、配合地理之特性等，凡是順應人類及事物之本性，而生之自然的合理關係，就是法律。法律不得違反自然法之原理以及自然律之因果關係。故可認爲墨子是從自然法之理念解釋法律。[27]

　　墨子強調國家應遵循上天（上帝）之旨意作爲施政及典章制度之規劃基礎，此一觀念與聖經提示人類應遵從上帝之命令，不謀而合。聖經舊約全書詩篇第78：5段記載：「耶和華在雅各中建立法度，在以色列中設定律法，是他

---

[26] 梁漱溟，中國文化要義，臺灣商務印書館，初版2刷，2016年，頁138。

[27] 耿雲卿，先秦法律思想與自然法，臺灣商務印書館，1973年，頁84。

吩咐我們要將上述法度律法傳給子孫的。」以及第78：7段：「好叫他們仰望上帝，不忘記上帝的作為，並要遵守上帝的命令。」故墨子之思想，可謂東方中國版之「聖經」思想。墨子認為天意屬於「天下之明法」，可以衡量人間思想之是非善惡。而聖經約翰福音第8：12段也表示：「耶穌又對眾人說：我是世界的光，任何人跟隨我，將不在黑暗中行走，而將獲得生命之光。」表示上帝是人類生活中之光明燈，引導人類邁向光明前途。可見墨子上述天意為明法之思想，與聖經思想大致相同。

四、宗教祭祀制度：上帝與鬼神賞善罰惡，有利於國家治理

墨子認為人民喪失倫理道德觀念，係因不信鬼神德賞善罰惡之法則，以至於天下大亂。墨子明鬼下篇表示：「今執無鬼者曰：『鬼神者，固無有。』且暮以為教誨乎天下，疑天下之眾，使天下之眾皆疑惑乎鬼神有無之別，是以天下亂。」是故子墨子曰：「今天下之王公大人士君子，實將欲求興天下之利，除天下之害，故當鬼神之有與無之別，以為將不可以不明察此者也。既以鬼神有無之別，以為不可不察已。」「是以天下亂。此其故何以然也？則皆以疑惑鬼神之有與無之別，不明乎鬼神之能賞賢而罰暴也。今**若使天下之人，偕若信鬼神之能賞賢而罰暴也，則夫天下豈亂哉！**」

墨子認為鬼神存在之有無，取決於人們生活經驗：「是與天下之所以察知有與無之道者，必以眾之耳目之實知有與亡為儀者也，請惑聞之見之，則必以為有，莫聞莫見，則必以為無。若是，何不嘗入一鄉一里而問之，自古以及今，生民以來者，亦有嘗見鬼神之物，聞鬼神之聲，則鬼神何謂無乎？若莫聞莫見，則鬼神可謂有乎？」

墨子除從歷史記載記錄鬼神存在之故事論證鬼神存在之外，並指出古代聖王祭祀宗廟均係以鬼神存在為前提。墨子明鬼下篇：「昔者虞夏、商、周三代之聖王，其始建國營都日，必擇國之正壇，置以為宗廟；必擇木之脩茂者，立以為菆位；必擇國之父兄慈孝貞良者，以為祝宗；必擇六畜之勝腯肥倅，毛以為犧牲；珪璧琮璜，稱財為度；必擇五穀之芳黃，以為酒醴粢盛，故酒醴粢盛，與歲上下也。故古聖王治天下也，故必先鬼神而後人者此也。故曰官府選效，必先祭器祭服，畢藏於府，祝宗有司，畢立於朝，犧牲不與昔聚群。故古者聖王之為政若此。」

　　墨子認為古代聖王以鬼神存在，而進行祭祀，除記錄於文獻上之外，並愼重其事地刻劃在金石玉器上，以傳之久遠後代子孫。墨子明鬼下篇：「古者聖王必以鬼神為有，其務鬼神厚矣，又恐後世子孫不能知也，故書之竹帛，傳遺後世子孫；咸恐其腐蠹絕滅，後世子孫不得而記，故琢之盤盂，鏤之金石，以重之；有恐後世子孫不能敬若以取羊，故先王之書，聖人一尺之帛，一篇之書，語數鬼神之有也，重有重之。此其故何？則聖王務之。今執無鬼者曰：『鬼神者，固無有。』則此反聖王之務。反聖王之務，則非所以為君子之道也！」

　　且尙書周書及商書諸君有尊崇上帝及祭祀鬼神等記載，墨子明鬼下篇：「《大雅》曰：『文王在上，於昭于天，周雖舊邦，其命維新。有周不顯，帝命不時。文王陟降，在帝左右。穆穆文王，令問不已』。若鬼神無有，則文王既死，彼豈能在帝之左右哉？此吾所以知《周書》之鬼也。」

　　墨子認為如果信仰上帝及鬼神存在，因為上帝及鬼神施行公平及正義，公正審判人類行為，[28]則人類如果為邪惡行為，必為鬼神所見而加以懲罰，從而不敢為非作歹。是故子墨子曰：「嘗若鬼神之能賞賢如罰暴也。蓋本施之國家，施之萬民，實所以治國家利萬民之道也。若以為不然，是以吏治官府之不絜廉，男女之為無別者，鬼神見之；民之為淫暴寇亂盜賊，以兵刃毒藥水火，退無罪人乎道路，奪人車馬衣裘以自利者，有鬼神見之。是以吏治官府，不敢不絜廉，見善不敢不賞，見暴不敢不罪。民之為淫暴寇亂盜賊，以兵刃毒藥水火，退無罪人乎道路，奪車馬衣裘以自利者，由此止。是以莫放幽閒，擬乎鬼神之明顯，明有一人畏上誅罰，是以天下治。」

　　墨子認為祭祀物品係供應往生長者飲食，「今絜為酒醴粢盛，以敬愼祭祀，若使鬼神請有，是得其父母姒兄而飲食之也，豈非厚利哉？」此一祭祀，「上以交鬼之福，下以合驩聚眾，取親乎鄉里。若神有，則是得吾父母弟兄而食之也。則此豈非天下利事也哉！」是故宗教祭祀鬼神制度，有利於天下治理，並且為民除害。子墨子曰：「今天下之王公大人士君子，中實將**欲求興天下之利，除天下之害，當若鬼神之有也，將不可不尊明也**，聖王之道也。」

---

28 舊約聖經詩篇第98：9段及第99：4段亦有此類敘述。

柒、勤儉治國

墨子在春秋戰國時代，眼見貴族奢靡生活，而百姓困窮潦倒，遂以平民身分，提倡勤儉治國主張。亦即從庶民生活觀點出發，提倡節儉生活，認為平民要維持生活，必須勤勞工作，以維持生計，或者致力於謀求社會公共利益，以發揮大愛精神（效法大禹治水精神）。

一、非樂，以免虧奪人民衣食之財

墨子反對人類放縱娛樂過度，以免荒廢政務與事業。墨子非樂篇，子墨子言曰：「仁之事者，必務求興天下之利，除天下之害，將以為法乎天下。利人乎，即為；不利人乎，即止。且夫仁者之為天下度也，非為其目之所美，耳之所樂，口之所甘，身體之所安，以此虧奪民衣食之財，仁者弗為也。」是故子墨子之所以非樂者，非以大鍾、鳴鼓、琴瑟、竽笙之聲，以為不樂也；非以刻鏤華文章之色，以為不美也；非以犓豢煎炙之味，以為不甘也；非以高臺厚榭邃野之居，以為不安也。雖身知其安也，口知其甘也，目知其美也，耳知其樂也，然上考之不中聖王之事，下度之不中萬民之利。是故子墨子曰：「為樂，非也。」

墨子認為政府施政應優先解決人民之食衣住行之民生問題，至於娛樂則在其後順序。墨子非樂上篇：「民有三患：飢者不得食，寒者不得衣，勞者不得息，三者民之巨患也。然即當為之撞巨鍾、擊鳴鼓、彈琴瑟、吹竽笙而揚干戚，民衣食之財將安可得乎？即我以為未必然也。」

墨子反對政府王公大人從事大規模娛樂活動之理由，乃是認為其所費不貲，勞民傷財，無益於國計民生：「姑嘗厚措斂乎萬民，以為大鍾、鳴鼓、琴瑟、竽笙之聲，以求興天下之利，除天下之害而無補也。」（墨子非樂上篇）

（一）其提供娛樂活動者：「使丈夫為之，廢丈夫耕稼樹藝之時，使婦人為之，廢婦人紡績織紝之事。今王公大人唯毋為樂，虧奪民衣食之財，以拊樂如此多也。」

（二）其參與娛樂人員，必須停止工作：「與君子聽之，廢君子聽治；與賤人聽之，廢賤人之從事。」

（三）需要供養許多娛樂工作人員：「昔者齊康公興樂萬，萬人不可衣短褐，

不可食糠糟，曰食飲不美，面目顏色不足視也；衣服不美，身體從容醜羸，不足觀也。是以食必粱肉，衣必文繡，此掌不從事乎衣食之財，而掌食乎人者也。」

（四）荒廢國家政務：「先王之書，湯之官刑有之曰：『其恆舞于宮，是謂巫風。其刑君子出絲二衛，小人否，似二伯黃徑。』[29]乃言曰：『嗚乎！舞佯佯，黃言孔章，上帝弗常，九有以亡，上帝不順，降之百殘，其家必懷喪。』察九有之所以亡者，徒從飾樂也。於武觀曰：『啟乃淫溢康樂，野于飲食，將將銘莧磬以力，湛濁于酒，渝食于野，萬舞翼翼，章聞于大，天用弗式。』故上者天鬼弗戒，下者萬民弗利。」認為在王宮中恆常舞蹈娛樂活動，屬於「巫風」，導致國君荒廢國家政務，應予以禁止。

（五）「昔者堯舜有茅茨者，且以為禮，且以為樂。湯放桀於大水，環天下自立以為王，事成功立，無大後患，因先王之樂，又自作樂，命曰《護》，又脩《九招》。武王勝殷殺紂，環天下自立以為王，事成功立，無大後患，因先王之樂，又自作樂，命曰《象》。周成王因先王之樂，又自作樂，命曰《騶虞》。周成王之治天下也，不若武王。武王之治天下也，不若成湯。成湯之治天下也，不若堯舜。故其樂逾繁者，其治逾寡。自此觀之，樂非所以治天下也。」（墨子三辯篇）認為音樂愈繁雜的國君，其治績就愈少。可見音樂不是用來治理天下的。

上述墨子反對王公大人舉行大規模娛樂活動，目的在避免勞民傷財，甚至導致社會風氣奢迷，政府官員荒廢政務，而人民荒廢事業，影響人民經濟活動。尤其可適用於財政貧困之國度，應以勤儉治國。墨子亦認為聖人音樂娛樂，只是小小為之，無傷大雅，可認為「無樂」。墨子三辯篇，程繁曰：「子曰：『聖王無樂』。此亦樂已，若之何其謂聖王無樂也？」子墨子曰：「聖王之命也，多寡之。食之利也，以知饑而食之者智也，因為無智矣。今聖有樂而少，此亦無也。」意指現在聖王雖然有樂，但卻很少，這也等於沒有音樂。由

---

29 尚書商書伊訓篇：「嗚呼！先王肇修人紀，從諫弗咈，先民時若。居上克明，為下克忠，與人不求備，檢身若不及，以至于有萬邦，茲惟艱哉！數求哲人，俾輔于爾後嗣，制官刑，儆于有位。曰：『敢有恆舞于宮，酣歌于室，時謂巫風，敢有殉于貨色，恆于游畋，時謂淫風。敢有侮聖言，逆忠直，遠者德，比頑童，時謂亂風。惟茲三風十愆，卿士有一于身，家必喪；邦君有一于身，國必亡。臣下不匡，其刑墨，具訓于蒙士。』」

此可知墨子並非完全反對音樂娛樂，僅是提倡儉約，反對過度娛樂而已。

按音樂可以陶冶性情，移風易俗，有其教化人心之價值，只是不可放縱娛樂荒廢事業，甚至變成擾民之活動而已。荀子樂論篇對於音樂娛樂之優缺點分析，相當透徹：[30]**「樂者，聖王之所樂也，而可以善民心，其感人深，其移風易俗。故先王導之以禮樂，而民和睦。**夫民有好惡之情，而無喜怒之應則亂；先王惡其亂也，故修其行，正其樂，而天下順焉。故齊衰之服，哭泣之聲，使人之心悲。帶甲嬰冑，歌於行伍，使人之心傷；姚冶之容，鄭衛之音，使人之心淫；紳、端、章甫，舞韶歌武，使人之心莊。故君子耳不聽淫聲，目不視邪色，口不出惡言，此三者，君子慎之。」「且樂也者，和之不可變者也；禮也者，理之不可易者也。樂合同，禮別異，禮樂之統，管乎人心矣。窮本極變，樂之情也；」「凡姦聲感人而逆氣應之，逆氣成象而亂生焉；**正聲感人而順氣應之，順氣成象而治生焉。唱和有應，善惡相象，故君子慎其所去就也。君子以鐘鼓道志，以琴瑟樂心；動以干戚，飾以羽旄，從以磬管。故其清明象天，其廣大象地，其俯仰周旋有似於四時。故樂行而志清，禮脩而行成，耳目聰明，血氣和平，移風易俗，天下皆寧，美善相樂**。故曰：樂者、樂也。君子樂得其道，小人樂得其欲；以道制欲，則樂而不亂；以欲忘道，則惑而不樂。故樂者，所以道樂也，金石絲竹，所以道德也；樂行而民鄉方矣。故樂也者，治人之盛者也，而墨子非之。」「且樂者、先王之所以飾喜也；軍旅鈇鉞者，先王之所以飾怒也。先王喜怒皆得其齊焉。是故喜而天下和之，怒而暴亂畏之。先王之道，禮樂正其盛者也。」「夫聲樂之入人也深，其化人也速，故先王謹為之文。樂中平則民和而不流，樂肅莊則民齊而不亂。民和齊則兵勁城固，敵國不敢嬰也。如是，則百姓莫不安其處，樂其鄉，以至足其上矣。」

墨子「非樂」之論，以防止國君及百官荒廢政務，人民荒廢職業工作，可謂用心良苦。不過人類社會除物質生活外，適當從事音樂娛樂活動，以陶冶人心性情，只要不過於奢華鋪張，勞民傷財，亦有其精神文明提升之正面功能（中庸之道）。

30　諸子百家中國哲學書電子化計劃，荀子>樂論篇，https://ctext.org/xunzi/yue-lun/zh，瀏覽日期：112.1.17。

二、節葬短喪

因此，墨子提倡節葬，認為人民喪葬禮節規範，應符合人民生活需要（主張三日之喪），因此批評儒家主張父母妻子死亡應守喪三年之做法，認為此一禮儀規範，勢必導致人民停止工作，生活困苦，無以維持生計（墨子公孟篇）「若法若言，行若道，苟其飢約，又若此矣，是故百姓冬不忍寒，夏不忍暑，作疾病死者，不可勝計也。」（墨子節葬下篇）因此儒家之上述禮儀，當僅能施行於士大夫之貴族間，無法普及平民百姓（所謂「禮不下庶人」）。由此可見墨子學說，具有實用的功利主義色彩。

墨子認為「厚葬久喪」，勢必勞民傷財，無法使人民富足，甚至使人民陷入生活困境，並非仁義之舉，故應予以排除。墨子節葬下篇：「意亦使法其言，用其謀，厚葬久喪實不可以富貧眾寡，定危理亂乎，此非仁非義，非孝子之事也，為人謀者不可不沮也。仁者將求除之天下，相廢而使人非之，終身勿為。」

墨子另一個主張「節葬短喪」之理由，是認為人類應該發揮大愛精神：「聖人之法死亡親，為天下也。厚親，分也；以死亡之，體渴興利。有厚薄而毋倫列之興利，為己。」（墨子大取篇）亦即聖人之道，在長輩往生之後，應為天下興利。厚愛父母，是人子應盡的本分；但父母往生後，之所以節葬短喪，是想竭盡自己的力量為天下興利。[31]

對於上述勤儉持家治國之主張，尤其可適用於貧困之國度以及生活困苦之一般平民，以節約人民之人力物力花費。就此荀子認為墨子之說，是一種「役夫之道」（荀子王霸篇）（平民的生活規範）。[32]

捌、邏輯推理法則

墨子具有理工背景，其思想理論特色強調方法論，尤其熟諳邏輯推理之方法論，其理論思想主張，具有邏輯推論基礎。墨子有關思辨之論理法則，例如

---

[31] 諸子百家中國哲學書電子化計劃，墨子>卷十一>兼大取篇，https://ctext.org/mozi/major-illustrations/zh，瀏覽日期：112.1.17。

[32] 荀子王霸篇：「人主者，以官人為能者也；匹夫者，以自能為能者也。人主得使人為之，匹夫則無所移之。……以是縣天下，一四海，何故必自為之？為之者，役夫之道也，墨子之說也。論德使能而官施之者，聖王之道也，儒之所謹守也。」

「舉輕明重」之法理等，研究相當深入，亦值得參考。

例如墨子非攻上篇：「殺一人謂之不義，必有一死罪矣，若以此說往，殺十人十重不義，必有十死罪矣；殺百人百重不義，必有百死罪矣。當此，天下之君子皆知而非之，謂之不義。今至大爲不義攻國，則弗知[1]非，從而譽之，謂之義，情不知其不義也，故書其言以遺後世。若知其不義也，夫奚說書其不義以遺後世哉？今有人於此，少見黑曰黑，多見黑曰白，則以此人不知白黑之辯矣；少嘗苦曰苦，多嘗苦曰甘，則必以此人爲不知甘苦之辯矣。今小爲非，則知而非之。大爲非攻國，則不知非，從而譽之，謂之義。此可謂知義與不義之辯乎？是以知天下之君子也，辯義與不義之亂也。」

墨子也主張利益衡量，兩害相權取其輕。墨子大取篇：「於所體之中，而權輕重之謂權。權，非爲是也，非非爲非也。權，正也。斷指以存腕，利之中取大，害之中取小也。害之中取小也，非取害也，取利也。其所取者，人之所執也。」意指「在所做的事體中，衡量它的輕重叫做『權』。權，並不是對的，也不就是錯的，權，是正當的。砍斷手指以保存手腕，那是在利中選取大的，在害中選取小的。在害中選取小的，並不是取害，這是取利。他所選取的，正是人們抓著的。」[33]

玖、結論：實用主義

墨子可謂修行苦行之救世宗教家，充滿大愛精神，「摩頂放踵」以利世人，其爲善不欲人知。故墨子公輸篇記載：「子墨子歸，過宋，天雨，庇其閭中，守閭者不內也。[34]故曰：『**治於神者，眾人不知其功**。爭於明者，眾人知之。』」

墨子主張國家治理法則，應「因時因地制宜」，採取對治因應策略，以務實符合實際需要，而不流於空談，具有實用主義思想。子墨子曰：「凡入國，必擇務而從事焉。國家昏亂，則語之尚賢、尚同；國家貧，則語之節用、節葬；國家說音湛湎，則語之非樂、非命；國家遙僻無禮，則語之尊天、事鬼；國家務奪侵凌，即語之兼愛、非攻，故曰擇務而從事焉。」（墨子魯問篇）

---

[33] 諸子百家中國哲學書電子化計劃，墨子>卷十一>大取，https://ctext.org/mozi/major-illustrations/zh，瀏覽日期：112.1.31。

[34] 守門人不知墨子而不准其入門避雨。

學者有提出墨子法律思想的四個特點，認爲「墨子之法是以『天志』爲核心的理想法；其次，墨子之法是『義即利』的功利主義法；第三，墨子之法是重視古代權威和『百姓耳目之實』的經驗主義法；最後，墨子之法是『尊天事鬼』的神權法。」[35]可值得贊同。

在晉葛洪神仙傳中，敘述：「墨子年八十有二，乃嘆曰：『世事已可矣，榮位非可長保，將委流俗以從赤松遊矣。』乃謝遣門人，入山精思至道。想像神仙。於是，夜常聞左右山間有誦書聲者。墨子臥後。又有人來，以衣覆之，墨子乃飼之。忽有一人，乃起問之曰：『君豈山嶽之靈氣乎？將度世之神仙乎？願且少留。誨以道教。』神人曰：『子有至德好道。故來相候，子欲何求？』墨子曰：『願得長生，與天地同畢耳。』於是**神人授以素書朱英丸方，道靈教戒五行變化，凡二十五卷，告墨子曰：『子既有仙分，緣又聰明，得此便成，不必須師也。』墨子拜受。合作，遂得其效，乃撰集其要，以爲五行記五卷，乃得地仙**，隱居以避戰國。至漢武帝時，遂遣使者楊遼，束帛加璧，以聘墨子，墨子不出。視其顏色，常如五六十歲人，周遊五嶽，不止一處也。」[36]墨子晚年修五行之道成爲地仙。[37]

---

[35] 張清學、包家新，論墨子法律思想的特點，攀枝花學院學報，第24卷第2期，2007年4月，頁1以下。

[36] 諸子百家中國哲學書電子化計劃，神仙傳>卷四>墨子，https://ctext.org/shen-xian-zhuan/4/mozi/zh，瀏覽日期：112.1.31。

[37] 鍾呂傳導集，論眞仙：「仙有五等者，鬼仙、人仙、地仙、神仙、天仙之不等，皆是仙也。鬼仙不離於鬼，人仙不離於人，地仙不離於地，神仙不離於神，天仙不離於天。」「地仙者，天地之半，神仙之才。不悟大道，止於小成之法。不可見功，唯以長生住世，而不死於人間者也。」有關地仙之修煉方法：「始也法天地升降之理，取日月生成之數。身中用年月，日中用時刻。先要識龍虎，次要配坎離。辨水源清濁，分氣候早晚。收眞一，察二儀，列三才，分四象，別五運，定六氣，聚七寶，序八卦，行九洲。五行顚倒，氣傳於母而液行夫婦也。三田反復，燒成丹藥，永鎭壓下田，煉形住世而得長生不死，以作陸地神仙，故曰地仙。」（諸子百家中國哲學書電子化計劃，鍾呂傳導集>論眞仙第一，https://ctext.org/wiki.pl?if=gb&chapter=12263，瀏覽日期：112.1.31）。

大綱

壹、前言：聖湯瑪斯・阿奎那之哲學思想

貳、法之本質及目的

　一、法之本質

　二、法之目的：人類之幸福與公共利益

　三、法律的制定程序

參、法之種類

　一、永恆法：上帝掌管萬物之理性法則（天理）

　二、自然法：有理性之人類所參與之永恆法（自然理性之法）

　（一）自然法之觀念

　（二）阿奎那的自然法概念：人類所分有之永恆法

　（三）自然法以「行善去惡」為根本指令

　（四）自然法之三種類型

　（五）自然法在個別事件上之應用

　（六）自然法思想：「存在」與「當為」之一致性

　三、人法（人定法或人為法）（Human Law）

　（一）人法之必要性

　（二）人為法律源於永恆法及自然法

　（三）惡法非法：人為法，違反永恆法及自然法

　（四）習慣法

　（五）法律之修正變更

　四、神法（上帝之法）

　（一）神法之必要性

　（二）神法之種類：新約聖經之新法與舊約聖經之舊法

　（三）神法與自然法之區別

肆、善惡之判斷標準

　一、以行為之「合理性」作為善惡之判斷標準

　二、以圓滿性是否欠缺，作為善惡之判斷標準

　三、天人合一思想：行善去惡

　四、善必須「因時因地制宜」（按具體情況而定）

　五、依據行為之「共類」、「別類」、「情況」以及「目的」判斷其行為之「善惡」

伍、結論

壹、前言：聖湯瑪斯‧阿奎那之哲學思想

　　聖湯瑪斯‧阿奎那（拉丁語：St. Thomas Aquinas，約1225年至1274年3月7日；又譯為托瑪斯‧阿奎那或多瑪斯‧阿奎那，以下簡稱阿奎那），出身於義大利南部的貴族家庭，曾任巴黎大學神學部教授，他最大的貢獻，是將亞里斯多德之理論運用於基督教神學之中，將「基督教思想」與「亞里斯多德之哲學理論」二者綜合成為一個思想體系。[1]他是歐洲中世紀經院派哲學家與神學家，被譽為是「最光榮之天使博士」，其學說被教皇利奧十三世於1879年宣布為「最高之思想權威」。[2]其可謂是「中世紀最有影響力的思想家」與「中世紀最偉大的哲學家——神學家」。他是自然神學（Natural Theology）[3]最早的提倡者之一，也是多瑪斯主義的創立者，成為天主教長期以來哲學研究的重要根據，其著作以《神學大全》最為知名。阿奎那認為上帝是自然理性之光和信仰之光的源頭。他的思想影響了西方思想和現代哲學，尤其是在倫理學、自然法、形而上學和政治理論領域。[4]

　　學者有認為阿奎那「說服教會，使其相信，作為基督教哲學基礎，亞里斯多德的體系比柏拉圖體系更可取。正是阿奎那對亞里斯多德的緊密追隨，才使亞里斯多德在天主教徒心目中幾乎具有教父般的權威，也將古希臘哲學的精神滋養傳遞給法學。」[5]亞里斯多德的理性哲學深深影響並塑造了阿奎那的倫理哲學。這兩種哲學都充分展現了人類的願望道德，也就是人們在發揮其最佳可能性時能作出的行為及呈現的美德，具體表現為慷慨德性、交換正義及分配正義等。[6]

---

[1] 徐愛國、李桂林，西方法律思想史，北京大學出版社，3版，2014年，頁60；トマス・アクィナス，フリー百科事典「ウィキペディア（Wikipedia）」，https://ja.wikipedia.org/wiki/トマス・アクィナス，瀏覽日期：112.4.23。

[2] 徐愛國、李桂林，西方法律思想史，北京大學出版社，3版，2014年，頁60。

[3] 自然神學「是僅用自然界的普通經驗、感知、內省、歷史、科學等，基於理性分析來論證神的存在，通常與啟示神學相區別。」（維基，自然神學，https://zh.wikipedia.org/wiki/自然神学，瀏覽日期：112.4.23）。

[4] Thomas Aquinas, From Wikipedia, the free encyclopedia, https://en.wikipedia.org/wiki/Thomas_Aquinas, last visited: 112.4.23.

[5] 陳融，合同效力基礎的倫理解釋——以托馬斯‧阿奎那的道德法哲學為核心，政法論叢，第3期，2012年6月，頁114。

[6] 陳融，合同效力基礎的倫理解釋——以托馬斯‧阿奎那的道德法哲學為核心，政法論叢，第3期，2012年6月，頁116。

　　阿奎那屬於經院哲學派之哲學家，所謂「經院哲學」（Scholasticism，字源為拉丁語的schola與scholasticus），又稱士林哲學，意指學院（Academy）的學問。起初受到神祕、講究直觀的教父哲學影響，尤以奧古斯丁主義為最，後來又受到亞里斯多德哲學啟發。經院哲學是中世紀的哲學學派，強調將信仰與理性結合，它採用一種批判性的哲學分析方法，該方法以拉丁天主教有神論課程為基礎，該課程在大約1100年至1700年間主導了歐洲中世紀大學的教學。它起源於基督教修道院學校，這些學校是最早的歐洲大學。[7]

　　「經院哲學與其說是一種哲學或神學，不如說是一種學習方法，因為它非常強調辯證推理，通過推理來擴展知識並解決矛盾。經院哲學思想也以嚴格的概念分析和仔細區分區別而聞名。在課堂及寫作中，往往採取顯性辯論的形式；從傳統中提取的主題以問題的形式提出，給出反對的回應，提出反對建議，並反駁反對的論點。由於強調嚴謹的辯證方法，經院哲學最終被應用於許多其他研究領域。」[8]阿奎那之神學大全，可謂採取上述經院哲學之論證分析方法，對於許多概念進行正反面向之辨證分析，此種研究方法，相當值得參考。

　　阿奎那著作之《神學大全》對於每項問題，均採取辯證模式進行分析探討，其結構如下：[9]

一、**質疑**：提出問題（例如是否凡法律皆由永恆之法律而來）之後，舉出數個
　　　與此論點相反之對立意見。

二、**反之**：根據作者阿奎那觀點引經據典之言論。

三、**正解**：根據阿奎那自己的主張與分析。

四、**釋疑**：逐項回應「質疑」所列舉之反對意見。

貳、法之本質及目的

一、法之本質

　　阿奎那分析法之本質，認為：「法律是行為的規則和衡量尺度，據以使

7　維基百科，經院哲學，https://zh.wikipedia.org/wiki/經院哲學，瀏覽日期：112.4.23。

8　維基百科，經院哲學，https://zh.wikipedia.org/wiki/經院哲學，瀏覽日期：112.4.23。

9　聖湯瑪斯阿奎那著，劉俊餘譯，神學大全，第6冊，編輯說明，初版，2008年。

人做什麼或不做什麼。[10]因爲名詞『法律』（lex） 是從動詞『約束（拘束）』（ligare）轉來的，具有強制行動的能力。人性行爲之規則與衡量尺度是理性，因爲理性是人性行爲之第一根本。正如哲學家所說的，生命指向目的乃是理性之事，而目的是行爲之第一根本。在每一類事物中，根本即其尺度與規範；就如數目類中之單位，與動態類中之第一動態。所以，法律是屬於理性之東西。」[11]

阿奎那認爲：「法律既然是一種衡量尺度與規則，其寓於東西內之方式有兩種。一種方式是在度量者與規範者內；這既然是理性的任務，故按這方式，法律只是在理性中。另一方式是在被度量和被規範者內。按這方式，則法律是在一切具有規律之傾向的東西中，如此則任何具有規律的傾向皆可稱爲法律。」[12]

依聖經《羅馬書》第二章第十四節記載：「沒有律法（上帝之法則）之外邦人，順著本性去行律法上所要求之事，他們雖然沒有律法，但他們自己就是自己的律法。」表示遵循人類本性之自然法則規範，即符合上帝之律法。由此可見，上述理性法，具有自然法性質。

阿奎那認爲：「法律是以規則及尺度的方式加諸他人的。所謂施加規則及尺度，即是施行用於被規範與被度量者。故此，爲使法律有約束能力，而這是法律的特性，以便適用於應受此一法律管制的人民。以頒布方式使這些人知道有此一法律以便適用之。爲此，頒布是使法律生效的必要條件。由上述可知法律之定義：法律無非是由團體之負責人，爲了公共利益，所公布的理性之命令。」[13]亦即法律是理性之命令，爲了公共利益之目的，由團體負責人（國家領導人）所頒布的規範。

阿奎那認爲凡法律皆是出於立法者之理性與意志，天主的法律與自然法是出於天主的理性與意志，人爲的法律是出於受理性之規範的人之意志。[14]學者

---

10 命令或禁止。

11 聖湯瑪斯阿奎那著，劉俊餘譯，神學大全，第6冊，第九十題，論法律之本質，初版，2008年，頁2。

12 聖湯瑪斯阿奎那著，劉俊餘譯，神學大全，第6冊，第九十題，論法律之本質，初版，2008年，頁2。

13 聖湯瑪斯阿奎那著，劉俊餘譯，神學大全，第6冊，第九十題，論法律之本質，初版，2008年，頁7。

14 聖湯瑪斯阿奎那著，劉俊餘譯，神學大全，第6冊，第九十七題，論法律之改變，初版，

有認爲：「阿奎那**將自然法的思想，融入其法律思想中**，既承認法的意志性，也強調法之理性本質。**法是意志性與理性之結合**。法是指導人類行爲之標準或尺度，具有意志性，指向人的行爲，施加一定權利或義務。」[15]

二、法之目的：人類之幸福與公共利益

阿奎那認爲：「法律是人性行爲之根本，因爲它是行爲之規則和尺度。正如理性是人性行爲之根本，在理性內也有一部分是其他部分的根本；故此，法律主要是屬於這部分理性。實踐理性是關於行爲的，而行爲的第一根本是最後目的。**人生的最後目的是幸福**；爲此，**法律所指向的主要是幸福**。此外，既然部分都指向整體，就如不完美者是指向完美者；一個人就是完整之社會的一部分，故此法律必然是主要地指向公共的幸福。既然法律主要是指向公益的，關於個別事件的命令，除非與公益有關係，否則不能具有法律之意義。所以，法律皆是指向公共利益。」[16]因此，一個人的幸福，不是最終目的，它從屬於社會整體的利益，法不僅是實現個人的利益，而更是實現整個社會的公共幸福。[17]

三、法律的制定程序

有關法律之制定程序，阿奎那認爲：「法律首先並主要是指向公共利益。使一項事物指向公共利益，乃是全體人民或代表全體人民者的任務。因此訂立法律的事，或是屬於全體人民，或是屬於管理全體人民的公務人員。」[18]由於法律涉及公共利益之事務，屬於全體人民之事務，並應有強制的拘束力量，且只有全體人民或公務人員才有對於人民懲罰的權力，因此，只有他們才能訂立法律。個人或家庭並無權力制定法律，只能對於其他人進行道德勸說而

2008年，頁75。

[15] 徐愛國、李桂林，西方法律思想史，北京大學出版社，2版7刷，2019年，頁61。

[16] 聖湯瑪斯阿奎那著，劉俊餘譯，神學大全，第6冊，第九十題，論法律之本質，初版，2008年，頁4。

[17] 徐愛國、李桂林，西方法律思想史，北京大學出版社，2版7刷，2019年，頁62。

[18] 聖湯瑪斯阿奎那著，劉俊餘譯，神學大全，第6冊，第九十題，論法律之本質，初版，2008年，頁5以下。

已。[19]

參、法之種類

一、永恆法：上帝掌管萬物之理性法則（天理）

阿奎那認爲：「法律無非就是管理完整之團體的首長之實踐理性的命令。假定世界受天主上智之管理，則宇宙整體皆受天主之理性的掌管。故此，掌管萬物的天主之理，有如宇宙的首長之理，具有法之意義。但因爲天主的理性不是在時間內思想什麼，天主的思想是永恆的，所以該說這種法是永恆的。」[20]亦即上帝造物之理性法則規律（天理）屬於永恆之法則規律，故天理屬於永恆法（Eternal Law）。

阿奎那認爲天主用以創造萬物的上智之理，具有技術或模型觀念之意義。同樣，天主用以推動萬物達到各自目的的上智之理，也具有法的意義。永恆法無非就是天主指導萬物之行動與動態的上智之理。永恆法乃是指向共同目的與公共利益的整體秩序之理。[21]永恆法爲不變之眞理，所有具有理性之受造物（人），藉由永恆法之光照（效果），而認知永恆法。眾人都多少認知眞理，至少認知自然法之共同原理。由於每人自己認知眞理的能力不同，因此可能無法全面認知自然法之全部（使萬物各安其位的全面秩序）。[22]

有關上述永恆法之觀念，學者有認爲，根據阿奎那的理論，永恆法具有以下特性：第一，恆久不變性。因爲上帝不會有錯，上帝也不會犯錯，上帝的知識是絕對有效、可靠及絕對不能錯的。萬物應守的原則既是神所制定的，就不能錯，也就無需更改；第二，永恆法是所有倫理道德的最高原則。一切法律及道德律的基礎、行爲的好壞都以此法爲依據。一切法律的合理或不合理，完全

---

19 聖湯瑪斯阿奎那著，劉俊餘譯，神學大全，第6冊，第九十題，論法律之本質，初版，2008年，頁6。

20 聖湯瑪斯阿奎那著，劉俊餘譯，神學大全，第6冊，第九十一題，論法律之區分，初版，2008年，頁9。

21 聖湯瑪斯阿奎那著，劉俊餘譯，神學大全，第6冊，第九十三題，論永恆的法律，初版，2008年，頁26。

22 聖湯瑪斯阿奎那著，劉俊餘譯，神學大全，第6冊，第九十三題，論永恆的法律，初版，2008年，頁28。

在於是否與此永恆法相符合。不只如此，所有合理之法都是此永恆法的分支，即都是淵源於此法；第三，一切受造物都受此法的管轄。無靈之物天生注定應依此法而生存、行動。人爲萬物之靈，有理性及自由意志，但也應自由地、明智地服從此法。如果人濫用自由，違反此法的引導及誡命，則一定要受到處罰，即受此法的報復與制裁。

阿奎那認爲，永恆法是根本，其他法最終都離不開永恆法。自然法不過是理性受造物所應遵守的永恆法的一部分。上帝將人應守之永恆法的一部分烙在人的心裡，使人順著此法而達到最後目的。[23]

二、自然法：有理性之人類所參與之永恆法（自然理性之法）

（一）自然法之觀念

有關自然法之觀念，我國詩經>大雅>烝民：「天生烝民，有物有則。」禮記禮運篇：「聖人作則，必以天地爲本。」即指出聖人制定規範，應遵循天地間事物存在秩序之自然法則規律，具有自然法思想觀念。[24]

學者有指出：「古希臘思想家最早使用『自然法』這個術語，並確定其基調或方法論。在古希臘思想家看來，萬事萬物都有規則和秩序，不僅自然界存在著規則，社會之間、民族之間、個人之間的關係也都有其先前已經確立了的秩序。這個秩序就叫做『自然法』。」[25]「亞里斯多德把法律分爲自然法與制定法。所謂自然法就是反映自然存在的秩序的法。它是人類理性的體現，是人們行爲的一種道德標準，也是國家制定實在法的依據。」[26]

劉素民教授指出：「斯多葛學派認爲，我們個人的本性都是普遍本性的一部分，因此，主要的善就是以一種順從自然的方式生活，亦即順從一個人自己的本性與順從普遍的本性（普及萬物的正確理性）。從此一基本思想出發，斯

---

[23] 劉素民，托馬斯・阿奎那自然法的形上架構與神學意涵，哲學研究，2005年第9期，2005年，頁58。

[24] 有關詩經之法律思想，參見陳清秀，「天人合一」之王道法律思想，五南圖書，初版，2023年，頁32以下。

[25] 劉素民，托馬斯・阿奎那自然法的形上架構與神學意涵，哲學研究，2005年第9期，2005年，頁54。

[26] 劉素民，托馬斯・阿奎那自然法的形上架構與神學意涵，哲學研究，2005年第9期，2005年，頁54。

多葛派對自然法的主要觀點如下：

1. 將『自然法』或『自然』作為他們哲學體系的中心。斯多葛派把自然理解為遍及整個宇宙的支配原則，並將其與上帝等同。此一支配原則其實具有理性性質。自然法就等同於理性。

2. 主張順從人們的普遍本性。人的目的就是『與自然協調一致地生活』。亦即同時就是與最高理性協調一致地生活。

3. 自然法這種理性是法律與正義的基礎，自然法『必然提供一種各城市的條例和習俗都應與之保持一致的準則』。

4. 從自然法的普遍性出發，斯多葛派認為自然法就是把一切人連結為一個巨大的共同體的紐帶。斯多葛派這種關於自然法的基本思想，對古羅馬法學及中世紀經院哲學，特別是對托馬斯的自然法理論，產生了深遠的影響。」[27]

（二）阿奎那的自然法概念：人類所分有之永恆法

　　劉素民教授認為阿奎那用三個論點、一個理論與一個方法，據以建立其自然法理論。此三個論點分別是：1.宇宙中存在著一個上帝創造萬物的神明秩序，即存在一個永恆法；2.人類是社會與政治動物，無法自我維生與離群索居；3.人類天生分有理性。一個理論是柏拉圖的分有理論，一個方法是亞里斯多德的類比方法。人正是依據理性才能「知善知惡」，從而「趨善避惡」。人也是社會與政治的存在，與宇宙眾生成為生命共同體。

　　阿奎那認為：「法既然是規則和尺度，可以按兩種方式存在於東西內：一是在規範者和度量者內，一是在被規範者和被度量者內。其所以被規範和被度量，是因為分有規則和尺度。如前所述，既然凡受天主之上智管轄者，皆受永恆法之規範和度量；顯然一切事物都多少分有（或參與）（partake）永恆之法，即由於永恆法之影響，每個事物各傾向於其專有之行動與目的。在萬物中，以有理性的受造物特別受天主的照管，因為他分有照管能力，能照管自己及其他事物。為此，他也分有永恆之理，因之而對應有之行動和目的，具有自

---

[27] 劉素民，托馬斯‧阿奎那自然法的形上架構與神學意涵，哲學研究，2005年第9期，2005年，頁55。

然傾向。有理性之受造物所分有之永恆法，即稱爲自然法。故此，聖詠作者
《聖詠》第五篇第六節說：『奉上正義的祭獻』，好似對那些質問什麼是正
義之事的人，接著說：『有許多人說：誰能爲我們顯示出善？』遂答覆說：
『上主，你給我們印上了你儀容的光輝』，[28]即是說自然理性之光明，它使我
們能知道什麼是善，什麼是惡；此爲自然法之功能。因爲自然理性之光明，無
非就是天主之光明在我們人內在的印記。由此可見，自然法無非就是有理性
之受造物所分有之永恆法（即理性生物對於永恆法之參與）（the natural law is
nothing else than the rational creature's participation of the eternal law）。」[29]

　　阿奎那認爲人類法是社會和政治組織的偶然結果，而自然法是由理性所
產生，人類與生俱來的，人自然所傾向的，屬於自然法之範圍，而人所專有的
自然傾向，是按照理性行動，理性的作用是從普遍的事理，推演出個別的事
理。[30]每人皆按自然理性之命令行動，即是按照德性行動，就此而言，此一德
性之行動，皆屬於自然法之範圍。但就行動本身之性質而言，合於德性之行動
並非均出於自然之傾向，因此，德性之行動並非均屬於自然法之範圍。蓋依其
具體情況不同，有些行動可能適合於某些人，而可謂德性行動，但卻不適合於
其他人（在別人身上是惡行）。[31]上帝命令一切事物達到其適當的目的（第8.1
節），因此從某種意義上說，所有事物都遵循自然法則，透過自然法則它們參
與永恆的法則。阿奎那在道德脈絡中提到自然法時，他指的是理性主體被命令
實現其正確目的的獨特方式。因此，他心中有一個支配心靈的法則。亦即「自
然法則只不過是上帝置於我們內心的理智之光，透過它我們掌握什麼是該做
的，什麼是該避免的」。[32]

---

[28] 聖詠集第四篇：「奉上正義的祭獻，對上主全心依盼。有許多人說：『誰能使我們幸福亨通？』上主，望你向我們顯你光輝的儀容。」（https://sbbible.dsbiblecentre.org/part_1/26/4.html，瀏覽日期：112.4.27）。

[29] 聖湯瑪斯阿奎那著，劉俊餘譯，神學大全，第6冊，第九十一題，論法律之區分，初版，2008年，頁10以下。https://www.academia.edu/45424404/Summa_Theologica. p.2270，瀏覽日期：112.4.27。

[30] 聖湯瑪斯阿奎那著，劉俊餘譯，神學大全，第6冊，第九十四題，論自然法律，初版，2008年，頁44以下。

[31] 聖湯瑪斯阿奎那著，劉俊餘譯，神學大全，第6冊，第九十四題，論自然法律，初版，2008年，頁43以下。

[32] Robert Pasnau, Thomas Aquinas, Stanford Encyclopedia of Philosophy, https://plato.stanford.edu/entries/aquinas/#NatuLaw, last visited: 112.10.7.

（三）自然法以「行善去惡」為根本指令

阿奎那認為人類在實踐理性之意識下，其行動均指向善的目的，實踐理性的第一個原理即是以善為基礎，善是人類所共同追求者，因此，自然法的第一個指令應該是「行善去惡」，自然法之其他指令，均以此指令為基礎。[33]

有關自然法與習性之關係，阿奎那認為習性的其中一種意義，「是指人習常所持有者，例如：信德所堅持者便稱為信德。按這意義，由於有時理性現實地想到自然法的命令，有時自然法是以常態方式存在於理性，按後種關係，可以說自然法是習性。」[34]例如基於人類之良知是智性之法律，含有自然法命令之習性，為人所常持有者。

（四）自然法之三種類型

阿奎那認為自然法也有三種類型：第一是所有的事物共通的「保存自己」的自然法。人有與一切本體共有的向善之傾向，即每一本體皆求保存合於其天性的現實，依循此一傾向，凡能用以保存人之生命並能阻止其相反者，皆屬於自然法；第二是全部動物共通的「性的結合與種族保存」的自然法。人有指向比較特殊事物的傾向，這是基於人與其他動物共有之天性，大自然交給一切動物者，皆屬於自然法，例如男女之結合、子女之教育等；第三是由來於人類理性的特殊人類的自然法，具有關於上帝的認識以及社會的共同生活之內容。人具有根據理性向善之傾向，這是人類專有的。例如人類認識關於天主的真理，傾向於過著群居社群生活，凡與這類傾向有關者，皆屬於自然法；又例如避免愚昧、避免冒犯一切相處的人，以及其他與此相關的類似事物。[35]

（五）自然法在個別事件上之應用

阿奎那認為只有基本的共同原理方面的真理，是大家都認知的，即所謂

---

[33] 聖湯瑪斯阿奎那著，劉俊餘譯，神學大全，第6冊，第九十四題，論自然法律，初版，2008年，頁41。

[34] 聖湯瑪斯阿奎那著，劉俊餘譯，神學大全，第6冊，第九十四題，論自然法律，初版，2008年，頁39。

[35] 聖湯瑪斯阿奎那著，劉俊餘譯，神學大全，第6冊，第九十四題，論自然法律，初版，2008年，頁41以下。

「共同理念或常識」，大家共有同一自然法。但是在實踐理性所處理的是人之行動所涉及的偶然事件，在實踐問題上，關於個別事件的眞理或行動之正確，大家可能都不一致。其中可能有認知上之障礙，或者因爲私欲或不良人格或不好的風俗習慣，導致理性受到扭曲，從而無法有統一的自然法，甚至在個別事件中自然法被破壞消滅。[36]亦即有些具體事務是否當行，必須依賴有智慧者進行「理性」判斷與教導，並非任何人依憑其自然理性即可判斷。[37]

　　阿奎那認爲：「我們的每一個理性及意志行爲，都是基於符合自然（天性）的行爲：因爲每一個推理行爲都基於自然已知之原則，並且每一個對手段之慾望行爲，源自於對最終目的之自然慾望。因此，我們爲達到目的所採取行爲之首要方向，必須是根據自然法則（The Natural Law）。」[38]

　　大陸學者劉素民指出：「湯瑪斯的自然法理論中，『永恆法』是上帝據以調整所有行爲和運動的律法，它與上帝的全智同一。自然法是道德準則的來源，是永恆法在人身上的體現，是人類理性制定一般的或具體的道德準則的依據。自然法是與人性相符相稱的東西；自然法規定之於實踐理性，猶如科學第一原則之於思辨理性；自然法的第一原則（趨善避惡）是不可改變的。同時，自然法也是國家法（人定法）的來源與依據。這顯示，上帝（永恆法）參與人的道德生活是無所不在的。」[39]

（六）自然法思想：「存在」與「當爲」之一致性

　　阿奎那認爲法律是屬於理性之東西，法律是行爲的規則與尺度，要求人們爲行爲或不行爲，而具有強制拘束力，人性行爲之規則與尺度是理性，因爲理性是人性行爲之第一根本。意志所意圖或命令者，爲能具有法律之意義，必須

---

[36] 聖湯瑪斯阿奎那著，劉俊餘譯，神學大全，第6冊，第九十四題，論自然法律，初版，2008年，頁45以下。

[37] 聖湯瑪斯阿奎那著，劉俊餘譯，神學大全，第6冊，第一○○題，論舊約法律之道德訓令，初版，2008年，頁107。

[38] 聖湯瑪斯阿奎那著，劉俊餘譯，神學大全，第6冊，第九十一題，論法律之區分，初版，2008年，頁11，https://www.academia.edu/45424404/Summa_Theologica. p.2271，瀏覽日期：112.4.27。

[39] 劉素民，托馬斯・阿奎那自然法的形上架構與神學意涵，哲學研究，2005年第9期，2005年，頁58。

合於理性之規範。[40]德國學者有認為：「雖然聖奧古斯丁沒有說明上帝的神聖法，是否基於理性或上帝的意志之問題。但阿奎那則贊成是回溯到理性。聖湯瑪斯學派的自然法思想，認為客觀的秩序存在於事物的本質中，並可以由人類藉助於理性而加以理解。因此存在（Sein）與當為（Sollen）是互相一致的。這種觀點表明了自然法的一切思維模式的特徵，而不僅局限於上帝的自然法。此種存在與當為（實然與應然）同一性的觀點，影響後人。其追隨者主張：從『正確認識的』存在秩序中，導出具有拘束力的規範，據以規律人類的共同生活、道德的行為、形成『適合於存在（實然）的』政治的及法律的秩序與關係。」[41]在此與黃帝四經所揭示「道生法」的觀念不謀而合。

三、人法（人定法或人為法）（Human Law）

（一）人法之必要性

有關人為之法律的必要性問題，阿奎那認為就具體行為類型之詳細規範，人類未必得以理性知悉自然法，而仍須有人為法律之規範。他指出：「人的理性不能分有天主之理的全面指示，只能就其能力所及，不完整地分有天主之理。故此，正如在鑑賞理性方面，美由於自然分有天主之智慧，我們自然認知一些共同原理，但不是像天主之智慧那樣認知每個真理；在實踐理性方面，人也僅是自然地知道永恆法的一些原理，而不知道永恆法律中所含有的有關個別事件之指示。故此，人之理性必須進一步制定個別之法律。」「人的理性本身不是萬物之衡量尺度；但是理性自然具備的原理，卻是其一切行為的普遍規則與衡量尺度。而自然理性是這些行為的規則與衡量尺度，雖然它不是由天性或自然而來之事物的衡量尺度。」[42]

---

[40] 聖湯瑪斯阿奎那著，劉俊餘譯，神學大全，第6冊，第九十一題，論法律之本質，初版，2008年，頁2以下。

[41] Bernd Rüthers, Christian Fischer, Axel Birk, Rechtstehorie, 10. Aufl., 2018, S. 271.

[42] 聖湯瑪斯阿奎那著，劉俊餘譯，神學大全，第6冊，第九十一題，論法律之區分，初版，2008年，頁13。

（二）人爲法律源於永恆法及自然法

「實踐理性是關於行爲的，而行爲是個別的和偶然的；不像鑑賞理性那樣，是關於必然者的。爲此，人爲的法律不能像科學之演繹性結論那樣萬無一失；何況衡量尺度也不必絕對地準確無誤，而要看每類事物之可能範圍。」[43]

阿奎那認爲法律是實踐理性的一種指示。由人之理性找出的這些個別的規範，若合於上述所提之法律的性質，就稱爲人爲的法律。故此，西塞羅在《修辭學》卷二第五十三章說：「法律之起源出於天性，有的因爲適宜於理性便成了習俗；後來在這些由天性而來並經了習俗之考驗的東西上，便加上了法律之可畏性和尊嚴性。」[44]

阿奎那認爲永恆法是最高統治者的統治之理，則**下級統治者的統治之理，必然皆是源自永恆法**。永恆法以外之所有其他法，均是下級統治者的統治之理。故一切法律就其分有正理而言，皆是源自永恆法。人爲法律只有在合於正理的範圍內，才有法的意義。就此而言，人爲法律源自永恆法。人違法若離開正理，即屬於惡法，沒有法律的意義，而是一種強暴。[45]

阿奎那認爲**人爲的法律，按理是源於自然法律**。成文法源於自然法有兩種方式，一種是由自然法而來的原理之結論，屬於「萬民公法」，例如公平交易等事，人類才能和平共處，因爲人類天生就是社會性動物。至於「市民法」是限制於每一國家爲適合其國情而有所限定，源於自然法者。[46]人爲法律按理該指向國家的公共利益。[47]

---

[43] 聖湯瑪斯阿奎那著，劉俊餘譯，神學大全，第6冊，第九十一題，論法律之區分，初版，2008年，頁13。

[44] 聖湯瑪斯阿奎那著，劉俊餘譯，神學大全，第6冊，第九十一題，論法律之區分，初版，2008年，頁12。

[45] 聖湯瑪斯阿奎那著，劉俊餘譯，神學大全，第6冊，第九十三題，論永恆的法律，初版，2008年，頁30。在天主教教理，卷三「在基督內的生活」，第二章第2235段中指出：「凡執行權力的人，應視之爲一種服務。在倫理上，行使權力的標準應是來自天主、本身合理和特定對象。沒有人可以命令或制訂違反人的尊嚴和自然律的事宜。」（https://catechism.sfchinesecatholic.org/3-2-2/，瀏覽日期：112.10.9）強調自然法有優於實定法的效力。

[46] 在羅馬法時代，學者有認爲：「每個共同體爲自己制定之法，是他們自己的法，稱爲市民法。而根據自然原因在一切人當中制定的法，爲所有的民眾共同體共同遵守，稱爲萬民法，就像一切民族所使用的法。」（古羅馬蓋尤斯著，黃風譯，蓋尤斯法學階梯，中國政法大學出版社，初版，2008年，頁1）。

[47] 聖湯瑪斯阿奎那著，劉俊餘譯，神學大全，第6冊，第九十五題，論人爲法律，初版，2008

在人爲法上，於法體系中應發揮下述機能：[48]

1. 本於自然法之命令，在現實生活中使人民獲得幸福。包括：(1)以自然法爲前提所獲得之必然結論，加以具體明文規範；(2)將自然法上之規範，符合時宜地進行具體化規範。故實定法不得違反自然法。

2. 在社會生活上對於有利公共利益福祉事務，進行規範。

（三）惡法非法：人爲法，違反永恆法及自然法

1. 惡法無效

　　阿奎那主張「惡法非法」，違反永恆法及自然法之人爲法律爲惡法，不應遵守。他認爲如果法律公正合理，則本於永恆法而有約束良心的力量。如果法律不公平合理，例如：(1)在目的方面，法律以公共利益爲目的，若背離公共利益，便失去其拘束能力。[49]如首長課予屬下之負擔，與公共利益無關，而是爲其私人之貪欲與虛榮；(2)在立法者方面，如果所制定之法律超越立法者的權限；(3)在課予人民負擔部分，如果分配不公平。[50]則此類法律爲強暴之惡法，不能稱爲法律。這些法律違反天主之誡命，對於良心並無拘束力，亦即人不該遵守。因爲「聽從天主的命令，應勝過聽從人（統治者）的命令」。[51]

年，頁57。

[48] 左伯宣親，近代自然法論の研究，成文堂，初版，昭和63年（1988年），頁52。

[49] 聖湯瑪斯阿奎那著，劉俊餘譯，神學大全，第6冊，第九十六題，論人爲法律之權力，初版，2008年，頁69。

[50] 天主教教理，卷三「在基督內的生活」，第二章第2236段中指出：「權力的行使旨在表明一個正確的價值等級，使眾人更容易地運用自由和負起責任。當權者應明智地實行『分配的正義』，要依據每個人的需要和貢獻，同時顧及彼此間的融洽和安寧。他們應該小心提防，勿使他們採用的規則和措施，導致個人的利益違反團體的利益。」（https://catechism.sfchinesecatholic.org/3-2-2/，瀏覽日期：112.10.9）。

[51] 聖湯瑪斯阿奎那著，劉俊餘譯，神學大全，第6冊，第九十六題，論人爲法律之權力，初版，2008年，頁65以下；天主教教理卷三「在基督內的生活」，第二章「愛你的近人如你自己一樣愛你的近人如你自己一樣」第2242段中指出：「若執政當局發出的指令違反道德秩序的要求、人的基本權利、或福音的教導，公民依照良心有責任不予順從。若執政當局的要求違反正直的良心，則在服務天主與服務政治團體的區分上，得到拒絕服從政府的理由。『凱撒的，就應歸還凱撒；天主的就應歸還天主』（瑪22:21）。『聽天主的命應勝過聽人的命』（宗5:29）。」（https://catechism.sfchinesecatholic.org/3-2-2/，瀏覽日期：112.10.9）。

2. 法規範適用於特殊情況，變成惡法時，應目的性限縮

阿奎那承認法律之解釋及適用可以目的性限縮，由於法律是以一般情形符合於公共利益進行規範，立法者不可能顧及所有的情形，只能根據一般情形制定法律規範，若在特殊情況，遵守該法律規範有害於公共利益，便不該遵守。但是否對於國家公共利益有利或有害，除非有緊急情況，否則原則上應由「長官」判斷決定是否豁免該法律條文之適用。在法律規範適用結果，將發生明顯有害的特殊情況，應不是立法者之本意，故應容許排除適用。蓋立法者以人的智慧無法預料到一切情況，因此無法精準使用立法條文用語，通常僅能按照一般情況制定規範。[52]

阿奎那認爲由於人爲之法律是針對社會大眾進行規範，其中大部分都不是十全十美之人，所以法律並不禁止有德性之人（君子）所避免的一切惡習，只禁止大部分人有能力避免之比較重大的惡習。亦即法律應適合於人類的條件，按照人性及當地風俗習慣爲可能的規範，特別是那些對他人有害的，若不加以禁止，社會秩序便無法維持。例如禁止殺人與竊盜等損害他人權益之行爲。人爲法律並不要求不完美的大眾，立即戒絕一切惡事，亦即不能禁止自然法所禁止的一切事情。否則大眾無法遵守高標準之規範，導致違法者眾多，法規範反而被輕視，會陷於更大的罪惡。[53]此一見解，表現出法律僅是最低限度之道德而已，與老子道德經所謂：「法令滋章，盜賊多有。」不謀而合。

阿奎那認爲由於法律是以實現公共利益爲目的，故人爲之法律並不責成一切德性的一切行動，只責成那些指向公共利益者，或直接或間接與公共利益有關者。[54]

（四）習慣法

阿奎那認爲自然法與神聖法是出於天主的意志，故不得由人的意志產生之習慣所改變，只能因天主的權威而改變。因此，違反天主的神聖法與自然法的

---

[52] 聖湯瑪斯阿奎那著，劉俊餘譯，神學大全，第6冊，第九十六題，論人爲法律之權力，初版，2008年，頁70。

[53] 聖湯瑪斯阿奎那著，劉俊餘譯，神學大全，第6冊，第九十六題，論人爲法律之權力，初版，2008年，頁62以下。

[54] 聖湯瑪斯阿奎那著，劉俊餘譯，神學大全，第6冊，第九十六題，論人爲法律之權力，初版，2008年，頁64。

習慣，屬於惡習，不得產生法的效力。[55]

　　阿奎那認為人的行為表現其理性與意志，即表示他認為是善的而選擇為該行為，此種行為如果次數增多而產生習慣的行為，也能改變或解釋法律，甚至產生某種法的效力。尤其在人為法律不適當的情形，則不依循該法律行事，其行為反而具有合理性，不算是惡的，此種情形增多之後，則合理之習慣證明法律規範無用，等於正式發布相反之法律規範。但若當初法律有用之理由仍然存在，則習慣不能改變法律。[56]

（五）法律之修正變更

　　阿奎那認為由於天主之理性，是永恆完美無缺的，因此永恆法及其所分有之自然法，其含有普遍性之指令，亦永恆不變。反之，人的理性是變化無常及不完美，因此人的法律可以變動。人為的法律含有個別的指令，是為應付偶爾發生的狀況，此種具體情況常發生變動，故人為法不能絕對不變。亦即在人為法，因人的環境條件變動，符合不同條件之利益狀態隨之不同，因此法律應隨著改變，以因應環境需要，乃是合理之事。[57]

　　阿奎那認為法律之修正變更，如果對於大家有利，便是合理之事。但其變更改變人民遵循原本法律之習慣，妨害法之安定性，而有所損失（法律的效力主要依賴習慣）。除非新法可獲得的公共利益，大於該項損失，否則不應改變。亦即如果新法之利益重大明顯，或者舊法明顯不正當合理或其遵守非常有害，而有迫切修正改變之需要時，才有必要加以修正變更。[58]

---

[55] 聖湯瑪斯阿奎那著，劉俊餘譯，神學大全，第6冊，第九十六題，論人為法律之權力，初版，2008年，頁75。

[56] 聖湯瑪斯阿奎那著，劉俊餘譯，神學大全，第6冊，第九十六題，論人為法律之權力，初版，2008年，頁75。

[57] 聖湯瑪斯阿奎那著，劉俊餘譯，神學大全，第6冊，第九十七題，論法律之改變，初版，2008年，頁72。

[58] 聖湯瑪斯阿奎那著，劉俊餘譯，神學大全，第6冊，第九十七題，論法律之改變，初版，2008年，頁73以下。

四、神法（上帝之法）

（一）神法之必要性

在阿奎那法理論中的第四種類型的法乃是神法（神聖法），所謂「神法」乃是由聖經的「舊約」與「新約」所共同構成的規範。[59]神法係對於基督教徒之道德及律法之特別規範，阿奎那認爲，爲指導人類的生活，除了自然法律和人爲法律以外，還需要有天主上帝的法，亦即神法。亦即人們爲了達到其終極目的、超自然的目的，就需要得到一種更高級的指導。所以天主才賜給人另外一種法律，即神法。[60]其理由有四：

1. 爲追求人類永久幸福

因爲人是靠法律使他的行爲指向最後目的。假使人追求的只是不超過其自然能力範圍內的目的，則在自然法律以及由自然法律而來的人爲法律之上，在理性方面不必有別的指導。但因爲人是以永遠之幸福爲目的，這個目的超出人的自然能力範圍。故在自然法及人爲法之上，需有天主給的法，指導人奔向自己的目的。

2. 避免人類判斷錯誤

因爲人類的判斷未必十分準確，特別是關於個別的和偶有的事件，有時各人對人性行爲的意見不一，甚而產生與理性不同或相反的法律（基於自然法之共同原理所導出之結論，因理性陷入錯誤，導致容許惡的事情）。爲使人類能毫無疑慮地知道何者當作及何者當避，需要有天主給的法律指導他的行爲，天主的法，則確定不會錯誤。[61]

如果人類理性認識之法，違反基於信仰之啓示時，則勢必違反永恆法，違反神的理性，而變成不合理。故神聖法可以協助人類認識自然法，與實定法相互協助。[62]

---

[59] ST I-II Q.91, A.5.

[60] 林慶華，論神法及其與自然法之關係，哲學與文化，第35卷第4期，2008年4月，頁7。

[61] 聖湯瑪斯阿奎那著，劉俊餘譯，神學大全，第6冊，第九十九題，論舊約法律之訓令，初版，2008年，頁95。

[62] 左伯宣親，近代自然法論的研究，成文堂，初版，昭和63年（1988年），頁53。

3. 爲管制內心行動

　　人爲法的主要目的在建立「人與人之間的友誼」，而神法的目的，則在建立「人與上帝（天主）間的友情」，使每個人都成爲善人。[63]人爲的法只限於人能判斷的事情。人不能判斷在內心的隱密動態，只能判斷外表的明顯行爲。但是爲修全德，人在表裡都應正當無失。人爲的法律既不足以管制內心的行動，所以需要天主之法的扶助。

4. 爲禁制和懲罰人類之一切罪惡

　　按奧古斯丁在《論自由意志》卷一第五章所說的，人爲的法律不克禁止和懲罰一切惡事。因爲假若要淨除一切罪惡，勢必同時破壞許多善，並妨礙公共利益；而公共利益爲人的生存所必要的。爲使一切罪惡都不能脫免禁制和懲罰，需要另有禁止一切罪惡的天主之法予以補助。《聖詠》第十九篇第七節以下便提到了上述四種原因。其指出：「上主的法是完善的」，即不容許任何罪的醜惡；「能暢快人靈」，因爲不只指導外表行爲，也指導內心的行爲；「上主的約章是忠誠的」，因爲準確無誤；「能開啓愚蒙」，因爲使人知曉追求超性和神聖的目的。[64]

　　阿奎那認爲人法的目的，是達到共同體的塵世人間的安寧，而神法的目的是引導人們達到「永恆的幸福」。因此，人法目的在禁止和懲罰某些嚴重的罪行，但神法必須使人們能夠「在每一方面都分享永恆的幸福」。[65]

　　阿奎那認爲天主的神聖法高於一切人爲的法律，所以屬神的人，既有神聖法的引導，在對聖神有妨礙方面，不受法律的管制。但神聖法也要求應服從人爲的法律。亦即要爲主的緣故，服從人立的一切制度。[66]

63　聖湯瑪斯阿奎那著，劉俊餘譯，神學大全，第6冊，第九十九題，論舊約法律之訓令，初版，2008年，頁94以下。

64　聖湯瑪斯阿奎那著，劉俊餘譯，神學大全，第6冊，第九十一題，論法律之區分，初版，2008年，頁14以下。

65　林慶華，論神法及其與自然法之關係，哲學與文化，第35卷第4期，2008年4月，頁8。

66　聖湯瑪斯阿奎那著，劉俊餘譯，神學大全，第6冊，第九十六題，論人爲法律之權力，初版，2008年，頁68；天主教教理卷三「在基督內的生活」，第二章第2238段中指出：「服從權威的人，應視他們的上司如同天主的代表，爲天主所指派的天主財物的管家：『你們要爲主的緣故，服從人立的一切制度。……你們要做自由的人，卻不可做以自由爲掩飾邪惡的人，但該做天主的僕人』（伯前2:13,16）。公民的忠誠合作包括合理指責的權利，有時甚至是一項責任，以指陳他們認爲有損人的尊嚴和團體福利的措施。」第2239段：「公民的義務是與政府合作，在眞理、正義、連帶責任和自由的氣氛下，給社會的福利作出貢獻。

此一神法具有超越自然的理性之性格。對於神法之認識，與其說是基於人類理性之發見，毋寧認爲是以信仰爲前提，基於聖寵所爲啓示。神法屬於基於信仰對於人類啓示之永恆法之一部分。[67]

（二）神法之種類：新約聖經之新法與舊約聖經之舊法

神法有新舊之別，新約聖經之法爲新法，舊約聖經之法爲舊法。舊約的法律中有三種訓令：道德訓令（源於自然法之指令，例如應孝順父母，不可殺人、偷盜等十誡之訓令，是美善或正當的）、[68]禮儀訓令（限制對於天主敬禮的，是聖的）以及司法訓令（限制人間應遵守之正義的）。[69]故此，宗徒在《迦拉達書》第三章第二十四節及第二十五節，將舊法下之生活方式，比擬爲在啓蒙師下看管的兒童，將新法下之生活方式，比擬爲不再受啓蒙師管治的成年人。

兩種法之完美與不完美，是根據法之三種特性，加以判斷。可分析如下：

1.法之目的

法是以公共利益爲目的。這可以分爲兩種：

第一種是感官性的和現世的：舊法所直接謀求的就是這種利益。故在《出谷紀》第三章第八節至第十七節，於立法之初就許給人民客納罕人的國土。

第二種是精神和天上的利益：這是新法所謀求的。故此，按《瑪竇福音》第四章第十七節記載的，基督在講道之初，便教人追求天國：「你們悔改罷，因爲天國臨近了。」是以，奧古斯丁在《駁摩尼教徒福斯德》卷四第二

愛國及服務國家是基於感恩責任，並由愛德而來。順從合法當局和爲公益服務，要求公民在政治團體生活裡克盡己職。」（https://catechism.sfchinesecatholic.org/3-2-2/，瀏覽日期：112.10.9）。

[67] 左伯宣親，近代自然法論の研究，成文堂，初版，昭和63年（1988年），頁53。

[68] 阿奎那認爲舊約法律中的道德訓令，是關於善良風俗的，乃是與理性相合的，故其都必然屬於自然法。如果一個風俗與理性不相符合，便是壞的風俗習慣（聖湯瑪斯阿奎那著，劉俊餘譯，神學大全，第6冊，第一○○題，論舊約法律之道德訓令，初版，2008年，頁106以下）。

[69] 聖湯瑪斯阿奎那著，劉俊餘譯，神學大全，第6冊，第九十九題，論舊約法律之訓令，初版，2008年，頁99。

章說：「在舊約裡含有現世物之預許，故此稱爲舊約；永生之許諾則屬於新約。」[70]

2. 法之規範對象

法應按正義指導人類的行爲（第四節）。在這方面，新法也優於舊法，因爲新法管制人類「內心的行爲」，就如《瑪竇福音》第五章第二十節所說的：「除非你們的義德超過經師和法利塞人的義德，你們絕進不了天國。」故此彼得隆巴在書《語錄》卷三第四十題說：「舊法律約束人的手，新法律約束人的心。」

舊法是經由恐懼與獎賞來強制人民服從，而新法則屬於仁愛的法律，激發人們有德性的行動欲望，是「福音的法律」。[71]新法指導人們與天主合一，是一種超自然的最終目的（有別於自然法僅指導人民達到其自然目的，並以與其自然能力相適合的方式朝向天主）。新法不僅是指導人類外在行爲之法律，更主要是指導人類歸向天主的內在心之法律。[72]

3. 法之強制手段

法應促使人類遵守誡命（第九十題第三節釋疑）。舊法是依據人對懲罰之畏懼而使人守法。新法則是依據愛德；此一愛德在新法中是依賴基督之恩寵灌輸在我們心中的，在舊法中只有恩寵的象徵。故此，奧古斯丁在《駁摩尼弟子阿底曼德》（Contra Adimantum Manich. Discip.）第十七章表示：「舊法與福音的簡明差別，只是畏懼與愛德而已。」[73]

（三）神法與自然法之區別

有認爲阿奎那自然法與神法之區別，在於自然法代表了人對於幸福的理性認識，理性依此指導意志控制欲望與激情，引導人們發揮正直、堅毅、勇敢及謹言愼行等主要美德去實現其自然目的。神法則直接來自上帝的啓示，是上

---

[70] 聖湯瑪斯阿奎那著，劉俊餘譯，神學大全，第6冊，第九十一題，論法律之區分，初版，2008年，頁16以下。

[71] 林慶華，論神法及其與自然法之關係，哲學與文化，第35卷第4期，2008年4月，頁20。

[72] 林慶華，論神法及其與自然法之關係，哲學與文化，第35卷第4期，2008年4月，頁18。

[73] 聖湯瑪斯阿奎那著，劉俊餘譯，神學大全，第6冊，第九十一題，論法律之區分，初版，2008年，頁16以下。

帝恩典的禮物，人類依此指導去實現它的超自然目的，並獲得信、望、愛等更高或神聖的美德（相信、希望及愛慕天主，並以實際行動表達對於天主的服從），[74]這些美德在上帝的恩典下植入人的心靈。[75]

阿奎那將法與法律的分類，乃是將支配「宇宙秩序」與「社會秩序」的法全部納入一個法思想體系中。亦即最本源的神法（永恆的自然法與上帝的成文法），演化出統治生物界的基本法（自然法），再演化出人類社會所特有的、國家統治者制定的人定法（人為法）。[76]

就此有認為依據阿奎那之觀點，自然法可以引導人類達到與人的能力相當的一系列善，它確實有助於我們邁向與天主合一之路（天人合一思想）。而在自然法指導人達到的各種善中，認識上帝（關於天主的知識）是其最高的目的。但自然法（以及人為法）不能使人達到與天主合一的最終目的，神法（上帝所頒布之法）就使人能夠到達天主那裡。亦即神法可以幫助我們達到我們的終極目的：永恆的幸福。[77]

阿奎那認為天主的法管理人類彼此間的事務以及人與天主間之事務，此二種事務皆屬於自然法之指導範圍，道德訓令也是以自然法為本。[78]

肆、善惡之判斷標準

阿奎那的主要倫理觀念如下：一、將幸福（Happiness）視為人類生活的目標；二、道德法（Moral Law）架構以自然法理論為基礎；三、美德（Virtues）對於人類幸福至關重要。[79]

---

[74] 聖湯瑪斯阿奎那著，劉俊餘譯，神學大全，第6冊，第九十九題，論舊約法律之訓令，初版，2008年，頁97。

[75] 〔英〕韋恩·莫里斯著，李桂林等譯，法理學，武漢大學出版社，2003年，頁73。

[76] 何勤華等編著，西方法律思想史，科學出版社，初版7刷，2019年，頁34。

[77] 林慶華，論神法及其與自然法之關係，哲學與文化，第35卷第4期，2008年4月，頁8。此一神法的理論，與佛教提倡依據戒律（身口意清淨）修行成佛的觀念不謀而合。

[78] 聖湯瑪斯阿奎那著，劉俊餘譯，神學大全，第6冊，第九十九題，論舊約法律之訓令，初版，2008年，頁98以下。

[79] Robert Pasnau, Thomas Aquinas, Stanford Encyclopedia of Philosophy, https://plato.stanford.edu/entries/aquinas/#NatuLaw, last visited: 112.10.7.

一、以行為之「合理性」作為善惡之判斷標準

阿奎那認為：「人性行為之善惡是根據理性。因為按狄奧尼修在《神名論》第四章說的，人之善是『按理性的實在』，而惡是『不合理性者』。每一物之善，是那按其形式適合於它者；而惡是不合其形式者。可見對象善惡之區別，是看其對理性的本然關係，即是說，看對象是否適合理性。有些行動被稱為人性的或道德的，乃因為是出於理性。故此，顯然善與惡構成道德行為的不同類別——因為本然之不同，構成不同的類別。」[80]

阿奎那認為：「意志之善，嚴格地說在於對象。意志之對象是由理性顯示給意志。理性所知覺的善是與意志相稱的對象；而感官性或想像性的善與意志不相稱，而與感官性嗜慾相稱。因為意志能追求普遍性的善，理性則能知覺這種善；至於感官性嗜慾，則只追求個別性的善，這種善是由感官所知覺。所以，意志之善繫於理性，與其繫於對象一樣。」[81]

二、以圓滿性是否欠缺，作為善惡之判斷標準

阿奎那認為：「討論行為之善惡，當如討論物的善惡；因為東西本身是怎樣，就產生怎樣的行動。一物有多少實在，便有多少善；因為按在第一集第五題第一及第三節、第十七題第四節釋疑2.裡說的，善與物可互相兌替。只有天主以圓滿和單純方式握有其整個實在，其他東西各具有適於自己之相對圓滿的實在。所以有些東西，從某方面說，具有實在性；然而對其應有之圓滿實在而言，則有所缺欠。例如，為構成人的圓滿實在，須是由靈魂和肉身合成的，具有認知和行動所需之一切機能和工具；如果一人少了其中的什麼東西，則其圓滿實在中有所缺欠。所以，一物有多少實在，便有多少善；對其圓滿實在有多少缺欠，便少多少善，這即稱為惡。」[82]

---

80 聖湯瑪斯阿奎那著，劉俊餘譯，神學大全，第4冊，第十八題，泛論人性行動之善惡，初版，2008年，頁191。
81 聖湯瑪斯阿奎那著，劉俊餘譯，神學大全，第4冊，第十九題，論意志之內在行動的善惡，初版，2008年，頁206。
82 聖湯瑪斯阿奎那著，劉俊餘譯，神學大全，第4冊，第十八題，泛論人性行動之善惡，初版，2008年，頁184。

三、天人合一思想：行善去惡

阿奎那認爲：「意志之善繫於所志之目的。人之意志的最後目的是至高的善，即天主（上帝）。這至善本來首先是天主之意志的對象。在一類中的第一個，是這類其餘者的尺度和標準。每個東西之稱爲正當及善，在於它達到自己的尺度。所以，人的意志要想是善的，須與天主的意志一致。」[83]此種人類行爲應與天意符合一致之觀念，具有天人合一思想之色彩。

在基督教之「調和是神心意」之聖歌中，記載「神（主）進入人靈，與人調和爲一」、「神人調和（合一）」，可見聖經提倡「天人合一」思想，乃是將上帝與人類心靈調和爲一，人類應當按照「上帝旨意」行事，亦即依循上帝之「律法」爲行爲，即是善。而在聖經羅馬書第十二節第九句：「愛人應當眞誠。要遠離邪惡，並親近善之事物。」第十三節第八句：「凡事都不可虧欠人，唯有彼此相愛，因爲一個人相愛另一個人，就成全了律法。」同第十三節第十句：「愛是不加害於人的（不對於鄰人做錯事），因此愛就踐行了上帝之律法。」（Love does no wrong to a neighbor; therefore love is the fulfilling of the law.）故行善去惡，即屬踐行上帝之律法。

四、善必須「因時因地制宜」（按具體情況而定）

阿奎那認爲有德者之行爲，應按照具體情況，「因時因地制宜」，否則在不適當之時間地點爲行爲，可能反而爲惡。亦即：「在自然物中，由那賦予類別的本體形式，得不到一物應有之全部圓滿成就；許多須由後來的依附體增加上去，例如：人的形狀、顏色等。其中所有者若有欠適當，即造成惡。在行爲方面也是一樣，其完滿的善不全在於本類性質，也在於附加之依附性。這些依附性即指適當之情況。所以，若適當之情況方面有欠缺，行爲便是惡的。」[84]

---

[83] 聖湯瑪斯阿奎那著，劉俊餘譯，神學大全，第4冊，第十九題，論意志之內在行動的善惡，初版，2008年，頁217。

[84] 聖湯瑪斯阿奎那著，劉俊餘譯，神學大全，第4冊，第十八題，泛論人性行動之善惡，初版，2008年，頁188。

五、依據行為之「共類」、「別類」、「情況」以及「目的」判斷其行為之「善惡」

阿奎那在《神學大全》中,「泛論人性行動之善惡」指出:「人性行爲之善要看四點。第一是按共類(或總類genus),即因那是行爲,它有多少行爲及實在性,便有多少善。[85]第二是按別類(或類別或分類species),是根據適當之對象(每個行動是由其對象而取得類別)。第三是按情況,好似是其依附體。第四是按目的,好似是對其善之原因的關係。」[86]

「一個行爲在一點上爲善,可能在別的方面不善。爲此,一個行爲在類別及情況方面皆是善的,能用於不善之目的;反之,亦然。若非有了各方面之善,一行爲不能說是單純的善,因爲按狄奧尼修在《神名論》第四章裡說的,『任何一個虧缺即造成惡,善是由完整之原因造成的』。」[87]

伍、結論

阿奎那的法律思想核心,認爲上帝主宰一切,一切均應歸結於上帝,世俗人間的法秩序,必須符合上天的法秩序(符合天理),人世間的生活必須依附於精神生活。政治必須隸屬於宗教,國家必須託庇於教會,人法必須服從於神法。[88]

阿奎那認爲人類生活的行爲規範,不僅應服從人爲的法律,更應符合上帝造物法則規律之永恆法,以及符合自然本性之理性的自然法。在此可見阿奎那學說具有「天人合一」之思想色彩。

---

[85] 阿奎那認爲:「存在的完整性正是善的本質,如果一個事物缺乏其應有的存在的完整性,那麼它就不能簡單地被稱爲善,而是在某種意義上,因爲它是一個存在;儘管它可以簡單地稱爲存在,但在某些方面可以稱爲非存在,正如I:5:1(對反對意見1的答覆)所述。因此,我們必須說,每一個行爲只要有存在,就具有善意;然而它缺乏善,因爲它缺乏某種由於其存在的完整性而產生的東西。」(Home>Summa Theologiae>First Part of the Second Part>Question 18, https://www.newadvent.org/summa/2018.htm#article1, last visited: 112.10.10)。

[86] 聖湯瑪斯阿奎那著,劉俊餘譯,神學大全,第4冊,第十八題,泛論人性行動之善惡,初版,2008年,頁189。

[87] 聖湯瑪斯阿奎那著,劉俊餘譯,神學大全,第4冊,第十八題,泛論人性行動之善惡,初版,2008年,頁189。

[88] 何勤華等編著,西方法律思想史,科學出版社,初版7刷,2019年,頁35。

　　有關法秩序位階，永恆法及神法優先於理性自然法，理性自然法優先於實定的人爲法。故學者稱之爲「宗教的自然法思想」，其思想理論備受天主教會之高度肯定，在1563年被命名爲「天使博士」，列奧三世於1879年發布教諭，宣告其學說是羅馬教廷的官方哲學，是「最高的思想權威」。[89]

---

[89] 何勤華等編著，西方法律思想史，科學出版社，初版7刷，2019年，頁35。

第四篇

法家

大綱

壹、前言

　　「管子」書名最早見於《韓非子・五蠹》：「今境內之民皆言治，藏商、管之法者家有之」。《史記》肯定《管子》為管仲之作：「讀管氏《牧

民》、《山高》、《乘馬》、《輕重》、《九府》，……其書世多有之。」晉朝傅玄開始對《管子》一書的作者產生疑義，他說「管仲之書，過半是後之好事者所爲，輕重諸篇尤鄙俗」。唐代孔穎達亦稱「世有管子書者，或是後人所錄」。朱熹則表示管仲不是有時間寫書的人。《四庫全書總目》云：「今考其文，大抵後人附會多於仲之本書。」郭沫若認爲《管子》中「心術上」、「心術下」、「白心」、「內業」等篇爲宋鈃、尹文的著作。

管仲是我國春秋時代政治家及哲學家，是一代賢相。史記管晏列傳記載：「管仲夷吾者，穎上人也。少時常與鮑叔牙游，鮑叔知其賢。管仲貧困，常欺鮑叔，鮑叔終善遇之，不以爲言。已而鮑叔事齊公子小白，管仲事公子糾。及小白立爲桓公，公子糾死，管仲囚焉。鮑叔遂進管仲。管仲既用，任政於齊，齊桓公以霸，九合諸侯，一匡天下，管仲之謀也。」「管仲既任政相齊，以區區之齊在海濱，**通貨積財，富國彊兵，與俗同好惡**。故其稱曰：『倉廩實而知禮節，衣食足而知榮辱，上服度則六親固。四維不張，國乃滅亡。**下令如流水之原，令順民心**。』故論卑而易行。俗之所欲，因而予之；俗之所否，因而去之。」

管子之政績，約有四端，一是尊重民意，二是厲行法治，三是獎勵生產，四是調解分配。[1]

貳、天人合一思想

一、概說

管子認爲正心修身，自然智慧光明，照察萬物，明天下之理，得以道治天下。管子內業篇：「脩心靜音，道乃可得。」「天主正，地主平。人主安靜，春秋多夏，天之時也，山陵川谷，地之枝也，喜怒取予，人之謀也，是故聖人與時變而不化，從物而不移。**能正能靜，然後能定。定心在中，耳目聰明，四枝堅固，可以爲精舍**。精也者，氣之精者也。氣道乃生，生乃思，思乃知，知乃止矣。」「一物能化謂之神，一事能變謂之智，化不易氣，變不易智，惟執

---

1 梅仲協，管子——大政治家和大法學家，中華文化復興月刊，第2卷第9期，1969年9月，頁40。

一之君子能爲此乎！執一不失，能君萬物。君子使物，不爲物使。**得一之理，治心在於中，治言出於口，治事加於人，然則天下治矣。一言得而天下服，一言定而天下聽，公之謂也**。形不正，德不來。中不靜，心不治。正形攝德，天仁地義，則淫然而自至。神明之極，照乎知萬物，中義守不忒。不以物亂官，不以官亂心，是謂中得，有神自在身，一往一來，莫之能思，失之必亂，得之必治。敬除其舍，精將自來。精想思之，寧念治之。嚴容畏敬，精將至定，得之而勿捨，耳目不淫，心無他圖。**正心在中，萬物得度。道滿天下，普在民所，民不能知也**。一言之解，上察於天，下極於地，蟠滿九州。」「人能正靜，皮膚裕寬，耳目聰明，筋信而骨強，乃能戴大圓，而履大方。鑒於大清，視於大明。敬慎無忒，日新其德；徧知天下，窮於四極；敬發其充，是謂內得。」「心能執靜，道將自定。得道之人，理丞而屯泄，匈中無敗。」

在此顯示管子亦提倡正心誠意、修身齊家、治國、平天下之理，而具有儒家思想色彩。

二、循道處事

管子認爲明哲之賢人，可以觀照事物之本末，以及因果循環之理，故應效法並遵循天地間運轉法則規律，循道處事（世），而具有「天人合一」之思想。亦即管子之道或天道，具體落實於易經所述「天地人」三才之天，亦係源自老子之自然之天（道法自然）。[2]

管子形勢解篇：「天覆萬物而制之，地載萬物而養之，四時生長萬物而收藏之，古以至今，不更其道，故曰：『古今一也。』」「行天道，出公理，則遠者自親。廢天道，行私爲，則子母相怨；故曰：『天道之極，遠者自親；人事之起，近親造怨。』」

管子霸言篇：「夫神聖視天下之形，知動靜之時，視先後之稱，知禍福之門。」

管子版法解篇：「版法者，法天地之位，象四時之行，以治天下。四時之行，有寒有暑，聖人法之，故有文有武。天地之位，有前有後，有左有右，聖人法之，以建經紀。春生於左，秋殺於右，夏長於前，冬藏於後。生長之事，

---

[2]　李增，先秦法家哲學——先秦法家法理、政治、哲學，2001年，頁286。

文也;收藏之事,武也;是故文事在左,武事在右,聖人法之。以行法令,以治事理。」

管子七法篇:「正天下有分:則、象、法、化、決塞、心術、計數,**根天地之氣,寒暑之和,水土之性,人民鳥獸草木之生物,雖不甚多,皆均有焉,而未嘗變也,謂之則**。義也、名也、時也、似也、類也、比也、狀也、謂之**象。尺寸也、繩墨也、規矩也、衡石也、斗斛也、角量也、謂之法**。漸也、順也、靡也、久也、服也、習也、謂之化。予奪也、險易也、利害也、難易也、開閉也、殺生也、謂之決塞。實也、誠也、厚也、施也、度也、恕也、謂之心術。剛柔也、輕重也、大小也、實虛也、遠近也、多少也、謂之計數。」

三、禮義治國:德治教化優先

(一)四維:禮義廉恥

管子認為治理國家政務,應順於禮義。管子七法篇:「**成功立事,必順於禮義,故不禮不勝天下,不義不勝人;故賢知之君,必立於勝地,故正天下而莫之敢御也。**」

管子認為禮義廉恥道德規範,為立國之根本。管子牧民篇:「國有四維,一維絕則傾,二維絕則危,三維絕則覆,四維絕則滅。傾可正也,危可安也,覆可起也,滅不可復錯也。**何謂四維?一曰禮、二曰義、三曰廉、四曰恥。禮不踰節,義不自進。廉不蔽惡,恥不從枉**。故不踰節,則上位安;不自進,則民無巧軸;不蔽惡,則行自全;不從枉,則邪事不生。」

管子牧民篇:「凡有地牧民者,務在四時,守在倉廩。國多財,則遠者來,地辟舉,則民留處;倉廩實,則知禮節;衣食足,則知榮辱;上服度,則六親固。**四維張,則君令行**。故省刑之要,在禁文巧,**守國之度,在飾四維**,順民之經,在明鬼神,祇山川,敬宗廟,恭祖舊。**不務天時,則財不生;不務地利,則倉廩不盈**;野蕪曠,則民乃菅,上無量,則民乃妄。文巧不禁,則民乃淫,不璋兩原,則刑乃繁。不明鬼神,則陋民不悟;不祇山川,則威令不聞;不敬宗廟,則民乃上校;不恭祖舊,則孝悌不備;四維不張,國乃滅亡。」

（二）義禮之具體類型

　　管子認為「義」有七體，亦即七種類型。管子五輔篇：「日：民知德矣，而未知義，然後明行以導之義，義有七體，七體者何？日：孝悌慈惠，以養親戚。恭敬忠信，以事君上。中正比宜，以行禮節。整齊撙詘，以辟刑僇。纖嗇省用，以備飢饉。敦懞純固，以備禍亂。和協輯睦，以備寇戎。凡此七者，義之體也。夫民必知義然後中正，中正然後和調，和調乃能處安，處安然後動威，動威乃可以戰勝而守固，故日義不可不行也。」

　　管子強調禮治，認為應以八經以導之禮。管子五輔篇：「日：民知義矣，而未知禮，然後飾八經以導之禮。**所謂八經者何？曰：上下有義，貴賤有分，長幼有等，貧富有度，凡此八者，禮之經也。**故上下無義則亂，貴賤無分則爭，長幼無等則倍，貧富無度則失。上下亂，貴賤爭，長幼倍，貧富失，而國不亂者，未之嘗聞也。是故聖王飭此八禮，以導其民；八者各得其義，則為人君者，中正而無私。為人臣者，忠信而不黨。為人父者，慈惠以教。為人子者，孝悌以肅。為人兄者，寬裕以誨。為人弟者，比順以敬。為人夫者，敦懞以固。為人妻者，勸勉以貞。夫然則下不倍上，臣不殺君，賤不踰貴，少不陵長，遠不閒親，新不閒舊，小不加大，淫不破義，凡此八者，禮之經也。夫人必知禮然後恭敬，恭敬然後尊讓，尊讓然後少長貴賤不相踰越，少長貴賤不相踰越，故亂不生而患不作，故日禮不可不謹也。」

（三）禮義教化，建立善良風俗

　　管子權修篇：「凡牧民者，使士無邪行，女無淫事。**士無邪行，教也。女無淫事，訓也。教訓成俗，而刑罰省，數也。**凡牧民者，欲民之正也；欲民之正，則微邪不可不禁也；微邪者，大邪之所生也；微邪不禁，而求大邪之無傷國，不可得也。凡牧民者，欲民之有禮也；欲民之有禮，則小禮不可不謹也；小禮不謹於國，而求百姓之行大禮，不可得也。」「凡牧民者，欲民之有義也；欲民之有義，則小義不可不行；小義不行於國，而求百姓之行大義，不可得也。凡牧民者，欲民之有廉也；欲民之有廉，則小廉不可不修也；小廉不修於國，而求百姓之行大廉，不可得也。凡牧民者，欲民之有恥也，欲民之有恥，則小恥不可不飾也。小恥不飾於國，而求百姓之行大恥，不可得也。凡牧

民者，欲民之修小禮、行小義、飾小廉、謹小恥、禁微邪、此屬民之道也。**民之修小禮、行小義、飾小廉、謹小恥、禁微邪、治之本也**。凡牧民者，欲民之可御也；欲民之可御，則法不可不審；法者，將立朝廷者也；將立朝廷者，則爵服不可不貴也；爵服加于不義，則民賤其爵服；民賤其爵服，則人主不尊；人主不尊，則令不行矣。法者，將用民力者也；將用民力者，則祿賞不可不重也；**祿賞加于無功，則民輕其祿賞；民輕其祿賞，則上無以勸民；上無以勸民，則令不行矣**。法者，將用民能者也；將用民能者，則授官不可不審也；授官不審，則民閒其治；民閒其治，則理不上通；**理不上通，則下怨其上；下怨其上，則令不行矣**。法者，將用民之死命者也；用民之死命者，則刑罰不可不審；刑罰不審，則有辟就；有辟就，則殺不辜而赦有罪；殺不辜而赦有罪，則國不免於賊臣矣。故夫爵服賤、祿賞輕、民閒其治、賊臣首難，此謂敗國之教也。」

就此有認為管子提倡「禮義廉恥」之道德教育，目的在建立及維護社會善良風俗，使人民循規蹈矩，遵守法治，屬於「經俗」之術。管子重令篇：「何謂國之經俗？所好惡，不違於上；所貴賤，不逆於令，毋上拂之事，毋下比之說，毋侈泰之養，毋蹦等之服。謹於鄉里之行，而不逆於本朝之事者，國之經俗也。」因此管子之道德教育理論，與儒家強調修身齊家，以成就「個人之道德發展」為目的，仍有差異。[3]

參、自然法思想

一、禮法同出於義理

管子主張以禮義治國，管子心術上篇：「義者，謂各處其宜也。禮者，因人之情，緣義之理，而為之節文者也。故禮者謂有理也，理也者，明分以諭義之意也。故禮出乎義，義出乎理，理因乎宜者也。法者所以同出，不得不然者也。故殺僇禁誅以一之也，故事督乎法，法出乎權，權出乎道。」亦即禮義以符合事務性質之道理為基礎，在此表現符合事理之自然法思想，[4]所謂「道生

3　蕭公權，中國政治思想史，聯經出版，1980年增訂版，頁220。

4　李增，先秦法家哲學——先秦法家法理、政治、哲學，2001年，頁306；陳顧遠，中國法制史概要，三民書局，5版，1977年，頁52以下。

法」，是一種道法自然之自然法思想。[5]

管子心術上篇：「天之道，虛其無形。虛則不屈，無形則無所位赴，無所位赴，故遍流萬物而不變。德者道之舍，物得以生。生知得以職道之精。故德者得也，得也者，其謂所得以然也，以無爲之謂道，舍之之謂德。故道之與德無間。故言之者不別也。間之理者，謂其所以舍也。**義者，謂各處其宜也。禮者，因人之情，緣義之理，而爲之節文者也**。故禮者謂有理也，理也者，明分以諭義之意也。故**禮出乎義，義出乎理，理因乎宜者也。法者所以同出，不得不然者也**。故殺僇禁誅以一之也，故事督乎法，法出乎權，權出乎道。」

道法自然之自然法思想，必須觀察大道，「**正人無求**」，「能虛其心」，「以觀其則」，「**以循其理**」。管子心術上篇：「心之在體，君之位也。九竅之有職，官之分也。**心處其道，九竅循理**。嗜欲充益，目不見色，耳不聞聲。故曰：上離其道，下失其事。毋代馬走，使盡其力，毋代鳥飛，使獘其羽翼。**毋先物動，以觀其則**。動則失位，靜乃自得，道不遠而難極也。與人並處而難得也。**虛其欲，神將入舍**。掃除不潔，神乃留處。人皆欲智，而莫索其所以智乎。智乎智乎，投之海外無自奪，求之者不得處之者，**夫正人無求之也，故能虛無，虛無無形謂之道。化育萬物謂之德**。君臣父子人間之事謂之義。登降揖讓，貴賤有等，親疏之體，謂之禮。簡物小未一道，殺僇禁誅謂之法。大道可安而不可說，直人之言，不義不顧。不出於口，不見於色，四海之人，又庸知其則。」

管子法法篇：「國何可無道？人何可無求？得道而導之，得賢而使之，將有所大期於興利除害。」

管子法禁篇：「聖王之身，**治世之時，德行必有所是，道義必有所明；故士莫敢詭俗異禮，以自見於國**，莫敢布惠緩行，修上下之交，以和親於民。故莫敢超等踰官，漁利蘇功。以取順其君。聖王之治民也，進則使無由得其所

5　梅仲協教授認爲儒家也常稱自然法爲禮，人類具有普遍性，此普遍性之相互交錯，便成自然法，禮淵源於人類之理性，是人類外部行爲規範。例如禮記：「夫禮先王以承天之道，以治人之情。」樂記：「禮也者，理之不可易者也。」均是。而鄭國子產亦認爲禮爲自然法。例如春秋左傳召公二十五年：「子產曰，夫禮，天之經也，地之義也，民之行也，天地之經，而民實則之，則天之明，因地之性，生其六氣，用其五行，氣爲五味，發爲五色，章爲五聲，淫則昏亂，民失其性，是故爲禮以奉之。」（梅仲協，法與禮，東西文化，第7期，1968年1月，頁9）。

利，退則使無由避其所害，必使反乎安其位，樂其群，務其職，榮其名，而後止矣。故踰其官而離其群者，必使有害。不能其事而失其職者，必使有恥；是故聖王之教民也，以仁錯之，以恥使之，修其能，致其所成而止。故曰：『絕而定，靜而治，安而尊，舉錯而不變者，聖王之道也。』」

二、依循天時地利之自然法則處事

道法自然之自然法思想，必須依循天時地利之自然法則處事，才能事半功倍，否則，悖理而行，難以成功。管子君臣篇：「別交正分之謂理。順理而不失之謂道，道德定而民有軌矣。有道之君者，善明設法，而不以私防者也。」管子霸言篇：「令行人服，理之至也。」

管子牧民篇：「**不務天時，則財不生；不務地利，則倉廩不盈。**」管子七臣七主篇：「故**設用無度，國家踣，舉事不時，必受其菑。**」「惟有道者，能備患於未形也，故禍不萌。天下不患無臣，患無君以使之。天下不患無財，患無人以分之。故**知時者，可立以爲長。無私者，可置以爲政。審於時而察於用，而能備官者，可奉以爲君也。**」均是此意。

管子認爲爲人處世，必須順應天時地利人和。管子五輔篇：「所謂三度者何？曰：上度之天祥，下度之地宜，中度之人順，此所謂三度。故曰：天時不祥，則有水旱。地道不宜，則有饑饉。人道不順，則有禍亂；此三者之來也，政召之。曰：審時以舉事，以事動民，以民動國，以國動天下。天下動，然後功名可成也，故民必知權然後舉錯得。舉錯得則民和輯，民和輯則功名立矣，故曰：權不可不度也。」管子侈靡篇：「可以王乎？請問用之若何？必辨於天地之道，然後功名可以殖。辨於地利，而民可富。通於侈靡，而士可戚。」

管子七臣七主篇：「故**設用無度，國家踣，舉事不時，必受其菑。**夫倉庫非虛空也，商宦非虛壞也，法令非虛亂也，國家非虛亡也。彼時有春秋，歲有敗凶，政有急緩。政有急緩，故物有輕重，歲有敗凶，故民有義不足。時有春秋，故穀有貴賤，而上不調淫，故游商得以什伯其本也。百姓之不田，貧富之不訾，皆用此作。城郭不守，兵士不用，皆道此始。夫亡國踣家者，非無壞土也，其所事者非其功也。夫凶歲雷旱，非無雨露也，其燥溼非其時也。亂世煩政，非無法令也，其所誅賞者非其人也，暴主迷君，非無心腹也，其所取舍非其術也。**故明主有六務四禁，六務者何也？一曰節用。二曰賢佐。三曰法**

度。四曰必誅。五曰天時。六曰地宜。四禁者何也？春無殺伐，無割大陵，倮大衍，伐大木，斬大山，行大火，誅大臣，收穀賦。夏無遏水，達名川，塞大谷，動土功，射鳥獸。秋毋赦過釋罪緩刑。冬無賦爵賞祿，傷伐五穀。故春政不禁，則百長不生，夏政不禁，則五穀不成。秋政不禁，則姦邪不勝。冬政不禁，則地氣不藏。四者俱犯，則陰陽不和，風雨不時，大水漂州流邑，大風漂屋折樹，火暴焚地燋草。」

管子霸言篇：「夫先王之爭天下也，以方心，其立之也，以整齊。其理之也，以平易。立政出令，用人道。施爵祿，用地道。舉大事，用天道。是故先王之伐也，伐逆不伐順，伐險不伐易，伐過不伐及。四封之內，以正使之。」

「自古以至今，未嘗有先能作難，違時易形，以立功名者。無有常先作難，違時易形，無不敗者也。」管子霸言篇：「聖人能輔時，不能違時，知者善謀，不如當時精時者日少而功多。夫謀無主則困，事無備則廢。是以聖王務具其備而慎守其時，以備待時，以時興事。」

三、順應民心與人民生活習慣

管子之道法自然之自然法思想，主張應順應民心與人民生活習慣。因民之所欲而為之，以「便民興利」為原則。在法制立法政策上屬於「興利重於除弊」之原。史記管晏列傳表示：「管仲既任政相齊，以區區之齊在海濱，通貨積財，富國彊兵，與俗同好惡。故其稱日：『倉廩實而知禮節，衣食足而知榮辱，上服度則六親固。四維不張，國乃滅亡。下令如流水之原，令順民心。』故論卑而易行。俗之所欲，因而予之；俗之所否，因而去之。」此與史記齊太公世家記載：「太公至國，修政，因其俗，簡其禮，通商工之業，便魚鹽之利，而人民多歸齊，齊為大國。」均同樣採取「簡政便民」之治國法則。

管子強調「順民」，亦即順應民心。由於法令順應民心，符合人民生活需要以及為民興利除害，其規範內容具有適宜性、可行性及合理性，故人民樂於遵守，法令也容易施行。此種符合人性或共同意識之民心之法，具有普遍的妥當性，即屬於自然法。[6]管子牧民篇：「令順民心，則威令行。」「政之所興，在順民心。政之所廢，在逆民心。民惡憂勞，我佚樂之。民惡貧賤，我富

6　梅仲協，管子、商君、韓非子的法律思想概述，復興岡學報，第5期，1968年12月，頁41。

貴之，民惡危墜，我存安之。民惡滅絕，我生育之。」管子形勢解篇：「人主之所以令則行，禁則止者，必令於民之所好，而禁於民之所惡也。民之情莫不欲生而惡死，莫不欲利而惡害，故上令於生利人，則令行；禁於殺害人，則禁止，令之所以行者，必民樂其政也。而令乃行，故曰：『貴有以行令也。』人主之所以使下盡力而親上者，必爲天下致利除害也，故德澤加於天下，惠施厚於萬物，父子得以安，群生得以育，故萬民驩盡其力，而樂爲上用，入則務本疾作，以實倉廩，出則盡節死敵，以安社稷，雖勞苦卑辱，而不敢告也。此賤人之所以亡其卑也。故曰：『賤有以亡卑。』」

對於簡政便民之法治理念，有助於提升國家統治效能。史記魯周公世家亦記載：「周公卒，子伯禽固已前受封，是爲魯公。魯公伯禽之初受封之魯，三年而後報政周公。周公曰：『何遲也？』伯禽曰：『變其俗，革其禮，喪三年然後除之，故遲。』太公亦封於齊，五月而報政周公。周公曰：『何疾也？』曰：『吾**簡其君臣禮，從其俗爲也**。』及後聞伯禽報政遲，乃嘆曰：『嗚呼，魯後世其北面事齊矣！**夫政不簡不易，民不有近；平易近民，民必歸之**。』」

四、民主精神

管子認爲統治者應明察事理，必須多方觀察並聽取各方意見，以集思廣益。管子九守篇：「目貴明，耳貴聰，心貴智，以天下之目視，則無不見也。以天下之耳聽，則無不聞也。以天下之心慮，則無不知也。輻湊並進，則明不塞矣。」又「聽之術曰：勿望而距（指不加細查即拒絕他人意見），勿望而許（指不加細查即贊同他人意見），許之則失守，距之則閉塞，高山仰之，不可極也，深淵度之，不可測也。神明之德，正靜其極也。」認爲君主聽政應深不可測，如同神明之德性一般，保持中正虛靜。[7]

管子認爲政府要獲得民心，了解民意需求，必須廣聽民意，具有集思廣益與民主參與之精神。管子君臣上篇：「夫民別而聽之則愚，合而聽之則聖。雖有湯武之德，復合於市人之言，是以明君順人心，安情性，而發於眾心之所聚。是以令出而不稽，刑設而不用。先王善與民爲一體。與民爲一體。則是以國守國，以民守民也，然則民不便爲非矣。」

---

[7] 湯孝純注釋，新譯管子讀本（下），三民書局，1995年，頁916。

　　管子相當重視民意之反應，認為應制度化人民提供建言之管道，包括議論政府施政得失之申訴與建議，此舉具有輿論監督政府施政之意義。[8]管子桓公問篇，齊桓公問管子曰：「吾念有而勿失，得而勿忘，為之有道乎？對曰：勿創勿作，時至而隨，毋以私好惡害公正，察民所惡以自為戒。**黃帝立明臺之議者，上觀於賢也，堯有衢室之問者，下聽於人也。舜有告善之旌，而主不蔽也。禹立諫鼓於朝，而備訊唉。湯有總街之庭，以觀人誹也。武王有靈臺之復，而賢者進也。**此古聖帝明王所以有而勿失，得而勿忘者也。桓公曰：吾欲效而為之，其名云何？對曰：名曰嘖室之議，曰法簡而易行，刑審而不犯，事約而易從，求寡而易足。人有非上之所過，謂之正士，內於嘖室之議，有司執事者咸以厥事奉職而不忘，為此嘖室之事也，請以東郭牙為之，此人能以正事爭於君前者也。」

　　管子認為法治應使上令下達，下情上達，才能政通人和，並避免結黨營私，以公正執法，才能良善治國。管子明法篇：「所謂治國者，主道明也。所謂亂國者，臣術勝也。夫尊君卑臣，非計親也，以執勝也。百官識，非惠也，刑罰必也。故君臣共道則亂，專授則失，夫國有四亡：令求不出，謂之滅。出而道留，謂之擁。下情求而不上通，謂之塞。下情上而道止，謂之侵。故夫滅侵塞擁之所生，從法之不立也。是故先王之治國也，不淫意於法之外。不為惠於法之內也。動無非法者，所以禁過而外私也。威不兩錯，政不二門，以法治國，則舉錯而已。是故有法度之制者，不可巧以軸偽；有權衡之稱者，不可欺以輕重；有尋丈之數者，不可差以長短；今主釋法以譽進能，則臣離上而下比周矣；以黨舉官，則民務交而不求用矣；是故官之失其治也，是主以譽為賞，以毀為罰也。然則喜賞惡罰之人離公道而行私術矣，比周以相為匿，是忘主外交以進其譽，故交眾者譽多。外內朋黨，雖有大姦，其蔽主多矣；是以忠臣死於非罪，而邪臣起於非功，所死者非罪，所起者非功也，然則為人臣者重私而輕公矣。」

8　梅仲協，管子──大政治家和大法學家，中華文化復興月刊，第2卷第9期，1969年9月，頁41。

肆、法實證主義

管子強調國家治理,應注重風俗民情以及實際社會問題之考察,以研究治亂得失之根源,懂得政教得失之所在,才能提出因應對策,故具有法實證主義之精神。[9]例如管子正世篇:「古之欲正世調天下者必先觀國政,料事務,察民俗,本治亂之所生,知得失之所在,然後從事,故法可立而治可行。夫萬民不和,國家不安,失非在上,則過在下。今使人君行逆不修道,誅殺不以理,重賦斂,竭民財,急使令,罷民力。財竭,則不能毋侵奪,力罷,則不能毋墮倪。民已侵奪墮倪,因以法隨而誅之,則是誅罰重而亂愈起。夫民勞苦困不足,則簡禁而輕罪,如此,則失在上;失在上,而上不變,則萬民無所託其命;今人主輕刑政,寬百姓,薄賦斂,緩使令,然民猶淫躁行私,而不從制,飾智任軸,負力而爭,則是過在下。過在下,人君不廉而變,則暴人不勝,邪亂不止;暴人不勝,邪亂不止,則君人者勢傷,而威日衰矣。」

管子認為國家治理應因時因地制宜,與時俱進,因應社會情勢變遷。猶如歷史法學派及社會實證主義所強調,應重視時間性。[10]管子正世篇:「聖人者,明於治亂之道,習於人事之終始者也。其治人民也,期於利民而止。故其位齊也不慕古,不留今。與時變,與俗化。」

伍、法治思想

一、法之功能:興功懼暴,定紛止爭與興利除害

管子強調「以法治國」,認為治國者必須制定固定之制度,而不是任意以私意裁斷。[11]管子七臣七主篇:「**夫法者,所以興功懼暴也。[12]律者,所以定分止爭也。令者,所以令人知事也。法律政令者,吏民規矩繩墨也。夫矩不**

---

9   戴東雄,管子的法律思想,中央文物供應社,1985年,頁119-122。
10 戴東雄,管子的法律思想,中央文物供應社,1985年,頁121。
11 蕭公權,中國政治思想史,聯經出版,1980年增訂版,頁212。
12 在此所謂「興功懼暴」應係興利除害之意。就此學者有認為所謂「興功」,乃是統治者施政之積極任務,包括管、教、養三項要政。而所謂「懼暴」即統治者施政之消極任務,例如警察制度之建立等(梅仲協,管子、商君、韓非子的法律思想概述,復興崗學報,第5期,1968年12月,頁41)。

正，不可以求方。繩不信，不可以求直。**法令者，君臣之所共立也。權勢者，人主之所獨守也。**故人主失守則危，臣吏失守則亂，罪決於吏則治。權斷於主則威。民信其法則親。是故明王審法慎權，上下有分。夫凡私之所起，必生於主。夫上好本，則端正之士在前。上好利，則毀譽之士在側。上多喜善，賞不隨其功，則士不爲用。數出重法，而不克其罪，則姦不爲止。明王知其然，故見必然之政，立必勝之罰。故民知所必就，而知所必去，推則往，召則來，如墜重於高，如瀆水於地，故法不煩而吏不勞，民無犯禁，故百姓無怨於上，上亦。」

　　管子認爲依法治國，可以排除朋黨營私舞弊，使國家治理制度化上軌道。管子君臣上篇：「治國無法，則民朋黨而下比，飾巧以成其私。法制有常，則民不散而上合，竭情以納其忠。是以不言智能，而順事治國患解，大臣之任也。不言於聰明，而善人舉，姦僞誅。視聽者眾也。」

　　管子認爲法屬於人類生活準則以及行爲規範，故聖人治國，亦應依法治理，才能使國家上軌道。管子任法篇：「聖君任法而不任智，任數而不任說，任公而不任私，任大道而不任小物，然後身佚而天下治。」管子法法篇：「規矩者，方圓之正也，雖有巧目利手，不如拙規矩之正方圓也；故巧者能生規矩，不能廢規矩而正方圓。雖聖人能生法，不能廢法而治國；故雖有明智高行，倍法而治，是廢規矩而正方圓也。」「法者民之父母也。太上以制制度，其次失而能追之，雖有過，亦不甚矣。」

　　管子明法解篇：「**人主之治國也，莫不有法令；賞罰具，故其法令明，而賞罰之所立者當，則主尊顯而姦不生**；其法令逆，而賞罰之所立者不當，則群臣立私而壅塞之，朋黨劫殺之；故明法曰：『滅塞侵壅之所生，從法之不立也。』」「**法度者，主之所以制天下而禁姦邪也，所以牧領海內而奉宗廟也。**私意者，所以生亂長姦而害公正也，所以壅蔽失正而危亡也；故法度行則國治，私意行則國亂。明主雖心之所愛，而無功者不賞也；雖心之所憎，而無罪者弗罰也；案法式而驗得失，非法度不留意焉；故明法曰：『先王之治國也，不淫意於法之外。』」

　　管子認爲法令應以明文規定，事先公布，並公開透明，使人民可以遵守，強調法之明文性與公告性。[13]管子法法篇：「號令必著明，賞罰必信密，

13　戴東雄，管子的法律思想，中央文物供應社，1985年，頁96。

此正民之經也。」管子立政篇：「凡將舉事，令必先出，曰事將爲。其賞罰之數，必先明之，立事者，謹守令以行賞罰，計事致令，復賞罰之所加，有不合於令之所謂者，雖有功利，則謂之專制，罪死不赦。首事既布，然後可以舉事。」

學者有認爲管子之法治主義，從主觀的意志發展爲客觀的規範，從獨斷主義到規範主義，奠定我國歷代罪刑法定主義之起源，亦即「無法律，即無刑罰」之原則。[14]

二、正法治國原則

學者有認爲以法役人，謂之法治；以人役人，謂之人治。國家雖屬君主專制，但執政者之發號施令，都根據法律而爲者，應認爲係法治國，而非人治國。管仲治齊國，一切皆依法律而施政，故管仲時代之齊國，可算是首次所建立之法治國。[15]

管子對於法治內容，主張「**正法治國**」原則，強調法治之公正無私性，才能使萬物各得其所，各正性命。

管子法法篇：「**政者，正也；正也者，所以正定萬物之命也**。是故聖人精德立中以生正，**明正以治國**，故正者所以止過而逮不及也。過與不及也，皆非正也。非正，則傷國一也。勇而不義，傷兵。仁而不法，傷正。故軍之敗也，生於不義。**法之侵也，生於不正，故言有辯而非務者**。行有難而非善者；故言必中務，不苟爲辯。行必思善，不苟爲難。」

管子版法解篇：「凡國無法，則眾不知所爲。無度，則事無機。**有法不正，有度不直，則治辟，治辟則國亂**；故曰：『**正法直度，罪殺不赦**。殺僇必信，民畏而懼。武威既明，令不再行。』」[16]

管子將法之內容，應以倫常禮教及民意之民心爲基礎，尤其對於法之效力依據求之於天道，其所爲之「法」，類似史坦穆拉之「正法」（法之內容必

---

[14] 戴東雄，管子的法律思想，中央文物供應社，1985年，頁101。

[15] 梅仲協，管子——大政治家和大法學家，中華文化復興月刊，第2卷第9期，1969年9月，頁41。

[16] 黃帝四經經法君度篇亦謂：「法度者，正之至也。而以法度治者，不可亂也。而生法度者，不可亂也。精公無私而賞罰信，所以治也。」

須具有正當性，而爲自由意志之人民共同具備之法理念之實現）。[17]管子法法篇：「**憲律制度必法道，號令必著明**，賞罰必信密，此正民之經也。」管子任法篇：「**所謂仁義禮樂者皆出於法，此先聖之所以一民者也。**」即主張法內含仁義禮樂，屬於符合公正（正義）之善法。

管子任法篇：「**治世則不然，不知親疏遠近貴賤美惡，以度量斷之**，其殺戮人者不怨也，其賞賜人者不德也。以法制行之，如天地之無私也，是以官無私論，士無私議，民無私說，皆虛其匈以聽於上。**上以公正論，以法制斷，故任天下而不重也。**今亂君則不然，有私視也，故有不見也，有私聽也，故有不聞也，有私慮也，故有不知也。夫私者，壅蔽失位之道也，上舍公法而聽私說，故群臣百姓皆設私立方，以教於國。群黨比周，以立其私。請謁任舉，以亂公法，人用其心，以幸於上，上無度量以禁之，是以私說日益，而公法日損，國之不治，從此產矣。」

三、為民興利除害原則

管子具有儒家「人本主義」思想，管子霸言篇：「**夫霸王之所始也，以人爲本，本理則國固，本亂則國危**；故上明則下敬，政平則人安；士教和，則兵勝敵。使能則百事理，親仁則上不危，任賢則諸侯服。」

管子強調爲民興利，與民同利，國家才能長治久安。管子幼官篇：「民之所利立之，所害除之，則民人從。」管子形勢解篇：「人主之所以使下盡力而親上者，必爲天下致利除害也，故德澤加於天下，惠施厚於萬物，父子得以安，群生得以育，故萬民驩盡其力，而樂爲上用，入則務本疾作，以實倉廩，出則盡節死敵，以安社稷，雖勞苦卑辱，而不敢告也。此賤人之所以亡其卑也。故曰：『賤有以亡卑。』」

管子版法篇：「兼愛無遺，是謂君心。**必先順教，萬民鄉風。且暮利之，眾乃勝任。**故用財不可以嗇，用力不可以苦。用財嗇則費，用力苦則勞。民不足，令乃辱。民苦殃，令不行。」「**法天合德，象法無親。**參於日月，佐於四時。悅在施有，眾在廢私。召遠在修近，閉禍在除怨。**修長在乎任賢，高安在乎同利。**」

---

17 戴東雄，管子的法律思想，中央文物供應社，1985年，頁125-128。

四、民生主義思想與社會主義思想

（一）富民思想

　　管子認爲國家治理，應以富民爲目標，社會才能穩定和平。管子牧民篇：「倉廩實，則知禮節。衣食足，則知榮辱。」意指「人民財富足以豐衣足食，才能顧及禮義道德，重視榮譽及恥辱」，亦即人民必須先滿足基本生活需要，才能施行禮義教化。否則如果人民生活拮据困難時，爲謀生計，容易挺而走險。管子治國篇：「**凡治國之道，必先富民；民富則易治也，民貧則難治也**；奚以知其然也？民富則安鄉重家，安鄉重家，則敬上畏罪；敬上畏罪，則易治也；民貧則危鄉輕家；危鄉輕家，則敢陵上犯禁；陵上犯禁，則難治也。故治國常富，而亂國常貧；是以善爲國者，必先富民，然後治之。」

　　管子認爲政府應獎勵農業生產，爲民興利除害，以爲富民之道。管子治國篇：「不生粟之國亡，粟生而死者霸，粟生而不死者王。粟也者，**民之所歸也；粟也者，財之所歸也；粟也者，地之所歸也；粟多則天下之物盡至矣**；故舜一徙成邑，二徙成都，參徙成國；舜非嚴刑罰，重禁令，而民歸之矣，去者必害，從者必利也。**先王者，善爲民除害興利；故天下之民歸之。所謂興利者，利農事也；所謂除害者，禁害農事也**；農事勝則入粟多；入粟多則國富；國富則安鄉重家；安鄉重家，則雖變俗易習，敺眾移民，至於殺之，而民不惡也，此務粟之功也。上不利農，則粟少；粟少則人貧；人貧則輕家，輕家則易去；易去則上令不能必行；上令不能必行，則禁不能必止；禁不能必止，則戰不必勝，守不必固矣。夫令不必行，禁不必止，戰不必勝，守不必固，命之曰寄生之君。此由不利農，少粟之害也。粟者，王之本事也，人主之大務，有人之塗，治國之道也。」

　　管子重令篇認爲應使「民有經產」，「何謂民之經產？畜長樹藝，務時殖穀，力農墾草，禁止末事者，民之經產也。民不務經產，則倉廩空虛，財用不足。倉廩空虛，財用不足，則國毋以固守。」

　　管子君臣下篇：「昔者聖王本厚民生，審知禍福之所生，是故愼小事，微違非，索辯以根之，然則躁作姦邪僞軸之人不敢試也。此禮正民之道也。」

（二）社會主義思想

　　管子具有民生主義及社會主義思想，管子五輔篇：「德有六興，義有七體，禮有八經，法有五務，權有三度，所謂六興者何？曰：辟田疇，利壇宅。修樹蓺，勸士民，勉稼穡，修牆屋，此謂厚其生。發伏利，輸墝積修道途，便關市，慎將宿，此謂輸之以財。導水潦，利陂溝，決潘渚，潰泥滯，通鬱閉，慎津梁，此謂遺之以利，薄徵斂，輕征賦，弛刑罰，赦罪戾，宥小過，此謂寬其政。養長老，慈幼孤，恤鰥寡，問疾病，弔禍喪，此謂匡其急。衣凍寒。食飢渴，匡貧窶，振罷露。資乏絕，此謂振其窮。凡此六者，德之興也。六者既布，則民之所欲，無不得矣。夫民必得其所欲，然後聽上，聽上，然後政可善爲也，故曰德不可不興也。」

五、賞罰分明，選賢與能

（一）賞善罰惡

　　管子認爲國家法令應賞善罰惡，論功行賞，管子七法篇：「王道非廢也，而天下莫敢窺者，王者之正也。衡庫者，天子之禮也。是故器成卒選，則士知勝矣。遍知天下，審御機數，則獨行而無敵矣。所愛之國，而獨利之；所惡之國，而獨害之；則令行禁止，是以聖王貴之。勝一而服百，則天下畏之矣。立少而觀多，則天下懷之矣。**罰有罪，賞有功，則天下從之矣**。故聚天下之精財，論百工之銳器，春秋角試，以練精銳爲右；成器不課不用，不試不藏。**收天下之豪傑，有天下之駿雄**；故舉之如飛鳥，動之如雷電，發之如風雨，莫當其前，莫害其後，獨出獨入，莫敢禁圍。」

　　管子認爲賞罰均應依法爲之，不得單憑統治者之主觀上之好惡，而恣意爲賞罰。管子任法篇：「故主有三術：夫愛人不私賞也，惡人不私罰也，置儀設法以度量斷者，上主也。」

　　有關賞罰應公平合理，符合中庸之道。管子問篇：「爵授有德，則大臣興義。祿予有功，則士輕死節。上帥士以人之所戴，則上下和。**授事以能，則人上功。審刑當罪，則人不易訟。**」管子法法篇：「猛毅之君，不免於外難；懦弱之君，不免於內亂。猛毅之君者輕誅，輕誅之流，道正者不安。道正者不安，則材能之臣亡去矣，彼智者知吾情僞，爲敵謀我，則外難自是至矣。故

曰：『猛毅之君，不免於外難。』儒弱之君者重誅，重誅之過，行邪者不革，行邪者久而不革，則群臣比周，群臣比周，則蔽美揚惡；蔽美揚惡，則內亂自是起；故曰：『儒弱之君，不免於內亂。』」

管子亦主張爲政應注重名實相符，循名核實。管子九守篇：「修名而督實，按實而定名。名實相生，反相爲情名實當則治，不當則亂。名生於實。實生於德，德生於理，理生於智，智生於當。」

（二）選賢與能

管子也認爲吏治應選賢與能，量才而用。管子法法篇：「**明君不以祿爵私所愛，忠臣不誣能以干爵祿**。君不私國，臣不誣能，行此道者，雖未大治，正民之經也。今以誣能之臣，事私國之君，而能濟功名者，古今無之。。誣能之人易知也。臣度之先王者：**舜之有天下也，禹爲司空，契爲司徒，皋陶爲李，后稷爲田，此四士者，天下之賢人也**，猶尙精一德。」

管子幼官篇：「**常至命，尊賢授德，則帝**。身仁行義，服忠用信，則王。審謀章禮，選士利械，則霸。定生處死，**謹賢修伍，則眾。信賞審罰，爵材祿能，則強**。計凡付終，務本飭末，則富。明法審數，立常備能，則治。同異分官，則安。」

管子認爲國君之任務，在於知人善任，分官設職，分工合作，而毋庸事必躬親。管子君臣上篇：「論材、量能、謀德、而舉之。上之道也。專意一心，守職而不勞下之事也。爲人君者，下及官中之事，則有司不任。爲人臣者，上共專於上，則人主失威，是故，有道之君，正其德以蒞民，而不言智能聰明；智能聰明者，下之職也，所以用智能聰明者，上之道也。上之人，明其道。下之人，守其職，上下之分不同任，而復合爲一體。」「是故，知善，人君也。身善，人役也。君身善則不公矣。人君不公，常惠於賞而不忍於刑。是國無法也。」

管子君臣上篇：「是以爲人君者，坐萬物之原，而官諸生之職者也。**選賢論材，而待之以法；舉而得其人，坐而收其福，不可勝收也**。官不勝任，奔走而奉其敗事，不可勝救也。而國未嘗乏於勝任之士，上之明適不足以知之；是以明君審知勝任之臣者也。故曰：主道得，賢材遂，百姓治，治亂在主而已矣。故曰：**主身者，正德之本也。官治者，耳目之制也**。身立而民化。德正而

官治。治官化民。其要在上，是故君子不求於民，是以上及下之事，謂之纆。下及上之事，謂之勝。爲上而纆，悖也。爲下而勝，逆也。國家有悖逆反迂之行。有土主民者失其紀也。」

管子認爲應能貫徹依法治國原則，必須任用賢人與忠臣，始能克盡其功。管子法法篇：「故曰：令入而不出，謂之蔽，令出而不入，謂之壅。令出而不行，謂之牽。令入而不至，謂之瑕。牽、瑕、蔽、壅之事君者，非敢杜其門而守其戶也，爲令之有所不行也；此其所以然者，由賢人不至而忠臣不用也；故人主不可以不愼其令；令者，人主之大寶也，一曰，**賢人不至，謂之蔽。忠臣不用，謂之塞。**令而不行，謂之障。禁而不止，謂之逆。蔽塞障逆之君者，不敢杜其門而守其戶也，爲賢者之不至，令之不行也。」

管子認爲國家選拔人才，應「依法任用」與「依法量功」。亦即「使法擇人，使法量功」。管子明法篇：「所謂治國者，主道明也。所謂亂國者，臣術勝也。夫尊君卑臣，非計親也，以執勝也。百官識，非惠也，刑罰必也。故君臣共道則亂，專授則失，夫國有四亡：**令求不出，謂之滅。出而道留，謂之擁。下情求而不上通，謂之塞。下情上而道止，謂之侵。故夫滅侵塞擁之所生，從法之不立也。是故先王之治國也，不淫意於法之外。不爲惠於法之內也。**動無非法者，所以禁過而外私也。威不兩錯，政不二門，以法治國，則舉錯而已。是故**有法度之制者，不可巧以軸僞；有權衡之稱者，不可欺以輕重；**有尋丈之數者，不可差以長短；**今主釋法以譽進能，則臣離上而下比周矣；以黨舉官，則民務交而不求用矣；**是故官之失其治也，是主以譽爲賞，以毀爲罰也。然則喜賞惡罰之人離公道而行私術矣，比周以相爲匿，是忘主 交以進其譽，故交眾者譽多。外內朋黨，雖有大姦，其蔽主多矣；是以忠臣死於非罪，而邪臣起於非功，所死者非罪，所起者非功也，然則爲人臣者重私而輕公矣。十至私人之門，不一至於庭。百慮其家，不一圖國。屬數雖眾，非以尊君也。百官雖具，非以任國也。此之謂國無人。國無人者，非朝臣之衰也，家與家務於相益，不務尊君也。大臣務相貴而不任國，小臣持祿養交，不以官爲事，故官失其能。**是故先王之治國也，使法擇人，不自舉也。使法量功，不自度也。**故能匿而不可蔽，敗而不可飾也，譽者不能進，而誹者不能退也，然則君臣之間明別，明別則易治也。主雖不身下爲，而守法爲之可也。」

管子認爲如果任用官吏，不量德才而用，導致小人得志，勢必使**良臣不進，而導致國家禍亂之根源**。管子立政篇：「君之所審者三：一曰德不當其

位；二曰功不當其祿；三曰能不當其官；**此三本者，治亂之原也**；故國有德義未明於朝者，則不可加以尊位；功力未見於國者，則不可授與重祿；臨事不信於民者，則不可使任大官；故德厚而位卑者謂之過；德薄而位尊者謂之失；寧過於君子，而毋失於小人；過於君子，其為怨淺；失於小人，其為禍深；是故**國有德義未明於朝而處尊位者，則良臣不進；有功力未見於國而有重祿者，則勞臣不勸；有臨事不信於民而任大官者，則材臣不用；三本者審，則下不敢求；三本者不審，則邪臣上通，而便辟制威；如此，則明塞於上，而治壅於下，正道捐棄，而邪事日長**。三本者審，則便辟無威於國，道塗無行禽，疏遠無蔽獄，孤寡無隱治，故曰：『刑省治寡，朝不合眾。』」

　　柏拉圖在共和國篇中，認為有賢德之人（以理取勝之金質人士）治理國家，才能大公無私，使國家才能合於公道，因此主張由「哲學家」擔任皇帝，使政治之偉大與智慧融合為一，如此國家方有公道。[18]管子認為「主道得，賢材遂，百姓治」，也強調選賢與能之重要性。故管子除強調法治主義之外，亦強調人治主義之重要性。

六、法令強制執行：維持社會秩序所必要

（一）法治維持社會秩序，防止人民作奸犯科

　　管子認為法令貴在貫徹執行，才能建立法的威信，否則勢將無法維持法律所要建立之社會秩序，如果令出不行，可能危及統治者之安全。管子正世篇：「故為人君者，莫貴於勝；[19]所謂勝者，法立令行之謂勝；法立令行，故群臣奉法守職。百官有常，法不繁匿，萬民敦愨，反本而儉力。故賞必足以使，威必足以勝，然後下從。」

　　管子主張：「明王在上，法道行於國。」管子重令篇：「凡君國之重器莫重於令，**令重則君尊；君尊則國安。令輕則君卑，君卑則國危**；故安國在乎尊君，尊君在乎行令，行令在乎嚴罰；罰嚴令行，則百吏皆恐；罰不嚴，令不行，則百吏皆喜。故明君察於治民之本，本莫要於令，故曰：『虧令者死，益令者死，不行令者死，留令者死，不從令者死』，五者死而無赦，惟令是視；

---

[18] 戴東雄，管子的法律思想，中央文物供應社，1985年，頁93。
[19] 指強勢領導。

故曰：『令重而下恐』」。

　　管子認為如果法令無法嚴格貫徹執行，勢必導致教導人民不遵守法令，而導致社會秩序混亂。管子重令篇：「**令出而留者無罪，則是教民不敬也。令出而不行者母罪，行之者有罪，是皆教民不聽也。令出而論可與不可者在官，是威下分也。益損者母罪，則是教民邪途也**。如此，則巧佞之人，將以此成私為交，比周之人，將以此阿黨取與。貪利之人，將以此收貨聚財。懦弱之人，將以此阿貴事富。便辟伐矜之人，將以此買譽成名。故令一出，示民邪途五衢，而求上之母危，下之母亂，不可得也。」

　　管子法法篇：「凡大國之君尊，小國之君卑。大國之君所以尊者，何也？曰：『為之用者眾也。』小國之君所以卑者，何也？曰：『為之用者寡也。』然則為之用者眾則尊，為之用者寡則卑，則人主安能不欲民之眾為己用也。使民眾為己用奈何？曰：『法立令行』，則民之用者眾矣。法不立，令不行，則民之用者寡矣；故法之所立，令之所行者多。而所廢者寡，則民不誹議；民不誹議，則聽從矣。**法之所立，令之所行，與其所廢者鈞，則國母常經；國母常經，則民妄行矣**。法之所立，令之所行者寡，而所廢者多，則民不聽；民不聽，則暴人起而姦邪作矣。」

　　管子八觀篇：「置法出令，臨眾用民，計其威嚴寬惠，行於其民與不行於其民可知也。**法虛立而害疏遠，令一布而不聽者存，賤爵祿而母功者富，然則眾必輕令，而上位危**。」

（二）法治可以統一整體社會生活秩序

　　管子認為透過法治可以統一整體法秩序，以齊一民心，統一社會秩序。管子君臣上篇：「**君據法而出令，有司奉命而行事，百姓順上而成俗，著久而為常**。犯俗離教者，眾共姦之，則為上者佚矣。天子出令於天下，諸侯受令於天子，大夫受令於君，子受令於父母，下聽其上，弟聽其兄。此至順矣。**衡石一稱，斗斛一量，丈尺一綧制，戈兵一度，書同名，車同軌，此至正也**。從順獨逆，從正獨辟，此猶夜有求而得火也。姦偽之人，無所伏矣，此先王之所以一民心也；是故天子有善，讓德於天。諸侯有善，慶之於天子。大夫有善，納之於君。民有善，本於父。慶之於長老，此道法之所從來，是治本也。」

　　管子之法治觀念，也主張政府治理應統一法治之價值秩序，以統一民心

及社會生活之基本價值理念。管子法禁篇：「君壹置則儀，則百官守其法。上明陳其制，則下皆會其度矣。君之置其儀也不一，則下之倍法而立私理者必多矣。」「昔者聖王之治人也，不貴其人博學也，欲其人之和同以聽令也。《泰誓》曰：『紂有臣億萬人，亦有億萬之心，武王有臣三千而一心，故紂以億萬之心亡，武王以一心存』。故有國之君，苟不能**同人心，一國威，齊士義，通上之治，以爲下法**，則雖有廣地眾民，猶不能以爲安也。」

　　管子認爲法律應具有一體適用之普遍性。[20]管子任法篇：「聖君亦明其法而固守之，群臣修通輻湊，以事其主；百姓輯睦聽令道法以從其事故曰：有生法，有守法，有法於法。夫生法者君也，守法者臣也，法於法者民也，**君臣上下貴賤皆從法，此謂爲大治。**」「周書曰：國法不一，則有國者不祥。民不道法則不祥，國更立法以典民，則祥，群臣不用禮義教訓，則不祥。百官服事者離法而治，則不祥。故曰：法者，不可恆也。存亡治亂之所從出，聖君所以爲天下大儀也。君臣上下貴賤皆發焉，故曰：法古之法也。世無請謁任舉之人，無間識博學辯說之士，無偉服，無奇行，皆囊於法以事其主。故**明王之所恆者二：一曰明法而固守之。二曰禁民私而收使之，此二者，主之所恆也。夫法者，上之所以一民使下也。私者，下之所以侵法亂主也；故聖君置儀設法而固守之**，然故諶杵習士，聞識博學之人不可亂也。眾彊富貴私勇者不能侵也，信近親愛者不能離也，珍怪奇物不能惑也，萬物百事非在法之中者不能動也；故**法者天下之至道也，聖君之實用也。**」

（三）法治進行制度化管理，實現社會正義，提升行政效能

　　管子認爲落實法令執行，進行制度管理，一方面可以實現普遍公正性，避免徇私舞弊，離法而妄行，另一方面也可以減輕行政管理之人力負擔，提升行政效能。管子任法篇表示：「**聖君任法而不任智，任數而不任說，任公而不任私**，任大道而不任小物，然後身佚而天下治。失君則不然，舍法而任智，故民舍事而好譽。舍數而任說，故民舍實而好言。舍公而好私，故民離法而妄行。舍大道而任小物，故上勞煩，百姓迷惑，而國家不治。」

　　管子認爲法治原則，不得爲愛人而枉其法。管子七法篇：「故不爲重寶虧

20　梅仲協，管子、商君、韓非子的法律思想概述，復興岡學報，第5期，1968年12月，頁41。

其命，故曰：『令貴於寶』。不為愛親危其社稷，故曰：『社稷戚於親』。**不為愛人枉其法，故曰：『法愛於人』**。不為重爵祿分其威，故曰：『威重於爵祿』。不通此四者，則反於無有。故曰：治人如治水潦，養人如養六畜，用人如用草木。**居身論道行理，則群臣服教，百吏嚴斷，莫敢開私焉**。論功計勞，未嘗失法律也。便辟、左右、大族、尊貴、大臣、不得增其功焉。疏遠、卑賤、隱不知之人、不忘其勞，故有罪者不怨上，愛賞者無貪心，則列陳之士，皆輕其死而安難，以要上事，本兵之極也。」

　　管子明法篇：「故**先王之治國也，不淫意於法之外。不為惠於法之內也。動無非法者，所以禁過而外私也**。威不兩錯，政不二門，以法治國，則舉錯而已。是故先王之治國也，**使法擇人，不自舉也。使法量功，不自度也**。故能匿而不可蔽，敗而不可飾也，譽者不能進，而誹者不能退也，然則君臣之間明別，明別則易治也。主雖不身下為，而守法為之可也。」

　　管子認為法治應「合理正當」，才能為民興利除害。管子明法解篇：**「明主之治國也，案其當宜，行其正理，故其當賞者，群臣不得辭也。其當罰者，群臣不敢避也。夫賞功誅罪，所以為天下致利除害也**。草茅弗去，則害禾穀。盜賊弗誅，則傷良民。夫舍公法而行私惠，則是利姦邪而長暴亂也。行私惠而賞無功，則是使民偷幸而望於上也。行私惠而赦有罪，則是使民輕上而易為非也。夫舍公法，用私惠，明主不為也；故明法曰：『不為惠於法之內』。」

（四）法制應建立政府依法行政以及人民守法習慣

　　管子認為法制應建立政府依法行政以及人民守法習慣。管子重令篇：「朝有經臣，國有經俗，民有經產。何謂朝之經臣？察身能而受官，不誣於上；**謹於法令以治，不阿黨**；竭能盡力，而不尚得；犯難離患，而不辭死；受祿不過其功，服位不侈其能，不以毋實虛受者，朝之經臣也。何謂國之經俗？**所好惡，不違於上；所貴賤，不逆於令，毋上拂之事，毋下比之說，毋侈泰之養，毋踰等之服。謹於鄉里之行，而不逆於本朝之事者，國之經俗也**。故曰：『朝不貴經臣，則便辟得進。毋功虛取，奸邪得行。毋能上通。』國不服經俗，則臣下不順，而上令難行。便辟得進，毋功虛取，姦邪得行，毋能上通，則大臣不和。臣下不順，上令難行，則應難不捷，國毋以固守，則敵國制之

矣。故國不虛重，兵不虛勝，民不虛用，令不虛行。」

管子主張法治首先應要求統治者自己以身作則，遵守服從法令。亦即法規範不僅拘束人民與官吏而已，也拘束君主的立法者，以維持法之客觀性、公平性以及法安定性。[21]管子法法篇：「凡民從上也，不從口之所言，從情之所好者也；上好勇，則民輕死；上好仁，則民輕財；故上之所好，民必甚焉；是故明君知民之必以上爲心也，故置法以自治，立儀以自正也；故上不行，則民不從，彼民不服法死制，則國必亂矣；是以有道之君，行法修制，先民服也。」「不爲君欲變其令，令尊於君。不爲重寶分其威，威貴於寶。不爲愛民虧其法，法愛於民。」

管子認爲法令應重在強制執行，令出必行，才能維持法秩序，避免僥倖。管子法法篇：「『法立令行』，則民之用者眾矣。法不立，令不行，則民之用者寡矣；故法之所立，令之所行者多。而所廢者寡，則民不誹議；民不誹議，則聽從矣。法之所立，令之所行，與其所廢者鈞，則國毋常經；國毋常經，則民妄行矣。法之所立，令之所行者寡，而所廢者多，則民不聽；民不聽，則暴人起而姦邪作矣。」

管子重令篇：「凡民之用也，必待令之行也，而民乃用。凡令之行也，必待近者之勝也，而令乃行。故禁不勝於親貴，罰不行於便辟，法禁不誅於嚴重，而害於疏遠，慶賞不施於卑賤二三，而求令之必行，不可得也。能不通於官，受祿賞不當於功，號令逆於民心，動靜詭於時變，有功不必賞，有罪不必誅，令焉不必行，禁焉不必止，在上位無以使下，而求民之必用，不可得也。」

管子七法篇：「言是而不能立，言非而不能廢；有功而不能賞，有罪而不能誅，若是而能治民者，未之有也。是必立，非必廢，有功必賞，有罪必誅，若是安治矣，未也，是何也？曰：形勢器械未具，猶之不治也。形勢器械具四者備，治矣。」

管子法法篇：「不法法則事毋常，法不法則令不行，令而不行，則令不法也。法而不行，則修令者不審也。審而不行，則賞罰輕也。重而不行，則賞罰不信也。信而不行，則不以身先之也。故曰：『禁勝於身，則令行於民矣。』」

21　戴東雄，管子的法律思想，中央文物供應社，1985年，頁97-99。

　　管子認爲要落實法治，應鞏固統治者之權威，並親自公正執法，否則如被奪柄失位，而求法令之執行，即不可得。管子任法篇：「故**明王之所操者六：生之殺之，富之貧之，貴之賤之；此六柄者，主之所操也**。主之所處者四：一曰文、二曰武、三曰威、四曰德，此四位者，主之所處也。藉人以其所操，命曰奪柄。藉人以其所處，命曰失位；奪柄失位，而求令之行，不可得也。**法不平，令不全，是亦奪柄失位之道也**；故有爲枉法，有爲毀令，此聖君之所以自禁也。故貴不能威，富不能祿，賤不能事，近不能親，美不能淫也。植固而不動，奇邪乃恐。奇革而邪化，令往而民移。故聖君施度量，置儀法，如天地之堅，如列星之固，如日月之明，如四時之信，然故令往而民從之。」

七、勤儉治國

　　管子對於國家財政，認爲應量入爲出，節儉花費，否則如果人民負擔沉重，入不敷出時，即容易巧取豪奪，導致社會混亂。管子八觀篇：「國侈則用費，用費則民貧，民貧則姦智生，姦智生則邪巧作；故姦邪之所生，生於匱不足；匱不足之所生，生於侈；侈之所生，生於毋度；故曰：『審度量，節衣服，儉財用，禁侈泰，爲國之急也。』不通於若計者，不可使用國。故曰：『入國邑，視宮室，觀車馬衣服，而侈儉之國可知也。』」

　　管子五輔篇：「明王之務，在於強本事，去無用，然後民可使富。論賢人，用有能，而民可使治。薄稅斂，毋苟於民，待以忠愛，而民可使親；三者，霸王之事也。事有本而仁義其要也，今工以巧矣，而民不足於備用者，其悅在玩好。農以勞矣，而天下飢者，其悅在珍怪，方丈陳於前。女以巧矣，而天下寒者，其悅在文繡。是故博帶梨，大袂列，文繡染，刻鏤削，雕琢采。關幾而不征，市鄽而不稅。是故古之良工，不勞其知巧以爲玩好，無用之物，守法者不失。」

八、犯罪預防原則

　　管子認爲政府治理應營造使人民可以「正道而行」，「不得爲非」之形勢環境，以預防犯罪，達到刑期無刑的境界。「故形勢不得爲非，則姦邪之人愨愿。禁罰威嚴，則簡慢之人整齊。憲令著明，則蠻夷之人不敢犯。賞慶信

必,則有功者勸。教訓習俗者眾,則君民化變而不自知也。是故明君在上位,刑省罰寡,非可刑而不刑,非可罪而不罪也。**明君者,閉其門,塞其塗,弇其跡,使民毋由接於淫非之地。是以民之道正行善也若性然。**故罪罰寡而民以治矣。」

陸、王道思想

管子認為治國長治久安之道,應尊賢授德,行仁義法治,為民謀福利,以為天下所歸。管子幼官篇:「常至命,尊賢授德,則帝。身仁行義,服忠用信,則王。審謀章禮,選士利械,則霸。定生處死,謹賢修伍,則眾。信賞審罰,爵材祿能,則強。計凡付終,務本飭末,則富。明法審數,立常備能,則治。同異分官,則安。」「通之以道,畜之以惠,親之以仁,養之以義,報之以德,結之以信,接之以禮,和之以樂,期之以事,攻之以官,發之以力,威之以誠。一舉而上下得終,再舉而民無不從,三舉而地辟散成,四舉而農佚粟十,五舉而務輕金九,六舉而絜知事變,七舉而外內為用,八舉而勝行威立,九舉而帝事成形,九本搏大,人主之守也。」「畜之以道,養之以德。畜之以道,則民和,養之以德,則民合。和合故能習;習故能偕。偕習以悉。莫之能傷也。」

管子霸言篇:「夫權者,神聖之所資也,獨明者,天下之利器也,獨斷者,微密之營壘也。此三者,聖人之所則也。聖人畏微,而愚人畏明。聖人之憎惡也內,愚人之憎惡也外。聖人將動,必知愚人,至危易辭。聖人能輔時,不能違時,知者善謀,不如當時精時者日少而功多。夫謀無主則困,事無備則廢。是以**聖王務具其備而慎守其時,以備待時,以時興事**,時至而舉兵,絕堅而攻國,破大而制地,大本而小標。地近而攻遠。以大牽小,以彊使弱,以眾致寡德利百姓,威振天下,令行諸侯而不拂,近無不服,遠無不聽,**夫明王為天下正理也,按彊助弱。圍暴止貪,存亡定危,繼絕世,此天下之所載也。諸侯之所與也。百姓之所利也,是故天下王之。**知蓋天下,繼最一世,材振四海,王之佐也。」

漢書藝文志對於道家思想淵源,表示:「道家者流,蓋出於史官,歷記成敗存亡禍福古今之道,然後知秉要執本,清虛以自守,卑弱以自持,此君人南面之術也。合於堯之克攘,易之嗛嗛,一謙而四益,此其所長也。及放者為

之，則欲絕去禮學，兼棄仁義，曰獨任清虛可以爲治。」

　　漢書藝文志對於法家思想，則謂：「法家者流，蓋出於理官，信賞必罰，以輔禮制。《易》曰『先王以明罰飭法』，此其所長也。及刻者爲之，則無教化，去仁愛，專任刑法而欲以致治，至於殘害至親，傷恩薄厚。」

　　管子之法治思想，亦採取「禮義治國」優先原則，並以「自然法」爲基礎，具有道家之「天人合一」思想觀念。但管子一書多篇論述法治之重要性及必要性，故其思想具體展開結果，充滿法家思想，但強調法治內容之合理性、適宜性以及爲民興利除害之原則，不僅可以富民，亦得富國強兵，以王霸天下。故歷史上有將管子思想納入道家思想之一，亦有將其歸類屬於法家思想。實則「道生法」，[22]管子思想根源來自道家之自然法思想，而其具體展開則強調法治之重要性及便民合理性，具有濃厚法家思想色彩，其兩者間具有「體用關係」。

---

[22] 黃帝四經經法道法篇即謂：「道生法。法者，引得失以繩，而明曲直者也。」

大綱

壹、韓非子思想淵源

　　韓非出身於戰國時代韓國貴族，韓國人，與李斯同受業於荀子，是荀子學生。史記中「老子韓非列傳」表示：「韓非者，韓之諸公子也。喜刑名法術之學，而其歸本於黃老。非爲人口吃，不能道說，而善著書。與李斯俱事荀卿，斯自以爲不如非。」

　　在維基百科中，對於韓非的介紹，指出：「《韓非子》，又稱《韓子》，是中國先秦時期法家代表思想家人物韓非的論著，爲法家集大成的思想作品，爲韓子對社會各種領域的思維，有系統的對政治策略立場主張的闡發，全面性政策設計表述和深度的對統治技術探究，內容充滿批判與汲取先秦諸子多派的觀點，因韓非就學於儒家的荀子，又推究老子思想，是中國歷史上第一部對《道德經》加以論註的思想著作，更是一部對各個法家流派集其大成的曠世鉅作。

　　在政治上，《韓非子》呈現韓非極爲重視唯物主義與效益主義思想，積極倡導專制主義理論。目的爲君主提供富國強兵的霸道思想。在《史記》記載：秦王見《孤憤》、《五蠹》之書，曰：『嗟乎，寡人得見此人與之遊，死不恨矣！』可知當時秦始皇的重視。」[1]

　　韓非子一書是否全部由韓非所著作，今人考究認爲由於部分章節之論理有些矛盾，而產生疑義。但大部分爲韓非著作，應無疑義。[2]韓非子一書的思想淵源，係綜合各家學說思想，有認爲部分來自老子的「道家」思想，部分源自荀子的思想理論，另有部分繼受自商鞅的法思想（韓非子「和氏」、「奸劫弒臣」、「定法」等篇中，引述許多商鞅的法家觀點），並參採慎到的「勢」理論以及申不害的「術」理論。[3]本文以坊間《韓非子》一書之著作，作爲研究重點，並從法哲學觀點進行研析。

1　維基百科，韓非子，https://zh.wikipedia.org/wiki/韓非子，瀏覽日期：111.1.1。
2　賴炎元、傅武光，新譯韓非子，三民書局，2刷，2000年，頁9以下。
3　李憲堂，大家精要：韓非子，2009年。轉引自維基百科，韓非子，https://zh.wikipedia.org/wiki/韓非子，瀏覽日期：111.1.1。

貳、韓非子的法治方法論

一、自然法思想

（一）依循「道理」建設法制

胡適先生在《中國哲學史大綱》上卷中指出，「法家的『法』字是具有一般意義的『模範』內涵。既然是模範，就必須是普遍有效的。胡適從荀子的『道』論談起，追本溯源。認為荀子將老子的『天道』過渡為『人道』、『君道』。以後的法家又進一步以道為根據，倡導『正名主義』、『平等主義』、『客觀主義』、『實效主義』等。」[4]「法制邏輯的首要因素是普遍性原則。法不再是『象』，甚至不再是為供世人嚮往而提出的理想關係，而是特殊事物的同一種類必然由之產生的標準的『法』或『模範』。」[5]

韓非認為萬物各有其道理，因循道理從事即可成功，運用於法治建設上，即展現自然法思想觀念。因此史記認為韓非思想淵源於道家思想，在此表現出「道」生「法」之思想觀念，亦即由「道生理」，再由「理生義」（順理為義，順理為善），最後導出「義生法」（義理導出「當為」或「不當為」之法則規律）。亦即任何事物抽掉其具體內容之後，即會在形式上有共同點，此一共同點即是「理」。[6]黃帝四經經法道法篇：「道生法。法者，引得失以繩而明曲直者也。」亦即「道作為人類社會的總規律，因此，道示現的律則性也就成為人類社會律法的重要複製來源，對於《黃帝四經》而言，『法』不過是道派生而出的人間統攝總綱。」[7]

因此，君主所制定之法必須依道而行，而具有自然法思想。

韓非子解老篇：「道者，萬物之所然也，萬理之所稽也。理者，成物之文

4　胡適，中國哲學史大綱，商務印書館，1927年。

5　胡適，先秦名學史，學林出版社，1983年，頁48。轉引自周春生，「法」與「道」——韓非政治法律思想源流辨析，上海師範大學學報，第34卷第4期，2005年7月，頁42。

6　周春生，「法」與「道」——韓非政治法律思想源流辨析，上海師範大學學報，第34卷第4期，2005年7月，頁45。

7　林俊宏，《黃帝四經》的政治思想，政治科學論叢，第13期，2000年12月，頁33以下，https://ntupsr.s3.amazonaws.com/psr/wp-content/uploads/2011/10/13-02.pdf，瀏覽日期：111.1.8。

也；道者，萬物之所以成也。故曰：『道，理之者也。』物有理不可以相薄，物有理不可以相薄故理之爲物之制。萬物各異理，萬物各異理而道盡。稽萬物之理，故不得不化。」

「夫緣道理以從事者無不能成。無不能成者，大能成天子之勢尊，而小易得卿相將軍之賞祿。夫棄道理而忘舉動者，雖上有天子諸侯之勢尊，而下有猗頓、陶朱、卜祝之富，猶失其民人而亡其財資也。」「所謂有國之母，母者，道也，道也者生於所以有國之術，所以有國之術，故謂之有國之母。夫道以與世周旋者，其建生也長，持祿也久，故曰：『有國之母，可以長久。』」

韓非子喻老篇：「**夫物有常容，因乘以導之，因隨物之容**。故靜則建乎德，動則順乎道。」

韓非的法治思想目標，在維持社會公正秩序，實現法的道德境界，使人民安居樂業，而具有崇高道德理想。[8]其法制具備公正性與道德內涵，從而具有社會正義之價值觀。韓非子姦劫弒臣篇：「聖人者，審於是非之實，察於治亂之情也。**故其治國也，正明法，陳嚴刑，將以救群生之亂，去天下之禍**，使強不陵弱，眾不暴寡，耆老得遂，幼孤得長，邊境不侵，君臣相親，父子相保，而無死亡係虜之患，此亦功之至厚者也。……**聖人爲法國者，必逆於世，而順於道德。**」

韓非上述道家思想，運用於法制規範上，即具有自然法思想觀念。[9]

（二）依循人性「好利惡害」，進行法治規範

韓非認爲法治應充分運用人性「好利惡害」（趨吉避凶，趨利避害）之自利的人性觀，進行賞罰規範，經由「利害得失」進行調整及引導人民之行爲，進行國家治理。[10]韓非繼受荀子的性惡論，認爲人類爲求生存發展需要，人類之本性具有「自利主義」的性格。[11]因此法治的設計也應順應此一人類之本性。

在此余英時教授認爲：「法家對於人性的基本假定。第一，法家假定人性

8　姚蒸民，韓非子通論・法論，頁150以下。
9　同說，許惠琪，韓非子法治思想新探，植根雜誌，第36卷第4期，2020年4月，頁136以下。
10　姜曉敏，中國法律思想史，高等教育出版社，2版，2015年，頁77以下。
11　蘇南，法家文化面面觀，齊魯書社，初版，2000年，頁6。

是好權勢、好財富的。因此只要『聖人』全部控制了這兩樣法寶，他就可以誘導人民追隨他的政治路線。第二，法家假定人性是貪生怕死的，因此『聖人』的嚴刑峻法便可以阻嚇人民不敢亂說亂動。」[12]

　　韓非主張**依循人性「好利惡害」，進行法治規範**。例如韓非子難二篇：「好利惡害，夫人之所有也。」「喜利畏罪，人莫不然。」韓非子八經篇：「凡治天下，必因人情。人情者，有好惡，故賞罰可用；賞罰可用則禁令可立而治道具矣。」韓非子外儲說左上篇：「利之所在民歸之，名之所彰士死之。是以功外於法而賞加焉，則上不能得所利於下；名外於法而譽加焉，則士勸名而不畜之於君。」

　　韓非子顯學篇：「夫聖人之治國，不恃人之為吾善也，而用其不得為非也。恃人之為吾善也，境內不什數；用人不得為非，一國可使齊。為治者用眾而舍寡，故不務德而務法。夫必恃自直之箭，百世無矢；恃自圓之木，千世無輪矣。自直之箭、自圓之木，百世無有一，然而世皆乘車射禽者何也？隱栝之道用也。雖有不恃隱栝而有自直之箭、自圓之木，良工弗貴也，何則？乘者非一人，射者非一發也。不恃賞罰而恃自善之民，明主弗貴也，何則？國法不可失，而所治非一人也。故有術之君，不隨適然之善，而行必然之道。」

　　韓非認為安邦立國之道，有七項原則，其中以法治為主。韓非子安危篇：「安術：一曰、賞罰隨是非，二曰、禍福隨善惡，三曰、死生隨法度，四曰、有賢不肖而無愛惡，五曰、有愚智而無非譽，六曰、有尺寸而無意度，七曰、有信而無詐。」

　　韓非又認為國家治理，不可違背法治與違反人性，否則將陷入險境。韓非子安危篇：「危道：一曰、斲削於繩之內，二曰、斷割於法之外，三曰、利人之所害，四曰、樂人之所禍，五曰、危人於所安，六曰、所愛不親，所惡不疏。如此，則人失其所以樂生，而忘其所以重死，人不樂生則人主不尊，不重死則令不行也。」

　　韓非子安危篇：「故安國之法，若饑而食，寒而衣，不令而自然也。先王寄理於竹帛，其道順，故後世服。今使人去饑寒，雖賁、育不能行；廢自然，

――――――――――
[12] 余英時，歷史與思想，聯經出版，新版，2016年，頁26；余英時｜反智論與中國政治傳統：論儒、道、法三家政治思想的分野與匯流，https://www.gushiciku.cn/dc_tw/104365631，瀏覽日期：111.2.15。

雖順道而不立。」

韓非子安危篇:「明主之道忠法,其法忠心,故臨之而法,去之而思。堯無膠漆之約於當世而道行,舜無置錐之地於後世而德結。能立道於往古,而垂德於萬世者之謂明主。」

(三)合於時勢(因時制宜)之立法原則:法與時轉則治

商君書更法篇:「公孫鞅曰:前世不同教,何古之法?帝王不相復,何禮之循?伏羲神農教而不誅,黃帝堯舜誅而不怒,及至文武,各當時而立法,因事而制禮。**禮法以時而定,制令各順其宜,兵甲器備各便其用**。臣故曰:『治世不一道,便國不必法古。』湯武之王也,不循古而興;殷夏之滅也,不易禮而亡。然則反古者未可必非,循禮者未足多是也。君無疑矣。」慎子認爲:「治國無其法則亂,守法而不變則衰。」[13]表示法應因時因地制宜,才能良法善治。

韓非主張法規應符合時代環境需要,強調「法與時轉則治,治與世宜則有功」。亦即法應該具有歷史演化或進化論觀念,不可固執不變,而應「與時俱進」,「通權達變」,才能通達事理。

韓非子心度篇表示:「夫民之性,惡勞而樂佚,佚則荒,荒則不治,不治則亂而賞刑不行於天下者必塞。故欲舉大功而難致而力者,大功不可幾而舉也;欲治其法而難變其故者,民亂,不可幾而治也。**故治民無常,唯治爲法。法與時轉則治,治與世宜則有功**。故民樸、而禁之以名則治,世知、維之以刑則從。時移而治不易者亂,能治眾而禁不變者削。故聖人之治民也,法與時移而禁與能變。」

韓非認爲時代不同,環境有差異,由於社會資源與人口數量不同,人類生活需要有差異,因此強調「**世異則事異**」,「**事異則備變**」有關法規建構即應配合調整適應人類生活需要。

韓非子五蠹篇:「是以聖人不期脩古,**不法常可,論世之事,因爲之備**。宋人有耕田者,田中有株,兔走,觸株折頸而死,因釋其耒而守株,冀復得兔,兔不可復得,而身爲宋國笑。今欲以先王之政,治當世之民,皆守株之

---

[13] 慎子逸文篇。

類也。」

　　韓非子五蠹篇：「古者文王處豐、鎬之間，地方百里，行仁義而懷西戎，遂王天下。徐偃王處漢東，地方五百里，行仁義，割地而朝者三十有六國，荊文王恐其害己也，舉兵伐徐，遂滅之。故**文王行仁義而王天下，偃王行仁義而喪其國，是仁義用於古不用於今也**。故曰：**世異則事異**。當舜之時，有苗不服，禹將伐之，舜曰：『不可。上德不厚而行武，非道也。』乃修教三年，執干戚舞，有苗乃服。共工之戰，鐵銛矩者及乎敵，鎧甲不堅者傷乎體，是干戚用於古不用於今也。故曰：**事異則備變。上古競於道德，中世逐於智謀，當今爭於氣力**。齊將攻魯，魯使子貢說之，齊人曰：『子言非不辯也，吾所欲者土地也，非斯言所謂也。』遂舉兵伐魯，去門十里以為界。故偃王仁義而徐亡，子貢辯智而魯削。以是言之，夫仁義辯智，非所以持國也。去偃王之仁，息子貢之智，循徐、魯之力使敵萬乘，則齊、荊之欲不得行於二國矣。」其中韓非認為**「上古競於道德，中世逐於智謀，當今爭於氣力。」**亦即歷史的進展演變，產生不同的社會問題與人民的不同需要，因此需要因應不同的統治策略手段，是乃屬於「演化的歷史觀」，[14] 而非「進化的歷史觀」。[15]

　　韓非認為人類智愚、賢不俏均有之，未必能深謀遠慮，更容易短視近利，因此人民可能安習於陋規惡習，導致社會秩序混亂，國家衰弱敗亡。為導正國家治理上軌道，政府施政不能完全以民意（民粹民意）為依歸，而應展現公權力進行治理。其所謂「民愚而不知亂」，「苦小費而忘大利也」。

　　韓非子南面篇：「凡人難變古者，憚易民之安也。夫不變古者，襲亂之跡；適民心者，恣姦之行也。民愚而不知亂，上懦而不能更，是治之失也。人主者，明能知治，嚴必行之，故雖拂於民心立其治。說在商君之內外而鐵殳，重盾而豫戒也。故郭偃之始治也，文公有官卒；管仲始治也，桓公有武車；戒民之備也。是以愚贛窳墮之民，苦小費而忘大利也，故夤虎受阿謗。悢小變而失長便，故鄒賈非載旅。狃習於亂而容於治，故鄭人不能歸。」

---

[14] 林文雄，韓非法律思想在現代法學理論上的意義，法制史研究，第7期，2005年6月，頁20。有關韓非的歷史觀，有認為屬於「進化的歷史觀」，有認為屬於「演化的歷史觀」。

[15] 主張韓非是歷史進化論者，例如胡適，中國哲學史大綱，天津人民出版社，初版，2016年，頁306；蘇南，法家文化面面觀，初版，2000年，頁5。

（四）順天時，應人心

　　韓非認爲國家治理法則，在於「守自然之道」，因勢利導，自然水道渠成，而能事半功倍。

　　韓非子功名篇：「明君之所以立功成名者四：一曰天時，二曰人心，三曰技能，四曰勢位。非天時雖十堯不能冬生一穗，逆人心雖賁、育不能盡人力。故得天時則不務而自生，得人心則不趣而自勸，因技能則不急而自疾，得勢位則不進而名成。若水之流，若船之浮，守自然之道，行毋窮之令，故曰明主。」

　　韓非子用人篇：「**聞古之善用人者，必循天順人而明賞罰。循天則用力寡而功立，順人則刑罰省而令行**，明賞罰則伯夷、盜跖不亂。如此，則白黑分矣。」

　　韓非子大體篇：「古之全大體者：望天地，觀江海，因山谷，日月所照，四時所行，雲布風動；不以智累心，不以私累己；寄治亂於法術，託是非於賞罰，屬輕重於權衡；**不逆天理，不傷情性**；不吹毛而求小疵，不洗垢而察難知；不引繩之外，不推繩之內；不急法之外，不緩法之內；**守成理，因自然；禍福生乎道法而不出乎愛惡，榮辱之責在乎己，而不在乎人**。故至安之世，法如朝露，純樸不散；心無結怨，口無煩言。……故曰：古之牧天下者，不使匠石極巧以敗太山之體，**不使賁、育盡威以傷萬民之性。因道全法，君子樂而大姦止；澹然閒靜，因天命，持大體**。故使人無離法之罪，魚無失水之禍。如此，故天下少不可。」

　　韓非子姦賊弒臣篇：「**聖人之治國也，固有使人不得不愛我之道，而不恃人之以愛爲我也**。恃人之以愛爲我者危矣，恃吾不可不爲者安矣。夫君臣非有骨肉之親，**正直之道可以得利，則臣盡力以事主；正直之道不可以得安，則臣行私以干上。明主知之，故設利害之道以示天下而已矣**。夫是以人主雖不口教百官，不目索姦邪，而國已治矣。人主者，非目若離婁乃爲明也，非耳若師曠乃爲聰也。目必，不任其數，而待目以爲明，所見者少矣，非不弊之術也。耳必，不因其勢，而待耳以爲聰，所聞者寡矣，非不欺之道也。**明主者，使天下不得不爲己視，天下不得不爲己聽。故身在深宮之中而明照四海之內，而天下弗能蔽、弗能欺者何也**？闇亂之道廢，而聰明之勢興也。故善任勢者國安，不知因其勢者國危。」

二、利益法學理論

（一）利益衡量方法論

　　韓非認為法規範之作用，均有其利弊得失，因此在立法階段，必須進行利益衡量，而具有利益法學之思想觀念。

　　韓非子八說篇即謂：「法所以制事，事所以名功也。法有立而有難，權其難而事成則立之；事成而有害，權其害而功多則為之。無難之法，無害之功，天下無有也。是以拔千丈之都，敗十萬之眾，死傷者軍之乘，甲兵折挫，士卒死傷，而賀戰勝得地者，出其小害計其大利也。夫沐者有棄髮，除者傷血肉，為人見其難，因釋其業，是無術之事也。」

　　韓非認為賞罰要能達到效果，必須重賞重罰，才能發揮引導社會風氣與人民行為之功效。

　　韓非子六反篇：「凡賞罰之必者，勸禁也。賞厚、則所欲之得也疾，罰重、則所惡之禁也急。夫欲利者必惡害，害者，利之反也，反於所欲，為得無惡。欲治者必惡亂，亂者，治之反也。是故欲治甚者，其賞必厚矣；其惡亂甚者，其罰必重矣。今取於輕刑者，其惡亂不甚也，其欲治又不甚也，此非特無術也，又乃無行。是故決賢不肖愚知之美，在賞罰之輕重。且夫重刑者，非為罪人也。明主之法，揆也。治賊，非治所揆也；治所揆也者，是治死人也。刑盜，非治所刑也；治所刑也者，是治胥靡也。故曰重一姦之罪而止境內之邪，此所以為治也。重罰者，盜賊也；而悼懼者，良民也；欲治者奚疑於重刑！若夫厚賞者，非獨賞功也，又勸一國。受賞者甘利，未賞者慕業，是報一人之功而勸境內之眾也，欲治者何疑於厚賞！今不知治者，皆曰重刑傷民，輕刑可以止姦，何必於重哉？此不察於治者也。夫以重止者，未必以輕止也；以輕止者，必以重止矣。是以上設重刑者而姦盡止，姦盡止則此奚傷於民也？所謂重刑者，姦之所利者細，而上之所加焉者大也；民不以小利蒙大罪，故姦必止者也。所謂輕刑者，姦之所利者大，上之所加焉者小也；民慕其利而傲其罪，故姦不止也。故先聖有諺曰：『不躓於山，而躓於垤。』山者大、故人順之，垤微小、故人易之也。今輕刑罰，民必易之。犯而不誅，是驅國而棄之也；犯而誅之，是為民設陷也。是故輕罪者，民之垤也。是以輕罪之為民道也，非亂國也則設民陷也，此則可謂傷民矣！」

（二）利民思想

韓非認爲有道之君，政府應施行德政，德澤於民，才能建立立國之根本。倘若施行暴政，勢必引起人民反抗，危及國家存續。因此具有民生主義的利民思想。

韓非子解老篇：「有道之君，外無怨讎於鄰敵，而內有德澤於人民。夫外無怨讎於鄰敵者，其遇諸侯也外有禮義。內有德澤於人民者，其治人事也務本。遇諸侯有禮義則役希起，治民事務本則淫奢止。凡馬之所以大用者，外供甲兵，而內給淫奢也。今有道之君，外希用甲兵，而內禁淫奢。上不事馬於戰鬥逐北，而民不以馬遠淫通物，所積力唯田疇，積力於田疇必且糞灌，故曰：『天下有道，卻走馬以糞也。』」

「人君者無道，則內暴虐其民，而外侵欺其鄰國。內暴虐則民產絕，外侵欺則兵數起。民產絕則畜生少，兵數起則士卒盡。畜生少則戎馬乏，士卒盡則軍危殆。戎馬乏則將馬出，軍危殆則近臣役。馬者，軍之大用；郊者，言其近也。今所以給軍之具於將馬近臣，故曰：『天下無道，戎馬生於郊矣。』」

韓非子備內篇：「徭役多則民苦，民苦則權勢起，權勢起則復除重，復除重則貴人富，苦民以富貴人起勢，以藉人臣，非天下長利也。故曰徭役少則民安，民安則下無重權，下無重權則權勢滅，權勢滅則德在上矣。」

（三）功利主義與實用主義

韓非認爲國家之賞罰應以「功利主義」取向，注重「實用性」，而不以虛有其表之言論或文學語言爲尙。其主張獎勵耕種以及戰功，以富國強兵。並應**「以法爲教；以吏爲師。」**故可謂具有「現實功利主義」之價值觀。[16]或認爲屬於實用主義哲學觀，而與西方國家詹姆士的實用主義哲學觀相同。[17]

韓非提倡「實用主義」（功用主義），對於國家治理，應實事求是，務實解決問題，以實用爲導向，排除空虛言論，因此不僅聽其言，更應觀其行。

韓非子顯學篇：「故**明主舉實事，去無用**。」韓非子五蠹篇：「今人主之

---

[16] 王邦雄，韓非子的哲學，東大圖書公司，1993年，頁122以下。

[17] 林文雄，韓非法律思想在現代法學理論上的意義，法制史研究，第7期，2005年6月，頁36以下。

於言也，說其辯而不求其當焉；其用於行也，美其聲而不責其功焉。是以天下之眾，其談言者務為辯而不周於用，故舉先王言仁義者盈廷，而政不免於亂；行身者競於為高而不合於功，故智士退處巖穴、歸祿不受，而兵不免於弱，政不免於亂，此其故何也？民之所譽，上之所禮，亂國之術也。今境內之民皆言治，藏商、管之法者家有之，而國愈貧，言耕者眾，執耒者寡也；境內皆言兵，藏孫、吳之書者家有之，而兵愈弱，言戰者多，被甲者少也。故明主用其力，不聽其言；賞其功，必禁無用；故民盡死力以從其上。夫耕之用力也勞，而民為之者，曰：可得以富也。戰之為事也危，而民為之者，曰：可得以貴也。今修文學、習言談，則無耕之勞、而有富之實，無戰之危、而有貴之尊，則人孰不為也？是以百人事智而一人用力，事智者眾則法敗，用力者寡則國貧，此世之所以亂也。故明主之國，無書簡之文，以法為教；無先王之語，以吏為師；無私劍之捍，以斬首為勇。是境內之民，其言談者必軌於法，動作者歸之於功，為勇者盡之於軍。是故無事則國富，有事則兵強，此之謂王資。既畜王資而承敵國之釁，超五帝，侔三王者，必此法也。」

韓非子六反篇：「今學者皆道書筴之頌語，不察當世之實事。」「故明主之治國也，適其時事以致財物，論其稅賦以均貧富，厚其爵祿以盡賢能，重其刑罰以禁姦邪，使民以力得富，以事致貴，以過受罪，以功致賞而不念慈惠之賜，此帝王之政也。」**明主聽其言必責其用，觀其行必求其功**，然則虛舊之學不談，矜誣之行不飾矣。」

韓非子顯學篇：「今巫祝之祝人曰：『使若千秋萬歲。』千秋萬歲之聲聒耳，而一日之壽無徵於人，此人所以簡巫祝也。今世儒者之說人主，不善今之所以為治，而語已治之功；不審官法之事，不察姦邪之情，而皆道上古之傳，譽先王之成功。儒者飾辭曰：『聽吾言則可以霸王。』此說者之巫祝，有度之主不受也。故**明主舉實事，去無用；不道仁義者故，不聽學者之言**。」「**明主聽其言必責其用，觀其行必求其功，然則虛舊之學不談，矜誣之行不飾矣**。」

三、法實證主義

（一）概說

學者林文雄教授認為韓非子的法學理論，屬於「法實證主義」之理論，其

特色如下：[18]1.法的概念：法即國家法，成文法；2.法的制定：法須公布，其制定權在國君；3.法的性質：法須具備確定性與變動性；4.法的適用：貫徹平均正義，法律應明確，避免解釋才能具體化；5.法的執行：不問上下、貴賤、親疏均從法；6.法的理想：救國救民，安享太平幸福。

韓非子六反篇：「聖人之治也，審於法禁，法禁明著則官法；必於賞罰，賞罰不阿則民用。官官治則國富，國富則兵強，而霸王之業成矣。」

（二）法治主義

法家思想對於「法」的性質，強調：1.法之客觀公正性；2.平等性（普遍適用，以維護國家社會整體利益）；以及3.公開性（成文法、明白易知）。[19]韓非認爲法律可以提供一個客觀公平的強制規範，可有效能地治理國家。[20]韓非的實證方法論，乃是重視實際行動及功效，以「事實驗證理論」，不以貌取人，不空憑言詞取材，採取實證的參驗主義。[21]

韓非子顯學篇：「澹臺子羽，君子之容也，仲尼幾而取之，與處久而行不稱其貌。宰予之辭，雅而文也，仲尼幾而取之，與處而智不充其辯。故孔子曰：『以容取人乎，失之子羽；以言取人乎，失之宰予。』故**以仲尼之智而有失實之聲。今之新辯濫乎宰予，而世主之聽眩乎仲尼，爲悅其言，因任其身，則焉得無失乎？**是以魏任孟卯之辯而有華下之患，趙任馬服之辯而有長平之禍；此二者，任辯之失也。夫視鍛錫而察青黃，區冶不能以必劍；水擊鵠雁，陸斷駒馬，則臧獲不疑鈍利。發齒吻形容，伯樂不能以必馬；授車就駕而觀其末塗，則臧獲不疑駑良。**觀容服，聽辭言，仲尼不能以必士**；試之官職，課其功伐，則庸人不疑於愚智。**故明主之吏，宰相必起於州部，猛將必發於卒伍。夫有功者必賞，則爵祿厚而愈勸；遷官襲級，則官職大而愈治。夫爵祿大而官職治，王之道也。**」

法規範賞善罰惡，不分貴賤，不因人而異。所謂「法者，國之權衡

---

[18] 林文雄，韓非法律思想在現代法學理論上的意義，法制史研究，第7期，2005年6月，頁8以下。

[19] 姜曉敏，中國法律思想史，高等教育出版社，2版，2015年，頁73以下。

[20] 林文雄，韓非法律思想在現代法學理論上的意義，法制史研究，第7期，2005年6月，頁30。

[21] 林文雄，韓非法律思想在現代法學理論上的意義，法制史研究，第7期，2005年6月，頁24以下、頁36。

也。」[22]「有權衡者，不可欺以輕重；有尺寸者，不可差以長短；有法度者，不可巧以詐僞。」[23]「法之功，莫大使私不行；君之功，莫大使民不爭。今立法而行私，是私與法爭，其亂甚於無法；立君而尊賢，是賢與君爭，其亂甚於無君。故有道之國，法立則私議不行，君立則賢者不尊。民一於君，事斷於法，是國之大道也。」[24]「法者，所以齊天下之動，至公大定之制也。故智者不得越法而肆謀，辯者不得越法而肆議，士不得背法而有名，臣不得背法而有功。我喜可抑，我忿可窒，我法不可離也；骨肉可刑，親戚可滅，至法不可闕也。」[25]

　　韓非認爲春秋戰國時代，從功利主義的人性觀出發，強調要能富國強兵，良善治理國家，必須力行「法治」，而非「德治」或「禮治」。[26]

　　韓非子飾邪篇：「語曰：『家有常業，雖饑不餓。國有常法，雖危不亡。』夫舍常法而從私意，則臣下飾於智能，臣下飾於智能則法禁不立矣。是妄意之道行，治國之道廢也。**治國之道，去害法者，則不惑於智能、不矯於名譽矣。**昔者舜使吏決鴻水，先令有功而舜殺之；禹朝諸侯之君會稽之上，防風之君後至而禹斬之。以此觀之，先令者殺，後令者斬，則古者先貴如令矣。故鏡執清而無事，美惡從而比焉；衡執正而無事，輕重從而載焉。夫搖鏡則不得爲明，搖衡則不得爲正，法之謂也。故**先王以道爲常，以法爲本，本治者名尊，本亂者名絕**。凡智能明通，有以則行，無以則止。故智能單道，不可傳於人。而道法萬全，智能多失。夫懸衡而知平，設規而知圓，萬全之道也。明主使民飾於道之故，故佚而則功。**釋規而任巧，釋法而任智，惑亂之道也**。亂主使民飾於智，不知道之故，故勞而無功。」

1. 以法治國，奉法者強則國強

　　韓非認爲國家治理應採取法治原則，要賞罰公正，必須依據法規範任用人才，並依法決定賞罰標準，即能大公無私，避免官員結黨營私舞弊，強化法治，即可使國家富強。

---

[22] 商君書修權篇。

[23] 慎子逸文篇。

[24] 慎子逸文篇。

[25] 慎子逸文篇。

[26] 黃源盛，中國法史導論，犁齋社有限公司出版，修訂3版，2016年，頁151。

　　韓非子有度篇：「國無常強，無常弱。奉法者強則國強，奉法者弱則國弱。」韓非子飾邪篇：「當魏之方明立辟、從憲令行之時，有功者必賞，有罪者必誅，強匡天下，威行四鄰；及法慢，妄予，而國日削矣。當趙之方明國律、從大軍之時，人眾兵強，辟地齊、燕；及國律慢，用者弱，而國日削矣。當燕之方明奉法、審官斷之時，東縣齊國，南盡中山之地；及奉法已亡，官斷不用，左右交爭，論從其下，則兵弱而地削，國制於鄰敵矣。故曰：明法者強，慢法者弱。強弱如是其明矣，而世主弗為，國亡宜矣。語曰：『家有常業，雖饑不餓。國有常法，雖危不亡。』**夫舍常法而從私意，則臣下飾於智能，臣下飾於智能則法禁不立矣。是妄意之道行，治國之道廢也。治國之道，去害法者，則不惑於智能、不矯於名譽矣。**」

　　在此韓非強調「法治」優於「人治」的重要性，亦即以客觀公平之法制，取代執政者主觀上之行政裁量，不僅可以避免徇私舞弊，也可以公平統一天下法律秩序。縱然執法人員聰明才智不佳，只要能「依法行政」，仍可維持一定執政水準，從而法治可以發揮彌補執政人才不足之缺失。

　　韓非子用人篇指出：「釋法術而心治，堯不能正一國。去規矩而妄意度，奚仲不能成一輪。廢尺寸而差短長，王爾不能半中。使中主守法術，拙匠守規矩尺寸，則萬不失矣。君人者，能去賢巧之所不能，守中拙之所萬不失，則人力盡而功名立。」

　　韓非子飾邪篇：「主之道，必明於公私之分，明法制，去私恩。夫令必行，禁必止，人主之公義也；必行其私，信於朋友，不可為賞勸，不可為罰沮，人臣之私義也。私義行則亂，公義行則治，故公私有分。」

　　韓非子有度篇：「故當今之時，能去私曲就公法者，民安而國治；能去私行行公法者，則兵強而敵弱。故審得失有法度之制者加以群臣之上，則主不可欺以詐偽；審得失有權衡之稱者以聽遠事，則主不可欺以天下之輕重。今若以譽進能，則臣離上而下比周；**若以黨舉官，則民務交而不求用於法。**故官之失能者其國亂。以譽為賞，以毀為罰也，則好賞惡罰之人，**釋公行、行私術、比周以相為也**。忘主外交，以進其與，則其下所以為上者薄矣。交眾與多，外內朋黨，雖有大過，其蔽多矣。故忠臣危死於非罪，姦邪之臣安利於無功。忠臣危死而不以其罪，則良臣伏矣；姦邪之臣安利不以功，則姦臣進矣；此亡之本也。若是、則群臣廢法而行私重，輕公法矣。數至能人之門，不壹至主之廷；百慮私家之便，不壹圖主之國。屬數雖多，非所以尊君也；百官雖具，非所以

任國也。然則主有人主之名，而實託於群臣之家也。故臣曰：亡國之廷無人焉。廷無人者，非朝廷之衰也。家務相益，不務厚國；大臣務相尊，而不務尊君；小臣奉祿養交，不以官為事。此其所以然者，由主之不上斷於法，而信下為之也。故**明主使法擇人，不自舉也；使法量功，不自度也**。能者不可弊，敗者不可飾，譽者不能進，非者弗能退，則君臣之間明辨而易治，故主讎法則可也。」

2. 公平執法原則

　　法家主張之法，乃是一種客觀的標準法。[27]法之特性，具備「客觀性」、「公平性」與「必然性」。[28]慎子逸文篇：「法者，所以齊天下之動，至公大定之制也。故智者不得越法而肆謀，辯者不得越法而肆議，士不得背法而有名，臣不得背法而有功。我喜可抑，我忿可窒，我法不可離也；骨肉可刑，親戚可滅，至法不可闕也。」

　　韓非子定法篇：「憲令著於官府，刑罰必於民心。賞存乎慎法，而罰加乎姦令者也。」韓非子難二篇：「人主雖使人必以度量準之，以刑名參之。以事，**遇於法則行，不遇於法則止**。」韓非子南面篇：「人主使人臣雖有智能不得背法而專制，雖有賢行不得踰功而先勞，雖有忠信不得釋法而不禁，此之謂明法。」

　　韓非子外儲說左下篇：「孔子曰：『善為吏者樹德，不能為吏者樹怨。概者、平量者也。吏者、平法者也。治國者、不可失平也。』」

　　韓非認為法規範應落實執行，並不分貴賤，公平執法，[29]以建立法之威信。韓非子外儲右下篇：「人主者，守法責成以立功者也。」故韓非所謂「法」，係君主基於國家領導者地位，本於統治公權力所制定之法，類似於西方法理學家奧斯丁（Austin, 1790-1859）所謂「法律即主權者的命令」。[30]又法所規範之賞罰，對於全體國民，不分貴賤，普遍施行，亦即均有拘束力，包括君主在內，均應受其拘束，君主亦不得任意自由裁量而為賞罰，則又與哈特

---

[27] 胡適，中國哲學史大綱，天津人民出版社，初版，2016年，頁300。

[28] 賴炎元、傅武光，新譯韓非子，三民書局，2刷，2000年，頁37以下。

[29] 儒家禮記：「禮不下庶人，刑不上大夫。」荀子富國篇：「由士以上則必以禮樂節之，眾庶百姓則必以法數制之。」認為士以上的貴族階級不受法之拘束，並不符合法應普遍適用的平等精神。

[30] 奧斯丁（Austin）著，劉星譯，法理學的範圍，中國法制出版社，2002年，頁27。

（Hart, 1907-1992）所說的「法律對於制定法律者亦有拘束力」之見解，[31]不謀而合。[32]

韓非子有度篇：「夫人臣之侵其主也，如地形焉，即漸以往，使人主失端、東西易面而不自知。故先王立司南以端朝夕。故**明主使其群臣不遊意於法之外，不爲惠於法之內，動無非法。法所以凌過遊外私也**，嚴刑所以遂令懲下也。威不貸錯，制不共門。威制共則眾邪彰矣，法不信則君行危矣，刑不斷則邪不勝矣。故曰：巧匠目意中繩，然必先以規矩爲度；上智捷舉中事，必以先王之法爲比。故繩直而枉木斲，準夷而高科削，權衡縣而重益輕，斗石設而多益少。故**以法治國，舉措而已矣。法不阿貴，繩不撓曲。法之所加，智者弗能辭，勇者弗敢爭。刑過不避大臣，賞善不遺匹夫**。故矯上之失，詰下之邪，治亂決繆，絀羨齊非，一民之軌，莫如法。屬官威民，退淫殆，止詐僞，莫如刑。刑重則不敢以貴易賤，法審則上尊而不侵，上尊而不侵則主強，而守要，故先王貴之而傳之。人主釋法用私，則上下不別矣。」

依據上述韓非的法治思想，「法律對貴族不再有特別的禮遇，一斷於法。春秋之際，一國之內的貴族擁有國家的部分立法和司法權，遵循的是『刑不上大夫，禮不下庶人』的原則。法家主張君主集權則必須對貴族的權力進行限制，剝奪他們在司法上的特權。法家主張以法爲教，以吏爲師，一國之內惟有法行之上下國君才能控制臣民。」[33]

3. 法律之統一適用原則：不容選擇性執法

韓非認爲法律之適用應當統一明確，不容選擇性執法，以免玩法弄法。

韓非子定法篇：「問者曰：『徒術而無法，徒法而無術，其不可何哉？』對曰：『申不害，韓昭侯之佐也。韓者，晉之別國也。晉之故法未息，而韓之新法又生；先君之令未收，而後君之令又下。**申不害不擅其法，不一其憲令則姦多故**。**利在故法前令則道之，利在新法後令則道之**，利在故新相反，前後相勃。則申不害雖十使昭侯用術，而姦臣猶有所譎其辭矣。』」

---

[31] 哈特（Hart）著，張文顯等譯，法律的概念，中國大百科全書出版社，1996年，頁44。

[32] 許惠琪，韓非子法治思想新探，植根雜誌，第36卷第4期，2020年4月，頁136以下。

[33] 先秦思想大考究之法家思想核心解讀！每日頭條，2017.6.20，https://kknews.cc/history/q2xpe6o.html，瀏覽日期：111.1.5。

4. 嚴刑峻罰，以預防犯法

　　韓非主張採取嚴刑峻法，以杜絕僥倖犯罪之心，預防違規，以維持法治秩序，從而「禁姦於未萌」，達到人民「親其法」，確實遵守法治。

　　韓非子心度篇：「聖人之治民，度於本，不從其欲，期於利民而已。故其與之刑，非所以惡民，愛之本也。刑勝而民靜，賞繁而姦生，故治民者，刑勝、治之首也，賞繁、亂之本也。夫民之性，喜其亂而不親其法。故明主之治國也，明賞則民勸功，嚴刑則民親法。勸功則公事不犯，親法則姦無所萌。故治民者，禁姦於未萌；而用兵者，服戰於民心。禁先其本者治，兵戰其心者勝。聖人之治民也，先治者強，先戰者勝。夫國事務先而一民心，專舉公而私不從，賞告而姦不生，明法而治不煩，能用四者強，不能用四者弱。夫國之所以強者，政也；主之所以尊者，權也。故明君有權有政，亂君亦有權有政，積而不同，其所以立異也。故明君操權而上重，一政而國治。故法者，王之本也；刑者，愛之自也。」

5. 正名主義

　　胡適認爲法家與儒家相同，均強調正名之重要性。[34] 尹文子大道上篇：「大道無形，稱器有名。名也者，正形者也。形正由名，則名不可差，故仲尼云：『必也正名乎！名不正，則言不順也。』」「形以定名，名以定事，事以檢名，察其所以然，則形名之與事物，無所隱其理矣。」「善名命善，惡名命惡，故善有善名，惡有惡名。」「名稱者，何彼此而檢虛實者也。自古至今，莫不用此而得，用彼而失。失者，由名分混；得者，由名分察。」「故人以度審長短，以量受多少，以衡平輕重，以律均清濁，**以名稽虛實，以法定治亂，以簡治煩惑，以易御險難，以萬事皆歸於一，百度皆準於法**。歸一者，簡之至；準法者，易之極。如此，頑、嚚、聾、瞽，可與察慧聰明，同其治矣。」「**名定，則物不競**；分明，則私不行。物不競，非無心，**由名定，故無所措其心；私不行，非無欲，由分明，故無所措其欲**。然則心欲人人有之，而得同於心無欲者，制之有道也。」「國亂有三事：年飢民散，無食以聚之，則亂；治國無法，則亂；有法而不能用，則亂。有食以聚民，有法而能行，國不治，未之有也。」

---

[34] 胡適，中國哲學史大綱，天津人民出版社，初版，2016年，頁301以下。

尹文子大道下篇：「仁、義、禮、樂，名、法、刑、賞，凡此八者，五帝三王治世之術也。故仁以道之，義以宜之，禮以行之，樂以和之，**名以正之，法以齊之，刑以威之，賞以勸之**。故仁者，所以博施於物，亦所以生偏私；義者，所以立節行，亦所以成華僞；禮者，所以行恭謹，亦所以生惰慢；樂者，所以和情志，亦所以生淫放；**名者，所以正尊卑，亦所以生矜篡；法者，所以齊眾異，亦所以乖名分；刑者，所以威不服，亦所以生陵暴；賞者，所以勸忠能，亦所以生鄙爭**。凡此八術，無隱於人，而常存於世；非自顯於堯湯之時，非自逃於桀紂之朝。用得其道則天下治，失其道則天下亂。」

韓非也提倡正名，認爲應名實相符，以明是非。名實相符爲是，名實不合爲非，應予以處罰。[35]韓非子主道篇：「**故虛靜以待令，令名自命也，令事自定也。虛則知實之情，靜則知動者正。有言者自爲名，有事者自爲形，形名參同，君乃無事焉，歸之其情。**」韓非子揚權篇：「**用一之道，以名爲首。名正物定，名倚物徙。故聖人執一以靜，使名自命，令事自定。**」「**故審名以定位，明分以辯類。**」

又群書治要卷三十六，尸子發蒙篇：「**審一之經，百事乃成，審一之紀，百事乃理，名實判爲兩，合爲一，是非隨名實，賞罰隨是非，是則有賞，非則有罰，人君之所獨斷也。**」「治天下之要，在於正名，正名去僞，事成若化，苟能正名，天成地平，爲人臣者以進賢爲功，爲人君者以用賢爲功，爲人臣者進賢，是自爲置上也。」[36]

（三）法安定性原則（穩定性原則）：不可朝令夕改

韓非認爲法規不可頻繁變動，以維持法秩序安定性，避免勞民傷財，影響經濟活動。

韓非子解老篇：「凡法令更則利害易，利害易則民務變，務變之謂變業。故以理觀之，事大眾而數搖之則少成功，藏大器而數徙之則多敗傷，烹小鮮而數撓之則賊其澤，**治大國而數變法則民苦之，是以有道之君貴靜，不重變**

---

[35] 胡適，中國哲學史大綱，天津人民出版社，初版，2016年，頁302。胡適認爲「名」與「法」其實都是同樣的物事，兩者都是全稱（universal），都有駕取個別事物的效能。

[36] 諸子百家中國哲學書電子化計劃，群書治要>卷三十六>尸子>發蒙，https://ctext.org/text.pl?node=418232&if=gb，瀏覽日期：111.1.9。

法，故曰：『治大國者若烹小鮮。』」

參、韓非的法律理論

　　有認爲韓非認爲法治的立法原則，可以包括：一、依於人情；二、合於時勢；三、法規內容易知易行。[37]或認爲其立法原則，包括：一、必須切合時勢需要；二、必須人民易知易行；三、必須利大於弊；四、必須以統一穩定爲要務。[38]

一、法的成立要件：成文法、公布原則

　　韓非主張法應該是成文法，並應公布周知，以便人民遵守。

　　韓非子難三篇：「法者，編著之圖籍，設之於官府，而布之於百姓者也。故法莫如顯。是以明主言法，則境內卑賤莫不聞知也，不獨滿於堂。」

　　韓非子定法篇：「法者，憲令著於官府，刑罰必於民心，賞存乎愼法，而罰加乎姦令者也，此臣之所師也。君無術則弊於上，臣無法則亂於下，此不可一無，皆帝王之具也。」

　　韓非具有「罪刑法定主義」的刑法思想，韓非子大體篇：「不引繩之外，不推繩之內；不急法之外，不緩法之內。」

二、法的明確性與完善性原則

　　韓非認爲法規範應力求具體明確以及完備，避免漏洞，才有可行性，人民也才能易於遵守。否則法規範如果語意不清，解釋上爭議不休，徒增訟源。

　　韓非子八說篇：「書約而弟子辯，法省而民訟簡。是以聖人之書必著論，明主之法必詳事。」韓非子守道篇：「聖王之立法也，其賞足以勸善，其威足以勝暴，其備足以必完法。」

　　韓非認爲法規範應容易讓人民理解，才能遵守實行，如果以「微言大義」作爲法規範，人民勢必難以遵循，而非所宜。

---

[37] 賴炎元、傅武光，新譯韓非子，三民書局，2刷，2000年，頁43以下。
[38] 姚蒸民，韓非子通論，東大圖書公司，初版，1999年，頁177。

韓非子五蠹篇：「且世之所謂賢者，貞信之行也。所謂智者，微妙之言也。**微妙之言，上智之所難知也。今爲眾人法，而以上智之所難知，則民無從識之矣。**故糟糠不飽者不務粱肉，短褐不完者不待文繡。夫治世之事，急者不得，則緩者非所務也。」

三、法規之可行性（期待可能性）原則

韓非認爲法規內容，應具有可行性（易知易行），不可強人所難，欠缺期待可能性，導致人民動輒得咎，產生民怨。

韓非子用人篇：「**明主立可爲之賞，設可避之罰。**故賢者勸賞而不見子胥之禍，不肖者少罪而不見傴剖背，盲者處平而不遇深谿，愚者守靜而不陷險危。如此，則上下之恩結矣。古之人曰：『其心難知，喜怒難中也。』故以表示目，以鼓語耳，以法教心。君人者釋三易之數而行一難知之心，如此，則怒積於上，而怨積於下，以積怒而御積怨則兩危矣。**明主之表易見，故約立；其教易知，故言用；其法易爲，故令行。**三者立而上無私心，則下得循法而治，望表而動，隨繩而斲，因攢而縫。如此，則上無私威之毒，而下無愚拙之誅。故上君明而少怒，下盡忠而少罪。」

韓非子用人篇：「**人主立難爲而罪不及，則私怨生；**人臣失所長而奉難給，則伏怨結。」

四、法規應以「一般人民」之道德水準，作爲強行規範基準

韓非認爲法規範係以全體國民爲規範對象，不能以高規格之聖賢「仁義道德標準」作爲國家治理規範。「蓋**貴仁者寡，能義者難也**」。

韓非認爲國家治理眾人之事務，規範一般人民之生活，無法期待全體國民均能遵守「倫理道德禮儀規範」，因此，必須運用「法治」治理，才能確保人民遵守社會秩序，不敢爲非作歹（所謂用眾捨寡的統治方法）。[39]

韓非子顯學篇：「**夫聖人之治國，不恃人之爲吾善也，而用其不得爲非也。**恃人之爲吾善也，境內不什數；用人不得爲非，一國可使齊。爲治者用眾

---

[39] 林文雄，韓非法律思想在現代法學理論上的意義，法制史研究，第7期，2005年6月，頁26以下。

而舍寡，故不務德而務法。夫必恃自直之箭，百世無矢；恃自圓之木，千世無輪矣。自直之箭、自圓之木，百世無有一，然而世皆乘車射禽者何也？隱栝之道用也。雖有不恃隱栝而有自直之箭、自圓之木，良工弗貴也，何則？乘者非一人，射者非一發也。**不恃賞罰而恃自善之民，明主弗貴也，何則？國法不可失，而所治非一人也。故有術之君，不隨適然之善，而行必然之道。**」

韓非子用人篇：「釋法術而心治，堯不能正一國。去規矩而妄意度，奚仲不能成一輪。廢尺寸而差短長，王爾不能半中。使中主守法術，拙匠守規矩尺寸，則萬不失矣。君人者，能去賢巧之所不能，守中拙之所萬不失，則人力盡而功名立。」

韓非子五蠹篇：**「夫古今異俗，新故異備，如欲以寬緩之政、治急世之民，猶無轡策而御駻馬，此不知之患也。**今儒、墨皆稱先王兼愛天下，則視民如父母。何以明其然也？曰：『司寇行刑，君為之不舉樂；聞死刑之報，君為流涕。』此所舉先王也。夫以君臣為如父子則必治，推是言之，是無亂父子也。人之情性，莫先於父母，皆見愛而未必治也，雖厚愛矣，奚遽不亂？今先王之愛民，不過父母之愛子，子未必不亂也，則民奚遽治哉！且夫以法行刑而君為之流涕，此以效仁，非以為治。**夫垂泣不欲刑者仁也，然而不可不刑者法也，先王勝其法不聽其泣，則仁之不可以為治亦明矣。且民者固服於勢，寡能懷於義。**仲尼，天下聖人也，修行明道以遊海內，海內說其仁，美其義，而為服役者七十人，蓋**貴仁者寡，能義者難也。故以天下之大，而為服役者七十人，而仁義者一人。**魯哀公，下主也，南面君國，境內之民莫敢不臣。民者固服於勢，誠易以服人，故仲尼反為臣，而哀公顧為君。仲尼非懷其義，服其勢也。故以義則仲尼不服於哀公，乘勢則哀公臣仲尼。今學者之說人主也，不乘必勝之勢，而務行仁義則可以王，是求人主之必及仲尼，而以世之凡民皆如列徒，此必不得之數也。」

有認為法家的思想「反對禮制」。「法家重視法律，而反對儒家的『禮』。他們認為，當時的新興地主階級反對貴族壟斷經濟和政治利益的世襲特權，要求土地私有以及按功勞與才幹授予官職，這是很公平的，正確的主張。而維護貴族特權的禮制則是落後的，不公平的。」[40]

---

[40] 三妹：介紹儒道法三家的核心思想，2010.1.18，大紀元，https://www.epochtimes.com/b5/10/1/18/n2791309.htm，瀏覽日期：111.1.9。

又有認爲韓非之思想理論，反對「德治主義」。[41]然而在此韓非應僅是強調「法治」之重要性，認爲對於違法亂紀者仍應施加懲罰，不可懷抱仁德不予以懲罰而已，並非反對政府透過教育提高人民人格道德素養以進行德治。

五、法規應「賞善罰惡」與「定紛止爭」

（一）賞善罰惡

韓非主張爲能「賞善罰惡」，必須論功行賞，「重賞重罰」，才能達到誘導管制之行政目的。

韓非子守道篇：「聖王之立法也，其賞足以勸善，其威足以勝暴，其備足以必完法。治世之臣，功多者位尊，力極者賞厚，情盡者名立。善之生如春，惡之死如秋，故民勸極力而樂盡情，此之謂上下相得。上下相得，故能使用力者自極於權衡，而務至於任鄙；戰士出死，而願爲賁、育；守道者皆懷金石之心，以死子胥之節。用力者爲任鄙，戰如賁、育，中爲金石，則君人者高枕而守己完矣。」

韓非子八姦篇：**「明主之爲官職爵祿也，所以進賢材勸有功也**。故曰：賢材者，處厚祿任大官；功大者，有尊爵受重賞。官賢者量其能，賦祿者稱其功。是以賢者不誣能以事其主，有功者樂進其業，故事成功立。今則不然，不課賢不肖，論有功勞，用諸侯之重，聽左右之謁，父兄大臣上請爵祿於上，而下賣之以收財利及以樹私黨。故財利多者買官以爲貴，有左右之交者請謁以成重。功勞之臣不論，官職之遷失謬。是以吏偷官而外交，棄事而財親。是以賢者懈怠而不勸，有功者墮而簡其業，此亡國之風也。」

韓非主張國家應「賞罰分明」，賞罰對等，核實認定群臣之功過，以爲賞罰基礎，不可「無功而賞」，「有過不罰」，以免人民心存僥倖，而爲非作歹，反而陷人民於不義。

韓非子外儲說左上篇：「叔向賦獵，功多者受多，功少者受少。」

韓非子難三篇：「惠之爲政，無功者受賞，而有罪者免，此法之所以敗也。法敗而政亂，以亂政治敗民，未見其可也。」

---

41 林文雄，韓非法律思想在現代法學理論上的意義，法制史研究，第7期，2005年6月，頁26。

韓非子難二篇：「齊桓公飲酒醉，遺其冠，恥之，三日不朝。管仲曰：『此非有國之恥也，公胡其不雪之以政？』公曰：『胡其善。』因發倉囷，賜貧窮；論囹圄，出薄罪。處三日而民歌之曰：『公胡不復遺冠乎！』『且夫發困倉而賜貧窮者，是賞無功也；論囹圄而出薄罪者，是不誅過也。夫賞無功則民偷幸而望於上，不誅過則民不懲而易為非，此亂之本也。』」

韓非子主道篇：「故群臣陳其言，君以其言授其事，事以責其功。功當其事，事當其言則賞；功不當其事，事不當其言則誅。明君之道，臣不陳言而不當。是故明君之行賞也，曖乎如時雨，百姓利其澤；其行罰也，畏乎如雷霆，神聖不能解也。**故明君無偷賞，無赦罰。賞偷則功臣墮其業，赦罰則姦臣易為非**。是故誠有功則雖疏賤必賞，誠有過則雖近愛必誅。近愛必誅，則疏賤者不怠，而近愛者不驕也。」

在此強調賞罰分明，避免賞罰不公。韓非子用人篇：「勞苦不撫循，憂悲不哀憐。喜則譽小人，賢不肖俱賞；怒則毀君子，使伯夷與盜跖俱辱；故臣有叛主。」韓非的法治原則採取賞善罰惡理論，不准無功而賞，有過不罰。然而極端言之，則在發生天災飢荒時，因受災人民並無功勞，國家可能也不給予救濟，而排除慈善事業，導致有苛薄寡恩，違反人道關懷之疑慮。[42]

例如在韓非子外儲說右下篇：「治強生於法，弱亂生於阿，君明於此，則正賞罰而非仁下也。爵祿生於功，誅罰生於罪，臣明於此，則盡死力而非忠君也。君通於不仁，臣通於不忠，則可以王矣。昭襄知主情，而不發五苑；田鮪知臣情，故教田章；而公儀辭魚。」「秦大饑，應侯請曰：『五苑之草著、蔬菜、橡果、棗栗，足以活民，請發之。』昭襄王曰：『吾秦法，使民有功而受賞，有罪而受誅。今發五苑之蔬草者，使民有功與無功俱賞也。夫使民有功與無功俱賞者，此亂之道也。夫發五苑而亂，不如棄棗蔬而治。』一曰。『今發五苑之蔬蔬棗栗足以活民，是用民有功與無功爭取也。夫生而亂，不如死而治，大夫其釋之。』」其強調社會救濟結果，不可「使民有功與無功俱賞」，誘導人民坐享其成，不勞而獲，導致無法發揮國家法治應「獎勵勤勞」之功能。

然而在韓非子顯學篇：「**徵賦錢粟以實倉庫、且以救饑饉備軍旅也。**」**則主張徵收租稅作為「以救饑饉」之準備使用**，與上述外儲說右下篇之見解不

---

[42] 蔡元培，中國倫理學史，上海古籍出版社，初版，2005年，頁57。

同。由此足見韓非並非毫無慈悲心，而仍抱持有社會主義之人道關懷，以救助人民之災難。

韓非子難三篇：「明君見小姦於微，故民無大謀；行小誅於細，故民無大亂；此謂圖難於其所易也，為大者於其所細也。今有功者必賞，賞者不得君，力之所致也；有罪者必誅，誅者不怨上，罪之所生也。民知誅罰之皆起於身也，故疾功利於業，而不受賜於君。」

韓非認為賞罰應符合「賞罰相當原則」。韓非子主道篇：「人主之道，靜退以為寶。不自操事而知拙與巧，不自計慮而知福與咎。是以不言而善應，不約而善增。言已應則執其契，事已增則操其符。符契之所合，賞罰之所生也。故群臣陳其言，君以其言授其事，事以責其功。**功當其事，事當其言則賞；功不當其事，事不當其言則誅。**」

（二）定紛止爭

韓非認為法治可以發揮**「定紛止爭」作用，以公正維持社會秩序，防止強凌弱，眾暴寡之現象發生。故縱然統治者為平庸之才幹，亦可以透過客觀標準的法治維持社會秩序。**[43]

韓非子守道篇：「人主離法失人，則危於伯夷不妄取，而不免於田成、盜跖之耳可也。今天下無一伯夷，而姦人不絕世，故立法度量。**度量信則伯夷不失是，而盜跖不得非。法分明則賢不得奪不肖，強不得侵弱，眾不得暴寡。託天下於堯之法，則貞士不失分，姦人不徼幸。**寄千金於羿之矢，則伯夷不得亡，而盜跖不敢取。堯明於不失姦，故天下無邪；羿巧於不失發，故千金不亡。邪人不壽而盜跖止，如此，故圖不載宰予，不舉六卿；書不著子胥，不明夫差。孫、吳之略廢，盜跖之心伏。人主甘服於玉堂之中，而無瞋目切齒傾取之患。人臣垂拱於金城之內，而無扼捥聚脣嗟唶之禍。服虎而不以柙，禁姦而不以法，塞偽而不以符，此賁、育之所患，堯、舜之所難也。**故設柙非所以備鼠也，所以使怯弱能服虎也；立法非所以備曾、史也，所以使庸主能止盜跖也；**為符非所以豫尾生也，所以使眾人不相誑也。不獨恃比干之死節，不幸亂臣之無詐也，**恃怯之所能服，握庸主之所易守。**當今之世，為人主忠計，為天

下結德者，利莫長於此。故君人者無亡國之圖，而忠臣無失身之畫。明於尊位必賞，故能使人盡力於權衡，死節於官職。通賁、育之情，不以死易生；惑於盜跖之貪，不以財易身；則守國之道畢備矣。」

　　韓非子用人篇：「釋法術而心治，堯不能正一國。去規矩而妄意度，奚仲不能成一輪。廢尺寸而差短長，王爾不能半中。**使中主守法術，拙匠守規矩尺寸，則萬不失矣**。君人者，能去賢巧之所不能，守中拙之所萬不失，則人力盡而功名立。」

六、法規之執行力，必須「立信」，並依賴「權柄」處勢

（一）立信

　　韓非主張法的賞罰必須令出必行，建立信用，才能落實法的執行力（所謂立信立必[44]）。韓非子外儲說左上篇：「六、小信成則大信立，故明主積於信。賞罰不信，則禁令不行。」立信包括信名、信事、信義。「信名，則群臣守職，善惡不踰，百事不怠。信事，則不失天時，百姓不踰。信義，則近親勸勉而遠者歸之矣。」韓非子姦劫弒臣篇：「聖人之治國也，賞不加於無功，而誅必行於有罪者也。」採取賞罰法定主義（罪刑法定主義）。

　　管子法法篇亦謂：「令未布而罰及之，則是上妄誅也；上妄誅則民輕生，民輕生則暴人興，曹黨起而亂賊作矣。令已布而賞不從，則是使民不勸勉，不行制，不死節民不勸勉，不行制，不死節，則戰不勝而守不固。戰不勝而守不固，則國不安矣。令已布而罰不及，則是教民不聽，民不聽，則彊者立；彊者立，則主位危矣；故曰：『憲律制度必法道，號令必著明，賞罰必信密，此正民之經也。』」

（二）「賞罰」完全「依法」辦理

　　慎子君人篇：「君人者，**舍法而以身治，則誅賞予奪，從君心出矣**。然則受賞者雖當，望多無窮；受罰者雖當，望輕無已。**君舍法，而以心裁輕重，**

---

[44] 「賞須有功，此為立信。罰須有罪，此謂立必。」高佳琪，韓非的法律論，哲學論集，第26期，1992年，頁132。

則同功殊賞，同罪殊罰矣，怨之所由生也。是以分馬者之用策，分田者之用鉤，非以鉤策爲過於人智也。所以去私塞怨也。故曰：大君任法而弗躬，則事斷於法矣。法之所加，各以其分，蒙其賞罰而無望於君也。是以怨不生而上下和矣。」主張以法治取代人治，才能有客觀公正標準，落實賞罰分明而公平，就能去私塞怨，同時不必事必躬親，減輕主政者之負擔，所謂「任法而弗躬，則事斷於法。」「官不私親，法不遺愛，上下無事，唯法所在。」（慎子君臣篇）

韓非主張要能落實法治，必須完全依據法度賞罰，並杜絕人情請託關說，以免人情危害法之執行。

韓非子外儲說左上篇：「韓昭侯謂申子曰：『法度甚易行也。』申子曰：『**法者見功而與賞，因能而受官。今君設法度而聽左右之請，此所以難行也**。』昭侯曰：『吾自今以來知行法矣，寡人奚聽矣。』一日，申子請仕其從兄官，昭侯曰：『非所學於子也。聽子之謁敗子之道乎？亡其用子之謁。』申子辟舍請罪。」

（三）任勢

韓非主張「任勢」，採取「中央集權」體制，才能提升法之威信，落實法之執行力。其中任勢以行法的力量，包括：1.執掌「賞罰」二權柄；2.操生殺之大權。[45]

韓非子八經篇：「凡治天下，必因人情。人情者，有好惡，故賞罰可用；賞罰可用則禁令可立而治道具矣。**君執柄以處勢，故令行禁止。柄者，殺生之制也；勢者，勝眾之資也**。廢置無度則權瀆，賞罰下共則威分。是以明主不懷愛而聽，不留說而計。故聽言不參則權分乎姦，智力不用則君窮乎臣。故明主之行制也天，其用人也鬼。天則不非，鬼則不困。勢行教嚴逆而不違，毀譽一行而不議。**故賞賢罰暴，舉善之至者也**；賞暴罰賢，舉惡之至者也；是謂賞同罰異。**賞莫如厚，使民利之；譽莫如美，使民榮之；誅莫如重，使民畏之**；毀莫如惡，使民恥之。然後一行其法，禁誅於私。家不害功罪，賞罰必知之，知之道盡矣。」

---

45 黃源盛，中國法史導論，犁齋社有限公司，修訂3版，2016年，頁152。

韓非認爲執政者應親自執掌「賞罰」大權，不可大權旁落，才能發揮領導統御之功效。

韓非子二柄篇：「明主之所導制其臣者，二柄而已矣。二柄者，刑、德也。何謂刑德？曰：殺戮之謂刑，慶賞之謂德。爲人臣者畏誅罰而利慶賞，故人主自用其刑德，則群臣畏其威而歸其利矣。故世之姦臣則不然，所惡則能得之其主而罪之，所愛則能得之其主而賞之。今人主非使賞罰之威利出於己也，聽其臣而行其賞罰，則一國之人皆畏其臣而易其君，歸其臣而去其君矣，此人主失刑德之患也。夫虎之所以能服狗者、爪牙也，使虎釋其爪牙而使狗用之，則虎反服於狗矣。人主者、以刑德制臣者也，今君人者、釋其刑德而使臣用之，則君反制於臣矣。」

韓非子主道篇：「是故人主有五壅：臣閉其主曰壅，臣制財利曰壅，臣擅行令曰壅，臣得行義曰壅，臣得樹人曰壅。臣閉其主則主失位，臣制財利則主失德，臣擅行令則主失制，臣得行義則主失明，臣得樹人則主失黨。此人主之所以獨擅也，非人臣之所以得操也。」

七、菁英治理原則：任賢

（一）任賢

韓非認爲在民智未開之情形，一般人民知識專業不足，可能短視近利，無法作成優良決策與法制，因此爲政者應舉拔「賢良人才」治理國家，不可單純以民智未開之一般民意爲基礎，以免「問道於盲」。故韓非與儒家相同，均強調用人時應選賢與能，強調「賢人政治」（人治主義）。[46]

韓非子顯學篇：「今不知治者必曰：『得民之心。』欲得民之心而可以爲治，則是伊尹、管仲無所用也，將聽民而已矣。**民智之不可用，猶嬰兒之心也**。夫嬰兒不剔首則腹痛，不揊痤則寖益，剔首、揊痤必一人抱之，慈母治之，然猶啼呼不止，嬰兒子不知犯其所小苦致其所大利也。今上急耕田墾草以厚民產也，而以上爲酷；修刑重罰以爲禁邪也，而以上爲嚴；**徵賦錢粟以實倉庫、且以救饑饉備軍旅也，而以上爲貪**；境內必知介，而無私解，並力疾鬥所

---

[46] 有認爲韓非主張法治，故反對儒家之「賢人政治」（林文雄，韓非法律思想在現代法學理論上的意義，法制史研究，第7期，2005年6月，頁26），應屬誤會。

以禽虜也，而以上爲暴。此四者所以治安也，而民不知悅也。**夫求聖通之士者，爲民知之不足師用。昔禹決江濬河而民聚瓦石，子產開畝樹桑鄭人謗訾。禹利天下，子產存鄭，皆以受謗，夫民智之不足用亦明矣。故舉士而求賢智，爲政而期適民，皆亂之端，未可與爲治也。」**

韓非子難二篇：「**且官職所以任賢也，爵祿所以賞功也，設官職，陳爵祿，而士自至，君人者奚其勞哉！**使人又非所佚也，人主雖使人必以度量準之，以刑名參之，以事；遇於法則行，不遇於法則止；功當其言則賞，不當則誅；以刑名收臣，以度量準下；此不可釋也。」

韓非子外儲說右下篇：「人主者，守法責成以立功者也。聞有吏雖亂而有獨善之民，不聞有亂民而有獨治之吏，故明主治吏不治民。說在搖木之本，與引網之綱。」

韓非主張應**任用**具有**「智謀者」**以及**「能法者」**，才能明察徇私舞弊、違法亂紀之行爲，取締徇私舞弊、違法亂紀者。

韓非子孤憤篇：「智術之士，必遠見而明察，不明察不能燭私；能法之士，必強毅而勁直，不勁直不能矯姦。人臣循令而從事，案法而治官，非謂重人也。重人也者，無令而擅爲，虧法以利私，耗國以便家，力能得其君，此所爲重人也。智術之士，明察聽用，且燭重人之陰情；能法之士，勁直聽用，且矯重人之姦行。故智術能法之士用，則貴重之臣必在繩之外矣。是智法之士與當塗之人，不可兩存之仇也。」

唯亦有認爲韓非子思想有「反智論」之傾向，在韓非子五蠹篇：「今修文學、習言談，則無耕之勞、而有富之實，無戰之危、而有貴之尊，則人孰不爲也？是以百人事智而一人用力，事智者眾則法敗，用力者寡則國貧，此世之所以亂也。故明主之國，無書簡之文，以法爲教；無先王之語，以吏爲師；無私劍之捍，以斬首爲勇。是境內之民，其言談者必軌於法，動作者歸之於功，爲勇者盡之於軍。是故無事則國富，有事則兵強，此之謂王資。」因此解讀爲其採取愚民政策，甚至極端而言，導致秦始皇焚書坑儒之悲劇結果。[47]

在此韓非主張過多比例人民修習文學，將導致荒廢農耕戰事，無法富國強兵。從該文前後論理分析，似可認爲其主張國家整體人力資源分配，不宜過度集中於文學領域，而應著重於對於「富國強兵」具有實際功效之行業，故應可

---

[47] 余英時，歷史與思想，聯經出版，新版，2016年，頁20以下。

認爲其採取「務實主義」之觀念，而未必即可斷定爲愚民政策。[48]

（二）施政應集思廣益

此外，韓非主張統治者應善於運用眾多賢良智者之智慧，以集思廣益。所謂「上君盡人之智」。

韓非子八經篇：「力不敵眾，智不盡物。與其用一人，不如用一國。故智力敵而群物勝，揣中則私勞，不中則在過。下君盡己之能，中君盡人之力，上君盡人之智。是以事至而結智，一聽而公會。」

韓非子主道篇：「明君之道，使智者盡其慮，而君因以斷事，故君不窮於智；賢者敕其材，君因而任之，故君不窮於能；有功則君有其賢，有過則臣任其罪，故君不窮於名。是故不賢而爲賢者師，不智而爲智者正。臣有其勞，君有其成功，此之謂賢主之經也。」

韓非子八經篇：「參伍之道：行參以謀多，揆伍以責失。」「聽不參則無以責下，言不督乎用則邪說當上。」

（三）知人善任，適才適所

韓非主張國君任官原則，應「適才適所」，以符合能力適合原則。

韓非子揚權篇：「夫物者有所宜，材者有所施，各處其宜，故上下無爲。使雞司夜，令狸執鼠，皆用其能，上乃無事。上有所長，事乃不方。」

韓非子定法篇：「今有法曰：斬首者令爲醫匠，則屋不成而病不已。夫匠者，手巧也；而醫者，齊藥也；而以斬首之功爲之，則不當其能。今治官者，智能也；今斬首者，勇力之所加也。以勇力之所加、而治智能之官，是以斬首之功爲醫匠也。故曰：二子之於法術，皆未盡善也。」

---

[48] 例如台灣最近數十年來因爲廣設大學結果，將專門技術學院改制爲大學，導致不適合研究高深學識者亦進入大學，而基礎技術人才卻嚴重缺乏，教育供給與社會需求不相符合，此從韓非子觀點而言，人力資源發展規劃不當，勢必導致教育投資浪費與失敗。

八、法治公權力伸張之方法論：道法與術勢之關係

（一）君主之權勢：賞罰之利器

　　法家愼子提倡「權勢」之重要性，於愼子威德篇表示：「故賢而屈於不肖者，權輕也；不肖而服於賢者，位尊也。堯爲匹夫，不能使其鄰家。至南面而王，則令行禁止。由此觀之，賢不足以服不肖，而勢位足以屈賢矣。故無名而斷者，權重也；弩弱而矰高者，乘於風也；身不肖而令行者，得助於眾也。」

　　韓非的法治思想，由「法、勢、術」三者構成。[49]所謂「勢」，乃是指權勢或威勢而言。韓非子心度篇：「主之所以尊者，權也。故明君有權有政，亂君亦有權有政，積而不同，其所以立異也。故明君操權而上重，一政而國治。故法者，王之本也；刑者，愛之自也。」

　　韓非子八經篇：「君執柄以處勢，故令行禁止。柄者，殺生之制也；勢者，勝眾之資也。」亦即權勢可以壓制、支配眾人。[50]韓非子難勢篇：「賢人而詘於不肖者，則權輕位卑也；不肖而能服於賢者，則權重位尊也。堯爲匹夫不能治三人，而桀爲天子能亂天下，吾以此知勢位之足恃，而賢智之不足慕也。夫弩弱而矢高者，激於風也；身不肖而令行者，得助於眾也。堯教於隸屬而民不聽，至於南面而王天下，令則行，禁則止。由此觀之，賢智未足以服眾，而勢位足以詘賢者也。」亦即權勢足以屈賢，足以制臣，足以服民，足以禁爆，足以絕姦。[51]

　　韓非子難勢篇：「夫勢者，非能必使賢者用已，而不肖者不用已也，賢者用之則天下治，不肖者用之則天下亂。人之情性，賢者寡而不肖者眾，而以威勢之利濟亂世之不肖人，則是以勢亂天下者多矣，以勢治天下者寡矣。夫勢者，便治而利亂者也，故《周書》曰：『毋爲虎傅翼，將飛入邑，擇人而食之。』夫乘不肖人於勢，是爲虎傅翼也。桀、紂爲高臺深池以盡民力，爲炮烙以傷民性，桀、紂得乘四行者，南面之威爲之翼也。使桀、紂爲匹夫，未始行一而身在刑戮矣。勢者，養虎狼之心，而成暴亂之事者也，此天下之大患也。勢之於治亂，本末有位也，而語專言勢之足以治天下者，則其智之所至者淺

49　賴炎元、傅武光，新譯韓非子，三民書局，2刷，2000年，頁19。
50　賴炎元、傅武光，新譯韓非子，三民書局，2刷，2000年，頁49。
51　賴炎元、傅武光，新譯韓非子，三民書局，2刷，2000年，頁49。

矣。」

韓非子內儲說下篇：「**權勢不可以借人**，上失其一，臣以爲百。故臣得借則力多，力多則內外爲用，內外爲用則人主壅。其說在老聃之言失魚也。」認爲君主之權勢如果旁落，勢必危及其統治基礎。

韓非子內儲說下篇：「**勢重者，人主之淵也；臣者，勢重之魚也**。魚失於淵而不可復得也，人主失其勢重於臣而不可復收也。古之人難正言，故託之於魚。」「**賞罰者，利器也。君操之以制臣，臣得之以擁主**。故君先見所賞則臣鬻之以爲德，君先見所罰則臣鬻之以爲威。故曰：『國之利器不可以示人。』」

韓非子二柄篇：「**明主之所導制其臣者，二柄而已矣。二柄者，刑、德也。何謂刑德？曰：殺戮之謂刑，慶賞之謂德**。爲人臣者畏誅罰而利慶賞，故人主自用其刑德，則群臣畏其威而歸其利矣。故世之姦臣則不然，所惡則能得之其主而罪之，所愛則能得之其主而賞之。今人主非使賞罰之威利出於己也，聽其臣而行其賞罰，則一國之人皆畏其臣而易其君，歸其臣而去其君矣，此人主失刑德之患也。」指出君主之權勢運用，在於「賞罰」之利器。[52]

（二）領導統御方法論：術

1. 守道處靜：不被蒙蔽

韓非認爲領導者應守道處靜，讓部屬莫測高深，才能不被投其所好而被蒙蔽。

韓非子主道篇：「明主，其務在周密。」「道在不可見，用在不可知。虛靜無事，以闇見疵。見而不見，聞而不聞，知而不知。知其言以往，勿變勿更，以參合閱焉。官有一人，勿令通言，則萬物皆盡。函；掩其跡，匿其端，下不能原；去其智，絕其能，下不能意。保吾所以往而稽同之，謹執其柄而固握之。絕其能望，破其意，毋使人欲之。不謹其閉，不固其門，虎乃將存。不慎其事，不掩其情，賊乃將生。弒其主，代其所，人莫不與，故謂之虎。處其主之側，爲姦臣，聞其主之忒，故謂之賊。散其黨，收其餘，閉其門，奪其輔，國乃無虎。大不可量，深不可測，同合刑名，審驗法式，擅爲者誅，國乃

52　賴炎元、傅武光，新譯韓非子，三民書局，2刷，2000年，頁54。

無賊。」

慎子民雜篇：「君臣之道，臣事事而君無事，君逸樂而臣任勞。臣盡智力以善其事，而君無與焉，仰成而已。故事無不治，治之正道然也。人君自任，而務爲善以先下，則是代下負任蒙勞也，臣反逸矣。故曰：君人者，好爲善以先下，則下不敢與君爭爲善以先君矣，皆私其所知以自覆掩，有過，則臣反責君，逆亂之道也。君之智，未必最賢於眾也，以未最賢而欲以善盡被下，則不贍矣。若使君之智最賢，以一君而盡贍下則勞，勞則有倦，倦則衰，衰則復反於不贍之道也。是以人君自任而躬事，則臣不事事，是君臣易位也，謂之倒逆，倒逆則亂矣。人君苟任臣而勿自躬，則臣皆事事矣。是君臣之順，治亂之分，不可不察也。」主張主政者不可「事必躬親」，而應「知人善任」，扮演監督者角色，而非執行者角色，如此「臣勞君閒」，才是治事之正道。

2. 因任而授官

韓非子定法篇：「今申不害言術，而公孫鞅爲法。**術者，因任而授官，循名而責實，操殺生之柄，課群臣之能者也，此人主之所執也。**法者，憲令著於官府，刑罰必於民心，賞存乎慎法，而罰加乎姦令者也，此臣之所師也。君無術則弊於上，臣無法則亂於下，此不可一無，皆帝王之具也。」

韓非認爲君主之統御技術應該祕密而不宣揚，亦即高深莫測，此與法應公開者不同。韓非子難三篇：「法者，編著之圖籍，設之於官府，而布之於百姓者也。**術者，藏之於胸中，以偶眾端而潛御群臣者也。故法莫如顯，而術不欲見**。是以明主言法，則境內卑賤莫不聞知也，不獨滿於堂。用術，則親愛近習莫之得聞也，不得滿室。」

3. 循名而責實

韓非認爲用術必須「審名核實」，[53]以考核官員之辦事能力。韓非子定法

53　尹文子大道上篇：「有形者，必有名；有名者，未必有形。形而不名，未必失其方圓白黑之實。名而不可不尋，名以檢其差，故亦有名以檢形。形以定名，名以定事，事以檢名，察其所以然，則形名之與事物，無所隱其理矣。」尹文子大道上篇：「名有三科，法有四呈，一曰命物之名，方圓白黑是也；二曰毀譽之名，善惡貴賤是也；三曰況謂之名，賢愚愛憎是也。一曰不變之法，君臣上下是也；二曰齊俗之法，能鄙同異是也；三曰治眾之法，慶賞刑罰是也；四曰平準之法，律度權量是也。」「故人以度審長短，以量受多少，以衡平輕重，以律均清濁，以名稽虛實，以法定治亂，以簡治煩惑，以易御險難，以萬事皆歸於一，百度皆準於法。歸一者，簡之至；準法者，易之極。如此，頑、嚚、聾、瞽，可與察慧聰明，同其治矣。」

篇：「術者，因任而授官，循名而責實，操殺生之柄，課群臣之能者也，此人主之所執也。」

韓非子二柄篇：「**人主將欲禁姦，則審合形名者，言與事也。爲人臣者陳而言，君以其言授之事，專以其事責其功。功當其事，事當其言，則賞；功不當其事，事不當其言，則罰。**」「明主之畜臣，臣不得越官而有功，不得陳言而不當。越官則死，不當則罪，守業其官所言者貞也，則群臣不得朋黨相爲矣。」

韓非子主道篇：「道者、萬物之始，是非之紀也。是以**明君守始以知萬物之源，治紀以知善敗之端。故虛靜以待令，令名自命也，令事自定也。**虛則知實之情，靜則知動者正。**有言者自爲名，有事者自爲形，形名參同，君乃無事焉，歸之其情。**故曰：君無見其所欲，君見其所欲，臣自將雕琢；君無見其意，君見其意，臣將自表異。故曰：去好去惡，臣乃見素，去舊去智，臣乃自備。故有智而不以慮，使萬物知其處；有行而不以賢，觀臣下之所因；有勇而不以怒，使群臣盡其武。是故去智而有明，去賢而有功，去勇而有強。群臣守職，百官有常，因能而使之，是謂習常。故曰：寂乎其無位而處，漻乎莫得其所。明君無爲於上，群臣竦懼乎下。」

韓非子姦劫弒臣篇：「人主誠明於聖人之術，而不苟於世俗之言，循名實而定是非，因參驗而審言辭。是以左右近習之臣，知僞詐之不可以得安也。……是以臣得陳其忠而不弊，下得守其職而不怨。此管仲之所以治齊，而商君之所以強秦也。從是觀之，則聖人之治國也，固有使人不得不愛我之道，而不恃人之以愛爲我也。恃人之以愛爲我者危矣，恃吾不可不爲者安矣。夫君臣非有骨肉之親，正直之道可以得利，則臣盡力以事主；正直之道不可以得安，則臣行私以干上。明主知之，故設利害之道以示天下而已矣。夫是以人主雖不口教百官，不目索姦邪，而國已治矣。」

韓非認爲君臣之間，應能上情下達，下情上達，才能掌握官僚體系之狀況，不受蒙蔽。韓非子難一篇：「**有擅主之臣，則君令不下究，臣情不上通，**一人之力能隔君臣之間，使善敗不聞，禍福不通，故有不葬之患也。明主之道，一人不兼官，一官不兼事。卑賤不待尊貴而進，論，大臣不因左右而見。百官修通，群臣輻湊。有賞者君見其功，有罰者君知其罪。」

國君應賞罰分明，才能貫徹統治者之命令。韓非子難一篇：「夫善賞罰者，百官不敢侵職，群臣不敢失禮。上設其法，而下無姦詐之心，如此，則可

謂善賞罰矣。……明主賞不加於無功，罰不加於無罪。」

國君用術之理由，在於君臣之間之利害關係，相對立衝突。韓非子內儲說下篇：「君臣之利異，故人臣莫忠，故臣利立而主利滅。是以姦臣者，召敵兵以內除，舉外事以眩主，苟成其私利，不顧國患。」

韓非子孤憤篇：「萬乘之患，大臣太重；千乘之患，左右太信；此人主之所公患也。且人臣有大罪，人主有大失，臣主之利與相異者也。何以明之哉？曰：主利在有能而任官，臣利在無能而得事；主利在有勞而爵祿，臣利在無功而富貴；主利在豪傑使能，臣利在朋黨用私。是以國地削而私家富，主上卑而大臣重。故主失勢而臣得國，主更稱蕃臣，而相室剖符，此人臣之所以譎主便私也。」

韓非子難三篇：「或曰：子產之治，不亦多事乎？姦必待耳目之所及而後知之，則鄭國之得姦者寡矣。不任典成之吏，不察參伍之政，不明度量，恃盡聰明，勞智慮，而以知姦，不亦無術乎？且夫物眾而智寡，寡不勝眾，智不足以遍知物，故**因物以治物**。下眾而上寡，寡不勝眾，者言君不足以遍知臣也，故**因人以知人**。是以形體不勞而事治，智慮不用而姦得。」

韓非子內儲說上篇分析人主之七種統御技術：「主之所用也七術，所察也六微。七術：一曰、眾端參觀，二曰、必罰明威，三曰、信賞盡能，四曰、一聽責下，五曰、疑詔詭使，六曰、挾知而問，七曰、倒言反事。此七者，主之所用也。」

韓非子內儲說下篇分析人主領導統御之六種應注意事項：「六微：一曰、權借在下，二曰、利異外借，三曰、託於似類，四曰、利害有反，五曰、參疑內爭，六曰、敵國廢置。此六者，主之所察也。」

4. 治吏不治民

韓非認爲**君主統治應「治吏不治民」**。韓非子外儲說右下篇：「人主者，守法責成以立功者也。聞有吏雖亂而有獨善之民，不聞有亂民而有獨治之吏，故明主治吏不治民。」韓非子難三篇：「明君不自舉臣，臣相進也；不自賢，功自徇也。**論之於任，試之於事，課之於功**。故群臣公政而無私，不隱賢，不進不肖，然則人主奚勞於選賢？」

爲防止高官權勢過大危及國家安全，認爲大臣不得擁有「課稅權」以及

「軍隊」。[54]韓非子愛臣篇：「**大臣之祿雖大，不得藉威城市；黨與雖眾，不得臣士卒。**故人臣處國無私朝，居軍無私交，其府庫不得私貸於家，此明君之所以禁其邪。」

（三）法、勢、術三者之互動關係

有關法、勢、術三者之互動關係，法家尹文子大道上篇：「道不足以治，則用法；法不足以治，則用術；術不足以治，則用權；權不足以治，則用勢。勢用，則反權；權用，則反術；術用，則反法；法用，則反道；道用，則無爲而自治。故窮則徹終，徹終則反始，始終相襲，無窮極也。」

九、尊君思想

學者有認爲法家提倡「法治主義」，亦即「以法治國」。同時主張「尊君」，亦即「君主集權政體」，強調君主之權威，擁有訂定法規範之自由權力。「尊君」與「尚法」是並行不悖的。君主集權政體的「君治」與宗法貴族政體的「人治」有本質區別，君主集權政體不能稱爲「人治」。亦即法家同時認爲君主亦應遵守其制定之法規範，以公正無私治理政事。倘若違反法治，而「以私害法」，則動搖治國之根本，並非所宜，因此亦加以反對。[55]

韓非主張君主集權，應獨攬大權，才能鞏固領導中心。韓非子主道篇：「是故人主有五壅：**臣閉其主曰壅，臣制財利曰壅，臣擅行令曰壅，臣得行義曰壅，臣得樹人曰壅。**臣閉其主則主失位，臣制財利則主失德，臣擅行令則主失制，臣得行義則主失明，臣得樹人則主失黨。此人主之所以獨擅也，非人臣之所以得操也。」

肆、韓非思想理論之利弊得失分析

韓非的法律思想既然淵源於道家思想，而以事理爲依歸，其所謂「法與時轉則治，治與世宜則有功」，可謂千古名言，具有自然法思想之合理性與永久

---

[54] 洪巳軒，誰能制定較好的法律？論韓非子法治理論的根本困難，政治科學論叢，第81期，2019年9月，頁23。

[55] 武樹臣，法家「法治」思想再考察，甘肅社會科學，2017年第4期，2017年，頁114以下。

性。又其重視法治平等，打破儒家「刑不上大夫」之觀念，具有人人平等之精神，亦值得肯定。其提出主張一般國民智慧普通，並可能短視近利，無法深謀遠慮，因此主張「任賢」並由賢良智者「集思廣益」，採取菁英治理以及審議式民主模式，以制定良善法治，而不應完全以民意爲法制規範基礎，此與儒家思想主張「選賢與能」之觀點相同，值得重視。

韓非思想具有實用主義以及功利主義之濃厚色彩，強調國家賞罰應「實事求是」，並要求驗收實際績效，採取「績效結果導向」之「課責制度」，而排斥虛浮不實或無用之言論文辭，以富國強兵。

然而在人性觀上，基本上人類固然有「好利惡害」之傾向，同時亦有慈悲愛心、同理心、熱心公益的公義心，不能專以「個人利害」作爲一切的考量，在利益衡量上，仍應再予以審酌。[56]

韓非強調法治，認爲國家治理法則，一概以「法治」爲依歸，忽略「德治」強調國民倫理道德人格素養之提升之重要性。其實，「法治」與「德治」並不衝突，仍可相互補充發揮國家治理作用。蓋法出於禮，禮者理也，義也，法立足於義理之上，所謂「道生法」。管子樞言篇：「法出於禮，禮出於治，治禮道也，萬物待治禮而後定。」法與道德規範（禮義）兩者可以相融合，相輔相成，並非絕對性地對立存在，二者並不衝突。[57]因此有批評韓非子的思想，主要承受商鞅注重現實之法思想，應是講求「霸道」，而非「王道」。[58]

蔡元培先生認爲：「韓非子襲商君之主義，而益詳明其條理。其於儒家、道家之思想，雖稍有所採擷，然接得其粗而遺其精。法律實以道德爲根源，而韓非以法律統攝道德，不復留有餘地。且人類所以集合社會，所以發生道理法律之理，漠不加查，乃以君主爲法律道德之創造者。秦用其說，而民不聊生。」故其學說之根本主義，不容於倫理界者也。[59]

又韓非排斥儒家文學思想，認爲與君主富國強兵之道不符。韓非子五蠹篇：「儒以文亂法，俠以武犯禁，而人主兼禮之，此所以亂也。夫離法者罪，而諸先生以文學取；犯禁者誅，而群俠以私劍養。故法之所非，君之所取；吏

---

[56] 林文雄，韓非法律思想在現代法學理論上的意義，法制史研究，第7期，2005年6月，頁38。

[57] 高佳琪，韓非的法律論，哲學論集，第26期，1992年，頁142以下。

[58] 李增，先秦法家哲學思想──先秦法家法理、政治、哲學，國立編譯館印行，初版，2001年，頁259。

[59] 蔡元培，中國倫理學史，上海古籍出版社，初版，2005年，頁57以下。

之所誅，上之所養也。法趣上下四相反也，而無所定，雖有十黃帝不能治也。故行仁義者非所譽，譽之則害功；文學者非所用，用之則亂法。」「富國以農，距敵恃卒，而貴文學之士；廢敬上畏法之民，而養遊俠私劍之屬。舉行如此，治強不可得也。國平養儒俠，難至用介士，所利非所用，所用非所利。是故服事者簡其業，而游學者日眾，是世之所以亂也。」似乎過度重視實用價值，採取極端「唯物主義」之立場，而忽略國民教育普及人民知識水準之重要性（有批評其反智觀念），而比較注重農業社會發展之重要性。蓋社會能夠進步，在於文化的發達。[60]倘若不重視人文教育，則人類精神文明勢必無法進步。

　　何況「良法美制」來自於賢良智慧者之立法，韓非亦加以承認，主張君主應該「任賢」，廣泛運用眾多賢人智慧。荀子君道篇亦謂：「故法不能獨立，類不能自行；得其人則存，失其人則亡。法者、治之端也；**君子者、法之原也**。故有君子，則法雖省，足以遍矣；無君子，則法雖具，失先後之施，不能應事之變，足以亂矣。**不知法之義，而正法之數者，雖博臨事必亂**。故明主急得其人，而闇主急得其執。急得其人，則身佚而國治，功大而名美，上可以王，下可以霸；不急得其人，而急得其執，則身勞而國亂，功廢而名辱，社稷必危。」倘若不重視「人才培育」，如何獲得賢良智慧人才？故韓非部分理論，恐有相互矛盾之處。由此可見極端的法治思想仍有其不足之處。

　　韓非的尊君思想，必須以國君具有極高智慧能力以及公正處事態度，方能運用權術駕馭群臣，制定出良善法制，然而此一前提未必存在，倘若遇到昏庸君主，則其良法善治的法治理想，恐難以實現。[61]

　　總結而言，韓非闡明法治思想的優點，發揮至極致，許多觀念仍值得參考。其思想主要淵源仍可為出於道家思想為主，再予以展開運用。或許因其時代背景之特殊性，導致部分觀點容易流於極端，而有回復至中庸之道的必要。

60　高佳琪，韓非的法律論，哲學論集，第26期，1992年，頁139。
61　李增，先秦法家哲學思想──先秦法家法理、政治、哲學，國立編譯館印行，初版，2001年，頁258以下。

參考文獻

中文文獻

一、專書（按姓名筆劃排列）

太上感應篇，3版，財團法人台北行天宮，2016年。

文山遯叟蕭添石，道德經聖解，自由出版社，2018年。

方東美，華嚴宗哲學（方東美作品系列），上冊，中華書局，2012年。

王邦雄，韓非子的哲學，再版，三民書局，1979年。

王邦雄，韓非子的哲學，東大圖書，1993年。

王伯琦，近代法律思潮與中國固有文化，再版，法務通訊雜誌社，1981年。

王忠林，荀子讀本，三民書局，2003年。

王澤鑑，侵權行為，北京大學出版社，2009年。

休謨著，曾曉平譯，道德原則研究，五南圖書，2018年。

朱貽庭，倫理學大辭典，上海辭書出版社，2010年。

江山著，人際同構的法哲學，初版，元照出版，2008年3月。

余英時，歷史與思想，新版，聯經出版，2016年。

余英時，論天人之際——中國古代思想起源試探，初版，聯經出版，2014年。

余英時，宋明理學與政治文化，2版，允晨文化出版，2021年。

吳怡，中國哲學發展史，4版，三民書局，2015年。

吳璵注譯，新譯尚書讀本，2版，三民書局，2019年。

呂鵬志，道教哲學，文津出版，2000年。

李增，先秦法家哲學——先秦法家法理、政治、哲學，國家教育研究院，2001年。

李憲堂，大家精要，韓非子，2009年。

李澤厚，中國古代思想史論，3版，三民書局，2019年。

周德良，荀子思想理論與實踐，修訂版，台灣學生書局，2012年。

孟德斯鳩著，許明龍譯，論法的精神，下卷，五南圖書，2019年。

孟穎集註，易貫道德經玄妙解，上冊，翬巨書局，2008年1月。

東方朔，合理性之尋求——荀子思想研究論集，初版，台灣大學出版中心，2011年。

林文雄，老莊法律思想，中央文物供應社發行，1985年。

林火旺，倫理學，2版9刷，五南圖書，2015年。

林安梧譯著，老子道德經，20刷，道教總廟三清宮，2018年。

林素英，《禮記》之先秦儒家思想，臺灣師大書版社，2017年8月。

南懷瑾序言，南懷瑾、徐芹庭註釋，周易今著今譯，3版，臺灣商務印書館，2017年。

耿雲卿，先秦法律思想與自然法，臺灣商務印書館，1973年。

哈特著，張文顯等譯，法律的概念，中國大百科全書出版社，1996年。

哈特著，許家馨、李冠宜譯，法律的概念，2版，商周出版，2015年。

姚蒸民，韓非子通論（平），三民書局，1999年。

姜曉敏，中國法律思想史，2版，高等教育出版社，2015年。

約翰·奧斯丁著，劉星譯，法理學的範圍，中國法制出版社，2022年。

胡亞軍譯注，尚書，二十一世紀出版集團出版，2016年。

胡適，中國古代哲學史，2版，五南圖書，2015年。

胡適，中國哲學史大綱，天津人民出版社，2016年。

胡適，先秦名學史，學林出版社，1983年。

苗力田、徐開來譯，亞里斯多德倫理學，中國人民大學出版社，2003年。

韋政通，荀子與古代哲學，2版，臺灣商務印書館，1992年。

埃德加·博登海默著，鄧正來譯，法理學——法律哲學與法律方法，修訂版，中國政法大學出版社，2004年。

孫正治、孫奧麟譯，白話高島易斷（上、下），九州出版社，2014年。

孫震，企業倫理與企業社會責任，天下文化，2009年。

馬克斯·韋伯著，王容芬譯，世界宗教的經濟倫理、儒教與道教，2版，中央編譯出版社，2018年。

高文琪，法與道德，收於鄧衍森等主編，法理學，元照出版，2020年。

高島嘉右衛門著，孫正治、孫奧麟譯，白話高島易斷，九州出版社，2014年。

徐愛國、李桂林，西方法律思想史，3版，北京大學出版社，2014年。

康德著，李秋零譯，單純理性限度內的宗教，香港漢語基督教文化研究所，
　　1997年。

康德著，李秋零譯，實踐理性批判，五南圖書，2019年。

張世亮、鐘肇鵬、周桂鈿譯注，春秋繁露，中華書局，2012年。

張清強編著，易學智慧（一）：「周易」的思維模式，收於洛書、韓鵬杰主
　　編，周易全書，第3卷，團結出版社，1998年。

梁啓超，先秦政治思想史，東大圖書公司，1980年。

梁漱溟，中國文化要義，初版2刷，臺灣商務印書館，2016年。

陳清秀，法理學，3版，元照出版，2020年。

陳清秀，國際稅法，4版，元照出版，2019年。

陳清秀，稅法各論，上冊，3版，元照出版，2020年

陳鼓應，易傳與道家思想，中華書局，2015年。

陳榮捷著，楊儒賓、吳有能、朱榮貴、萬先法譯，中國哲學文獻選編，江蘇教
　　育出版社，2006年。

陳顧遠，中國法制史概要，5版，三民書局，1977年。

傅隸僕，周易理解，臺灣商務印書館，2003年。

湯孝純，新譯管子讀本（下）（精），三民書局，1995年。

馮友蘭，中國哲學史，台4版，臺灣商務印書館，2015年。

程頤著，王孝魚點校，周易程氏傳，初版，中華書局，2011年。

黃源盛，中國法史導論，32版，犁齋社有限公司，2016年。

黃源盛，漢唐法制與儒家傳統，增訂版，廣西師範大學出版社，2020年。

黃源盛，諸國傳統法制與思想，五南圖書，1998年。

傳統國學典藏編委會編著，白話易經，中國畫報出版社，2011年。

聖多瑪斯阿奎那著，劉俊餘譯，神學大全，第六冊，初版，中華道明會、碧岳
　　學社聯合出版，1997年。

楊奕華，問法爲何物──人本法學導論，承法數位文化，2013年。

楊鴻烈，中國法律思想史，商務印書館，2017年。

齊佩利烏斯著，金振豹譯，法學方法論，法律出版社，2009年。

劉志琴，中國文化史概論，文津出版社，1994年。

劉紀璐，中國哲學導論，聯經出版，2021年。

蔡元培，中國倫理學史，上海古籍出版社，2005年。

蔣維喬，中國佛教史，香港中和出版公司，2013年。

墨子編撰，東籬子解譯，墨子：讓庶民再次偉大，不公義的時代，正是時候讀墨子，好優文化，2020年。

盧元駿，五經四書要旨，3版，三民書局，2019年。

蕭公權，中國政治思想史上冊，增訂版，聯經出版，1981年。

賴炎元、傅武光，新譯韓非子，三民書局，2003年。

戴東雄，管子的法律思想，中央文物供應社，1985年。

鮮于文柱編，孔明大易神數，解籤斷卦篇，漁陽堂，2013年。

羅哲海著，陳詠明、翟德瑜譯，軸心時期的儒家倫理，大象出版社，2009年。

蘇南，法家文化面面觀，齊魯書社，2000年。

二、專書論文（按姓名筆劃排列）

張清強編著，「周易」的思維方式，收於洛書、韓鵬杰主編，周易全書，第3冊，1998年，團結出版社。

張應平，荀子法哲學的人性論基礎，收於法大研究生，2020年，第1輯，中國政法大學研究生院。

郭珮君，《金光明經》的護國思想與古代日本的國家：以天武朝爲中心（673-686），國立台灣大學歷史學研究所碩士論文，2012年。

楊日然，從先秦禮法思想的變遷看荀子禮法思想的特色及其歷史意義，收錄於法理學論文集，元照出版，1997年。

釋圓照，華嚴法界圓融之探討，華嚴專宗學院研究所第三屆畢業論文，2005年。

三、期刊論文（按姓名筆劃排列）

尤銳，新舊的融合：荀子對春秋思想傳統的重新詮釋，國立政治大學哲學學報，第11期，2003年12月。

王沛，《老子》法哲學中的「常」與「名」，法制與社會發展（雙月刊），第3期，2007年。

王凱，荀子天人觀新論，哲學與文化，第44卷第9期，2017年9月。

包家新，論墨子法哲學思想的三大立論根據，攀枝花學院學報，第24卷第5期，2007年10月。

朱鋒華、何璐，論荀子的社會和諧觀，船山學刊，第1期，2008年1月。

朱騰，先秦道家法律思想流派略論，江蘇警官學院學報，第22卷第5期，2007年9月。

江美華，論「荀子王制」中理、法、刑的意義，花大中文學報，第2期，2007年12月。

張清學、包家新，論墨子法律思想的特點，攀枝花學院學報，第24卷第2期，2007年4月。

李凱，荀子批判理論與西方詮釋哲學，海南大學學報人文社會科學版，第26卷2期，2008年4月。

李惠宗，初探易經中的法律思維，植根雜誌，第36卷第5期，2020年5月。

杜偉偉，《尚書》的法律文化價值，黑龍江省政法管理幹部學院學報，第3期，2020年。

楊師群，老子政治思想批判，甘肅理論學刊，2012年第2期，2012年3月。

沈敏榮、姚繼東，義與正義：法律與倫理的分離與整合，甘肅理論學刊，第1期，2019年。

周春生，「法」與「道」——韓非政治法律思想源流辨析，上海師範大學學報，第34卷第4期，2005年7月。

周相卿，佛法對我國當代法律制度的積極影響論綱，金築大學學報，1999年第2期，1999年。

林文雄，韓非法律思想在現代法學理論上的意義，法制史研究，第7期，2005年。

林俊宏，《黃帝四經》的政治思想，政治科學論叢，第13期，2000年12月。

林葉連，論周公與《詩經》的關係，漢學研究集刊，第31期，2020年12月。

林慶華，論神法及其與自然法之關係，哲學與文化，第35卷第4期，2008年4月。

武樹臣，法家「法治」思想再考察，甘肅社會科學，第4期，2017年。

姜文斌，至善的追求——《大學》與康德哲學有關道德與政治關係之比較，清華中文學報，第17期，2017年6月。

洪巳軒，誰能制定較好的法律？論韓非子法治理論的根本困難，政治科學論叢，第81期，2019年9月。

徐愛國，老莊學派與斯多葛學派法律思想之比較，法學評論，第7卷第3期，1989年5月。

袁翔珠，中外法史研究——道家思想對中國傳統法律文化格局之影響，北方法學，第3卷（總第16期），2009年4月。

郝小紅，道家「法自然」思想及其對當代的啓示，中共山西省直機關黨校學報，第6期，2010年。

馬治國、周興生，《尙書》在中華禮法形成與發展中的基礎性地位考證——《虞書》作爲禮法信史研究根基的可靠性新證，西安交通大學學報（社會科學版），第32卷第6期（總第116期），2012年12月。

馬漢寶，儒家思想法律化與中國家庭關係的發展，臺大法學論叢，第21卷第1期，1991年12月。

高佳琪，韓非的法律論，哲學論集，第26期，1992年。

高燕，道法關係論——愼子法哲學思想探源，西南民族大學學報，第204期，2008年8月。

梁淑芳，錢穆先生論天人合一觀初探，國文學誌，第8期，2004年。

梁燕城，天人合一與感通的上帝（上篇），中華神學，研究季報，2023年7月。

崔永東，帛書《老子》甲乙本中的法律思想試析，政法論壇（中國政法大學學報），第4期，1999年。

崔波、高秀昌，周易法律思想初探，黃淮學刊（哲學社會科學版），第13卷第3期，1997年9月。

崔蘭琴、覃敏，試論老子法律思想的邏輯體系，湖北廣播電視大學學報，第22卷第3期，2005年5月。

張曉光，試析墨家兼愛兼利的法律觀，信陽師範學院學報（哲學社會科學版），第25卷第4期，2005年8月。

張濤，《周易》經傳與法家思想，理論學刊，第6期（總第280期），2018年11月。

梅仲協，先秦諸子法律思想，華岡學報，第6卷，1970年2月。

梅仲協，法與禮，東西文化，第7期，1968年1月。

梅仲協，管子——大政治家和大法學家，中華文化復興月刊，第2卷第9期，1969年9月。

梅仲協，管子、商君、韓非子的法律思想概述，復興岡學報，第5期，1968年12月。

許惠琪，韓非子法治思想新探，植根雜誌，第36卷第4期，2020年。

尤銳，新舊的融合：荀子對春秋思想傳統的重新詮釋，國立政治大學哲學學報，第11期，2003年12月。

陳思，《周易》中的訟卦與中國傳統訟觀念，中南林業科技大學學報（社會科學版），第6卷第1期，2012年2月。

陳融，合同效力基礎的倫理解釋──以托馬斯‧阿奎那的道德法哲學爲核心，政法論叢，第3期，2012年6月。

陳清秀，「學術倫理規範」之研究，收於陳淳文主編，法的理性（上）──吳庚教授紀念論文集，中央研究院法律學研究所，2020年12月。

陳清秀，「學術倫理規範」之研究（上），植根雜誌，第35卷第8期，2019年8月。

陳運星，從民本到民主：儒家政治文化的再生，中山人文社會科學期刊，第12卷第2期，2004年12月。

韓星，德禮教刑──《尚書》的治理體系，先秦儒學研究，第4期，2020年。

黃源盛，儒法之間──荀子的禮法思想方法再探，東吳法律學報，第33卷第3期，2022年1月。

黃震雲，荀子的法治思想，諸子學刊，第10輯，2014年10月。

楊東慶，《詩經》的天人思想，文學前瞻，第21期，2021年7月。

楊崇森，修復式正義理論與運作之再檢討（上），全國律師，第24卷第1期，2020年1月。

楊惠梅，老子法律思想探微，長春理工大學學報（綜合版），2006年第4期，2006年。

葛修路，中國傳統社會道德法律化探究，齊魯學刊，第3期，2007年。

劉志，微觀法治建設領域的若干悖論及其超越──佛教經律與法律的對話，深圳大學學報，第30卷第2期，2013年3月。

劉錦賢，《周易》之時宜觀，第六屆通俗文學與雅正文學，文學與經學研討會論文集，2006年9月。

劉素民，托馬斯‧阿奎那自然法的形上架構與神學意涵，哲學研究，第9期，2005年。

蔡茂寅，易經傳中的法律思想，植根雜誌，第36卷第5期，2020年5月。

鄧國光，《尚書虞書》「王道」原型義探──兼論唐文治先生《尚書大義》五

著三微論及清華簡《保訓》，中國經學，第16輯，2015年8月。

鄭曉珊，論墨子的自然法思想，廣州社會主義學院學報，第2期，2010年。

魯芳，「禮」與中國古代社會道德生活的構建，齊魯學刊，2011年第6期（總第225期），2011年。

顏厥安、王照宇，法的解釋與法律倫理的概念觀，世新法學，第7卷第1期，2013年12月。

譚德貴，《周易》中的法律思想及其影響，法學論壇，第18卷第4期，2003年7月。

關梅，《周易》古經法哲學思想研究，求索雜誌，2013年第11期，2013年。

蘇潔，從老子道法思想探尋民間法律資源的合理性，貴州社會科學，2013年第5期（總第281期），2013年5月。

四、網路資料

〔西漢〕司馬遷，史記，https://ctext.org/shiji/zh，瀏覽日期：2023.5.10。

〔宋〕朱熹，孟子集註《離婁章句上》，https://ctext.org/si-shu-zhang-ju-ji-zhu/li-lou-zhang-ju-shang/zh，瀏覽日期：2023.5.9。

〔宋〕朱熹，詩經集傳，https://ctext.org/wiki.pl?if=gb&res=778780，瀏覽日期：2023.5.9。

〔宋〕魏了翁，周易要義，https://ctext.org/wiki.pl?if=gb&res=293073，瀏覽日期：2023.5.12。

〔東漢〕徐幹，中論《治學》，https://ctext.org/zhong-lun/zhi-xue/zh，瀏覽日期：2023.5.10。

〔東漢〕班固，白虎通德論，卷七，三綱六紀篇，https://ctext.org/bai-hu-tong/xing-qing/zh，瀏覽日期：2021.4.11。

〔東漢〕班固，白虎通德論，卷八，情性篇，https://ctext.org/bai-hu-tong/xing-qing/zh，瀏覽日期：2021.4.11。

〔唐〕孔安國，尚書正義，https://ctext.org/wiki.pl?if=gb&res=463474，瀏覽日期：2023.5.10。

〔唐〕孔穎達疏，周易正義，https://www.eee-learning.com/article/643，瀏覽日期：2023.5.12。

〔唐〕長孫無忌等，唐律疏議，https://ctext.org/wiki.pl?if=gb&res=785952，瀏

覽日期：2023.5.9。

〔唐〕魏徵，隋書，https://ctext.org/wiki.pl?if=gb&res=386407，瀏覽日期：2023.5.10。

〔晉〕杜預注、〔唐〕孔穎達疏，春秋左傳正義，https://ctext.org/wiki.pl?if=gb&res=970278，瀏覽日期：2023.5.10。

〔清〕丁晏，尚書餘論，https://ctext.org/wiki.pl?if=gb&res=122770，瀏覽日期：2023.5.10。

〔清〕牛鈕、孫在豐、張英等編撰，日講易經解義，https://www.eee-learning.com/article/5733，瀏覽日期：2023.5.12。

〔清〕永瑢，四庫全書總目提要，https://ctext.org/wiki.pl?if=gb&res=569524，瀏覽日期：2023.5.12。

〔清〕傅恒、來保、孫嘉淦等奉敕編撰，御纂周易述義，https://www.eee-learning.com/article/5842，瀏覽日期：2023.5.12。

〔漢〕班固撰，白虎通德論，https://ctext.org/bai-hu-tong/zh，瀏覽日期：2023.5.10。

〔漢〕鄭康成著，易緯乾鑿度，https://ctext.org/wiki.pl?if=gb&chapter=461322，瀏覽日期：2023.5.12。

《大佛頂如來密因修證了義諸菩薩萬行首楞嚴經》CBETA電子版，唐天竺沙門般刺蜜帝譯，大佛頂首楞嚴經，卷第六，http://buddhism.lib.ntu.edu.tw/BDLM/sutra/chi_pdf/sutra10/T19n0945.pdf，瀏覽日期：2020.12.6。

《中庸》菁華選粹，白話解，http://www.dfg.cn/big5/chtwh/ssjz/2-zhongyongjinghua.htm，瀏覽日期：2023.5.9。

《佛垂般涅槃略說教誡經》CBETA電子版，後秦龜茲國三藏鳩摩羅什奉詔譯，佛垂般涅槃略說教誡經（亦名佛遺教經），http://buddhism.lib.ntu.edu.tw/BDLM/sutra/chi_pdf/sutra7/T12n0389.pdf，瀏覽日期：2020.12.6。

《尚書》，https://ctext.org/shang-shu/zh，瀏覽日期：2023.5.10。

「三綱五常是什麼意思？三綱指的是什麼，五常說的又是什麼」，https://kknews.cc/news/5z4lea8.html，瀏覽日期：2021.5.16。

三妹：介紹儒道法三家的核心思想，https://www.epochtimes.com/b5/10/1/18/n2791309.htm，瀏覽日期：2022.1.9。

三家分晉，https://baike.baidu.hk/item/三家分晉/906600，瀏覽日期：

2023.5.10。

于闐國三藏實叉難陀奉制譯，大方廣佛華嚴經卷第十九，十行品第二十一之二，https://cbetaonline.dila.edu.tw/zh/T0279_020，瀏覽日期：2020.12.1。

大方等大集經卷第二十六，寶髻菩薩品第十一之二，大正藏經第13冊，https://cbetaonline.dila.edu.tw/zh/T0397_026，瀏覽日期：2023.5.10。

大正藏經，第12冊，第8卷，http://tripitaka.cbeta.org/T12n0374_008，瀏覽日期：2022.12.1。

大唐于闐三藏實叉難陀奉制譯，十善業道經，http://buddhism.lib.ntu.edu.tw/BDLM/sutra/chi_pdf/sutra9/T15n0600.pdf，瀏覽日期：2018.2.21。

大唐罽賓國三藏般若奉詔譯，大乘本生心地觀經卷第二，報恩品第二之上，大正藏經，第3冊，http://tripitaka.cbeta.org/T03n0159_002，瀏覽日期：2020.12.24。

大般涅槃經卷第十五，梵行品第八之一，http://tripitaka.cbeta.org/T12n0374_015，瀏覽日期：2017.2.15。

大般涅槃經卷第六，https://tripitaka.cbeta.org/T12n0374_006，瀏覽日期：2020.12.6。

大智度論，卷二十七，大智度論釋初品，大慈大悲義第四十二（卷二十七），http://www.cbeta.org/result/normal/T25/1509_027.htm，瀏覽日期：2017.2.15。

大廣智大興善寺三藏沙門不空奉詔譯，佛為優填王說王法政論經，大正藏經，第14冊，http://tripitaka.cbeta.org/T14n0524_001，瀏覽日期：2020.11.29。

中國文哲研究集刊，第51期，2017年9月，頁39-64，http://www.litphil.sinica.edu.tw/public/publications/bulletin/51/51-39-64.pdf，瀏覽日期：2023.5.9。

中庸本義（4.3）「親親之殺、尊賢之等」到底應該作何解？2017年8月7日由老慢發表於〈遊戲〉，https://kknews.cc/game/gqpak6e.html，瀏覽日期：2023.5.9。

中庸白話翻譯，https://www.arteducation.com.tw/guwen/bookv_3072.html，瀏覽日期：2023.5.10。

中庸淺言新註（呂祖註釋），http://www.taolibrary.com/category/category9/c9035.htm，瀏覽日期：2023.5.9。

中華古詩文古書籍網，https://www.arteducation.com.tw/guwen/bookv_3081.

html，瀏覽日期：2023.5.10。

尹文子，百度百科，https://baike.baidu.com/item/尹文子，瀏覽日期：
　　2020.10.5。

尹文子，https://ctext.org/yin-wen-zi/zh，瀏覽日期：2023.5.9。

五戒十善，百度百科，https://baike.baidu.com/item/五戒十善/10296450，瀏覽日
　　期：2018.2.21。

五戒十善，https://baike.baidu.com/item/五戒十善/10296450，瀏覽日期：
　　2018.2.21。

仁王護國般若波羅蜜多經卷下，大正藏經，第8冊，http://buddhism.lib.ntu.edu.
　　tw/BDLM/sutra/chi_pdf/sutra3/T08n0246.pdf，瀏覽日期：2020.11.29。

元魏婆羅門瞿曇般若流支譯，正法念處經卷第五十四，觀天品之三十三，大
　　正藏經，第17卷，http://tripitaka.cbeta.org/T17n0721_054，瀏覽日期：
　　2020.11.29。

天人合一（中國哲學思想），https://baike.baidu.com/item/天人合一/156174，瀏
　　覽日期：2023.5.10。

天志中，https://ctext.org/mozi/will-of-heaven-ii/zh，瀏覽日期：2021.4.12。

太平經合校，https://ctext.org/wiki.pl?if=gb&res=110513，瀏覽日期：2023.
　　5.13。

孔叢子，https://ctext.org/kongcongzi/zh，瀏覽日期：2023.5.9。

文子，https://ctext.org/wenzi/zh，瀏覽日期：2023.5.10。

文始眞經，https://ctext.org/wenshi-zhenjing/zh，瀏覽日期：2023.5.9。

毛詩正義，https://ctext.org/wiki.pl?if=gb&chapter=84776，瀏覽日期：
　　2023.5.9。

牛鈕、孫在豐、張英等（清）編撰，日講易經解義，履卦解說，https://www.
　　eee-learning.com/book/5748，瀏覽日期：2021.2.8。

北涼中印度三藏曇無讖譯，優婆塞戒經卷第四，雜品第十九大正藏經，第24
　　冊，https://tripitaka.cbeta.org/T24n1488_004，瀏覽日期：2020.12.5。

北涼天竺三藏曇無讖譯，大般涅槃經，卷第十五梵行品第八之一，大正藏
　　經，第12冊，http://buddhism.lib.ntu.edu.tw/BDLM/sutra/chi_pdf/sutra7/
　　T12n0374.pdf，瀏覽日期：2020.11.29。

北涼天竺三藏曇無讖譯，大般涅槃經卷第八，如來性品第四之五，大正藏經，

第12冊。http://tripitaka.cbeta.org/T12n0374_008，瀏覽日期：2020.11.29。

北涼失譯人名，金剛三昧經第1卷入實際品第五，大正藏經，第9冊，http://tripitaka.cbeta.org/T09n0273_001，瀏覽日期：2020.11.29。

先秦思想大考究之法家思想核心解讀！https://kknews.cc/history/q2xpe6o.html，瀏覽日期：2022.1.5。

光明日報，http://theory.people.com.cn/BIG5/n1/2020/0731/c40531-31804698.html，瀏覽日期：2023.5.10。

全後漢文，https://ctext.org/wiki.pl?if=gb&res=967268，瀏覽日期：2023.5.9。

同類相動，https://ctext.org/chun-qiu-fan-lu/tong-lei-xiang-dong/zh，瀏覽日期：2023.1.29。

名和鐵郎，因果關係，https://kotobank.jp/word/因果関係-32785，瀏覽日期：2020.4.12。

朱子語類，https://ctext.org/zhuzi-yulei/zh，瀏覽日期：2023.5.9。

朱熹，詩經集傳序，https://zh.wikisource.org/zh-hant/詩經集傳/序，瀏覽日期：2023.5.9。

牟子，牟子理惑論，維基文庫，https://zh.m.wikisource.org/zh-hant/理惑論，瀏覽日期：2020.11.29。

西天中印度惹爛馱囉國密林寺三藏明教大師賜紫沙門臣天息災奉詔譯，分別善惡報應經卷上，大正藏經，第1冊，http://tripitaka.cbeta.org/T01n0081_001，瀏覽日期：2020.11.29。

西天譯經三藏朝奉大夫試鴻臚卿傳法大師臣施護奉詔譯，佛說勝軍王所問經，大正藏經，第14冊，http://tripitaka.cbeta.org/T14n0516_001，瀏覽日期：2020.11.29。

西晉月支三藏竺法護譯，順權方便經卷上（一名轉女菩薩），大正藏經，第14冊，http://tripitaka.cbeta.org/T14n0565_001，瀏覽日期：2020.12.1。

余英時，反智論與中國政治傳統：論儒、道、法三家政治思想的分野與匯流，https://www.gushiciku.cn/dc_tw/104365631，瀏覽日期：2022.2.15。

佛弟子文庫，三種因果業障的報應規律，http://www.fodizi.tw/qt/qita/6420.html，瀏覽日期：2020.12.6。

佛教徒能不能買寵物？https://bestzen.pixnet.net/blog/post/62098768，瀏覽日期：2020.12.5。

佛說善惡因果經，大正藏經，第85卷，http://buddhism.lib.ntu.edu.tw/BDLM/sutra/chi_pdf/sutra25/T85n2881.pdf，瀏覽日期：2020.11.29。

佛學問答（第五輯），http://www.book853.com/show.aspx?id=52&cid=14&page=11，瀏覽日期：2020.11.29。

李文達，《易經》中的法律思想，人民法院報，2019年7月5日，第007版法治星空，http://rmfyb.chinacourt.org/paper/html/2019-07/05/content_157277.htm?div=-1，瀏覽日期：2023.5.12。

李琪明，教育大辭書，四維八德，https://pedia.cloud.edu.tw/Entry/Detail/?title=四維八德，瀏覽日期：2021.4.11。

李隆獻編，墨子概說（2011），http://ocw.aca.ntu.edu.tw/ocw_files/101S122/101S122_AA18L01.pdf，瀏覽日期：2023.1.17。

狄驥，https://baike.baidu.com/item/狄驥，瀏覽日期：2018.2.21。

周易略例，https://ctext.org/wiki.pl?if=en&res=766300，瀏覽日期：2023.5.12。

尚書，https://ctext.org/shang-shu/zh，瀏覽日期：2023.5.10。

尚書中候，https://ctext.org/wiki.pl?if=gb&res=738997，瀏覽日期：2023.5.10。

尚書正義，https://ctext.org/wiki.pl?if=gb&res=463474，瀏覽日期：2023.5.10。

明趙崡撰，石墨鐫華卷五，https://ctext.org/wiki.pl?if=gb&chapter=982422，瀏覽日期：2021.2.2。

易經今解（周易今解），https://www.eee-learning.com/article/181，瀏覽日期：2023.5.12。

東晉罽賓三藏瞿曇僧伽提婆譯，增壹阿含經，第11卷，善知識品第二十，收於大正藏經，第2冊，https://tripitaka.cbeta.org/T02n0125_011，瀏覽日期：2020.12.24。

侯展捷，荀子聖人觀探微，https://www.academia.edu/33599747/_荀子_聖人觀_探微_An_In_depth_Analysis_of_Xunzis_View_on_the_Sagely_Man，瀏覽日期：2023.5.10。

姚秦三藏鳩摩羅什譯，坐禪三昧經卷上，第四治思覺法門，大正藏經，第15冊，http://tripitaka.cbeta.org/T15n0614_001，瀏覽日期：2020.11.27。

姚秦三藏鳩摩羅什譯，坐禪三昧經卷下，大正藏經，第15冊，http://tripitaka.cbeta.org/T15n0614_002，瀏覽日期：2020.11.29。

姚秦涼州沙門竺佛念譯，菩薩瓔珞經，有行無行品第二十四，大正新脩大正

藏經，第16冊，http://buddhism.lib.ntu.edu.tw/BDLM/sutra/chi_pdf/sutra9/ T16n0656.pdf，瀏覽日期：2020.11.29。

姚富全，論戒律在佛教倫理中的角色，台灣哲學學會學術研討會，http:// buddhism.lib.ntu.edu.tw/FULLTEXT/JR-AN/an375465.pdf，瀏覽日期： 2020.12.24。

後秦龜茲國三藏法師鳩摩羅什奉詔譯，妙法蓮華經，卷3，藥草喻品第五， 大正藏經，第9冊，https://tripitaka.cbeta.org/T09n0262_003，瀏覽日期： 2022.12.1。

後秦龜茲國三藏鳩摩羅什奉詔譯，佛垂般涅槃略說教誡經，http://buddhism. lib.ntu.edu.tw/BDLM/sutra/chi_pdf/sutra7/T12n0389.pdf，瀏覽日期： 2020.12.6。

後漢安息國三藏安世高譯，佛說處處經，第一卷，大正藏經，第17冊，http:// tripitaka.cbeta.org/T17n0730_001，瀏覽日期：2020.12.4。

星雲大師文集，佛教與法律，佛教叢書8－教用，http://www.masterhsingyun. org/article/article.jsp?index=47&item=66&bookid=2c907d4945f411dc0145f4a 891090004&ch=1&se=48&f=1，瀏覽日期：2020.12.6。

星雲大師文集，怎樣做一個佛教徒第三篇奉行八正道，http://www.masterhsing yun.org/article/article.jsp?index=3&item=61&bookid=2c907d4945216fae0145 69962c35052c&ch=2&se=3&f=1，瀏覽日期：2020.12.6。

春秋公羊傳，https://ctext.org/gongyang-zhuan/yin-gong-yuan-nian/zh，瀏覽日 期：2023.5.10。

春秋左傳，https://ctext.org/chun-qiu-zuo-zhuan/zhao-gong/zh，瀏覽日期： 2023.5.10。

春秋繁露，https://ctext.org/chun-qiu-fan-lu/zh，瀏覽日期：2023.5.10。

科技部對研究人員學術倫理規範，https://www.most.gov.tw/most/attachments/ 64283b0f-76fc-4c90-a023-9c57f57b0c21?，瀏覽日期：2017.1.7。

郎顗襄楷列傳下，香港佛學班同學會，心靈導航，六波羅蜜，http://www. budyuen.com.hk/treasury_detail.php?id=38，瀏覽日期：2020.12.5。

郎顗襄楷列傳下，https://ctext.org/hou-han-shu/lang-yi-xiang-kai-lie-zhuan-xia/ zh，瀏覽日期：2023.1.29。

唐于闐國三藏沙門實叉難陀譯，地藏菩薩本願經卷上，閻浮眾生業感品第四，

大正藏經，第13冊。http://tripitaka.cbeta.org/T13n0412_001，瀏覽日期：2020.12.1。

唐于闐國三藏沙門實叉難陀譯，地藏菩薩本願經卷下，利益存亡品第七，大正藏經，第13冊，http://tripitaka.cbeta.org/T13n0412_002，瀏覽日期：2020.12.5。

唐天竺沙門般剌蜜帝譯，大佛頂首楞嚴經，卷第六，http://buddhism.lib.ntu.edu.tw/BDLM/sutra/chi_pdf/sutra10/T19n0945.pdf，瀏覽日期：2020.12.6。

唐御史台精舍題名考序，諸子百家中國哲學書電子計畫，https://ctext.org/wiki.pl?if=gb&chapter=907135，瀏覽日期：2020.12.6。

孫中山，三民主義，民族主義第六講，https://zh.m.wikisource.org/wiki/三民主義/民族主義第六講，瀏覽日期：2021.4.11。

孫旭紅，求情責實、原心定罪：宋代《春秋》經解的內在依據，國學網，http://www.guoxue.com/?p=4809，瀏覽日期：2023.5.10。

家榮雲川，子產「鑄刑書於鼎」中國歷史上第一次正式公布的成文法，https://kknews.cc/history/eo999b4.html，瀏覽日期：2023.5.12。

荀子，https://ctext.org/xunzi/zh，瀏覽日期：2023.5.10。

荀子天論，中華古詩文古書籍網，https://www.arteducation.com.tw/guwen/bookv_3478.html，瀏覽日期：2023.5.10。

迴向，https://zh.wikipedia.org/wiki/迴向，瀏覽日期：2020.12.24。

高島斷易，https://blog.xuite.net/dejavu8899/blog/66157310，瀏覽日期：2023.5.12。

商君書，修權，https://ctext.org/shang-jun-shu/cultivation-of-the-right-standard/zh，瀏覽日期：2020.2.15。

國家教育研究院辭書，傳元龍所解釋「刑期於無刑」，https://pedia.cloud.edu.tw/Entry/Detail/?title=%E5%88%91%E6%9C%9F%E6%96%BC%E7%84%A1%E5%88%91，瀏覽日期：2023.5.9。

國學導航，太平經卷，http://www.guoxue123.com/zhibu/0101/03tpjhx/index.htm，瀏覽日期：2023.5.9。

張子語錄，https://ctext.org/wiki.pl?if=gb&chapter=214776，瀏覽日期：2021.4.11。

張生，從「有典有則」到民法典：中華法系的傳承與發展，http://theory.

people.com.cn/BIG5/n1/2020/0731/c40531-31804698.html，瀏覽日期：2020.7.31。

懸法象魏：中國最早的普法活動，人民法院報，https://www.chinacourt.org/article/detail/2018/12/id/3601327.shtml，瀏覽日期：2023.5.12。

教育大辭書：朱啓華，康德道德哲學，https://pedia.cloud.edu.tw/Entry/Detail/?title=康德道德哲學，瀏覽日期：2021.4.17。

教育百科，韋編三絕，https://pedia.cloud.edu.tw/Entry/ Detail/?title=韋編三絕，瀏覽日期：2023.5.12。

教育部重編國語辭典，https://dict.revised.moe.edu.tw/dictView.jsp?ID=10355&la=0&powerMode=0，瀏覽日期：2023.5.10。

淨空法師講述五戒十善，https://www.amtfweb.org/understand/14talk-10.htm，瀏覽日期：2017.2.21。

清朝戴震，原善，卷上，https://ctext.org/wiki.pl?if=gb&chapter=259154，瀏覽日期：2021.4.6。

清朝戴震，原善，卷下，https://ctext.org/wiki.pl?if=gb&chapter=767281，瀏覽日期：2021.4.6。

清微道法樞紐，https://ctext.org/wiki.pl?if=gb&chapter=533031，瀏覽日期：2023.2.17。

莊子白話文，齊物論，https://www.sbkk88.com/mingzhu/gudaicn/zhuzibaijia/zhuangzibaihuawen/312882.html，瀏覽日期：2023.5.10。

陳章錫，刑不上大夫，https://terms.naer.edu.tw/detail/1304501/，瀏覽日期：2023.5.10。

智銘居士輯錄，道源老法師講述，在家菩薩戒本釋義，https://book.bfnn.org/books2/1032.htm#a0315，瀏覽日期：2020.12.4。

發蒙，https://ctext.org/text.pl?node=418232&if=gb，瀏覽日期：2022.1.9。

黃元吉，道德經注釋，第五十七章以正治國，https://zh.m.wikisource.org/zh-hant/道德經注釋_(黃元吉)，瀏覽日期：2023.5.10。

黃帝四經，https://ctext.org/wiki.pl?if=gb&chapter=387844#經法名理，瀏覽日期：2023.5.9。

傳統文化「仁、義、禮、智、信」，2017年9月14日由啓達教育發表於〈文化〉，https://kknews.cc/culture/kan6lyv.html，瀏覽日期：2023.5.9。

慎子，https://ctext.org/shenzi/zh，瀏覽日期：2023.5.10。

楊曾文，佛教戒律與社會道德，http://enlight.lib.ntu.edu.tw/FULLTEXT/JR-AN/102699.htm，瀏覽日期：2020.12.24。

睡虎地秦簡，「語書」，https：//www.iccie.tw/p/12489.html，瀏覽日期：2023.5.10。

詩經，https://ctext.org/book-of-poetry/zh，瀏覽日期：2023.5.9。

資訊工業策進會科技法律研究所，歐盟議會發布《可信賴人工智慧倫理準則》，thttps://stli.iii.org.tw/article-detail.aspx?no=64&tp=1&d=8248p，瀏覽日期：2021.5.15。

道德規範，https://baike.baidu.com/item/道德规范，瀏覽日期：2021.4.5。

僧祐錄云安公涼土異經附北涼錄，優婆夷淨行法門經卷上，優婆夷淨行法門經修學品第二，大正藏經，第14冊。http://tripitaka.cbeta.org/T14n0579_001，瀏覽日期：2020.11.28。

僧祐錄云安公涼土異經附北涼錄，優婆夷淨行法門經卷下，修學品第二之餘，大正藏經，第14冊，http://tripitaka.cbeta.org/T14n0579_002，瀏覽日期：2020.11.28。

漢文大藏經：大正藏經，第44冊，卷12，https://tripitaka.cbeta.org/T44n1851_012，瀏覽日期：2021.4.17。

漢文學網，https://cd.hwxnet.com/view/pgkjhfjjeoaggabp.html，瀏覽日期：2021.4.5。

漢書《藝文志》，https://ctext.org/han-shu/yi-wen-zhi/zh，瀏覽日期：2023.5.9。

漢語網，https://www.chinesewords.org/dict/16925-213.html，瀏覽日期：2023.5.10。

維基百科，企業社會責任，https://zh.wikipedia.org/wiki/企業社會責任，瀏覽日期：2017.2.15。

維基百科，道家，https://zh.wikipedia.org/wiki/道家，瀏覽日期：2023.5.10。

維基百科，韓非子，https://zh.wikipedia.org/wiki/韩非子，瀏覽日期：2022.1.1。

維基百科，https://zh.wikipedia.org/wiki/道德，瀏覽日期：2021.4.5。

維基百科，https://zh.wikipedia.org/wiki/雷法，瀏覽日期：2023.2.17。

網易云閱讀，https://yuedu.163.com/source/a6387c54817544c2a7fc52cbaca6e5f0_4，瀏覽日期：2023.5.10。

臺灣證券交易所「上市公司編製與申報永續報告書作業辦法」，http://www.selaw.com.tw/LawContent.aspx?LawID=G0100517，瀏覽日期：2017.2.15。

劉知幾，史通，https://ctext.org/wiki.pl?if=gb&chapter=336070，瀏覽日期：2023.5.10。

劉錦賢，《周易》之時宜觀，第六屆通俗文學與雅正文學——文學與經學研討會論文集，2006年9月，https://ir.lib.nchu.edu.tw/bitstream/11455/83667/1/3.pdf，瀏覽日期：2023.5.12。

論語，https://ctext.org/analects/zh，瀏覽日期：2023.5.12。

鄭氏箋、孔穎達疏，毛詩正義，https://ctext.org/wiki.pl?if=gb&res=285158，瀏覽日期：2023.5.9。

鄭羽玲，康德的道德教育思想，http://web.thu.edu.tw/g931202/www/Kant.htm，瀏覽日期：2021.4.17。

儒家「信」文化築基社會誠信，2016年11月4日由曙光教育發表於〈文化〉，https://kknews.cc/culture/89mxl9g.html，瀏覽日期：2023.5.9。

蕭吉撰《五行大義卷》釋名章，https://www.zinbun.kyoto-u.ac.jp/~takeda/kyoudou/gogyou/gogyoutaigi/gogyo_gogyo_01_g.html，瀏覽日期：2023.5.9。

默希子，通玄真經註，https://ctext.org/wiki.pl?if=gb&res=666980，瀏覽日期：2023.5.10。

優婆塞戒經，https://tripitaka.cbeta.org/T24n1488_003，瀏覽日期：2020.12.4。

罽賓國沙門佛陀波利奉詔譯，佛說長壽滅罪護諸童子陀羅尼經，卍新纂大日本續藏經，第1冊，http://tripitaka.cbeta.org/X01n0017_001，瀏覽日期：2020.12.4。

鍾宏彬、吳永達，再犯率與前科率之區辨：以施用毒品罪為例，https://www.cprc.moj.gov.tw/media/9002/8521159291.pdf?mediaDL=true，瀏覽日期：2020.12.6。

韓非子，https://ctext.org/hanfeizi/zh，瀏覽日期：2023.5.9。

韓詩外傳，https://ctext.org/han-shi-wai-zhuan/zh，瀏覽日期：2023.5.9。

禮記《祭法》，https://ctext.org/liji/zh，瀏覽日期：2023.5.9。

闐國三藏實叉難陀奉制譯，大方廣佛華嚴經卷第十九，十行品第二十一之一，大方廣佛華嚴經卷第十九，https://cbetaonline.dila.edu.tw/zh/T0279_019，瀏覽日期：2020.12.1。

德文文獻

Arndt/Fischer,Umweltrecht,in: Steiner (Hrsg.), Besonderes Verwaltungsrecht, 8. Aufl., 2006, S. 827.

Arthur Kaufmann, Winfried Hassemer/Ulfrid Neumann (Hg.), Einführung in die Rechtsphilosophie und Rechtctheorie der Gegenwart, 8, C.F. Mülle, 2010.

Claus Roxin, Strafrecht Allgemeiner Teil Band1, 4. Aufl., 2006, §11 Rn. 40.

Heinrich Henkel, Einführung in die Rechtsphilosophie, 2, Beck, 1977.

Jauernig, BGB, 12/ Aufl., 2007, Vor §§ 249-253 Rn. 27.

Reinhold Zippelius, Rechtsphilosophie, 5. Aufl., 2007, S. 109 ff.

Röhl/Röhl, Allgemeine Rechtslehre, 3. Aufl., 2008, S. 489.

Tipke/Lang, Steuerrecht, 18. Aufl., 2005, S. 280 ff., Rz. 213 ff.

日文文獻

Weblio辞書，どう-とく〔ダウ-〕，https://www.weblio.jp/content/道德，瀏覽日期：2021.4.5。

田中成明，現代法理學，有斐閣，2011年。

英文文獻

OECD (2015), Aligning Transfer Pricing Outcomes with Value Creation, Actions 8-10 - 2015 Final Reports, OECD/G20 Base Erosion and Profit Shifting Project, OECD Publishing, Paris. pp.13, 58, http://dx.doi.org/10.1787/9789264241244-en, last visited: 2020.12.4.

Requirements of Trustworthy AI, https://ec.europa.eu/futurium/en/ai-alliance-consultation/guidelines, last visited: 2021.5.15.

歐盟，良善管制準則（better regulation guidelines），https://www.emcdda.

europa.eu/document-library/better-regulation-guidelines-european-commission_en，瀏覽日期：2020.8.24。

歐盟影響評估準則，Guidelines on impact assessment, https://ec.europa.eu/ info/ sites/info/files/better-regulation-guidelines-impact-assessment.pdf，瀏覽日期：2020.8.24。

國家圖書館出版品預行編目(CIP)資料

「天人合一」之王道法律思想/陳清秀著. --二
版. --臺北市:五南圖書出版股份有限公司,
2024.07
面; 公分
ISBN 978-626-393-378-1(平裝)

1.CST: 法律哲學

580.1   113007156

1QD7

「天人合一」之王道法律思想

作　　者 — 陳清秀（263.9）

發 行 人 — 楊榮川

總 經 理 — 楊士清

總 編 輯 — 楊秀麗

副總編輯 — 劉靜芬

責任編輯 — 呂伊真

封面設計 — 姚孝慈、陳亭瑋

出 版 者 — 五南圖書出版股份有限公司

地　　址：106台北市大安區和平東路二段339號4樓

電　　話：(02)2705-5066　　傳　　真：(02)2706-6100

網　　址：https://www.wunan.com.tw

電子郵件：wunan@wunan.com.tw

劃撥帳號：01068953

戶　　名：五南圖書出版股份有限公司

法律顧問　林勝安律師

出版日期　2023年6月初版一刷（共二刷）
　　　　　2024年7月二版一刷

定　　價　新臺幣620元

權所有・欲利用本書內容，必須徵求本公司同意※

五南
WU-NAN

全新官方臉書

五南讀書趣

WUNAN
Books
since1966

Facebook 按讚

 1秒變文青

 五南讀書趣 Wunan Books

★ 專業實用有趣
★ 搶先書籍開箱
★ 獨家優惠好康

不定期舉辦抽
贈書活動喔！！

經典永恆・名著常在

五十週年的獻禮——經典名著文庫

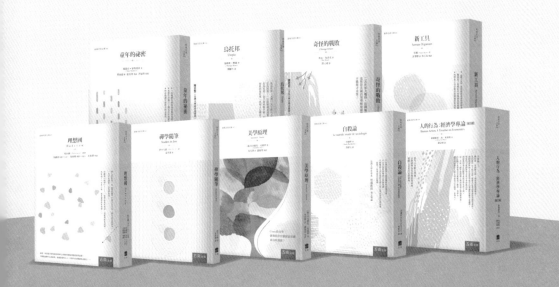

五南，五十年了，半個世紀，人生旅程的一大半，走過來了。

思索著，邁向百年的未來歷程，能為知識界、文化學術界作些什麼？

在速食文化的生態下，有什麼值得讓人雋永品味的？

歷代經典・當今名著，經過時間的洗禮，千錘百鍊，流傳至今，光芒耀人；

不僅使我們能領悟前人的智慧，同時也增深加廣我們思考的深度與視野。

我們決心投入巨資，有計畫的系統梳選，成立「經典名著文庫」，

希望收入古今中外思想性的、充滿睿智與獨見的經典、名著。

這是一項理想性的、永續性的巨大出版工程。

不在意讀者的眾寡，只考慮它的學術價值，力求完整展現先哲思想的軌跡；

為知識界開啟一片智慧之窗，營造一座百花綻放的世界文明公園，

任君遨遊、取菁吸蜜、嘉惠學子！